金剛經五家解譯講

乘龍寺

序文

이 金剛經五家解說誼는 그 제목이 말하고 있드시 금강경에 대한 다섯 사람의 註解와 또 한 사람의 주해를 한 책으로 엮은 것이다. 그 다섯 사람의 주해란 곧 唐나라 圭峰宗密의 金剛經疏論纂要와 六祖 慧能의 金剛經解義와 梁나라 傅大士의 金剛經提綱頌과 宋나라 冶父道川의 着語와 頌, 그리고 豫章宗鏡의 金剛經提綱이며 다른 한 사람의 주해는 우리 나라 조선시대의 스님 涵虛得通의 說誼이다.

이같이 여섯 사람의 주해를 한 책에 엮은 것은 涵虛의 說誼라고 한다. 涵虛는 그 때까지 別冊으로 流通되어 오는 五家解의 別本들을 對校하여 하나로 묶고 다시 자기 스스로는 說誼를 하였다. 그리고 涵虛뒤에 世祖의 명을 받은 慧覺尊者 信眉등이 涵虛의 說誼를 校定해서 오늘과 같은 내용으로 전해지게 되었다.

주지하는 바와 같이 金剛經은 한국불교에 있어서 禪·敎 不問하고 所依經典의 하나이다. 굳이 西山休靜이 설한 「禪是佛心 敎是佛語」가 아니드라도 禪·敎가 함께 金剛經을 所依經典을 삼아 一大事因緣을 窮究하는 것은 한국불교의 특성이라고 할 禪敎圓融의 사상적 바탕이 金剛經에 있음을 말해 준다. 따라서 우리 나라 佛家에서는 오래전부터 金剛經은 日常的으로 受持讀誦해 왔고 元曉를 비롯하여 憬興·圓測 등 많은 先師들이 註解를 하였으며 그 중에서는 특히 五家解와 說誼를 가까이 해 왔다. 그것은 이 五家解說誼의 板本이 많은 것으로도 알 수가 있고 刊經都監에서 慧能의 解義를 諺解하고 따로 또 說誼와 함께 冶父와 宗鏡의 주해를 합한 三家解를 諺解하였으며 釋譜詳節에 이 諺解가 수록된 것으로도 알 수가 있다.

이같이 한국불교의 思想的 根源인 金剛經과 그 註解書인 五家解說誼가 많은 사람 사이에서 오래도록 膾炙되어 왔음에도 정작 오늘에 와서는 적절한 飜譯 本이 없어 일반과는 거리가 멀고 한정된 專門家의 書架를 드나들 뿐이어서 늘 아쉬움을 금치 못하였다. 그러던 차에 지난 봄, 冶翁스님이 五家解說誼를 번역한 원고와 함께 궁벽한 내 처소를 멀다 않고 찾아와 一讀을 전하였다. 이에 그 동안 적조했던 冶翁스님을 만난 반가움도 반가움이려니와 五家解說 誼의 번역 원고는 나의 그러한 아쉬움을 씻어주는 더 없는 기쁨이어서 권하 는대로 閱讀하고서 감히 이 서문을 쓰는 인연을 갖게 되었다.

그러나 나로서는 冶翁스님의 글에 蛇足을 부칠 입장에 있지 안하다. 스님은 나와는 聞慶 大乘寺 講院의 同學이기도 하고 龍谷大學의 一年先輩이다. 스님 은 일찍이 禮泉 龍門寺 講伯을 시작으로 諸方의 座主로서 後學에게 內典을 傳授하였을 뿐 아니라 宗立中·高等學校등 學校敎育機關에서는 新學問의 方法 을 導入하여 普遍化된 佛敎敎育을 통하여 二世의 敎育에 盡力한 敎育의 先驅 者이다.

그러한 스님이 八十의 高齡에도 불구하고 한국불교의 本地風光이 담긴 金剛經五家解說誼를 飜譯刊行하는 大作佛事를 發願한 것은 오로지 한국불교의 重興에 뜻이 懇切하였기 까닭이라고 감히 생각한다. 따라서 그 大作佛事를 성취한 功德은 모름지기 稱頌해 마땅하리라. 스님은 出家하여 講院에서 修學할 당시부터 平生동안 남달리 金剛經을 受持讀誦하였고 특히 冶父頌에 心醉하여 오늘에 이르러서는 이 大作佛事로써 畢生의 一大因緣을 回向하고자 하니 그 한결같은 平生의 精進을 부러워 할 따름이다.

바라건대는 이 金剛經五家解說誼가 널리 流布되어 스님의 높은 뜻이 이루어지고 이로써 因緣을 맺는 이는 다 같이 度脫하기를 祈願해 마지 않는다.

1995. 8

黃岳山 直指寺

觀應識

本非皂白隨處青黃
無短非長應時方圓
　丙子初春
　四佛山人　冶翁

金剛般若波羅蜜經 目次

金剛般若波羅蜜經五家解序説……………三

曹溪六祖禪師序………………………………二五

豫章沙門宗鏡提頌綱要序……………………三三

金剛般若波羅蜜經上…………………………三九

圭峰密禪師疏論纂要并序……………………四五

冶父道川………………………………………六一

宗鏡……………………………………………六八

圭峰……………………………………………七三

上卷

法會因由分……第一…………………………七四

善現起請分……第二…………………………一二四

大乘正宗分……第三…………………………一五〇

妙行無住分 第四 …… 一六九

如理實見分 第五 …… 一九六

正信希有分 第六 …… 二一〇

無得無說分 第七 …… 二四七

依法出生分 第八 …… 二六五

一相無相分 第九 …… 二八二

莊嚴淨土分 第十 …… 三〇五

無爲福勝分 第十一 …… 三二三

尊重正教分 第十二 …… 三四四

如法受持分 第十三 …… 三五四

離相寂滅分 第十四 …… 三八四

下 卷

持經功德分 第十五 …… 四六二

能淨業障分 第十六 …… 四八八

究竟無我分第十七……………………………………五一〇
一體同觀分第十八……………………………………五六四
法界通化分第十九……………………………………五九一
離色離相分第二十……………………………………六〇〇
非說所說分第二十一…………………………………六〇九
無法可得分第二十二…………………………………六二四
淨心行善分第二十三…………………………………六三一
福智無比分第二十四…………………………………六四二
化無所化分第二十五…………………………………六五二
法身非相分第二十六…………………………………六六六
無斷無滅分第二十七…………………………………六八四
不受不貪分第二十八…………………………………六九三
威儀寂靜分第二十九…………………………………七〇五
一合理相分第三十……………………………………七一二
知見不生分第三十一…………………………………七三五

應化非眞分……第三十二……………………………………………………七四九

宗鏡提頌綱要後序………………………………………………………七九〇

附　錄………………………………………………………………………七九五

清涼大法眼禪師頌………………………………………………………八〇〇

六祖口訣…………………………………………………………………八〇六

得通決疑…………………………………………………………………八一五

金剛般若波羅蜜經五家解序說

有一物於此하니

一物이 何物고 ○秖這一着子는 希夷焉하야 絶情謂하며 夐絶焉하야 看似有하며 響習然하야 難可追하며 恍惚然하야 難可測이니 非迷非悟라 不可以凡聖으로 名일새 故로 但云一物이라하니 六祖ー云有一物호대 無頭無尾하며 無名無字로대 上柱天下柱地하고 明如日黑似漆하야 常在動用中호대 動用中에 收不得者ー是니라하시니라 然雖如是나 一物之言도 亦强稱之而已라 故로 南嶽讓和尚이 道하사 說似一物이라도 即不中이시니라하시니

處常湛然故로 云爾니라

絶名相호대

蕭焉空寂하며 湛爾沖虛하야 無名可名이요 無相可覩故也니라

貫古今하고

歷千劫而不古하고 亘萬歲而長今이라 多經海岳相遷하니 幾見風雲變態오

處一塵호대 圍六合이로다

凡有事物이 小不能大하고 大不能小로대 此則反是하야 能小而細入隣虛하고 能大而廣包法界니라

序説

여기 한 물건 있으니

한물건이란 어떤 물건인가? ○ 오즉 이 한점의 수(바둑의 한수)는 눈으로 보고도 보이지 아니하며 귀로 들어도 들리지 아니하고 마음으로 생각하여 알 수있는 길은 끊어졌고 어렴풋이 무엇인가 있는듯이 보이다가도 매아리소리처럼 아득해 뒤쫓아 갈 수 없다. 헷갈림도 아니고 깨달음도 아니며 범인, 서인으로 일커러질수도 없고 나도없고 상대도 없으니 자타로 표현할 수도 없다. 그런 까닭에 이를 다만 「한 물건(一物)」이라고만 말한것이다.

六祖大師는 이르기를 「한 물건이 있으나 머리도 없고 꼬리도 없으며 이름도 없고 字(官名)도 없다 위로는 하늘을 떠받히고 아래로는 땅에 기둥박아 밝기는 해와 같고 어둡기는 옷칠한 것과 같다 恒常 日常行動作用 가운데 있으면서도 거두어드릴 수 없는것이 이것이다.」라고 하였다. 그러나 비록 이와 같다고 하지만 「한 물건」이란 말도, 또한 억지로 일커러진 말일 따름이다. 그런 까닭에 南獄·懷讓和尙은 (註參照)말씀하시기를 「一物이라 말한것은 맞지 않는 말이다」라고 하였다.

「여기 한 물건이 있다(有一物於此)」라고 한것은 그 있는 자리를 벗어나지 아니하고 永久히 湛然(고요하고 맑음)한 까닭에 그렇게 말한것이다.

이름과 모습은 斷絕되였고…

쓸쓸히 空寂하고 고요하고 맑게 비어있으니 이름을 지울만한 이름도 없고 눈으로 볼수있는 모습도 없는 까닭에 이렇게 말한것이다.

古今을 꿰뚫었으며

千劫이 지나도 옛것이 아니며 萬年에 걸쳐도 기리 지금이니 風雲의 變態(世上의 변하는 모습)를 많이 겪으면서 몇년이나 바다와 높은 山이 서로 바뀌는 일을 많이 겪으면서 몇년이나 風雲의 變態(世上의 변하는 모습)를 보았던가?

한 먼지속에 있으면서 宇宙를 애워싸고…

모든 存在하는 事物은 작은것은 커질수 없고 큰것은 작아질 수 없지만 이 물건은 이에 반하여 작아지면 微塵속에도 들어가고 커지면는 널리 法界를 보자기에 쌀 수도 있다.

内含衆妙하고

體量이 恢恢하야 恒沙性德과 無量妙用이 元自具足라이니

안에는 온갖 妙함을 머금고

바탕의 限量이 끝없이 넓어 恒河의 모래알처럼 많은 性과 德과 헤아릴 수 없는 妙한 作用이 元來부터 스스로 빠짐없이 갖추어져 있다.

外應群機하며

物來卽應하야 感而遂通이 如明鏡이 當臺에 胡來胡現하고 漢來漢現하며 洪鐘이 在虡에 大扣大鳴하고 小扣小鳴이라이니

主於三才하고 王於萬法하니

天以之覆하고 地以之載하며 人以之處乎其中하며 以至日月星辰과 草木昆虫히 凡有貌像形色者ㅣ 莫不以之爲宗하야 而得成立이라이니

蕩蕩乎其無比요 巍巍乎其無倫다이로
蕩蕩云云은 廣大勝第一者ㅣ是요 巍巍云云은 最尊極無上者ㅣ是니 此所以爲王爲主
之勢也니라

밖으로는 많은 機緣에 응하며

하늘·땅·사람의 主宰가 되고 萬法에 王이 되니

하늘은 이것으로 만물을 덮어주고 땅은 이것으로 萬物을 실고 있으며 사람은 이것으로 그 가운데 있게 되며 日月星辰과 草木昆虫에 이르기까지 形像·모습·빛갈이 있는 모든 物件은 이것으로 大宗을 삼아 성립되지 아니하는것이 없다.

蕩蕩하기 比較할 만한것이 없고 우뚝히 높기는 짝 될만한것이 없으니…

蕩蕩 云云한것은 廣大하기가 가장 뛰어나다는 뜻이며 巍巍하다는 것은 가장 尊貴의 極致여서 더는 위가 없다는 뜻이니 이것이 王이 되고 主宰가 되는 理由이다.

※ 洪鍾…中國舜임금때 만든 큰 鍾

어떤 물건이 오면 거기에 응하여 느껴서 마침내 通하는것이 마치 밝은 거울과 같아 거울 臺에 자리잡고 오랑캐가 오면 오랑캐로 나타나고 中國사람이 오면 中國사람으로 나타나는것과 같고 洪鍾이 虞나라에 있을 때 크게 치면 크게 울리고 작게 치면 작게 울리는것과 같다.

不曰神乎아 昭昭於俯仰之間하고 隱隱於視聽之際하며

決定是無면 性自神解하고 決定是有면 尋之無蹤하니 此所以爲神也니라

不曰玄乎아 先天地而無其始하고 後天地而無其終하니

有形之最先者ㅣ 天地也요 有形之最後者도 亦天地也라 天地ㅣ 以此爲始하니 此物之所以始者를 不可得而窮也라 有形之最先者ㅣ 天地也로대 而則所以終者도 亦不可得而窮也니 此所以爲玄也니라

空耶아 有耶아 吾未知其所以로다

物體深玄에 虛徹靈通하야 有不定有요 無不定無니 言語道ㅣ 斷하고 心行處ㅣ 滅일새 故로 云

爾니라

神이 아닌가? 하늘과 땅 사이에 밝고 밝으며 보고 듣는 경우에 隱隱하니 찾아보아도 자취가 없으니 이를 「神」이라 하는 理由이다.

決定코 이를 「없다」고 하자니 그 本質을 스스로 神通하게 알게 되고 決定코 이를 「있다」고 하자

玄이 아닌가? 天地보다 앞서 생겨 그 始初가 없고 天地보다 뒤까지 그 끝남이 없으니

形体가 있는것 가운데 가장 먼저 생긴것은 하늘과 땅이다. 가장 먼저 생긴 形体가 天地이지만 形体가 남아있을 가장 마지막 存在도 역시 하늘과 땅이다. 天地가 이것으로 비롯되었으니 이 물

「空」인가? 「有」인가 나는 아직 그 까닭을 모르겠다.

이 物體는 깊고 玄妙하고 비고 사모쳐 靈通하여 「有」라고 하자니 決定的인 「有」가 아니고 「無」라고 하자니 決定的인 無가 아니여서 말로 설명할 수 있는 길은 끊어지고 마음이 가는 곳도 滅絶한 까닭에 이렇게 말한 것이다.

我迦文이 得這一着子하사 普觀衆生하사 同稟而迷하사 歎曰奇哉라 向生死海中에 駕無底船하며 吹無孔笛하시니 妙音이 動地하고 法海ㅣ 漫天이라 於是에 聾騃盡醒하고 枯槁悉潤하야 大地含生이 各得其所하니

此物이 非聖非凡이로대 而凡而聖하며 非淨非染이라 而染而淨이라 所以로 道호대 手把破砂盆하고 身披羅錦綺하야 有時에 醉酒罵人하며 忽爾燒香作禮라하니 比之空日컨대 空豈長晴이며 亦豈常雨며 日豈長明이며 亦豈常暗이리오 一念迷也에 雲起長空하야 上明下暗가하다 一念悟也에 風掃迷雲하야 上下洞徹하니 染淨所以興也며 聖凡所以作也니라 聖凡이 旣作則感應이 生焉하야 凡在迷而吼仰風化하고 聖在悟而爲物興悲하나니 所以로 我迦文이 於寂滅場中에 初成正覺하사 作獅子 渴仰風化하고 普觀一切衆生하시니 具有如來智慧德相이어언 但以妄想執着으로 而不證得이라하사 於是에 奇哉奇哉라 普觀一切衆生하사 具有如來智慧德相마는 但以妄想執着으로 而不證得이라하사 於是에 運無緣慈며 說無言言하사 廣演教海하사 偏注衆生心地하사 使之道芽로 花로 發明시키하 大地同春에 萬物이 感熙로다 榮茂하고 心

우리 釋迦牟尼부처님이 이 한점의 妙手를 얻으시어 衆生들이 다 같은 性品을 받고 태여났으면서도 길을 잃고 헤매는 모습을 두루 보시고 탄식하시기를 「기이한 일이로다!」라고 하시고 生死의 바다에 가셔서 밑 없는 배에 올라타시고 구멍없는 피리를 부시니 그 묘한 음향은 땅을 진동시키고 法의 바다는 하늘에 닿게 질펀하였다. 이에 귀먹어리·바보도 모두 잠에서 깨어나고 메마른 마음도 모조리 축축해져서 大地의 生命体가 모두 제자리를 얻게 되었다.

※ 一着子…바둑의 妙手 한 点을 두는 일

이 물건은 聖스러운것도 아니며 凡俗한것도 아니면서 또한 聖스럽고 凡常하며 淸淨하면서도 汚染되었다. 그런까닭에 「손에 깨진 사기쟁반을 잡고 몸에 비단 옷을 걸치고 때로는 술에 취하여 사람들을 욕하다가 또 갑작이 香을 사르며 禮拜를 드리기도 한다고 말한다. 比喩하면 虛空에 있는 해와 같으니 공중이 어찌 어찌 늘 맑기만 했겠으며 또 어찌 늘 밝기만 할 것이며 또 어찌 늘 어둡기만 하겠는가? 해는 어찌 바람이 아득히 끼인 구름을 쓸듯 아래위는 밝고 아래는 어두어지나 한번 생각이 햇갈리면 마치 긴 하늘에 구름이 일어나듯 위는 밝기만 하고 아래는 환하게 사모치게되니 이것이 汚染과 淸淨이 일어나는 理由이며 聖人이 되고 凡人이 되는 理由이다.

우리 釋迦牟尼부처님은 寂滅道場안에서 처음 깨달음을 이루시고 모든 衆生들이 모두 부처님의 智慧와 德相을 가추고 있으면서도 다만 妄想과 執着때문에 道를 證得하지 못하는 것을 밝게 비추어 보시고 이에 인연없는 자애(慈愛)를 運用하시어 말씀을 說하시어 널리 가르침의 바다를 베푸시어 골고루 衆生의 마음바닥에 道의 싹이 무성하게 꽃피고 마음의 꽃도 밝게 피어나게 하시니 大地가 다같이 봄을 맞았고 萬物이 함께 빛났느니라.

今般若經者는 妙音之所流요 法海之所自者也라

般若는 一物之强稱이요 經者는 現物之具也라 此乃金口親宣이요 不是餘人之所說이니 法門淵源이 不同瑣瑣之敎乘이라

以金剛之堅利로 剗我人之稠林하시 照慧日於重昏하며 開惑霧於二空하사

我人稠林이 蔚於心地라가 金剛焰下에 掃地無蹤이라 法與非法此二惑霧ㅣ掩蔽性空일새 故로 曰重昏이니 慧日이 一照에 重昏이 頓破하고 三空이 顯現이라

使之出斷常坑하야 登眞實際하며 敷萬行花하야 成一乘果케하시니

法非常而執爲有하고 性非斷而執爲空이니 執爲有而不知有之非有則是落常見坑也요 執爲空而不知空之不空則是落斷見坑也니라 實際者는 空有兩忘하고 一味亦亡之處也니 以三空으로 開示하사 使之不落斷常之坑하고 頓超空有之外하시 如是圓修로 如是圓證也니라

言言利刃當陽이요 句句水灑不着이라

金剛妙慧ㅣ 堅不爲物挫하고 利能斷衆生冤結이니 般若雄詮은 金剛妙慧之所現發이라 故로 利能破衆生疑網하고 堅不爲外魔所壞니라

流出無邊法門海하사 孕育無限人天師니하시

佛之與法이 皆從此經流出일새 故로 云爾니라

지금 이 금강반야바라밀경은 그 妙音에서 나온 것이며 法의 바다가 비롯된 것이다.

般若라는것은 「한 물건」을 억지로 名稱을 붙인것이며 「經」이라는것은 現物이 가추어진것을 말한다.

이는 곧 부처님의 입으로 베푸러진 것이며 다른 사람이 말한것이 아니니 法門의 淵源이 자자구래한 敎乘과는 같지 아니한 것이다.

金剛의 단단하고 날카로운것으로 나와 남을 차별하는 빽빽한 차별심의 숲을 비추어서 三空에서 迷惑의 안개를 열어주고…

나와 남을 차별하는 빽빽한 숲이 마음의 바닥에 울창하다가 金剛의 불꽃아래서 땅을 쓸듯 자취도 없어지니 法과 法아닌것의 이 두가지 미혹의 안개가 自性의 空을 덮고있는 까닭에 겹친 어둠이라 말한것이나 智慧의 햇빛이 한번 비추면 겹친 어둠이 단번에 허물어지고 三空이 밝게 나타나는 것이다.

※ 三空·空·無相·無願. 마음이 相도없고 念願도 없는 眞正한 空

이들로 하여금 斷見과 常見의 구덩이를 벗어나 眞正한 實相의 끝에 올라 萬行의 꽃을 깔고 一乘의 果를 이루게 하시니…

法은 永久不變한것이 아닌데도 固執하여 그것이 存在한다고하고 自性은 斷滅되는것이 아닌데도 固執해서 그것이 空이라하여 空이 空이 아니라는 事實을 모르고 있으니 이는 斷見의 구덩이에 떨어진 사람이다. 또 執着해서 存在한다고 하고 存在가 아니라는 事實을 모르고 있으니 이는 常見에 떨어진 사람이다. 實相의 끝 (實際)이라는것은 空과 有 모두를 잊고 한맛(一味)조차도 없어진 곳이니 부처님은 三空으로 이곳을 열어 보여주시고 衆生들로 하여금 斷見·常見의 구덩이에 떨어지지 아니하게하여 空과 有의 태두리 밖으로 단번에 뛰어오르게 하시니 이와같은 圓滿한 修行은 이와같은 圓滿한 證을 이룬다.

※ ① 斷見…모든것은 斷滅된다는 偏見
② 常見…모든것은 永久히 持續된다는 偏見

말씀마다 당장 날카로운 칼날이며 구절마다 물을 뿌려도 묻지 않는 淸淨함이여서…

金剛의 妙한 智慧는 그 堅固함이 어떤 物件에도 꺾이지 아니하고 그 날카로움이 衆生들의 怨恨과 煩惱를 끊어주고 般若의 雄大한 探求로 얻은 眞理는 金剛妙慧가 일어나 나타난것인 까닭에 그 날카로움이 능히 衆生들의 疑惑의 거물을 打破하고 그 堅固함이 外魔에게 허물어지는 일을 당하지 아니한다.

가이없는 法門의 바다를 흘려내서 限없는 人天世界의 스승을 잉태하고 길러냈으니…

부처님과 法이 모두 이 經에게 흘러나온 까닭에 이렇게 말한것이다.

若大鑑能과 圭峰密과 冶父川과 傅與鏡此五大士者는 皆人天之所尊이요 法海之所歸者也라

五大士ㅣ皆因此經하사 眼目夫人天이라 故로 曰人天之所尊이요 無法不了라 故로 云法海之所歸니라

大鑑·慧能禪師와 圭峰宗密禪師·冶父道川禪師와 傅大士와 宗鏡·宗書禪師 등과 같은 다섯 보살은 모두가 人間世界와 하늘世界가 尊崇하는 분들이며 法의 바다가 돌아가는 歸着地인 분들이다.

五大士는 모두가 이 經을 人天世界의 眼目으로 삼았는 까닭에 人天世界에서 尊崇하는 분들이라 말하였고 어느 한 법도 다 깨닫지 못하는 법이 없음으로 법의 바다의 歸着地라 한것이다.

※ 大士…크게 깨달은 사람의 尊稱。보살.

各具通方正眼하사 直傳諸佛密印하시고 各出廣長舌相하사 開演最上宗乘하시니 二

威振河嶽이요 輝騰古今이라 遂使當世에 盲者로 得見하며 聾者로 得聞하고 啞者로 能言하며 跛者로 能行케하시고

通方正眼者는 明眞了俗하야 無所不通之正眼也라 密印者는 衆生所迷之眞理요 佛祖相傳之法印也라 五大士ㅣ具如是正眼하며 傳如是密印하사 開大口說大話하시니 威光이 動地하야 照映今昔이라 遂使見聞으로 皆化하야 知非遷善케하시니 極於宗說兼通하며 解行相應之

大化者ㅣ皆於此經에 得之矣니라

既而요 亦爲普覺將來하사 各自依經著解하야 以傳天下後世하시니

既以斯經으로 現益當世하시고 且造斯解하야 流芳萬古삿다

豈是彫文喪德이리오 可謂錦上添華며

玉無瑕而彫文에 反喪良玉溫潤之德이어 斯解則反是하야 致令經語로 益精하며 經義로 益明

遂使目之者로 披雲觀日하고 耳之者로 豁然心開로다

何止重輝佛日이오리 亦乃光揚祖道로다

古人이 道하사대 三乘十二分教에 體理得妙하면 何處에 更有祖師西來意시리오 則別傳之旨도 亦不外乎斯經이로 尚爲言教의 所攝하야 隱而不現이어늘 今諸祖ㅣ 稱實發揚하시니 非獨教義全彰

別傳之旨의 亦乃昭然다이로 有云호대 單傳直指之旨ㅣ 豈斯教의 所攝乎아하 看於黃梅曹溪

에 足可見矣니라

(이분들은) 각기 十方에 達通한 바른 眼目을 가추시고 부처님의 秘密의 도장을 直接 傳受하여 각기 길고 넓은 舌相을 드러내셔서 (長廣舌) 最上의 宗乘을 열고 베푸시니 그 하나하나의 說法은 威嚴이 江과 山을 누르고 古今에 치솟아 빛나서 마침내 當時의 世上에서 눈 먼 사람도 볼 수 있고 귀먹은 사람도 들을 수 있고 벙어리도 말할 수 있고 절룸발이도 걸어갈 수 있게 하셨다.

十方에 達通한 바른 眼目이란 眞諦도 밝히고 俗諦도 깨달아 中道에 사모친 達通하지 아니한 곳이 없는 바른 눈을 말한 것이다.

비밀의 도장이란 衆生들이 햇갈리고 있는 眞理며 부처님과 祖師들이 서로 傳해온 法의 도장이다.

야기를 말씀하시니 그 威光이 땅을 진동하고 그 빛남이 古今에 비추어져서 마침내 이를 보고 들은 사람을 모두 敎化하여 잘못을 알면 그것을 고쳐 착하게 되게 하고 窮極的으로는 宗乘에도 아울러 達通케 하였으니 이러한 아름아리와 修行이 相應하게 한 큰 敎化는 모두 이 經에서 얻은 것이다.

이윽고 또한 두루 닥아올 앞일을 깨달으시고 각자가 經에 根據하여 그 解說을 지어서 이를 天下後世에 傳하였으니 이 經으로 當時의 世上을 現實로 도와주신 다음 이 解說書를 만들어 그 꽃다움을 萬古에 남기셨다.

어찌 이것이 글자만을 아로새겨 德을 잃케한것이겠느냐? 실로 비단위에 꽃을 덧붙인것이라 할 수 있는것이니

玉은 흠집이 없는데도 그기에 글자를 새기면 도리어 좋은 玉의 따뜻한 潤澤을 잃게하지만 이 解説은 이와는 反對로 經의 말씀을 더욱 精密하게하고 經의 뜻을 더욱 밝게하여 마침내 이 解説을 보는 사람으로 하여금 구름을 해치고 해를 보는듯 하게하고 이 解説을 듣는 사람으로 하여금 豁然히 (막혔던것이 탁 터이고 환하게 앞이 보이는것) 마음이 열리게 하였다.

이 일이 어찌 부처의 太陽이 다시 빛나는데 그치리오 또한 곧 祖師의 道도 빛나게 昻揚하였도다.

옛 사람이 말하기를 「三乘・十二部經의 가르침에서 그 眞理에 몸담아 妙理를 얻게되면 어디에

16

다시 達磨가 西쪽에서 온 딴 뜻이 있겠는가?」라고 하였으니 達磨大士가 따로 전한 密指도 이 經의 태두리를 벗어나는 것이 아니건만 아직도 이 經은 말씀으로 하신 가르침에 포함되는 것이여서 진정한 眞理는 숨겨두고 나타내지 아니하였다고 말하는 眞理를 드높혔으니 이는 비단 부처님의 가르침의 內容이 完全히 드러난 일에 그치지 아니하고 達磨大士가 따로 傳한 참뜻이 어찌 이 經의 가르침에 昭然하게 밝혀진 것이다. 「達磨大士의 單傳直指의 참뜻이 또한 이 經의 가르침에 包含되겠느냐? 어떤 사람은 말하기를 禪師)와 曹溪(六祖慧能禪師)사이의 傳法에서 이를 볼 수 있다.」라고 하였다. 그것은 黃梅(五祖·弘忍

(※ 此段·後記註參註)

我曹ㅣ生于千載之下^{하야}得遇難遇之寶^{하야}手接目覩^{하니}幸莫大焉^{이라}

慶遇斯解也^라

以此^로可以揚佛祖之餘輝^며以此^로可以延君國之洪祚^{로다}

儻因斯解^{하야}豁開正眼則法印^이在握^{하고}化道ㅣ在已^{니라}

然此編集^이出於何人之手^{완대}而不現其名乎^아

欤不現夫編者之名也^ㅣ

吾ㅣ喜其爲一佛五祖師之心^을令一轉而便見也^{라하노}

一軸之內^에佛燈祖焰^이交光互映^{하야}可一轉而便見佛祖之心矣^니此所以爲喜也^{니라}

所嗟^는雖有彈絃之妙指^나未遇賞音之嘉聰^{이라}由是^로誤聽峨峨^{하야}作洋洋

三尺古琴에 妙音이 斯在하니 雖有妙音이나 若無妙指면 終不能發이요 縱有妙指하야 善能彈絃이나 聞而賞音者ㅣ 蓋難하니 賞音者ㅣ 難故로 誤聽峨峨하야 作洋洋者ㅣ 多矣로다 一部靈文에 妙理斯在하니 雖有妙理나 若非匠手면 孰能抽毫하야 稱實發揚이리오 雖有稱實發揚이나 目以善解者ㅣ 蓋難하니 善解者ㅣ 難故로 以淺爲深하고 以深爲淺者ㅣ 多矣니 是可歎也로다

又於經疏에 以僞濫眞하야 乳非城外者ㅣ 頗多하니 豈非以去聖愈遠하야 歷傳多手而致然歟아

眞僞相雜하야 水乳를 難判하니 所以舛訛는 蓋緣傳寫之誤耳니라

이 해설을 만난 일을 慶賀한 말이다.

우리들은 千年뒤에 태여나서 만나기 어려운 보배를 만나게 되여 손으로 만저보고 눈으로 볼 수 있으니 이 보다 더 큰 多幸은 없다.

이것으로 부처와 祖師들이 남긴 빛남을 더 높일수 있고 이것으로 나라와 임금의 큰 복을 더욱 延長시킬 수 있다.

혹 이 解說로 因하여 正眼이 활짝 열린다면 法印이 손아귀안에 있고 化道가 몸에 있게 될 것이다.

그러나 이 책은 누구의 손으로 編集되었기에 그 이름이 나타나있지 않느냐?

17

編集한 사람의 이름이 나타나있지 아니한것을 탄식한 것이다.

내가 기뻐하는것을 한분의 부처님과 다섯분의 祖師의 마음을 한번 回轉시키면 곧 볼 수 있게 한 것이다.

한 文軸안에 佛燈과 祖焰이 (※부처님을 燈盞으로 祖師를 불꽃으로 비유한것) 함께 바꾸어가며 빛나 서로 비치니 한바퀴 돌면 곧 부처와 祖師의 마음을 볼 수 있다 이것이 기뻐하는 까닭이다.

내가 안타까워하는것은 비록 거문고 줄을 탈 妙한 손가락은 있으나 아직은 山에서 나오는 소리를 큰 바다에서 나오는 소리로 잘못 듣는 사람이 많다.

소리를 玩賞할 아름다운 聽衆을 만나지 못한 일이다. 이로 말미암아 峨峨한 높은 소리를 洋洋한 넓은 소리로 잘못 듣는 사람이 많은 것이다.

설사 옛 거문고에는 妙한 소리가 存在하고 비록 妙한 손가락이 없다면 끝내 妙한 소리는 發生할 수 없다 또 비록 묘한 손가락이 있다고 하더라도 그 소리를 玩賞한다는것도 무릇 어려운 일이다.

같은 理致로 一部의 靈妙한 經文에 妙理가 存在할 비록 妙한 손이 아니라면 누가 능히 붓을 뽑아들고 實相과 一致하게 그 참뜻을 發揚할 수 있겠느냐? 또 비록 實相과 一致되게 發揚한다 하더라도 훌륭한 소리를 玩賞하기가 어려운 까닭에 指目받을 사람은 무릇 어렵다. 훌륭히 解得하기가 어려운 까닭에 얕은것을 깊다고 하고 깊은것을 얕다고 하는 사람이 많으니 이것이 可嘆할 일인것이다.

夫聖言之所以傳之於後之世也ㅣ 唯文不能設이요 空義不獨傳이라 文義相資하야 方成妙唱하야 作天下古今之龜鑑하야 開世與出世之眼目이니어 若義有諸訛하고 文有錯誤하면 則非唯不能開人眼目이라 亦令誤解하야 碍正知見하리 文字는 現道之具也며 導人之方也니 須文義相資하야 而血脈이 貫通하고 精審詳密이 備焉而脱衍倒誤ㅣ 未嘗雜於其間然後에 能使人開解하야 得爲萬世之龜鑑也니라 不爾則非唯不能開人眼目이라 反爲惑人之具也니라

蓋不爲文字에 所惑하야 能體聖人之意者를 誠難得也로다

若非哲眼이면 不能不爲諸訛의 所惑也니라

夫聖人之所以傳之於後世에 홀로 傳해지는 것도 아니다. 글과 뜻이 서로 뒷바침이 되어야만 비로소 妙唱을 이루어 天下古今의 龜鑑이 되고 世間사람과 出世間(스님)의 眼目을 열어주게 되는것이다. 만약 내용에 잘못된 거짓이 있거나 글에 錯誤가 있다면 이는 비단 사람들의 眼目을 열어줄 수 없을 뿐 아니라 또한 잘못 經을 解釋하게하여 바른 知見에 障碍가 된다.

또한 經을 解釋함에 거짓으로 진실을 더럽혀서 牛乳가 물의 範疇밖의 물건이 아니라고 하는 사람이 자못 많으니 이것이 어찌 聖人이 時代와 距離가 더욱 멀어지면서 많은 사람의 손을 겪어 오면서 傳해저서 그런 結果를 이루게 된것이 아니겠느냐?

진실과 거짓이 서로 뒤섞여서 물과 牛乳를 判別하기 어렵게 되었다. 그리하여 사실과 어긋나는 잘못된 解釋이 있는 理由는 무릇 전하고 전해지면서 배낄때의 잘못에 起因하는 것이다.

무릇 聖人의 말씀이 後世에 傳해지는 까닭은 오직 글 만으로 마련된 것이 아니며 빈 뜻 만이

文字는 道를 나타내는 道具이며 사람을 引導하는 방법이다. 모름지기 글과 뜻이 서로 뒷받침 되어서 血脈이 貫通되고 精密하고 詳審하게 가추어저서 빠진 글자 誤字등이 그 사이에 한번도 섞이는 일이 없게된 다음에야 능히 사람들의 아름아리를 거꾸로된 글자 萬世의 龜鑑이 될 수 있다. 그렇지 못하면 비단 사람들의 眼目을 열어줄 수 없을뿐 아니라 또한 사람들을 헷갈리게하는 道具가 되고 만다.

무릇 文字에 헷갈림 당하지 아니하고 聖人의 뜻을 몸으로 얻는다는 것은 참으로 어려운 일이다.

만약 투철한 眼目이 아니라면 잘못과 거짓에 헷갈리지 아니할 수 없다.

그러나 만약 마음이 맑고 비워저 고요하여 글에 따라 뜻을 追究하고 內容에 根據하여 文脈을 찾는다면 글과 내용의 어긋나고 틀린 곳은 털끝 만큼도 숨기지 못하고 환하게 밝혀 드러낼 것이

然이나 若心淸慮靜하야 緣文究義하며 依義尋文하면 則文義之外錯者ㅣ不隱微毫

了然昭著함이 如世病脈이 不能逃於善醫之手라하리

予ㅣ雖非哲眼이나 若靜心虛하야 以研之則文義之外錯者를 可得而詳也니라

雖非善醫之儔나 幸粗識文義하야 略辨眞僞故로 今之經之疏之中之或

脫或衍或倒或誤者를 簡而出之하야 參之諸本하고 質之諸師하야 以正之라하노

他本所據外에 未嘗一字一句도 妄自加損於其間이요

予以不敏으로 辨眞僞定諸訛也나 然이니 此는 以有據依而然이요 非爲臆斷이라

니 이는 마치 世間의 病者들의 脈이 훌륭한 醫員의 손에서 벗어나지 못하는 것과 같다.

비록 투철한 眼目이 아니더라도 만약 고요히 마음을 비워 이로써 이를 硏究한다면 글과 內容의 뒤틀린 点을 소상하게 밝힐 수 있는것이다.

나는 비록 훌륭한 醫員에 속하는 사람은 아니지만 多幸히도 조금은 글뜻을 알고 대략이나마 眞實과 거짓을 가려내는 까닭에 지금 經의 解釋 가운데의 혹 빠진글자 거꾸로 된 글 잘못된 글을 추려내서 여러 原本과 參照해보고 여러 스승에게 물어보아서 이를 바로잡았다. 그러나 그러한 原本에 根據한 以外에 한 글자 한 구절도 함부로 내가 스스로 더하거나 줄인 일은 한번도 없다.

나는 不敏한 사람으로서 眞實과 거짓을 가려내고 잘못된 것을 바로잡았다 그러나 이는 根據에 依據하여 그렇게 한것이며 나의 臆測과 妄斷으로 한 일은 아니다.

凡有所疑에 他本無所據處는 據義以決하야 附之卷尾而已니라

若以己意로 濫之於部內則或者ᅵ 爲達者之所非矣요 知有闕誤而不寫以傳之則 佛祖之正意ᅵ 幾乎墜地矣라 故로 不獲已書之於卷尾하야 而傳之也로라

今日較正之功也니 後世에 或聞較正之說하고 槪以爲全하야 而不加察焉則 豈爲通人達士之所可乎리오 是以로 不揆不才하고 解其結通其碍하며 正未正齊未齊하야 永貽來學하노니

若見盤根錯節之處하고 而抱拙拱手하야 不游刃於其間이면 則

誰知王舍一輪月이 萬古光明長不滅가 呵呵他日에 具眼者ᅵ 見之면 當

發大笑矣라

解之外訛ㅣ 如盤根錯節하야 結疑不通하니 若一向畏人非之하야 知誤而不決焉則其於報佛恩之義에 爲如何哉아 後世에 必有承訛踵誤하야 妄生穿鑿하야 以求其說之必通者矣리라 夫如是則其不決之弊ㅣ 至於使佛祖之言으로 終未免於駁雜之愆也니 此는 通人達士之所不可也니라 由是로 終不固讓於決焉하야 寫以傳之也로라 夫然後에 一經之義天이 朗曜하야 當年之慧月이 將大明於天下矣니 孰知夫如是之理乎아 今吾自知其然而大慶于懷也로라 當然이나 此言此說이 如蚊虻之鼓太虛也니 達者ㅣ 當以是로 爲笑具也리라

永樂乙未六月日에 涵虛堂衲守伊는 盥手焚香謹序라 하노

무릇 疑問이 있는 곳이 있으나 다른 原本에 根據할 글이 없는 경우에는 內容에 依據하여 決定하고 卷尾에 이를 붙였을 따름이다.

만약 자기의 생각으로 經部안을 함부로 어지럽힌다면 어떤 경우에는 통달한 사람들의 비난하는 바가 될 것이며 또 빠지고 잘못된 곳을 알면서도 이것을 기록하여 전하지 아니한다면 오늘날 이 책을 校正하는 功德은 없어지는 것이다. 後世에 혹 校正한 說을 듣고 대강 그것이 完全할 것이라 하고 다시 더 살피지 아니한다면 부처님과 祖師의 바른 뜻이 자칫 땅에 떨어지고 말 것이다. 그런까닭에 마지못하여 卷尾에 이것을 써서 後世에 傳하는 것이다.

만약 큰 나무뿌리의 마디가 서로 얽히고 설킨 내용을 보고도 나는 못난 사람이라 하며 팔장만 끼고 앉아서 그 얽히고 설킨 곳에 칼을 놀려 매듭을 끊지 아니한다면 어떻게 이것이 達通한 사람이 할 일이라 하겠는가? 그런까닭에 나는 재주 없음을 따지지 아니하고 고르지 못한 곳을 고르게 하고 바르지 못한것을 바르게 하며 通하지 못한 곳을 通해주고 그 막힌 곳을 풀어주어 이 達通한 사람만이 할 일이라 하겠는가?

게하여 기리 後學에 남기노니 누가 아랴!

王舍城의 한 둥근 달

萬古에 밝게 빛나 不滅할지를……

하하하! 훗날 眼目을 가춘 사람이 이를 본다면 아마도 크게 한바탕 웃음을 터트릴 것이다.

解說의 어긋나고 잘못된것이 마치 큰 나무뿌리의 마디마디가 얽히고 설킨듯하여 맺히고 막혀 통할 수 없으니 만약 오로지 사람들의 非難만을 두려워하여 잘못된 곳을 알고도 이를 決斷하지 아니한다면 그 結果 부처님의 恩惠에 報答하는것은 어떻게 되겠는가? 後世에서도 반드시 잘못된것을 이어 받고 誤謬를 다시 犯해 함부로 文句만 파고드는 臆測을 낳으면서 그의 説이 반드시 通하기를 바라는 잘못을 犯하게 될 것이다.

무릇 이와같이 되면 그가 決斷하지 아니한 弊端이 부처님과 祖師님의 말씀을 끝내 雜駁한 허물이 있는 말로 만들게 될 것이니 이것은 達通한 사람이 해서는 안되는 일인 것이다.

이런 理由때문에 끝내 決擇을 굳게 사양하지 아니하고 배껴서 後世에 傳하게 된 것이다.

무릇 이와같이 한 다음에야 온 經의 眞理의 하늘이 밝게 빛날것이며 當時의 智慧의 달빛이 將次 크게 天下를 밝힐 것이다. 누가 이런 理致를 알겠는가? 지금 나는 스스로 그렇게 될것을 알고 이 言説이란 모기가 太初의 宇宙空間을 치는것과 같은 일이니 達通한 사람이라면 아마도 이것을 웃거리로 삼을 것이다.

그러나 이 言説이란 모기가 太初의 宇宙空間을 치는것과 같은 일이니 達通한 사람이라면 아마도 이것을 웃음거리로 삼을 것이다.

永樂乙未(西紀一四一五年)六月 涵虛堂・衲・守伊는 손을 씻고 香을 사르며 삼가 序하노라.

註

① 一着子…바둑 妙手의 한 점 돌
② 無底船無孔笛……부처님의 不可思議
③ 破砂盆…깨진 사발。無用之物。無用의 用
④ 斷常之坑…斷見 즉 모든것은 永久히 存續한다는 執着의 함정 혼히 人間의 肉身生命에 비유됨
⑤ 當陽…당장 그 자리에
⑥ 水灑不著…물을 뿌려도 물이 묻지 아니하는 至極히 淸淨한 것
⑦ 大鑒能…大鑒은 六祖大師의 諡號 六祖·慧能禪師(西六三八~七一三)·俗姓盧氏·本貫은, 河北省·范陽사람, 新州(廣東省新興縣에서 出生。貧寒하여 나무를 해서 저자에 팔아 老母를 奉養하였는데 어느날 城안에서 金剛經을 외우는 소리를 듣고 發心하여 黃梅山의 五祖弘忍大師에게 從事하면서 道를 깨달아 五祖의 衣鉢을 密傳받고 그 길로 揚子江을 건너 逃避하다가 南海·法性寺에서 印宗禪師로부터 剃髮具戒를 받고 五祖의 法統을 이었다. 曹溪山·寶林寺로 자리를 옮겼다가 晩年에는 故鄕집터에 절을 세워 國恩寺라 하였고 그곳에서 入寂함「六祖壇經」으로 널리 알려지고 事實上 禪宗의 鼻祖로 일컬러지고 있다. 金剛経解義二卷이 있다고 傳해질뿐 事實은 未確認。
⑧ 圭峰·密…圭峰宗密。(七八〇~八四一) 荷澤宗인 同時에 華嚴宗 第五祖。四川省·果州사람 二九歲에 道圓禪師로 부터 具戒를 받음。 그후 華嚴宗·澄觀에게서 華嚴教學을 배우고 成都·淨衆寺의 神會禪師의 弟子들 만나 洛陽報國寺에서 神照에게 參問。 그후 華嚴宗·澄觀에게서 華嚴教學을 배우고 禪一致를 主張。正統禪宗으로부터는 「知解」라 하여 排斥되고 있다。 그의 法系는 다음과 같다。

圭峰·密~圭峰宗密。(七八〇~八四一)

⑨ 治父·川…治父·道川(未生沒) 宋代의 高僧, 俗姓, 狄氏, 姑蘇, 玉峰出身(江蘇省) 처음, 東齋, 謙禪師에 投身, 西紀 一一二七年頃에 天峰山, 淨因寺의 蒻庵, 斷成禪師에게 師事, 法嗣가 되었다. 金剛經에 관한 頌이 有名한 川老金剛經註)다 臨濟宗法系

⑩ 傅大士…이름은 傅翕, (四九七~五六九) 浙江省, 婺州, 義烏사람, 善慧大士, 東陽大士, 叢林大士등의 別名이 있음. 十六世에 劉妙光과 結婚. 普建, 普成등 二男을 둠. 達磨와 만나 그의 指示로 松山꼭대기에서 살았고 後에 그곳에 雙林寺를 創建

六祖~南嶽~馬祖~道一~百丈~懷海~黃檗~希運~臨濟~義玄
五祖~智銑~資州~處寂~無相~淨衆~南印~聖壽~道圓~遂州~圭峰~宗密
臨濟~興化~存獎~南院~慧顒~風穴~延沼~首山~省念~汾陽~善昭~石霜~楚圓~翠巖~可眞~大潙~慕喆~治父~道川

⑪ 梁高祖에게 講經. 彌勒佛의 應身이라 稱해졌다. 善慧大士語錄 二卷이 남아있음.
宗鏡…宗鏡·宗書禪師라 稱해졌다. 누구인지 確實하지않다.

⑫ 涵虛堂·守伊…(一三七○~) 朝鮮스님. 法名은 得通. 初名이 守伊. 二十一才에 冠岳山. 義湘庵에서 僧이 되고 檜巖寺에서 無學大師에게 師事, 曦陽山, 鳳岩寺를 重創 그곳에서 入寂함. 圓覺經疏, 般若經家誼, 顯正論의 著書가 있음. 臨濟宗,
楊岐派、破岩系

臨濟…五世…石霜~楊岐~白雲~五祖~圓悟~虎丘~應庵~密庵~破庵~無準~雪岩~及庵~平山~懶翁~無學~自起
楚圓~方會~守端~法演~克勤~紹隆~曇華~咸傑~祖光~師範~祖欽~宗信~處林~慧憨~自起

得通
己和

曹溪六祖禪師序

夫金剛經者는 無相으로 爲宗하고 無住로 爲體하고 妙有로 爲用이라 自從達磨西來로 爲傳此經之義하사 令人으로 悟理見性시케하시니 爲宗靈源이 廓然無諸相하고 曠然無所住하야 空而無不空하며 湛而無知라 今此一經이 以此로 爲宗爲體하야 無知而無不知하고 無在而無不在하며 無住而無不住하니 無相而不礙諸相이니 此所以妙有로 爲用也니라 諸佛所證이 蓋證此也시며 諸祖所傳이 蓋傳此也시니 其所以開示人者도 亦以此也니라

무릇 金剛經이란 「相(色에 대한 執着)」이 없는것으로 根本으로 삼고 「住(한 物體에 대한 執着~住著)」가 없는것으로 바탕을 삼으며 「妙有(不可思議한 存在의 作用)」로 作用을 삼으니 達磨大士가 西天에서 오시면서 부터 이 經의 참뜻을 傳하시어 사람들로 하여금 眞理를 깨달아 自性을 보게

하였다.

般若의 神靈한 根源은 廓然히 (탁 터여 넓고 막힘이 없음) 모든 「相」이 없고 曠然히 (텅 비고 넓음) 머무는 것이 없어서 비어있고 存在하는 것이 없으며 고요하고 맑아 아는 것이 없다. 지금 이 한卷의 經은 이것으로 大宗을 삼고 바탕을 삼아서 아는 것이 없으면서 알지못하는 것이 없고, 存在하는 것이 없으면서 存在하지 아니하는 것이 없으며, 「相」이 없으면서 모든 「相」에 障碍됨이 없으니, 이것이 不可思議란 存在하면서 住著함이 없으며, 住著함이 없으면서 모든 作用이 되는 理由이다. 모든 부처님이 證得하신것도 무릇 이것을 證한것이고 모든 祖師들이 傳하신것도 모두 이것을 傳하신 것이며 그분들이 사람들에게 知見을 열고 보여주신것도 또한 이것으로 하셨다.

祗爲世人이 不見自性일새 是以로 立見性之法이어 世人이 若了見眞如本體하면
即不假立法이라니 此經은 讀誦者ㅣ 無數하며 稱讚者ㅣ 無邊하며 造疏及註解ㅣ凡
八百餘家로대 所說道理는 各隨所見이라 見雖不同이나 法即無二니 宿植上根者
는 一聞便了어니와 若無宿慧하면 讀誦雖多나 不悟佛意일새 故로 解釋其義하야 庶斷
學者疑心하노니 若於此經에 得旨無疑하면 即不假解說이라니
爲除凡夫不善之心이시 經是聖人之語라 教人聞之하고 從凡悟聖하야 永息迷心

다만 세상사람들이 自性을 보지못하니 이 때문에 見性하는 法을 세웠으나 만약 世上사람들이 환하게 眞如의 本體를 볼 수 있다면 법을 세우는 方便을 빌리지 아니하였을 것이다. 이 經을 읽고 외우는 사람은 헤아릴 수 없이 많으며 稱讚하는 사람도 가이없이 많으며 解說과 註

釋을 만든 사람도 무릇 八百餘名에 이른다. 그들이 말한 道理는 각기 그들의 見解에 따른것이니 見解는 비록 다르지만 法에는 두가지 다른 法이 없다. 前生에 靈利한 上根이 심어진 사람은 한번 들어면 곧 깨닫게 되지만, 만약 前生에 심은 智慧가 없는 사람이라면 비록 많이 읽고 외운다 하더라도 부처님의 뜻을 깨닫지 못한다. 그런까닭에 그 참뜻을 풀이하여서 공부하는 사람의 疑心을 끊게 하는것이니 만약 이 經에서 깊은 참뜻을 얻어 疑心이 없다면 곧 解說의 方便을 빌리지 아니하게 된다.

最上의 境地에 이른 부처님이 말씀하신 法門은 凡夫들의 착하지 못한 마음을 除去하기 위한 것인데 經이란 聖人의 말씀이며 사람들에게 이 經의 說法을 듣게하여 凡人의 자리로부터 聖人의 境地를 깨닫게하여 永久히 헷갈린 마음이 멋게 하는 것이다.

此一卷經은 衆生性中에 本有언마 不自見者는 但讀誦文字요 若悟本心이라니 始知此經이 不在文字라 但能明了自性하면 方信一切諸佛이 從此經出하리 今恐世人이 身外覓佛하고 向外求經하야 不發內心하며 不持內經일새 故造此訣하야 令諸學者로 持內心經하야 了然自見清淨佛心이 過於數量하야 不可思議케하노니 後之學者ㅣ 讀經有疑어든 見此解義하야 疑心이 釋然하면 更不用訣하리라 所冀는 學者ㅣ 同見鑛中金性하야 以智慧火로 鎔煉하야 鑛去金存이라

이 한권의 經은 衆生들의 自性안에 本來부터 存在하는 것이지만 이를 스스로 보지못하는 사람은 다만 文字만 읽고 외울 뿐이다. 그러나 만약 本心을 깨닫게되면 비로소 이 經의 眞理가 文字에 있는것이 아님을 알게될 것이다. 다만 自性을 밝게 깨달을 수 있다면 비로소 모든 부처님

我ㅣ 釋迦本師ㅣ 說金剛
經하실새 在舍衛國하사 因須菩提起問하야 大悲爲說하시니 須菩提ㅣ 聞說得悟하사 請佛
與法安名하야 令後人으로 依而受持니케하시 故로 經에 云佛이 告須菩提하사대 是經은
名爲金剛般若波羅蜜이니 以是名字로 汝當奉持하라하시니라

我ー 釋迦本師ー 說金剛經하실새

우리 本地의 스승이신 釋迦牟尼부처님이 金剛經을 說法하실적에는 舍衛國에서 須菩提가 質問함으로 因緣하여 大悲하신 마음에서 說法하신것이며 須菩提는 이 說法을 듣고 깨달음을 얻어 法門에 이름을 지어주실것을 請하며 後世사람들이 여기에 依支하여 이 經을 받아 간직하도록 하였다. 그런까닭에 經에 이르기를 「부처님이 須菩提에게 알리시기를 「이 經은 金剛般若波羅蜜이라 이름하니 이 이름으로 너는 마땅히 받들고 간직하여야 한다」라고 하셨다」라고 쓰여있다.

이 이 經에서 나오셨음을 믿게 될것이다.
지금 내가 두려워하는것은 世上사람들이 自身以外의 다른곳에서 부처를 찾고 外部로 가서 經을 찾으며 自己內部의 마음을 일으키지 아니하고 마음안에 있는 經을 간직하지 아니할까 두렵다.
그런까닭에 이 秘訣을 만들어 모든 배우는 사람들로 하여금 마음안의 經을 간직하게 하여 스스로 淸淨佛心을 보아 그것이 數量을 뛰어넘어 不可思議한 境地에 이르도록 하는것이니 後世의 공부하는 사람들이 이 經을 읽다가 疑問이 있거든 이 解義를 보고 疑心이 어름녹듯 풀리면 다시는 秘訣을 使用하지 아니하게 될것이다. 내가 바라는것은 공부하는 사람들이 다 같이 鑛石안에 金의 性分이 있는것을 보고 智慧의 불로 녹이고 製鍊해서 돌 性分은 버리고 金만을 남게하여주기 바란다.

如來所說金剛般若波羅蜜으로 與法爲名하신 其意謂何오 以金剛은 世界之寶라 其性이 猛利하야 能壞諸物이라 金雖至堅이나 羚羊角이 能壞일새 金剛은 喩佛性하고 羚羊角은 喩煩惱니라 金剛雖堅이나 羚羊角이 能碎하고 佛性이 雖堅이나 煩惱能亂하고 煩惱雖堅이나 般若智ー能破하고 羚羊角이 雖堅이나 賓鐵이 能壞니하나 悟此理者는 了然見性하리 涅槃經에 云見佛性者는 不名衆生이오 不見佛性을 是名衆生이라 시니라 如來所說金剛喻者는 祇爲世人이 性無堅固하야 口雖誦經이나 光明不生이라 外誦內行하야 光明齊等이며 內無堅固하면 定慧即亡하고 口誦心行사하야 定慧均等이니 是名究竟이라

부처님이 말씀하시기를 「金剛般若波羅蜜」이라 法門에 이름을 준다」고 하신것은 그 뜻이 무엇인가?

金剛石은 世界의 寶石으로 그 本質이 사납고 날카로와 모든 物體을 破壞할 수 있기에 붙인 이름이다.

金剛이 비록 지극히 단단하지만 羚羊(검은羊)의 뿔이 능히 이를 허물 수 있으니 金剛은 佛性에 비유되고 羚羊角은 煩惱에 비유된다. 金剛이 비록 지극히 剛하지만 羚羊의 뿔이 능히 부술 수 있듯이 佛性이 비록 堅固하더라도 煩惱가 비록 단단하더라도 般若의 智慧가 능히 깨트릴 수 있다. 羚羊의 뿔이 비록 堅固하더라도 寶鐵이 능히 허물 수 있다.

이 理致를 깨달은 사람은 환하게 自性을 보게 될 것이다.

涅槃經에 이르기를

「佛性을 본 사람은 衆生이라 부르지 아니하며 佛性을 보지못한 사람을 衆生이라 부른다」라고 하였다.

부처님이 말씀하시기를 「金剛」이라 비유하신것은 다만 世上사람들이 自性에 堅固함이 없기에 입으로는 비록 經을 외우지만 光明이 생겨나지 아니하기 때문이며、 밖으로 외우고 안으로 行하여야만 光明이 고르게 平等하고 또 안에 堅固함이 없어지니 입으로 외우면서 마음으로 행하여야만 禪定과 智慧도 곧 없어지니 입으로 외우면서 마음으로 행하여야만 禪定과 智慧가 均等해진다。 이것을 이름하여 「究竟」이라 부른다。

※ 殺羊…빛이 검은 山羊

金在山中이나 山不知是寶하고 寶亦不知是山이니 何以故오 爲無性故니 人則有性하야 取其寶用일새 得遇金師하야 斬鑿山破하고 取鑛烹鍊하야 遂成精金하야 隨意使用하야 得免貧苦니 四大身中에 佛性도 亦爾하야 身은 喩世界하고 人我는 喩山하고 煩惱는 喩鑛하고 佛性은 喩金하고 智慧는 喩工匠하고 精進勇猛은 喩斬鑿하니 身世界中에 有人我山하고 人我山中에 有煩惱鑛하고 煩惱鑛中에 有佛性寶하고 佛性寶中에 有智慧工匠이니 用智慧工匠하야 鑿破人我山하고 見煩惱鑛하야 以覺悟火로 烹鍊하야 見自金剛佛性이 了然明淨이니 是故로 以金剛으로 爲喩하사 因爲之名也시니 空解不行하면 有名無體요 解義修行하면 名體俱備니 不修하면 即凡夫요 修하면 即同聖智일새 故名金剛也라시니

金이 山속에 있으나 山은 이것이 보물인줄 모르며 보물도 역시 자신이 있는곳이 山인줄 모른다。

왜 그런가? 自性이 없기 때문이다.

그러나 사람은 自性이 있기에 그 보물을 取하여 使用한다. 金師(금을 캐서 精鍊하는 技術者)를 만나게되면 山을 뚫고 鑛石을 取해 불에 녹혀 製鍊하여 마침내 精製한 우리의 금을 이루어 마음대로 사용하여 가난과 고생을 면할 수 있게된다. 四大(地水火風)가 모인 우리의 몸안에 있는 佛性도 또한 그렇다. 몸은 世界에 비유되고, 나와 다른사람은 山에 비유되며, 煩惱는 鑛石에 비유되고, 佛性은 金에 비유되고, 智慧는 技術者에 비유되는 차별심은 山에 비유되고 勇猛精進은 山속에 煩惱의 鑛石을 뚫고 해치는 일에 비유된다. 몸인 世界안에 차별심의 山이 있고, 차별심의 山속에 煩惱의 鑛石이 있으며, 煩惱의 鑛石속에 佛性의 보배가 있으므로 煩惱의 鑛石을 發見하면 깨달음의 불로 녹혀 製鍊하여 自身의 金剛佛性이 환하게 밝고 清淨함을 보게되는 것이다.

그런가닭에 「金剛」으로 비유하여 이것으로 修行을 하지 아니하면 이름만 있고 實體는 없게되나, 뜻을 알고 修行하지 아니하면 凡夫가 되고 닦으면 聖人과 같은 智慧가 이름과 實體가 모두 가추어지며, 修行하지 아니하면 이름만 있고 實體는 없는 것이된다. 그런가닭에 「金剛」이라 이름지은 것이다.

何名般若오 是梵語니 唐言는으로 智慧니 智者는 不
起愚心이요 慧者는 有其方便이라 慧是智體요 智是慧用이니 體若有慧면 用智不
愚요 體若無慧면 用愚無智니 祗緣愚癡未悟하야 遂假智慧除之也니라 何名波
羅蜜고 唐言는으로 到彼岸이니 到彼岸者는 離生滅義니 祗緣世人이 性無堅固하야
於一切法上에 有生滅相하야 流浪諸趣하야 未到眞如之地는 並是此岸이라 要具

大智慧하야 於一切法에 圓離生滅하면 即是到彼岸이니 亦云心迷則此岸이요 心悟則彼岸이며 心邪則此岸이요 心正則彼岸이니 口說心行하면 即自法身이며 有波羅蜜이요 口說心不行하면 即無波羅蜜也니라 何名爲經고 經者는 徑也니 是成佛之道路라 凡人이 欲臻斯路인댄 應內修般若行하야 以至究竟이어 如或但能誦說하고 心不依行하면 自心에 即無經이요 實見實行하면 自心에 即有經이니 故로 此經을 如來 — 號爲金剛般若波羅蜜也니라하시

무엇을 「般若」라 부르는가? 이는 梵語이며 中國語로는 「智」라는 것은 어리석은 마음이 일어나지 아니하는 것을 말하며, 「慧」라는 것은 그 方便이 있음을 뜻하니, 「慧」의 作用이다. 만약 「智」가 있다면 「慧」를 작용하여 어리석지 아니하게 되나 바탕에 만약 「慧」가 없다면 작용이 어리석어 「智」가 없게 된다. 다만 어리석은 사람들이 아직 깨닫지 못하는 까닭에 마침내 智慧의 힘을 빌려 어리석음을 除去하는 것이다.

무엇을 「彼羅蜜」이라 부르는가? 이 말을 中國말로 번역하면 「到彼岸」 즉 「生死의 江건너 저쪽 언덕에 이른다」는 뜻이다.

「저쪽 언덕에 이른다」고 하는것은、 生滅의 輪廻에서 벗어난다는 모습이 있어서 六趣를 流浪하며 自性에 堅固함이 없음으로 인연하여 모든 법 위에서 生滅하고 있으니 이것은 모두가 「이쪽 언덕(此岸)」이다 반드시 큰 지혜를 갖추어 모든 法에 이르지 못하고 眞如의 땅에 이르지 못하고 한 마음이 헷갈리면 「이쪽 언덕」이라 말하고、 마음이 깨달으면 「저쪽 언덕」이라 말하는 일이다. 또 간사하면 「이쪽 언덕」이며、 마음이 바르면 「저쪽 언덕」이다.

입으로 말하며 마음으로 行하는것이 곧 스스로 法身에 몸담는 일이며 여기에는 波羅蜜이 있으나 입으로만 말하고 마음으로 行하지 아니한다면 곧 波羅蜜은 없는 것이다.

무엇을 「經」이라 부르는가?

「經」이란 「지름길」이란 뜻이다. 이는 成佛하는 길이니 凡人이 이 길에 이르러야 한다. 혹 다만 經을 외우고 說明할 수만 있고 마음 안으로 般若의 行을 닦아서 究竟에 이르러야 한다. 혹 다만 經을 외우고 說明할 수만 있고 마음으로 根據하여 修行하지 아니한다면 經은 없는 것이고, 實地로 보고 實地로 行한다면 스스로의 마음에 「經」이 있는 것이다.

그런까닭에 부처님은 이 經을 「金剛般若波羅蜜經」이라 이름지어신 것이다.

豫章沙門宗鏡提頌綱要序

觀夫空如來藏하고 碎祖師關하야 獨露眞常이 無非般若니

如來藏은 有空如來藏하며 有不空如來藏하니 空如來藏은 能證眞智也라 眞理니 謂之空如來藏者는 眞理絶相호미 如彼太虛하야 廓無纖翳故也니라 不空如來藏者는 眞智照理호미 如彼赫日하야 當空顯現故也니라 皆謂之藏者는 藏之爲物이 中虛且實하니 中虛故로 可比於空也요 且實故로 可比於不空也니라 今所謂空如來藏者는 蓋異於空不空之空藏이니 以碎祖師關으로 爲對故也니라 物所畜而封不露曰藏이요 隱覆自性如來 故名如來藏이라 關者는 以不通去來로 爲義니 祖師眞機는 八識之藏이 聖解難通일새 凡情莫透인새 故名爲關이니 不妄曰眞이요 不變曰常이니 眞常者는 生佛平等之大本也라 空彼如來藏하고 碎彼祖師關하야 令眞常獨露는 無非般若之功也니라

저 「空如來藏」(空을 갈무리한 부처님의 비밀창고)를 밝게 비추어 보고 祖師의 關門을 부수어 홀로 우뚝한 永遠의 眞如를 드러나게 하는것은 般若 아님이 없다.

如來藏에서 「空如來藏」은 外部의 影響을 받아 證得한 眞如의 智慧이다. 眞理를 「空如來藏」이라 하는것은 眞理에는 相이 斷絶되었음이 저 太虛와 같이 멀고 넓게 텅 비어 실오라기만한 가림도 없는 까닭이다. 또 眞智를 「不空如來藏」이라 하는것은 眞如의 智慧가 眞理를 비추어봄이 저 빛나는 太陽처럼 空中을 차지하고 뚜렷히 나타나기 때문이다.

이 모두를 「藏」이라 하는것은 갈무리 한 물건이 가운데가 비어있으면서 가운데가 비어있다는것을 「空」에 比喩할 수 있고 그러면서도 알찬것은 「不空」을 나눌때의 「藏」과는 다르니 그 까닭은 이 句節이 祖師의 關門을 부순다는 句節과 相對가 되기 때문이다.

물건을 저축하였는데도 드러내지 아니하는것을 「藏」이라 한다. 八識이 갈무리 된것이 自性인 佛性을 숨기고 덮고 있는 까닭에 「如來藏」이라 이름한 것이다. 「關門」이라 하는것은 가고 오는 사람을 통과시키지 아니하는것이 그 內容인데 그 內容인데 그 眞實한 기틀은 거룩한 아름아리(聖解)를 이룬 사람도 통하기 어려우니 凡人의 情識으로는 아무도 이 關門을 뚫을 수 없다. 그런까닭에 이를 「關門」이라 이름한 것이다.

거짓이 아닌것을 「眞」이라 하고 변하지 아니하는것을 「常」이라 한다. 眞常이라는것은 衆生과 부처님에게 평등하게 存在하는 큰 根本이다.

저 비밀히 갈무리한 부처의 창고를 밝게 비추어보고 또 저 祖師의 關門을 부수어 永遠히 변치 않는 眞實을 홀로 우뚝히 나타내는것은 般若의 功德 아님이 없다는 것이다.

三心이 不動하면 六喩全彰이라 七寶로 校功컨댄 四句倍勝이어 若䣫循行數墨하면 轉益見知나 宗眼이 不明하니 非爲究竟이라

三心者는 第八根本心과 第七依本心과 前六起事心이 是니 一眞이 獨露에 三心이 不動하고 三心이 不動에 六喩斯彰이니 六喩者는 識心이 不動하면 業障이 自除라 靑色으로 可以爲喩也니 識心이 不動하면 無漏功德이 自然具足이라 黃色으로 可以爲喩也니 識心이 不動하면 無生智火ㅣ 生焉이라 赤色으로 可以爲喩也니 識心이 不動하면 疑濁이 自淸이라 白色으로 可以爲喩也니 識心이 不動하면 恒住眞空이라 空色으로 可以爲喩也니 行坐故也니라 識心이 不動하면 三毒이 自消라 碧色으로 可以爲喩也니 淸濁水故也니라 赤色은 對日出火故也니라 靑色은 能除災厄故也니라 黃色은 隨人所須故也니라 布施에 但感有漏之果하야 終未免於輪廻일새 故로 劣也요 受持四句는 所以爲勝者는 四句는 之功이라도 不若受持四句之爲愈也니라 只緣持無相經하며 悟無我理하며 行無我行故也니 雖布施七寶 超凡悟道之具也라 受持하야 超生脫死하야 以至究竟일새 故로 勝也니라 優劣은 且置하고 只如四句를 如何受持하야 便得超生脫死오 言言이 冥合本宗이면 句句ㅣ 廻就自己어니 其或未然인댄 增長我人知見하야 終無解脫之期하리라

「三心」이 흔들리지 아니하고 「六喩」가 완전히 밝혀져서 「七寶」를 布施하는 功德을 比較하면 「四句」를 受持하는 功德이 갑절이나 거룩하다. 그러나 만약 몇줄의 글자만을 따라 修行한다면 보고 아는것은 더욱 많아질지 모르나 宗門의 눈目을 밝히지 못하니 「究竟」이 되는것은 아닙니다.

「三心」이라 하는것은 第八識인 阿賴耶識에서의 「根本心」과 第七識인 末那識에서의 「依本識」과 그 앞의 六識(六根에 의한 認識에서의 「起事心」을 말한것이며 唯一絕對한 眞如가 홀로 우뚝히 나타남에 三心이 흔들리지 아니하고 三心이 흔들리지 아니함에 「六喩」가 밝게 나타난다. 여섯가지 비유(六喩)라 하는것은 識心이 움직기지 아니하면 業障이 스스로 除去될수 있으며 그 색으로 비유할 수 있으며 그 가닭은 푸른색은 災厄을 除去할 수 있기 때문이다. 또 德識이 움직기지 아니하면 번뇌없는 功德이 충족하게 갖추어지니 이것은 노란색에 비유할 수 있으며 그 까닭은, 노란 색은 사람의 번뇌없는 功德이 필요로 하는 것에 따라가기 때문이다. 또 識心이 움직기지 아니하면 生滅없는 智慧의 불길이 생겨나니 붉은 색은 해와 마주보면 불이 일어나는 까닭으로 비유할 수 있으며 또 識心이 움지기지 아니하면 탁한 의심이 스스로 맑아지니 이는 흰 색으로 비유할 수 있으며 흰색은 탁한 물을 맑게할 수 있기 때문이다.

① 六喩…金剛經에서 人生의 無常함을 꿈, 허깨비, 거품, 그림자, 이슬, 번갯불등 여섯가지로 비유한것.

또한 識心이 움직기지 아니하면 恒常 眞空에 머물 수 있으니 이는 空色으로 비유할수 있고 空色은 「空」가운데 걸어가고 앉을 수 있기 때문이다. 또 識心이 움지기지 아니하면 三毒(탐욕, 노여움, 어리석음)이 스스로 소멸되니 이는 파란 색으로 비유할 수 있으며 모든 毒을 消滅할 수 있기 때문이다.

功用이 이와같은 지경에 이르게 되는 까닭은 오직 「相」없는 經을 護持하고 我慢없는 眞理를 깨달아 無我의 行을 行하기 때문이다.

비록 七寶를 布施하는 功德일지라도 「四句」를 받아드려 간직하는 공덕만 못하다. 七寶를 布施하는 功德이 四句를 受持하는 功德에 뒤지는 理由는 七寶는 人間世界에서 所重하게 여기는 것으로 이것을 布施하면 다만 有漏(번뇌망상의 습여드는것이 있는 狀態))의 果報에 感應될뿐 끝내 生死의 輪廻를 면하지 못하는 까닭이다. 「四句」를 受持하는것이 그 功德이 더욱 거룩하다는 理由는 四句는 凡人의 境界를 뛰어넘어 道를 깨달아 超脫하여 이로써 究竟에 이르게 되는 까닭에 거욱 거룩하다는 것이다.

그 優劣은 잠시 그만두더라도 다만 四句를 어떻게 받아드려 간직하여야만 生死를 超脫할 것인가?

말씀마다 눈에 보이지않는 가운데 根本宗旨에 符合되면 구절마다가 되돌아와서 자기것이 될 것이나 혹 아직 그런 境地에 이르지 못한 사람이라면 나와 남을 차별하는 知見만을 增長시킬 뿐 끝내 解脫의 期約은 없을 것이다.

註
「四句」… 普通은 單單俱非, 즉 有、無、亦有亦無、非有非無를 指稱하나 여기서는 四句偈, 즉, 「諸法無常、是生滅法、生滅滅己 寂滅爲樂」을 指稱한듯 하다.

嗚呼라 微宣奧旨여 石火電光이요 密顯眞機여 銀山鐵壁이로다 瞥生異見하면 滯在中途하야 進步無門이며 退身迷路일새 聊通一線하야 俯爲初機하노니 良馬는 見鞭에 追風千里矣니라

奧旨는 言旨之玄奧難測也요 眞機는 言機之純而無雜也라 眞機는 一似銀山鐵壁하야 固難透며 高逈莫攀이요 奧旨는 如石火電光하야 燦然可見이나 神速難追어든 況今佛이 宣而微宣하시며 顯而密顯하시니 那容擬議於其間哉아 若是過量漢은 石火電光을 一捉便捉하며 銀山鐵壁을 一透便透와어니 其或未然인댄 滯在中途하야 進退俱失일새 由是로 欲爲後學하야 開介徑路하려 遂於三十二分에 隨分提綱하고 隨綱著頌하노니 利根者는 把來一看하면 則一經之奧旨와 諸佛之眞機를 便見昭昭於心目矣니라

아! 微妙하게 베푸신 깊고 깊은 眞理는 電光石火와 같고 비밀히 밝히신 眞正한 機緣은 銀山鐵

壁과 같으니 눈깜박할 사이라도 다른 見解가 생기면 中途에 쳐져 머물게 되어 더 앞으로 나아가려도 門이 없고 뒤로 물러서려하여도 길이 헷갈린다.

이에 애오라지 한가닥 실날같은 길을 통하게 하여 굽어 첫 기연을 맞은 사람을 위하고자 하니 좋은 말은 채찍만 보고도 바람을 뒤쫓아 千里를 달리느니라.

「奧旨」라 한 것은 말씀의 要旨가 玄奧하여 推測하기 어려움을 말한 것이다.

「眞機」라 한 것은 機緣이 純粹하여 雜스럽지 아니함을 말한 것이다.

眞實한 機緣이란 銀山鐵壁과 꼭 같아서 堅固하여 뚫기 어려우며 높이 맴돌아 아무도 기어오르지 못한다.

奧旨는 電光石火와 같아서 뻔쩍할 때 볼 수 있으나 神速하여 따라잡기 어렵다. 하물며 지금 부처님이 베푸셨으나 微妙하게 베푸셨고 밝혀셨으나 비밀히 밝혔으니 어찌 그 사이에 머뭇거리며 생각할 틈을 주겠는가?

만약 才量이 넘치는 사람이라면 電光石火를 한번 잡으려하면 곧 잡게 되고 銀山鐵壁을 한번 뚫으려하면 곧 뚫게 되겠지만 혹 아직도 그런 境地에 이르지 못한 사람이라면 中途에 쳐져 머물게 되어 나아가고 물러설 길을 모두 잃게 된다. 이로 말미암아 後學들을 위하여 하나의 지름길을 열어주고자 하여 마침내 서른두개의 部分에 걸쳐 그 部分에 따라 提綱을 하였고 이 提綱에 따라 偈頌을 지었으니 根器가 靈利한 사람이라면 잡고 와서 한번 보면 온 經의 깊고 깊은 참뜻과 부처님의 眞實한 機緣을 곧 마음의 눈으로 밝고 밝게 보게 될 것이다.

金剛般若波羅蜜經 上

一切衆生이 內含種智호대 與佛無殊언마는 但以迷倒로 妄計我人하고 淪沒業坑하야 不知反省所以로 釋迦老人이 示從兜率로 降神王宮하시며 入摩耶胎하사 月滿出胎에 周行七步하시고 自顧四方하시며 指天指地하사 作獅子吼하사 天上天下에 唯我獨尊이라하시고 遊觀觀生老病死하시며 四相相逼하고 子夜에 踰城出家하사 入雪山하야 六年苦行하사 臘月八夜에 見明星하고 悟道하시고 初遊鹿苑하사 轉四諦法輪하시며 次說阿含方等等部하사 漸令根性純熟하시고 方說此般若大部하사 開示悟入佛之知見하시니 夫大雄氏之演説般若ㅣ 凡四處十六會라 經二十一載에 說半千餘部하시니 金剛一喩ㅣ 廣於諸部中에 獨此一部를 冠以金剛으로 以爲喩者는 此之一部ㅣ 以約該博하고 含諸義일새 故로 以爲喩也니라

모든 衆生들이 몸안에 根本智慧를 품고 있는것은 부처님과 다르지 아니한데도 다만 헛갈림과 거꾸로된 妄想때문에 함부로 너와 나를 差別하고 業의 구덩이에 빠져있으면서 反省할줄 모른다. 그런까닭에 釋迦老人께서는 兜率天宮에서 나타나시어 그 神이 王宮으로 내려오시어 摩耶夫人의 胎안에 드시어 달이 차자 胎에서 나오셔서 두루 일곱발자욱을 걸어가시고 스스로 四方을 돌아 보시면서 하늘과 땅을 가르치며 獅子같이 우렁찬 목소리로 「天上天下에 오직 내가 홀로 尊貴하도다」라고 하시고, 나이 열아홉살이 되었을때 四大門을 遊覽하시다가 生·老·病·死의 네 모습에 서로 핍박 당하는것을 보시고 한밤중에 城을 넘어 雪山에 들어 가셔서 六年을 苦行하시다가 十二月八日밤에 밝은 별을 보시고 道를 깨달으셨다.

처음 鹿野苑에 노니시며 四諦(苦·集·道·滅)의 法輪을 굴리시고 다음에 阿含經·方等經등의 經을

說法하시어 漸次로 衆生들의 根機가 무르익게 하신뒤 비로소 이 般若經의 大部를 한마디 비유에 여러가지 뜻이 包含된것과 一致하는 까닭에「金剛」이란 말로 비유하신것이다.

머리에「金剛」이란 比喩를 붙인것은 이 一部의 經이 그 結付됨이 該博하기 때문에 「金剛」이란 말로 비유하신것이다.

年의 歲月을 겪으면서 五百餘部의 經을 說法하셨지마는 모든 經部 가운데서 홀로 이 經에만 첫 무릇 부처님이 般若經의 說法을 베푸신것에는 모두 네곳에서 열여섯번의 모임을 가졌고 二十一 衆生들에게 깨달음의 門을 열고 보여주시고 깨닫게하여 부처님의 知見에 들게하셨다.

般若는 此翻爲智慧니 何名爲智慧오 虛空이 不解說法聽法하며 四

大ㅣ 不解說法聽法인요 只今目前의 歷歷孤明이 勿形段者는 能說法聽法也라 此說聽底一

段孤明이 輝天鑒地하며 曜古騰今하야 行住坐臥와 語默動靜의 一切時一切處에 昭昭靈靈하야

了然常知니 此所以得名爲般若也니라 宜乎比平金剛의 意謂何以오 此一段孤明이 處萬變而如

如不動하며 淪浩劫而宛爾常存이니 宜乎比乎金剛之堅也요 斬斷竹木精靈하며 截斷彌天葛藤如

하나니 喩以金剛이니라 其意以此니라 亦名摩訶般若니 摩訶는 此翻爲大니

何名爲大오 此一段孤明이 語其明則明逾日月하고 言其德則德勝乾坤이며 其量ㅣ 廣大하야 能

包虛空하고 體遍一切하야 無在不在라 三世에 初無間斷時하고 十方에 都無空缺處하니 此所以得

名爲摩訶也니라 波羅蜜은 此翻爲到彼岸이니 何名爲到彼岸고 迷之者曰衆生이요 悟之者曰佛

이니 雲收雨霽하며 海湛空澄하야 霽月光風이 相和하고 山光水色이 互映은 此悟者之境界也요

罩雲籠霧하며 上明下暗하야 日月이 掩其明하고 山川이 隱其影은 此迷者之境界也라 迷之而背覺

合塵은 名在此岸이요 悟之而背塵合覺은 名到彼岸이니 此所以得名爲波羅蜜也니라 經者는 徑

詮如上之妙旨하사 開後進之逕路하야 令不涉乎他途하고 能直至乎寶所니 此所以得名爲經也니라 又略而釋之則摩訶般若者는 通凡聖該萬有廣大無邊之智慧요 金剛般若者는 堅不壞利能斷하야 鎔凡鍛聖之智慧也며 波羅蜜者는 悟如是旨하야 行如是行하야 超二死海하며 達三德岸也며 經者는 以如是言으로 詮如是旨하야 現益當世하고 成轍後代也니 或名金剛般若波羅蜜經하며 或名摩訶般若波羅蜜經이니 其義以此니라 題以八字나 摠無量義를 攝難思教하니 題稱八字에 念過一藏이요 經持四句나 德勝河沙라 經義與果報를 佛稱不思議—蓋以此也니라 然이나 此는 只是約教論耳어니와 若約祖宗門下一卷經하야 言之則入息出息常轉經이니 豈待形於紙墨然後에 以爲經哉아 所以로 古人이 道대 般若波羅蜜此經이 非色聲이어늘 唐言에 謾翻譯이요 梵語에 強安名이로다 捲箔秋光冷이요 開窓曙氣淸이라 若能如是解하면 題目이 甚分明하이리라

「般若」란 말을 이곳 말로 번역하면 「智慧」라 이름하는가? 저 虛空은 說法도 聽法도 할줄 모르며 地水火風 四大도 說法도 聽法도 할줄 모른다 (※ 여기서 四大란 사람의 肉体를 말한것) 오직 지금 눈앞에, 歷歷하고 밝으며, 形体도 없는것이 능히 說法도 聽法도 할 수 있는것이다. 이 說法하고 聽法할만한 한토막 외롭게 밝은것이 하늘에 빛나고 땅을 비추어보며 예전에 빛나고 지금에 나솟아 걷고 멈추고 앉고 눕는 모든 時刻 모든 場所에서 밝고 밝으며 神靈하고 神靈하여 환하게 알게되니 이것이 「般若」란 이름을 얻게된 까닭이다.

그렇다면 「金剛」이란 비유를 하신것은 무슨뜻일까? 이 한토막 외롭게 밝은것은 모든 變化에 處하여도 흔들리지 아니하고 永劫의 歲月속에 빠져있

어도 永久히 남아있으니 「金剛」의 단단함에 比喩함이 마땅하며 칼로 베고 자르며 하늘에 닿는 칡·덩쿨의 줄기를 (※ 人間의 煩惱를 比喩한것) 끊고 자르니 이는 「金剛의 날카로움」에 比喩함이 마땅할지니 부처님이 「金剛」으로 比喩하신 뜻은 이런 내용 때문이다.

또 다른 이름으로는 「摩訶般若」라고도 하는데 「摩訶」란 말을 이곳 말로 번역하면 「크다(大)」는 뜻이다. 왜 크다고 이름하였을까?

이 한토막 외롭게 밝은것은 그 밝음을 말한다면 해와 달보다 더 밝고 그 德은 하늘과 땅의 德보다 거룩하다 그 量은 廣大하여 虛空을 감쌀 수 있고 그 바탕은 모든곳에 두루 깔려 없는곳이 없으며 三世(過去·現在·未來)에 걸쳐 조금도 中間에 斷絶된 때가 없고 十方世界에 도모지 比고 모자라는 곳이 없으니 이것이 「摩訶」란 이름을 얻게된 까닭이다. 「波羅蜜」이란 말은 이곳 말로 번역하면 「到彼岸」즉 「江건너 저쪽 언덕에 이른다」는 뜻이다. 왜 「저쪽 언덕에 이른다」는 이름을 붙였을까?

生死의 江물에 길을 잃고 해매는 사람을 「衆生」이라 하고 건너갈 길을 깨달은 사람을 「부처」라 하니 구름이 걷히고 비가 개여서 바다는 맑고 잔잔하며 하늘은 투명하고 개인 달빛 빛나는 바람이 서로 調和되여 山빛 물빛이 비추게 되는것은 깨달은 사람의 境界다. 안개속에 간히고 구름속에 간혀서 위는 밝은데 아래는 어둡고 해와 달이 그 밝음을 가리우고 山과 시냇물이 그 그림자를 숨기고 있는것은 길은 잃고 해매는 사람의 境界다.

그러나 이를 깨달은 등지고 環境境界를 迎合하니 이를 이름하여 「이쪽 언덕에 남아있는 사람(在此岸)」이라 하고 環境境界를 등지고 깨달음과 合流하니 이를 이름하여 「저쪽 언덕에 이른 사람(到彼岸)」이라 하니 이것이 「波羅蜜」이란 이름을 얻은 理由이다.

「經」이라 하는것은 「지름길(徑)」이란 뜻이다. 위에서 말한것과 같은 妙旨를 끝까지 캐서 後進들에게 지름길을 열어주어 그들이 다른 길에 관련되지 아니하고 능히 곧 바로 보배쌓인 곳에

(부처님계신 곳)이르게 하는것이니 이것이 「經」이란 이름을 얻게된 理由이다.

또 이것을 簡略하게 줄여서 풀이한다면 「摩訶般若」라 하는것은 廣大無邊한 智慧이며 「金剛般若」라 하는것은 堅固하여 허물어지지 아니하고 날카로와 능히 번뇌를 자를 수 있어서 凡人을 熔鑛爐에 녹혀서 聖人으로 鍛鍊해내는 智慧를 말한 것이다.

「波羅蜜」이라 하는것은 「이와같은 참뜻(如是旨)을 깨달아」이와같은 行(如是行)을 修行하여 두 가지 죽음(二死…分段生死·變易生死)의 언덕에 「波羅蜜」의 바다를 뛰어넘고 세가지 덕(三德…智·斷·恩)의 언덕에 도달하는 것이다.

또 「經」이라 하는것은 「이와같은 말씀(如是言)으로」이와같은 참뜻(如是旨)을 끝까지 캐내서 現實的으로 當世에 利益을 주고 後代의 사람들을 위한 前轍을 이루게 하는 것이다.

혹 「金剛般若波羅蜜經」이라 이름하기도 하는데 그 내용은 이런 내용때문이다.

여덟 그자로 題目을 달았으나 해아릴 수 없는 뜻을 모두 담았고 經은 一部로 되어있으나 생각해서는 알기 어려운 가르침이 포함되여있으며 題目은 여덟글자로 일커러지지만 그기에 담긴 念願은 온 大藏經의 內容을 超過하는 것이며 經은 四句를 지니고 있지만 그 德은 河沙보다도 많다. 經의 內容과 이 經을 듣고 얻는 果報를 부처님이 「不可思議」라고 하신것은 무릇 이 때문이다.

그러나 이러한 풀이는 다만 「教」와 結付시켜서 論하였을 뿐이며 만약 이것을 祖師門下의 한卷의 經과 結付시켜 말한다면 숨을 들이쉬고 내쉬는 일 자체가 永久히 變치않는 轉經인데 어찌 종이와 먹으로 表現하는것을 기다린 다음에 그것을 經으로 삼겠느냐?

그런까닭에 옛 사람이 말씀하기를

「般若波羅蜜經」

이 經 色도 소리도 아니거늘

※ ① 二死…分段生死와 變易生死、分段生死는 限定된 壽命을 지니고 生死를 輪廻하는것、變易生死는 輪廻를 뛰어넘은 聖者、阿羅漢의 죽음.

中國말로 부질없이 번역하고
印度말로 억지로 이름지었네
발 걷어올리니
가을 햇볕 차갑고
창문 열어재치면
새벽 기운 맑구나
만약 이와같이 解得할수 있다면
題目 매우 分明하리라
라고 하였던 것이다.

般若波羅蜜　此經非色聲
唐言謾飜譯　梵語强安名
捲箔秋光冷　開窓曙氣清
若能如是解　題目甚分明

雙林傅大士　贊
六祖大鑒禪師　口訣
圭峰密禪師　纂要
冶父道川禪師　頌
豫章鏡禪師　提綱
涵虛堂得通　說誼

圭峰密禪師疏論纂要幷序

鏡心이 本淨하고 像色이 元空이라 夢識이 無初어늘 物境이 成有하니 由是로 惑業이 襲習하고 報應이 綸輪하야 塵沙劫波에 莫之遏絶일새

心也者는 冲虛妙粹하고 炳煥靈明호대 如彼古鏡이 體自虛明하야 瑩徹無礙라 妙絶名相之端하고 淨無能所之跡일새 故로 云鏡心이 本淨이라 內而根身과 外而器界를 皆謂之像色이라 阿賴耶識一念之妄이 變起根身器界하나 若離妄念하면 即無一切境界之相일새 故로 云像色이 元空이라하니라 夢識은 只因不覺而有니 心若常覺이면 夢識이 無由現發일새 故로 云夢識이 無初니라 不覺心動을 名爲覺明이라 因明起照하야 見分이 俄興하고 由照立塵하야 相分이 妄布하니 於是에 根身과 世界成差일새 故로 云物境이 成有니라 根身이 既興하고 世界已成에 根塵이 相對하고 識風이 頓起하야 瞽智眼於風塵이라 沈迷三界之中하고 匐匍九居之內하야 生死循環하야 無有窮已일새 故로 云由是로 惑業이 襲習하고 報應이 綸輪하야 塵沙劫波에 莫之遏絶이라하니라

圭峰·宗密禪師의 疏論纂要와 아울러 그 序文

거울같은 마음은 本來부터 淸淨하며 그기에 비친 影像의 色은 元來 「空」이다. 꿈속의 「識」은 시초가 없건만 衆生들의 境界에서는 「有(存在)」를 이루니 이로 말미아마 惑業이 찌거기로 이어지고 報應이 수레바퀴처름 돌고돌아 塵沙劫의 물결을 아무도 막고 끊치 못하였다.

마음이란 텅 비어 묘하고도 환하게 밝고 靈明함이 저 옛 거울과 같고 바탕이 스스로 비고 밝아 영롱하고 투철하여 막힘이 없어 그 妙함은 이름과 모습의 실마리가 끊어진 境界며 그 淸淨한 主觀과 客觀의 자취가 없다. 그런까닭에 「鏡心本淨」이라 말한것이며 안으로는 뿌리가 되는 몸(六根으로 이루어진 몸)과 밖으로는 그릇이 되는 境界를 모두 「影像에 비친 色(像色)」이라 말한다. 阿賴耶識에서의 一念의 妄想이 變해서 根身과 器界를 일으키니 만약 이 妄念을 여읜다면 곧 모든 境界에서의 「相」도 없어지는 까닭에 「像色元空」이라고 말한 것이다.

※ 塵沙劫…먼지나 모래처럼 많은 歲月동안。

꿈속에서의 認識이란 다만 꿈에서 깨여나지 못한 까닭에 존재하는 것이며 마음이 만약 늘 꿈에서 깨여나 있다면 꿈속의 認識이란 일어날 길이 없는 것이다. 그런까닭에 「夢識無初」라고 말한 것이다.

자기도 모르는 사이에 마음이 움직이기는 것을 「覺明」이라 한다. 이 覺明으로 인하여 「비춤(照)」이 일어나고 여기서 갑작이 見解의 못이 일어난다.

비춤으로 말미암아 對象物이 建立되고 相의 못이 함부로 깔리게 되니 여기에 根身境(阿賴耶識의 세 못의 하나)이 갑작이 일어나 世界를 이루게 된다. 그런까닭에 「物境成有 ※物象生」라 말한것이다.

根身境이 일어나고 世界가 이루어지면 六根六塵이 서로 마주보개 되고 八識八風이 서로 북쳐서 꿈속의 집에 진여의 깨달음을 가두어두고 風塵속에 지혜의 눈을 멀게하여 三界안에 가라앉아 해매며 九有情居안을 기어다니며 生死를 돌고 돌며 다할 날이 없게 된다. 그런까닭에 「惑業이 襲習하고 報應이 輪輪하야 塵沙劫波에 莫之遏絶」이라 말한것이다.

註

① 根塵…六根六籤의 주린말。六塵은、六境眼耳鼻舌身意와 色聲香味觸法。

③ 九居…九有情居、三界五趣 가운데서 無色界의 空無邊處、識無邊處、無所有處 非想非非想處의 아홉곳・極光淨・遍淨・無想・四天과 人間世界와 色界의 梵衆의 九居…九有情居、三界五趣 가운데서 無色界의 空無邊處、識無邊處、無所有處 非想非非想處의 아홉곳、즉 欲界의 人間世界와 色界의 梵衆・極光淨・遍淨・無想・四天과 無色界의 空無邊處、識無邊處、無所有處 非想非非想處의 아홉곳에 기뻐하고 살기를 願하는 아홉곳의 場所 즉 欲界의 人間世界와 色界의 梵衆

④ 覺明…一般的으로 똑똑한 사람을 覺明이라 하는데 여기서는 唯識論에 立脚「感覺이 밝아진다」는 뜻으로 쓴 것임.

故我滿淨覺者ㅣ 現相人中하사 先說生滅因緣하사 令悟苦集滅道케하시니 旣除我執이나 未達法空이라 欲盡病根하사 方談般若하시니 心境이 齊泯이라 即是眞心이오 垢淨

雙亡이라 一切清淨이로 三千瑞煥하시고 十六會彰하시니 今之所傳은 即第九分이라 句

偈隱略하고 旨趣深微하야 慧徹三空하고 檀含萬行이로 住一十八處하사 密示階差하시고

斷二十七疑하사 潛通血脈하시니 不先遣遣이면 易契如如리오 故雖策修나 始終無相

이라 由斯로 教理皆密하고 行果俱玄하야 致使口諷牛毛나 心通麟角이라 或配入名

相하야 着事乖宗하며 或但云一眞하야 望源迷派하니 其餘胸談臆注는 不足論矣로다

河沙珍寶와 何疑하야 三時身命으로 喻所不及이 豈徒然哉아 且天親無着은 師補處尊

이어시늘 後學은 或添或棄아 故今所述은 不攻異端이오 疏是論文이니 乳非水

內니라 纂要名意은 及經題目은 次下即釋일새 無煩預云이라

稽首牟尼大覺尊과 能開般若三空句와

發起流通諸上士하사옵 冥資所述契群機소케하서

그런까닭에 우리 滿淨覺者(부처님)는 사람들 가운데 모습을 나타내시어 먼저 生滅의 因緣을 설법하시여 苦集道滅의 四諦의 眞理를 깨닫게하시니 我執은 除去되었으나 아직 「法空」에는 사모치지 못하였기에 病의 뿌리를 다 없애고자 비로소 般若를 말씀하시니 마음과 境界가 모두 사라지고 곧 그것이 眞如의 마음이 되었으며 때문은것과 淸淨한것이 同時에 없어지니 一切가 淸淨하여 곧 그것이 眞如의 마음이 되었으며 때문은것과 淸淨한것이 同時에 없어지니 一切가 淸淨하여졌노라. 三千世界에 瑞光이 빛나고 열여섯번의 모임이 밝혀졌으니 지금 전하는 이 經은 곧 아홉分段째의 說法이시다. 言句와 偈頌이 隱密하며 簡略하며 참뜻의 趣向이 깊고 微妙하여 智慧는 三空에 사모치고 布施는 萬行을 머금어 열여덟곳에 머물면서 비밀히 階段의 差異를 보여주시고 스물입곱가지의 疑心을 끊고 몰래 血脈을 通해주시니 먼저 버리고 또 버리지 아니한다면 어떻게 如如에 契合하리오. 그런가닭에 비록 修行을 채직질하였지만 처음부터 끝까지 「相」이 없다. 이로 말미아마 敎理가 모두 비밀스럽고 修行과 果報가 모두 玄奧하여 입으로 외우는 것은 소털처럼 가는 말이지만 마음은 麒麟의 뿔에 通하게 하였다. 그러나 간혹 어떤 사람은 짝지어 이름과 「相」의 世界에 들어가 일에 執着하여 宗旨에 어긋나기도 하고 또 혹 어떤 사람은 다만 一乘·眞諦만을 말할뿐 支派와 比較하면 가슴속에서 생각하고 臆測으로 쏟아놓는 이야기들은 論할 價値조차 없다.

江모래처럼 많은 珍貴한 보배와 三時(※ 여기서는 三世)의 身命으로 깨우쳐 주어도 미치지 못한다는 말이 어찌 부질없는 말이겠느냐?

또한 天親보살과 無着스님은 부처님의 뒷자리를 메울 尊者이신 분인데 後學들은 무엇을 疑心하여 그분의 解釋을 혹 보태고 혹 버리는가? 그런가닭에 지금 내가 말하는것은 異端을 攻駁하는것이 아니고 이 論의 글을 解說하는 것이니 牛乳는 決코 물의 범위안에 있는것이 아니다.

이 纂要의 이름과 內容과 經의 題目에 關해서는 다음 아랫 글에서 곧 풀이할 것이니 미리 번거롭게 말할 必要는 없다.

머리 조아리오이다 석가모니부처님!
發起하시고 般若三空의 言句 열어서 모든 큰스님!
能히 般若三空의 言句 流通시키신 모든 큰스님!
눈에 보이지 아니하는 가운데
이 著述에 뒷바침 하시어
수많은 機緣에 맞게하여 주소서

註

① 三時…① 現在、過去、未來 ② 부처님 說法을 세時期로 나누는 일。小乘、大乘으로의 過渡期、大乘。또 하루를 六時로 나누어 晝三時 夜三時로 나누기도 함。

② 天親…印度學僧、婆藪槃豆、金剛般若波羅蜜論、俱舍論、攝大乘論、佛性論등 數많은 著書를 남김。僑尸迦의 아들이며 無著의 아우

③ 無著…北印度出身스님。法相大乘의 敎理를 宣揚、攝大乘論、地論、顯揚聖敎論등 많은 著書있음。

將釋此經할새 未入文前에 懸叙義門하야 略開四段호리

第一은 辨敎因緣이요 第二는 明經宗體요 第三은 分別處會요 第四는 釋通文義니라 初中에 有二하니

初는 惣論諸敎니 謂酬因酬請하야 顯理度生也니 若據佛本意則唯爲一大事因緣故로 出現於世하야 欲令衆生으로 開佛知見等이요 後는 別顯此經이라 於中에 有五하니

一은 爲對除我法二執故니 由此二執하야 起煩惱所知二障니하나 由煩惱障이

障心하야 心不解脫하야 造業受生하야 輪廻五道하고 由所知障이 障慧하야 慧不解脫하야 不了自心하고 不達諸法性相하며 縱出三界라도 亦滯二乘하야 不得成佛일새 故說此經이라

故名障也라 二執을 若除하면 二障이 隨斷이니 爲除二執일새 故說此經이라

經中에 答所問已하고 便躡迹하야 節節斷疑니 謂遮未起種子之疑 斷現起現行之疑니 即二十七段이라

二는 爲遮斷種現二疑故니

三은 爲轉滅輕重二業故니 轉重業하야 令輕受하고 滅輕業하야 令不受라

四는 爲顯示福慧二因故니 佛成正覺하사 未說般若之前에 衆生이 由無妙慧하야 施等住相하야 皆成有漏하며 或滯二乘일새 故談般若하사 顯示妙慧로 爲法身因하고 五度로 爲應身因이니하시니 若無般若면 即施等五ㅣ 非波羅蜜이라 不名佛因하고 故須福慧二嚴사하야 方成兩足尊也라

五는 爲發明眞應二果故니 謂未聞般若之前엔 但言色相이 是佛이라하고 不知應化ㅣ 唯眞之影하야 不如實見眞身應身일새 故此發明二果하야 令知由前二因證得라이니

將次 本文解釋에 들어가기 전에 먼저 내용을 서술하여 간략하게 네 段階로 나누어 이를 내걸고저 한다.

첫째는 이 가르침의 因緣을 가려내는 일이며, 두번째는 經의 根本바탕을 밝히는 일이며 세번째는 이 가르침의 場所와 모임을 分別하는 일이며 네번째는 經文의 뜻을 풀이해서 통하게 하는 일이다.

이 네가지 가운데 첫번째 因緣을 가려내는 일도 두가지로 구분된다.

첫째는, 모든 가르침을 總体的으로 論하는 일이니 즉 因緣에 應酬하고 眞理를 밝혀 衆生들을 濟度하신 일을 말하는 것이다. 만약 부처님의 본뜻에 根據한다면 오직 一大事因緣때문에 世上에 나타나시어 衆生들로 하여금 부처님의 知見을 열고, 보여주고, 깨닫고, 들어가게 하는 등등의 일을 하고저 하셨을 따름이다.

두번째는, 따로 이 經의 内容만을 밝히는 일인데, 이 가운데에도 다섯가지 구분이 있다.

첫째는 我執과 法愛(法에 對한 執着)의 두 執着을 相對로 이를 除去하기 위한 까닭에 이 經을 說法하신 것이다.

이 두 執着으로 말미암아 煩惱障과 所知障(알아야 할것에 대한 障礙)가 일어나고 煩惱障이 마음을 가로막음으로 말미암아 마음이 解脱하지 못하며 業을 지어 生命을 받고 태어나 五道(地獄、餓鬼、畜生、阿修羅、人間)를 輪廻하게 된다. 또 所知障이 智慧를 얻지못하고 自己마음을 깨닫지 못하여 모든 法의 本質의 모습에 通達하지 못하니 설사 三界를 벗어난다 하더라도 역시 二乘에 주저앉아 머물게 되고 成佛할 수 없게 된다. 그런까닭에 이것을 「障礙」라 이름하니 이 두 執着이 만약 除去된다면 두 障礙도 따라 斷絶되는 것이니 두 執着을 除去하기 위한 까닭에 이 經을 說法하신 것이다.

두번째는 根本疑惑(種疑)과 現在 이루어진 疑問(現疑)등 두 疑惑을 遮斷하기 위한 까닭이니 즉 이는 아직 일어나지 아니한 種子의 疑惑을 遮斷하고 現在 일어난 現行의 疑惑을 斷絶하는것을 말하는것으로 이는 곧 經 가운데서 묻는 일에 대답을 마친 후에도 곧 그 자욱을 다시 밟아 구구절절에서 疑惑을 끊기에 이른것이 이것이다.

세번째는 무거운 業과 가벼운 業등 두 業을 혹은 轉換시키고, 혹은 滅絕시키기 위한 까닭에 이

經을 說法하시는 것이니 무거운 業報를 지은 사람은
네번째는 福德과 智慧의 두 因緣을 뚜렷이 밝혀 보여주기 위한 까닭에 이 經을 說法하신 것이 이 經이다.

부처님이 正覺을 이루시고도 아직 般若經을 說法하시기 以前까지는 衆生들은 妙한 智慧가 없음으로 말미암아 布施등 相에 모두가 住着하였기에 有漏(煩惱妄想이 남아있는것)를 이루었고 또 二乘에 머물게 되었다. 그런 까닭에 般若經을 說法하시어 妙한 智慧를 뚜렷이 밝혀 보여 이것을 法身의 因子로 삼았고 나머지 五度波羅蜜(布施、忍辱、持戒、精進、禪定)을 應身의 因子로 삼으셨다. 그런 까닭에 布施등 五度波羅蜜은 波羅蜜이 아니니 이를 「佛因」이라 이름할 수는 없게 된다. 만약 般若가 없다면 布施등 五度波羅蜜의 莊嚴을 얻어야만 비로소 두 발을 가춘 부처님이 되는 것이다.

다섯번째는 眞身과 應身의 두 果報를 밝히기 위한 까닭에 이 經을 說法하신 것이니 즉 아직 般若經의 說法을 듣지 못한 그 以前에는 다만 「色相이 곧 부처다」라고만 하고 應身佛、化身佛의 그림자임을 몰랐기에 이는 實地로 眞身佛、應身佛을 만나는 일만 못하다. 그런 까닭에 이 두 果報를 밝혀서 前生의 두 因緣을 알게 하고 證得케 한 것이다.

※ 兩足尊…人間으로서의 부처. 智慧와 慈悲의 두발을 가춘 사람이라는 뜻

第二明經宗體中에 二니

初에 宗者는 統論佛敎인댄 因緣爲宗이어 別顯此經인댄 則實相般若와 觀照般若-不二不二로 以爲其宗이니 以卽理之智로 觀照諸相일새 故如金剛이 能斷一切요 卽智之理-是爲實相일새 故如金剛이 堅牢難壞니 萬行之中에

二不得昧此故로 合之하야 以爲經宗이라

二에 體者는 文字般若ㅣ 即是經體니 文字는 即含聲名句文이니 文字性空 即是般若라 無別文字之體일새 故皆含攝하야 理無不盡하야 統爲教體니라

이 經의 根本바탕을 밝힌 내용가운데에도 두가지 구분이 있다.

첫째로 「宗(根本)」이라 하는것은 부처님의 가르침의 全體를 統論할 경우에는 因緣이 「宗」이 되겠지만 따로 이 金剛經만을 밝힐 경우에는 實相인 般若와 觀照하는 般若가 같지도 아니하고 다르지도 아니한다는 点이 「宗」이 된다.

두번째로 經의 「體(몸체,바탕)」라고 하는것은 文字로 「般若」라 한것이 곧 이 經의 바탕이지만 文字란것은 소리와 이름과 구절을 머금은 글이니 文字 그 自体의 本質은 「空」이며 이것이 곧 般若다. 이 「空」인 般若以外에 따로 文字의 바탕이 되는것은 없는 까닭에 文字는 모든것을 다 包含 包攝하여 다하지 못하는 眞理가 없고 통털어 이것이 教의 바탕이 되는 것이다.

眞理와 一致된 智慧로 모든 相을 觀照하는 까닭에 마치 金剛이 능히 모든 것을 끊을 수 있는 것과 같으며 智慧가 된 眞理가 곧 事物의 實相이니 이는 마치 金剛이 굳고 단단하여 허물기 어려운것과 같다. 모든 修行가운데서 그 어느 修行이든 이 理致에 어두워서는 안되는 까닭에 이 두가지를 합해서 根本으로 삼는것이다.

第三分別處會中에 二니

初는 總明佛說大部處會中에 二니 初에 六百卷文은 四處十六會說이니 一은 王舍城鷲峯山에 七會니 山中에 四會며 山頂에 三會요 二는 給孤獨園

七會요 三은 他化天宮摩尼寶藏殿에 一會요 四는 王舍城竹林園白鷺池側에 一會며 後에 此經은 卽第二處第九會니 第五百七十七卷이라 後에

別明傳譯 此經時主 前後六譯이라 一은 後秦羅什이요 二는 後魏菩提流支는 兼譯天親論三卷이요 三은 陳朝眞諦는 兼譯金剛仙論과 及本記四卷이요

四는 隋朝笈多는 兼譯無着論兩卷이요 五는 唐初玄奘과 又日照三藏은 譯

功德施論二卷也요 六은 大周義淨은 幷再譯天親論三卷이니 上六人은 皆

三藏이니라

今所傳者는 卽羅什이 弘始四年에 於長安草堂寺ㅣ 所譯也라 天竺에 有

無著菩薩하야 入日光定하야 上昇兜率하야 親詣彌勒하고 禀受八十行偈한데 又將

此偈를 轉授天親하니 天親이 作長行解釋하야 成三卷論하야 約斷疑執以釋하고

無着은 又別造兩卷論하야 約顯行位以釋이라 하니

今科經은 唯約天親釋義라 卽兼無着이며 亦傍求餘論하고 採集諸疏하야 題云

纂要ㅣ其在茲焉이라

세번째는
七會요 三은 他化天宮摩尼寶藏殿에 一會요 四는 王舍城竹林園白鷺池側에 一會며 後에 此經은 卽第二處第九會니 第五百七十七卷이라 後에

첫째는 총체적으로 부처님이 설법하신 大部의 經의 설법장소와 모임에 두가지 區別이 있다. 또 하나는 六百卷의 經文인데 이것은 네곳에서의 열여섯번의 모임에서 설법하신것이고 또 하나는 王

세번째로 장소와 모임을 분별한다는 것에도 두가지 구분이 있다. 첫째는

두번째는 給孤獨園에서의 일곱번의 모임에서 說法하신것이며、세번째는 王舍城、竹林園白鷺池옆에서의 한번의 모임에서 說法하신 것이다.

그 후에 이 經은 곧 두번째 場所에서 아홉번째의 모임에서의 說法이며 大般若經、第五百七十七卷에 該當된다.

그 以後 따로 이 經을 飜譯한 時代와 人物을 밝힌다면 前後 여섯번의 飜譯이 있었다. 첫번째로 번역된것은 後秦時代 鳩摩羅什이 번역한 것이며 (西紀四○三)、두번째는 後魏時代에 菩提流支(五七二)가 이 經을 번역하면서 아울러 天親스님이 쓴「金剛般若波羅蜜論」三卷도 번역하였다. 세번째는 陳나라때 眞諦(四九九~)스님이 번역하면서 아울러「金剛仙論」과「本記」네卷도 번역하였다.

네번째는 隋나라때 笈多스님에 의해서 번역되었으며 그는 無著의「般若論」두卷도 아울러 번역하였다.

다섯번째는 唐나라때 玄奘法師(六三二~六六四)와 日照三藏스님에 의하여 번역되었으며 이들은「功德施論」두卷도 번역하였다.

여섯번째는 大周의 義淨(六三五~七一三)스님에 의하여 번역한 것이다.

지금 傳해오는 經은 鳩摩羅什이 弘始五年(西紀四○一年)에 長安(※지금의 西安女)의 草堂寺에서 번역한 책이다.

※弘始五年은「隆安五年」으로 通稱됨.

天竺國에 傳해오는 經은 여섯사람은 모두 法師들이다. 위에서 말한 여섯사람은 모두 法師들이다. 天竺國에「無著」이란 菩薩이 있었는데 어느날「日光三昧」에 들어 兜率天宮에 올라가서 彌勒菩薩을 親見하고 八十줄의 偈頌을 받았는데 그는 또 이 偈頌을 가지고 天親菩薩에게 轉授해주니

天親菩薩이 줄글로 된 解釋文을 지어 세 권의 論說을 이루고 疑惑과 執着을 끊는 일과 結付시켜 풀이하였으며 無著菩薩은 또 別途로 두 권의 「論」을 만들어 修行의 位階와 結付시켜 풀이하였다. 지금 僧科에서 가르치는 經은 오직 天親菩薩이 解釋한 內容에만 結付시킨 것임으로 나는 곧 아울러 無著의 解說도 參考하고 또 한편으로 다른 「論」도 求하여 여러 解說을 採集하여 「纂要」라 題目을 붙인 것이 여기에 있다.

第四釋通文義中에 二니

初解題目이라

金剛者는 梵云跋折羅니 力士所執之杵ㅣ 是此寶也라 金中最剛일새 故名金剛이니 帝釋이 有之라 薄福者는 難見이니 極堅極利로 喩般若焉이니 無物可能壞之로대 而能碎壞萬物이니 涅槃經에 云譬如金剛이 無能壞者로대 而能碎壞一切諸物이라하며 無著이 云金剛은 難壞며 又云能斷이라하며 又云金剛者는 細牢故니 細者는 智因故요 牢者는 不可壞故시니 皆以堅으로 喩般若體요 利로 喩般若用이라 又眞諦記에 說六種金剛하니 一은 靑色이니 能鎖災厄이니 喩般若ㅣ 能除業障이요 二는 黃色이니 隨人所須니 喩無漏功德이요 三은 赤色이 對日出火니 慧對本覺하야 出無生智火요 四는 白色이 能淸濁水니 般若ㅣ 能淸疑濁이요 五는 空色이 令人空中行坐니 慧破法執하야 住眞空理요 六은 碧色이 能銷諸毒이니 慧除三毒이라 傍兼은 可矣어니 非堅利之本喩니라 般若者는 正翻云慧니 卽照五蘊空하야 相應本

覺之慧ㅣ是也니라 若約學者인댄 從淺至深하야 言之인댄 則攝聞思修三慧하야 惣爲般若니라 故로 云能斷者는 般若波羅蜜中聞思修요 所斷은 如金剛의 斷處而斷故니라 又云細者는 智因故者는 智因故로 即慧也니라 依智度論컨대 因矣를 名般若요 果位를 名智則聞思修를 皆名爲細니 細妙之慧니 依大品經인댄 因位를般若요 能斷일새 故在因位요 佛果는 無斷일새 轉受智名이라 若般若는 通智慧二義니 故로 智與慧ㅣ 名義는 少殊나 體性은 無別이니 波羅蜜者는 此云彼岸到라 應云到彼岸하고 度煩惱中流하야 到涅槃彼岸이니 涅槃은 此云圓寂이며 亦云滅度니 謂離生死此岸하야 度煩惱中流하야 到涅槃彼岸이며 一切衆生이 即寂滅相이라 不復更滅이언마는 但以迷倒로 妄見生死일새 名在此岸이어 若悟生死本空하야 名到彼岸이라니 若兼般若廻文인댄 應云到彼岸慧니라 經者는 梵音에 脩多羅를 義翻爲契經이니 契者는 詮表義理하야 契合人心이니 即契理契機일새 故名契也요 經者는 地論에 云能貫能攝일새 故名爲經이요 以佛聖敎로 貫穿所應說義하야 攝持所化生故니라

네번째로 글 내용을 해석해서 통달하게 하는데도 두가지 구분이 있다.

첫째는 제목을 해석하는 일이다.

「金剛」이라는 말은 印度에서는 「跋折羅」라고 하며 力士가 손에 잡고 있는 방망이가 보물로 된

것이다. 이는 쇠 가운데 가장 剛하며 그런까닭에 「金剛」이라 이름지은 것이며 帝釋天王이 갖고 있는것이여서 薄福한 사람은 보기 어렵다. 이것은 지극히 堅固하고 지극히 銳利함으로 般若에 比喩한것이니 어떤 物體도 이것을 破壞할 수 없으며 萬物을 부수고 허물 수 있다. 涅槃經에 이르기를 「비유하면 金剛과 같이 어떤 物件도 이것은 능히 부수고 허물 수 없으며 一切의 모든 물건을 부수고 허물수 있다」라고 하였고 無著스님은 「金剛은 破壞하기 어렵다」라고 하였으며 또 「능히 끊을 수 있다」라고 하였고 또 「金剛이라는것은 미세하고 단단한 까닭이니 능히 미세하다는것은 智慧의 因子인 까닭이며 단단한것은 破壞할 수 없기 때문이다」라고 하였다. 모두가 堅固한것으로 般若의 바탕에 비유하였고 날카로운것으로 般若의 作用에 비유한 것이다. 두번째는 黄色의 金剛인데 이는 사람들의 필요에 따르는 것으로 般若의 無漏功德에 비유한 것이다.

또 眞諦스님의 「本記」에는 六種의 金剛을 말하고 있는데 첫째는 푸른빛의 金剛이며 이는 능히 業障을 除去할 수 있음으로 般若의 災厄을 일어나지 못하게 가두어 둘수 있는것으로 이는 능히 반야의 作用에 비유한 것이다.

세번째는 赤色金剛인데 이는 해와 마주하면 불이 나는 金剛으로 이는 智慧가 究極의 깨달음과 마주하면 無生智의 불꽃이 일어남에 비유한 것이다.

네번째는 白色의 金剛이며 이는 능히 탁한 물을 맑게 할 수 있는것으로 般若가 능히 「疑濁」을 맑게할 수 있음에 비유한 것이다.

※ ① 無生智…苦集道滅의 四諦의 智慧를 完全히 体得한 이후의 智慧

다섯번째는 空色의 金剛인데 이는 사람들을 「空」가운데서 生活하게 할 수 있는것으로 智慧가 法에 대한 執着을 打破하고 眞空의 眞理에 머물게 되는 일에 비유한 것이다.

여섯번째는 碧色의 金剛인데 이는 능히 모든 毒이 일어나지 못하게 가두어 둘 수 있는것으로 智慧가 三毒(貪、瞋、癡)를 除去할 수 있음을 비유한 것이다.

이 理論은 金剛을 說明하는데 곁드려 說明하고, 아울러 說明하는데는 좋지만 金剛의 단단하고 날카로움을 설명할 수 있는 根本比喩는 아니다.

「般若」란것은 바르게 번역하면 「智慧」를 말한것인데 이는 곧 五蘊(色、受、想、行、識)이 「空」임을 비추어보는 究極의 깨달음과 相應하는 智慧를 말하는 것이다.

만약 工夫하는 사람들이 얕은 곳으로 부터 깊은 境地에 이르는 課程과 結付시켜 말 한다면 「듣는 智慧(聞慧)、생각하는 智慧(思慧)、닦는 智慧(修慧)」등 세가지 智慧를 모두 包括해서 「般若」라고 하여야 한다. 그런까닭에 「無著」스님이 말한 「自体의 힘으로 능히 끊을 수 있다(能斷)」는 것은 般若波羅蜜가운데의 聞慧、思慧、修慧를 말 한것이며 客体의 作用으로 끊을 곳에서 끊는것과 같은 때문이다.

또 無著이 「미세하다는것은 「智」의 因子이기 때문이다」라고 한것은 곧 「慧」임을 말한것이다. 「大智度論」에 의하면 「因의 자리를 「般若」라 하고 「果」의 자리를 「智」라고 한다」라고 하였으니 聞慧、思慧、修慧를 모두 「미세하고 부르는것이며 미세하고 妙한 智慧가 곧 부처님의 지혜의 因子인 것이다.

般若는 主体的으로 능히 끊을 수 있음으로 「因」의 자리에 해당되는 것이며 佛果는 끊는것이 없음으로 도리어 「智」란 이름을 받은것이다.

또 「大品經」에 의하면 「若」란 글자는 「智」와 「慧」의 두 내용에 共通된것이라 하였다. 그런까닭에 「智」와 「慧」는 이름내용은 조끔 다르지만 바탕의 本質은 다른것이 없는 것이다.

「波羅蜜」이라 하는것은 이곳 말로 번역하여 「저쪽 언덕에 이르렀다(彼岸到)」라고 하고있는데 마땅히 「到彼岸」이라 해야할 것이다. 즉 生死를 輪廻하는 이쪽 언덕을 떠나 煩惱로 象徵되는 中間 강물을 건너서 涅槃으로 象徵되는 저쪽 언덕에 이른다는 뜻이다.

「涅槃」이란 말을 이곳 말로 번역하면 「圓寂」이란 뜻이며 또는 「滅度」라는 뜻이다.

모든 衆生이 그 自体가 곧 寂滅한 모습이니 다시 더 滅하지 아니하는데도 오직 헷갈리고 顚倒되어 부질없이 生死가 있다고 보고있는것을 이름하여 「이쪽 언덕에 있는 사람(在此岸)」이라 하는 것이다. 만약 生死가 本來 「空」한것임을 깨닫는다면 이를 이름하여 「저쪽 언덕에 이른 사람(到彼岸)」이라 한다.

만약 般若를 兼해서 글을 만든다면 마땅히 「經」이라고 하는 것은 梵語로 「修多羅」를 뜻으로 번역하여 「저쪽 언덕의 지혜에 이르렀다」고 해야 할 것이다. 「契經」이라고 하는 것은 內容에 담긴 眞理를 끝까지 追窮하여 表示함으로서 사람들의 마음에 딱 드러맞게 한다는 뜻이니 곧 理致에도 맞고 機緣도 맞는 까닭에 「經」이라 이름한 것이다. 「經」이라 하는 것은 능히 꿰뚫고 능히 포섭하는 까닭에 「經」이라 이름한 것이니 부처님의 聖敎로 應하는 바를 꿰뚫어 眞理를 說明하고 敎化한 衆生을 包攝, 護持하는 까닭에 「經」이라 한 것이다.

此疏는 本是爲評經者하야 指其科段이니 雖次第科經이나 而不次第釋文하고 但隨難處하야 即略擧節目而已요 亦不備述義意니라 義意는 悉在傳示者의 口訣이요 不在疏中이니 不得但以銷疏로 而爲講也니라 講者는 須從首至末히 次第以深玄義意로 銷釋經文이니 難處는 即約疏요 易處는 即直說也니라

이 解說은 本來 經을 評論하는 사람들을 위하여 그 科題, 分段을 指摘한 것이여서 비록 順序에 따라 經을 科別하였으나 解釋은 꼭 經의 順序에만 따르지는 아니하였다. 다만 어려운 곳에 따라 大略 節目만을 들었을 뿐이며 역시 口述한 內容의 뜻을 다 갖추지는 아니하였다. 內容의 참 뜻은 모두가 傳示한 사람의 口訣에 있으며 解說 안에 있는 것이 아니기에 이 解說書만을 새겼다고 해서 講을 하여서는 안 된다. 講이라 하는 것은 처음에서 끝까지 順序에 따라 깊고도 玄妙한 內容의 뜻으로 經文을 새겨 풀이하여야 하고 어려운 곳은 解說과 結付시키고 쉬운 곳은 곧 바로 說明하여야 하는 것이다.

冶父道川

圓相之作이 始於南陽忠國師하니 國師ㅣ 傳之耽源하시고 源이 傳之仰山하시다 源이 一日에 謂仰山曰國師ㅣ 傳六代祖師의 圓相九十七介하사 授與老僧하시고 臨示寂時에 謂予曰吾滅後三十年에 有一沙彌ㅣ 來自南方하야 大振玄風하리니 次第傳授하야 無令斷絕케하라하시니 吾詳此讖컨덴 事在汝躬일새 我今付汝하노니 汝當奉持하라 山이 旣得에 遂焚之다하시니 源이 一日에 謂仰山曰向所傳圓相을 宜深秘之어다하니 山이 曰燒却了也다하니 源이 曰此乃諸祖의 相傳底어늘 何乃燒却고 山이 曰某ㅣ 一覽而已知其意라 不可執本也니라 源이 曰在子即得이어니와 來者는 如何오 山이 於是에 重錄一本하야 呈似하니 源이 曰一無舛訛러라 源이 一日에 上堂시늘 山이 出衆하사 畫一圓相 ○하야 以手로 托起하고 作呈勢하야 却叉手而立하신대 源이 以兩手로 交拳示之다 山이 進前三步하사 作女人拜하신대 源이 遂點頭어시늘 山이 便禮拜러라 此는 圓相所自作也니라 今師ㅣ 題下에 畫一圓相意旨如何오 即文字하야 拈出離文字底消息이라 若是離文字底消息인댄 擬議得麽아 計較得麽아 不可以有心으로 求하며 不可以無心으로 得이며 不可以語言으로 造며 不可以寂默으로 通이니 直饒釘嘴鐵舌이라도 也卒話會不及이라 然雖如是나 畢竟作麽生道오 生佛이 同源이오 妙體無物이라 三世諸佛이 出不得이며 歷代祖師ㅣ 出不得이며 天下老和尙이 出不得이며 六道輪廻도 亦出不得이며 四法界의 一切染淨諸法이 無一法도 出此圓相之外니 禪은 謂之最初一句子요 敎는 謂之統體一太極이오 老는 謂之天下母라 其實은 皆指此一也니 古人이 道하사 古佛未生前에 凝然一相圓이라 釋迦도 猶不會어니 迦葉이 豈能傳者ㅣ 是也니라

(原註) 圓相을 만든것은 南陽、慧忠國師로부터 비롯된 것으로 慧忠國師는 耽源、應眞禪師에게 傳하였고 應眞禪師는 이를 仰山、慧寂禪師에게 傳하였는데 어느날 應眞禪師가 慧寂禪師에게 말하기를 慧忠國師께서 六代祖師의 (※ 達磨에서 六祖까지) 圓相 九十七個를 傳해받아 이 老僧에게 내려주시고 入寂에 즈음하여 나에게 말씀하시기를 「내가 죽은 뒤 三十年이되면 한 沙彌가 南쪽地方에서 이곳에 와서 크게 玄風을 떨칠것이니 圓相을 차례차례로 傳授해서 斷絶되지 아니하도록 하라」라고 하셨는데 내가 이 豫言을 詳考해보니 그 일은 너의 몸에 관한 일인듯 하다 그리하여 나는 지금 이것을 너에게 부탁하니 너는 마땅히 반드러 간직하여야 하느니라 라고 하였다.

仰山慧寂禪師는 이 圓相을 받고나서 곧 그것을 불태워 버렸는데 하루는 應眞禪師가 慧寂禪師에게 말하기를

「얼마 전에 傳해준 園相은 깊이 갈무리하여 秘密로 하는것이 좋을 것이다」라고 하자 慧寂스님이

「그것은 이미 다 불태워 버렸읍니다」라고 하니 應眞스님이

「그것은 여러 祖師님들이 서로 傳해온 물건인데 어떻게 燒却할 수 있겠느냐?」라고 하자 慧寂스님이

「저는 한번 보고 곧 그 뜻을 알았으니 능히 그것을 쓸 수만 있으면 되는것이지 原本에 執着해서는 안됩니다」라고 하였다. 이에 應眞스님이

「그대에게는 그렇게 하여도 되겠지만 後世 사람은 어떻게 하는가?」라고 하자 慧寂스님이 이에 다시 하나의 原本을 만들어 應眞스님에게 보여주었는데 조곰도 原來와 眞本이 틀리지 아니하였다.

그 후 어느날 應眞스님이 上堂하자 慧寂스님이 大衆앞으로 나아가 하나의 園相을 그리면서 손으로 바쳐올려 應眞스님에게 드리는 시늉을 하고 문득 두 손을 맞잡고 고개를 숙여 서

가 하는 큰 절을 올렸다 이에 應眞스님이 갑자기 고개를 끄덕이자 慧寂스님은 곧 禮拜를 올렸다.

이것이 圓相이 만들어진 由來다.

지금 冶父禪師는 題目 아래에 한 圓相을 그려 놓았는데 그 뜻은 무엇일까? 그것은 文字에 몸담으면서 文字의 테두리를 벗어날 만한 消息이라는 것이다.

만약 文字의 테두리를 벗어날 만한 消息을 그려 놓았는데 그 뜻은 무엇일까? 그것은 머뭇거리고 생각해서 알 수 있는 일이겠느냐? 또 비교하고 헤아려서 알 수 있는 일이겠느냐? 이는 「有」의 마음으로도 알 수 없는 것이며 「無」의 마음으로도 求할 수 없는 것이며 寂默으로 通할 수도 없는 것이니 설사 곧 바로 주둥이가 못같이 날카롭고 혀에 무쇠를 입힌듯 말힘이 좋은 사람이라 하더라도 또한 끝내 이야기로서 알기에는 미칠 수 없는 境界다.

비록 이와같다고 하더라도 畢竟에는 어떻게 말해야 하는 것일까?

衆生과 부처가 根源이 같고 妙한 바탕도 물체가 없고 三世의 모든 부처도 이 테두리를 벗어나지 못하며, 歷代의 祖師들도 이 테두리를 벗어나지 못하며, 天下의 老和尚도 역시 이 테두리를 벗어나지 못하니 三世의 사이 四法界에서의 一切의 汚染되고 淸淨한 모든 法들도 그 어느 하나의 圓相의 테두리밖으로 벗어나는 것은 없다.

禪에서는 이것을 「最初의 一句」라 말하고 敎에서는 이것을 「가장 淸淨한 法界」라 말하며 儒敎에서는 이것을 「統體의 一太極」이라 말하고 老子는 이것을 「天下의 母胎」라 말하니 그 實際는 모두 이 한 圓相을 指摘한 말이다.

옛 사람이 이르기를

「古佛 태여나기 이전에
응켜진 한 둥근 모습
釋迦조차 모르는 것을

釋迦猶未會 迦葉豈能傳
古佛未生前 凝然一圓相
라고 한것이 바로 이것이다.

迦葉이 어찌 傳할 수 있겠는가?」

法不孤起라 誰爲安名고

法之一字는 直指圓相이요 安名二字는 直指經題니 法不自名이라 要因名現일새 所以云誰爲安名이니 所以로 道호대 總持無文字로대 文字現總持라하야 應云法不孤起라 所以安名이어늘 而云誰爲安名은 語忌十成故며 恐成死語故니 圓話自在라하야 免夫招謗이라 又法不自名일새 所以安名이라 然雖如是나 安名者ㅣ 誰오 若道黃面老子安인댄 黃面老子ㅣ 未嘗安이시니 何則고 自從鹿野苑으로 終至拔提河히 於是二中間에 未曾說一字라 若道不是黃面老子安인댄 今此經題는 從甚處得來오 且道하라 是安名가 不是安名가

「法」이란 한 글자는 바로 圓相을 가리킨것이며 「安名」이란 두 글자는 바로 經의 題目을 가리키는 것이다.
法은 홀로 생기지 아니하니 누가 이름을 붙였는가?
法은 스스로 이름지을 수 없으니 이름으로 나타낼 필요가 있기때문에 因緣해서 이름을 붙이는 것이다.

그렇기 때문에 佛法을 고스란히 간직하는 일에는 文字가 필요없지만 文字로서 佛法의 總持를 나타내는 것이다.

마땅히 「법은 홀로 생기지 아니한다 그런까닭에 이름을 붙였는가? (法不孤起 所以安名)」라고 말했어야 하는 까닭이며 또한 「누가 이름이 될까라고 보아 두려워한 까닭에 이름을 붙였다」라고 말한것은 (誰爲安名)라고 말했다 그런것은 동그라미의 (○) 話頭가 스스로 남아있는 상태에서 非謗을 招來할 잘못을 면하려 한 말이다. 또 「法은 스스로 이름을 짓는 것이 아니니 그런까닭에 이름을 붙였다」라고 한다면 비록 그렇다고 하더라도 얼굴노란 늙은이가 이름을 붙인 일이 구란 말인가? 만약 黃面老子(부처님의 愛稱)가 붙였다고 한다면 처음 鹿野苑에서 부터 마지막 拔提河에 이르기까지 한번도 이름붙인 일이 없다. 왜 그런가? 얼굴노란 늙은이 (黃面老子)는 이 두곳사이에 일찌기 한 글자도 말씀하신 일이 없기 때문이다 만약 얼굴노란 늙은을 붙이지 아니하였다면 지금 이 經의 題目은 어디서 얻어 왔다는 것인가? 한번 말해보라! 이것은 이름을 붙인것인가? 붙이지 아니한 것인가를…

摩訶大法王이여 無短亦無長다이로 本來非皂白대이로 隨處現靑黃다이로 花發看朝艷이요

林凋逐晚霜다이로 疾雷는 何太擊고 迅電도 亦非光이로 凡聖도 元難測이어

他本에 擊은 作急하고 元은 作猶하다

龍天이 豈度量오이리 古今에 人不識일새 權立號金剛이로다

法王은 非指丈六金身이라 人人本有底一着子니 能爲萬像之主라 故로 號爲法王이니 古人이 道호대 法中王最高勝하니 恒沙如來同共證者ㅣ是니라 法王之爲體也ㅣ 孤高更無上하고 廣博無邊表하야 乾坤이 在其內하고 日月이 處其中이라 恢恢焉蕩蕩焉하야 迥出思議之表일새 故로 號爲

大法王이니 無短云云은 實相無相이요 本來云云은 無相現相이요 花發云云은 當處出生하야 當處寂滅이요 疾雷云云은 妙旨迅速하야 難容擬議요 凡聖云云은 簡事極幽玄하야 智識俱不到니 非但古人罔措라 亦乃今人도 不識일새 爲止小兒啼하야 權且立虛名이라니 只如依權實底道理를 作麼生道오 月隱中峯에 擧扇喩之요 風息太虛에 動樹訓之니라

위대하신 法王님
長身도 없고 短身도 없으며
本來 검지도 희지도 않네
곳에 따라 靑黃으로 나타나시며
꽃 피면
고운 아침햇살 보시고
숲 나무잎 시들면
늦은 서리 쫓으며
빠른 雨雷소리 처음
번쩍하는 번개도
또한 빛이 아니며
凡人도 聖人도
元來 推測하기 어렵거늘
龍과 天人이 어찌
헤아릴 수 있을까?
古今에 사람들 모르는 일을

다른 책에는 「擊」字가 「急」字로 되여있고 「元」字는 「猶」로 되여있다.

法王이라 한것은 一丈六尺의 金身佛을 가르킨 말이 아니고 사람마다 本來부터 갖고 있는 한點의 妙手가 능히 萬像의 主人이 될 수 있는 까닭에 「法王」이란 이름을 지은것이다 옛 사람이 이르기를

「法 가운데 王이며, 가장 높고 거룩하여 恒河의 모래처럼 많은 부처가 함께 같이 證得한것」이라 한것이 바로 法王의 實体다 法王의 實体란 홀로 높아 다시는 더 위가 없으며 넓고 넓어 가장자리 끝이 없어 하늘과 땅도 그 안에 存在하고 해와 달도 그 가운데 있으며 恢恢하고 蕩蕩하여 생각하고 의론해서 짐작할 수 있는 범위를 멀리 벗어났다 그런까닭에 「大法王」이라 부르는 것이다.

「長身도 短身도 없다」느云云한것은 實相은 無相임을 말한것이며 「本來 검은것도 흰것도 아니다」云云한것은 無相이면서 現相임을 말한것이고 「꽃이 피면…」云云한것은 그 자리에서 생겨나 그 자리에서 寂滅해짐을 말한것이며 「빠른 雨雷소리…」云云한것은 妙旨의 迅速함은 머뭇거리며 생각하는 일을 容納하기 어려움을 말한것이며 「凡人인지 聖人인지…」云云한것은 그 일이 극히 幽玄하여 智慧와 認識이 모두 미치지 못하는 일이여서 비단 옛 사람이 어찌할 바를 몰랐을 뿐 아니라 지금 사람도 알지 못하는 것이다 다만 어린아이의 울음을 그치게하기 위하여 臨時方便으로 거짓 이름을 세웠을 뿐이다.

그렇다면 方便에 의하여 實相을 밝힐 만한 道理는 어떻게 말하면 되겠는가?

달 中峯에 숨으면
부채 들어올려 깨우쳐 주고
바람 太虛에 멎으면
나무 흔들어 가르쳐 주네

一時方便으로 金剛이라 이름 지었네

(月隱中峯 擧扇喩之
風息太虛 動樹訓之

宗鏡

只這一卷經은 六道含靈의 一切性中에 皆悉具足이언마는 盖爲受身之後에 妄爲六根六塵이 埋沒此一段靈光하야 終日冥冥하야 不知不覺이라 故로 我佛이 生慈悲心하사 願救一切衆生하사 齊超苦海하야 共證菩提일새 所以로 在舍衛國하사 爲說是經하시니 大意는 只是爲人으로 解粘去縛하고 直下에 明了自性하야 免逐輪廻하야 不爲六根六塵의 所惑이라 若人이 具上根上智면 不撥自轉이라 是胸中에 自有此經이니 且將置三十二分於空閑無用之地라도 亦不是過어니 如或未然인댄 且聽山野의 與汝로 打葛藤去也어다 夫金剛經者는 自性이 堅固하야 萬劫不壞를 況金性堅剛也요 般若者는 智慧也요 波羅蜜者는 登彼岸義也니 見性得度하면 即是此岸이라 經者는 徑也니 我佛이 若不開箇徑路시면 後代兒孫이 未得度者는 又向甚麽處하야 進步리오 且道하라 這一步를 又如何進고 看取下文

68

此經深旨는 無相으로 爲宗하야 顯妄明眞이시니 ○ 劒鋒이 微露에 掃萬法之本空하고 心花發明에 照五蘊之非有라 直得雲收雨霽하고 海湛空澄하야 快登般若慈舟하야 直到菩提彼岸이니 且道하라 心花發明이 在甚麽處오 太湖三萬六千頃에 月在波心說向誰오

劒鋒으로 至彼岸이면 萬法이 本空하고 五陰은 非有어늘 但以妄緣으로 而得成立이라 智照妄緣하면 萬法이 俱沈이요 體露眞常하면 五蘊이 皆空이니 到這裏하야는 一似雲收雨霽하고 海湛空澄하야 無一物爲緣爲對하며 無一事爲障爲碍라 快登般若慈舟하야 直到菩提彼岸이니 太湖云云은 佛法이 在世間이나 不離世間覺이니 離世覓菩提는 猶如求兎角이라 欲識得佛法的的大意인댄 直須向十二時中四威儀內覺觀波濤中하야 觀捕來觀捕去니 觀來覷去하면 忽地에 識得根源去在니라 縱然識得根源去라도 只可自怡悅이언뎡 不堪持贈君이니라

宗鏡스님의 提網

오직 이 한권의 經은 六道(地獄·餓鬼·畜生·阿修羅·人間·天上)의 生命體의 모든 性品가운데 모두가 모조리 具足하고 있는것이지마는 무릇 肉身을 받고 태어난 후에 잘못 六根六塵이 이 一段의 神靈한 光明을 埋沒하고 하루終日 어둠속에 갇혀서 알지도 느끼지도 못하고 있는 까닭에 우리 부처님께서 慈悲하신 마음이 생기시어 願을 세워 모든 衆生들을 救濟하여 함께 나란히 괴로움의 바다를 뛰어넘어 다 같이 菩提를 證得하게 하고자 하신것이니 그런 까닭에 舍衛國에 계실적에 이 經을 說法하신 것이다.

그 大意는 오직 사람들을 指導하여 그들이 粘着(풀로 붙인듯 마음에 달라붙은 執着)을 풀고 束縛을 除去하여 환하게 自性을 밝혀 生死輪廻를 쫓아다니는 일을 면하고 六根六塵에 迷惑當하지 아니하게 하고저 하신 것이다.

만약 어떤 사람이 上等의 根機를 갖추고 上等의 智慧가 있는 사람이라면 밀어주지 아니하여도 스스로 굴러갈 것이며 이 經이 存在하는것이니 잠시 부처님의 三十二相으로 나누어지는 應身을 空閑하고 쓸모없는 스스로 이 사람의 가슴속에는 이 經이 存在한다 하더라도 역시 허물이 되지 아니하겠지만 혹시라도 아직 그런 根機를 갖추지 못한 땅에 갖다 놓는다 하더라도 역시 허물이 되지 너와 더불어 山과 들에서 노상 뒤엉켜 살아갈 것이니라. 아니하겠지만 혹시라도 아직 그런 根機에 들지 못한 사람이라면 잠시 들어보아라 나는 (부처)

무릇「金剛經」이란것은 自性이 堅固하여 萬劫에 허물어지지 아니하는 經인데 하물며 金의 性分의 堅剛함이야 또 어떻겠는가?

般若란 智慧며,「波羅密」이란 「저쪽 언덕에 오른다(登彼岸)」는 뜻이다.

自性을 보고 濟度를 얻으면 그것이 곧「저쪽 언덕에 오르는 일」이며, 아직 濟度를 얻지못한 사람은 곧「이쪽 언덕에 있는 사람」이다.

「經」이란「지름길」이라는 뜻이다. 우리 부처님께서 만약 하나의 지름길을 열어주시지 아니하셨다면 後代의 子孫들은 또 어느곳을 향해서 앞으로 발걸음을 내디딜 것인가? 한번 말해보라! 이 한발자욱을 어떻게 앞으로 내뒤뎌야 하겠는가? 아랫 글에서 그 길을 보고 취하라!

이 經의 깊은 뜻은「無相」을 大宗으로 삼고 거짓을 드러내서 眞實을 밝힌 것이다.

칼날을 미미하게 드러내자 萬法의 本來의 空을 휩쓸고 마음꽃이 활짝피자 五蘊(色受想行識)의「非有」(元來存在하지 아니하는것)를 비추어 곧 바로 구름이 걷히고 비가 개여서 바다는 잔잔하게 맑고 하늘은 쾌하게 투명하게 되여서 상쾌하게 般若의 慈悲로운 배에 올라 바로 菩提의 저쪽 언덕에 이른다.

말해보라! 마음의 꽃이 활짝 핀 곳이 어디에 있는가?

太湖三萬六千頃에

달은 물결 한복판에서

누구를 향해 말하고 있는가?

(太湖三萬六千頃 月在波心說向誰、太湖는 中國江蘇省 蘇州옆에 있는 큰 湖水·頃…一頃은 百畝)

칼날같은 智慧로 저쪽 언덕에 오르면 萬法이 本來 「空」이며 五蘊이 元來 存在하는것이 아닌데 다만 망상으로 緣由하여 成立됨을 얻었다 지혜의 因緣을 비추면 萬法이 모두 사라지고 바탕에 眞實하고 永遠한 眞理가 나타나면 五蘊이 모두 「空」임을 깨닫게 된다 이 境地에 이르게 되면 오로지 구름이 걷히고 비가 개여서 바다는 잔잔하고 하늘은 맑은것과 비슷하여 한 물건도 因緣이 되고 相對가 되는것이 없고 한 일도 障碍가 되는 일이 없어서 상쾌한 마음으로 般若慈悲의 배에 올라 곧 바로 菩提의 저쪽 언덕에 이르게 되는 것이다.

「太湖」云云한것은 佛法이 世間에 存在하면서 世間의 感覺을 떠나지 아니하는것을 말한것이며 世間을 벗어나서 菩提를 찾는다는것은 마치 토끼의 뿔을 찾는것과 같은 일이다 佛法의 正確하고 또록또록한 大意를 알고자 한다면 곧 바로 하루 열두 時辰안에서의 四威儀(行住坐臥)안의 覺觀(깨달음과 觀察)의 감각과 觀察)의 波濤가운데로 가서 그기서 엿보다가 엿보다가 妨害가 되는 感覺과 觀察)의 波濤가운데로 가서 그기서 엿보다가 엿보다가 잡아오고 잡아가 노라면 어느날 홀연히 그것이 잡아오고 잡아가 하더라도 다만 혼자 스스로 느긋하게 즐기면 될 일이지 그대에게 보내줄만한것은 못되네.

法王權實令雙行하니 震捲風馳海岳傾이라

捲은 當作震

霹靂一聲에 雲散盡하니 到家에 元不涉途程이로다
大凡垂化는 有權有實하며 有照有用이라 今佛이 從無言中하야 興敎海之波瀾하시고 向敎海裏하야
現無言之密旨하시니 是謂權實令雙行也니라 風行草偃하야 化功이 神速하니 五欲海ㅣ 自渴하고 我
人山이 自倒라 圓音落處에 雲散盡하니 不曾擡步便還家로다

法의 王

方便·實相 아울러 行할제
雨雷 떨치고 바람 달리니
바다와 山 기웃둥 하네
한 소리 벼락치자
구름 다 흩어지고
본 집에 돌아옴에
먼 길 걷지 아니해도 되었네

　무릇 導化를 드리우는 일은 方便도 있고 實相도 있으며 비춤도 있는데 作用도 있다 지금 부처님께서는 無言中에서 敎의 바다의 波瀾을 일으키시고 敎의 바다 속에 가서서 無言의 密旨를 나타내셨으니 이것을 「方便과 實相을 아울러 행하셨다」라고 말한 것이다.
　바람이 지나가면 풀잎이 쓰러지듯 敎化의 功은 神速한 것이며 五欲의 바다는 스스로 枯渴하고 人我(差別心)의 山은 스스로 넘어진다 圓滿한 音聲이 떨어지는 곳에 구름은 모조리 흩어지고 일찌기 한번은 발걸음 들어올리지 아니하였건만 문득 본집에 돌아왔네。

圭峰

後釋經文에 准常三分하리니 一은 序分이요 二는 正宗分이요 三은 流通分이라 初文에
又二니 一은 證信序요 二는 發起序니라
今初라

뒤에 經文을 解釋하는데는 늘 세가지 基準으로 나눈다.

첫째는 序分이며, 두번째가 「正宗分」이며, 세번째가 「流通分」이다.
첫 序文의 部分은 또 두가지로 구분되니 첫째는 「證信序」이며, 두번째는 「發起序」이다. 지금 처음 證信序부터 풀이하겠다.

註

① 南陽、忠國師…… 法名、慧忠(~七七五) 浙江省 紹興사람. 俗性은 冉氏, 六祖慧能의 法嗣 慧能의 寂後 諸山을 歷遊、南陽의 白崖山·黨子谷에 들어가 四十餘年동안 山門밖을 나오지 아니하였다. 唐의 上元二年(七六一) 肅宗皇帝가 그의 名聲을 듣고 中使、孫朝進을 보내 勅命으로 京師로 불러 弟子의 禮를 드렸다. 六祖의 五大弟子의 한분으로 荷澤神會와 함께 北方禪의 始祖로 追仰되며 身心一如、即心即佛을 主張하였으며 無情說法을 主唱하였으며 南方禪과는 달리 經律論을 重視 師說의 根據로 삼았고 天台宗의 開祖 南嶽慧思를 仰慕 그를 기리기 爲해 均州、武當山에 太一延昌寺를 建立하기도 하였다.

② 耽源、應眞…… (未詳) 南陽慧忠國師의 侍者、圓相의 眞義를 깨달아 慧忠의 法을 이었고 吉州(江西省)、耽源山에 住하였다.

③ 仰山、慧寂…… 潙仰宗의 二祖(八○三~) 韶州(廣東省)懷化縣사람 俗性은 葉氏. 十七歲에 二指를 切斷、誓願을 세워 出家. 처음 耽源、應眞에 參하다가 後에 潙山靈祐에게 十五年을 師事 그 法을 이었고 王莽山에 머물다가 다시 仰山에 머물며 禪風을 振作. 後에 江西、觀音院、韶州、東平山등으로 옮겼다. 諡號、澄虛大師、智通大師

法會因由分第一

如是我聞하사 一時에 佛이 在舍衛國祇樹給孤獨園하사 與大比丘衆千二百五十人으로 俱러시니

文前에 分三하리니

一은 明建立之因이니 則佛臨滅度하사 阿難이 請問四事대신 佛이 一答하사 我滅度後에 一은 依四念處住요 二는 以戒爲師요 三은 默擯惡性比丘요 四는 一切經首에 皆云如是我聞하사 一時에 佛이 在某處하사 與衆若干等이라

二는 明建立之意니 意有三焉하니 一은 斷疑故니 謂結集時에 阿難이 昇座欲宣佛法대하신 感得自身의 相好如佛하야 衆起三疑하니 一은 疑佛이 重起說法이요 二는 疑他方佛來요 三은 疑阿難成佛이라 故說此言에 三疑頓斷이요 二는 息諍故니 若不推從佛聞하고 言自製作이면 則諍論이 起요 三은 異邪故니 不同外道經初에 云阿憂等이니 具六成就라

三은 正釋文義라 謂信聞時主處衆이라 六緣이 不具면 敎則不興이니 必須具六일새 故云成就니라

六成就者ᄂᆞᆫ 一ᄋᆞᆫ 信이니 若兼我聞合釋하면 則指法之辭也ㅣ라 如是之法을 我從佛聞이요 單釋如是者인댄 智度論에 云호대 信ᄋᆞᆫ 成就也ㅣ요 佛法大海에 信爲能入이요 智爲能度ㅣ니 信者ᄂᆞᆫ 言是事如是라ᄒᆞ고 不信者ᄂᆞᆫ 言是事不如是라ᄒᆞ나니 故稱如是라 又有無不二ㅣ 爲如ㅣ요 如ᄂᆞᆫ 非有法은 但爲顯如ㅣ닐ᄉᆡ 唯如爲是일ᄉᆡ 故稱如是라 又有無不二ㅣ 爲如요 如ᄂᆞᆫ 非有無ㅣ라 爲是니라

二ᄂᆞᆫ 聞이니 我ᄂᆞᆫ 即阿難의 五蘊假者요 聞ᄋᆞᆫ 謂耳根發識이니 廢別從摠일ᄉᆡ 故云我聞이라 阿難의 所不聞二十年前之經은 有云如來重說이라ᄒᆞ며 有云得深三昧ᄒᆞ야 摠領在心이라ᄒᆞ니 若推本而言인댄 阿難은 是大權菩薩이시니 何法不通이리오

三은 時니 師資合會ᄒᆞ야 說聽究竟일ᄉᆡ 故言一時니 諸方時分이 延促不同일ᄉᆡ 故但言一이라 又說法領法之時에 心境이 泯ᄒᆞ고 理智ㅣ 融ᄒᆞ며 凡聖이 如ᄒᆞ고 本始ㅣ 會니 此諸二法이 皆一之時니라

四ᄂᆞᆫ 主니 具云佛陁ㅣ어든 此云覺者라 起信에 云所言覺義者ᄂᆞᆫ 謂心體離念이니 離念相者ㅣ 等虛空界ᄒᆞ야 即是如來平等法身이시니 則以無念으로 名之爲佛이라 然이나 覺有三義ᄒᆞ니 一은 自覺이니 覺知自心이 本無生滅이요 二ᄂᆞᆫ 覺他니 覺一切法이 無不是如요 三은 覺滿이니 覺知自心이 本無生滅이요 二ᄂᆞᆫ 覺他니 覺一切衆生을 不名爲覺은 以無始來로 念念相續

未曾離念하야 又云若有衆生이 能觀無念者는 即爲向佛智故니라하시

五는 處니 舍衛는 此云聞物이니 謂具足欲塵財寶多聞解脫等하야 遠聞諸國이라 故로 義淨이 譯云名稱大城이라하다 祇樹等者는 即祇陁太子의 所施之樹요

給孤獨園者는 須達長者의 所買之園이라 祇陁는 此云戰勝이니 波斯匿王의

太子也라 生時에 王이 與外國戰勝일새 因以爲名이라 梵語에 須達은 此云善

施니 給孤獨이 即是善施며 又亦常行施故라 西國에 呼寺爲僧伽藍든이어 此

云衆園이니라

六은 衆이니 與者는 并也며 及也라 大者는 名高德著며 比丘者는 梵語니 此

含三義故로 存梵不譯이니 一은 怖魔요 二는 乞士요 三은 淨戒라 衆者는 理

和事和라 千二百五十人者는 佛이 初成道에 度憍陳如等五人하시고 次度耶

葉三兄弟와 兼徒摠一千하시고 次度舍利弗目乾連과 各兼徒一百하시고 次度耶

舍長者子等五十人이니 故減五人이요 是常隨衆일새 故偏列數언정

非無餘衆이니 文이 隱顯耳라 俱者는 一時一處니라

六祖 如者는 指義요 是者는 定詞니 阿難이 自稱如是之法을 我從佛聞

은 明不白說也라 故로 言如是我聞시니라 又我者는 性也라 性即我也니 內

(本文)

外動作이 皆由於性하야 一切를 盡聞일새 故稱我聞也니라 言一時者는 師資會遇齊集之時니라 佛者는 是説法之主요 在者는 欲明處所니 舍衛國者는 波斯匿王의 所居之國이니 祇者는 太子名也니 樹是祇陀太子의 所施故言祇樹니라 給孤獨者는 須達長者之異名이니 本屬須達일새 故言給孤獨園이라 佛者는 梵語어든 唐言에 覺也라 覺義有二하니 一者는 外覺일새 觀諸法空이요 二者는 內覺이니 知心空寂하야 不被六塵의 所染하야 外不見人之過惡하고 內不被邪迷의 所惑일새 故名曰覺이니 覺即佛也니라 大比丘者는 是大阿羅漢故니 比丘者는 梵語에 唐言에 能破六賊일새 故言與也니라 衆은 多也니 千二百五十人者는 其數也니라 俱者는 同處平等法會니라

(法會의 因緣과 由來의 分段 第一.

나는 이와 같이 들었노라 한 때 부처님은 舍衛國、祇樹의 給孤獨院에 계셨는데 大比丘、大衆 千二百五十人과 함께 계셨느니라.

原註

글 앞 부분을 셋으로 나누면

첫째 經이 建立된 因緣을 밝힌것이니 즉 부처님이 滅度에 臨하시자 阿難이 請하여 네가지 일을

물어 보았다. 이에 부처님이 한번 대답하시기를 "내가 滅度한 후에는 첫째로 四念處에 根據를 두고 머물것이며, 둘째로는 戒를 스승으로 삼을것이며, 셋째는 性品이 惡한 比丘를 말없는 가운데 쫓아낼 것이며, 네번째로는 모든 경의 첫머리에 "나는 이와 같이 들었노라(如是我聞)"라고 하고, "한 때 부처님이 어느곳에 계시면서 몇사람의 大衆들과 함께 계셨는가?"를 말하라고 하신 점이다.

두번째는 經을 建立한 뜻을 밝힌 것이니 이 뜻에 세가지가 있다.

첫째는 疑心을 끊기 위한 때문이였으니 즉 이는 結集하였을 때 阿難尊者가 法座에 올라 佛法을 베풀고자 하였을 때 자신에게 부처님과 같은 거룩한 모습이 있어서 大衆들 사이에 세가지 의문이 일어나고 있음을 느낌으로 알게 되었다 그 첫째 의문은 부처님이 다시 일어나서서 說法 하시는것이 아닌가? 하는 의문이었으며, 두번째는 다른 地方의 부처님이 오신것이 아닌가? 하는 의문이었으며, 세번째는 阿難尊者가 成佛하신것이 아닌가 하는 의문이였는데, 이 때문에 이 말을 하게되자 세가지 疑問이 完全히 끊어지게 된 것이다. 두번째는 말다툼을 멎게하기 위한 때문이며 부처님의 말씀이라 미루지 아니하고 阿難尊者 자신이 만든 말이라 하였다면 論爭이 일어나기 때문이다.

세번째는 邪道와는 다른것임을 알리기 위한 까닭이니 外道들의 經은 첫머리에 "阿憂" 등을 말하는것과는 다르다는 것을 표시하기 위한 것이였다.

세번째 바로 글뜻을 풀이 한것은 여섯가지의 成就를 풀이 한다는 것을 뜻한다. 즉 믿음, 들음(聞), 時節, 主宰者, 場所, 大衆등 여섯가지 因緣이 갖추어지지 아니하게 됨으로 반드시 이 여섯가지 條件이 갖추어져야 하는 까닭에 이를 "成就"라 말한것이다.

만약 "나는 들었다 (我聞)"라는 말을 아울러 합쳐서 동시에 풀이한다면 이는 "法"을 指摘한 말이며 "이와 같은 法을 나는 부처님으로 부터 들었다"라는 뜻이다.

여섯가지 "成就"란 첫째가 믿음이다.

「이는 믿음이 成就되었다는 뜻이다. 佛法이란 큰 바다에 믿음은 능히 들어갈 수 있는 手段이 되고 智慧는 능히 건느갈 수 있는 手段이 된다」라고 하였다. 즉 믿는 사람은 「이 일이 이와 같다」고 말할 것이요 믿지 아니한 사람은 「이 일이 이와 같지 아니하다」고 말하는 것이다. 또한 聖人의 説法이란 다만 밝히기 위한것이니 오직 「如如」만이 옳은것이기에 「如是」라 말한것이며 또한 「有」와 「無」가 두가지로 다른것이 아닌것이 「如」가 되며 「如」는 아니기에 옳다(是)는 것이다.

두번째 成就의 條件은 「聞」이니 여기서 나(我…我聞이라한 我)라고 하는 것은 阿難尊者의 五蘊인 假身을 말한것이며 聞이라 한것은 耳根이 識을 일으킨 것이니 따로 들은것은 廢棄하고 總員이 다 들은 法門을 따르는 까닭에 「我聞」이라 말한 것이다. 阿難이 듣지못한 二十年前의 經에는 「如來重説 부처님이 거듭 다시 말씀하셨다」라고 말한곳이 있고, 「깊은 三昧를 얻어 모두가 받아드려 마음에 남아 있었다」라고 한곳도 있다. 만약 根本을 미루어 말한다면 阿難尊者는 大方便을 지닌 菩薩이니 무슨 法인들 通하지 못하겠는가?

세번째 成就하여야하는 條件은 時節이니 스승과 弟子가 한곳에 合同해서 모여 究竟의 法門을 들은 까닭에 「一時」라고 말한 것이다. 여러 地方의 時間差는 늦추어지고 당겨짐이 같지 아니한 까닭에 다만 「一時」라고만 말한 것이며 또 説法을 받아드릴 때 마음과 境界가 모두 사라지고 眞理와 智慧가 融合하고 凡人과 聖人이 如如한것이 根本 始初의 法會인 까닭에 이 相對的인 두 법이 모두 하나가 된 「때」라는 뜻이다.

네번째, 成就의 條件은 「主」 즉 「主宰者」이니 이 主宰者는 梵語로 갖추어 말하면 「佛陀」인데 이곳 말로 하면 「깨달은 사람(覺者)」이란 뜻이다.

起信論에 이르기를

이른바 「깨달음」의 뜻이란 마음의 바탕이 念과 相을 여읜 사람은 虛空의 世界와 같으니 이것이 곧 부처님의 平等하신 法身이다」라고 하였으니 이는 곧 「念」이 없는것을 「부처」라고 부른다는 뜻이다. 그러나 깨달음(覺)에 세가지 내용이 있다. 즉 첫째는 「自覺」인데 이는 자기의 마음이 본래 生滅이 없음을 깨닫고 아는 일이다. 두번째는 「覺他」이니 한 두가지의 깨달음에서 그 眞理를 圓滿하게 깨닫는것을 「覺滿」이라 이름한다. 세번째는 「覺滿」이니 이는 모든 法이 如如하지 아니하고 있음을 깨닫는다는 일이다. 그런까닭에 말한 두가지의 깨달음에서 그 眞理를 圓滿하게 깨닫는것을 「覺滿」이라 이름한다. 그런까닭에 無始(太初)以來로 念마다 서로 이어져 한번도 일찌기 念을 떠나지 못하였기 때문이다. 起信論에 이르기를 「一切衆生을 「覺」이라 이름하지 아니하는 것은 無始(太初)以來로 念마다 서로 이어저 한번도 일찌기 念을 떠나지 못하였기 때문이다」라고 하였다. 또 이르기를 「만약 어떤 衆生이 無念의 境地를 능히 밝게 비추어 볼 수 있다면 곧 그 사람은 부처님의 智慧로 가는 緣故가 되는 사람이다」라고 하였다.

다섯번째로 成就의 條件이 되는것은 「場所(處)」다. 「舍衛國」이란 말은 이곳 말로 번역하면 「聞物」이란 뜻이다. 즉 欲望과 環境과 財寶와 多聞과 解脫등이 具足되었음을 뜻하며 그 소문이 먼 나라까지 알려진 까닭에 義淨스님이 번역하기를 「名稱大城(큰 城으로 이름이 알려진 곳)」이라고 하였다.

「祇樹·給孤獨園」등의 이름은 祇陀太子가 布施한 樹林이 祇樹며 給孤獨園은 須達長者가 사들인 莊園이다.

「祇陀」란 말은 이곳 말로 번역하면 「戰勝」이란 뜻이며 이 사람은 波斯匿王의 太子인데 태여날 때 王이 外國과 싸워서 이긴까닭에 이로 因緣하여 太子의 이름을 「祇陀」라 지은것이다.

梵語로 「須達」이란 말은 이곳 말로 번역하면 「善施」라는 뜻이니 이 사람은 子息이 나 아내없는 홀아비에게 給食하는것은 거룩한 布施이며 또 이 사람은 恒常 布施를 行한 까닭에 또 「須達」이란 이름을 얻었다. 「園」이란 西쪽나라에서 「僧伽藍(스님들이 사는 곳)」이라 부르는것을 이곳 말로는 「衆園」이라 한다.

여섯번째 成就의 條件이 되는것은 大衆이다. 「與」란 글자는 「幷」이란 뜻이며 또 「及」이란 뜻이다. 또 「大比丘」라 한 「大」는 이름이 높고 德이 뚜렷히 알려진것을 말한것이며 「比丘」란 梵語이며 여기에는 세가지 뜻이 包含되여있는 까닭에 中國語로 번역하지 아니하고 梵語를 그대로 保存하였다. 세가지 뜻이란 첫째는 「怖魔」 즉 外魔들이 무서워하는 사람이란 뜻이며 두번째는 「乞士」 즉 乞食하는 스님이란 뜻이며 세번째는 「淨戒」 즉 淸淨하게 戒律을 지키는 사람이란 뜻이다.

「衆」이란 말은 理致로도 和合하고 일로도 和合하는 사람들을 뜻하며 「千二百五十人」이라 한 것은 부처님이 처음 成道하시고 憍陳如등 다섯사람을 濟度하신다음 迦葉의 三兄弟와 그이 門徒 一千名을 濟度하셨고 다음 舍利弗、目犍連등과 그의 門徒各 一百名을 濟度하셨고 다음 耶舍長者의 아들등 五十人을 濟度하셨는데 經에서는 大略의 數字만을 擧論한 까닭에 實地數字보다 다섯사람이 줄은 千二百五十人이라 한것이며 이 사람들은 늘 부처님을 따라다니는 大衆들도 없었던것이 아니지만 글로 어느것은 숨기고 어느것은 나타냈을 뿐이다. 「俱」라고 한것은 한 때 한 場所에 있었다는 뜻이다.

(六祖大師의 註釋)

「如」라는것은 내용을 指摘한 말이며 「是」라 한것은 꾸지람을 鎭定시키는 말이다. 阿難이 自稱 하기를 「이와같은 法을 나는 부처님으로부터 들었다」고 하여 자기가 아뢰는 말이 아님을 밝힌 것이다. 그런까닭에 「如是我聞」이라 한 것이다. 또 「我」라는것은 「타고난 性品(性)」을 말한것이 며 「性」이 곧 「我」인 것이다. 안팎의 動作이 모두 性品으로 因緣하여 모든것을 다 듣게되였기에「나는 들었다(我聞)」라고 말한 것이다.

「一時」라고 말한것은 스승과 弟子가 만나 함께 모인 때를 말한 것이다.「在」라고 한것은 그「場所」를 밝히고자 한것이다.「舍衛國」이란 波斯匿王이 사는 나라다.「祇」라고 한것은 그곳 太子의 이름이다.「樹」라고 한것은 祇陀太子가 布施한 樹林인 까닭에 祇樹라 말한것이며「給孤獨園」은 須達長者의 別名이며 그 莊園이 本來 須達의 所有였던 까닭에「給孤獨園」이라 말한 것이다.

「佛」이란 梵語이며 中國말로는「覺(깨달음)」이란 뜻이다.「깨달음」이란 뜻에 두가지 내용이 있으니 첫째는「外覺」이다. 즉 모든 法이「空」임을 밝게 비추어 보는 것이며 두번째는「內覺」이니 六塵에 (色聲香味觸法) 汚染되지 아니하는것을 뜻한다. 즉 밖으로는 다른 사람의 허물과 惡을 보지 아니하고 안으로는 사악한 헷갈림에 迷惑당하지 아니하는 까닭에「覺」이라 이름 한 것이다.

「與」라고 한것은 부처님이 比丘들과 더불어 (與) 함께 金剛般若의 無相道場에 머무신 까닭에「與」라고 말한 것이다.「大比丘」라 한것은 이들은 大阿羅漢인 까닭에「大」라고 한것이며「比丘」라는것은 梵語이며 中國말로는「능히 六賊(六塵을 盜賊에 비유한 것)을 무찌를 수 있다」는 뜻이다.

「衆」은 많다는 뜻이며「千二百五十人」이라 한것은 그 數爻를 말한것이며 같은 場所에서 平等한 法會를 한것을 말한 것이다.

冶父 如是여

說 如是之言을 古人이 說有多途호대 今川老는 蓋取有無不二爲如와 如非有無爲是니라

古人이 道하사 喚作如如인댄 早是變了也시니 且道하라 變向甚麼處去오 咄 不

得亂走어다 畢竟作麽生고 道火不曾燒却口니라

說 南泉이 問講師하사대 講甚麽經고 云講涅槃經이다 云經中에 以何爲極則고 云以如如로 爲極則이니다 云喚作如如하면 早是變了也니 須向異類中行하야 道取異中事하야사 始得다 法眞

頌云호대 涅槃寂滅이 本無名하니 喚作如如早變生이라 若問經中何極則하면 石人이 夜聽木鷄聲이라호리 謂涅槃寂滅이 本無名하니 若立名字하면 未免變異去在라 且道하라 變向甚麽處去오 咄不得亂走類中行하야 圓轉不觸하야사 始得하니라 且道하라 變向甚麽處去오 咄不得亂走어다 以變不變으로 商量하면 又却不是也니라 畢竟作麽生고 涅槃寂滅이 雖本無名이나 亦不妨因名現體니 爲甚如此오 說名之時에 早已風吹不入이요 水洒不著이라 只有一段通身寒光이어 喚作如如인들 有甚變去리오

(冶父、道川禪師의 評唱)

「如是」라 함이여!

解說…「如是」란 말은 옛 사람의 설명에 많은 解説이 있었으나 지금 道川老師는 아마도 有無가 두가지로 다르지 아니한것을 「如」하고 「是」라고 解釋한듯 하였는데 말해보라! 變해서 어디로 갔단 말인가? 쯧쯧 함부로 날뛰면 안된다. 畢竟은 어떻게 되는가?

옛 사람이 이르기를 「如」를 「如」라고 부르기만 하여도 「有、無」가 아닌 점을 「是」라고 하였는데 말해보라! 變해서 어디로 갔단 말인가? 쯧쯧 함부로 날뛰면 안된다. 畢竟은 어떻게 되는가?

道의 불이 일찌기 입을 불사르지는 안했다.

解說…어느날 南泉·普願禪師가 (※ 註參照)한 講師에게 물었다.

「무슨 經을 講하는가?」

「涅經經입니다」

「그 經안에서는 무엇을 最高의 眞理로 삼고 있는가?」

「如如를 最高의 眞理로 삼고 있읍니다」

「如如란 말을 하기만 해도 일찌감치 「如如」는 變해 버렸다 모름지기 무리가 다른 種族안에 가서 다른 무리들 안의 일을 말할 수 있어야 비로소 되는 것이다」

이 禪問答을 法眞守一禪師가 (※ 註參照) 頌을 지어 읊기를

「열반은 寂滅하여 本來 이름없는데 만약 이름字 建立하면 다른것으로 변해버리는 일, 면치 못하니 모름지기 類가 다른 무리속에 가서 다른 무리들 안의 일을 말하여도 둥글게 回轉하여 부딪치는것이 없어야 비로소 된다. 말해보라! 變해서 어디로 갔는가를…… 쯧·쯧. 함부로 날뛰면 안된다.

만약 변하고 변하지 아니하는것으로 흥정을 하려한 다면 이것도 또 옳지못하다. 畢竟은 어떻게 되는가?

涅槃은 寂滅하여 비록 本來 이름없다 하더라도 또한 이름으로 因하여 바탕을 나타내는것도 괜찮은 일이다. 어찌하여 이와같이 되는가? 이름을 말했을 땐 이미 일찌감치 바람이 불어 들어가지 못하고, 물을 뿌려도 물묻지 아니하며, 다만 한 토막 온 몸에 차가운 빛만 남아 있으니 「如如」라 부른들 무슨 變해 버릴 것이 있겠나?」라고 하였다.

註

① 南泉普願……(七四八~八三四) 南岳下、馬祖道一의 法嗣. 下南省、新鄭사람. 俗姓은 王氏 三○歲에 嵩山、會善寺에서 受戒. 安徽省、池陽南泉山에 住錫 禪院을 짓고 소를 飼育하며 산을 일구어 밭을 갈며 禪風을 鼓吹. 池陽太守、陸亘이 그의 弟子가 되었고 門下에 趙州從諗、長沙景岑、子湖利踪등 많은 大禪師가 輩出되었다.

② 法眞、守一……(未詳). 雲門宗。 江蘇省、 江陰人 俗姓·沈氏。 慧林宗本의 法嗣 秀州(浙江省)、 本覺寺에 住錫함。 그 法統은 다음과 같다.

六祖~靑原~石頭~天皇~龍潭~德山~雪峰~雲門
　　　　　~行思~希遷~道悟~崇信~宣鑑~義存~文偃
雲門~香林~智門~雪竇~天衣~慧林~法眞
文偃~澄遠~光祚~重顯~義懷~宗本~守一

如如_여 靜夜長天_에 一月孤_{로다}

水與波ㅣ無二_{하고} 波與水ㅣ不別_{하니} 淸寥寥時_에 元的的_{이요} 白的的_{의 處}에 亦寥寥_{로다}

是是_여 水不離波波是水_라 鏡水塵風不到時_에 應現無瑕照天地_니 看看_{하라}

說 指水全是波_요 指波全是水_라 毘盧華藏_이 物物頭頭_요 萬像森羅ㅣ全機無垢_{로다} 機
無垢_여 本清淨_{하니} 鏡淨水澄_{하야} 風塵_이 不到_라 湛湛地_에 明歷歷_{하야} 輝天鑒地_{하고} 曜古
騰今_{이로다} 要會麼_아 要會_{인댄} 高著眼_{하라}

(冶父스님의 評唱 계속)

如如함이여!
고요한 밤 먼 하늘에
한 외로운 달이로다

是是함이여!
물은 물결 떠나지 아니하며
물결이 곧 물이로다

거울같은 물위에
먼지 바람 이르지 아니할 때
티 없는것 나타나니
天地를 비추리라
보라! 보라!

解說① …물과 물결은 다를것이 없다 물결과 물이 다르지 아니하니 맑고 고요할 때 元來부터 또록또록하고 밝고 또록또록한 곳이 또한 고요하고 쓸쓸하다.

解說② …물을 가르키면 그것이 오로지 물결이며 물결을 가르키면 그것이 오로지 물이다. 毘盧遮那부처의 華藏世界가 물결마다 뚜렷하고 森羅萬像이 完全한 기틀이라 기틀이 때문지 아니함이여 물이 本是 淸淨하고 거울같이 맑은 물 쾡 뚫려있음이라 먼지 바람 이르지 아니하도다 잔잔히 맑은 땅、歷歷히 밝아 하늘에 빛나고 땅을 비추며 예전을 빛내고 지금에 나솟는다.

알고싶은가? 알고 싶거든 높은 곳에 着眼하라!

(冶父의 評唱)

我여

說 指天指地獨立底人다이로

說 赤裸裸淨洒洒하야 没可把로다

說 古人이 道하사 阿呵呵是甚麼오 南北東西에 唯是我시라니 雖云南北東西에 唯是我나 爭

說

我여 認得分明成兩箇라 不動纖毫合本然하니 知音이 自有松風和로다

乃一切處에 摸擦不着이라 是可謂境上施爲渾大有나 內外中間覓摠無로다

若道我有인댄 眼中着屑이요 若道我無인댄 肉上剜瘡이라 所以로 道호대 有我直應還未達이요
若言無我更愚癡니라 一體上에 兩般見이여 析虛空作兩片하야 兩頭俱不涉하야사 方得契如라
如니 踏得家田地하야 唱出無生曲다이로 無生曲子를 孰能和오 蕭蕭松籟送清音다이로

「我」라 함이여!

解說…하늘을 가르치고 땅을 가르치며 홀로 설만한 사람이 「我」다.
발가벗고 아무것도 걸치지 아니하였고 씻은듯 깨끗하여 손에 잡을만한 곳이 없네.

解說…옛 사람이 이르기를
「하·하·하! 이것이 무엇인고? 南北東西에 오직 「나」뿐이로다」라 하였는데 비록 南北東西에
오직 나 뿐이라 하더라도 모든 곳을 더듬어 보아도 잡히지 않으니 이 일은 어찌할고? 이것이
야 말로 「거울위에 베푼것이 宇宙와 渾然一体가 되여 內外中間을 모두 찾아 보아도 아무것도
없다」는 境地라 말할 수 있다.

我我여!

分明히 두개로 이루어졌음을 認知할 수 있건만 실오라기 하나도 움지기지 아니하고 本然의 모
습과 合쳤으니 소식을 아는 사람은 나름대로 소나무와 바람의 和合 있을 것일세.

解說…만약 「내가 存在한다」라고 말한다면 눈속에 티를 붙이는 꼴이요 만약 「나라는 것은

없다」라고 말 한다면 생살 위를 도려서 종기를 만드는 꼴이다. 그런까닭에 이르기를 「내가 존재한다」고 하는것은 곧 아직 달통하지 못한것과 응하는 것이되고 만약 「내가 무다」고 말한다면 이는 더욱 어리석은 사람이다. 한 바탕위에 두가지 견해를 이루는것은 虛空을 쪼개서 두쪽으로 나누는 일이니 두쪽에 모두 관련짓지 아니하여야만 비로소 「如如」와 契合한다. 自己집의 田地를 밟을 수 있어야 생멸없는 가락을 노래할 수 있다. 生滅없는 가락에 누가 和答할 수 있을까? 우수수 쓸쓸한 소나무 피리 맑은 소리 보내오도다!

聞이여

說) 本是一精明이 分爲六和合이니 合處에 如瞖地하면 見處ㅣ是眞聞이라

切忌隨他去어다

說) 滿耳非音이어 聞箇甚麼며 廓然無我어늘 聞底는 是甚麼오 了得如是하면 鶯歌與燕語를 從敎鬧浩浩와니 若未如然인댄 宮商幷角徵ㅣ 化我常抽牽이리하니 所以로 道호대 切忌隨他去니라하시니라

猿啼嶺上이요 鶴唳林間이라 斷雲風捲하고 水激長湍이니 最好晚秋霜午夜에

說) 好는 一作愛

一聲新雁이 覺天寒다이로

說) 鶴唳猿啼聲入耳하니 誰信圓通門大啓오 反聞聞處에 心路斷하면 八音이 盈耳不爲塵

一이여

㊗ 不聞이여 會不礙於聞하니 頭頭爲我話無生이로다 夜靜秋空征鴈響이여 一聲聲送報天寒이로다
且道하라 是聞가 不是聞가 淡薄豈拘聲色外며 虛閑寧墮有無中이리오

㊗ 天地之根이요 萬化之源이라 千途ㅣ 共向於彼하고 萬像이 皆宗於此로다

㊗ 相隨來也로다

㊗ 三界萬法이 皆從斯起하니 兵隨印轉이요 影逐形生이로다

二이여 破二成三이라 從此出이라 乾坤混沌未分前에 以是一生參學畢이로다

㊗ 破二도 以一也며 成三도 亦以一也니 成之破之ㅣ 皆從斯得이로 興來先天地요 無形本寂寥하니 能爲萬像主요 亦爲諸佛母라 若人이 了得此하면 無事不圓通하리라

(冶父의 評唱)

「聞」이라 함이여!

解說…本來 하나의 精明한것이 나누어져 여섯개가 和合했으니 和合한 곳을 번떡 눈돌려 본다면 그 본 곳이 곧 진실로 들은 것이다.

다른 사람 따라가는 일은 절대로 삼가라.

解說…귀에 가득한것이 소리아닌것이 없으나 무엇을 들었는가? 텅 빈 世界에 「나」도 없거늘 이와같이 깨달을 수 있다면 꾀꼬리노래와 재비의 짹짹꺼림이 시키는 들을만한것이 무엇인가?

데로 온 세상에 시끄럽게 들린다. 만약 아직 이와같은 境地가 아니라면 宮商角徵羽 온갖소리가 「나」로 化해서 늘 나의 머리를 뽑아올리고 등 뒤에서 잡아 당기게 된다. 그런까닭에 「다른 사람을 따라가는것은 絶對로 禁忌다」라고 말한 것이다.

원숭이는 잿마루에서 울고 鶴은 숲속에서 우는데 끊어진 구름을 바람이 말아 올리고 물은 여울목에 부딛친다.

解説… 어떤 책에는 「好(좋다)」를 「愛」字로 쓴 곳도 있다.

가장 좋구나! 늦은 가을 한밤중에 한 소리 새 기러기 추위 깨닫게하네

解説②… 원숭이 학의 울음소리가 귀에 들려오는데 누가 믿겠나? 圓通한 門이 크게 열려있음을… 도리어 듣고 들리는 곳에 마음의 길 끊어지고 八音이 귀에 가득해도 塵(境界)이 되지 아니한다. 듣지 않는것이 일찌기 듣는 일을 가로막지 아니하였고 간곳마다 나를 위해 「無生」을 말해주네 밤은 고요한 가을 하늘 먼곳 가는 기러기 매아리치고 한 소리 보내서 추위를 알려주네 말해보라! 이것은 들은것인가? 듣지 아니한것인가?

淡薄함에 어찌 聲色밖을 拘碍받게나 虛閑하니 어찌 有無 가운데 떨어지겠나?

解説③… 天地의 뿌리며 萬化의 根源이라 모든 길이 함께 그곳으로 向하고 萬像이 모두 이것에 根本한다.

(冶父의 評唱)
(모든것은) 서로 따라 오도다

解説①… 三界萬法이 모두 여기서 일어나며 兵士는 印旗따라 돌고 그림자는 形相쫓아 생겨난다.

解說 ② : … 둘을 깨닫는것도 하나임으로 되는것이 역시 하나이기 때문이다 (※ 둘은 二乘。 셋은 三乘。 하나는 一乘) 이를 이루고 이를 허무는것이 모두 여기서 얻어지니 일어나면 天地에 앞서고 形相도 없어 本來 寂寂하나 능히 萬像의 主人이 되고 또한 모든 부처의 어머니가 되니 만약 사람들이 이를 환하게 깨달으면 어느 일이든 圓通해지지 아니하는것이 없을 것이다.

時여

㊂ 遠劫一念이 無碍하고 古今始終이 該通이라 爲甚如此오 動靜이 常在靑山中이니라

如魚飮水에 冷暖自知로다

㊂ 怎生이 是冷暖底滋味오 明月堂前에 時時九夏요 太陽門下에 日日三秋로다 此味를 無人識하니 親嘗하야 始自知니라

時時 淸風明月이 鎭相隨라 桃紅李白薔薇紫를 問着東君自不知로다

㊂ 淸風明月을 不得別會니 東君造化底物事로대 東君이 不知하고 淸風明月은 人人受用底家事로대 人人이 不會니 不會不知여 人人이 盡有一雙眉요 箇箇面前에 更無人다이로 着語云自知고라 頌云不知라 하니 不知與自知ㅣ 相去多少오 但知不知하면 是眞自知니라

「時」라 함이여!

마치 물고기 물 마시면 차고 더운것 스스로 아는것과 같구나!

解說①…먼 永劫의 過去부터 한 念의 걸림돌 없었고 古今에 始終이 아울러 통하니 어찌하여 이와같이 되는가? 動靜이 늘 푸른 山속에 있느니라.

解說②…어떤것이 차고 더운 滋味인가? 밝은 달 法堂앞은 때마다 夏安居요 太陽의 門앞은 날마다 三秋로다.

이 맛 아는 사람 없으니 몸소 맛보아야 비로소 스스로 알게된다.

東風잡고 물어봐도 스스로 알지 못하네
장미꽃 자주빛임을
복숭아꽃 붉고 오얏꽃 희고
淸風明月 언제나 따라 다니고

「時」여 「時」여!

解說…맑은 바람과 밝은 달이 서로 해어지고 만나고 해서는 안된다. 맑은 바람이 스칠때는 밝은 달이 비추고 밝은 달이 비출때는 맑은 바람이 스쳐간다 복숭아, 오얏, 장미꽃은 봄바람의 造化로 이룩된 물건이건만 봄바람은 이 事實을 모르며 淸風明月은 사람마다 受用하는 집안 일인데도 사람마다 이를 모르고 있다. 봄바람도 모르고 사람들도 모르도다 사람마다 한쌍의 눈썹이 있으나 箇箇人의 얼굴앞에 다시 다른 사람은 없네. 말을 붙일때는 스스로 안다고 하면서 偈頌에서는 모른다 하니 모른다는것과 안다는것 사이에 그 距離 얼마나 될까? 다만 모른다는 사실을 알기만하면 이것이 眞實로 아는 일일세.

佛이여 本源天眞이 相好嚴身이 是아 一身이 分作兩鄕心다이로

說 無面目說是非漢이로다

說 無形還有像하니 逢人說是非로다

小名은 悉達이요 長號는 釋迦라 度人無數하사 攝伏群邪로다 若言他是佛인댄 自己는 却成魔니 只把一枝無孔笛하야 爲君吹起太平歌로다

說 世與出世ㅣ 俱是化儀너라 雖然如是나 妙相은 無形이요 眞名은 非字니 形之與名을 甚處에 得來오 不因江招月이면 爭知應萬般이리오 應萬般이여 多少人天이 言下에 知歸하고 少魔群이 廻邪返正고 自己天眞은 竟何物고 此是拔亂返正하야 致得太平이니와 須知有本太平이니 若將報化云是佛인댄 權將黃葉止兒啼로다 唯有一處ㅣ 也大難忘하니 黃葉葉底無孔笛으로 看四十九年說하라 君看四十九年迹太虛空裏에 生閃電다이로 君吹起吾家劫外歌로다 劫外歌여 歌何事오 歌詠人人本太平다이로 怎生是本太平고 人人脚

在여 下에 淸風拂이요 箇箇面前에 明月白다이로

說 主中主여 長年을 不出戶로다 又寂然不動이로 又獨坐庵中寂無事로다

說 客來須看이니 也不得放過하고 隨後便打니라

説 若一向坐在家舍則途中事―闕이요 一向行在途中則家裏事―疎니 要須在家舍而不虧途中事하고 在途中而不昧家裏事―始得다 所以로 道호대 妙喜―豈容無着問이리오 温和론 爭負絶流機리오 又客來云云은 感而遂通이요 不得云云은 隨緣無着이니 다만 客來云云은 若遇客來어든 須善待요 不得云云은 稍有賊氣在니 知有賊氣어든 須打殺니라

説 獨坐一爐香하야 金文을 誦兩行이로다 可憐車馬客이여 門外에 任他忙이로다
家裏事와 途中事를 一道俱行이니 常在途中 而不昧於家裏事―是可憐也로다 又獨坐云云은 寂照不二하야 體用如如요 可憐云云은 未了底人이 坐在聲色裏하야 三德彼岸 相去大遠하니 是可憐也로다 又脩然獨坐眼惺惺하니 任他客賊門外忙이로다

「佛」이라 함이여!
얼굴모습 없으면서 是非 따지는 사나이! 어릴때 이름은 悉達多요 자라서의 이름은 釋迦라 無數한 사람 濟度하고 뭇 邪道 攝伏시켰도다 만약 그를 부처라 말한다면 自己는 문득 惡魔가 되니 다만 한대 구멍없는 피리잡고 그대위해 太平歌를 불어보리라.

解説… 根本根源의 天眞함이 부처인가? 거룩한 모습 莊嚴한 몸이 부처인가? 한몸이 나누어 저 두 고을 되었노라. 形相없으나 도리어 像은 있어 사람 만나면 是非를 말하네. 비록 그렇다고 하더라도 妙相은 無形이며 眞實한 이름은 出世間이건 世間이건 모두가 化身의 모습이다. 形相과 이름이란 어디서 얻어온 것인가? 形相이건 이름이건 文字가 아니니 形相과 이름은 어디서 얻어온 것인가?

江들의 달빛을 불러 오게 하였더냐

어떻게 달이 萬般에 應함을 알겠느냐?

많은 人天世界의 사람들이 한마디 말에 돌아갈 곳을 알게 되고 많은 魔群들이 邪道에서 正道로 돌아왔으니 이는 亂雜를 뿌리뽑아 바른 政治로 돌아오게 하여서 太平歲月을 이루게 한 것이지마는 報身、化身을 가지고 太平이 있음을 말 한다면 自己固有 天眞함은 마침내 무슨 물건인가?

그대 四十九年의 자취를 보라!

太虛한 空間에 번갯불이 생겼도다

一時方便으로 노란 나무잎을 보라

돈이라 속여 어린아이 울음 달랫노라

오직 한곳만이 크게 잊지못할 点이 있었으니 永劫밖의 노래를 불러일으켰으니 집안 永劫밖의 노래여 무슨 노래인가? 사람마다 발밑에 맑은 바람 스쳐가고 사람마다 얼굴앞에 밝은 달빛 밝도다.

「在」라 함이여!

손님 오면 보아야 하지만 또한 허물을 눈감아줄 수 없어 뒤따라가며 때려주고 홀로 앉아 있으면 香爐에 가득한 香氣 金으로 쓴 글 두세줄 외어보네 애처롭다 수레、말탄 나그네여! 門밖에 서 제멋대로 바쁘구나!

解説…主人中의 主人이 오랜 歲月 문밖을 나가지 아니하였고 또 寂然히 움지기지 아니하였으며 또 寂然히 홀로 庵子속에 앉아 일이 없도다.

그러나 만약 오로지 집안에만 앉아있다면 집에 오는 途中일도 못하게 되고 또 노상 途中에만 걸어다닌다면 집안일은 소홀하게 되니 모름지기 집안에 있으면서도 途中일도 빼놓지 말아야 하며 또 途中을 걸어다닌다 하더라도 집안일에도 어둡지 말아야 되는것이다.

그런까닭에 이르기를

「妙喜의 世界가 어찌 無著의 물음을 容納하겠으며 漚和가 어찌 무리의 기틀을 끊는 일을 저바리겠는가?」라고 말한 것이다.

註

妙喜…維摩居士가 사는 世界、깨달음의 世界

漚和…거룩하고 巧妙한 方便、十波羅密의 일곱번째

解説②…집안일과 途中일을 한 길에서 함께 行하여야 하는것이며 늘 途中에만 있고 집안일에 어두운것이 「애처롭다」는 것이다.

또 「홀로 앉아…」云云한 것은 寂滅과 觀照가 두가지 일이 아님을 말한 것이며 바탕과 作用이 如함을 말한 것이다. 「애처롭다…」云云한 것은 아직 완전히 깨치지 못한 사람이 聲色속에 앉아있기 만하니 三德의 (智・斷・恩)저쪽 언덕과는 距離가 너무나 멀기에 이것이 「애처롭다」는 것이다.

또 「손님이 오면…」云云한 것은 손님이 올때가 있으며 잘 接待해야 한다는 뜻이며 「허물을 눈감아 줄 수 없다」云云한 것은 이 손님에게 자못 逆賊의 氣象이 있음을 알게 되면 때려죽여야 한다는 것이다.

또한 「손님이 오면…」에 해당되며 「허물을 눈감아 줄 수 없다」云云한 것은 周易에서 말하는 「感而遂通(寂然不動이라가 感而遂通天下之故)」에 해당되며 「허물을 눈감아 줄 수 없어서…」云云한 것은 인연따라 執着함이 없음을 뜻한다.

또한 아무곳에도 얽메이지 아니하고 홀로 앉아있으니 눈은 초롱초롱하게 밝아지는데 나그네 적들이야 제멋대로 문밖에서 바삐 돌아다니게 내버려 둔다는 뜻이다.

與大比丘衆千二百五十人으로俱여

㊟ 主伴이 交參하고 說聽이 同會로다

獨掌이 不浪鳴이로다

㊟ 師資合會하야 方成唱和로다

解說…主人과 從伴者가 아울러 參與하고 說法과 聽法이 함께 모였도다.

「與大比丘千二百五十八을 俱라」함이여!

解說…스승과 弟子과 합쳐 모여야 비로소 노래부르면 和答하는 交煥이 이루어진다.

한쪽 손바닥만이 헛되이 울려지는 아니하도다.

巍巍堂堂이여 萬法中王이라 三十二相에 百千種光이라 聖凡이 瞻仰하고 外道
歸降다이로 莫謂慈容을 難得見하라 不離祇園大道場다이로

㊟ 依眞起化에 化道方成이요 感畢遂隱에 而眞常住로다 世云 佛生迦毘羅하사 成道摩竭
陀하야 說法波羅奈하시고 入滅拘尸羅라하니 蓋釋迦老子ᅵ 於淨飯王宮에 示現出生十九
에 出家하고 三十에 成道하사 住世四十九年하며 說法三百餘會하고 壽登八十에 而示入滅
하시니 其示滅以來로 二千餘載라 迹此觀之컨댄 世云佛有去來ᅵ 可矣어니와 據實而觀

컨댄、來無所來라 月印千江이요 去無所去라 空分諸刹이로 伊麼則雖云出世나 未曾出世요
雖云入滅이나 未曾入滅이니 所以로 道호대 莫謂慈容을 難得見하라 不離祇園大道場이시니
要識慈容麼아 擬議思量千萬里니라 要識道場麼아 觸目無非古道場이로다

解説…眞理에 根據하여 教化를 일으키니 教化의 길이 비로소 이루어 지고 感應을 마치자 마침내 숨었으나 眞實은 永久히 머물고 있다.

세상에서는 이르기를 「부처님은 迦毘羅城에서 태어나시고 拘尸羅城에서 入滅하셨다」라고 하니 무릇 釋迦어른께서는 淨飯王의 王宮에서 出生이라는 形態로 모습을 나타내시고 十九歲에 出家하시고 三十歲에 成道하시고 世間에 머무시기 四十九年間 三百餘會에서 説法하시다가 八十에 오르자 入滅로 示滅하신 以來 지금 二千餘年이 지났다 이를 자취삼아 이를 본다면 세상에서도 부처님에게 오시고 가신 자취가 있다고 말할 수 있지만 事實에 根據하여 비추어 본다면 事實에 根據하여 비추어 본다면 가신 곳이 없는데 공연히 여러 사찰에 나누어져 계신다 그렇다면 도장찍는것과 같았고 이 없으니 달이 一千 강물에 도장찍는것과 같았고 오시고 가신 자취가 있다고 말할 수 있었고 비록 入滅하셨다고 하지만 일찌기 入寂하신 일이 없었고 비록 入滅하셨다고 하지만 일찌기 入寂하신 일이 없으시다 그런까닭에 이르기를 「자비로운 얼굴모습 만나기 어렵다고 말하지 말아라! 祇園의 大道場을 떠나시지 아니하였느니라」라고 말한것이다.

자비로운 얼굴모습을 알고 싶은가?

머뭇거리며 생각하고 해아리면 千里萬里距離가 멀다.

道場을 알고 싶은가?

눈에 닿는 모든 곳이 옛 道場 아닌곳이 없도다.

圭峰 二는 發起序者는 謂乞食威儀－離於邪命이라 是爲持戒니 戒能資定하고 定能發慧일새 故以戒定으로 發起般若正宗이니 於中에 有二하니 一은 戒요 二는 定이니 今初라

爾時에 世尊이 食時에 着衣持鉢하시고 入舍衛大城하사 乞食하실새 於其城中에 次第乞已하시고 還至本處하사

分七節釋하리니 一은 化主니 成實論에 說具上九號하야 爲物欽重일새 故曰世尊이니라 二는 化時니 食時辰은 當日初分이니 求乞易得이니 天上人間이 共所尊故니라하야 不惱自他요 乞已歸園에 正當巳時니 如常齋法이라 三은 化儀니 着僧伽梨衣하고 持四天王의 所獻鉢이니 四는 化處니 園은 在城東南五六里하니 自外之內이요 處廣人多曰大니라 五는 化事니 佛이 爲欲顯頭陀功德하사 令放逸者로 慙愧하야 以同事로 攝일새 故自乞食이라니 瓔珞女經에 說호대 化身은 如全段

金剛하야 無生熟藏이시니하 今所乞者는 利益他故라 故로 淨名이 云호대 爲不食故
로 應受彼食이시니라 六은 化等이니 於中에 有五하니 一은 由內證平等理하야 外不
見貧富相이요 二는 心離貪慢하야 慈無偏利요 三은 表威德이 不懼惡象沽酒
婬女等家요 四는 息凡夫의 猜嫌이요 五는 破二乘의 分別이니 七은 化終이라 然
이나 己字는 義屬下句 文連上句요 飯食字는 義屬上句 文連下句니 若
廣其文하야 令當句中備者인댄 應云次第乞己하시고 飯食하시고 飯
食訖에 收衣鉢이니 佛若不食이면 他福이 不滿이니 寶雲經에 說隨所乞得하야 分
爲四分하니 一은 擬與同梵行이요 二는 擬施貧病乞人이요 三은 水陸衆生
을 自食이라이니 十二頭陀經엔 唯說三分하고 除梵行이라하니 二는 定이라

(圭峰의 解説)

두번째로, 「發起序」라 하는것은 乞食과 威儀로 邪惡한 命을 버리는것을 말하는 것이며 이것이
持戒가 되는 것이다. 持戒는 能히 禪定을 뒷받침할 수 있고 禪定은 能히 智慧를 일으킬 수 있
는 까닭에 持戒와 禪定으로 般若의 正宗을 發起하는 것이며 여기에 두가지 구분이 있으니 첫째
는 持戒이며 둘째는 禪定인데 지금 이 章은 그 첫째에 해당한다.

(本文)

이때 世尊께서는 食事때가 되자 옷을 입어시고 鉢盂을 지니시고 舍衛國의 큰 城에 들어가셔서

밥을 구걸하시며 그 城안에서 차례차례 구걸을 마치시고 本來 계시던 場所로 돌아오셨다.

解說…이 글은 일곱 구절로 나누어 解釋하여야 한다.

첫째는 「化主」이다. 成實論에 이르기를 「위에서 말한 아홉가지 號(別名)를 갖추시어 衆生들의 欽慕, 尊重하는 분이 되었기에 「世尊」이라 말한 것이며 天上世界와 人間世界가 尊敬한 까닭이다」라고 하였다.

두번째는 「化時」이다. 食事하는 時辰은 그날의 初分이며 求乞하여 쉽게 얻으니 자신과 다른 사람을 괴롭히지 아니하셨고 求乞을 마치고 莊園에 돌아오시니 바로 巳時(十一時)에 해당되었으니 보통 齋의 法과 같았다.

세번째는 敎化하는 거동이니 (化儀) 僧伽梨를 (가사)입고 四天王이 바친 鉢盂를 지니신 것이다.

네번째는 敎化하신 場所다.

莊園은 城의 東南方 五~六里쯤 되는 곳에 있었으며 밖에서 안으로 가는 것을 「入이라 하고 場所가 넓고 사람이 많은것을 「大」라 한다.

다섯번째는 교화하신 일(化事)이다. 부처님은 頭陀行의 功德을 밝히시어 放蕩安逸한 사람으로 하여금 부끄럽게 생각하고 뉘우치게 하여 같은 일을 하는 「同事人」으로 包攝하시고자 하신 까닭에 스스로 몸소 乞食하신 것이다.

瓔珞女經에 이르기를

「부처님의 化身이 온 몸이 한토막의 金剛과 같아 날것이나 익힌 것이나 갈무리한 것이 없다」라고 하였는데 지금 부처님이 乞食하신것은 다른 사람을 利益되게 하기 위하신 까닭이다. 그런까닭에 維摩經에 이르기를

「먹지 아니한 사람을 위하신 까닭에 그들이 주는 밥을 받는 일에 應하셨다」라고 하였다.

여섯번째는 敎化의 平等함이니 이 가운데로 다섯가지의 平等이 있다.

첫째는 안으로 證得한 平等한 眞理로서 밖으로 貧富의 相이 나타나지 아니하신 것이며 둘째로

는 마음이 탐욕과 교만을 떠나서 자비로, 한편으로는 치우쳐내리는 利益이 없는것이고, 셋째로는 威嚴과 福德이 드러나시어 사나운 코끼리나 술 파는 집이나 음탕한 여자등의 집을 어려워하시지 아니하신 것이며 넷째로는 凡夫들의 猜忌와 嫌惡心을 멎게 하신 点이며 다섯번째는 二乘의 分別을 打破하신 点이다.

일곱번째는 敎化를 끝내신 내용이다. 그러나 「己(마쳤다)」라는 글자는 뜻으로는 아랫 구절에 속하나 文脈上 윗 句節에 속하는 것이며 「飯食」이란 글자는 뜻은 윗 句節에 속하나 文脈上 아랫 句節에 이어졌다 만약 그 글을 더 擴大해서 該當하는 글귀안에 가추어지게 하려 한다면 마땅히 「차례차례로 求乞하시기를 마치신 다음 本來의 場所로 돌아오셔서 밥을 잡수시고 밥 잡수시기를 마치시고 衣鉢을 收拾하셨다」(次第乞 乞己 還至本處 飯食 飯食訖 · 收衣鉢)이라 하였어야 할것이다.

부처님이 만약 食事를 안하시면 다른 사람의 福이 가득해지지 아니한다.

寶雲經에 이르기를

「場所에 따라 求乞해 얻어시고 네 몫으로 나누셨으니 한몫은 함께 梵行을 닦는 스님들에게 주려고 하신것이며 두번째 몫은 가난하고 병든 乞人들에게 布施하시려는 것이며 세번째 몫은 水陸의 衆生들에게 주려는 것이며 네번째 몫은 自身이 잡수시려는 것이었다」라고 하였다.

또 「十二頭陀經」에는 「다만 세 몫으로 나누었다」고 말하고 있으며 함께 梵行을 닦는 사람에게 주신다는것은 除外하고 있다.

두번째 內容은 禪定에 관한 일이다.

飯食訖하시고 收衣鉢하시며 洗足已하시고 敷座而坐하시다

入城乞食은 法身不癡를 以般若로 開示也요 敷座而坐는 解脫寂滅을 以般若로 開示也요 收衣洗足은 般若無著을 以解脫로 開示也니라 以此開示者는 般若之所以爲般若也ㅣ 指其本體則名爲法身이요 指其大用則名爲解脫이요 指其當體則名爲般若니라 何則고 直般若는 非般若라 般若ㅣ 具法身解脫이요 直法身解脫은 非解脫이라 解脫이 具法身般若니 擧一에 卽具三이요 言三에 體卽一이라이니 般若요 直法身은 非法身이라 法身이 具解脫般若니 談般若에 以此開示者ㅣ 不其然乎아

(本文)

밥 잡수시기를 마치시고 衣鉢을 收拾하시고 발 씻기를 끝내시고 자리를 깔고 앉으셨다.

성에 들어가시어 乞食하신것은 法身이 어리석지 아니함을 般若로 開示하신것이며 衣鉢을 걷우고 발을 씻으신것은 般若에 執着이 없음을 解脫로 開示하신 것이다. 이 開示를 하신것은 般若가 되는 理由이며 그 본바탕을 指摘하여「法身」이라 이름하고 그 큰 作用을 指摘하여 「解脫」이라 이름하며 그 當體를 指摘하여 般若라 이름한 것이다. 왜 그런가? 垂直的인 般若는 般若가 아니며 般若에는 法身과 解脫이 갖추어져야 하고 垂直的인 解脫은 解脫이 아니며 解脫에는 般若와 法身이 갖추어져야 하며 法身에는 般若와 解脫이 하나이어야만 비로소 般若를 이야기할 수 있으니, 곧 세가지가 갖추어지고 셋을 말하나 바탕은 하나이어야만 비로소 般若를 이야기할 수 있으니, 곧 세가지가 갖추어진것도 이것으로 開示한것도 그런 내용이 아니겠느냐? (〃伊字三點의 解說이다)

解説…

分三節釋하리니 一은 屛資緣이니 將欲入定에 須息攀緣이라 衣鉢을 不收하면 心有勞慮일세 故로 佛이 示現하사 爲後軌也니라 二는 淨身業이니 阿含經에 說佛行에 離地四指하야 蓮花承足이라하거늘 今示現洗者는 順世表法하야 爲後軌也니라 三은 正入定이니 敷座坐禪者는 由身端故며 心離沈掉故니라 魏譯에 云如常敷座하야 結跏趺坐하고 端身而住하야 正念不動이라하며 唐譯에 云 端身正願하야 住對面念하며 無着은 云 顯示唯寂靜者가 於法에 能覺能說故다하니 然이나 大聖現迹은 必有所表시니 表本覺之佛이 在五蘊之都하야 覺魔軍本空을 名爲戰勝이요 照心識具德이 即是給孤며 求法養神을 名乞士衆이라 覺心이 發하야 寧棄塵勞리오 將欲徧觀하사 遂入識藏하야 心心數法을 次第思惟하시니 即妄而眞하야 皆得法喜라 法喜無體하야 融合覺心이라 思惟는 假緣이니 忘緣하야사 可符眞性이요 觀照는 是迹이니 拂迹하야사 如是示現發起하시니 資聖疏에 云夫 身有二體에 一은 爲요 二는 眞이라 五陰爲軀는 假衣食以生育하니 法身은 無相하야 因般若以照成이라 群生은 保爲遺眞하나 諸佛은 養眞棄爲하시며 群生은 旣迷眞而取爲나 佛

謂護念付囑이라하시다 二는 發起行相이니 謂申請讚許요 三은 行所住處니 謂十八住處니 從佛正說로 直至經終이니 是無相行의 所住處矣라 四는 對治니 謂二二住處에 皆具邪行과 共見正行의 二種對治라 五는 不失中道니 謂由對治하야 離增減하고 乃至는 假僞迹而引眞일새 故로 託乞食之緣하야 將施法喜之化라 故로 涅槃經에云 汝諸比丘는 雖行乞食이나 初未曾乞大乘法食이시니라 上釋序分은 竟이라

이 구절은 三節로 나누어 풀이하여야 한다.

그 첫째는 因緣이 뒷받침이 되는 일을 막는 일이다. 곧 禪定에 드려고 할때는 因緣에 매달리는 일은 멈추어야 한다. 그럼으로 衣鉢을 거두어 드리지 아니한다면 마음에 고달픈 念慮가 있게 되는 까닭에 부처님은 이 일을 해보이셔서 後世의 軌範으로 삼은것이니 곧 大衣를 거두시고 七條의 平常服을 입으신 것이다.

둘째는 몸으로 짓는 業을 淸淨하게 하는 일이니 阿含經에 이르기를 「부처님이 걸어 가실때는 발이 땅에서 손가락 네개만큼 떨어진 空間을 걸어가시고 연꽃이 부처님의 발을 바친다」라고 하였는데 지금 부처님이 示現하신 「발을 씻으신 일」은 世間에 나타난 法을 따른것으로 後世의 軌範으로 삼으신 것이다.

세번째는 바로 禪定에 드신 일이니 자리를 깔고 坐禪한다는것은 몸의 端正함에 말미암은 까닭이며 또한 마음이 가라앉거나 흔들리는 狀態를 벗어났기 때문이다.

이 禪을 魏나라때의 飜譯에는 이르기를 「平常時와 같이 자리를 깔고 跏趺坐를 맺어 몸을 端正하게 하여 한곳에 머물어 念을 바르게 하여 움지기지 아니한다」라고 하였고 唐나라때의 飜譯에는

이르기를 「몸을 端正히하여 願을 바르게 세우고 한곳에 머물어 얼굴을 마주보며 생각한다」라고 하였고 또 無着스님은 이르기를

「오직 寂靜한것만이 뚜렷히 보이는것이 禪이다.」라고 하였다. 그러나 큰 聖人이 자취를 나타내실 때는 반드시 表出하는 것이 있기 때문이다. 라고 하였다. 이는 法을 능히 깨닫고 說明할 수 있는 것이니 究極의 깨달음을 얻은 부처님이 五蘊이 모여있는 都邑地에 있는것이면서 반드시 表出하실 때는 魔軍도 本來는 「空」임을 깨달았음을 表現하시는 것을 이름하여 「戰勝(祇陀太子)」이라 하고 心識을 비추어 德을 갖춘 것이 곧 「給孤獨」이라 하며 法을 求하고 精神을 길러내는것을 「乞士像」이라 이름한다. 깨달음의 마음이 일어났다고 해서 어찌 世間의 勞役을 버리겠는가? 將次 두루 世界를 비추어 보고 마침내 識藏에 들어가 마음과 마음의 作用으로 生기는 法을 차례로 깊이 생각하게 되니 거짓 속에 몸담으면서 곧 그것이 眞如가 되는 것이라 모두가 法의 기쁨을 얻게된다. 이 法의 기쁨은 形体가 없기에 깨달음의 마음에 融合되는 것이며 깊이 생각한다는것은 因緣의 힘을 빌리는 일이니 因緣을 잊어버려야 眞如의 本性에 符合할 수 있으며 觀照는 자취를 비추어 보는 것이니 자취를 털어버려야만 根本根源으로 되돌아갈 수 있는 것이다. 根本根源으로 되돌아가면 法은 「空」하고 마음은 寂滅하여 이 비고 寂滅한 眞如의 바탕에 般若가 환하게 밝히 비춘다. 부처님은 般若의 正宗을 이야기 하시고자 이와같은 示現을 일으키신 것이다. 資聖疏에 이르기를

「무릇 몸에 두가지 몸이 있으니 하나는 거짓 몸이며 또 하나는 眞正한 몸이다 五陰이 和合한 거짓 몸은 옷과 밥의 힘을 빌려서 태어나 길러지지만 法身은 形相이 없어서 般若로 因하여 비춤을 이룬다. 衆生들은 거짓 몸을 保全하고 부처님은 眞正한 몸을 길러주고 거짓 몸은 버린다.」

「무릇 몸에 두가지 몸이 있으니 하나는 眞正한 몸이다 五陰이 和合한 거짓 몸은 옷과 밥의 힘을 빌려서 태어나 길러지지만 法身은 形相이 없어서 般若로 因하여 비춤을 이룬다. 衆生들은 거짓 몸을 保全하고 부처님은 眞正한 몸을 길러주고 거짓 몸은 버린다. 衆生들의 眞實을 守護하고 念慮하시어 弟子들에게 付囑의 말씀을 하셨다」라고 하였다.

두번째는 「行」의 모습을 일으키신 것이니 즉 請을 말씀드리니 찬탄하시며 許諾하신것이 이것이다.

세번째는 修行이 머문 곳이니 즉 十八住處가 이것이며 부처님의 바른 說法에서부터 이 經의 끝에 이르기까지가 「無相行」이 머문 곳인 것이다.

네번째는 「對治(相對해서 病을 고치는 일)」니 그 머무신 곳마다 모두가 邪惡한 行을 가춘 사람과 함께 바른 行을 보게하는 두가지 對治가 이것이다.

다섯번째는 病을 잃지 아니한 일이니 즉 對治로 말미암아 增減을 벗어나 거짓 자취를 벌려 眞實로 끌어드린것이 이것이다. 그런까닭에 涅槃經에 이르기를 「너희들 모든 比丘는 비록 乞食을 行하지만 고자 하신것이다. 그런까닭에 乞食의 因緣에 寄托하여 將次 法喜의 敎化를 베풀애당초 한번도 大乘의 法食을 求乞해본 일은 없다」라고 하셨다.

이상으로 「序」의 部分에 대한 풀이는 끝낸다.

二는 正宗分에 二門分別이니 初는 且約無着의 七種義句하야 以懸判이요 後는 正用天親의 答問斷疑하야 以科釋이니라 初中에 七義句者는 一은 種姓不斷이니 二邊에서 不失中道라 二는 地位니 謂由不失中道하야 成賢聖位하고 位地闊狹일새 故 淨心地와 如來地라 三은 立名이니 謂由前六하야 智慧堅利하고 位地闊狹일새 故 名金剛이라 後四는 但約第三句中十八住說이요 十八住處者는 一은 發心住니 經에 云 應如是降伏其心이니 所有一切等이라 二는 波羅蜜相應行住니 不住色布施等이라 三은 欲得色身住니 可以身相見等이라 四는 欲得法身住니 法身은 有二하니 一은 言說法身이니 頗有衆生等하야 因言顯理故

二는 證得法身이니 智相이니 如來 – 得阿耨耶等이요 二는 福相이니 若人이 滿三千等이라 五는 於脩道得勝中無慢住니 須離是障이라 此로 至十六住는 如次對治十二種障이라 意明欲求色身法身인댄 須隨逗等從障盡故로 入十七證道라 今當對治第一慢障이니 不離佛出時住니 昔在然燈等이며 離第二少聞障이니 則具多聞이라 七은 不離佛世하면 願淨佛土住니 菩薩도 莊嚴佛土不等이라 離小攀緣作念脩道障이니 緣形相하면 土則小요 無緣則大니 契法界故라 八은 成熟衆生住니 人身이 如須彌等이라 離捨衆生障이니 若見大小하면 不能濟物이라 遠離隨順外論散亂住니 如恒河中所有沙等이라 離隨順外論散亂障이니 恒沙寶施도 不及持經이어 如何外學有微塵等이라 離破影像相中無巧便障이니 既離散亂하야 與定相應하면 三千世界所不脩正法가 十은 色及衆生身搏取中에 觀破相應行住니 以細末生障이니 若見大小하면 不能濟物이라 遠離隨順不念二種方便으로 破麁至細하고 泯細至空則除影像之相想이라 十一은 供養給侍如來住니 可以三十二相으로 見如來不等이라 離福資粮平具障이니 不以相見하고 常見法身을 名爲給侍니 福無邊矣라 十二는 遠離利養과 及疲乏熱惱故로 不起精進과 及退失住니 恒沙身命布施等이라 離樂味懈息利養

障이니 恒沙命施도 猶劣受持어든 豈爲一身이 耽着利養하야 身疲心惱而懈息耶아 十三은 忍苦住니 忍波羅蜜을 割截身等이라 離不能忍苦障이니 無我等相하면 累苦能忍이라 十四는 離寂靜味니 離寂靜味住니 當來之世에 若有能於此經에 受持讀誦等이라 離智資粮不具障이니 日三時捨身을 一一沙數라도 不及信經이어늘 如何唯專禪定하야 耽寂靜味하고 關於智慧하야 而不持說이리오 十五는 於證道時에 遠離喜動住니 云何住降伏等이라 離十二不自攝障이니 我能住降하면 心生喜動이니 動則不能自攝이라 十六은 求佛敎授住니 於然燈佛所에 有法得菩提等이라 離十二無敎授障이니 欲入初地인댄 須佛敎授라 故約遇佛하야 得無所得而證道矣라 十七은 證道住니 人身長大等이라 攝種性智로 證徧行하야 得無所成法報身일새 故로 長大矣라 十八은 上求佛地住니라 於中에 復有六種具足하니 一은 國土淨具足이니 我當莊嚴佛土等이니 此는 敎二地已上諸大菩薩이요 二는 無上見智淨具足이니 有肉眼不等이라 此下는 皆唯佛果일새 故云無上이니 一은 福自在具足이니 若人이 滿三千界七寶等이요 三는 無上之言이니 貫通下四요 三은 身具足이니 佛을 可以具足色身等이요 五는 語具足이니 汝勿謂如來說法等이요 六은 心具足이니 佛得阿耨菩提를 爲無所得耶로 乃至應作如是觀이니

又十八住를 略爲八種도하야 亦得滿足이니 一은 攝住處요 二는 波羅蜜淨住處니 二에 次配요 三은 欲住處니 攝三及四요 四는 離障礙住處니 即前十二障也니 從五乃至十六이요 五는 淨心住處요 六은 究竟住處니 上二는 次配十七十八이요 七은 廣大住處요 八은 甚深住處니 上二는 各皆攝十八住處니 一一住中에 皆深皆廣라하니 配位地者인댄 第一은 十住요 第二는 十行中前六이요 三은 第七行이요 四는 後三行이요 五至十四는 如次配十廻向이요 十五는 煖頂이요 十六은 忍世第一이요 十七은 初地요 十八은 從二地로 乃至佛地니라 上來懸判은 竟하다

두번째는 「바른 宗旨」를 說法하신 部分인데 이는 두 部門으로 나누어 區別하여야 한다.

첫째는 無着 스님의 解說과 結付시켜 無着스님이 말한 일곱가지 內容의 구절을 하나하나 區別해서 가려내는 일이며 두번째는 바로 天親스님의 問答의 形式을 빌린 疑問을 끊은 대목을 써서 科目別로 풀이하는 일이다.

두번째는 「바른 宗旨」를 說法하신 部分인데 이는 두 部門으로 나누어 區別하여야 한다.

처음 無着스님의 일곱가지 內容의 구절이다. 두번째는 地位에 관한 內容인데 두 가장자리에서 中道를 잃지 아니함으로 賢人, 聖人의 地位와 信(十信), 行(十行)의 地位와 부처의 地位등을 이루는것을 말한다. 세번째는 種姓을 끊지 아니하는 일이니 이는 앞의 두 番째 內容으로 말미암아 智慧가 堅固하고 靈利하여져서 그 地位가 넓고 좁아짐에 따라 붙여지는 이름을 뜻하

니 그러까닭에 最上의 智慧를 「金剛」이라 이름한 것이다. 뒤의 네가지는 앞글의 세번째 구절에서 말한 열여덟가지의 「住地(十八住處)」와 結付시켜 설명하였을 뿐 別途의 經文은 없다. 「十八住地」는 첫째는 「發心住」이니 經에서 말한 「마땅히 이와같이 그 마음을 降伏받고...」 「갖고 있는 모든것을 버려...」라고 한것이 여기에 該當된다.

두번째는 「波羅蜜相應行住(波羅蜜에 相應하는 修行에 머무는 일)」이니 이는 經에서 말한 세번째는 「머물지 아니하고 布施等에」 該當된다.

세번째는 「欲得色身住(부처님의 色身을 얻고자 하는 境地에 머무는 일)」이니 이는 經에서 말한 「몸、모습으로 볼 수 있다」라고 한 等等이 여기에 該當된다.

네번째는 「欲得法身住(부처님의 法身을 얻고자 하는 境地에 머무는 일)」이니 法身에는 두 종류가 있다. 첫째는 「말로 說明하는 法身」인데 여기에 다시 자못 衆生들이 있어 말로 因하여 眞理를 밝히기 때문이다. 두번째는 「證得한 法身」이니 智慧로운 모습이며 이는 經에서 말한 「부처가 三菩提를 얻은것이 無所得이라 하느냐?」(佛得阿耨多羅三菩提爲無所得耶)」라고 한 句節등이 이에 該當하며 두번째는 福德相이니 이는 經에서 말한 「三千世界에 가득한 寶物을 얻는다 하더라도 이 經을 간직하는 福德만 못하다(若人得滿三千世界珍寶 不如持此一經)」라고 한 구절이 여기에 該當된다.

다섯번째는 「於修道勝中無慢住(道를 닦는데 있어서 거룩한 가운데서도 傲慢함이 없는 境地에 머무는 일)」이니 小乘의 初果인 「須陀洹(入流)」등이 여기에 該當된다.

여기서 부터 十六住에 이르기까지는 다음 十二種의 障礙를 對治하는 內容과 같으며 그 내용은 부처님과 같은 色身、法身을 求하고자 한다면 모름지기 이 열두가지 障礙에서 벗어나야 함을 밝힌 것이며 모든 障礙가 다하게 되는 까닭에 十七住處인 證道住에 들어가게 되는것이며 지금 여기서는 마땅히 첫번째 障礙인 「障障」을 對治하여야 하는 것이다.

여섯번째는 經에서 말한 「不離佛出時住(부처님이 世上에 나오신 時期를 떠나지 아니하는 곳에 머무는 일)」이니 經에서 말한 「예전에 燃燈佛의 時代에 있을 때...」라고 한 것이 여기에 該當되며 여기서는 두번째 障礙인 「少聞障(說法을 들은것이 적어서 道에 障礙가 되는 일)」을 벗어나는 것으로 부처님의 世界에서 떠나지 아니하면 「多聞」을 가추게 되는것이다.

일곱번째는 「願淨佛土住(淸淨佛土를 念願하는 境地에 머무는 일)」이니 經에서 말한 「보살도 佛土를 莊嚴하게 합니까?」라고 한 句節등이 여기에 該當된다. 여기서는 「小攀緣·作念修道障(小乘에서의 因緣에 매달려 애써 念願하며 修道하는 障碍)」에서 벗어나는 것으로 形相과 因緣하면 그 國土는 작고 因緣이 없으면 그 國土는 크니 이는 法界와 一致하기 때문이다.

여덟번째는 「成熟衆生住(衆生들을 成熟시키는 境地에 머무는 일)」이니 經에서 말한 「衆生들을 버리는 障礙(捨衆生障)」에서 벗어나는 것이다. 한 句節이 여기에 該當된다. 여기서는 「衆生들을 버리는 障礙(捨衆生障)」에서 벗어나는 것이다. 만약 크고 작다는 差別을 보게되면 衆生을 濟度할 수 없게되는 것이다. 須彌山과 같다」고 한 句節이 여기에 該當된다.

아홉번째는 「遠離隨順外論散亂住」이니 (外論에 따라가서 마음이 散亂해지는 일에서 멀리 벗어난 곳에 머무는 일) 論에서 말한 「마치 恒河가운데 있는 모래알 처럼 마음이 散亂해지는 障礙(樂隨順外論散亂障)」에서 벗어나며 여기서는 즐겨 外論을 따라가서 마음이 散亂해지는 일을 벗어나게 된다.

恒河의 모래알처럼 많은 보배를 布施한다 하더라도 經을 간직하는 功德에 미치지 못하는데 어찌하여 外道를 배워 正法을 닦지 아니하는가?

열번째는 色 및 衆生들이 몸을 束縛하는 境地에 머무는 「取(十二因緣中의 하나)」가운데서의 「三千世界에 있는 微塵 …」등의 句節이 여기에 該當하며 여기서는 「破影像相中無巧便障(影像의 모습을 打破하는 가운데 교묘한 方便이 없는 障礙)」에서 벗어나게 된다.

「不念」의 두 方便으로 굵은 煩惱를 깨트려 微細한 煩惱에 이르게하고 微細한 煩惱를 사라지게 하여 「空」의 境地에 이르게되면 影像의 모습과 상이 除去되는 것이다.

열한번째는 「供養給侍如來住」이니 (부처님께 공양드리고 모시고 심부름하는 자리에 머무는 일)이는

該當된다. 여기서는 福의 資糧이 가추어지지 아니한 障礙를 벗어난다.

열두번째는 이익과 공양(供養) 및 고달프고 窮乏하고 뜨거운 苦惱때문에 정진이 일어나지 아니하고 물러서서 道를 잃게되는 일에서 멀리 벗어난 곳에 머무는 일이니 (遠離利養及疲乏熱惱故不起精進及退失住) 經에서 말한 「恒河의 모래같은 身命을 布施한다……」등의 구절이 여기에 該當되며 여기서는 禪의 맛을 즐기고 게으름을 피우며 훌륭한 供養만을 받는 障礙(樂味懈怠利養障)에서 벗어나게 된다. 恒河의 모래알처럼 많은 몸을 布施한다 하더라도 오히려 經을 受持하는 功德에서 벗어나지 못한데 어찌 一身을 위하여 훌륭한 供養에 빠져 執着해서 몸도 고달프고 마음도 괴로와서 게으름을 피울 수 있겠느냐?

열세번째는 「忍苦住(苦痛을 참는 境地에 머문다)」니 六波羅蜜가운데 忍辱波羅蜜에서의 몸을 자르고 가르는 고통을 참는 일 등이 여기에 해당되며 여기서는 「苦痛을 참을 수 없는 障碍(不能忍苦障)에서 벗어나게 된다. 無我의 평등한 相이 되면 쌓인 苦痛을 능히 참을 수 있게 된다.

열네번째는 「離寂靜味住(寂靜한 環境에 맞드러 執着하는 마음에서 벗어난 곳에 머무는 일) 經에서 말한

「다가오는 世上에서 만약 능히 이 經을 受持讀誦할 수 있는 사람이 있다면…」라고한 句節등이 여기에 該當된다.

여기서는 智慧의 밑천이 갓추어지지 아니한 障碍(智資糧不具障)에서 벗어나게 된다. 하루 세때 몸을 喜捨하면서 그때마다 모래알처럼 많은 數字의 몸을 버린다 하더라도 그 功德은 이 經을 믿는 功德에 미치지 못하거늘 어떻게 오직 禪定만을 기뻐하여 寂靜한 맛에 빠져들어 智慧자람이 있어서 經을 說法하지 아니할 수 있겠는가?

열다섯번째는 道를 證得했을때 기쁨에 마음이 흔들리는 일에서 멀리 벗어난 境地에 머무는 일이니 (於證道時 遠離喜動住) 經에서 말한 「어떻게 菩提에 머물며 어떻게 마음을 降服받습니

가?」라고 한 句節등이 여기에 該當된다. 여기서는 열한번째의 障礙인 스스로 收攝하지 못하는 障礙(十一不自攝障)에서 벗어나게 된다. 내가 능히 菩提에 머물어 마음을 降服받게 된다고 한 句節등이 여기에 該當된다.

음에 기쁨으로 인한 흔들림이 생기게되니 마음이 흔들리면 스스로 거두어 드릴 수 없게 된다.

열여섯번째는 부처님의 가르침과 授記(記莂을 내려줌)를 구하는 位置에 머무는 일이니 (求佛敎授住)이는 經에서 말한 「燃燈佛이 계신 곳에서 「有」의 法으로 菩提를 얻었다」라고 한 句節등이 여기에 該當되며 여기서는 「十二無敎授障(열두번째의 障礙인 가르침과 授記가 없는 障碍)」에서 벗어나게 된다.

열다섯번째는 일과 結付시켜 「無所得(아무것에도 拘碍받지 않는 自由의 境地)」의 境地를 얻어 道를 證得하는 것이다.

初地(※第四十一位)에 들어가고자 하면 부처님의 가르침이 필요한 까닭에 부처님을 만나는 일과 結付시켜 「無所得(아무것에도 拘碍받지 않는 自由의 境地)」의 境地를 얻어 道를 證得하여 法身, 報身을 이루는 까닭에 몸이 長大해지는 것이다.

열일곱번째는 「證道住」니 經에서 말한 「사람의 몸이 長大하여진다」라는 句節등이 여기에 該當된다. 種性(根本種子가 되는 性)의 智慧를 거두어 드림으로서 「遍行如(모든 行動에 如如함)」를 證得하여 法身, 報身을 이루는 까닭에 몸이 長大해지는 것이다.

열여덟번째는 「上求佛地住(위로 부처의 境地를 求하는 곳에 머무는 일)」이니 이 가운데는 다시 여섯가지의 갖추어야 할 條件이 있다.

첫째는 國土(境界)의 淸淨함이 具足되어야 한다. 이는 經에서 말한 「나는 곧 佛土를 莊嚴케 하리라」라고 한 句節등이 여기에 該當된다.

두번째는 「無上의 見, 智慧, 淸淨」이 具足되어야 한다.

이 句節등이 여기에 該當된다. 이는 「二地」이상의 모든 大菩薩들에게 가르치신 말씀이다.

세번째는 「法身」에도 肉眼이 있읍니까? 아닙니까?」라고 다른 네가지 條件은 모두 오직 부처님만의 果報인 까닭에 「無上」이란 말은 이 아래의 네가지 條件을 꿰뚫고 있다.

「만약 어떤 사람이 三千世界에 가득한 七寶를 布施한다 하거라도…」라고 한 句節등이 여기에

세번째는 條件은 福德이 自在한 境地가 具足되어야 하며 經에서 말한

該當한다.

네번째 條件은 「몸」이 具足되어야 한다. 經에서 말한 「色身이 具足됨으로서…」라고 한 句節 이 여기에 該當한다.

다섯번째 條件은 「말」이 具足되어야 한다. 經에서 말한 「너희들은 부처의 說法을 虛妄하다고 생각하지 말아라!」라고 한 句節등이 여기에 該當된다.

여섯번째는 마음이 具足되어야 한다. 經에서 말한 「부처가 얻은 三菩提는 無所得이라 생각하느 냐?」라는 句節에서 「마땅히 이와같은 「觀」을 지어야 한다」라는 句節등에 이르기까지가 여기에 該當한다.

또한 이 十八住란 줄여서 八種으로 分類하더라도 또한 滿足할 수 있다.

그 여덟가지란 첫째는 「攝住處」(마음을 收攝해서 머무는 곳)이며 두번째는 「波羅密住處」다 이 두 「住處」는 十八住處의 첫번째와 두번째에 차례대로 짝이 된다. 세번째는 「欲住處」이니 이는 十八住處의 세번째와 네번째가 이에 包含된다. 네번째는 「離障礙住處」니 여기에는 말한 十二障礙를 벗어나는것을 말하며 十八住處의 다섯번째에서 열여섯번째까지가 여기에 包含된다. 다섯번째는 「淨心住處」이며 여섯번째는 「究竟住處」인데 이 두 住處는 十八住處의 열일곱번째와 열여덟번째의 「住處」와 짝이 된다.

일곱번째는 「廣大住處」이며 여덟번째는 「甚深住處」이다. 이 두 住處는 각각 위의 十八住處를 모두 包含하고 있으며 各 住處마다 그 안이 모두 넓다.

또 十八住處의 글을 그 位階와 境地로 配列한다면 첫번째 住處는 十行 가운데 뒤쪽의 三行에 該當하며 세번째 住處는 第七行에 該當되며 네번째 住處는 十行 가운데 앞쪽으로 六行에 該當 된다. 다섯번째 住處에서 이르기까지는 차례대로 十廻何에 해당되며 十五住處는 煖法 位(四廻向의 첫째)와 頂法位(四善根의 두번째)에 該當되며 十六住處는 「忍世第一…(忍法位의 最高)」에 該當되며 十七住處는 初地에 該當되며 十八住處는 二地에서 佛地에 이르기까지에 該

위에서 區別해서 가리는 일은 끝낸다

六祖 爾時者는 當此之時요 食時者는 是今辰時니 齋時欲至也니라 着衣持鉢者는 爲顯教示迹故也니라 入者는 自城外而入也요 舍衛大城者는 名舍衛國豊德城也니 即波斯匿王의 所居之城일새 故로 言舍衛大城也니라 言乞食者는 表如來ㅣ 能下心於一切衆生也니라 次第者는 不擇貧富하고 平等以化也니라 乞已者는 不過七家니 七家數滿에 更不至餘家也니라 還至本處者는 佛意ㅣ 制諸比丘하야 除請召外하고 不得輒向白衣舍故로 云爾니라 洗足者는 如來示現에 順同凡夫일새 故言洗足이니 又大乘法은 不獨以洗手足으로 爲淨이니 盖言洗手足이 不若淨心이니 一念心淨하면 即罪垢悉除矣니라

如來ㅣ 欲說法時에 常儀ㅣ 敷施檀座일새 故言敷座而坐也니라

傅大士 法身은 本非食이요 應化도 亦如然이나 爲長人天益하사 慈悲作福田이로다 收衣는 息勞慮요 洗足은 離塵緣이라 欲說三空理하사 跏趺示入禪이로다

(六祖大師의 解説)

「爾時」란 「이 때를 마지하여」란 뜻이며 「食時」란 「지금의 辰時」를 말한 것이며 「齋」때가 곧 이르게 된 때를 말한 것이다. 「옷을 입고 鉢盂을 지니고 (着衣持鉢)라고 한것은 가르침을 밝히고 자취를 보여주시기 위한 것이다. 城에 「들어가셨다 (入)」라고 한것은 城밖에서 城안으로 들어가신 것이다. 「舍衛大城」이라 한것은 곧 波斯匿王이 살고있던 城인 까닭에 「舍衛大城」이라 말한 것이다.

「乞食」이라 말 한것은 부처님의 마음을 모든 衆生들에게 내려주심을 表現한 것이며 「차례차례 (次第)」라 한것은 富者와 가난한 사람을 가리지 아니하시고 平等한 마음으로 教化하신것을 말한 것이다. 「求乞을 마치시고 (乞己)」라고 한것은 求乞할 경우에는 일곱집을 넘지 아니하는 것임으로 일곱집의 數字가 채워지면 다시 다른 집에는 가시지 아니함을 뜻하는 것이다.

「도로 本來있던 場所에 돌아오셨다 (還至本處)」라고 한것은 부처님의 뜻이 모든 比丘들을 制約하여 부름을 받은 집을 除外하고 곧 다른 俗家를 찾아가지 못하게 하신것을 말한것이다. 「발을 씻고 (洗足)」라고 한것은 부처님이 行動으로 나타내 보여주시는 일은 凡夫들의 行動과 같게 따라하신 까닭에 「洗足」이라 한것이며 또 大乘의 法은 다만 손과 발을 씻는것 만으로 몸을 清淨히 지닌다고는 하지 아니하고 무릇 「손발을 씻는다」라고 말하는 것은 그것이 마음을 清淨히 지니는것을 말한것이며 「一念清淨」의 境地가 되면 罪와 마음의 때묻은 것은 모두 除去되는 것이다.

부처님은 説法을 하고자 하실때는 施主받은 자리를 깔고 앉으시는 까닭에 「자리를 깔고 앉으셨다 (敷座而坐)」라고 말한것이다.

(傅大士의 解説)

法身은 本來 밥먹는 부처가 아니며

應身、化身도 또한 그러하지만
人天世界의 利益을 기리기 위하여
慈悲로 福田 지어시니
衣鉢을 收拾하면
고달픈 생각들이 멎게 되고
발을 씻으면
塵世의 因緣을 벗어난다
三空의 眞理를 말씀하시고자
跏趺坐를 틀어 禪定에 드심을 보여주셨네!

冶父 惺惺著다이로

說 惺之一字를 或以爲了慧며하야 或以爲寂靜이라하나니 則惺惺者는 定慧圓明하야 寂照不二之謂 也니라 只如定慧圓明하야 寂照不二를 作麽生道오 眼掛長空하고 手握靈鋒이로다 向下文長을 知不知아 看看平地 波濤起니라

說 入城乞食과 收衣洗足과 敷座宴坐ㅣ 一一皆是徹困爲人底時節이니 入城乞食과 收 衣洗足은 且置하고 只如敷座宴坐를 作麽生道오 高提祖令發光寒하니 直得毘耶에 口掛 壁이로다 這裏에 除却上上根코는 未免一場懺懼니 根機莫等일새 要以多方으로 接得하나니 獲 鳥者ㅣ羅之一目이나 不可以一目으로 爲羅요 治國者ㅣ功在一人이나 不可以一人으로 爲

國이라 所以로 黃面老子ㅣ 曲爲中下하사 乃下一步하사 向言說海하야 橫身而入하사 東說西說하시며 橫說竪說하시나 所以로 道호대 高提祖令하야 當機用하고 利物에 應知語帶悲시니라 向下文長이니라 然이나 慈尊의 伊麽施設이 要之利害ㅣ 不細하니 還知得利害也未아 入正以此也니라

城乞食收衣宴座로 以至東說西說橫說竪說善權方便은 即不無하니 據實而觀컨댄 人人分上에 如靑天白日相似하야 本來無爲하야 盡大地ㅣ 都盧是淸平世界어늘 黃面老子ㅣ 向淸平世界上하야 施設戈甲하시니 可謂無事中起事ㅣ로다 所以로 道호대 看看平地波濤起니라 又古人이 道호대 澄澄性海와 湛湛智源이여 文字言詞ㅣ 從玆流出이라하시니 則黃面老子ㅣ 向大寂滅海하사 繁興言說波瀾이시니 要之言說波瀾이 初非外來라 終不離於大寂滅海니 敷座處에 如未薦得이면 向言說海하야 薦取하사 始得다 所以로 道호대 看看平地波濤起니라

(冶父道川의 評唱)

너무나 惺惺하도다! (또록 또록하도다)

解說……「惺」이란 글자를 혹 어떤 사람은 「환한 智慧」라고도 하고 「惺惺」이라 하는것은 禪定과 智慧가 圓明하여 「寂」과 「照」 즉 寂滅한 마음과 智慧의 비춤이 두가지로 따로 있는것이 아니고 同時에 이루어지는 것을 말한것이다. 그렇다면 禪定과 智慧가 圓明하고 寂照가 하나로 이루어지는 境地를 어떻게 말하면 되는것인가? 눈을 먼 하늘에 걸어놓고 손에 神靈한 칼날을 잡고 있구나!

(冶父의 評唱)

밥 다 잡수시고 발 씻기 마치시고
자리깔고 앉으시니
누가 함께 기댈까?
아는가 모르는가?
보라! 보라!
平地에 파도가 일어나고 있느니라!

解説……城에 들어가셔서 乞食하시고 衣鉢을 收拾하시고 발을 씻고 자리를 깔고 편안히 앉으신 것 그 하나하나의 行動이 모두가 徹底하고 간곡하신 사람들을 指導하신 時節의 行動이시다.
入城乞食과 收衣洗足은 잠시 그만두더라도 자리를 깔고 편안히 앉으신 일만이라도 어떻게 説明하겠는가?

祖師의 命令 높이 내거니
차가운 빛 뻗어나오고
곧 毘耶城에서
입을 壁에 걸어놓게 되었네 (言語道斷)
이 境地에서도
上上의 根機지닌 사람을 除外하고는
한바탕 멍청해 질 수 밖에 없구나!
根機 平等하지 아니하니
여러가지 많은 方便으로

接化해야 하는것 하였으니

새를 잡는것은

거물의 한 거물눈에 지나지 아니하나

거물눈 하나를 거물이라 할 수 없다네

나라를 다스리는 한 사람에 功이 있다하여 한 사람을 나라의 全部라 할 수는 없다. 그런 까닭에 中·下의 根機를 지닌 사람을 위하시어 마침내 한 걸음 발자욱을 내 디디시고 말의 바다를 向하여 몸을 눕혀 들어 가셔서 이런 말씀 저런 말씀 橫說竪說 하셨느니라. 「아랫 境地에서 文字만 자그런까닭에 이르기를 「祖師의 命令을 높이 내 걸었다」라고 말하여 機緣의 作用을 맡게 하였고 衆生들에게 利益을 주신 말씀에는 慈悲한 마음을 띠고 있는 것이다. 「아랫 境地에서 文字만 자라난다(向下文長)」라고 말한것은 바로 이를 말한것이다.

그러나 慈悲하신 世尊께서 그러한 마련을 하시는 것은 이를 말한 것이다.

그 利害가 무엇인지 알 수 있겠는가? 아닌가?

城에 들어가 乞食하시고 衣鉢을 收拾하시고 편안히 앉으신 일에서 부터 이런 말씀 저런 말씀 橫說竪說하신 일에 이르기까지 거룩하신 一時方便은 없는것이 아니지만 實相에 根據하여 비추어 본다면 사람마다 그들의 分數위에는 青天白日과 淸平世界에 비슷한것이 있어 本來부터 할 일도 없고 作爲할 것도 없는 大地가 노란 늙은이(부처님)가 淸平世界에 가서 武器와 갑옷을 施設하였으니 이는 일 없는 世界안에서 일을 일으켰다고 말 할 수 있는 일이다. 그런까닭에 「보라! 보라! 平地에 파도가 일어나고 있도다」라고 말한 것이다.

또한 옛 사람이 이르기를

「쾌하게 맑은 自性의 바다와 잔잔하고 맑은 智慧의 源泉이여! 文字와 말들은 여기서 흘러나온 다」라고 하였으니 얼굴 노란 늙은이가 大寂滅의 바다에 가서 言說의 波瀾을 빈번하게 일어켰으 나 이를 要約해보면 이 言說의 파도는 처음부터 外部에서 온것이 아니며 끝내 大寂滅의 바다를 벗어나는것이 아니니 「자리를 깔고 앉았다」는 句節에서 그 참뜻을 한 보따리에 싸잡아 깨닫지 못하였다면 言說의 바다로 가서 싸잡아 얻어야만 되는 것이다.

「보라! 보라! 平地에 波濤가 일어나고 있도다」라고 말한 것이다. 그런까닭에

(宗鏡) (宗鏡의 頌)

調御師ㅣ 親臨舍衛^니하시 威動乾坤^{이요} 阿羅漢^이 雲集祇園^니하시 輝騰日月^{다이로} 入城持鉢^은 良由悲愍貧窮^{이요} 洗足收衣^는 正是宴安時節^{다이로} 若向世尊^의 未擧已前^{하야} 薦得^{이라}도 猶且不堪^{이온} 開口已後^에 承當^{이면} 自救^도 不了^라하리 宗鏡^의 急爲提撕^도 早遲八刻^{이니} 何故^오 良馬^는 已隨鞭影去^{어늘} 阿難^은 依舊世尊前^{다이로} 乞食歸來會給孤^{하사} 收衣敷座正安居^니하시 眞慈弘範^은 超三界^요 調御人天得自如^{니라}

調御師(말〈馬〉을 調練하는 사람, 여기서는 衆生을 調練하는 부처님) 몸소 舍衛城에 臨하시니 그 威嚴 天地를 震動시켰고 阿羅漢들이 祇園精舍에 구름같이 모였으니 그 빛남 日月에 치솟았도다. 城에 들어가 鉢盂를 들고 다니신 일은 애오라지 貧窮한 사람을 가엾게 여기신 까닭이며 발을 씻고 衣鉢을 收拾하신 일은 바로 편안히 安居하신 時節이다.

만약 世尊께서 話頭를 들어 올리시기 以前의 境地에 가서 부처님의 참뜻을 여신 이후에 그 뜻을 그대로 받아드린다면 스스로 堪耐하지 못한 측에 속할 것이어늘 부처님이 입을 여신 이후에 그 뜻을 싸잡아 얻는다해도 오히려 堪耐하지 못한 측에 속할 것이어늘 自身을 救濟하는 일도 마치지 못하게 될 것이다.

나 宗鏡이 急히 이것을 내걸어 귀에 들어가게 하여준다고 하더라도 이미 일찍감치 그 時期가 八刻이나 늦어진 것이다. 왜 그런가?
좋은 말은 이미 채찍 그림자 따라 멀리 달아나고 말았는데
阿難은 如前히 世尊앞에 서 있구나!
乞食하고 돌아와 給孤獨園에 모여서
衣鉢 收拾하고 자리 깔고
바로 安居에 들었을 때는
眞實하고 慈悲하신 큰 規範이
三界를 뛰어넘었고
人天世界 調御하시며
스스로 如如함을 얻으셨네

圭峰 第二는 依天親論하야 約答問斷疑科釋에 總分四段이니하리 一은 善現申請이라 又二니 一은 整儀讚佛이라

(圭峰、宗密의 說明)
두번째로 天親스님의 般若論에 衣據하여 問答과 結付시켜 疑心을 끊는 일을 科目別로 풀이한다.
모두 四段階로 나누었는데 첫 段은 「善現申請(須菩提要請을 말씀드린 內容)」의 段이며 그 內容은
또 두가지로 區分되며 첫째는 「威儀를 가다듬고 부처님을 찬양한 내용」이다.

善現起請分第二

時에 長老須菩提가 在大衆中이라 即從座起하사 偏袒右肩하시며 右膝着地하시고 合掌恭敬하사 而白佛言하대 希有世尊하 如來가 善護念諸菩薩하시며 善付囑諸菩薩하시나니

說 楊岐—云黃面老子가 幸自可憐生이로대 被須菩提의 出來道介希有하야 當下에 氷消瓦解라하시니 此老此說은 只要教人으로 向劫外承當이니 所以로 大慧가 擧此話云黃面老子가 不下一言이어늘 須菩提가 見介甚摩道理인대 便道希有오 但向楊岐의 氷消瓦解處看하야 自然看得破하면 一生參學事畢이라하시고 又古德이 頌云四溟에 風息月當天하니 不動波瀾駕鐵船이라 賴得空生이

說 이 重漏洩하야 免同良馬暗窺鞭이라하시니 則世尊이 端坐하사 不下一言處에 最初一句子를 觀面提持하사 向諸人面前하야 兩手로 分付了也어늘 須菩提가 早知如是하사 出來道希有하니 不有須菩提면 誰知暗中明이오리 因憶毘耶의 當日事하니 一聲雷震三千界로다

註

楊岐 … 方會(九九三〜一○四六) 臨濟宗、楊岐派의 始祖(우리나라 曹溪宗도 여기에 屬함) 江西省、宜春人、姓은 冷氏。石霜楚圓의 法

嗣 袁州楊岐山、普通禪院에 住錫、後에 潭州 海會寺로 移住。法嗣에 白雲守端、保寧仁勇등 많은 弟子가 있음。

臨濟~興化 義玄 存獎~慧顒~延沼~省念~善昭~楚圓~方會 慧顒~首山~汾陽~石霜~楊岐

善現起請分、第二(本文)

(須菩提가 일어서 請한 部分)

이때 長老인 須菩提가 大衆가운데 있다가 곧 자리에서 일어나 袈裟 한쪽을 벗어 오른쪽 어깨에 메고 오른쪽 무릎을 땅에 닿게하여 두손모아 공경하며 부처님에게 아뢰어 말씀드리기를 「世上에 稀有하신 부처님이시여! 부처님은 거룩하시게 모든 보살들을 護念하시고 거룩하시게 모든 菩薩들에게 부탁하셨나이다」라고 하였다.

楊岐스님(楊岐方會::註參照)은 이르기를 「얼굴 노란 늙은이가 다행히도 나름대로 불쌍히 여겨줄만 한 친구였는데」 須菩提가 불쑥 나와 「世上에 希有하다」고 한 한마디 말로 그 자리에서 여태끝 쌓은 공든 塔이 개와장 무너지듯 어름녹듯 와르르 말았구나」라고 하였다

이 老丈의 이러한 말은 다만 사람들로 하여금 永劫의 세계에 가서 부처님의 뜻을 그대로 받 아드리도록 하기위한 말이다. 그런까닭에 大慧(宗杲~註參照)스님은 이 話頭를 내걸고 말하기 를 「얼굴 노란 늙은이가 한마디 말도 내리지 아니하였는데 須菩提는 무슨 道理를 보았기에 문 득 「希有」라 말하였는가? 그 內幕을 알려주려 오직 楊岐스님이 말한 「어름녹듯 개와장 무너지듯 와르르 무너졌다」는 곳에 가서 보게되면 자연히 그 內幕을 看破하고 一生 參學할 일을 마치게 될 것이다」라고 한 것이다.

또 예전 큰스님이 偈頌을 지어 찬양하기를
四方 바다 바람자고
달은 中天에 뜨는데
물결 일어 키지 아니하고

무쇠배에 올라 탔구나
空生이 (空을깨달￦은사람)거듭
비밀 누설한 덕택에
좋은 말과 함께
남몰래 채찍 훔쳐보는일
면하게 되었노라!
라고 하였으니 이는 곧 世尊께서 端正하게 앉으시어 한마디 말씀도 내리시지 아니한 곳에서 이
미 最初의 한마디를 얼굴을 마주보며 처들어 보이시며 여러 사람들의 얼굴앞에 내밀어 두
손으로 다 나누어주신 것이다. 須菩提는 일찍 감치 이와같은 내용을 알았기에 앞으로 나와서
「希有」라고 말한것이며 須菩提가 없었다면 누가 어둠속의 밝음을 알았겠느냐?
이어 毘耶城 그날 일을 생각하니
한소리 雨雷
三千世界에 떨쳤구나?

註

① 大慧宗杲…(一○八五~) 臨濟宗、楊岐派、字는 曇晦、妙喜、雲門老人。安徽省、寧國縣사람。俗姓은 奚氏。圓悟克勤의 法嗣、生時에 佛日大師라 賜號되고 宋、孝宗때 大慧禪師라 賜號、死後에 普覺禪師라 諡號「看話禪」의 始唱者이며 宏智正覺의 默照禪을 攻擊、徑山의 能仁禪院에 住錫 臨濟의 再臨이라 일커러졌다. 한때 主戰論者인 張九成과 共謀하였다고하여 衣牒을 剝奪당하여 衡州에 十年間 流配되기도 하였는데 그때 十卷의 「正法眼藏」을 著述하기도 하였다. (宋、高僧伝参照)

長老者는 德長年老라 唐譯에는 云具壽니 壽即是命이요 魏譯에는 云慧命이니 以慧爲命이라 須菩提는 有三義譯하니 謂善吉善現空生이니 生時에 室空은 解空

之善瑞ㅣ 現矣라 相師ㅣ 占云唯善唯吉하다 從座起下는 皆整理威儀니 脩敬之相이라 希有者는 世所無故니라 如來者는 從如而來니라 論에 云호대 善護念者는 依根熟菩薩說이라하니 謂與智慧力하야 令成就佛法하고 與敎化力하야 令攝取衆生이니 善付囑者는 依根未熟菩薩說이니 懼其退失하야 付授智者니 付者는 將小付大요 囑者는 囑大化小니라 菩提薩埵는 此云覺有情이라 三釋이라 一은 約境이니 所求所度요 二는 約心이니 有覺悟之智와 餘情慮之識이요 三은 約能所니 所求能求라 三皆如次配覺及有情이라

「長老」라고 한것은 德으로 어른이며 나이로 보아 늙었다는 뜻이며 唐譯에서는 「具壽」라 하였고 魏譯에서는 「慧命」이라 하였으니 智慧로 壽命을 삼는 사람이란 뜻이다.

「須菩提」란 말은 세가지 內容의 번역이 있는데 즉 「善吉」 「善現」 「空生」이 그것이다. 그가 태여났을 때 방안이 텅 비어있었음은 「空」을 해득할 거룩한 瑞相이 나타난 것이며 觀相장이가 占치기를 「오직 착하고 오직 吉하다」라고 말한것이 「須菩提」란 말이다.

「자리에서 일어나서」라고 한 句節아래의 글은 모두가 威儀를 가다듬어 공경한 모습을 닦은것을 表現한 말이며 「希有」라 한것은 世上에는 부처님같은분이 없었기 때문이다.

「如來」라 한것은 如如한 境地로 부터 오신것을 말한것이다.

「善護念」이라 한것은 根機가 成熟된 菩薩들에게 根據를 두고 말한것이라 하였으니 즉 그들에게 智慧의 힘을 주어서 佛法을 成就하게 하고 그들에게 敎化할 힘을 주어서 衆生들을 包攝하도록

「般若論」에 이르기를

하신것을 말한것이다.

「善府囑」이라 한것은 根機가 아직 무르익지 아니한 菩薩들에게 根據를 두고 한 말이니 그들이 물러서서 道를 잃게 될까 두려워 하셔서 智慧를 付與하여 내려준것을 말한것이니「付」라는것은 작은것을 큰것에 붙여주는 것이며「囑」이라 하는것은 큰것을 變化하게 하는 것을 뜻한다.

「菩提薩埵(※菩薩)」라는 말은 이곳 말로 하면 覺有情(깨달은 有情(生命体)) 란 뜻이며 이에 세가지 解釋이 있다. 첫째는 境界와 結付시킨 解釋이니 外部힘으로 求하고 外部의 힘으로 濟度받는 것을 뜻하며 두번째는 마음과 結付시킨 解釋이니 느끼고 깨닫는 智慧가 있지만 情、慮의 認識이 남아있는 狀態를 말한것이며 세번째는 能所(主觀力、客觀力)과 結付시킨 解釋이니 外部의 힘으로 求하고 自体의 힘으로 求하는것을 뜻한다. 이 세가지 解釋은 모두가 如如히 다음 位置인「覺」와 有情의 자리에 配列되는 것이다.

六祖 何名長老오 德尊年高라 故로 名長老니라 須菩提는 是梵語니 唐言에는 解空이니 隨衆所坐일새 故云即從座起니라 弟子ㅣ 請益에 先行五種儀니 一者는 從座而起요 二者는 端整衣服이요 三者는 偏袒右肩하며 右膝着地요 四者는 合掌코 瞻仰尊顔하야 目不暫捨요 五者는 一心恭敬하야 以伸問辭니라 希有는 略說三義니 第一希有는 能捨金輪王位요 第二希有는 身長丈六과 紫磨金容과 三十二相과 八十種好의 三界無比요 第三希有는 性能含吐八萬四千法하사 三身圓備니 以具上三義라 故로 云希有也라 世尊者는 智慧超

三界하야 無有能及者며 德高更無上하야 一切咸恭敬일새 故曰世尊이니 護念者는 如來- 以般若波羅蜜法으로 護念諸菩薩이요 付囑者는 如來- 以般若波羅蜜法으로 付囑諸菩薩이니 言善護念者는 令諸學人으로 以般若智로 護念自身心하야 不令妄起憎愛하야 染外六塵하야 墮生死苦海하고 於自心中에 念念常正하야 不令邪起하야 自性如來를 自善護念이요 言善付囑者는 前念清淨을 付囑後念清淨하야 無有間斷하야 究竟解脱이니 如來- 委曲誨示衆生과 及在會之衆하사 當常行此일새 故云善付囑也니라 菩薩은 是梵語니 唐言에는 道心衆生이며 亦云覺有情이라 道心者는 常行恭敬하야 乃至蠢動含靈도 普敬愛之하야 無輕慢心일새 故名菩薩이니

(六祖大師의 解説)

무엇을 「長老」라 이름하는가? 德이 높고 나이가 많은 까닭에 「長老」라 이름한 것이다.
「須菩提」는 梵語이며 中國말로는 「解空」이란 뜻이다.
大衆따라 그들이 앉은 자리에 앉아있었던 까닭에 「자리에서 일어났다」라고 말한것이다. 弟子가 스승에게 도움의 말씀을 請할때는 먼저 다섯가지 禮儀를 行하는것이니 첫째는 자리에서 일어나는 것이며, 두번째는 衣服을 端正하게 가다듬는 일이며, 세번째는 윗옷을 벗어 오른쪽 어깨위에 메고 오른쪽 무릎으로 땅을 짚는 일이며, 네번째는 두손을 모아 尊顏을 우러러 보며 暫時도 한눈을 다른곳으로 팔지 아니하는 일이며, 다섯번째는 一心으로 恭敬하며 물어볼

말씀을 드리는 일이다.

「希有」란 말은 大略 세가지 내용으로 解說한다. 첫번째로 「希有」는 능히 金輪王의 자리를 버리는 것을 뜻하며 두번째로 「希有」는 키는 一丈六尺인 紫色의 갈고 다듬은 金容과 三十二相과 八十種好가 三界에 比較될만한 사람이 없음을, 세번째의 「希有」는 天性으로 능히 八萬四千의 法을 머금고 토해낼 수 있으며 三身이 圓滿히 가추어졌음을 말한것이니 위에서 말한 세가지 내용이 가추어진 까닭에 「希有」라 말한 것이다.

※ 三身…法身、報身、應身

「世尊」이란 말은 智慧가 三界를 뛰어넘었고 아무도 이에 미칠 수 있는 사람은 없으며 德의 높음이 다시는 더 위가 없으며 모든 사람이 다 함께 恭敬하는 까닭에 「世尊」이라 말한 것이다.

「護念」이라 한것은 부처님이 般若波羅蜜의 法으로 모든 菩薩들을 지켜주시고 생각해주시는 것을 말한것이며 「付囑」이라 한것은 부처님이 般若波羅蜜의 法으로 모든 菩薩들에게 法을 付與하시고 부탁하신것을 말한 것이다.

「善護念」이라 말한것은 모든 學人들로 하여금 般若의 智慧로 自己의 身心을 護念하여 함부로 미음과 사랑의 情을 일으켜 外部의 六塵에 물들어 生死의 苦海에 떨어지지 아니하게 하고 念마다 恒常 바르게하여 사악함이 일어나지 아니하게 하고 自性인 부처를 스스로 거룩하게 護念하고 말한것을 말한 것이다.

「善付囑」이라 말한것은 앞의 念의 淸淨함을 付囑하여 뒤의 念도 淸淨케하여 그 사이에 斷絶됨이 없이 究竟의 解脫에 이르게 됨을 말한것이니 부처님이 자상하고 간곡하게 衆生들에게 와 또 모임에 參席한 大衆들에게 敎誨를 내리시기를 마땅히 늘 이렇게 行하라고 하신것인 까닭에 「善付囑」이라 말한 것이다.

「菩薩」이란 말은 梵語이며 中國語로 하면 「道心을 지닌 衆生」이란 뜻이고 또 다른 말로 「깨달은 有情(覺有情)」이란 뜻이다. 「道心」이란 늘 「道心을 지닌 衆生」이란 뜻이고 또 다른 말로 「깨달은 有情(覺有情)」이란 뜻이다. 「道心」이란 늘 「道」를 行動이 恭敬하고 꿈틀거리는 모든 生命体에 이르기까지 모두가 두루 이 사람을 공경하고 사랑하며 가볍게 보거나 없수히 여기는 마음이 없는것을 말한다. 그런까닭에 「菩薩」이라 이름한 것이다.

 如來-不措一言이시어늘 須菩提- 便興讚歎니하시 具眼勝流는 試着眼看다이어

說 相逢不拈出하야도 擧意便知有하니 是何境界오 同道라야 方知니라

(冶父道川의 評唱)

解說…서로 만나 집어내지 아니하여도 대강 뜻만 들어 올리면 곧 그 속에 함축된 存在를 안다 이것이 어떤 境界일까? 같은 길을 가는 사람만이 비로소 알게될 것이다.

부처님 한 말씀도 안하셨는데 須菩提 문득 讚歎을 일어켰으니 眼目가춘 뛰어난 무리라면 한번 着眼해보라!

說 南北東西에어늘 鑽龜打瓦로다咄

隔墻見角에 便知是牛요 隔山見煙에 便知是火로다 獨坐巍巍여 天上天下

知火知牛事希奇하니 知音相見이 正如是로다 獨坐云云은 混虛空爲自身하고 盡大地爲坐具하야 坐斷千差하야 不通凡聖이니 是可謂天上天下渾漫漫이라 更無一物爲等倫이로다 若是過量漢인댄 一見에 便不疑와어니 若非過量漢인댄 未免暗思量라하리

담장넘으로 뽈만 보아도 그것이 소(牛)라는 것을 알고 山 넘으로 연기만 보아도 그것이 불난것임을 안다.

우뚝 홀로 높이 앉으심이여
天上天下에 唯我獨存인데
거북 등을 뚫어보고
개왓장을 때려보며
占치고 있으니 쯧 쯧
참으로 寒心하구나!

(註)

① 鑽龜打瓦…中國의 土俗的인 占術로 거북껍질을 불에 구어 허물을 벗겨내고 그 속에 나타난 紋樣을 보고 吉凶을 占치며 또 개왓장을 때려깨서 금이난 자욱을 보고 吉凶을 占치는 일

解說…불난것을 알고 소 라는것을 안다는것은 드물고 奇特한 일이니 마음을 서로 아는 사람까리 만나는 일이 바로 이와 같다. 「홀로 앉아…」云云한것은 虛空과 混然一體가 된것이 自身이며 온 大地가 깔 방석이다 앉은 자리에서 天差萬別의 差別心을 끊고 凡人·聖人의 區別心이 통하지 아니하니 이것이야 말로 天下天下에 渾然一體가 된 질편한 境地라 말할 수 있고 다시 한 물건도 이에 짝이 될만하고 平等할만한 물건이 없다. 만약 度量이 보통을 넘는 사나이라면 남몰래 생각하고 저울질 해보는 境界를 면치 못할 것이다. 면 곧 의심하지 아니하겠지만 度量이 보통을 넘지 아니하는 사나이라면

圭峰 二는 正發問端이라

(圭峰) 두번째는 바로 質問의 실마리를 일으어 켰다.

世尊이시 善男子善女人이 發阿耨多羅三藐三菩提心하며 應云何住며 云何降伏其心잇하가니

空生이 一見世尊端坐하고 便不疑十方薄伽梵하사 仍發證同諸佛之心하야 直問云 塵不得出은 由未得住요 心不解脫은 由未降心이니 云何得住사하야 得心解脫고이리잇 不言我已發心으니하야 云何住降이리잇고 而以善男善女로 言者는 諱却已悟也니라 人人分上에 不假脩治도하야 本自圓成늘이어 空生이 以此로 問者는 雖復本來金이나 終以銷成就니 此는 正同善財의 於福城東畔에 初遇文殊하사 頓證法界하고 歷參五十三善知識하야 於一一善知識所에 白言호대 我己先發菩提心호니 云何學菩薩道며 修菩薩行라이니

曲分爲二니하리 先擧當機니 華嚴에 云호대 忘失菩提心하고 脩諸善業者는 魔所攝持라하다 阿耨多羅三藐三菩提는 此云無上正徧正覺이니 謂正智徧智로 覺知眞俗하야 不偏不邪니라 後는 正申問이니 魏譯에 云應云何住며 云何修行이며 云何降伏其心고하리잇 意云若人이 發菩提心己에 住何境界며 修何行業이며 云何降伏其心이라이니 故로 佛이 令安住四心하고 脩六度行하야 於中에 降心하야 若起어든 云何降伏라이니

不令着相이니 秦譯에 略修行者는 意云住道降心이 卽是修行이니 謂四心
六度를 皆名住脩降伏이라 故로 無着은 云호대 住는 謂彼心이 若散에 制令還住 又十八住中에 一一皆以住
持요 降伏은 謂欲願이요 修行은 謂相應等
脩降伏으로 釋之니 故知어다 約義면 雖三이나 而行是一이라 하니

〈本文〉

世尊이시여! 善男子, 善女人이 三菩提心을 일으켰다면 마땅히 어디에 머물어야 하오며 어떻게 그 마음을 降伏시켜야 하옵나이까?

解說…須菩提는 한번 世尊께서 端正히 앉아계시는 모습을 보고 곧 十方世界의 부처님이심을 疑心치 아니하게 되었고 곧 이어 모든 부처님의 마음과 같은 境地를 證得하여 곧 바로 묻기를 「六塵을 벗어날 수 없음은 머물 곳을 얻지못한 때문이며 마음이 解脫하지 못한것은 아직 마음을 降伏시키지 못한 때문이니 어떻게 하면 머물 곳을 얻고 六塵에 머물지 아니하게 되며 어떻게 하면 마음의 解脫을 얻게 됩니까?」라고 말하지 아니하고 「나는 이미 發心하였으나 어떻게 마음을 降伏시켜 마음을 머물고 어떻게 降伏시켜야 합니까?」라고 말한것은 自己의 깨달음을 숨겨버린 일이다. 사람마다 그가 타고난 分數위에는 닦고 다스리는 功을 빌리지 아니하고도 本來 스스로 圓滿이 이루어진 自性이 있는데 須菩提가 이와같이 물은 것은 비록 本來부터 金이 있다고 하더라도 처음 마침내는 그것을 삭힘으로서 이루어진 것이다. 이것은 바로 善財童子가 福城의 東쪽 언저리에서 처음 文殊菩薩을 만나 頓然히 法界를 證悟하고 그 이후 五十三人의 善知識에서 차례로 參問하여 그 한사람 한사람의 善知識마다 그곳에서

아뢰기를 「나는 이미 먼저 菩提心을 일으켰는데 어떻게 菩薩의 道를 배워야 하며 菩薩의 行을 닦아야 합니까?」라고 말한 경우와 같은것이다.

註

① 空生…須菩提의 別名
② 薄伽梵…부처의 別名

解説二…이를 굳이 나눈다면 두가지 내용으로 구분된다.

첫째는 먼저 마지막 한 機緣을 擧論한것이니 華嚴經에 이르기를 「菩提心을 忘失하고 여러가지 善業을 닦는것은 魔가 包攝하여 지니게 될 對象者다」라고 하였다.

「阿耨多羅三藐三菩提」란 말은 이곳 말로 번역하면 「더는 위가 없는 바르고 普遍한 智慧로 眞諦, 俗諦를 알고 깨달아 치우치지 아니하고 邪惡하지 아니함을 말한것이다.」

두번째는 뒷 部分에서 바로 質問을 말씀드린 內容인데 魏나라때의 飜譯된 經에는 「마땅히 어디에 머물어야 하오며、어떻게 修行해야 하오며、어떻게 그 마음을 降伏시켜야 하옵나이까?」라고 하였는데 그 內容은 「만약 어떤 사람이 菩提心을 일으켰을 때는 어떤 境界에 머물러야 하며 어떻게 行業을 닦아야 하며 어떻게 妄心으로 相에 執着하지 아니하여야 합니까?」라는 뜻이다.

그런데 秦譯(後秦時代의 譯經)에서는 「修行」에 관한 質問을 省略하였으니 그 뜻은 「道에 머물고 마음을 降伏시키는것이 곧 그 自體가 修行인 까닭에 이를 省略한것이다. 四心(慈。悲。喜。捨。)과 六度波羅蜜을 모두 道에 머물고 行을 닦고 마음을 降伏시키는 일이라 부르는 까닭에 無著스님은 이르기를

「머문다(住)는것은 欲求와 誓願을 말한것이며 「修行」이란 相應하게 마음을 한 對象物에 집중하게 하는것을 뜻하며 「降伏」이란 그의 마음이 만약 흩어질 경우 이를 制約하여 도로 제자리에 머물게 하는 일을 말 한것이다」라고 하였다.

또한 「十八住」가운데서도 그 하나하나의 境地마다 모두 「머물고 닦고 降伏시키는 內容」으로 이

를 풀이하였다.

그런 까닭에 알지어다! 내용과 結付시키면 세가지로 區分되지만 行은 오직 하나뿐인 것이다.

(六) 善男子者는 平坦心也며 亦是正定心也니 能成就一切功德하야 所往無碍也니라 善女人者는 是正慧心也니 由正慧心하야 能出一切有爲無爲 功德也니라 須菩提─ 問호대 一切發菩提心人이 應云何住며 云何降伏其心 하리잇고 하시니 須菩提─ 見一切衆生이 躁擾不停함이 猶如隙塵하며 搖動之心이 起如飄 風하야 念念相續하야 無有間歇함에 爲令降伏故로 問호대 若欲脩行인댄 如何降伏 其心고 하리잇고 하니

(六祖大師의 解說)

「善男子」란 平坦한 마음을 말 한것이며 또한 이는 바른 禪定의 마음이다. 이 마음은 능히 모든 功德을 成就시킬 수 있으며 어디를 가거나 걸림돌이 없게 되는 마음이다. 「善女人」이란 「바른 智慧의 마음」을 뜻한다. 이 바른 智慧의 마음으로 말미암아 능히 모든 有爲, 無爲의 功德이 나올 수 있게 된다.

須菩提가 묻기를 「모든 菩提心이 일어난 사람은 마땅히 어디에 머물어야 하며 어떻게 그의 마음 을 降伏시켜야 합니까?」라고 하였는데 이는 須菩提가 모든 衆生등의 마음이 焦躁하고 어지러 워 停止하지 못 하는것이 마치 틈바구니에 떠돌아다니는 먼지와 같고 흔들리고 움지기는 마음 이 마치 飄風 (회오리바람)처럼 일어나고 있으며 그것이 念念히 이어저 잠간도 멎는 일이 없음

을 보고 그것을 降伏시키기 위하여 묻기를 "만약 修行을 하고저 할 때는 어떻게 그 마음을 降伏시켜야 합니까?"라고 말한것이다.

冶父 這一問은 從甚處出來오.

說 法法이 虛融하야 無法可住요 心心이 寂滅하야 無心可降이니 今此住降二問은 從甚處出來오. 又須菩提는 佛稱解空第一이시니 豈不知妄心이 本空하고 塵境이 本寂이오 若果知得인댄 如何輕發此問來오. 又問法에 法無可問이요 脩道에 道無可脩라 但向未發問時하야 着眼이니 何須更問住與未住와 降與未降오이리 如是着語한 意旨如何오. 若明今日事하면 昧却本來身이니라.

你喜我不喜요 君悲我不悲라 鴈思飛塞北하고 燕憶舊巢歸로다 秋月春花無限意는 箇中에 只許自家知니라

說 你與我와 君與我는 本分人이 向今時人하야 稱이니 你能住降하면 心生喜動하고 未能住降하면 心生悲憂와 我此世界는 本自清平하야 理亂이 俱亡이니 何傷何喜리오 如鴈之思塞北과 燕之憶舊巢어니 豈以悲喜로 爲心哉아 只有一段空이 來去自由耳라 以至春生夏長하며 秋收冬藏과 月圓月缺하며 花開花落하야 凡有消長盈虛者ㅣ 莫不各有無窮無盡  之意存焉하니 此는 父不得而傳이며 師不得而授라 各自當人이 自肯自悟하야사 始得다

(冶父道川의 評唱)

이 한 물음은 어디서 나왔는가?

解說…法마다 虛融하니 머물만한 法은 없고 마음마다 寂滅하니 내릴만한 마음도 없는데 이 「머물고」 「내려야한다는」두가지 물음은 어디서 나온것인가? 또한 須菩提는 부처님이 「解空第一」이라 칭찬하셨는데 어찌 그가 妄心이 本來 空이며 六塵의 境界가 本來 寂滅하다는것을 모르겠는가? 만약 과연 그가 이것을 알았다고 한다면 어떻게 輕率하게 이러한 質問을 내쳤을까?

또 묻는 法에 물어볼만한 法이 없고 道를 닦음에 닦을만한 道가 없으니 다만 그가 質問을 아직 내치지 아니하였을 때로 가서 그곳에 着眼하면 되는것인데 무엇때문에 「머물고」 「降伏시키고」 「降伏시키지 못한 境界를 다시 물어볼 필요가 있겠는가?.」 이와같이 말을 붙인 깊은 참뜻은 무엇일까? 만약 오늘의 일을 밝히려 한다면 本來의 몸은 캄캄하게 어두워진다.

그대 기뻐도 나는 기쁘지 아니하고
그대 슬퍼도 나는 슬프지 아니하다
기러기는、塞北으로 날라갈 생각하고
제비는、옛 집으로 돌아올 생각하고
가을 달、봄 꽃의 뜻은
그 가운데 오직
自己만이 알기를 許容하네

解說…「너와 나」「그대와 나」라고 한것은 本分人(本地의 사람)이 지금時代의 사람을 보고 일

 二는 如來讚許라

佛言하사 善哉善哉라 須菩提야 如汝所說하야 如來
善護念諸菩薩하며 善付囑諸菩薩이니 汝今諦聽

다음은 부처님이 찬양하시고 許諾하신 말씀이다.

(圭峰宗密의 解説)

컽는 말이니 「네가 能히 머물고 降伏시킬 수 있다면 마음의 기쁨으로 인한 動搖가 생기게 되고 또 아직 머물지 못하고 降伏시키지 못하였다면 마음에 슬픔과 근심이 생기게 될 것이다. 그러나 나의 이 世界에서는 本來 스스로 淸平歲月이기에 다스려지고 어지러워지는 일이 모두 사라지니 무엇을 傷心하고 무엇을 기뻐하겠는가?」

마치 기러기가 먼 邊方 北國을 생각하고 제비가 옛집을 그리워하는것과 같으니 어찌 슬픔, 기쁨으로 마음이 흔들리겠는가? 오직 一段의 虛空만이 있어서 오고 가는것이 自由로울 따름이다.

이로써 봄에는 萬物이 생겨나고 여름에는 자라나고 가을에는 거두어드리고 겨울에는 갈무리하여 달이 둥글다가 이지러지고 꽃이 피고 지는 일에 이르기까지 모든 消長과 盈虛가 있는 現象은 각기 無窮無盡한 뜻이 存在하지 아니하는것이 없으니 이는 아비가 子息에게 傳할 수도 없는 것이고 스승이 弟子에게 물려줄 수도 없는 일이라 각기 自身이 스스로 肯定하고 스스로 깨달아야만 되는 일인 것이다.

140

當爲汝說하리라 善男子善女人이 發阿耨多羅三藐三菩提心는하니 應如是住하며 如是降伏其心이니라

하라 當爲汝說라 호리 善男子善女人이 發阿耨多羅三藐三菩提心는하니 應如是住하며 如是降伏其心라이니

如是委細而說라이니

羅聞法心悲喜여 如是之人可爲說하다이라 三은 標勸將陳이니 我當爲汝하야 如是

行으로 聽實相法이라니 智論偈에 云聽者端視如渴飮하야 一心入於語義中이라 踊

斷이 是事必然일새 故로 印讚言如汝所說이라니 二는 勸聽許說이니 無以生滅心

曲分爲三이니호리 一은 印讚所讚이니 重言善哉는 讚美之極이라 護付能令佛種不

(本文)

부처님은 말씀하시기를

「거룩하고도 거룩하구나! 須菩提야! 너의 말한 바와 같이 부처는 거룩하게 모든 菩薩들을 지켜주고 생각하며 거룩하게 너를 위해 말하리라!

땅히 너를 위해 말하리라!」

善男子, 善女人이 阿耨多羅三藐三菩提心이 일어났다면 마땅히 이와같이 머물러야 하며 이와같이 그의 마음을 降服시켜야 하느니라!

解說…曲節을 나누면 세가지로 구분된다.

三은 善現이 佇聞이라

唯然世尊하 願樂欲聞이다하노이다

當爲汝說이여 欲說這介事요 願樂欲聞이여 欲聞這介事로다

첫째는 須菩提를 印可하며 讚歎하고 客觀的으로 찬양한 말씀이다。 두번 거듭 「거룩하도다」라고 하신것은 讚美의 極致니 護念하시고 付囑하시어 모든 보살들로 하여금 부처의 種子가 斷絶되지 아니하게 하신것이니 이는 일의 必然인 까닭에 須菩提를 印可하시며 讚揚하시기를 「너의 말한 바와 같이」라고 하신 것이다.

두번째는 命令을 내려 說法을 듣기를 許可하신 일이다. 즉 生滅하는 마음으로 實相의 法門을 들어서는 안된다는 것이다.

智論의 偈에 이르기를
「듣는 사람은 端的으로 목마른 사람이 물마시는 모습처럼 보라! 한 마음으로 말뜻 가운데 들어가 뛸듯이 기뻐하며 法門을 듣고 마음은 슬퍼지기도 하고 기뻐지기도 한다면 이와같은 사람에게는 그를 위해 說法해줄 수 있다」라고 하였다.

세번째는 앞으로 곧 말할 내용을 標示하여 듣기를 권유하신 내용이다.
「나는 마땅히 너를 위해 말하리라!」라고 하시고 이와같고 이와같다 하시며 자상하게 說明하신 것이다.

세번째는 須菩提가 머물러 듣는 내용이다(圭峰의 解說)

唯者는 順從之辭니 禮對曰唯요 野對曰阿니라 十地經에 云호대 如渴思冷水하며 法하이다
如飢思美食하며 如病思良藥하며 如衆蜂依蜜하야 我等도 亦如是하야 願聞甘露

〈本文〉

그러하옵나이다. 世尊이시어! 願하옵기 기꺼히 듣고자 하옵나이다.

解說 : 「마땅히 너를 위해 말해 주리라」라고 하신것은 이 한가지 일을 말해주고저 하옵나이다」라고 기꺼히 듣고자 하옵나이다」라고 한것도 이 한가지 일을 듣고자 한 것이다.

解說二 : 「唯」라고 한것은 順從의 뜻을 表示하는 말이며 禮로 對答할 때는 「唯」라고 말하고 함부로 對答할때는 「阿」라고 말한다.

十地經에 이르기를

「목마른 사람 찬 물 생각하듯
배고픈 사람 맛있는 밥 생각하듯
병든 사람 좋은 약 생각하듯
뭇 벌들 꿀에 의지하듯
우리들도 이와같이
甘露의 法을 듣기 원하옵니다。」

라고 하였다.

〈六祖〉 是는 佛이 讚歎須菩提ー 善得我心하며 善知我意也니라 佛이 欲說法에 常先戒勅하사 令諸聽者로 一心靜默일새 故로 云汝今諦聽시니라 吾當爲說이라하시니라 阿耨多羅者는 無諸垢染이요 上이요 三界無能比요 正이요 徧이요 菩提之言은 知니 無者는 無諸垢染이요 上者는 三界無能比요 正者는 正見也요 徧者는 一切智也요 知者는 知一切有情이 皆有佛性하야 但能修行하면 盡得成佛이라 佛者는 即是無上清淨般若波羅蜜也니 是以로 一切善男子善女人이 若欲修行인댄 應知無上清淨般若波羅蜜多法하야 以此로 降伏其心이니라 唯然者는 應諾之辭요 願佛이 廣說하사 令中下根機로 盡得開悟니 樂者는 樂聞深法이요 欲聞者는 渴仰慈誨也니라

（六祖大師의 解說）

이 大目은 부처님이 須菩提가 거룩하게 부처님의 마음을 얻어 거룩하게 부처님의 뜻을 알았음을 讚歎하신 글이다.

부처님이 說法을 하시고자 할때는 恒常 먼저 訓戒와 命令을 내리시어 모든 法門을 듣는 사람들로 하여금 조용하고 말없이 한마음으로 듣도록 하신 까닭에 「너는 지금 잘 듣거라 내가 너를 위하여 말해주리라」라고 말씀하신 것이다.

「阿耨多羅三藐三菩提」라고 하는 말은 「阿」는 「無」라는 뜻이며, 「耨多羅」는 「上」이란 뜻이며,

「三」은 「正」이란 뜻이며, 「藐」은 「偏」이란 뜻이며, 「菩提」란 「知」란 뜻이다. 「無」라고 한것은 모든 때묻고 오염된 것이 없다는 것이며, 「偏」이라 한것은 三界에 비교할 수 있는것이 없다는 것이며, 「正」이라 한것은 「바른 見解」를 말한것이며, 「知」라고 한것은 「모든 情識이 있는 動物에게는 모두 佛性이 있음을 안다」는 뜻을 말한것이며, 다만 修行할 수만 있다면 모두가 成佛 된다는 것이다. 부처라는것은 곧 더는 위가 없이 淸淨한 般若波羅蜜인 것이다. 그런까닭에 모든 善男子, 善女人이 만약 修行을 하고자 한다면 마땅히 無上의 菩提道를 알아야 하며, 마땅히 無上淸淨한 般若波羅蜜法을 알아서 이것으로 그의 마음을 가라앉혀야 하는것이다.

「唯然」이라 한것은 應諾하는 말이니, 「願樂」이라 한것은 원컨대 부처님이 廣汎하게 說法하시어 中、下의 根機를 지닌 사람도 모두 開悟를 얻도록 하여 주십사 라고 한것이며, 「樂」이란 깊은 法門을 즐거히 든는다는 뜻이며, 「欲聞」 한것은 慈愛로운 가르침을 목마르게 우러러 본다는 뜻이다.

傅大士 希有希有佛이여 妙理極泥洹이라 云何降伏住여 降伏住爲難다이로二儀는 法中妙요 三乘은 敎喩寬이라 善哉라 今諦聽이여 六賊이 免遮欄다

(傅大士의 頌)

世上에 다시 없이 希有하신 부처님
그 妙한 眞理 涅槃에 다다랐도다
어떻게 머물고 降伏시키는가?

145

降伏시키고 머물기 어렵도다
이 두 거동 法가운데 妙함이요
三乘의 가르침 깨우침 넓고 넓으니
거룩하도다. 지금 잘 듣거란 말씀
六賊이 欄干을 가로막는 일
謀免하였네

※ 六賊…六根의 對象인 六塵으로 本心이 汚染되는 까닭에 이를 「도적」으로 본 것.

冶父 往往事因叮囑生이로다

說 只這介事ㅣ要因叮囑而現다이로

七手八脚이요 神頭鬼面이라 棒打不開요 刀割不斷이라 閻浮踔踶幾千廻오 頭頭不離空王殿다이로

說 神用自由하고 妙體難睹라 動彈不得이요 堅固難壞로다 生死路에 幾度往返고 脚跟이 元來清淨如空다이로

(冶夫道川의 評唱)

解說…오직 이 한가지 일도 要는 간곡한 부탁때문에 나타난 것이다.
어찌다 보면, 흔히 일이란 간곡한 부탁으로 인하여 생겨나는 것이다.

손은 일곱 발은 여덟 (허우적거리는 모습
또는 自由自在한 行動)
귀신 머리, 귀신 얼굴
몽둥이로 쳐도 열리지 않고
칼로 쪼개도 끊기지 않네
몇 千 바퀴
閻浮提洲에 날뛰고
간곳마다 空王의 宮殿
떠나지 아니하였다

解說…神妙한 作用은 自由自在하고 묘한 바탕은 보기 어려워 흔들고 통길수도 없고 堅固하여 허물기 어렵다.

生死의 길목을 몇번이나 가고 왔는가? 元來 淸淨함이 虛空과 같도다.

㊀ 宗鏡 昔奇哉之善現이 讚希有之慈尊하사 悲憐濁世衆生하야 諮決菩提心
要하시니 可謂一經正眼이요 三藏絶詮이라 千聖이 不傳하시고 諸祖ㅣ 不說이시니 如是降
伏이여 扁舟已過洞庭湖요 護念丁寧이여 何啻白雲千萬里리오 爲甚麽如此오
毘婆尸佛이 早留心하사 直至而今不得妙니다

㊁ 說 善現之所以奇哉者는 以其不待聲教而信無疑也요 慈尊之所以希有者는 以其不
現聲教而開覺人天也니 無言演化는 爲上根上智는 即得이니와 中下之機는 如盲處日

不知玄化의 所在니라 又末世衆生은 尚未遇玄化하야 爲二障之所礙하야 昧菩提之知見이니 須假語言方便 開示菩提心要니라 以故로 空生이 爲之諮決하시니 只此菩提心要는 可謂一經正眼이요 三藏絕詮이라 千聖이 不傳고하시며 諸祖不說이니 如是降伏과 護念丁寧을 謂之如標月指는 卽得니어와 謂之一經正眼인댄 扁舟已過洞庭湖라 何會白雲千萬里리오 爲甚如此오 多劫留心尙茫然이라니

※ 毘婆尸佛…過去七佛의 第一佛

(宗鏡스님의 解說)

예전에도 「奇特하다」고 칭찬받은 須菩提가 希有하신 慈尊을 讚揚하며 탁한 世上의 衆生들을 슬피 여겨 菩提心의 가능을 물어 決擇하려 하였음은 온 經의 正眼이라 말할수 있고 三藏의 窮極의 眞理라 할 수 있으니 이는 聖人도 傳授하지 아니하였고 모든 祖師도 말하지 아니한 것이다.

「이와같이 마음을 降伏시켜라!」고 하심이여!
「알뜰히 護念한다」하심이여
어찌하여 이와같이 되는가? 조각배는 이미 洞庭湖를 지나간 뒤로다
眞正한 道와의 距離 어찌 千里、萬里 흰구름과의 비교에 그치겠는가?
毘婆尸佛때 일찌감치 마음에 새겨 두었기에 지금에 이르기 까지 妙할 수가 없다네

解說…須菩提가 「奇特하다」는 理由는 그가 부처님의 말씀을 기다리지 아니하고 믿고 의심하지 아니하였기 때문이며 世尊께서 「希有하시다」는 理由는 부처님께서 말씀의 가르침을 나타내시지 아니하시고도 人天世界의 사람들을 上等의 根機, 上等의 智慧를 깨우쳐 깨닫게 하신 까닭이다.

말없이 敎化를 베푸시는것은 上等의 根機를 지닌 사람에게는 上等의 敎化의 所在를 모르게 된다. 또한 末世의 衆生들은 아직 소경이 햇빛아래 있는것과 같아서 玄妙한 敎化를 만나지도 못하여 두 障礙(※ 煩惱障과 所知障)에 가로막혀 菩提의 知見에는 캄캄하니 이들에게는 言語의 方便을 빌려 菩提心의 가늠을 열어 보일 필요가 있는 것이다.

이때문에 須菩提가 이들을 위하여 부처님에게 묻고 그 決擇을 받으려 한 것이다. 오직 이 菩提心의 가늠만이 이 經 全體의 正眼이며 三藏의 絕對的인 究竟이라 말할 수 있는 것이며 이는 모든 聖人도 傳授하지 아니하였고 모든 祖師들도 말씀하시지 아니한 것이라 부처님이 「이와 같이 降服시켜라」 또는 간곡하게 「護念하신다」 하는 말씀을 이 經 全體의 正眼으로는 그것을 손가락으로 달을 가르키는 일에 比喩할 수는 있을지 몰라도 그 말씀을 이 經 全體의 正眼이라 생각한다면 이는 「조각배는 이미 洞庭湖를 지나간 뒤」(※ 때가 늦었다)에 該當되며 그런 생각이 道와는 동떨어진 생각이라 하는 것은 어찌 「白雲千萬里」의 距離에 그치겠느냐? 무엇때문에 그렇게 되는가?

「오랜 劫을 이에 마음을 두었다 해도 아직도 앞이 아득하기 때문이다.」

註

① 善現·空生…모두 須菩提의 異名

問處孤高答處深_{하니} 妙圓眞淨不須尋_{이라}
瞥然如是知端的_{하면} 默契菩提大
道心_{이라 하리}

149

說 一問一答에 妙圓眞淨하니 傍觀이 眼如盲고 但向指頭開活眼하면 滿目寒光을 無處藏하리
不須別處尋覓이로 寒山指頭에 月團團하니 多少

물은 곳 孤高하고, 答한 곳 깊어
따로 妙圓, 眞淨 찾을것 없네
번쩍 한눈에 이와같이
또렷함을 안다면
菩提·大道의 마음과
말없는 가운데 一致되리라

解說… 一問一答한 곳이 바로 妙한 眞理가 있는곳이라 妙圓하고 眞淨한 境地를 따로 다른곳에서 찾을 필요가 없는 것이다.
寒山스님 손가락끝에 달은 둥글고 둥그나 많은 옆에서 보는 사람들 눈은 소경처럼 멀었구나
다만 손가락끝에서 살아있는 눈목 열린다면 눈에 가득한 차가운 빛 아무곳도 숨긴곳 없다네

註
① 寒山…(年代 未詳) 唐代의 僧이라 함。天台山國淸寺에서 拾得、豊干과 함께 숨어있었다고 傳해지고있다。潙山靈祐가 天台山附近에서 그를 만났다고 하며 (七七一~八五三) 趙州從諗 (七七八~八九七~) 도 그와 만나 問答했다고 記錄되여있다。

圭峰 四는 如來正說이라 於中에 文二니 一은 擧總標別하야 以牒問이라
初文에 分二니하리 一은 正答所問이요 二는 躡迹斷疑

(圭峰宗密의 解說)

네번째는 바로 부처님의 說法이며 이글은 두가지로 구분된다. 첫째는 須菩提가 물은 일에 대한 바른 解答은 두가지로 구분되니 그 첫번째는 총체적인 문제를 擧論하여 分別된 것을 標示함으로서 質問에 符合시킨 것이다.

大乘正宗分第三

佛이 告須菩提하사 諸菩薩摩訶薩은 應如是降伏其心이니

六祖 前念清淨하고 後念清淨을 名爲菩薩이요 念念不退하야 雖在塵勞나 心常清淨을 名摩訶薩이니 又慈悲喜捨의 種種方便으로 化導衆生을 名爲菩薩이요 能化所化에 心無取着을 名摩訶薩이니 恭敬一切衆生이 即是降伏其心이니라 處眞을 名不變이요 契如를 名不異니 遇諸境界호대 心無變異를 名曰眞如니라 亦云外不假曰眞이요 內不亂曰如요 念念無差曰是니라

圭峰 二는 約別顯摠하야 以答問이니 此는 以降伏으로 爲摠이요 住修로 爲別也

(本文)

부처님이 須菩提에게 말씀하시기를
「모든 菩薩摩訶薩은 마땅히 이와 같이 그들의 마음을 降服시켜야 하느니라」

謂住修之中에 皆有降伏이니 經意在此일새 故로 唯標降伏이라니 有科此標云 擧後攝初者는 乃令經文으로 極不穩暢하야 理例顛倒니 自古言敎에 祗有以 初攝後언정 未聞將後攝初어든 況詳經文컨댄 無別答降伏之處하니 即知降伏이 在住脩中이라 住脩는 皆令離相이니 是答降伏問也니라 不別答者는 此經은 宗 於離相이요 離相이 正是降心이니 本意ㅣ 欲明降心일새 因約住脩하야 以顯住脩 降伏이 本不相離니라 故로 無著의 十八住中에도 每住에 皆有住脩降伏이라 文 中에 二니 一은 答安住降心問이라 又四니 一은 廣大心이라

(六祖大師의 解說)

前念도 清淨하고 後念도 清淨한것을 이름하여 「菩薩」이라하며 念마다 물러서지 아니하여 비록 塵世의 시달림속에 있더라도 恒常 清淨한 사람을 「摩訶薩」이라 부른다. 또 慈悲와 喜捨 등 각가지 方便으로 衆生들을 敎化하고 引導하는 사람을 「보살」이라 이름하며 主體的으로 敎化 하고 外部의 作用으로 敎化하되 마음에 取着이 없는 사람을 「摩訶薩」이라 부른다. 一切衆生을 恭敬하는것이 곧 「그 마음을 降伏시키는 일」이며 眞實에 處하는것을 「不變」이라 이 름하고 「如如」와 一致되는것을 「不異」라 이름한다.

모든 境界와 만나도 마음에 變異가 없는것을 「眞如」라 이름하며 또한 밖으로 假飾하지 아니하는것이 「如」며 念마다 差別이 없는것이 「是」이다.

두번째는 區分된것과 結付시켜 總体的인 內容을 밝혀서 質問에 對答하신 것이니 이는 「降伏」이란 말씀이 總体的인 뜻이되고 「修行에 머무르는 일(住修)」이 分別되는 내용에 該當된다.

즉 修行에 머무르는 가운데 그 境地마다 모두 「降伏」이 있는것이니 經의 뜻은 바로 여기에 있는 것이다. 그런 까닭에 오직 「降伏」이란 말만을 標榜한 것이다.

어떤 사람은 이 標榜을 條目別로 分析해서 말하기를 「뒤에 올 內容을 擧論하여 처음 있을 일을 그 가운데 거두어 드린다는 것은 곧 經文을 至極히 穩當하고 流暢하게 하지못하게 하는것이며 理致나 事例가 거꾸로 되는 일이여서 예전부터 부처님의 言敎에는 오직 처음 말씀으로 뒤에 있을 내용을 모두 總括的으로 包含시키는 일이 있을 뿐, 아직까지 뒤에 하신 말씀 가르침을 包括하신 일은 듣지 못하였다. 하물며 經文을 자세히 살펴보면 「降伏」에 관한 일을 對答하신 곳이 없으니 이것으로 곧 「降伏」이 修行에 머무르는 課程 가운데 있음을 알 수 있다.」라고 하였다.

「住修」라는것은 모두가 「相」에 대한 執着에서 벗어나게 하는 것이니 이것이 곧 「降伏」의 물음에 대한 解答이다. 따로 「降伏」에 대한 解答을 하시지 아니한것은, 이 經은 「相에서 벗어나는 일」로 根本을 삼았으며 「相」을 떠나는 것이 곧 마음을 降伏시키는 일이다.

「住修」라는것은 모두 마음을 降伏시키는 일이니 修行에 머무르는 일과 結付시킴으로 因하여 이로서 修行에 머무르는 일을 밝히고자 한다면 根本內容으로 마음을 降伏시키는 일을 밝혀야 한다. 그런 까닭에 마음을 降伏시키는 일이 本來 서로 떨어져있는 일이 아님과 여 마음을 降伏시키는 일이 十八住를 說明한 가운데서도 그 「住地」마다 모두 「修行에 머무르는 일이 적혀있는 것이다.

(圭峰宗密의 解説)

無着스님이 十八住를 說明한 가운데서도 그 「住地」마다 모두 「修行에 머무르는 일이 적혀있는 것이다.

經文가운데는 두가지 內容이 있으니 첫째는 「降心」에 安住하는 質問에 대한 解答이며 두번째는 「廣大한 마음」에 관한 말씀이다.

(※ 參考 圭峰의 解說의 끝 部分은 이대목과는 無關하며 다음 經文에 붙여야 할것을 編輯者가 잘못 여기에 붙인듯 하다.)

所有一切衆生之類인 若卵生과 若胎生과 若濕生과 若化生과 若有色과 若無色과 若有想과 若無想과 若非有想非無想을

三界普度일새 故云廣大心也니라 初句는 標요 若卵下는 列이라列中에 文三이니 一은 受生差別이니 天獄은 化生이요 鬼通胎化요 人畜은 各四요 諸餘微細한 水陸地空은 不可具分品類니라 卵劣在初者는 二釋이니 一은 約境이니 具緣多者ㅣ爲首요 二는 約心이니 從本至末이 爲次니라 二는 依止差別이니 有色은 四禪이요 無色은 四空이니 三은 境界差別이니 功德施에 云 有想은 則空識二處요 無想은 則無所有處요 若非等은 則有頂하다라

(本文)

存在하는 모든 衆生의 무리, 例를 들면 卵生이건 胎生이건 濕生이건 化生이건 有色이건 無色이건 有想이건 無想이건 有想도 아니고 無想도 아니건간에…

(圭峰의 解説)

三界를 두루 모두 濟度하는 까닭에 「廣大한 마음」이라 말하는 것이다.
첫 句節은 全体的인 標示이며, 「卵生이건」이란 句節이 하는 各 生命体를 列記한 것이다.
이 글은 세가지로 구분된다. 첫째는 生命을 賦與받은 하늘과 地獄의 生命体는 化生(造化로 생겨난 生命体)이며 鬼神은 化生과 胎生에 共通되고 (胎生…母胎로 因緣하여 태여나는 生命体) 사람과 畜生은 각기 네가지 區別이 있으므로 그 나머지 微細한 물, 陸地, 空中의 生命体들은 그 品類를 다 區分할 수 없다.
「알(卵)」로 因하여 태여나는 動物이 가장 劣等動物이라 하여 처음자리에 있게된것에 관하여 두가지 解釋이 있다.
첫째는 境界와 結付시킨 解釋인데 因緣을 많이 가춘것이 첫머리에 오르게 되었다는 解釋이며, 두번째는 마음과 結付시킨 解釋이니 根本에서부터 末端에 이르는것이 順序라고 하는 解釋이다.
두번째로 依止하는 場所에 差別을 둔것으로 「有色」은 四禪色天(※ 註參照)을 말한것이며 「無色」은 「四空處」를 말한것이다.
세번째는 境界의 差別을 말한것이다. 「功德施」(책이름)에 이르기를 「有想」은 空無邊處와 識無邊處를 말한것이며, 「無想」은 「無所有處」를 말한것이며, 非有想, 非無想등은 「有頂天」(※ 非想非非想處~三界의 最頂上)을 말한것이다 라고 하였다.

註

① 四禪色天…色界의 四段階境界, 初禪은 覺、觀、喜、樂、一心의 五支、二禪은 內淨、喜、樂、一心의 四支로 構成되어있다。

② 四空處…空無邊處 識無邊處 無所有處 非想非非想處 無色界의 四段階

二는 第一心이라

(圭峰宗密의 解說)

두번째는 「第一心」에 관한 말씀이다.

我皆令入無餘涅槃하야而滅度之하리니

即無住處涅槃은 不共二乘일새 故云第一이라 無着은 云 何故로 願此不可得義오 生所攝故라하고 又云 卵濕과 無想有頂은 則不能이어 云何普入고 有三因緣하니 一은 難處生者는 待時故요 二는 非難處生이니 未成熟者로 成熟之故요 三은 已成熟者로 解脫之故다하다

(本文)

나는 그 모두를 無餘涅槃에 들게하여 이들을 滅度케 한다.

(圭峰의 解說)

머무는 곳이 없는 涅槃은 二乘들과 함께하는 涅槃이 아닌 가닭에 「第一心」이라 말한것이다. 無着스님은 이르기를 「무엇때문에 이 얻을 수 없는 내용을 원하는가? 그것은 「生」에 包含되여 있기 때문이다」라고 하였고 또 이르기를 卵生과 濕生과 無想과 非有想非無想은 滅度시킬 수 없는것인데 어찌하여 두루 「無餘涅槃에 들게한다」라고 하였는가? 그 까닭은 세가지 因緣이 있기 때문이다. 첫째 어려운 곳에 태여난 것들은 때가 오기를 기다리기 때문이며 두번째 어렵지 아니한 곳에 태여난 것들은 아직 成熟되지 아니한것을 成熟시키기 때문이며 세번째 이미 成熟된것은 이를 解脫시키기 때문이다라고 하였다.

註
① 無餘涅槃…煩惱, 妄想의 찌꺼기가 完全히 사라진 最上의 깨달음의 境地

六祖 卵生者는 迷性也요 胎生者는 習性也요 濕生者는 隨邪性也요 化生者는 見趣性也니 迷故로 造諸業하고 習故로 常流轉하며 隨邪에 心不定이요 見趣에 多淪墜니라 起心修心에 妄見是非하야 內不契無相之理하고 不了中道하고 眼見耳聞에 心想思惟하야 愛着法相하야 口說佛行호대 心不依行을 名爲有想이요 迷人이 坐禪호되 一向除妄하고 不學慈悲喜捨智慧方便하야 求 不行恭敬供養하고 但見卽心是佛하야 不修福慧를 名爲無色이요 內心守直이나 猶如木石하야 無有作用을 名爲無想이요 不着二法想故로 名若非有想이요

理心在故로 名若非無想이니 煩惱萬差나 皆是垢心이요 身形無數나 摠名衆生이니 如來ㅣ 大悲普化하사 皆令得入無餘涅槃而滅度之者는 如來ㅣ 指示三界九地衆生호대 各有涅槃妙心하니 令自悟入無餘者는 無習氣煩惱也니라 涅槃者는 圓滿淸淨義니 滅盡一切習氣하야 令永不生시라 方契此也니라 渡生者는 渡生死大海也니 佛心이 平等하사 普願與一切衆生으로 同入圓滿淸淨無餘涅槃하야 同渡生死大海하야 同諸佛所證也니라 有人이 雖悟雖修나 作有所得心者는 却生我相하야 名爲法我라 除盡法我서야 方名滅度也니라

(六祖大師의 解說)

卵生은 迷性이며 (本性이 헷갈리고 있는것) 胎生은 「習性」이며, 化性은 「見趣性(偏見을 趣向하는 本性)」이며, (煩惱妄想이 남아있는 本性) 濕生은 「隋邪性(邪惡함을 따라가는 本性)」이며, 邪惡을 따라가는 까닭에 여러가지 業을 짓게되고 번뇌, 망상에 젖는 까닭에 永久히 流轉하며, 偏見의 趣向으로 물에 빠지고 함정에 떨어지는 일이 많아진다.

일어나는 마음, 닦는 마음으로 是非를 보게되어 마음속으로 無相의 眞理에 契合되지 아니하는것을 恭敬한 供養을 行하지 아니하고 오직 마음이 곧 부처라는 点만 보고 福德과 智慧를 닦지 아니하는 것을 「無色」이라 부른다.
「有色」이라 이름하며 속 마음은 곧게 지키지만

「中道」를 깨닫지 못하고 눈으로 보고 귀로 듣는것에서 마음속으로 想像하고 法相에 愛着을 느끼고 입으로는 佛行을 말하면서 마음은 이에 의거하여 行하지 아니하는 것을 「有想」이라 이름하며 迷惑된 사람이 坐禪은 하지만 오로지 妄想만을 除去할 뿐 慈悲와 喜捨등 智慧있는 方便은 배우지 아니하여 마치 木石처럼 아무 作用도 없는것을 이름하여 「無想」이라 한것이고 眞理를 求하는 마음은 남아있는 까닭에 「非無想」이라 이름한 것이다. 千差萬別한 煩惱는 그 모두가 때문은 마음이며 몸의 形態는 無數하지만 그 모두를 「衆生」이라 이름한다.

부처님은 大悲하신 마음으로 두루 衆生들을 敎化하시어 모두를 「無餘涅槃」에 들게 하여 이를 滅度케 하신다는것은 부처님이 三界九地(※ 欲界와 色界의 四禪處地、無色界의 四空處)의 衆生들에게 指示하시어 그들이 각기 涅槃의 妙心이 있으니 스스로 깨달아 無餘의 涅槃에 들어가게 하시는것을 말 한것이다.

「無餘」라 하는것은 習氣(번뇌의 찌꺼기) 煩惱가 없는것을 말하며 「涅槃」이라 하는것은 圓滿淸淨이란 뜻이다. 모든 煩惱의 찌꺼기를 모조리 다 斷滅하여 永久히 생겨나지 아니하게 하여야만 비로소 이와 같은 境地와 一致되는 것이다.

「度」라고 하는것은 生死의 큰 바다를 건느간다는 뜻이다.

부처님의 마음은 平等하여 두루 원하옵기를 一切의 衆生들과 더부러 다함께 圓滿淸淨한 無餘涅槃에 들어가서 다 같이 生死의 큰 바다를 건너가서 다같이 부처님 계신곳에서 證得하게 하시려는 것이다.

어떤 사람이 비록 깨닫고 닦는다 하더라도 所得하는 마음을 짓는 일이 있다면 그 기서 문득 「法我」가 생긴다. 이 法我를 完全히 다 除去하여야만 비로소 「滅度」라 이름하는 것이다.

如是滅度無量無數無邊衆生호대 實無衆生得滅度者니라

㊅ 圭峰 三은 常心이라

一은 性空故요 二는 同體故니 論에 云호대 自身滅度 — 無異衆生하다 三은 本寂故요 四는 無念故요 五는 法界故니라

㊅ 六祖 如是者는 指前法也라 滅度者는 大解脫也니 大解脫者는 煩惱及習氣와 一切諸業障이 滅盡하야 更無有餘를 是名大解脫이니 無量無數無邊衆生이 元各自有一切煩惱貪嗔惡業하니 若不斷除하면 終不得解脫故言 如是滅度無量無邊衆生이라하시니라 何曾度衆生이리오 祇爲凡夫 — 不見自本心하며 不識佛意하고 執着諸相하야 不達無爲之理하야 我人不除일새 是名衆生이니 若離此病하면 實無衆生의 得滅度者니라 故로 言妄心無處即菩提며 生死涅槃이 本平等이라하니 又何滅度之有리오

(圭峰의 解說)

세번째는 變하지 아니하는 마음을 말씀하셨다.

(本文)

이와같이 헤아릴 수 없이 無數하고 가이없는 衆生들을 滅度케 하였으나 實地로 衆生들이 滅度를 얻은 사람은 없었느니라.

解說…첫째는 自性이 「空」인 까닭이며 두번째는 바탕이 같은 까닭이니 般若論에 이르기를 「自身의 滅度가 衆生의 滅度와 다르지 아니하다」라고 하였다. 세번째는 本來 寂滅한 까닭이며 네번째는 「無念」인 까닭이며 다섯째는 法界인 까닭에 이렇게 말씀하신 것이다.

(六祖大師의 解說)

「如是」라 한 것은 앞에서 말씀하신 法門을 指摘하신 말씀이다.

「滅度」라 한 것은 大解脫을 뜻하며 大解脫이란 煩惱와 習氣등 모든 業障이 모두 斷滅되어 다시 남아있는 것이 없을 때 이를 「大解脫」이라 부른다.

「無量無數無邊의 衆生들을 滅度케 하였다」라고 말씀하신 것이니 만약 이것을 斷滅, 除去하지 아니하면 끝내 解脫할 수 없는 까닭에 「이와같이 모든 迷惑된 사람들이 自性을 깨달을 수 있다면 비로소 부처님이 뜻을 알게되니 부처님이 언제 일찌기 衆生을 濟度하셨는가? 다만 凡夫들이 自己의 本心을 보지못하기에 부처님이 自相을 나타내지 아니하시고 自己所有의 智慧를 갖지 아니하심을 알게되어 여러가지 「相」에 執着하여 無爲의 眞理에 통달하지 못하고 「나」와 「남」의 差別心을 除去하지 못하고 있으니 이를 이름하여 「衆生」이라 한다.

만약 이 病弊에서 벗어 난다면 事實 衆生이 滅度를 얻은 일은 없는 것이다.

그런 까닭에 옛 말에 이르기를
「망영된 마음이 있을 자리가 없는 것이 菩提며 生死와 涅槃이 本來부터 平等하다」고 한것이니
여기에 무슨 滅度가 있겠는가?

 四는 不顚倒心이라

何以故오 須菩提야 若菩薩이 有我相人相衆生相壽者相하면 即非菩薩이라

悲化含生入無餘하고 智冥眞際絶能所로다 見有可度면 即乖眞이면 我人不生을 名菩薩이니

論에 云호대 遠離依止身見衆生等相이라 故로 無着이云호대 已斷我見하야 得自行平等相故로 信解自他平等이라 顯示降伏心中攝散時에는 衆生想도 亦不轉이니 如彼爾炎住故니라

(圭峰의 解說)
네번째는 顚倒되지 아니한 마음을 말씀하셨다.

(本文)
왜 그런가? 須菩提야! 만약 菩薩에게 我相과 人相과 衆生相과 壽者相이 있다면 이는 곧 菩薩

解說…大悲하신 마음으로 모든 生命体를 敎化하시어 無餘涅槃에 들게 하시고 智慧가 보이지 아니하는 가운데 究竟의 眞理와 一致되여, 主觀, 客觀의 差別이 斷絕된다. 濟度할것이 있다고 본다면 이는 眞如와는 뒤틀리는 것이며 「나」와 「남」의 差別心이 생기지 아니하는것을 「菩薩」이라 이름한다.

般若論에 이르기를
「依止하는 몸과 見解, 衆生등의 相을 멀리 벗어나는 것이다」라고 하였다.
그런까닭에 無着스님은 이르기를
「이미 我見(我執에 사로잡힌 見解)을 끊고 스스로 平等相을 行할 수 있는 까닭에 自他가 平等함을 믿고 알게 되며 降伏된 마음가운데 거두어 드리고 흩어지는 모습이 뚜렷히 나타날 때는 衆生에 대한 差別想도 轉換되여 相對方과 같은 불길속에 머물게 되는 까닭이다」라고 하였다.

六祖
衆生과 佛이 性本無有異는언마 緣有四相하야 不入無餘涅槃이니하나
有四相하면 即是衆生이요 無四相하면 即是佛迷卽佛是衆生이요 悟卽衆生이
是佛이라니 迷人이 恃有財寶學問族姓하야 輕慢一切人을 名我相이요 雖行仁義
禮智信이라도 而意高自負하야 不行普敬하고 言我解行仁義禮智信이라대 不合敬爾
를 名人相이요 好事는 歸已하고 惡事는 施人을 名衆生相이요 對境取捨分別을
名壽者相이니 是謂凡夫四相이라니 修行人도 亦有四相하니 心有能所하야 輕慢衆

生을 名我相이요 自恃持戒하야 輕破戒者를 名人相이요 厭三塗苦하야 願生諸天이 是衆生相이요 心愛長年하야 而勤修福業하야 諸執不忘이 是壽者相이니 有四相하면 卽是衆生이요 無四相하면 卽是佛이라

(六祖大師의 解說)

衆生과 부처가 自性에는 本來 다른것이 없는데도 緣由하여 無餘涅槃에 들어가지 못하게 된다. 我相, 人相, 衆生相, 壽者相등 네가지 「相」이 있음으로 衆生도 부처가 된다. 이 四相이 있게 되면 곧 그것이 衆生이 되고 깨달으면 衆生도 부처가 된다.

헷갈린 사람들이 자기에게 財寶와 學問과 門閥이 있는것을 믿고 모든 사람을 가볍게 보고 없수히 여기는것을 「我相」이라 이름하며 비록 仁義禮智信을 行한다고 하더라도 교만하고 自負心이 크서 모든 사람을 두루 공경하는 일을 行하지 아니하고 말로는 「나는 仁義禮智信을 안다」고 하면서도 相對方을 恭敬하는 行爲와는 合致되지 아니하는것을 「人相」이라 이름한다.

또 좋은 일은 자기의 功으로 돌리고 나쁜 일은 다른 사람에게 베푸는것을 「衆生相」이라 이름하며, 境界와 相對하여 分別해서 취하고 버리는것을 「壽者相」이라 이름한다. 이것을 凡夫의 四相이라 말하는데 修行하는 사람에게도 역시 四相이 있다.

마음에 主觀과 客觀이 差別이 있고 衆生들을 輕蔑하고 傲慢한것을 「我相」이라 이름하며, 스스로 戒를 지키는것을 믿고 破戒한 사람을 輕視하는것을 「人相」이라 이름하며, 三塗(※地獄, 餓鬼, 畜生)의 괴로움을 싫어하고 여러 하늘世界에 태여나기를 所願하는것이 「衆生相」이며 마음으로 오래 사는것을 사랑하여 福業을 부지런히 닦고 모든 執着을 잊지 못 하는것이 「壽者相」이다.

이 四相이 있으면 그는 곧 衆生이며 四相이 없으면 그것이 곧 부처다.

傅大士 空生이 初請問에 善逝—應機酬하시니 先答云何住요 次敎如是修하다 胎生卵濕化를 咸令悲智收케하시니 若起衆生見이면 還同着相求니라

(傅大士의 頌)

須菩提의 첫 請問에 부처님이 機緣에 응하여 對答하시고 다음에 이와같이 修行하라 가르치시어 胎生, 卵生, 濕生, 化生을 모두 大悲, 大智로 거두어드리게 하시니 만약 衆生의 「見」이 일어난다면 도리어 相에 執着하여 道를 求하는 일과 같아지리라.

冶父 頂天立地요 鼻直眼橫다이로

說 從一法界하야 形分九類하니 形形이 皆具一法界라 所以로 一一頭指天하고 脚踏地하며 一鼻直向下垂하고 眼橫在上方다이로

堂堂大道여 赫赫分明이라 人人本具하고 箇箇圓成이라 祗因差一念하야 現出萬般形이로다

說 堂堂大道여 廓周沙界요 赫赫分明이여 光吞萬像다이로 人人本具여 着衣喫飯과 彈指揚眉를 不要別人이요 介介圓成이여 折旋俯仰과 欠伸謦咳를 不借他力다이로 只因云云은 春色이 無高下로대 花枝自短長이니 自短長이여 也不妨하니 九類同居一法界라 紫羅帳裏撒眞珠로다 雖然如是나 若但伊麼商量인댄 盡十方世界—都盧是無孔鐵鎚라 畜生은 永

作畜生하고 餓鬼는 永作餓鬼하야 無有一介도 發眞歸源이라니 旣然如是인땐 畢竟作麽生고
風和에 花織地요 雲淨에 月滿天이로다

(冶父道川의 評唱)

堂堂한 大道여!
赫赫하고 分明하도다!
사람마다 本來 가추었고
하나 하나 圓滿히 이루어졌건만
오직 一念의 差異로
萬가지 形相이 나타나도다

解説…한 法界로부터 아홉 類型의 形相이 갈라지고 形相마다 모두 한 法界를 가추고 있다. 그런까닭에 사람마다 머리는 하늘을 가리키고 발을 땅을 밟고 있으며 사람마다 코는 곧게 아래로 드리워졌고 눈은 가로 째저 윗쪽에 있다.
堂堂한 大道여 河沙世界에 두루 탁 터여있도다. 赫赫하고 分明함이여 그 光明 萬像을 삼키도다.
사람마다 가추어졌음이여! 옷 입고 밥먹고 손가락 퉁기고 눈썹 치뜨는 일에 다른 사람의 힘 필요없다네.
사람마다 圓滿히 이루어졌음이여
허리 굽히고 옆으로 돌고 내려보고 처다보며 하품하고 기침하는데 다른 사람의 힘 빌리지 아니 하네

하늘을 이고 땅에 섰으니
코는 곧고 눈은 가로 째졌네

다만 무엇으로 云云한것은 봄빛에 꽃나무 가지에는 짧고 긴 差異있
네 스스로 짧고 긴 差別 있은들 이 또한 무슨 相關이 있겠는가? 九類 함께 한 法界에 살고 있
으니 자주빛 비단 帳幕안에 眞珠를 뿌리도다. 비록 이와 같다 하더라도 만약 오직 그렇게만
홍정한다면 온 十方世界가 모두 다 하나의 자루구멍없는 쇠망치로다! 畜生은 永遠히 畜生이 되
고 餓鬼는 永遠히 餓鬼가 되여 무엇 하나도 眞如를 일으켜 根源으로 돌아갈것 없게 될것이니
이미 事實이 이와 같으니 畢竟 어떻게 되는가? 畜生이 되
바람 따스하니 꽃이 땅을 수놓고
구름 맑게 개이니
달 하늘에 가득하네

註

① 紫羅帳裏撒眞珠…紫色비단 帳幕속에서 眞珠를 뿌린다. 碧巖錄에 나오는 話頭로 紫羅帳은 貴人 즉 부처님 계신곳. 부처
님은 秘密藏안에서 眞珠를 뿌리고 계시지만 凡人은 帳幕에 가로막혀 이를 보지도 줍지도 못한다 (何故 興化未曾向紫羅帳
裏撒眞珠 與諸人在 (碧巖錄十卷…무엇때문에 이 興化 (存奬) 老人은 한번도 紫羅帳幕속에서 여러분들에게 眞珠를 뿌려주지
아니하고 있었는가?

② 無孔鐵槌…자루구멍이 없는 쇠망치. 話頭에 혼히 나오는 말로 ① 쓸모없는것 ② 아무 作用 못하는것 ③ 누구도 어찌할
수 없는 自在한 境地등 세가지 뜻으로 쓰이고 있다.

③ 九類…卵生、胎生、湿生、化生、有色、無色、有想、無想、非有想非無想의 九類

宗鏡 涅槃淸淨이여 盡令含識依歸요 四相俱忘이여 實無衆生滅度니 如斯
了悟하면 便能脫死超生이어니와 其或未然인댄 依舊迷封滯殼하리 會麼아 生死涅槃
이 本平等하고 妄心盡處即菩提니라

說 悲化含生은 即不無나 爭乃能所歷然가 智冥眞際하면 平等無有高下니 如斯了悟하면
便能超生脫死와어니 其或未然인댄 依舊迷無明之封部하고 滯有漏之形殼하리
頂門具眼이면 辨來端이니 衆類何曾入涅槃가 絶後再甦면 無一物하니 了知生死
不相干다이로

說 有智無悲도 亦只是一隻眼이요 有悲無智도 亦只是一隻眼이니 悲智雙運하야 出入自在
하야 方得名爲頂門具眼이라 來端者는 生佛平等之一源이요 悲智不二之一體니 唯有具眼
사야 辨得有分이라 來端을 既已辨得하면 何更見有能度所度러오 衆生滅盡而無滅하니 生佛
은 都盧眼裏花로다

(宗鏡스님의 解說)

涅槃의 清淨함이여 모든 生命體를 歸依케 하고 四相을 모두 잊음이여! 實地 衆生에게 滅度는 없네

解説…慈悲로 衆生을 導化하는 일은 없는것 아니지만 主觀, 客觀의 差別이 뚜렷한것을 또 어떻게 할까? 智慧가 窮極의 眞理와 冥合하면 平等世界에 높낮음이 없게되니 이와같이 깨닫는다면 곧 生死를 超脱할 수 있지만 혹 아직 그런 境地가 아니라면 여전히 무덤속을 헤메 못하다면 여전히 무덤속을 헤메여 껍질속에 滯留하리라 알겠느냐? 生死, 涅槃 本來부터 平等하고 妄心 다한곳이 곧 菩提니라.

이와같이 환하게 깨닫게되면 문득 죽음을 벗어나고 삶을 뛰어넘을 수 있지만 혹 아직 그렇지

며 번뇌망상에 쌓인 形相의 껍질속에 滯留하게 될것이다.

이마에 一隻眼 가추면
由來한 실마리를 가려내니
뭇 生類 언제 일찌기
涅槃에 들었던가
숨 끊어진 뒤 다시 되살아 나니
한 물건도 없어서
生死에 相關없음을 환하게 알았네

(宗鏡스님의 解說)

解説…智慧만 있고 慈悲는 없는것도 한쪽 눈만 있는것이고 慈悲만 있고 智慧는 없는것도 한쪽 눈만 있는 사람이니 慈悲와 智慧가 아울러 運用되여 出入이 自由自在하여야만 비로소 「이마에 一隻眼을 가추었다 (摩醯三目)」고 부를수 있다. 由來의 실마리란 衆生과 부처에게 平等한 한 根源이며 慈悲, 智慧 두가지 일이 아닌 한 바탕 을 말한것이니 오직 頂門一隻眼을 가춘 사람만이 이를 가려낼 資格이 있다. 이것을 가려내고 나면 다시 무슨 主觀의 濟度 客觀의 濟度를 보는 일이 있겠는가? 衆生이 다 滅度하였으나 滅度는 없고 衆生 부처 모두가 눈에 헛 꽃만 보이네

註

① 頂門具眼…摩醯三目이라고도 함。摩醯首羅(宇宙의 大主宰神)는 두눈 以外에 이마위에 또 하나의 눈이 있어 三世를 꿰뚫 어본다。

② 眼裏花…눈병이 나서 空中에 꽃이 핀것처름 헛것이 보이는것。

圭峰 二는 答修行降心問이라 於中에 又五니 一은 總標라

(圭峰宗密의 解說)

두번째는 修行과 마음을 降伏시키는 質問에 대한 解答이며 이 가운데는 다섯가지 구분이 있으며 첫째는 總体的인 標榜이다.

妙行無住分第四

復次須菩提야 菩薩은 於法에 應無所住하야 行於布施니

於法者는 統標諸法이요 應無下는 正明修行이니 問호대 菩薩萬行에 何唯說一答호대 萬行이 不出六度니 六度를 總名布施니라 故로 偈에 云호대 檀義—攝於六하니 資生無畏法이여 此中一二三을 是名修行住며라 하 無著은 云호대 若無精進이면 疲乏故로 不能說法이요 若無禪定이면 即貪信敬利養하야 染心說法이요 若無智慧면 便顚倒說法시니라하 二는 別釋이라

妙行無住分 第四

(本文)

또한 須菩提야! 菩薩은 法에 마땅히 住著하는 곳이 없이 布施를 行하여야 하느니라.

解說…「於法」이라 한것은 統轄的으로 모든 法을 標榜한 것이며 「마땅히 住著하는 곳이 없이…」라 한 句節以下는 바로 修行을 밝힌것이다.

問…菩薩의 수많은 修行가운데서 왜 오직 한가지 修行만을 말하였는가?

答…보살의 수많은 修行이 모두 六度波羅蜜을 벗어나지 아니하며 六度波羅蜜을 總体的으로 「布施」라 말한것이다. 그런까닭에 偈頌에 이르기를 「布施의 內容은 六度波羅蜜에 包含되니 衆生들의 無畏法을 뒷바침하여 이 가운데 첫째(布施), 둘째(忍辱), 셋째(持戒)를 「修行住」라 이름하네」라 하였고 또 無着스님은 이르기를 「만약 精進이 없다면 疲勞, 困乏때문에 說法할 수 없으며 만약 禪定의 힘이 없다면 信徒의 恭敬과 利養을 탐내서 汚染된 마음으로 說法하게 되며 만약 智慧가 없다면 곧 顛倒된 說法을 하게된다」라고 하였다.

所謂不住色하고 布施하며 不住聲香味觸法하고 布施라하니

本論엔 但指三事니 爲色等이니 謂自身과 報恩과 果報니라 故로 偈에 云호대 自身 及報恩과 果報斯不着하야 護存已不施하고 防求於異事다라

六祖 凡夫布施는 只求身相端嚴과 五欲快樂故로 報盡에 即墮三塗일새

世尊이 大慈로 敎行無相布施하야 不求身相端嚴과 五欲快樂하고 但令內破慳心하며 外利益一切衆生이니 如是相應을 是名不住色布施니라

(圭峰)

두번째는 따로 따로 풀이 하셨다.

(本文)

이른바 색에 머물지 아니하고 布施하며 聲, 香, 味, 觸, 法에도 머물지 아니하고 布施하느니라.

解說…本論에는 다만 세가지 일만을 指摘하여 「色」으로 삼았으니 즉 自身과 報恩과 果報의 세가지 일이다. 그런까닭에 偈에 이르기를 「自身과 報恩 果報에 執着하지 아니하고 자기를 保護, 存養하기 위하여 布施하지 아니하고 다른 일에서 自身을 防衛하고 道를 求한다」라고 하였다.

(六祖大師의 解說)

凡夫의 布施는 오직 몸의 形相이 端嚴하고 五欲의 快樂을 求하기 위한 布施인 까닭에 報應이 다하면 곧 三塗(地獄、餓鬼、畜生)에 떨어진다. 부처님께서는 큰 慈悲로 「相」이 없는 布施를 가르쳐 修行하게 하시고 몸모습의 端正莊嚴함과 五欲의 快樂을 求하지 못하게 하시고 다만 안으로 인색한 마음을 打破하고 밖으로 一切衆生에게 利益되게 하시니 이와같이 相應하는 것을 이름하여 「不住色布施」라 한다.

圭峰 三은 總結이라

須菩提야 菩薩은 應如是布施하야 不住於相이니

前엔 但指三事와 今則心境空有를 微細盡袪니라 故로 偈에 云遠離取相心이라하며 論에 云不見施物受者施者며라하야 無着이니 云不住相想이라하시니라 有人이 將此結文하야 爲別答降伏이라하니 非也라 前標次釋此結에 皆云無住니 都是脩中降伏之義어늘 何忽偏配結文하야 爲別答問이리요

六祖 應如無相心布施者는 爲無能施之心하며 不見所施之物하며 不分別受施之人이 是不住相布施也니라

(圭峰의 解說)
세번째는 總体的인 結論을 말씀하셨다.

(本文)
須菩提야! 菩薩은 마땅히 이와같이 布施하여 相에 머물지 아니하여야 하느니라

解說…앞에서는 다만 세가지 일 만을 指摘하였으나 지금은 마음과 境界 空과 有등 모두 미세한것에 이르기까지를 다 없애게 하는 까닭에 偈頌에 이르기를 「相을 取하는 마음에서 멀리 벗어난다」라고 하였고 또 般若論에 이르기를 「衆生에게 布施하되

받는 사람도 베푸는 사람도 보이지 아니한다」라고 하였으며 또 無着스님은 이르기를 「相의 생각에 住著하지 아니한다」라고 하였다.

어떤 사람은 이 結論의 글을 「마음을 降伏시키는 물음」에 대한 別途의 解答이라고 主張하나 그것은 아니다.

앞에 問題를 標示하고 다음에 풀이하고 이에 매듭을 結論 지은것인데 모두가 이르기를 「住著이 없다는것은 모두가 修行하는 가운데 마음을 降伏시키는 내용이라」하는데, 어떻게 갑작이 結論의 글 만을 홀로 按配하여 別途의 質問에 對한 解答이라 하는가?

(六祖大師의 解說)

마땅히 相없는 마음으로 布施하는 경우에는 主體의 意識으로 布施하는 마음을 없애기 위하여 外部에서 베푸는 물건을 보지 아니하며 布施를 받는 사람을 分別하지 아니하는것이 「相에 住著하지 아니하는 布施」이다 (不住相布施)

圭峰 四는 顯益이라

何以故오 若菩薩이 不住相布施하면 其福德을 不可思量이라

以智起行하니 獲福無邊이로다

(圭峰의 解說)

네번째는 이 布施로 얻는 利益을 밝혔다.

(本文)

解説…智慧로 修行을 일으키니 얻는 福이 가이없다.

왜 그런가? 만약 菩薩이 相에 住著하지 아니하는 布施를 한다면 그 福德은 생각해서 헤아릴 수 없는 것이다.

六祖

菩薩이 行施에 心無所希하면 其所獲福이 如十方虛空하야 不可較量이니라 一説에 布者는 普也요 施者는 散也니 能普散盡胸中의 妄念習氣煩惱四相이라 泯絶하야 無所蘊積이 是眞布施라 하며 又説에 布者는 普也니 不住六塵境界하며 又不有漏分別하고 惟常返歸清淨하야 了萬法空寂이라 若不了此意하면 惟增諸業일새 故須内除貪愛하고 外行布施하야 内外相應하야 獲福無量이라 見人作惡도 不見其過하야 自性에 不生分別이 是爲離相이요 依教修行하야 心無能所-即是善法이라 修行人이 心有能所하면 不名善法이요 能所心이 不滅하면 終不得解脱이니 念念常行般若智하야 其福이 無量無邊이라 依如是修行하야 感得一切人天의 恭敬供養을 是名爲福德이라 常行不住相布施하야 普敬一切

175

(六祖大師의 解說)

菩薩이 布施를 함에 마음에 바라는것이 없으며 그가 얻는 福德은 十方의 虛空과 같아서 무엇으로도 비교하고 헤아릴 수 없다.

一説에 「布」라는것은 「두루, 골고루(普)」란 뜻이며, 「施」란 「흩는다」(散)라는 뜻이며, 능히 가슴속의 習氣, 煩惱를 두루 다 흩고 네가지 相(我相、人相、衆生相、壽者相)이 완전히 사라져 斷絶되어 아무것도 가슴안에 남아 쌓여있는것이 없는것이 眞正한 布施다 라고 하고 있다.

또 一説에는 「布」란 「普」란 뜻이며 六塵(色聲香味觸法)의 境界에 住著하지 아니하고 또한 煩惱妄想으로 因한 分別을 하지 아니하며 오직 恒常 本然의 淸淨心에 되돌아가야 萬法의 空寂을 깨닫게 되는 것이 布施라 하는데 만약 이 뜻을 환하게 깨닫지 못한다면 오직 여러가지 業만이 불어나는 까닭에 모름지기 안으로는 貪慾과 사랑의 執着을 除去하고 밖으로는 福德이 헤아릴 수 없다고 하고 있다.

다른 사람이 惡한 일을 하는것을 보더라도 그것을 허물로 보지 아니하고 自性에 主觀, 客觀의 差別이 없는것이 곧 거룩한 法이다.

안과 밖이 相應하야만 얻는 福德이 헤아릴 수 없으며 가르침대로 修行하고 마음에 主觀, 客觀의 差別이 없는 사람이 마음에 主客의 差別이 있으면 이를 「거룩한 法」이라 부르지 아니하니 主客의 差別心이 斷滅되지 아니하면 끝내 解脱을 얻지 못하며 念念에 잊지않고 늘 般若의 智慧를 修行하면 그 福德이 無量, 無邊할것이며 이와같은 修行에 의하여 모든 人天世界의 恭敬과 供養을 感得하게 되는것을 이름하여 「福德」이라 한다.

恒常 相에 住着하지 아니하는 布施를 行하여 두루 모든 衆生을 공경하면 그 功德이 끝 가장자리가 없고 말로 일컬어 헤아릴 수 없게 되는 것이다.

傅大士

檀波羅蜜布施頌에 曰 施門은 通六行하고 六行은 束三檀이라 資生無畏法하야 聲色勿相干하라 二邊에 純莫立하고 中道도 不須安이니 欲覓無生處인댄 背境向心觀하라

尸羅波羅蜜持戒頌에 曰 尸羅得清淨이여 無量劫來因이라 妄想을 若參辰하라 在欲而無欲하고 居塵不染塵하야 權依離垢地 當證法王身다이로

羼提波羅蜜忍辱頌에 曰 忍心을 如幻夢하고 辱境을 若龜毛하야 常能修此觀하면 逢難轉堅牢로다 無非亦無是며 無下亦無高니 欲滅貪嗔賊인댄 須行智慧刀니라

毘離耶波羅蜜精進頌에 曰 進修名焰地여 良爲慧光舒하라 二智로 心中遣하고 三空으로 境上袪하며 無明을 念念滅하고 高下執情除하라 觀心如不間이면 何audio至無餘리오

禪波羅蜜禪定頌에 曰 禪河는 隨浪靜이요 定水는 逐波清이라 澄神에 生覺性이요

息慮에 滅迷情이로 遍計虛分別은 由來假立名이니 若了依他起하면 無別有圓成이니라

般若波羅蜜智慧頌에 曰慧燈은 如朗日이요 蘊界는 若乾城이라 明來暗便謝니 無暇暫時停이로 妄心이 猶未滅이면 乃見我人形이어 妙智圓光照하면 唯得一空名이로다

萬行齊修頌에 曰三大僧祇劫에 萬行具齊修라 旣悟無人我면 長依聖道流로다 二空을 方漸證하면 三昧에 任遨遊라 創居歡喜地하야 常樂遂忘憂로다

(傅大士의 頌)

一。檀(布施波羅蜜)布施頌에 이르기를

布施의 法門 여섯가지 修行에 共同되고 여섯가지 布施로 묶는다 (※ 法布施、財布施、無畏布施)

衆生에게 無畏法 도와주어 聲色과 相關하지 말아라.

두 가장자리 無等(有와 無等 相對的인 二邊)에 純粹하여 相對性 세우지 말고

中道에도 또한 安住하지 말아야 한다

生滅없는 곳 찾으려 한다면

거울 등지고 마음 向해 비추어 보라

二。尸羅(律)波羅蜜・持戒頌에 이르기를

戒律지켜 淸淨心 얻는 일

無量劫의 過去부터 온 因緣일세

妄想은 원수・도적처럼 보고

貪慾・사랑 參星・商星처럼 만나지 말라

欲界에 살아도 물들지 아니하여

境界에 있으면서 欲心이 없고

方便으로 離垢地에 依止한다면

곧 法王身 證得하리라

三。 提波羅蜜・忍辱頌에 이르기를

참는 마음의 苦痛
허깨비·꿈처럼 생각하고
辱된 境界 거북털처럼 생각하라
늘 이 「觀」 닦을 수 있다면
어려움 만나도 더욱 굳세지리니
「非」도 없고 「是」도 없고
낮은것도 없고 높은것도 없도다
탐욕과 노여움의 도적 없애려 하면
智慧의 칼을 行使해야 하느니라

四。 毘離耶(精進)波羅蜜、精進頌에 이르기를

  註
  ① 參辰…參星(東方星)과 商星(西南星)서로 만나지 못하는 사이가 좋지 아니한 關係。
  ② 離垢地…淸淨한 境界
  ③ 龜毛…事實이 아닌것。兔角龜毛。

이름 욕망 타오르는 땅에
나아가 修行하여
자못 智慧의 빛 펼치고
두 智慧로 (權智·實智)
마음속 비추고
三空으로 境界위의 執着 없애라

念마다 無明 滅絕하면
높고 낮은 差別執着 除去될 것이니
마음 비추어 봄에 間斷없다면
어찌 無餘涅槃에 그치겠는가?

五。 禪波羅蜜·禪定頌에 이르기를

禪의 강물 물결따라 고요하고
定의 물 波濤쫓아 맑으니
透明한 精神 깨달음의 自性 낳고
온갖 생각 멎으며
햇갈리는 情 사라진다
온갖 計量 헛된 分別
元來 假立된 이름일세
이런 分別 依他心에서 일어남을
만약 깨닫게 된다면
따로 圓成되는
깨달음이 없음을 알게되리라

註
三空…空·無相·無願。

六。 般若波羅蜜·智慧頌에 이르기를

智慧의 등불 밝은 해와 같고

五蘊의 世界 메마른 城과 같네
밝음이 오면 어둠은 곧 사라져서
잠시도 멈출 틈 없어진다
妄心 아직 滅하지 안했다면
곧 나와 남의 差別形 보이니
妙智의 둥근 빛으로 비추면
오직 하나
「空」이란 이름만 얻네

七。萬行齊修頌에 이르기를
三大阿僧祇劫을 지나도록
모든 行 가추어
가즈른히 닦아라
나와 남의 差別 없음을 깨닫고나면
기리 聖人의 道流에 歸依하리라
人法이 모두 空임을
바야흐로 漸次 밝히고 나면
三昧도 마음대로
맞아드려 노니게 되여
歡喜地를 만들어 살아
永久히 즐거워 마침내
근심 걱정 잊어버리네

冶父 若要天下行인댄 無過一藝强이니

說 無才者ㅣ 行天下則脚頭到處에 無與立談者ㅣ 其窮을 可知요 有才者ㅣ 行天下則無所往而不自得니하리 其樂을 不可言이라 無慧眼者ㅣ 妄加功行則行에 有着하야 去道轉遠이요 有慧眼者ㅣ 入於行海則心心이 清淨하야 徑與本地로 相應니하리 旣與本地로 相應하면 塵沙德用과 無量妙義ㅣ 元自具足하야 不從他得이니라

西川十樣錦에 添花色轉鮮이라 欲知端的意인댄 北斗를 面南看이어 虛空이 不閡絲毫念이라 (毫는 一作頭라) 所以彰名大覺仙이라

說 般若智로 以爲質하고 萬行花로 以爲文하니 智行이 相資하야 文質이 彬彬이라 伊麼則以智起行智愈明하니 錦上添花色轉鮮다이로 又行施ㅣ 固己偉然이어늘 更能無住라하니 其施益大所以로 道호대 西川十樣錦에 添花色轉鮮이라 欲知端的意인댄 北斗를 面南看이니 北斗南星이 位不別이어 言南言北은 也由情다이로 伊麼則行施ㅣ 即無住라 有無之機하고 不坐格外之機라 蕭然無寄하야 量同太虛하니 大覺之名이 於是乎彰이며 無量福聚ㅣ 於是乎成다이로 歡喜地… 初地 第四十一位

(冶父道川의 評唱)

만약 天下를 걸어다니고 싶다면
한 재주 군세게 하는것보다 더 좋은

방법은 없다

解説…才能이 없는 사람이 天下를 걸어다니게 된다면 발끝 닿는 곳마다 더불어서서 이야기할 相對가 없을것이니 그 窮한 모습을 알만하다. 그러나 才能이 있는 사람이 天下를 걸어다닌다면 어느 곳에 가든지 나름대로 얻는것이 없는 곳이 없을것이니 그 즐거움은 말로 다 할 수 없다. 智慧있는 眼目이 없는 사람이 함부로 功德·修行만 더하게 되면 修行의 바다에 들어갈 경우 마음마다 道와 의 距離는 더욱 멀어진다. 그러나 慧眼이 있는 사람이 修行의 執着이 있게되여 淸淨하여 곧바로 本地와 相應하게 될것이니 한번 本地와 相應하게 되면 수없는 功德과 作用 無量한 妙한 眞理가 元來부터 스스로 具足되여 다른 사람으로부터 얻는것이 아님을 알게 된다.

註

本地…本門 땅. 久遠劫의 옛날부터 永久不變하는 本來의 基地.

(冶父의 評唱)

西川(中國四川省)의 열가지 무늬 비단에 꽃을 더하니 色 더욱 鮮明하네.

이 뜻 똑똑히 알고 싶거든 北斗七星 南쪽을 向해 보라! 虛空과 실오라기만한 걸림돌 없으니 그런까닭에 「大覺仙」이란 이름 알려졌도다.

解説…般若의 智慧로 바탕을 삼고 萬行의 꽃으로 紋樣을 삼아 智慧와 修行이 서로 도우니 紋彩와 바탕이 함께 빛난다. 그렇게 되면 智慧로 行을 일으키니 智慧 더욱 밝아지고 비단위에 꽃을 더하니 색갈 더욱 鮮明하다. 또한 修行·布施가 本來부터 우뚝한 데 다시 능히 相에 住著함이 없게되면 그 布施는 더욱 偉大하여진다. 그런까닭에 이르기를 「西川의 열무늬 비단에 꽃을 하여 색갈 더욱 鮮明하다」라고 한 것이다. 이 端的인 뜻 알고 싶다면 南쪽을 向해 北斗七星 보아라. 北斗星과 南斗星의 자리가 다른 것이 아닌데 南이니 北이니 하는 말 自体가 情識에 말미암아 생긴 말이다. 그렇게 되면 修行布施가 곧 住著없는 것이여서 同時에 이루어저 앞뒤가 없게 되고 멀리 有·無의 境界를 벗어나서 테두리밖의 機緣에 앉아있지 아니하고 蕭然히 寄著함이 없으며 그 量은 虛空과 같아진다.

「大覺」이란 이름이 여기에서 빛나고 無量한 福덤이가 여기에서 이루어진다.

須菩提야 於意云何오 東方虛空을 可思量不아 不也니이다 世尊이시어

〔六祖〕 緣不住相布施하야 所得功德을 不可稱量이라 佛이 以東方虛空으로 爲譬喩일새 故問須菩提대하사 東方虛空을 可思量不시니 不也니이다 世尊者는 須菩提 ─ 言東方虛空을 不可思量이라니

(本文) 須菩提야! 너의 생각에는 어떠냐? 東方虛空의 크기를 생각해서 헤아릴 수 있겠느냐? 아니냐?

아니옵니다 世尊이시어!

(六祖大師의 解說)

相에 住著하지 아니하는 布施로 因緣하여 얻는 功德은 量으로 일컬어질 수 없는 것이니 부처님이 東方의 虛空을 譬喩로 삼아 짐짓 須菩提에게 묻기를 「東方虛空을 생각해서 헤아릴 수 있겠느냐 아니냐?」라고 하시니 「아닙니다 世尊이시어!」라고 한 것은 須菩提가 東方의 虛空을 생각해서 헤아릴 수는 없는 것이라고 말한 것이다.

須菩提야 南西北方과 四維上下虛空을 可思量不아 不也다니이 世尊이시어 須菩提야 菩薩의 無住相布施의 福德도 亦復如是하야 不可思量이니라

圭峰 初句에 徵者를 論에 云호대 若離施等이면 相想으로 云何能成施福이라하리오 若菩薩萬行이 無念爲宗이니 一得其宗하면 無所施而不可라 其所獲福이 寬廣如空다

菩薩下는 釋이라 於中에 又三이니 初는 法說이니 爲疑無福일새 故로 云福不可思量으로 以斷之니라 東方下는 喩說이니 可知며 菩薩無住相下는 法合이니 虛空者를 無着이云호대 猶如虛空에 有三因緣하니 一은 徧一切處니 謂於住不住相中福生故요 二는 寬廣이니 高大殊勝故요 三은 無盡이니 究竟不窮故니라

(本文)

六祖 佛言하사대 虛空은 無有邊際하야 不可思度며 菩薩의 無住相布施의 所得功德도 亦如虛空하야 不可度量하야 無邊際也니라 世界中大者-莫過虛空이요 一切性中大者-莫過佛性이니 何以故오 凡有形相者는 不得名爲大며 虛空은 無形相故로 得名爲大라 一切諸性은 皆有限量이니 不得名爲大나 佛性은 無限量이라 故로 名爲大니라 此虛空中에 本無東西南北이어늘 若見東西南北이면 亦是住相이라 不得解脫이요 佛性은 本無我人衆生壽者어늘 若有此四相하야 即是衆生相이라 不名佛性이요 亦所謂住相布施也니라 雖於妄心中에 說有東西南北이나 在理則何有아 所謂東西不眞이니 南北曷異아 自性은 本來空寂하야 混融無分別이라 故로 如來-深讚不生分別也니라

須菩提야! 南·西·北方과 四方·上下의 虛空의 넓이를 생각으로 헤아릴 수 있겠느냐? 아니냐?

「없읍니다 世尊이시여!」

須菩提야! 菩薩이 相에 住著하지 아니하는 布施의 福德도 또한 이와같아서 생각으로 헤아릴 수 없는 것이니라.

解說…菩薩의 모든 修行은 無念을 根本으로 삼으니 한번 根本을 얻게되면 어느곳에 베풀어도 베풀지 못하는 곳이 없게되니 그가 얻는 福도 그 넓고 큰 것이 虛空과 같아진다.

(圭峰宗密의 解說)

첫 句節에서 따진 內容을 般若論에서는 이르기를 「만약 布施등의 修行을 떠난다면 「相」의 생각으로 어떻게 布施의 福을 이룰 수 있겠느냐?」라고 하였다. 「만약 보살이…(若菩薩 不住相布施…)」라고 한 句節아래의 글은 풀이를 한 內容인데 그 가운데도 또 세가지 구분이 있다.

첫째는 法說이니 (※ 三問說法의 첫째) 福이 없을까하는 의심을 하는 사람을 위하여 하신 말씀인 까닭에 「福이 不可思量하다」고 斷定的으로 말씀하신 것이다.

다음 「東方의 虛空을…」이라는 한 句節아래의 글은 譬喩의 說法이며 세번째로 「보살이 相에 住着하지 아니하는 布施는」라는 한 구절아래의 內容은 알 수 있을 것이며 (※ 三周說法의 두번째) 그의 글은 法說과 譬喩說을 符合시킨 말씀이다.

첫째는 「虛空」에 關하여 無着스님은 말하기를 「마치 虛空과 같다」라고 하는말에 세가지 因緣이 있다. 첫째는 모든 곳에 두루 存在하는 점인데 이는 相에 주착하지 아니하는 境地에 머무는 가운데서 福德이 생겨나는 까닭이며 두번째는 넓고 높고 크서 特別히 뛰어난 까닭이며 다함이 없는 까닭이니 究竟에도 不窮한 存在인 까닭이다」라고 하였다.

(六祖大師의 解說)

부처님이 말씀하시기를 「虛空은 끝 가장자리가 없으니 생각해서 헤아릴 수는 없는 것이며 菩薩이 相에 住着하지 아니하는 布施의 功德도 또한 虛空과 같아서 忖度해서 헤아릴 수 없는 끝 가장자리가 없는 것이라」고 하셨다.

무릇 形相이 있는것은 「크다」라고 이름할 수 없으며 虛空은 形相이 없는 까닭에 「크다」라고 이름할 수 있으며 모든 性 가운데 佛性보다 더큰것은 아무것도 없으니 왜 그런가? 무릇 形相이 있는것은 「크다」라고 이름할 수 있으며 모든 性은 모두 限定된 量이 있으니 「크다」라고 이름할 수 없는 까닭이다. 世界에서 큰것중에 虛空보다 더 큰것은 아무것도 없으며 모든 性가운데 佛性보다 더 큰 장자리가 없는 것이다.

188

름할 수 없으며 佛性은 限量이 크다고 이름할 수 있는 것이다. 이 虛空가운데는 佛性이 本來 없는데 만약 東西南北이 있다고 본다면 또한 이는 相에 住着한 것으로 解脫할 수 없다. 佛性은 本來 我相·人相·衆生相·壽者相이 없는데 만약 이것이 네가지 相이 있다고 본다면 이것은 곧 衆生相이며 佛性이라 이름하지 아니하며 또한 이는 相에 住着하는 布施인 것이다. 비록 妄心가운데서는 東西南北의 區別이 있겠는가? 이른바「相에 住着하는 무슨 東西南北의 區別이 있겠는가? 비록 妄心가운데서는 東西南北의 區別이 있겠지만 眞理에 있어서는 무슨 東西南北의 區別이 있겠는가? 이른바「東西」라는 것이 眞實이 아니니 南北이 어찌 다르겠는가?

自性은 本來 空寂하고 混融하여 分別이 없는 까닭에 부처님이 깊이 分別을 낳지 아니하는 마음을 찬양한 것이다.

圭峰 五는 結勸不住라

(圭峰의 解說)

다섯번째는 結論的으로 住著하지 아니할 것을 勸誘하신 內容이다.

須菩提야 菩薩은 但應如所敎住니라

六祖 應者는 順也니 但順如上所說之敎하야 住無相布施하면 即菩薩也니라

傅大士 若論無相施인댄 功德極難量이니 行悲濟貧乏호대 果報不須望다이어 凡夫情行劣일새 初且略稱揚이니 欲知檀狀貌인댄 如空徧十方이라 하니

189

(本文)

須菩提야! 菩薩은 다만 마땅히 가르친 바와 같이 머물어야 하느니라.

(六祖大師의 解說)

「應」이란 順從을 뜻한다. 다만 위에서 말씀하신 가르침대로 順從하여 無相에 머물러 布施하는 것이 곧 菩薩이다.

(傳大士의 頌)

相없는 布施 論한다면
그 功德 지극히 헤아리기 어렵네
慈悲 行하여 가난 窮乏 救濟하고
그 果報 바라지 말아라
凡夫의 情과 行動 못나서
시작부터 거의 稱讚·讚揚만 하니
布施의 참모습 알고 싶으면
虛空이 十方世界에
두루 덮은것과 같다네

冶父 可知禮也니라

無住者는 萬行之大本也요 萬行者는 無住之大用也라 慈尊이 敎以無住로 爲住니하시 大本이 已明이나 而大用을 亦不可不知也니라 禮也者는 人間世之大用也라 存亡之所

繫며 禍福之所由興也니 人이 知禮則進退를 可觀이며 擧措得宜하야 無施不可어니 苟不知禮則雖曰無事於心이나 動輒違規니하리 豈有進退升降之可觀乎아 由是로 禮也者는 可知而不可不知也니라

百花香하리 虛空境界를 豈思量가 大道淸幽理更長다이로 但得五湖風月在하면 春來依舊

無住로 爲住하니 廓然如空이라 雖然如是나 大道는 不屬有住無住하니 方之海印이오 越彼太虛로다 太虛中에 不妨有五湖風月이요 無住中에 亦不妨繁興大用이니 古人이 道호대 莫把無心云是道하라 無心도 猶隔一重關시이라하 無住中에 正是無住之義라 要向無住中하야 繁興大用하야 方與大道로 相應去在니하리 到這裏는하야 見聞覺知ㅣ 依前受用

家風이요 色香味觸이 元是遊戲之場이라니

(冶父道川의 評唱)

어린아이의 첫 글씨 敎本이로다 (基本書)

(보살이 될 入門書로다)

解說… 住著이 없다는것은 모든 修行의 큰 根本이다. 또 모든 修行이란 住著이 이미 밝혀졌기에 큰 作用이다. 부처님께서는 「無住」를 「住」로 삼으라고 가르쳤으니 큰 根本이 이미 밝혀졌기에 큰 作用도 몰라서는 안되는 것이다.

「禮」라는것은 人間世界의 큰 作用이며 存亡이 달려있고 禍福이 일어나는 말미가 되는것이다. 사람이 禮를 알며 進退를 볼 수 있게되고 行動이 옳바르게 되니 베푸는것 마다 옳지 아니한것이 없어서 禮를 몰라서는 안되는 것이다.

이 없게된다. 그러나 만약 禮를 모른다면 비록 마음에는 아무 일이 없다고 하더라도 움직이기만 하면 곧 規範에 어긋나게 되니 어떻게 進退升降에 볼만한 行動이 있겠는가? 이로 말미암아 禮라는 것은 알아야 하며 몰라서는 안된다.

(※ 「可知禮」의 참뜻을 몰라 잘못解釋한 것)

註

參考: 「可知禮」…中國의 옛날 어린아이에게 처음으로 글씨를 가르치는 敎本이름. 이것을 「禮를 알아야한다」라고 解釋한 곳이 많은데 이는 誤謬. 여기 涵虛堂도 이것을 잘못 알고 있다.

例 馬祖의 話頭…(上大人、丘乙己、有三千、但七十。汝小兒、可知禮)…(아주 훌륭한 孔子님. 몸이 꼬부라지도록 三千弟子 길렀지만 七十弟子 이름만 있다. 너희들은 어린아이의 可知禮에 지나지 않는다)

虛空의 境界
어찌 생각해서 헤아릴 수 있겠나
大道의 밝고 그윽함
眞理 또한 長久하도다
다만 五湖에 風月 남아있기만 하면
봄이 오면 옛날 그대로
온갖 꽃 香氣 그윽하리

解説…「無住」로 「住」를 삼으니 탁 터인 것이 虛空과 같다. 비록 이와같다 하더라도 大道는 有住、無住에 속하는것이 아니며 이를 規定하면 바다의 도장(달)이 되여 저 太虛를 넘어가도다. 太虛中에도 五湖의 風月이 있는것을 탓하지 아니하니 無住 가운데에도 번거롭게 큰 作用 일으킴을 탓하지 아니한다. 옛 사람이 이르기를 「無心을 道라 말하지 말아라! 無心의 境界도 아직 한겹 關門 가로막고 있느니라」라고 하였는데 이 「無心」이란 바로 「無住」의 內容을 담고 있다.

이 「無住」의 境地 가운데 가서 번거롭게 큰 作用을 일으키려 한다면 萬德을 圓滿히 갖추어야만 비로소 계속 相應해 나갈 수가 있다. 이 境地에 이르면 듣고、보고、느끼고 아는 것에 前日처럼 家風을 이어받아 쓰게 되고 色、香、味、觸은 元來부터 한마당 놀이터에 지나지 아니하게 된다.

宗鏡 住相布施는 猶日月之有窮이요 不着六塵은 若虛空之無際하야 自他俱利하야 福德難量이라 豁然運用靈通하고 廓爾縱橫自在로세 且道하라 還有住着處麽아 妙體本來無處所하니 通身何更有蹤由오

說 住相布施는 徒眩人之耳目이니 違於無住大道라 但感有漏之報하야 失於無邊大利니 猶彼日月의 但能代明而不能通乎晝夜나 無住行施는 身心이 澹寂하고 內外一如하야 契乎無住大道하야 終獲無邊大利가 如彼太虛 l 廓然無際하야 以之處已하며 推以及人에 其爲福德이 實爲難量이라 福德難量은 且置하고 怎生이 是無住底道理오 豁然運用靈通이요 廓爾縱橫自在로다 且道하라 還有住着處麽아 妙體無處所하니 通身沒蹤由로다

運力檀度契眞常하니 福等虛空不可量이라 無影樹頭에 花爛熳하니 從他採獻法中王이로다

說 無住行施는 施契性空이니 性空이 無邊일새 福亦無際로다 因無住而萬行이 俱沈하야 果闕圓常이면 則無住行施之於行果에 固有妨矣리나 因無住而萬行이 爰起하여 得福無邊이면 則無住之

於行果에 大有益焉하야 而固無妨矣니라 旣無妨矣則行行이 無著하야 福亦不受ㅣ-固其宜矣라니 爲甚如此오 有樹元無影하야 生長劫外春이라 靈根은 密密蟠沙界하고 寒枝는 無影鳥不棲로다 莫謂栽培何有鄕하라 劫外春風에 花爛熳다 花爛熳이여 從他採獻法中王이로다

(宗鏡의 解說)

相에 住著하는 布施는 마치 해와 달이 다할 때가 있는 것과 六塵에 執着하지 아니하는 布施는 마치 虛空이 끝이 없는 것과 같아서 自己와 다른 사람을 다 함께 利롭게 하여 그 福德을 헤아리기 어렵다. 豁然히 막힘없어 運用이 神靈하고 텅 비어가로새로 自由自在하다.

말해보라! 여기에 住著할 곳이 있겠는가?

妙한 바탕 本來부터 指定된 場所없거늘 온 몸이 妙體인데 무슨 다시 來歷이 있겠는가?

解說…相에 住著하는 布施는 부질없이 사람들의 耳目만 眩惑시키니 이는 다만 번뇌 망상의 果報에만 感應할뿐 住著없는 大道와는 어긋나는 일이며 가장자리 없는 큰 利益은 잃어버린다. 이는 마치 저 해와 달이 오직 交代하면서 世上을 밝힐 수 있을지언정 晝夜를 통해 밝힐 수는 없는 것과 같다.

住著없는 布施를 行하는 것은 몸과 마음이 淡白하고 寂滅하여 內外가 한결같이 無住의 大道와 一致되어 끝내 가장자리없는 큰 利得을 얻게 되니 이는 저 太虛가 텅 비어 끝이 없고 이것으로 自身을 處身하여 다른 사람에게 미루어 나간다면 그 福德됨이 實로 헤아리기 어려운것은 그만두더라도 어떤것이 住著이 없을만한 道理인가? 豁然히 막힘없는 福德을 通한 運用이요 텅 빈 가로새로 自由自在한 境地로다. 말해보라! 여기에 住著할 곳이 있겠는가? 妙體는 그 자리잡은 곳 없고 온 몸이 妙體라 來歷 자취 없느니라!

힘들인 布施·濟度 永遠한 眞如와 一致되니 그 福 虛空과 같아 測量할 수 없구나! 그림자 없는 나무끝에 꽃이 활짝 피었으니 그를 따라 이를 따서 法中王에 바치노라!

(宗鏡의 解說)

解說… 住著없는 布施를 行하는것은 그 布施가 自性의 「空」과 一致하는것이며 自性의 空은 가장자리가 없고 福도 또한 끝나는곳이 없다. 住著이 없으면서 萬行이 함께 가라앉고 그 밭은 果報에 圓滿永久함이 모자라게 된다면 住著없는 布施를 行한 果報에 勿論 妨害됨이 있게 될 것이다. 그러나 住著이 없음으로 因하여 萬行이 여기에서 일어나고 가장자리 없는 福을 얻게 된다면 住著없는 布施의 行이 얻는 果報에 큰 利益이 있고 妨害는 없는것이다. 이미 妨害가 없다면 行마다 住著이 없고 福德마저 받아드리지 아니하는 것이 처음부터 當然한 일이 될 것이다. 왜 이와같이 되는가?

元來 그림자 없는 나무 있어서
永劫밖의 봄날에 生長하도다
神靈한 뿌리 빽빽하게
河沙世界에 서리고
차가운 나무가지엔 그림자 없고
새들도 어떤 둥지 들지 아니하네
이 나무 어떤 有의 고을에서
裁培되고 있다고 생각하지 말아라
永劫밖의 봄바람에 꽃 활짝 피어서
꽃 활짝 피었기에
그를 따라 이를 따서

法中王에 바치노라

二는 躅跡斷疑라 論에 云自此已下는 示現斷生疑心이니 於中에 文 分二十七段이라 第一은 斷求佛行施住相疑니 疑云爲求佛果行施면 卽是住所求佛相이니 云何無住며 又不住相이 爲因인댄 豈感色相之果리오 因果不類故로 斷之니라 文은 四니 一은 擧疑因以問이라

(圭峰宗密의 解說)

두번째는 자취를 밟아 올라가 의문을 끊은 내용이다.

般若論에 이르기를 「여기서부터 그 아래의 글은 의심이 생길 부분을 단절하는 일을 시현하신것」으로 그 가운데의 글은 二十七段으로 나누어진다.

첫째 段은 부처가 되기를 求하여 修行하고 布施하는 가운데 相에 住著하는 疑心을 단절한 것이며 疑問의 內容은 佛果를 求하기 위하여 修行하고 布施한다면 그것은 곧 부처가 되기를 求하는 相에 住著하는것이니 이것이 어찌「無住」가 될것인가? 라는 것이고 또 相에 住著하지 아니하는것이 因子가 된다면 어찌 色相의 果報에 感應할 것인가? 그렇게되면 因과 果가 닮지 아니하게 되는것이 아닌가? 라고 疑問을 提起한 까닭에 이를 斷定한 것이며 글은 네가지로 구분된다.

그 첫번째는 疑問의 原因을 들어 물어본 내용이다.

如理實見分第五

須菩提야 於意云何오 可以身相으로 見如來不아

本祇因以相爲佛故로 對前不住相起疑일새 佛이 擧疑起之因하야 問答하사 欲
二는 防相得以酬라 令除斷이니

遮防疑者는 欲以相求로 令得見佛일새 故로 答云不可以相으로 得見이니 論에
云호대 爲防彼相成就로 得如來身하니라

〔六祖〕 色身은 即有相이요 法身은 即無相이니 色身者는 四大和合하야 父母所
生이라 肉眼所見이어니와 法身者는 無有形段하야 非有靑黃赤白이라 無一切相貌
하야 非肉眼能見이요 慧眼은 乃能見之니라 凡夫는 但見色身如來하고 不見法身如
來하나니 法身은 量等虛空이라 是故로 佛이 問須菩提대하사 可以身相으로 見如來
不아하시니 須菩提─ 知凡夫는 但見色身如來하고 不見法身如來일새 故로 言不也니이
다 世尊하 不可以身相으로 得見如來니라하시

(第五)
(如如한 眞理로 實地로 보는 部分)

(本文)

須菩提야! 나의 생각은 어떠냐? 몸의 形相으로 부처를 볼 수 있다고 생각하느냐? 그렇지 않다고 생각하느냐?

解說…本來 다만 形相으로 그것이 부처라고 한 까닭에 앞에서 말한 相에 住著하지 아니하는 일과 相對的으로 疑問이 일어날 것이기에 부처님이 疑問이 일어날 原因을 들어 問答을 하여서 그 疑心을 除去斷絶시키고저 하신 것이다.

(圭峰의 解說)

두번째는 서로 應酬할 수 있는 길을 防止한 內容이다.

(本文)

아닙니다. 世尊이시어! 몸의 型相으로 부처님을 뵈올 수는 없읍니다.

解說…疑問을 가로막은것은 스승과 弟子가 서로 求함으로서 부처를 볼 수 없다고 對答한 것이다. 「形相으로는 부처를 볼 수 없다」고 한 것인 까닭에 「相對方의 相이 成就되는것을 防止함으로서 부처의 몸을 얻게 하기 위한 것이다」라고 하였다. 般若論에는 이르기를

(六祖大師의 解說)

色身은 形相이 있고 法身은 形相이 없다。 色身이라 하는것은 地水火風의 四大要素가 和合하여 父母에게서 태여난 몸으로 肉眼으로 보는 몸이며 法身이라 하는것은 形段이 없고 靑黃赤白등

색상이 있는것이 아니며 모든 모습이 없고 肉眼으로 보이는것이 아니라 慧眼을 지닌 사람이라야 볼 수 있는 몸이다. 凡夫는 다만 色身如來만을 보고 法身은 그 量이 虛空과 같다 그런까닭에 부처님은 須菩提에게 묻기를 「몸의 形相으로 如來를 볼 수 있는가?」라고 하셨고 須菩提는 다만 色身如來만을 보고 法身如來는 보지못하는 것을 알기에 「아닙니다. 몸의 形相으로 부처님을 볼 수는 없습니다」라고 對答한 것이다.

三은 釋體異有爲라

何以故오 如來所說身相은 卽非身相이니다

佛擧身相問空生하사 欲明妙圓無相身이어 空生은 本是獅子兒라 不曾逐塊能咬人이라 莫以無相云是斷하라 非形이 終不外於形이니

相是有爲라 生住異滅이어 異此일새 故非身相이라 偈에 云三相이 異體故者는 佛體ㅣ 異於有爲三相也니라 住異二相은 同是現在일새 故合爲一이어 若細分인댄 卽四니라 故로 唯識에 云生表此法이 先非有요 滅表此法이 無요 異表此法이 非凝然이요 住表此法이 暫有用하다

(圭峰의 解說)

세번째는 바탕이 「有爲」와는 다른 点을 풀이한 內容이다.

왜 그런가하면 부처님께서 말씀하시는 몸의 形相은 곧 몸의 形相이 아니기 때문입니다.

(本文)

解説…부처님이 몸의 型相을 들어 須菩提에게 물어보신것은 妙圓한 無相身을 밝히고자 하신것이며 須菩提는 本來 獅子의 아들처럼 뛰어난 資質을 타고난 사람이라 흙덩어리를 고기덩어리로 알고 쫒아가며 함부로 사람이나 물줄아는 개와 같은 일은 한 일이 없는 사람이다.

그러나 無相을 斷德이라 생각하지는 말아라! 形相아닌것도 끝내 形相의 테두리밖에 있는것은 아니다.

解説…形相이란 有爲이기에 태여나고 머물고 달라지고 멸하는것이지만 부처의 바탕은 이와는 다른 까닭에 이는 몸의 形相이 아니다. 偈에 이르기를 「부처님의 세 모습은 (三相) 바탕이 다른 까닭이다」라고 한것은 부처님의 몸의 바탕은 有爲의 三相(生住滅)과는 다르다는 것을 말한것이다. 여기서 三相이라 한것은 부처님의 몸의 바탕은 有爲의 것(異)은, 다 같이 現在에 속하는 일인 까닭에 이를 合하여 하나로 묶은 것이나 만약 細分한다면 곧 四相이 된다. 그런까닭에 唯識論에 이르기를 「生(태여남)은 이 法이 그 以前에는 有가 아님을 表示하는 것이며 「滅」은 이 法이 그 以後에는 없음을 表示하는 것이며 「異(變異)는 이 法이 굳어져 응어리진것이 아님을 표시하는 것이며 「住」는 이법이 暫時 作用함이 있음을 表示하는 것이다」라고 하였다.

色身은 是相이요 法身은 是性이라 一切善惡이 盡由法身이요 不由色身

法身이 若作惡하면 色身이 不生善處하고 法身이 作善하면 色身이 不墮惡處이니라 凡夫는 唯見色身하고 不見法身일새 不能行無住相布施하며 不能於一切處에 行平等行하며 不能普敬一切衆生이어 見法身者는 即能行無住相布施하며 即能普敬一切衆生하며 即能修般若波羅蜜行하야 方信一切衆生이 同一眞性이라 本來淸淨하야 無有垢穢하야 具足恒沙妙用이니

(六祖大師의 解說)

色身은 相이며 法身은 性이다. 모든 善과 惡은 法身에 말미암은 것이지 色身에 말미암는 것이 아니다. 만약 法身이 惡業을 지으면 色身이 좋은 곳에 태어나지 아니하고 法身이 善業을 지으면 色身이 惡道에 떨어지지 아니한다.

凡夫는 다만 色身만을 보고 法身은 보지못하니 相에 住著함이 없는 布施를 行할 수 없고 모든 곳에서 平等한 行動을 行할 수 없으며 衆生들에게 두루 尊敬을 行할 수 없다. 그러나 法身을 본 사람은 곧 相에 住著함이 없는 布施를 行할 수 있고 모든 尊敬받을 수 있으며 곧 般若波羅蜜의 行을 닦을 수 있어서 비로소 모든 衆生들이 同一한 眞如의 自性을 지니고 本來 淸淨하고 때문고 더러운것이 없으며 恒河의 모래알처럼 수많은 妙用을 具足하고 있음을 믿게 된다.

冶父 且道하라 即今行住坐臥는 是甚麽相고 休瞌睡어다

說 吾今色身이 即是常身法身이니 不得離却色身코 別求常身法身이어 若也離却色身코

別求常身法身이댄 慈氏宮中에 願生兜率宮이요 含元殿裏에 更覓長安이라 所以로 道卽

今行住坐臥는 是甚麽相고하시 離却日用코 別求常身法身인댄 要見常身法身인댄 直須向行住坐臥處하야 覷破하야사 始得이니 所以로 道호대 休瞌睡하라하시

身在海中休覓水하고 日行嶺上莫尋山다이어 (嶺上은一作山嶺이라) 鶯吟燕語ㅣ皆相似하니

莫問前三與後三이어다

說 清淨水中을 遊魚自迷요 赫赫日中을 盲者不睹라 常在於其中하야 經行及坐臥호대 而

人이 自迷하야 向外空尋하나 身在海中이라 何勞覓水며 日行山嶺이라 豈用尋山가 鶯與鶯

吟이 聲莫二요 燕與燕語ㅣ語一般이라 但知物物이 非他物하면 莫問千差與萬別이니라

(冶父道川의 評唱)

말해보라! 지금 걷고 멈추고 앉고 눕는것은 무슨 相인가? 꾸벅꾸벅 졸지 말고 똑똑히 보라!

解說…나의 지금 이 色身이 곧 常身(永久不變의 몸)이며 法身이니 色身을 떠나서 따로 常身·法身을 찾는다면 따로 求할 수는 없다. 만약에 色身을 떠나서 따로 常身·法身을 찾는다면 慈氏(彌勒佛)의 宮中에서 兜率天宮에 태여나기를 願하는 格이되고 含元殿(唐나라 임금의 宮殿)안에서 다시 長安(唐나라 서울)이 어디냐고 찾는 꼴이 된다. 그런까닭에 이르기를 「지금 生活하고 있는것은 무슨 모습인가?」라고 말한것이다.

常身·法身을 보고자 한다면 곧 바로 自身이 生活하고 있는 곳에서 이를 모조리 엿보아야 한다. 日用生活을 떠나서 따로 常身·法身을 찾는다는것은 鬼神이 소굴속에서 살아갈 計策을 하는 꼴

이 되니 그런까닭에 「꾸벅 꾸벅 졸지만 말고 똑똑히 보라」라고 말한 것이다.

(冶父의 評唱)

몸이 바다 안에 있으면서 물이 어디에 있느냐고 찾지를 말아라! 산이 어디냐고 찾지를 말아라! 꾀꼬리의 읊조림 재비의 재작거림 모두가 엇비슷한데 前三三 後三三을 묻지를 말아라!

(※ 前三三·後三三…앞도 無限, 뒤도 無限. 즉 數量感을 超越한 根本智의 境界

解說…맑고 깨끗한 물속인데 물고기는 自身이 空然히 길을 잃고 헤매며 빛나게 밝은 대낮에 눈 먼 소경은 아무것도 보이지 아니한다.

恒常 그 가운데서 散策하며 起居하면서도 사람들은 自身이 햇갈리게 되어 外部世界를 向해서 공연히 그 기서 道를 찾고 있으니 몸이 바다 속에 있는데 왜 물을 찾는 努力을 하며 날마다 山마루를 걸어다니고 있으니 어찌 山을 찾을 必要가 있겠는가.

꾀꼬리와 꾀꼬리가 더불어 읊는 소리는 두가지 소리가 아니며 재비와 재비가 재잘거리며 말하는 말은 다 같은 말이다.

다만 물건마다 그것이 다른 물건이 아니라는 사실만 안다면 千差·萬別한 形態는 물지를 말아라!

圭峰 四는 印佛身無相이라

佛이 告須菩提대하사 凡所有相이 皆是虛妄이니 若見

諸相非相하면 卽見如來니라

目前에 無法하니 爲目皆如라 但知如是하면 卽爲見佛이니 非但佛身이 無相이라 但是一切凡聖依正有爲之相이 盡是虛妄이니 以從妄念所變現故라 妄念이 本空이어 所變이 何實가 故로 起信에 云一切境界ㅣ 唯依妄念而有差別하니 若離心念하면 則無一切境界之相이라하다 若見諸相相等者는 遮離色觀空也니 恐聞相是虛妄하고 又別求無相佛身일새 故로 云相卽非相이니 故로 起信에 云所言覺義者는 謂心體離念이니 離念相者ㅣ 等虛空界하야 卽是如來平等法身이라하며 肇ㅣ 云行合解通하면 則爲見佛하다 偈에 云離彼이 是如來니라 故로 不唯佛化身無相이라 是如來라 所見一切相이 皆無相 云離彼이 是如來니 不執色相하면 卽眞色身이라 故로 彼論에 云此爲顯示如來色身 又此當第三欲得色身住處라하

(圭峰의 解說)

네번째는 佛身의 無相을 確認하신 內容이다.

(本文)

부처님이 須菩提에게 말씀하시기를 「모든 相이 있는것은 모두가 虛妄한 것이니 만약 모든 相이 相이 아님을 본다면 곧 부처를 보게될 것이다.

解説…눈앞에 法이 없고 눈에 닿는것은 모두가 如如한 것이다. 다만 이와같음을 안다면 곧 부처를 보는것이 된다.

解説(二)…비단 佛身만이 相이 없는것이 아니라 오직 모든 凡人・聖人의 依報・正報의 有爲의 相은 모두가 虛妄한 것이니 이는 妄念따라 變現한 것이기 때문이다. 이 妄念이란 本來 「空」이니 外部의 影響으로 變化한것이 무슨 實相이 있겠느냐? 그런까닭에 起信論에 이르기를 「모든 境界는 오직 妄念에 依하여 差別이 있게되나 만약 마음의 念을 떠난다면 모든 境界의 모습은 없어진다」라고 하였다.

「만약 모든 相이 相이 아님을 본다면…」이라고 한것은 色을 遮斷하고 떠나서 「空」을 비추어 보는것을 말한것으로 相이 虛妄하다는 말씀을 듣고 따로 相이 없는 佛身을 求할까 두려워하신 까닭에 「相」이 곧 相이 아닌것이 곧 虛妄하다」라고 말씀하신 것이다. 오직 부처님의 化身만이 相이 없는것이 부처인것이 아니라 눈에 보이는 모든 相이 모두 相이 없는것이 곧 부처인 것이다. 그런까닭에 起信論에 이르기를 「이른바 깨달음이란 뜻은 마음의 바탕이 念을 떠나는것을 말하니 念을 떠난 모습은 虛空의 世界와 같으니 이것이 곧 부처님의 平等한 法身이다」라고 하였고 僧肇(註參照)는 이르기를 「行이 道와 合致되고 아름아리가 道와 通한다면 이것이 부처님을 보는것이 된다」라고 하였다. 偈에 이르기를 「그것을 떠나는것이 부처다」라고 한것은 有爲의 三相(生住滅)을 떠나는것이 곧 法身如來라는 뜻이다. 無着스님은 이르기를

六祖

如來-欲顯法身일새 故說 一切諸相이 皆是虛妄이니 若悟 一切諸相의 虛妄不實하면 卽見如來無相之理也니라

여래께서 법신을 밝히고저 하신 까닭에 일체의 모든 형상은 모두 虛妄한것이라 말씀하셨다. 만약 모든 形相이 虛妄하고 眞實이 아님을 깨닫게 된다면 곧 부처님의 「相이 없는 眞理」를 보게 될 것이다.

(六祖大師의 解說)

부처님이 法身을 밝히고저 하신 까닭에 一切의 모든 形相은 모두 虛妄한것이라 말씀하셨다. 만약 모든 形相이 虛妄하고 眞實이 아님을 깨닫게 된다면 곧 부처님의 「相이 없는 眞理」를 보게 될 것이다.

傅大士

如來-擧身相은 爲順世間情이니 恐人이 生斷見하야 權且立虛名 假言三十二요 八十도 也空聲이라 有身非覺體요 無相乃眞形이로다

註
① 僧肇(三八四~四一四) 鳩摩羅什의 四大弟子中의 한사람. 長安의 貧家에서 태여나 처음 老莊學을 하다가 維摩經을 읽고 佛門에 歸依 羅什을 따라 譯經에 從事하고 「肇論」을 著述하였다.

「色身으로서 다만 온갖 計量을 하는 일에서 벗어나 色相에 執着하지 아니하는것이 眞正한 色身이라 하였다. 그런 까닭에 그의 論에 이르기를 「이는 부처님의 色身을 뚜렷히 나타내기 위한 것이라 하였고 또 「이는 세번째 時期에서 色身이 머물 곳을 얻고자 하신 일에 該當한다」라고 하였다.

〈傅大士의 頌〉

부처님이 몸 모습 擧論하신것은
世間의 情理에 따라
혹 사람들에게 斷見이 생길까 두려워 하시어
一時方便으로 虛名을 세운것이니
三十二相도 眞實한 말이 아니며
八十種好도 공연한 소리로다
存在하는 肉身은 깨달음의 바탕 아니니
無相이 곧 眞實한 形相이로다

冶父 山是山水是水니 佛이 在甚麽處오

若一向佛身이 無相인댄 相外에 必有佛身이어늘 即今見山에 即是山이요 見水에 即是水니 佛이 在甚麽處오

光이 爍太虛로다

有相有求ㅣ 俱是妄이요 無形無見이 墮偏枯로다 堂堂密密何曾間이리오 一道寒光이 爍太虛로다

說 執有執無ㅣ 俱成邪見이니 有無無二사하야 一味常現하리라

宗鏡 金身顯煥이여 巍巍海上孤峰이요 妙相莊嚴이여 皎皎星中圓月이로다 雖然如是나 畢竟非眞이니 經에 云호대 眞非眞恐迷하야 我常不開演이시니라 且道하라 意在

說 於何 一月이 普現一切水하니 一切水月이 一月攝이로다

報化高大는 一似海岳之巍巍요 妙相端嚴은 猶如江月之皎皎로다 然이나 此身此相도 遇緣即現하고 緣盡則隱하나 任他報化隱現하야 寂光眞身이 常湛湛이요 從敎水月有無하야

天上一輪이 常皎皎로디 一身이 應爲千百億이요 千百億身이 一身攝이로다

報化非眞이요 了妄緣하면 法身淸淨廣無邊이라 千江에 有水千江月이요 萬里에 無雲萬里天이로다

說 看取棚頭弄傀儡하라 抽牽이 全借裏頭人이니 裏頭人이여 量恢恢하니 瑩若淸空絶點霞로다 絶點霞여 隨機普現百億身이라 刹塵有機刹塵身이요 刹塵無感但眞身이로다

(冶父道川의 評唱)

산은 산이요 물은 물인데
부처가 어디 있단 말인가?

解說…만약 외길로 부처는 無相이다 라고만 한다면 形相밖에 반드시 부처가 있어야 할것이다. 그러나 지금 산을 보니 산일 따름이며 물을 보니 물일 따름인데 이 밖에 부처가 또 어디에 있다는 것인가?

(冶父의 評唱)

相 있고 求함이 있으면 그것은 모두가 虛妄한것이며 形相도 없고 보는것도 없다면 偏狹하고 메

마른 境地에 떨어진다. 堂堂하고 빽빽한 眞理 언제 한번이라도 間斷 있었던가? 唯一한 道 그 차가운 빛 저 太虛에 빛나도다.

解說…「有」에 執着하고 「無」에 執着하는것이 모두가 바른 見解가 아니니 有와 無가 다르지 아니하여야 오직 한 道의 맛이 永久히 나타나는 것이다.

〈冶父의 評唱〉

금빛 몸 뚜렷이 빛남이여!
우뚝 높은 바다위의 孤峯이라!
妙相의 莊嚴함이여!
皎皎히 밝은 별 가운데의
둥근 달과 같구나!
비록 이와같다 하더라도
畢竟 그것도 眞實은 아니니
經에 이르기를
「眞實과 眞實아닌것이
헷갈릴까 두려워하여
나는 恒常 열어 베풀어 보이지 아니한다」하였으니
말해보라! 그 뜻 어디에 있는가?

하나의 달이
모든 강물에 골고루 나타나고
모든 강물에 비친 달이
하나의 달속에 거두어 드려지네

解説…부처님의 報身·化身의 높고 거룩하심은 恰似 바다속의 높은 山이 우뚝함과 같고 부처님의 妙相의 端正하고 莊嚴하심은 마치 江에 비친 달빛의 皎皎히 밝은것과 같다.
그러나 이 부처님의 몸과 形相도 因緣을 만나면 나타나시고 寂滅한 빛에 싸인 부처님의 眞身은 永久히 변치않고 湛湛하시니 이는 마치 강물에 비친 달 그림자야 있건 없건 제멋대로 하라하고 하늘위의 둥근 달은 永久히 변치않고 皎皎하도다.
부처님의 한 몸이 因緣에 응하여 千百億의 몸이 되고 千百億의 부처님 몸이 한 몸안에 거두어 드려진다.

(冶父의 評唱)
報身 化身은 眞身아니니
거짓 因緣 끝나면
法身은 淸淨하여 廣大無邊하도다
千江에 물 있으면
千江에 달이 되고
萬里에 구름 없으면
萬里 하늘이라네!

解説…시룽끝에서 (舞台위에서) 허수아비 재주부리는 꼴을 잘 보아두어라.
머리 뽑아올리고 몸 끌고다니는 일 오로지 머리싸멘 사람의 손을 빌리고 있지 않느냐? 머리싸멘(※ 보자기로 머리를 싸메고 모습을 감춘 재주꾼) 사람이여 그 度量 넓고 넓어서 맑고 영롱함이 구름개인 하늘이 一點 노을도 없는 모습과 같네.
한점 노을도 없음이여

機緣따라 두루 百億의 몸으로 나타나고 無數한 國土에 機緣있으면 無數한 國土의 몸으로 나타나고 無數한 國土에 因緣없으면 오직 眞身만이 있다네.

※ ① 利塵……無數한 國土를 가루로 만든 만큼 수많은 國土.

註

圭峰 第二는 **斷因果俱深無信疑**라 論에 云無住行施는 因深也요 無相見佛은 果深也라 未來惡世에 必不生信하리 空說何益이리오하였으니 文이 一은 約無信以呈疑요 二는 呵疑詞以顯信이요 三은 明能信之所以요 四는 示中道之玄門이라 今은 初의 一이니 **正信希有分第六**이라

(圭峰의 解說)

두번째는 因과 果가 모두 깊어 믿음이 없게된 사람의 疑心을 끊은 内容이다. 般若論에 이르기를

「住著없는 布施를 행하는것은 因이 깊은 것이며 相이 없이 부처를 보는것은 果가 깊은 것인데 未來의 惡한 世上에서는 반드시 믿음을 낳지 못할것이니 공연히 말만 한들 무슨 利益이 있겠는가?」라고 하였다. 그런 까닭에 이들의 疑心을 끊은 글은 네가지로 區分된다. 첫째는 믿음이 없음으로서 의문을 提起하는 일과 結付시킨 말씀이며 두번째는 疑心하는 말을 꾸짖음으로서 믿음을 밝히신 말씀이며 세번째는 능히 믿을 수 있는 理

由를 밝혔으며, 네번째는 中道의 玄妙한 法門을 보여주신 內容이다. 지금은 첫번째로 바로 希有을 믿는 分段(第六)을 말한 것이다.

(本文)

須菩提 ㅣ 白佛言대하사 世尊어이시 頗有衆生이 得聞如是言說章句하시옵고 生實信不잇가

魏에 云頗有衆生이 於未來世云云늘이어 今略此句者는 影在後五百歲也니라 句는 詮差別이요 章者는 解句니라 實信者를 大品에 云호대 於一切法에 不信이 是信般若라하다

須菩提가 부처님께 아뢰기를
「世尊이시어! 자못 衆生들이 이와같은 말씀이나 文章句節을 듣고 眞實한 믿음을 낳는 사람이 있겠읍니까?」
라고 하였다.

解說…魏譯本에는 「頗有衆生 於未來世…」라고 되여있는데 지금 여기서는 未來世란 말을 省略한 것은 이를 省略하여도 그 그림자가 뒷 글에 나오는 「後五百歲」이란 말에 表現되여 있기때문 이다. 「句」란 말은 差別을 究窮한다는 뜻이며 「章」이란 말은 「句」을 解釋한다는 뜻이다. 「實

하였다.

「信」이란 말을 大品經에는 이르기를 「모든 法에서 믿지 아니하는것이 般若를 믿는 것이다」라고 하였다.

 須菩提—問此法이 甚深하야 難信難解라 末世凡夫—智慧微劣하니 云何信入하리잇고 佛答은 在下하다

須菩提는 이 法文을 듣고 그 뜻이 매우 깊어 믿기도 해득하기도 어려우니 末世의 凡夫는 그 智慧가 微微하고 뒤졌으니 어떻게 믿고 道에 들어가겠느냐? 라고 물어본 것이며 부처님의 대답은 아랫 글에 나와 있다.

(六祖大師의 解説)

圭峰 二는 呵疑詞以顯信이라

佛이 告須菩提대하사 莫作是說하라 如來滅後後五百歲에 有持戒修福者—於此章句에 能生信心하야 以此爲實니하리

上來問答은 只明得無住無相之義니 若是無住無相之義면 甚深難解하야 不近人情하니 去
聖愈遠에 容有不信이라 故로 問也니라 然이나 此固不外乎衆生日用이며 亦乃該通過現未來
由是로 雖是末世라도 如有勝機면 必當生信하야 以此無住無相之義로 以爲實然也니라 無相
은 是虛玄妙道요 無住는 是無著眞宗이니 若是眞宗妙道인댄 直是法身向上이라 非干向下니라
恁麼則以此爲實者는 法身向上으로 以爲實也라 法身向上이 爲實則三身이 皆屬向下하야
是權非實이라 明矣라 爲甚如此오 三身이 皆是對機示現이라 畢竟非眞故也니라 趙州는 道호대
金佛은 不度爐하고 木佛은 不度火하고 泥佛은 不度水와 眞佛은 內裏坐니라하시니 豈不是向
上人也며 三佛이 豈不是三身也리오 臨濟는 道호대 法身은 是實이요 三身은 是權이 灼然灼然이라 又經顯法
佛이라한대 大慧-拈云호대 要識臨濟老漢麼아 法身報身化身이라 咄哉라 魍魎妖精을 三眼國
中에 逢着하니 笑殺無位眞人이라하니 則向上은 是實이요 三身은 是權이 灼然灼然이라 又經顯法
身하야 以此爲實者는 法身으로 是實則報化-是權非實이 明矣라
後五百歲者는 大集에 云호대 初五百歲는 解脫이 牢固요 二는 禪定이 牢固요
三은 多聞이 牢固요 四는 塔寺-牢固요 五는 鬪諍이 牢固라하니 本疑惡世無
信일새 故로 擧惡世하야 以斷疑니라 持戒修福者는 戒定也요 以此爲實者는 正解
無倒故니라 無著이 云增上戒等三學으로 顯示修行少欲等功德이니 戒出三塗
요 定出六欲이요 慧出三界라하다

三은 明能信之所以라 於中에 文二니 一은 明
歷事善友하야 積集信因이라

(圭峰의 解說)

두번째는 의심하는 말을 꾸짖음으로서 믿음을 밝힌 內容이다.

(本文)

부처님이 須菩提에게 말씀하시기를
「그런 말은 하지말아라! 부처가 入滅한 후 五百年이 되면 戒를 지키고 福德을 닦을 사람이 있어 이 章句에서 능히 信心이 생길 수 있어 이것을 眞實이라 할 것이다…」

解說…위에서 주고 받은 問答에서는 오직 無住·無相의 內容이라면 그 뜻이 매우 깊어 解得하기 어려우며 사람의 情理와는 먼 것이며 聖人의 世上에서 時間이 멀어질수록 혹 믿지 아니할 사람도 있을것이기에 須菩提가 부처님께 물어본 것이다.
그러나 이는 元來 衆生들이 日常生活의 테두리를 벗어나는것도 아니며 또한 過去·現在·未來에 아울러 통하는 眞理인 것이다. 그럼으로 비록 末世라 하더라도 거룩한 機緣만 있다면 반드시 곧 믿음이 생겨서 이 無住·無相의 內容을 眞實로 그렇다고 하게 될 것이다.
無相이란 虛玄한 妙道이며 無住는 執着없는 眞如의 根本이다. 이것이 眞如의 根本인 妙道라면 이을 곧 法身의 最高의 境地인것이며 아랫 境地와는 相關되지 아니하는 것이다. 그렇다면 이것을 곧 法身의 最上의 境地를 眞實이라 한다는 뜻이다.
眞實이라 한다는 것은 곧 法身의 最上의 境地인것이며 아랫 境地와는 相關되지 아니하는 것이다. 그렇다면 다른 三身(報身·化身·應身)은 모두 아랫 境地에 속하는 것이며 이는 一時方便이며 實相은 아니라는것이 明白하다.

왜 그렇게 되는가? 三身은 모두 機緣을 맞아 나타나신것으로 窮極的으로는 眞身이 아니기 때문이다.

趙州(※ 趙州從諗…註參照)는 이르기를

「金佛은 熔鑛爐위를 건느지 못하고 木佛은 불 위를 건느지 못하고 흙으로 만든 부처는 물 위를 건느지 못한다. 그러나 眞佛은 그러한 것들 속에 앉아 있다」라고 하였으니 이 어찌 眞佛이 最高의 境地의 사람이란 말이 아니겠느냐? 또 金佛·木佛·泥佛은 三身을 말한것이 아니겠느냐?

또 臨濟스님은 (※ 臨濟義玄…註、參照)이르기를

「淸淨玄妙한 國土에 들어가면 淸淨玄妙한 옷을 입고 法身佛을 말하며 差別없는 옷을 입고 報身佛을 말하며 解脫의 옷을 입고 化身佛을 말한다」라고 하였는데 大慧(※ 大慧宗杲…前出)스님은 이 話頭를 집어들고 拈頌하기를

「臨濟늙은이가 어떤 사람인지 알고 싶은가? 法身佛·報身佛·化身佛이라고? 쯧·쯧 寒心해! 도깨비 妖精을 눈 셋있는 나라안에서 만나게 되다니 벼슬 없는 眞人을 너무도 웃기는구나!」라고 하였으니 또 경(經)에서 最上의 境地는 實相이며 法身을 밝혀 이것을 眞實이라 한것은 法身·報身·化身은 方便이며 實相이 아닌것이 明白하다.

「後五百歲」란 말씀에 관하여 大集經에 이르기를

「처음 五百年은 解脫이 군건한 時期이며, 두번째는 禪定이 군건한 時期이며, 세번째는 多聞이 군건한 時期이며, 네번째는 塔과 寺院이 군건한 時期이며, 다섯번째는 論爭이 군건한 時期이다」라고 하였다.

本來 惡한 世上에 믿음이 없음을 疑心한 까닭에 惡한 世上을 擧論하여 疑心을 끊은 것이다.

「持戒修福」이라 한것은 「戒·定」을 말한 것이다.

當知是人은 不於一佛二佛三四五佛에 而種善根이라 已於無量千萬佛所에 種諸善根하야 聞是章句하고 乃至一念生淨信者니라

於多佛所는 明久事善友니 則緣勝也요 種諸善根은 明久伏三毒이니 則因勝也니라

「以此爲實」이라 한 것은 바른 아름아리로 顚倒됨이 없기 때문이다.

無着스님은 이르기를 「增上戒(卓越한 持戒) 등 三學으로 (※ 增上戒·增上定·增上慧) 修行하여 欲望을 적게하는 等의 功德을 밝혀 보여주신 것이니 持戒는 三塗(地獄·餓鬼·畜生)에서 벗어나는 길이며 禪定은 六根의 欲望에서 벗어나는 길이며 智慧는 三界에서 벗어나는 길이다」라고 하였다.

註

① 趙州從諗…(七七八~八九七) 山東省·郝鄕人. 姓은 郝氏. 南泉普願의 法嗣 趙州·觀音院에 住錫·四十餘年間 獨自的인 禪風을 鼓吹 眞際大師라 諡號됨.

六祖∼南嶽∼馬祖∼南泉∼趙州
六祖∼懷讓∼道一∼普願∼從諗

② 臨濟義玄∼(?∼八六七) 臨濟宗의 開祖·河南省·曹州·南華사람. 俗姓·邢氏. 黃蘗·希運의 法嗣. 大中八年(八五四)河北省·鎭州의 臨濟院에 住錫、數많은 弟子를 길러내고 死后、慧照禪師라 諡號됨.

六祖∼南岳∼馬祖∼百丈∼黃蘗∼臨濟
∼懷讓∼道一∼懷海∼希運∼義玄

(圭峰의 解說)

세번째는 능히 믿게되는 理由를 밝혔다. 글 내용은 두가지로 區分되며 그 첫째로 착한 벗들을 두루 섬겨 믿음의 인연을 쌓아 모은 일을 밝혔다.

알지어다! 이 사람은 한 부처 두 부처 셋, 넷, 다섯 부처의 時代에서 거룩한 뿌리를 심은것이 아니고 이미 無量 千萬의 부처가 사는 곳에서 모든 거룩한 뿌리를 심고 이 章句를 듣고 마침내 一念으로 淸淨한 믿음이 생긴 사람이니라.

解說…「많은 佛所」를 말씀하신것은 오랫동안 착한 벗을 섬겼음을 밝힌것이니 이는 뛰어난 緣 을 말한 것이다.

「모든 거룩한 뿌리를 심었다」라고 하신것은 오랫동안 三毒(貪·瞋·癡)이 일어나지 못하게 잠재운것을 밝힌것이니 이는 곧 뛰어난 因子를 말한 것이다.

(本文)

〔六祖〕 於佛滅後後五百歲에 若復有人이 能持大乘無相戒하야 不妄取諸相하며 不造生死業하야 一切時中에 心常空寂하야 不被諸相所縛하면 卽是無所住心이라 於如來深法에 心能信入하리니 此人의 所有言說은 眞實可信이라 何以故오 此人은 不於一劫二劫三四五劫에 而種善根이라 已於無量千萬億劫에 種諸善根이니 是故로 如來ㅣ 說하사대 我滅後後五百歲에 有能離相修行者

當知是人은 不於一二三四五佛에 種諸善根이라하시니라 何名種諸善根고 略說次下라 所謂於諸佛所에 一心供養하야 隨順教法하며 於諸菩薩과 善知識과 師僧과 父母와 耆年宿德尊長之處에 常行恭敬供養하고 承順教命하야 不違其意를 是名種諸善根이요 於六道衆生에 不加殺害하며 不欺不賤하며 不毀不辱하며 不騎不箠하며 不食其肉하야 常行饒益을 是名種諸善根이요 於一切貧苦衆生에 起慈愍心하며 不生輕厭하고 有所須求어든 隨力惠施하야 令彼로 發歡喜心하며 息剛戾心을 是名種諸善根이니 於一切惡類에 自行和柔忍辱하야 歡喜逢迎하야 不逆其意하고 令彼로 發歡喜心하며 息剛戾心을 是名種諸善根이니라 信心者는 信般若波羅蜜하야 能除一切煩惱하며 信般若波羅蜜하야 能成就一切出世功德하며 信般若波羅蜜하야 能出生一切諸佛하며 信自身中佛性이 本來清淨하야 無有染汚하고 與諸佛性으로 平等無二하며 信六道衆生의 本來無相하며 信一切衆生이 盡能成佛이니 是名淨信心也니라

(六祖大師의 解說)

부처님의 入滅後 五百年에 만약 다시 어떤 사람이 있어 능히 大乘의 無相戒를 지키고 生死의 業을 짓지 아니하며 모든 時間 가운데서 마음이 늘 비고 寂滅하여 여러가지 形相의 束縛을 받지 아니하며 住著하는 곳이 없는 마음이며 이 사람은 부처님의 깊은 法에 마음이 능히 들어갈

수 있는 사람이다. 이 사람이 하는 말은 眞實이며 믿을 수 있다. 왜 그런가? 이 사람은 一劫, 二劫, 三, 四, 五劫에 걸쳐 거룩한 뿌리를 심은것이 아니라 이미 헤아릴 수 없는 千萬億劫에 걸쳐 거룩한 뿌리를 심은 사람이기 때문이다. 그런까닭에 부처님이 말씀하시기를

「내가 入滅한 뒤 五百年後에 능히 相을 떠나 修行할 수 있는 사람이 있다면 알지어다! 이 사람은 一, 二, 三, 四, 佛의 時代에 거룩한 뿌리를 심은 사람이 아니라 말씀하신 것이다. 이 사람은 모든 거룩한 뿌리라 이름하는가? 간략하게 설명하면 다음과 같다.

이른바 모든 부처님 계신곳에서 一心으로 供養드리고 부처님이 가르치시는 법을 따르며 모든 菩薩과 善知識과 스승과 父母와 나이 많고 德이 높은 어른들이 계시는 곳에서 늘 恭敬한 供養을 行하고 그분들의 가르침과 命令을 承服하고 順從하여 그분들의 뜻을 어기지 아니하는 것을 「거룩한 뿌리를 심는 사람」이라 부른다.

또 六道를 輪廻하는 衆生들에게 殺害를 加하지 아니하고 속이지 아니하며 賤對하지 아니하고 헐뜯지 아니하고 욕하지 아니하며 그들 등에 올라타지 아니하고 매질하지 아니하며 그들의 고기를 먹지 아니하고 항상 그들에게 넉넉한 利益을 주는것을 「모든 거룩한 뿌리를 심는다」라고 부른다.

또 모든 가난하고 고통받는 衆生들에게 慈悲하고 불쌍히 여기는 마음을 일으켜 없수히 보고 싫어하는 마음이 생기지 아니하고 그들이 必要로 해서 求하는 것이 있으면 힘에 따라 布施의 惠澤을 주는것을 「모든 거룩한 뿌리를 심는다」라고 이름한다.

또 모든 惡한 무리들에게 스스로 柔和하고 忍辱하는 行動을 行하여 그들을 맞이하고 그들의 뜻을 거슬리게 하지 아니하여 그들로 하여금 기쁜 마음이 일어나 군세고 反逆하는 마음이 멋게 하는것을 「모든 거룩한 뿌리를 심는다」라고 부른다.

「信心」이라 하신것은 般若波羅蜜을 믿음으로서 능히 모든 번뇌를 除去하고 般若波羅蜜을 믿음

으로서 능히 모든 世間을 벗어난 功德을 成就하며 般若波羅蜜을 믿음으로서 모든 부처님이 태여날 수 있게하고 자기 몸 가운데 있는 佛性이 本來부터 淸淨하여 汚染된것이 없고 모든 佛性과 平等하여 다른 점이 없다는것을 믿으며 六道의 衆生들이 本來부터 無相함을 믿으며 모든 衆生들이 모두 成佛할 수 있음을 믿는것을 이름하여 「淸淨한 信心」이라 한다.

傅大士 因深果亦深이여 理密奧難尋이라 當來末法世에 唯慮法將沈다이로 空生이 情未達하야 聞義恐難任이니 如能信此法하면 定是覺人心다이로

(傅大士의 頌)

因 깊으니 果도 깊어
眞理 비밀하고 깊숙해 찾기 어렵네
앞으로 닥칠 末法의 世上에
오직 佛法 물밑에 가라앉을까 염려되어
須菩提 생각 아직 達通하지 못하여
들은 內容 혹 감당하기 어려울까
두려워 하였으나
이 法門 능히 믿을 수 있다면
決定코 이는 깨달은 사람의 마음일세

冶父 金佛은 不度爐하고 木佛은 不度火하고 泥佛은 不度水로다

說 三佛은 從來로 未免有壞하니 三身도 亦然하야 畢竟非眞이라 以三佛로 配於三身의 意旨 如何오 法身은 堅固不動하고 報身은 上冥下應하고 化身은 曲順機宜하며 金은 剛而不柔하고 木은 能柔能剛하고 泥는 柔而不剛하니 以三佛로 配於三身은 其意以此니라 又金之氣는 爲秋之凉이라 其實이 在地則蒼然其靑이니 是는 用句也요 土則旺於四季하야 爲金木等之所依니 是는 體句也요 木之氣는 爲春之煖이라 其實이 在地則確然其堅이니 是는 中間句也니라 又金佛은 一鑄便成이니 是는 有句也요 泥佛은 加加而就니 是는 無句也요 木佛은 滅滅而成이니 是는 中間句也니라 三句ー一一非實이니 伊麽則以此爲實者는 三句外의 一句로 以爲實也니라 又金佛은 不可以度火니 度火則燒却去요 泥佛은 不可以度水니 度水則爛却去요 木佛은 不可以度爐니 度爐則鎔却去라 此則 三句ー一一總不動着이니 伊麽則有句也端端的的이요 無句也端端的的이요 中間句也端端的的이니 又法身은 以畢竟空寂으로 爲栖止라 何聲之可聞이며 何相之可睹리오 非金木等의 所能模貌也요 唯有報化의 妙相이 端嚴하야 令人樂見이며 音聲이 淸雅하야 令人樂聞가이라 及 其示滅也에 人之像之호대 或鑄以金하며 或彫以木하며 或塑以泥하니 伊麽則現前金佛木 佛泥佛이 皆從報化中來也라 不度爐不度火不度水는 明報化의 非實也니라

三佛形儀總不眞하니 眼中瞳子面前人이라 若能信得家中寶하면 啼鳥山花一 樣春이로다

說 三身이 只是那人影이라 悟來影影不是他로다 又三句但從一句來하니 一句悟來三則一
다로 又報化非眞全是影이라 眞若悟來影非他로다

(冶父道川의 評唱)

金佛 용광로 건너가지 못하고
木佛 불위를 건너가지 못하고
흙부처 물을 건너가지 못하네

解說…三佛은 本來부터 허물어짐이 있는 缺点을 면할 수 없으니 부처님의 三身도 또한 그러하여 窮極的으로는 眞身이 아니다. 金·木·土등 세 부처로 부처님의 三身과 짝을 이루게 한 참뜻은 무엇인가?

法身은 堅固하여 흔들리지 아니하고 報身은 위에서 눈에 보이지않게 아래로 응하신 몸이고 化身은 親切하게 適合한 機緣을 따르신것인데 金은 剛하기만하고 부드럽지 못하며 나무는 부드러울 수도 있고 강할 수도 있으며 흙은 부드럽기만하고 剛하지 못하니 이 세가지 부처로 부처님의 三身과 짝짓게 한 참뜻은 이런 점 때문이다.

또한 金은 그 기운이 가을의 서늘함이 되고 木의 氣運은 봄의 따뜻함이 되며 그 本質은 땅에 있으면 確固하고 단단하니 이는 本質은 땅에 있으면 蒼然히 푸르니 이는 作用하는 句節이며 흙은 四季節에 旺盛하여 金木이 依支하는 根據가 되니 이는 中間句節에 해당된다.

또한 金佛은 한번 鑄造하면 곧 이루어지니 이는 中間句節에 해당되고 木佛은 나무를 깎고 또 깎아서 이루어지니 이는 無의 句節에 해당되며 또 더해서 이루어지니 이는 有의 句節에 해당된다.

金佛은 용광로위를 건너가게 할 수 없으니 용광로위를 건너가면 녹아버리고 만다. 또 木佛은 물속을 건너가게 할 수 없으니 물속을 건너가면 문드러지고 만다. 또 흙부처는 물속을 건너가게 할 수 없으니 불위를 건너가면 타버리고 만다. 또 흙부처는 물속을 건너가게 할 수 없으니 물속을 건너가면 문드러지고 만다.

이는 곧 세 구절이 구절마다 眞實이 아님을 뜻하니 그렇게 되면 부처님이 말씀하신 「이것을 眞實이라 한다 (以此爲實)라는것은 이 세가지 句節以外에 따로 한 句節을 眞實이라 하신것이다.

또 金佛은 꼭 용광로위를 건너갈 필요가 없고 木佛은 꼭 불위를 건너갈 필요가 없으며 흙부처는 꼭 물속을 건너갈 필요가 없으니 이것은 곧 세 구절이 구절마다 모두가 흔들림이 없다는 것이니 그렇다면 有의 句節도 확실하고 뚜렷하며 無의 句節도 확실하고 뚜렷하며 中間句節도 확實하고 뚜렷하며 또 바탕과 작용의 句節도 역시 그렇게 되는 것이다.

또 法身은 窮極的인 空寂에 住所를 두고있으니 무슨 소리가 들리겠으며 무슨 모습이 보이겠는가? 그럼으로 法身은 金이나 나무로 본따서 모습을 만들 수 있는것이 아니다. 오직 報身, 化身만이 妙相이 端正莊嚴하시고 사람들로 하여금 音聲이 淸雅하여 사람들로 하여금 즐겁게 들을 수 있게 하시며 마침내 示滅하시자 사람들이 그 像을 본따서 혹 金으로 鑄造하기도 하고, 혹 나무로 彫刻하기도, 하고 혹 흙으로 빚기도 한 것이다.

그렇다면 눈앞에 나타나신 金佛、木佛、泥佛은 모두가 부처님의 報身、化身으로 부터 온 것이니 용광로위를 건너가지 못하고 불위를 건너가지 못하고 물속을 건너가지 못한다는것은 報身、化身이 眞實이 아님을 밝힌 것이다.

(冶父의 評唱)

세 부처 모습 거동 모두 眞實아니니
눈속 동자에 비친것 얼굴앞의 사람일세!
만약 집안에 있는 보물, 믿을 수 있다면

224

지저귀는 새소리 山에 핀 꽃이
모두 다 같은 봄소식일세

解説…三身이란 다만 저 사람의 그림자일 따름이니 그림자임을 깨닫게 되면 그림자가 다른것이 아님을 알게 된다.
또 세 구절이 한 구절에서 온 것이니 한 句節깨달으면 셋이 곧 하나임을 알게 된다.
또 報身, 化身은 眞實이 아니고 오로지 그림자일 뿐이니 만약 眞身을 깨닫게 되면 그림자도 다른것이 아님을 알게 된다.

顯福德門이라

二는 明善友所攝으로 成就信德이라 於中에 亦二니 一은 明攝受得福이라

須菩提야 如來 - 悉知悉見하노니 是諸衆生이 得如是無量福德이니

諸佛所證이 只證此法이며 是人所信도 亦信此法이니 信由宿熏이라 不是無因이오 信必有證이라 當成兩足이로다

無着은 云호대 謂於一切行住所作中에 知其心四蘊하고 見其依止色身이라 故로

此等은 顯示善友所攝이라고 論에 云호대 若不説見이면 或謂如來 - 以比로 智知며 若

不說知면 或謂如來ㅣ 以肉眼으로 見일새 故로 須二語니라하야 得福德者를 魏에 云호대 生如
是福德하며 取如是福德한대 無着은 云호대 生者는 福正起時요 取者는 卽彼滅時
에 攝持種子라 此云得者는 生取二義ㅣ 不離於得이니 得之一字에 生取俱
攝이라하다

(圭峰의 解說)

須菩提야! 부처는 모든것을 다 알고 다 보니 이 모든 衆生들이 이와같은 福德
을 얻느니라.

(本文)

解說…모든 부처님이 證得한것은 다만 이 法을 證得한것이며 이 사람이 믿는것도 역시 이 法을 믿는것이다. 이 믿음은 宿世에 몸에 베인 因緣으로 말미암은것이며 因緣이 이루어진것이 아니며 믿으면 반드시 「證」이 있게되는것이니 곧 兩足尊(살아있는 부처)이 이룩될 것이다.

無着스님은 이르기를

「이 대목은 모든 生活作爲가운데에서 그 마음의 四蘊(受想行識)을 알고 그가 依止하고 있는 色身을 보고 있음을 말씀하신 것이다. 그런까닭에 이와같은 말씀은 거룩한 벗에게 包攝되었음을 뚜렷히 表示하신 말씀이다」라고 하였다.

般若論에는 이르기를

「만약 「보았다」는 말씀을 하시지 아니하였다면 즉 사람들은 부처님이 比智(※ 比智…類智…色界, 無色界의 四諦를 觀照하는 無漏智)로서 아시는 것이 아닌가 하고 또 만약 「안다」는 말씀을 하시지 아니하였다면 혹 사람들은 부처님이 肉眼으로 보신것이 아닌가 생각하게 되기 때문에 「알고·보았다」는 두가지 말씀이 필요하였든 것이다」라고 하였다.

「福德을 얻는다」는 말씀에 관하여 魏譯本에는 「生如是福德取如是福德(이와 같은 福德을 낳고 이와같은 福德을 취한다)」라고 되어있는데 이에 관하여 無着스님은 이르기를 「낳는다(生)」라는 것은 福이 바야흐로 일어날 때를 말한 것이며 「取한다」라는 것은 곧 그것이 滅할 때 그 種子를 거두어 들여 간직하는 것을 말하는 것인데 여기에서 「얻는다(得)」라고 한 것은 「낳고 取하는」 두가지 內容이 말의 테두리를 벗어나는 것이 아니니 「得」이란 한글자에 낳고 취한다는 뜻이 모두 포함된다」라고 하였다.

(傅大士의 頌)

傅大士 信根生一念을 諸佛이 盡能知라 修因於此日이요 證果未來時로다
三大經多劫에 六度久安施아 熏成無漏種사하야 方號不思議니라

믿음의 뿌리에 생기는 一念
부처님은 모조리 알 수 있고
오늘날에 닦은 因緣
未來時에 果報 證하니
三大가 (体大、相大、用大) 많은 劫 지나오면서
六度波羅蜜 오래동안

흔들리지 아니하고 베풀어 왔기에
無漏의 씨앗 몸에 베게 이루니
비로소 不思議라 이름하도다

註
① 證…밝히고 깨닫고 몸으로 實現하는것.
② 三大…마음의 三大作用. 바탕이 크고, 모습이 크고 씀새가 큰것.
③ 無漏…번뇌, 망상의 侵入이 없는것.

冶父 種瓜得瓜요 種果得果로다

說 昔年所學이 即今日所信이요 因地所習이 即果上所證이로다

一佛二佛千萬佛이 各各眼橫兼鼻直이라 昔年에 親種善根來러니 今日에 依前得渠力다이로 須菩提須菩提여 着衣喫飯의 尋常事어늘 何須特地却生疑오

諸佛同證이 眼橫鼻直이오 承事諸佛은 只要學得眼橫鼻直이라 眼橫鼻直身은 非但千萬佛이오 張三李四도 皆同有니 昔已學得이라 今能生信다이로 須菩提須菩提여 即日用이 便是늘 有甚難會아

(冶父道川의 評唱)

참외 심으면 참외 열리고
과일 심으면 과일 열린다

解說…예전에 배운것이 오늘날에 믿는것이고 因子의 땅에서 익힌것이 果報위에서 證得한 것이다.

한 부처 두 부처 千萬의 부처
모두 각각 눈 가로 째지고
아울러 코는 곧게 내려뻗었네
옛날부터 몸소
거룩한 뿌리 심어 왔기에
오늘날도 여전히 그 힘 얻는구나
須菩提야!
옷 입고 밥먹는 보통 일에서
왜 특별나게 의심 생길 필요있었나?

解說…모든 부처님이 다 같이 깨달은 것이 눈은 가로 째지고 코는 곧게 뻗었다는 사실이다. 모든 부처님의 뒤를 이어받는 일은 오직 눈은 가로 째지고 코는 곧게 벋었다는 사실만 배워 얻으면 된다. 눈이 가로 째지고 코가 곧은 몸이란 비단 千佛, 萬佛만이 그런것이 아니라 世上에 흔해 빠진 張三李四 모든 사람이 다 같이 갖고 있는 몸이다.
須菩提야! 須菩提야!
예전에 이미 배워 얻었으니 지금 능히 믿음이 생길 수 있는 것이다.
우리들의 日常生活이 곧 그것인데 무슨 알기 어려운 일이 있는가?

二는 明攝受所以하야 顯智慧門이니 由無二執故로 得攝受니라 於中에
亦二니 一은 正明已斷麁執이라

何以故오 是諸衆生이 無復我相人相衆生相壽者相하며 無法相하며 亦無非法相이니라

圭峰

麁細垢盡에 圓明體露로다

初徵信者에 以何義故로 得如來悉知悉見가 後釋에 有二하니 一은 無我執이라 執取自體를 爲我요 計我展轉하야 趣於餘趣를 爲人이며 計我盛衰苦樂의 種種變異相續이 爲衆生이며 計我一報命根이 不斷而住를 爲壽者니라 二는 無法執이니 論에 云호대 無法相者는 能取所取에 一切法無며 亦無非法相者는 無我면 卽顯眞空實有라 然이나 離二執은 正是得佛知見하야 成就正信之本일새 善根福德이 却是相兼이라 故로 論에 云호대 有智慧면 便足이어늘 何故로 復說持戒功德가 爲示現生實相差別義故니 亦有持戒功德이라 依信心恭敬이면 能生實相故로 不但說般若니라하니라

(圭峰의 解說)

두번째는 거두어 받아드릴 理由를 밝힌것이며 곧 智慧의 門을 밝힌 글이다.
두가지 執着이 없음으로 말미암아 그때문에 거두어 들임을 받을 수 있었던 것이다. 이 가운데 두가지 區分이 있으니 첫째는 이미 굵은 執着을 끊었음을 밝혔다.

(本文)

왜 그런가? 이 모든 衆生들에게는 다시는 我相、人相、衆生相、壽者相이 없으며 法相도 없고 非法相도 없기 때문이다.

解説…굵고 가는 때가 다 사라지니 둥글고 밝은 바탕이 드러난다.
첫번째 따졌을 때 믿는 사람에 관하여 어떤 内容이 있기에 부처님이 이 모든 衆生들이 無量한 福德을 얻는것을 모조리 알고 볼 수 있는가? 라고 의문이 나기에 뒤에 이를 풀이한 것이 두가지가 있다.

그 첫째는 我執이 없기 때문이라는 것이다. 스스로의 바탕을 이것은 「나의 것이다」라고 執着하고 取하는것이 我相이며 我相을 해아려 굴러 굴러서 다른 나의 盛衰와 苦樂의 갓가지 變異가 이어지는것을 해아리는 것이 「나의 한果報가 목 숨의 뿌리를 끊지 못하고 그기에 住著하는것이 「壽者相」이다.

두번째는 法執(법에 대한 執着)이 없기 때문이라는 것이다.
般若論에 이르기를 「法相」이 없다는 것은 自体의 作用으로 取하고 外部의 影響으로 取하는 모든 法이 없다는 것을 말한것이며 「또한 非法相도 없다」라고 한것은 我執이 없음으로서 眞如의 法이 없다는 것이며 「空인 實相의 有를 밝히는 것을 뜻한다」라고 하였다. 그러나 이 두가지 執着을 버리는 것은 바로 이것이 부처님의 知見을 얻어 바른 믿음의 근본을 이룩하는 것임으로 거룩한 뿌리의 福德도 문득 여기에 兼하여 얻어지는 것이다.

그런까닭에 般若論에 이르기를

「智慧만 있어도 充分한데 무엇때문에 다시 戒를 지키는 功德을 말씀하셨는가? 그것은 實相의 差別이 생기는 內容을 示現하기 위한 까닭이며 여기에는 또한 戒律을 지키는 功德도 있는 것이다. 信心의 恭敬에 根據하면 능히 實相이 생겨날 수 있는 까닭에 오직 般若만을 말씀하시지는 아니하신 것이다」라고 하였다.

六祖 若有人이 於如來滅後라도 發般若波羅蜜心하며 行般若波羅蜜行하야 脩習解悟하야 得佛深意者면 諸佛이 無不知之시니 若有人이 聞上乘法하고 一心受持하면 卽能行般若波羅蜜無相無着之行하야 了無我人衆生壽者四相하리니 無我者는 無受想行識也요 無人者는 了四大不實하야 終歸地水火風也요 無衆生者는 無生滅心也요 無壽者者는 我身이 本無이니 寧有壽者리오 四相이 旣無인댄 卽法眼이 明徹하야 不着有無하야 遠離二邊하고 自心如來를 自悟自覺하야 永離塵勞妄念하야 自然得福無邊하리라 無法相者는 離名絶相하야 不拘文字也요 亦無非法相者는 不得言無般若波羅蜜法이니 若言無般若波羅蜜法하면 卽是謗法이라이니

(六祖大師의 解說)

만약 어떤 사람이 부처님이 入滅하신 뒤라도 般若波羅蜜의 마음이 일어나 般若波羅蜜을 修行하여서 부처님의 깊은 뜻을 얻게된다면 모든 부처님들은 이를 모르시는 부처님이 없을 것이다.
또 만약 어떤 사람이 上乘의 法門을 듣고 한마음으로 받아드려 간직한다면 곧 般若波羅蜜의 無相, 無着의 修行을 行할 수 있게되어 我相, 人相, 衆生相, 壽者相등 罪가 조곰도 없게 될 것이다.
「我相이 없다」는것은 受, 想, 行, 識이 없다는 것이며, 「人相」이 없다는것은 四大가 眞實이 아니며 끝내는 다시 地水火風가으로 돌아간다는 사실을 깨닫는것을 말한다. 또 衆生相이 없다는 것은 生滅하는 마음이 없다는 것이며 壽者相은 나의 몸이 本來 없던것인데 어떻게 壽란 것이 있겠는가 라고 깨닫는 것이다.
이네가지 相이 없어지고나면 法眼이 明徹하게 되여 有, 無에 執着하지 아니하고 相對性의 두 가장자리를 멀리 벗어나 자기 마음이 부처여서 스스로 느껴서 영원히 塵世의 고달품과 妄念을 벗어나게되여 자연히 끝자리 없는 福을 얻게 될 것이다.
「法相」이 없다는것은 이름과 形相을 斷絶하고 벗어나서 文字에 拘碍받지 아니하는것을 뜻하며 「또한 非法相도 없다」라고 하신것은 般若波羅蜜의 法도 없다고는 말할 수 없음을 뜻한다. 만약 般若波羅蜜의 法도 없다고 말한다면 이는 곧 法을 誹謗하는 말이 된다。

冶父

圓同太虛하야 無欠無餘로다

說

人有身이여 圓滿空寂者ㅣ是요 人有心이여 廣大靈通者ㅣ是라 此身此心은 阿誰獨無리오마는 但以無으로 明不了하야 妄認四大를 爲自身相하고 六塵緣影을 爲自心相일새 由是身以 圓滿之體로 隱於形殼之中하고 心以靈通之用으로 匿於緣慮之內하며 脫或知非라도 亦成

233

斷見이라 由滯二邊하야 圓滿之體와 靈通之用이 不能顯現가이라 如今에 我法雙忘하야 其忘亦
忘하니 圓滿之體와 靈通之用이 豁爾現前하야 初無欠剩다이로
說 是法非法이여 一常一斷이니 斷常은 雖異나 爲病은 是同이라 爲病是同이여 開拳成掌다이로 開
拳成掌이여 何必不必다이로 斷常이 俱亡사하야 一味方現라하리

法相非法相이여 開拳復成掌다이로 浮雲이 散碧空하니 萬里天一樣다이로

(冶父道川의 評唱)

둥글기 太虛와 같아
모자람도 남음도 없네

解說…사람에게 몸이 있다는것은 元來 圓滿, 空寂한것이 있을까마는 다만 無明無智로 因해 이를 깨닫지 못하고 함부로 四大가 和合한 것이 「나의 몸의 形相이며 六塵의 因緣의 그림자를 나의 마음의 모습이라 생각하게 된다. 이로 말미암아 우리의 몸은 圓滿한 바탕을 지니면서도 껍대기 형체속에 숨어버리고 우리의 마음은 靈通한 作用을 지니면서도 因緣의 思慮속에 감추어졌으며 어찌다가 혹 그것이 아님을 안 사람도 또한 斷見을 이루어 有, 無의 두 가장자리에 滯在함으로 말미암아 圓滿한 바탕과 靈通한 作用은 뚜렷하게 나타날 수 없게 되었는데 지금에 와서 我相, 法相을 아울러 잊고 그 잊은것도 또 잊게되면 圓滿한 바탕과 靈通한 作用이 활짝 열려 눈앞에 나타나 조곰도 모자라고 남는것이 없게 된다.」

※斷見…모든것을 斷滅된다는 偏見

(冶父道川의 評唱)

法相, 非法相이여
주먹 쥔것을 펴면 다시 손바닥 일세
뜬 구름 파란 하늘에 흩어지니
萬里 하늘 한 모습이로다

解說∵是法과 非法 하나는 常見이요 하나는 斷見이라 斷見, 常見 비록 다르나 病弊는 같네 주먹 쥐면 손바닥이 되도다 쥔 주먹 펴서 손바닥 됨이여! 무엇이 필요하고 무엇이 不必要한가? 斷見, 常見 모두 없어져야 한 맛 비로소 나타나네

🅢 二는 因顯未除細執이라

何以故오 是諸衆生이 若心取相하면 即爲着我人衆生壽者니 若取法相이라도 即着我人衆生壽者며 若取非法相이라도 即着我人衆生壽者니라

圭峰 分兩節釋이라 初는 總明二相이니 總解取法非法을 盡名相也며 亦是建立取相則我等相이 便生之義宗也라 後의 若取法下는 別明二相이니 論에 云호대 但有無明使하고 無現行麁煩惱면 示無我見이라 無着은 云호대 但取法及非法想轉

非我等想과 以我想과 及依止의 不轉하다라 中有徵者호니 取法은 但爲法相하면 何故로 便着我等가 釋云호니 取非法도 亦着我等던어 何況取法가하 以後로 釋前也니라

(圭峰의 解說)

두번째는 微細한 執着을 아직 除去하지 못하였음을 밝혔음에 因緣한다.

왜 그런가? 이 모든 衆生들이 만약 마음에 相을 取한다면 곧 我相, 人相, 衆生相, 壽者相에 執着하는 사람이 된다.

왜 그런가? 만약 法相을 取한다 하더라도 그는 곧 我相, 人相, 衆生相, 壽者相에 執着하는 사람이 되며 만약 非法相을 취한다 하더라도 역시 我相, 人相, 衆生相, 壽者相에 執着하는 사람이 된다.

(本文)

解說…이 글은 두 句節로 나누어 풀이하여야 한다. 첫째 구절은 總體的으로 두 相을 밝혔으며 總括的으로 解釋하여 法, 非法을 取하는것을 모두 「相」이라 이름하였으며 또한 相을 建立하고 取하게되면 我相, 人相등이 곧 생기게 된다는 內容이 主宗을 이루고 있다.

두번째는 「만약 法相을 取한다 하더라도…」라고 한 句節에서 그 아래의 글은 따로 두 相을 밝힌 것이다.

般若論에 이르기를

「다만 無明의 煩惱만이 있고 現行하는 굵은 煩惱는 없을 때는 我相이 없는 見解를 보인다」라고

하였으며 無着스님은 이르기를 「다만 法과 非法의 相을 取하려는 생각만 아니며 我相에 사로잡힌 생각때문에 이는 我相, 人相등에 사로잡힌 중간에 사로잡힌 생각이 있으니 즉 法을 取하는 것은 다만 法相이 될 뿐인데 왜 곧 我相, 人相등에 執着한다고 하였는가? 이를 풀이하면 非法을 取하는 것도 역시 我相, 人相등에 執着하는 것이라 하였으니 하물며 法을 取하는것이 執着이 되지 아니하겠는가? 즉 뒷 글로 앞 글을 풀이하면 되는것이다.

〔六祖〕 取此三相하면 並着邪見이니 盡是迷人이라 不悟經意니라 故로 修行人이 不得愛着如來의 三十二相이며 不得言我解般若波羅蜜法이며 亦不得言不行般若波羅蜜行하고 而得成佛이라이니

(六祖大師의 解說)

이 세 相을 取하면 모두가 邪見에 執着하는것이며 모두가 헷갈린 사람들이며 經의 뜻을 깨닫지 못한 사람이다. 그런까닭에 修行하는 사람은 부처님의 三十二相에도 愛着하여서는 안되며 나는 般若波羅蜜의 法을 안다고 말해서도 안되며 또한 般若波羅蜜의 行을 修行하지 아니하고 成佛할 수 있다고 말해서도 안된다.

〔傅大士〕 人空法亦空이여 二相이 本來同이라 遍計는 虛分別이요 依他는 礙不

通(다)로 圓成(이)이 沈識海(하야) 流轉若飄蓬(하니) 欲識無生性(인댄) 心外斷行蹤(이라)하니

(傅大士의 頌)

사람도 空이요 法도 空이라
두 相 本來 같도다
두루 헤아리고 헛된 分別
다른 사람이 依支하면
가로막혀 通하지 못하여
圓滿히 이루어진 바탕
認識의 바다에 가라앉고
나부끼는 쑥대처럼
홀로 돌도다
生滅없는 自性 알고 싶으면
마음 밖에서 걸음 자취 끊어라

圭峰 四는 示中道之玄門(이라)

是故(로) 不應取法(이며) 不應取非法(이라)이니

取法(은) 只由不知法卽非法(이요) 取非法(은) 只由不知非法卽法(이니) 一眞法界(는) 無是無非(며) 此無(도) 亦無(니라) 所以(로) 道(호대) 何於一法中(에) 有法有不法(하)가라 脫或分別是法非法(이라도) 拈一

放一이라 有甚了期리오

(圭峰의 解說)

네번째는 中道의 玄妙한 法門을 보여주셨다.

(本文)

그런까닭에 마땅히 法도 取하지 아니하여야 하며 非法도 取하지 아니하여야 한다.

解説…法을 取하는것은 오직 法이 곧 法이 아니라는것을 모르기 때문에 일어나는 일이며 非法을 取하는것도 非法이 곧 法이라는것을 모르기 때문에 일어나는 일이다. 唯一한 眞如의 法界에는 「是」도 없으며 이 「없다」는것도 또한 없다.

그런까닭에 「어찌하여 한 法안에 法이 있고 法아닌것이 있겠는가? 設使 혹 「是」法과 「非法」을 分別한다 하더라도 이는 하나를 집어들고 다른 또 하나는 놓아주는 꼴이 되니 언제 끝날 날이 있겠느냐?」라고 말씀하신것이다.

傳大士

有因은 名假號요 （假號는 一本에 作無號라） 無相有馳名이라 有無無別體하야 無有有無形다이로 有無無自性늘이어 妄起有無情니하나 有無 一 如谷響이라 勿着有無聲

(傅大士의 頌)

因緣 있음은 假號라 이름하고
形相없는데, 달리는 이름있네

有와 無 다른 바탕 없으며
有, 無의 形体 없도다
有와 無 自性 없거늘
함부로 有, 無 일어키니
有와 無는 골짜기의 메아리와 같으니
有, 無의 소리에 執着하지 말아라

冶父 金不博金이요 水不洗水로다

說 只是一般金이어늘 豈分能博所博이며 只是一般水이니 豈分能洗所洗리오 恁麼則法則一味
見有二取니 二取相亡하야 一味方現하리라

得樹攀枝는 未足奇라 (攀枝는 一本에 作攀高라)
懸崖撒手하야 丈夫兒니라 水寒夜冷魚難覓
留得空船載月歸로다

說 得一心存이 未是奇라 一處亦亡하야 是丈夫니라 到這裏는하야 凡情이 脫盡하고 聖解도 亦亡
하니 但將無私照하야 却來是非場이로다

(冶父道川의 評唱)

金으로 金을 바꾸지 못하고
물로 물을 씻지 못한다.

解說…오직 다 같은 金일 따름인데 어떻게 바꿀 수 있는 金과 바꿈을 당하는 金을 分別하겠는가? 또한 오직 다 같은 물인데 씻을 수 있는 물과 씻기는 물을 분간하겠는가? 그렇다면 法은 다 같은 한 맛인데 見解에 두가지의 取함이 있으니 두 取見이 모두 없어서야 唯一한 참 맛이 비로소 나타난다.

(冶父道川의 評唱)

나무 만나 가지에 기어오르는 일
奇特하다 할 수는 없네
깎아지른 絶壁에서 말리는 사람의 손 뿌리치고 뛰어내려야 비로소 大丈夫란다
밤 空氣 싸늘하고 물은 차가우니
고기 찾기 어려운데
빈 배에 남은 달빛만 싣고 돌아왔다네

解說… 한 마음을 保存할 수 있는것은 아직 奇特하다 할 수는 없다, 한곳도 未練이 없어야 이것이 大丈夫다
이 境地에 이르면 凡人의 情은 다 벗어나고 聖人의 아름아리도 사라진다
다만 私心없는 비춤으로 문득 是非의 마당에 오도다

註
「水寒夜冷魚難覓 留得空船載月歸」란 詩는 船子德誠禪師의 偈頌인 千尺絲綸直下垂 一波纔動萬波隨 夜靜水寒魚不食 滿船空載月明歸에서 따온것임.

◎ 以是義故로 如來-常説호대 汝等比丘-知我説法이 如筏喩者라하노니 法尚應捨어든 何況非法가

佛所說法은 只是入道方便이니 依方便而入道則可어니와 守方便而不捨則不可니라 方便도 尚應捨離어든 此離에 亦何所存오이리오

〈本文〉

圭峰 曲分爲二니 初는 正結歸中이요 後는 引說以證라이니 筏喩는 假言顯義니 不應如言執義니라 不執은 即爲不取요 非全棄也니라 偈에 云호대 彼不住隨順이 於法中證智며라하 論에 釋云호대 不住者는 得證智면 捨教니 如到彼岸이요 隨順者는 隨順彼證智之教法이니 如未到彼岸하이라다 無着이 云法尙應捨者는 實相生故요 何況非法者는 理不應故니라하라

〈圭峰의 解說〉

解說…부처님의 說法하시는 말씀은 다만 道에 들어가는 方便일 따름이니 方便에 依支하여 道에 들어가는것은 좋지만 方便만을 지켜 버리지 못하면 안된다. 方便조차 마땅히 버리고 떠나야 하거늘 이 떠남에 또 무엇을 남겨두겠는가?

이러한 뜻이 있는 까닭에 부처는 늘 말하기를「너희들 比丘는 나의 說法이 마치 뗏목에 比喩된 다는 것을 알아야 한다」고 하였다. 法도 마땅히 버려야 하거늘 하물며 法 아닌것을 버리지 아니하겠는가?

曲節을 나누면 두가지 內容으로 區分된다. 처음 部分은 바로 매듭지어 中道에 歸結시킨것이고 뒷 部分은 說法을 引用하여 證明을 하신것이다.

「뗏목의 比喩」라 하신것은 말을 빌려 내용을 밝힌것이니 그 말씀대로 내용에 執着해서는 안된다. 여기서 執着하지 아니한것은 取하지 아니한다는 뜻이며 全的으로 버리라는 뜻이 아니다.

또 般若論에 이르기를 풀이하여 이르기를 「머물지 아니한다는 것은 證智를 얻으면 敎는 버린다는 뜻」으로 生死의 강물을 건느 저쪽 언덕에 이르는 일과 같다. 「順從하여 따라간다는 것은 저 證智의 敎와 法을 따라가는 것이니 이는 아직 강건너 저쪽 언덕에는 이르지 못한 境遇와 같다」라고 하였다.

偈에 이르기를 「저 머물지 아니하고 따라오는것이 法 가운데서 證得한 智慧로다」라고 하였고

無着스님은 이르기를 「법 조차 마땅히 버려야 하거늘 하물며 法 아닌것을 버리지 않겠는가?」라고 하신것은 實相이 생겨나는 까닭이며 「하물며 法 아닌것을」이라고 하신것은 理致에 닿지아니하기 때문이다」라고 하였다.

六祖 法者는 是般若波羅蜜法이요 非法者는 生天等法이라 般若波羅蜜法은 能令一切衆生으로 過生死大海케하나니 旣得過已라도 尙不應住이온 況生天等法에 而得樂着가

(六祖大師의 解說)

「法」이란 般若波羅蜜의 法을 말한것이며 「非法」이란 衆生과 하늘世界의 法等을 말한것이다. 般若波羅蜜의 法은 능히 모든 衆生으로 하여금 生死의 큰 강물을 넘게 할 수 있으며 한번 이 江물을 넘고나도 마땅히 그기에 住著하여서는 안되는 것인데 하물며 衆生과 하늘世界등의 法에서 즐겨 執着해서야 되겠는가?

傅大士

渡河에 須用筏이나 到岸하면 不須船이라 人法知無我하면 悟理에 詎勞筌
中流도 仍被溺이어늘 誰論在二邊가 有無에 如取一하면 即被汚心田하리라

(傅大士의 頌)

강물 건늘때는 뗏목을 使用하나
언덕에 이르면
배는 필요없다네
사람과 法에 我相없음을 알면
眞理 깨달으려고
무엇때문에 힘들여 方便찾겠는가?
中流에서도 물에 빠지는 꼴 당하는데
누가 두 가장자리에
남아있는 사람을 論하는가?
有와 無 어느 한쪽을 取한다면
곧 마음밭을 더럽히게 되리라

註
① 筌…물고기를 잡을때 쓰는 발.
② 中流…江 한복판. 여기서는 中道
③ 二邊…相對性. 有와 無. 是와 非등.

冶父 水到渠成이로다

說 一作成渠라 佛所說法은 即眞即俗이니 即俗故로 解脱이 即文字라 四十九年을 東説

西說하시고 即眞故로 文字ㅣ 即解脫이라 三百餘會에 未曾說一字시니 若著文字하면 見派迷
源이요 若捨文字하면 望源迷派니 源派를 俱不迷하야사 方入法性海니라 旣入法性海하며 無念
智ㅣ現前이니 無念智現前이여 所向無碍하야 觸處皆通이라

說 無念智現이여 這邊那邊을 打成一片이라 縛脫이 無二요 升沈이 一際라 旣得正因하야 但
步毘盧頂上行하리라

終日忙忙이라 那事는 無妨이요 不求解脫하고 不樂天堂이로다 但能一念歸無念하면 高
不認著하면 高步毘盧頂하야 自成眞快活하리

(冶父道川의 評唱)

물이 흘러내리면 도랑이 이루어진다.

解說…어떤 책에는 「渠成」이 「成渠」로 된 책도 있다.
부처님이 說法하시는 말씀은 眞諦이면서 또 俗諦이다. 俗諦인 까닭에 解脫이 文字로 說明되고
四十九年동안을 이런 말씀 저런 말씀을 수없이 하셨으며 그것이 곧 眞諦인 까닭에 文字로 하신
말씀이 곧 解脫의 길이라 三百餘回의 모임에서 일찍이 한 글자도 글자를 說明하시지는 아니하
신 것이다.
만약 文字에 執着한다면 支派의 흐름만 보고 源流를 헷갈리게 되고 또 만약 文字를 버린다
면 源流만 바라보고 支派에 헷갈리게 된다. 源流와 支派 그 모두에 헷갈리지 아니하여야 비로
소 法性의 바다에 들어갈 수 있으며 法性의 바다에 들어가면 無念智가 눈앞에 나타나며 無念의
智慧가 눈앞에 나타나면 가는곳 마다 걸림돌이 없고 부디치는 곳마다 모두 通하게 된다.

(冶父道川의 評唱)

하루 終日 바삐 바삐 쏘 다녀도
그 일에는 支障없으니
解脫도 求하지 아니하고
天堂도 즐기지 아니하며
오직 一念이 無念으로
돌아갈 수 있다면
毘盧遮那부처의 정수리위를
높이 걸어갈 수 있으리라

解說…無念의 智慧가 눈앞에 나타나면 이쪽, 저쪽을 쳐서 한조각을 이루게 되고 束縛과 解脫이 다르지 아니하며 가라앉고 뜨는것이 한꺼번에 이루어진다.
바른 因緣을 얻고나서, 오직 그것을 認識하거나 執着하지 아니한다면 높이 毘盧遮那부처의 정수리위를 걸어다니며 스스로 眞正한 快活을 이루게 될것이다.

宗鏡 因勝果勝이여 信心이 明了無疑로다 人空法空이여 眞性이 本來平等이로다
直饒名相이 雙泯하고 取捨兩忘이라도 要且猶筏在니라 咦라 彈指에 已超生死海어늘
何須更覓度人舟리오
善根成熟信無疑하니 取相求玄轉背馳라 一念에 頓超空劫外하니 元來不許老
胡知로다

〈宗鏡의 解說頌〉

因緣 거룩하니 果報도 거룩하다
信心이 明了하여 疑心없도다
사람도「空」이고 法도「空」하니
眞如의 本性、本性부터 平等하네
설사 이름과 相이 아울러 사라지고
取하고 버리는 것을 모두 잊었다 해도
要는 그대 아직은 뗏목에 남아있네
어! 저것봐라
손가락 한번 퉁길 사이에
이미 生死의 바다 뛰어 넘었는데
사람 건너가는 배를 찾겠는가?
거룩한 뿌리 成熟하면
믿음에 의심 없으니
相을 取하여 玄門을 찾는다면
더욱 道와는 背馳된다
一念에 頓然히 空劫밖을 뛰어 넘으니
元來부터 늙은 오랑캐가(※ 부처님의 愛稱)
아는 것을 許諾하지 아니하네

註
① 直饒…假使、設使

② 咦…놀라 感嘆하는 소리
③ 空劫…四劫의 하나. 世界의 空漠期

無得無說分 第七

須菩提야 於意云何오 如來ㅣ 得阿耨多羅三藐三菩提耶아 如來ㅣ 有所說法耶아

圭峰 第三은 斷無相에 云何得說疑오라 論에 云호대 向說不可以相으로 見佛이니라 佛을 非有爲어늘 云何釋迦ㅣ 得阿耨菩提하며 云何說法시고하야 斷之니라 文이 二니 一은 問答斷疑며 文은 四니 一에 擧疑因以問이라

二는 順實理以酬라

佛問得不은 意顯不得이라니 故로 無着은 云호대 顯示하야 翻於正覺은 取故다라

(圭峰의 解說)

세번째는 相이 없는데 어떻게 說明할 수 있겠느냐? 라는 疑問을 끊은 內容이다. 般若論에 이르기를 「앞에서 相으로 부처를 볼 수는 없다」라고 말씀하셨는데 부처는 作爲함이 있는 存在가 아닌데 어떻게 釋迦牟尼부처님은 三菩提를 얻었으며 어찌하여 說法을 하겠는가?

라고 하는 疑問을 提起하여 이를 끊은 것이다. 글은 두가지로 區別되며 첫째는 問答을 通해서 疑問을 끊었으며 그 內容은 네가지로 그 첫째는 疑問의 原因을 들어 물어본 것이다.

(本文)

須菩提야! 너의 생각은 어떻냐? 부처가 阿耨多羅三藐三菩提를 얻었겠느냐? 부처가 說法한 것이 있겠느냐!

解説…부처님이 「얻었겠느냐!」라고 물어보신것은 「얻지 아니하였다」는 뜻을 밝힌것이다. 그런까닭에 無着스님은 이르기를 「뚜렷이 나타내서 바른 깨달음을 뒤집은것은 그것이 取하는 일인 까닭이다」라고 하였다.

須菩提─言 如我解佛所説義컨댄 無有定法名 阿耨多羅三藐三菩提며 亦無有定法如來可説이다

偈에 云應化는 非眞佛이요 亦非説法者라하 觀하면 初無伊麼事로다 又乘時有説이나 無實法與人이다 眞如佛性菩提涅槃에서 以至六度諦緣等一切名言이 皆是對機不得已之施設이라 就實而

(圭峰의 解説)

두번째는 實相의 眞理에 다라 대답한 內容이다.

(本文)

須菩提가 말 하기를

「저의 아뇩아리로는 부처님이 말씀하신 내용에는 결정적으로 부처님의 설법이라 할만한 法이 없으며 결정적으로 阿耨多羅三藐三菩提라 이름할 法이 없습니다.」

解說…眞如、佛性、菩提、涅槃에서 六度波羅蜜 四諦、三諦、十二因緣 등 모든 이름과 말은 모두가 機緣과 마주하여 마지못하여 마련한 方便이며 實相에 나아가 비추어본다면 처음부터 그런 일은 없다. 또 機緣을 탔을 때 說法이 있은것이지 實地로 法을 사람들에게 주신 일은 없다.

偈에 이르기를
「應身、化身은
眞正한 부처 아니며
또한 說法하는 사람도 아니다」
라고 하였다.

〈六祖〉 阿耨多羅는 非從外得이니 但心無我所하면 即是也니라 祇緣對病設藥하야 隨宜爲說이시니 何有定法乎아 如來-說 無上正法은 心本無得이며 亦不言不得이언마는 但爲衆生의 所見이 不同일새 如來-應彼根性하사 種種方便으로 開誘化導하사 俾其離諸執着사케하야 指示一切衆生의 妄心이 生滅不停하야 逐境界動이라 前念이 瞥起어든 後念이 應覺이니 覺既不住라 見亦不存이시니 若爾인댄 豈有定法爲如來可說也리오 阿者는 心無妄念이요 耨多羅者는 心無驕慢이요 三者는

心이 常在正定이요 慧者는 心이 常在正慧요 三菩提者는 心常空寂하야 一念凡心이 頓除에 卽見佛性也니라

(六祖大師의 解說)

阿耨多羅는 外部로부터 얻는것이 아니고 다만 마음에 我所(※나의 것이다 라는 執着)가 없으면 그것이 곧 阿耨多羅다. 오직 病者를 相對로 약을 마련하는 일로 緣由하여 相對方에게 適合한 方法에 따라 說法하는 것이니 무슨 決定的인 法이 있겠는가?

부처님이 말씀하시기를 「最上의 바른 法은 마음에 本來 얻는것이 없는것이며 또한 얻지 아니한 다고도 말하지 않는다」라고 하셨는데 다만 衆生들이 보는바가 다르기에 부처님은 그들의 根機와 性品에 응하시어 갖가지 方便으로 法門을 열고 誘導하고 敎化하여 그들로 하여금 모든 執着에서 벗어나게 하시며 一切衆生의 妄想을 멈추지 아니하고 境界를 따라 움직이기는 손으로 가르치시며 앞선 생각이 일어나면 뒤이은 생각에서는 곧 깨달음으로 이 깨달음에도 이미 住著하지 아니하니 見解 또한 남아있지 아니하시는 것이다. 만약 그렇다면 說法할만한 決定的인 法이 어찌 存在하겠는가?

「阿」라 하는것은 마음에 妄念이 없는것이며 「耨多羅」라 하는것은 마음에 驕慢이 없는것이며 「三」이라 하는것은 마음이 항상 바른 禪定에 머무는 것이며 「藐」이라 하는것은 마음이 항상 空寂하여 一念에 모든 마음이 頓然히 除去되어 곧 佛性을 보게되는것을 말한다.

冶父 寒卽言寒이요 熱卽言熱이다

以有二乘說二乘하시고 以有大乘說大乘하시니 應物行權無定法이라 隨緣立理脫羅籠이로다

雲起南山雨北山하니 驢名馬字幾多般가 請看浩渺無情水하라 幾處隨方幾處圓고

⊙說 依俙說諦緣하고 更爲談六度하시니 以機不同으로 法亦無定이라 從此로 分開萬種名이나 以無念
智應群機니하시고 半滿偏圓多少說이나 多少說이여 曾無一字落言詮다이로

(冶父道川의 評唱)

추우면 춥다고 말하고
더우면 덥다고 말한다

解説…二乘이 있었음으로 二乘을 説法하셨고 大乘이 있었음으로 大乘을 説法하셨다. 衆生의 機緣에 應하여 方便을 行使하니 定해진 法은 없고 인연따라 理致를 세우니 거물 새장(羅籠)벗 어났네

※ 羅籠…거물과 새장(鳥籠) 一定한 範圍안에 갇혀있는것

(評唱)

南山에 구름 일면 北山에 비오는데
당나귀 이름이 말의 字號 된 일
얼마나 많았던가?
그대 보라 저 넓고 아득한
無情한 물이
몇곳이나 네모 나고 몇곳이나 둥글었나?

解説…어렴풋이 四諦, 十二因緣 이야기하시니 機緣이 같지 아니함으로 法도 역시 定해진것이 없다. 이로부터 萬가지 이름이 갈려나가니 無念의 智慧로 수많은 說法 그 수많은 說法에서 일찍이 말의 올가미에 떨어진 일은 없었다.

註
① 南山雲起北山雨…스승과 弟子의 長短이 척척 잘 맞아떨어지는 일. 우리 俗談에 「툭하면 울넘의 호박떨어지는 소리」란 말과 같다.
② 驢名馬字…당나귀에 말의 이름을 붙여준다. 似而非. 方便

圭峰 三은 釋無定法之言이라

何以故오 如來所說法은 皆不可取며 不可說이며 非法이며 非非法이니

佛所說法은 若說有相과 若說無相에 圓話自在하야 終不滯於一邊이라 所以로 不可取不可說이니 又佛所說法은 謂是法도 亦不是며 謂非法도 亦不是니 若定非法인댄 渡河에 須用筏이요 若定是法인댄 到岸에 不須船이라 所以로 有時에는 道호대 至理一言이 革凡成聖이라하고 有時에는 道호대 三乘十二分敎가 是什麽오 熱椀鳴聲이라하니 金屑之論도 亦以此也니라

無着은 云호대 不可取者는 謂正聞時요 不可說者는 謂正說時라 非法者는 分別性故요 非非法者는 法無我故라하고 論에는 云호대 彼法非法은 依眞如義說이니 非

法者는 一切法이 無體相故요 非非法者는 彼眞如無我로대 實相有故니라 何故로 唯言說하고 不言證가 有言說者는 即成證義故니 若不證者면 即不能說이라 하다

(圭峰의 解說)

세번째는 定해진 法은 없다는 말을 풀이하였다.

무슨 까닭인가 하오면 부처님의 說法하시는 것은 부처님의 說法하시는 것도 아니오니 며 또한 법 아닌것도 아니오니…

(本文)

解說…부처님이 說法하시는것은 有相을 말씀하시거나 無相을 말씀하시거나 圓滿한 말씀이 스스로 存在하여 끝내 어느 한쪽에 滯在하지 아니하는 까닭에 그 說法을 取할 수 없다. 또한 부처님의 說法하시는것을 「是」이라고 말해도 안되며 「非」의 법이라고 해도 안된다. 만약 決定코 「非」의 法이라고 한다면 江물을 건느는데는 모름지기 뗏목을 利用하여야 하는 格이 되고 또 만약 決定코 「是」의 法이라고 한다면 「저쪽 언덕에 이르면 배는 必要없다」는 경우에 該當된 다.

그런까닭에 어떤 때에는 말하기를 「지극한 진리의 한마디 말은 凡人을 바꾸어 聖人을 이루게 한다」라고 말하기도 하며 또 어떤 때에는 말하기를 「三乘、 十二分敎는 그것이 도대체 무엇이란 말인가? 뜨거운 밥공기가 울리는 소리다」라고 하기도 하니 같은 물건을 금이라고도 하고 똥이라고도 하는 論理도 또한 이런 理由 때문이다.

(圭峰의 解說)

無着스님은 이르기를

「取할 수 없다」는것은 바르게 들었을때를 뜻한다.

「법이 아니다」라고 한것은 自性을 分別하는 까닭이며 「說明할 수 없다」고 한것은 바르게 말하였을 때를 뜻한다.

「我相이 없는 까닭이다」라고 하였다.

般若論에는 이르기를

「그 法이 法이 아니라는것은 眞如의 뜻에 根據하여 말한것이며 「法에 法이 아니라는것」은 모든 法에 바탕과 形相이 없기때문이며 「法아닌것도 아니다」라고 한것은 그 眞如는 我相은 없으나 實相은 存在하는 까닭이다.

왜 오직 「說」이라고만 말하고 「證」이라고는 말하지 아니하였는가?

말로 說明하는것이 있다는것은 곧 「證」을 이루었다는 뜻이 담겨있기 때문이다. 만약 「證」하지 못한 사람이라면 곧 說明할 수가 없는것이다 라고 하였다.

六祖 恐人이 執著如來所說文字章句하야 不悟無相之理하고 妄生知解일새 故로 言不可取니라 如來ㅣ 爲化種種衆生하사 應機隨量이시니 所有言說이 亦何有定乎아 學人이 不解如來深意하고 但誦如來所說敎法하야 不了本心하야 終不成佛일새 故로 言不可說也니라 口誦心不行하면 卽非法이오 口誦心行하야 了無所得하면 卽非非法이니

(六祖大師의 解說)

혹 사람들이 부처님이 말씀하신 文字, 章句에 執着하여 부질없이 知識으로 얻는 아름아리가 생길까 두려워 한 까닭에 「取할 수 없다」고 말한것이다. 부처님은 각가지 衆生들을 導化하시기 위하여 機緣에 應하고 相對方의 度量에 따르는 것이니 부처님이 말로 說法하신 것이 있지만 그기에 어찌 定해진 法이 있겠는가? 學人들이 부처님의 깊은 뜻을 알지못하고 오직 부처님이 말씀하신 가르침과 法門만을 외우며 부처님의 本心을 깨 닫지 못하면서 마음으로 成佛하지 못한다. 그런까닭에 「말로 說明할 수 없다」고 외우고 마음으로 行하여도 입으로 외우면 끝내 「非法」이며 입으로 외울 수 없다고 말 한것이다. 조곰도 「나의 것」이라고 執着하는 마음이 없는것이 곧 「非非法」이다.

傅大士 菩提離言說이여 從來無得人이라 須依二空理하야 當證法王身이니 有心俱是妄이요 無執乃名眞이니 若悟非非法하면 逍遙出六塵하리라

(傅大士의 頌)

菩薩이 言說을 여임이여!
本來부터 所得없는 사람일세
모름지기 二空의 眞理에 根據하여
당장 法王의 몸임을 밝혀 얻으리
存在하는 마음은 모두 妄想이며
執着없는 마음이 眞如라 이름하네
만약 非非法을 깨닫게 되면
六塵을 벗어나 거닐게 되네

256

冶父 是甚麽오

説 佛所説法은 如水上에 按胡蘆相似하야 觸着便轉이라 無定法可取며 無定法可説이니 若定説有인댄 爭奈非有며 若定説無인댄 爭奈非無오 既非有無法인댄 畢竟是甚麽오 又謂 法謂非法이오 既皆不是인댄 畢竟是甚麽오

恁麽도 也不得이며 不恁麽도 也不得이니 廓落太虚空에 鳥飛無影迹가 咄 撥轉機輪却倒廻하니 南北東西任往來로다

説 定有定無가 俱不是니 莫向四句하야 覓黃老하라 黃老不坐四句中이니 不坐四句中이여 鳥飛空中無影迹이로다 咄 更須向鳥道裏轉身하야 始得이니 南北東西一天地에 莫分疆界任往來하라 又法與非法이 二俱不是니 二見이 皆非佛本心이라 誰向空中覓鳥迹가 咄 縱然伊麽去라도 亦非佛本心이니 若也真知佛本心인댄 謂是法도 亦不妨이며 謂非法도 亦不妨이니라

(冶父道川의 評唱)

※所得…나의 것이란 執着
二空…人空、法空

이것이 무엇인가?

解説…부처님이 説法하시는 것은 마치 물위에 표주박술병을 띄운것과 같아서 건드리기만하면 곧 빙글 돌아 取할만한 一定한 法이 없고 説明할만한 一定한 法이 없다 만약 決定코 「有」라고

말한다면 「有」가 아니니 이를 어쩔고? 또 만약 決定코 「無」라고 말한다면 「無」도 아니니 이를 어찌하나? 畢竟 이것이 무엇인가?

또한 法이 이것이 法이다 法이 아니다 라고 말하는 것이 모두가 옳지 않으니 畢竟 이것은 무엇인가?

(冶父道川의 評唱)

이렇게 해도 안되고
이렇게 아니해도 안되고
텅 비어 멀고 太虛한 空間을
나는 새 그림자도 자취도 없네
기틀의 수레바퀴 퉁겨 굴리니
도로 거꾸로 돌아오면서
南北과 東西를 멋대로 가고 오네

解說…決定코 有다 決定코 無다 하는것이 모두 옳지 아니하니 四句法을 向해서 얼굴 노란 늙은이 찾지마라! (부처) 얼굴 노란 늙은이 四句속에 앉아있지 아니한다. 四句속에 나는 새 그림자도 자취도 없네!

※ 四句…有、無、亦有亦無、非有非無의 四句節의 法門. 이를「單單俱非」라 한다.

註

쯧、쯧、아서라! 다시 새가 다니는 길에 가서 몸을 돌려야만 비로소 무엇인가 얻게 될 것이다.

南北東西가 하나의 天地인데 領土境界 나누지 말고 멋대로 往來하라

또 法과 非法도 둘 다 옳지 아니하며 두가지 見解가 모두 부처님의 本心이 아니다.

누가 空中을 向해 새의 자취를 찾는가? 쯧! 쯧! 設使 그렇게 계속해나간다 하더라도 그것도

역시 부처의 本心은 아니다 만약 부처님의 本心을 안다면 「是」의 법이라 생각해도 無妨하고 「非」의 法이라 생각해도 또한 無妨하다

所以者ㅣ 何오 一切賢聖이 皆以無爲法대로 而有差別이니다

🔘 四는 釋無取說之所以라

一切賢聖所證法이 皆以無爲로대 有差別하니 即此差別이 迥出中間與二邊이라 伊麼則 一味無爲法이 在聲聞則名四諦요 在緣覺則名因緣이요 在菩薩則名六度니 六度因緣與四諦ㅣ 一一無取不可說이니라

魏譯에 云호대 一切聖人이 皆以無爲法으로 得名이라하며 論에 云호대 聖人은 但依眞如具足淸淨하야 得名하고 非別得法이라 故로 無取說이라하며 而有差別者를 論에 云호대 菩薩은 眞如의 分淸淨故라하며 無着은 云호대 無爲는 無分別義라 是故로 菩薩은 有學으로 得名이요 如來는 無學으로 得名이니 初無爲者는 折伏散亂時에 顯了故요 後無爲者는 唯第一義者의 無上覺故라 三乘賢聖이 皆修證無爲라 故로 通說이나 爲差니라

(圭峰의 解説)

네번째는 取하고 説明할 수 없다는 理由를 풀이하였다.

(本文)

그 理由는 무엇인가 하오면 모든 賢人、聖人들이 모두 無爲의 法으로 道를 닦지만 그기에 差別이 있기 때문입니다」라고 説明할 수 없다는

解説…모든 賢人、聖人이 밝히고 깨달은 法이 모두 無爲의 法인데도 그기에 差別이 있으며 또 한 이 差別이 곧 無爲라서 멀리 두 가장자리와 中間을 벗어나게 된다. 그러므로 한 無爲의 法이면서도 聲聞僧에 있어서는 「四諦」라 이름하고 緣覺僧에 있어서는 六度와 十二因緣과 四諦의 어느 하나도 取할 수 있는 것이 없고 説明할 수 있는 것도 없다.

의 맛이 聲聞僧에 있어서는 「四諦」라 이름하고 緣覺僧에 있어서는 六度波羅蜜이라 이름하니 이 六度와 十二因緣과 四諦의 어느 하나도 取할 수 있는 것이 없고 説明할 수 있는 것도 없다.

魏譯에 이르기를 「聖人은 오직 眞如의 清淨함에 歸依함으로서 聖人이란 이름을 얻었다」라고 하였고 無着스님은 이르기를 「無爲란것은 分別이 없다는 内容이다. 그런 까닭에 菩薩은 더 배울것이 없음으로서 부처님이란 이름을 얻었다. 修行課程에서 菩薩이란 처음

「眞如에 完全한 眞如와 部分的인 眞如가 있기 때문이다」라고 하였다.

「그런데도 여기에 差別이 있다」는 말에 관하여 般若論에 이르기를

法을 얻은것이 아닌 까닭에 取하고 말할 수 있는 法이 없는것이다」라고 하였다.

마지막 段階에서의 無爲란 오직 最高의 眞理인 無上의 깨달음을 얻은 까닭에 「無爲」라 한것이고 三乘의 (聲聞、緣覺、菩薩) 賢人、聖人이 닦고 깨달은것은 모두 「無爲」인 까닭에 共通的으로 「無爲」라고 하지만 여기에 差別이 있는것이다」라고 하였다.

「無爲」란 散亂한 마음을 꺾고 잠재웠을때 두렷이 밝혀지는것이

六祖 三乘根性이 所解不同하야 見有淺深일새 故言差別이니 佛說無爲法者는 即是無住니 無住-即是無相이며 無相이 即是無起며 無起-即是無滅이라 蕩然空寂하야 照用齊收하며 鑒覺無礙-乃眞是解脫佛性이라 佛은 即是覺이며 覺은 即是觀照며 觀照는 即是智慧며 智慧는 即是般若波羅蜜多니라

(六祖大師의 解說)

三乘의 根機와 本性이 그 解得한것이 같지 아니하고 見解에 얕고 깊은 差異가 있는 까닭에 「差別이 있다」고 말한 것이다.

부처님이 말씀하시는 「無爲」란 곧 住著이 없는것이며 住著이 없다는것은 相이 없다는 것이며 相이 없다는 것은 생겨나는 것이 없다는 것이고 생겨나는 것이 없으면 滅하는 것도 없게 된다. 蕩然히 비어있고 寂滅하여 비춤과 作用이 가즈란히 거두어지고 거두어 보는 느낌이 가로막는 것이 없게 되는것이 곧 眞正한 解脫佛性이다.

「부처」란 곧 「깨달았다」는 뜻이며 「깨달았다」는 것은 곧 「觀照」를 뜻하며 觀照는 곧 「智慧」이며 智慧는 곧 般若波羅蜜多를 말한다.

傅大士 人法俱名執이나 了即二無爲라 菩薩은 能齊證이요 聲聞은 離一非로다 所知煩惱盡하면 空中에 無所依니 常能作此觀하면 證果定無疑니라

(傅大士의 頌)

사람과 법 모두를 執着이라 부르나

깨달으면 둘 다 無爲가 된다

菩薩은 能히 함께 다

聲聞은 한쪽 잘못만 벗어나

所知障, 煩惱障 다 사라진다

空中에 기댈곳 없게 되니

恒常 이와같은 「觀」을 지을 수 있다면 결정코 틀림없이 果報 證得하리라

註

※ 所知障…알아야 할것을 가로막는 障礙物, 이것이 除去되면 一切智를 이룬다.

冶父 毫釐有差하면 天地懸隔이로다

說 法雖一味나 見有千差하니 所以千差는 只在一念이요 一念之差에 隔同天地라 雖然如是나 天地一統이니 伊麽則金爲千器요 器器皆金이요 梅檀萬片이 片片皆香이라 (歸邪)

正人(는一作皆邪라)이 說邪法하면 邪法이 悉歸正이요 邪人이 說正法하면 正法이 悉歸邪라

江北成枳江南橘인데 春來에 都放一般花로다

一味無爲法이 能正亦能邪라 一種이 分南北이나 南北이 一般花로다

(冶父道川의 評唱)

털끝만한 差異나면 (※처음에) 하늘과 땅처럼 까마득히 멀어진다 (結果)

解說…法은 비록 한 맛(味)이라도 見解에는 千差萬別이 있다. 이 千差萬別의 原因은 오직 一

念의 差別에 있으며, 이 一念의 差別로 結果로는 하늘과 땅처럼 멀리 떨어지게 된다. 비록 이와 같다 하더라도 天地도 하나로 統率되는 것이니 그렇게 되면 金이 수많은 조각으로 나누어져도 조각마다 모두 香氣가 나게 된다.

만 그릇마다 모두가 金이며 栴檀(향나무)이 수많은 그릇이 되지

(治父)

바른 사람이 邪法을 說法하면
邪法이 모조리 바른 법에 돌아오고
사악한 사람이 正法을 說法하면
正法이 모두 邪法으로 돌아간다
江南에서는 탱자가 된 것이
江北에서 귤(橘)이 되니
봄이 오면 모두가
다 같은 꽃을 피우네

解說… 같은 內容의 無爲의 法의 正法이 될 수도 있고 邪法이 될 수도 있으며 같은 씨앗이 南北으로 갈라져도 南北에 다 같은 꽃이 된다.

宗鏡 得亦非며 說亦非라 能仁의 機輪이 電擊다이로 取不可捨不可니 空生舌本 瀾翻이로 且道하라 無爲法이 爲甚麼有差別고 萬古碧潭空界月을 再三撈

說 得而無得이며 說而無說이니 神妙其機는 電光의 難能入手라 取之不可取며 捨之不可捨니 快然其舌이여 勇浪이 能爲高下로다 此則且置하고 只如無爲法이 爲甚麼有差別고

漉始應知아

君今欲識無爲理^{인댄} 不離千差萬別中^{이니} 雖然如是^나 但知空月^이 落潭心^{하면} 爭似窺猿枉勞形^{이오이리}

雲捲秋空月印潭^{하니} 寒光^이 無際與誰談^고 豁開透地通天眼^{하니} 大道分明不用參^{이로다}

說 若使空月不印潭^{이면} 豈謂寒光廣無邊^가 照天照地含萬像^{하니} 無窮此味를 與誰談^고 但於頂門^에 能具眼^{하면} 更向何處覓玄宗^{오이리}

(宗鏡의 頌)

얻어도 안되고 말해도 안되는데
부처의 機緣의 수레바퀴
번개불을 끌어당기네
取해도 안되고 버려도 안되는데
須菩提의 헛바닥
波濤를 뒤집도다
말해보라! 無爲의 法에
어찌하여 差別이 있는가?
萬古의 파란 못에 어린
虛空世界의 달을
두번 세번 건져올려 보아야
아마도 알게될 것이다

解說…얻어도 얻은것이 없으며 말해도 말한것이 없으니 神妙한 그 기틀 번개불 손에 넣기 어려움과 같도다. 取하려해도 取할수 없고 버리려 해도 버릴수 없으니 快然한 그 혓바닥 힘센 파도가 능히 솟고 낮게 가라앉을수 있는것과 같구나!
이 일은 잠시 그만 두더라도 다만 無爲의 法의 境遇만이라도 한번 따저보자
무엇때문에 無爲의 眞理 알고싶다면 그 千差萬別한 태두리를 벗어나지 아니한다는것을 알아야 한다. 비록 이와같다고 하더라도 다만 空中의 달이 파란 못 한복판에 떨어졌다는 사실만 안다면 어떻게 그것이 어리석은 원숭이가 달을 건지려고 몸을 굽혀 애쓰는 모습과 같겠느냐?

그대 지금 無爲의 法에 差別이 있는가?

가을 하늘에 구름 걷히니
밝은 달 깊은 물에 도장을 찍어
차가운 빛 끝 없는데
누구와 더부러 이를 말할고?
활짝 열려 땅을 꿰뚫고
하늘을 통하는 眼目이 되면
大道 分明히 보이니
參問할 必要없도다

解說…만약 空中의 달이 깊은 물에 도장을 찍지 아니하였다면 어찌 찬 빛이 그 넓이가 끝이 없다고 말하겠는가? 하늘을 비추고 땅을 비추고 森羅萬像을 머금고 있으니 無窮한 이 맛 누구와 더부러 이야기할까? 다만 정수리에 능히 또 하나의 눈을 가출수만 있다면 다시 어디로 가서 玄妙한 宗旨를 찾겠는가?

二는 校量顯益이라 於中에 有四하니 一은 擧劣福以問이라

依法出生分第八

圭峰

須菩提야 於意云何오 若人이 滿三千大千世界 七寶로 以用布施하면 是人의 所得福德이 寧爲多不아

俱舍偈에 云四大洲日月과 蘇迷盧欲天과 梵世各一千을 名一小千界요 此小千千倍를 說名一中千이요 此千倍大千이니 皆同一成壞다하니 七寶者는 金銀琉璃珊瑚碼碯赤眞珠玻瓈니라

(圭峰의 解説)

두번째는 뚜렷한 利益을 比較하여 해아려 본 內容이다. 이 가운데 네가지 區分이 있으니 그 첫째는 뒤진 福德을 들어 물어본 것이다.

(本文)

(부처님의 말씀) 須菩提야! 너는 어떻게 생각하느냐? 만약 어떤 사람이 三千大千世界에 가득

한 일곱가지 보배를 布施에 쓴다고 한다면 이 사람이 얻을 福德은 차라리 많다고 하겠느냐?

解説…俱舍論의 偈頌에 이르기를

「四大洲의 日月과 蘇迷盧의 (須彌山) 欲天과 凡天世界의 各各 二千世界를 「一小千界」라 이름하며 이 一小千의 千培를 「一中千」이라 말하며 이 一中千의 千培를 大千世界라 하며 모두가 같이 이루어지고 허물어진다」라고 하였다.

「七寶」란 金、銀、琉璃、珊瑚、瑪瑙、赤眞珠、玻璨(사파이어)를 말한다.

二는 釋福多以酬라

須菩提 | 言하사대 甚多니이다 世尊하 何以故오 是福德이
即非福德性일새 是故로 如來 | 說福德多라하나이다

無着은 云호대 是福者는 標牒이요 即非者는 約勝義空이요 是故者는 約世俗有라하다

(圭峰의 解説)

두번째는 福이 많다는 理由를 풀이하여 대답한 內容이다.

(本文)

須菩提가 말하기를 「매우 많을것입니다. 世尊이시어. 무슨 까닭인가 하오면 이 福德은 곧 福德의 自性이 아닌 까닭입니다. 이런까닭에 부처님은 福德이 많다고 말씀하셨습니다」라고 하였다

解説…無着스님은 이르기를 「이 福德의 本質이 아니라」고 한것은 뛰어난 내용의 「空」에 結付시킨 말이며 「곧 福德이라」한것은 世俗의 有와 結付시킨 말이며 님이 「福德이 많다」고 말씀하셨다」고 한것은 앞의 부처님말씀을 重牒하여 標示한것이며 부처님이 「福德이 많다」고 말씀하셨다」라고 하였다.

 六祖 三千大千世界七寶로 持用布施하면 得福이 雖多나 於性上에 一無利益이어 依摩訶般若波羅蜜多修行하야 令自性으로 不墮諸有하면 是名福德性이라 心有能所하면 即非福德性이요 能所心이 滅하야 是名福德性이며 心依佛教하야 行同佛行하면 是名福德性이요 不依佛教하야 不能踐履佛行하면 即非福德性이라

(六祖大師의 解説)

三千大千世界에 가득한 일곱가지 보배를 간직하여 布施에 쓴다면 그기서 얻는 복은 비록 많겠지만 自性上에는 하나도 利益되는것이 없다. 摩訶般若波羅蜜多에 根據하여 修行하여서 自性이 모든 「有」의 陷穽에 떨어지지 아니하게 하는것을 이름하여 「福德性」이라 한다. 마음에 主觀的인 作用이나 外部의 影響이 있게되면 이는 「福德性」이 아니다. 主觀的인 作用이나 客体에 影響받은 마음이 斷滅하여야만 이를 「福德性」이라 부르며 마음이 부처님의 가르침에 歸依하여 부처님의 行과 같은 行을 修行하는것을 이름하여 「福德性」이라 부르며 부처님의 가르침에 歸依하지 아니하고 부처님의 行을 實踐履行할 수 없다면 이는 곧 福德性이 아니다.

圭峰 三은 判經福超過라

若復有人이 於此經中에 受持乃至四句偈等으로

福德性者는 離能所絶是非하며 泯存亡無得失하야 眞淨無漏者ㅣ是라 如是福德은 等空難量하며 絶對無倫하야 不應以多少待對之言으로 稱之라 今則反是하니 只可說名爲多언정 不應以無量無邊으로 稱之니라 若能持經悟理하야 行無住行하면 則所作이 出於無心하야 ㅡㅡ清淨이라 所感福德이 宜其眞淨無漏하야 而終無有極也로 故로 前에 讚云호대 若菩薩이 不住相布施하면 其福德을 不可思量이라하시니라

偈에 云호대 受持法及說이여 不空於福德이라 福不趣菩提와 二能趣菩提라하다

偈者는 但於四句에 證義究竟하면 即成四句偈ㅣ니 如經의 凡所有相이 皆是虛妄이니 若見諸相非相하면 則見如來ㅣ此最妙也ㅣ니라 然이나 但義具四句하면 持說에 即趣菩提며 文或增減이라 不必唯四와니 義若闕者인댄 則互成謗이니라

(圭峰의 解說)

세번째는 福德이 앞에 말한 福德을 뛰어넘는다고 判定하신 內容이다.

(本文)

만약 또 어떤 사람이 이 經 가운데 그 뜻을 받아들여 간직하거나 乃至는 四句節의 偈頌등으로 다른 사람을 위하여 說明한다면 그 福은 七寶로 받는 福보다 뛰어날 것이다.

解說…福德性 즉 本質的인 福德이라 하는것은 能과 所(主觀과 客觀)를 떠나서 是와 非의 差別

○ 斷絶되고 對함이 서로도 다함이 없으며 眞如淸淨하고 번뇌망

상이 없는것이 福德의 本質이니 이와같은 福德은 虛空과 量을 헤아리기 어렵고 相對가 斷絶되고 짝이 없어서 많고 작다는 相對的인 말로 이를 表現할 수가 없는 것이다.

그런데 지금은 이와는 反對로 다만 「많다」고는 말할 수 있을지언정 無量無邊하다고는 일커러질 수는 없는 것인데 만약 經을 간직하여 그 眞理를 깨달아 住著없는 行을 修行한다면 그가 느끼는 福德도 마땅히 無心의 境地로 부터 나오기에 行마다 그 하나하나가 모두 淸淨하여 그가 作爲하는 일은 없는 것이다. 그것이 眞如淸淨하고 번뇌망상이 없어져서 끝내 極限이 없게 될 것이다.

그런까닭에 앞에서 讚揚하기를 「만약 菩薩이 相에 住著하지 아니하는 布施를 하면 그 福德은 생각해서 헤아릴 수는 없다」라고 하였다.

(圭峰의 解說)

偈頌에 이르기를
「法을 受持하고 說明함이여
福德에 헛되지 아니하리니
福은 菩提로 나아가지 않으나
두가지 일은 菩提로 나아갈 수 있도다」라고 하였다.

「四句偈」라 한것은 다만 四句에서 內容을 窮極적으로 追究하여 究竟지우면 곧 四句偈가 이루어지는 것이다. 例를 들면 經에서 말한 「모든 갖고 있는 形相은 모두가 虛妄하다. 만약 모든 形相이 形相이 아님을 본다면 곧 부처를 보는것이다 (凡所有相 皆是虛妄 若見諸相非相 卽見如來)」라 한것 같은것이 가장 妙한 四句偈이다.

그러나 다만 뜻이 四句를 가추게 되면 受持, 說法도 곧 菩提로 나아가게 되는 것이며 文章의 글자는 혹 불어나고 줄어드는 경우도 있어 반드시 네글자로만 이루어지는것은 아니다. 만약 내용에 빠진것이 있게되면 서로 非謗을 이루게 된다.

(傅大士)

經取四句가 寶滿三千界를 齋持作福田도이라 唯成有漏業이요 終不離人天이어와 持

與聖作良緣니하리 欲入無爲海인댄 須乘般若船이니라

(傅大士의 頌)

三千世界에 가득한 보물
갖고 와서 福田 지어도
오직 有漏의 業만 이룰 뿐
끝내 人天世界 벗어나지 못하리
經을 護持하고 四句偈로 說法하면
聖人과 좋은 因緣 지으리니
無爲의 바다에 들어가고자 하면
모름지기 般若의 배에 타야 하느니

註
※ 有漏…번뇌, 망상의 侵入이 있는 境界

六祖

十二部教大意ー盡在四句之中하니 何以知其然가 以諸經中에 讚歎四句偈가 即是摩訶般若波羅蜜多며 以摩訶般若의 爲諸佛母라 三世諸佛이 皆依此經修行하야 方得成佛이시니 般若心經에云호대 三世諸佛이 依般若波羅蜜多故로 得阿耨多羅三藐三菩提니라하시 從師所學曰受요 解義修行曰持라 自解自行은 是自利요 爲人演說은 是利他니 功德이 廣大하야 無有

(六祖大師의 解説)

十二部敎의 큰 뜻이 모두 四句의 偈頌안에 담겨있다. 무엇으로 그렇다는 사실을 아는가? 모든 經안에 讚歎한 四句偈가 곧 摩訶般若波羅蜜多며 摩訶般若로 모든 부처의 母体로 삼았기 때문이다. 三世의 모든 부처님이 모두 이 經에 根據하여 修行하시어 비로소 成佛하실 수 있었던 것이다.

般若心經에 이르기를 「三世의 모든 부처님이 般若波羅蜜多에 依止한 까닭에 阿耨多羅三藐三菩提를 얻었다고 하였다. 스승에서 부터 배운것을 「受」라 하고 뜻을 解得하여 修行하는 것을 「持」라 한다. 스스로 解得하여 스스로 修行하는것이 「自利」이며 다른 사람을 위하여 說法을 베푸는것이 「利他」다. 그 功德은 넓고 크서 끝과 가장자리가 없는 것이다.

冶父

事向無心得이니

説 信此經則無我理顯이요 知無我則心無異緣이라 心無異緣則胸中이 洒落하야 淸淨如空하고 心旣淸淨則諸佛祖의 神通機用과 自餘無量妙義의 前所未獲을 皆從斯得이라

寶滿三千及大千이라 福緣이 應不離人天이니 若知福德元無性하면 買得風光不用錢이라하리

説 七寶는 人世之所重也요 捨施는 人情之所難能也어늘 今以七寶로 滿三千而施之하니 可謂能所難能也로다 然其行施也게 如未契於無念眞宗이면 則其感果也에 但是人天有漏之報而已와니 若依此經하야 知福性空하면 則不因施功도하야 本地風光이 自然呈露라 하리

(冶父道川의 評唱)

일은 無心의 境地에서 얻는다.

解說…이 經을 믿으면 我相없는 眞理를 밝히게 되고 「無我」를 알게되면 마음에 다른 因緣이 없어진다. 마음에 다른 因緣이 없어지면 가슴안이 시원하게 탁 터여서 그 맑고 깨끗하기가 虛空과 같아진다. 마음이 淸淨해지며 모든 부처님과 祖師들의 神通한 機用과 그 밖의 헤아릴 수 없는 妙한 內容을 前에는 얻지 못하던것을 모두 여기서부터 얻게된다.

〈評唱〉

風光을 살 수 있으리
돈 쓰지 아니하고도
만약 福德 元來 自性없음을 안다면
人天世界 벗어나지 아니하리라
그 福된 因緣 아마도
三千、大千世界에 가득한 보물이라도

解說…일곱가지 보물은 人間世上에서 貴重하게 여기는 것이며 喜捨하고 布施하는것은 人情으로는 어려운 일이다.

지금 일곱가지 보물이 三千世界에 가득한데도 이를 布施하니 이는 主觀的인 立場에서나 客觀的인 立場에서나 하기 어려운 일이다.

그러나 그가 行한 布施는 아직 無念의 眞宗과는 一致되지 못 한것이라면 그가 感應하는 果報도 다만 人、天世界에서의 有漏의 果報일 따름일 것이다.

만약 이 人、天世界에서의 有漏의 果報일 따름일 것이다. 만약 이 經에 歸依하여 福德의 本質이 「空」이란 사실을 알게된다면 布施의 功德에 因緣하지 아

273

① 本地風光…태여나면서 그 自體가 부처인 人間本來의 모습。햇갈림도 번뇌도 없는 부처의 世界의 모습이고도 本地의 風光이 自然히 드러날 것이다。

註

圭峰 四는 釋超過所以라 於中에 二니 一은 正釋이라

何以故오 須菩提야 一切諸佛과 及諸佛阿耨多羅三藐三菩提法이 皆從此經出이니

祗這一卷經이 量包太虛하고 體遍一切하니 佛之與法의 玄根이 在玆라 又三身之佛은 人性中固有언마는 但以無明所覆로 不能顯現이라 今以智慧로 啄破無明殼하니 三身之佛이 當處現前이라이니

諸佛菩提法者를 論에 云 名爲法身이니 於彼法身에 此二ㅣ 能作了因이라 一切諸佛者는 即報化身이니 論에 云 於此에 能爲生因이라 하다

(圭峰의 解説)

네번째는 이 經을 受持하는 福德이 七寶를 布施하는 福德을 뛰어넘는 理由를 풀이하였다。이 가운데 두가지 區分이 있는데 그 첫번째는 바른 풀이를 하신 글이다。

(本文)

왜 그런가? 須菩提야! 一切의 모든 부처와 모든 부처들의 阿耨多羅三藐三菩提의 法이 모두

274

이 經으로부터 나오기 때문이다.

解說…오직 이 한권의 經은 그 量이 太虛를 감싸고 그 바탕은 一切의 世界에 두루 깔렸으니 부처와 法의 玄妙한 뿌리가 여기에 있는 것이다.

또한 三身을 지닌 부처가 사람의 自性 가운데 본래부터 存在하고 있지만 다만 無明에 덮혀진 까닭에 뚜렷히 나타날 수 없었다. 지금 智慧의 부리로 無明의 껍질을 쫏아 깨트리니 三身의 부처가 그 자리에 눈앞에 나타나는 것이다.

(圭峰의 解說)

「모든 부처의 菩提法」이란 말씀을 般若論에는 이르기를 「이름하여 이를 「法身」이라 하니 그 法身에서 이 두가지 법(※ 부처와 부처의 菩提法)이 능히 了因(認識의 根據)이 될 수 있다」라고 하였다.

「一切의 모든 부처」란 말씀을 般若論에는 이르기를 「이는 報身佛, 化身佛을 말씀한 것이며 여기에서 능히 生因(生成의 原因)이 될 수 있다」라고 하였다.

(六祖大師의 解說)

「이 經에서 나온다」고 하신 것은 이 한권의 글만을 指摘하신 말씀이 아니다.

六祖 此經者는 非指此一卷之文이라 要顯佛性이면 從體起用야하야 妙利無窮이라

般若者는 即智慧也라 智以方便으로 爲功이요 慧以決斷으로 爲用이니 即一切時中에 覺照心이 是라 一切諸佛과 及阿耨多羅三藐三菩提法이 皆從覺照中生일새 故로 云從此經出이시니라

佛性을 밝히려면 바탕으로부터 作用을 일으켜야 그 妙한 利益이 無窮할 것이다. 「般若」란 곧 智慧이니 「智」는 方便으로써 功德이 되고 「慧」는 決斷으로써 이는 곧 모든 時間 가운데서 깨달음과 비추어보는 마음이 智慧이다. 모든 부처와 阿耨多羅三藐三菩提法이 모든 깨달음에 의한 비추어보는 마음(覺照心)으로부터 나온다에 까닭에 「이 經으로부터 나온다」라고 말씀하신 것이다.

<big>說</big> 且道하라 此經은 從甚麼處出고 須彌頂上이요 大海波心이니라

<big>說</big> 人이 但知有子하고 不知有父하며 雖知有父나 亦不知有祖在니 須彌頂上과 大海波心이여 豈不是祖之面目이리요 須彌頂上이여 形名不到요 大海波心이여 崴然千差로다 凝然千差여 浩浩沒涯岸이요 形名不到여 鬼鬼杳難攀이로다 到這裏하야 佛佛祖祖ㅣ 計較不成이며 一切物類로 比況不及다로

佛祖垂慈實有權이니하시 言言이 不離此經宣이로다 此經出處를 還相委야 便向空中駕鐵船하라 (空中은 他本에 作雲中이라) 切忌錯會어다

頓獲大事了하야 灰頭土面伊麽來하야 爲霑枯槁洒甘露하니 滴滴이 皆從此經出이라 知得此經出處已는 好向芳草岸頭行다로 切忌錯會라 有甚錯會아 無雲生嶺上이요 有月落波心이로다 有月落波心이여 上界여 光不歇이요 無雲生嶺上이로 也尋常다

(冶父道川의 評唱)

말해보라! 이 經은 어디에서 나왔는가? 須彌山 꼭대기요 大海의 물결 한복판이로다!

解説…사람들이 다만 아들이 있는것만 알고 그 아비가 있는것을 모르며 비록 아비가 있음을 안다하더라도 또한 祖上이 있다는것은 모른다. 須彌山 꼭대기와 大海의 물결 한복판이 祖師의 面目이 아니겠느냐? 須彌山 꼭대기에서는 形体 이름 이야기는 여기에 이르지 못한다. 大海의 물결한복판에서는 우뚝히 千差萬別이 있으나 浩浩하여 끝과 언덕이 없다. 우뚝히 形体와 이름이 이르지 못하는곳 높고 높아 아득해 기어 오르기 어렵다. 이 境地에 이르러서는 부처마다 祖師마다 헤아려보고 비교하는 일 이루어지지 아니하고 모든 衆生의 種類들도 狀況을 比較하는 일이 미치지 못하는 곳이다.

(評唱)

부처 祖師 慈悲 드리움에
사실은 方便 있었으니
말씀마다 이 經
벗어나지 않는다고 宣言하셨네
이 經의 出處를
자세히 알고 싶은가?
문득 空中에 가서
무쇠 배를 타 보아라
잘못된 理解는 絶對 禁物이다

解説…頓然히 一大事因緣을 깨달으시고 俗世의 汚濁을 마다하시지 아니하시고 灰頭土面으로 世間에 그렇게 오셔서 메마른 마음을 적셔주기 위하여 甘露水를 뿌리시니 방울마다 모두가 이 經에서 나온 것이다. 이 經의 出處를 다 알수 있거든 멋지게 芳草 우거진 언덕위에 가서 걸어가라

絶對로 잘못된 理解는 禁物이라고?
무슨 잘못된 理解가 있겠는가?
잿마루위에 일어나는 구름 없고
波心에 떨어지는 달은 있네
波心에 떨어지는 달이여!
天上世界도 끊임없이 비추고
재마루 위에 생기는 구름 없으니
말아드리고 펴는 일 또한 尋常하구나!

 二는 轉釋이라

須菩提야 所謂佛法者는 即非佛法이라이니

第一義中에 無有佛法이 從經出也니라

眞性이 不碍緣起하니 經能出生佛法이요 緣起 不碍眞性하니 佛法이 即非佛法다이로

(圭峰의 解說)
두번째는 方向을 바꾸어 풀이하셨다.

(本文)
須菩提야! 이른바 佛法이란 곧 佛法이 아니다.

解説…眞如의 本性이 모든 事物이 서로 因緣지어 일어남을 가로막지 아니하니 經이 能히 佛法

佛法이 아닌것이다.

(圭峰의 解説)

最上의 眞理 가운데서는 佛法이 經으로 부터 나온것은 없다.

六祖 此는 説一切文字章句ㅣ 如標如指하니 標指者는 是影響之義라 依標取物이요 依指觀月이니 月不是指요 標不是物이니 但依經取法이라 經不是法이니 經文은 即肉眼可見이어니와 法은 即慧眼으로 能見이니 若無慧眼者면 但見其經하고 不見其法이라 若不見其法이면 即不解佛意니 既不解佛意인댄 終不成佛道니라

(六祖大師의 解説)

이는 모든 文字나 章句와 標識이나 손가락질 하는것은 마치 그림자나 메아리의 內容과 같음을 말씀하신 것으로 標識이나 손가락으로 가르침으로 因하여 달을 바라보게 되지만 손가락이 물건이 아니며 標識이 물건이 아니다 다만 經에 根據해서 法을 取하지만 經이 法이 아니다. 經文은 肉眼으로 볼 수 있으나 法은 慧眼이라야 볼 수 있다. 만약 慧眼이 없는 사람이라면 다만 經만을 보는것이지 그 法은 보지못한다. 만약 法을 보지못한다면 부처님의 뜻을 알지못하니 부처님의 뜻을 알지못한다면 끝내 佛道를 이루지 못한다.

冶父 能將蜜果子하야 換汝苦胡蘆로다

説 佛法也여 如彼蜜果子요 非佛法也여 如彼苦胡蘆로다 佛이요 非佛法非法이여 如將蜜果하야

換苦胡蘆와 更知道호니 甜果는 徹蔕甜하고 苦胡는 連根苦니라
佛法非法이여 能縱能奪이라 有放有收하며 有生有殺이로 眉間에 常放白毫光이어
癡人은 猶待問菩薩다이로
說 左之右之에 能方能圓이라 鷺鷥立雪非同色이요 崑崙騎象稍依俙로다 人人이 盡有一雙
眉하야 一雙眉際에 放毫光다이로 放毫光이여 本現成하니 何須向外空尋覓오이리

바꿀 수 있다
너의 쓴 조롱박(胡蘆)과
꿀맛 나는 과일과

(冶父道川의 評唱)

解說…佛法이란 저 꿀맛 나는 과일과 같고 佛法이 아닌것은 저 쓴 조롱박과 같다 부처가 부처 아니고 法이 法이 아니라함은 마치 꿀맛나는 과일과 쓴 조롱박을 바꾸는것과 같지만 다시 또 「단맛나는 과일은 꼭지까지 달고 쓴맛 나는 조롱박은 뿌리까지 쓰다」고도 말할 줄 알아야 한다.

(評唱)

佛法이 佛法아니라 함이여
놓아줄수도 있고 뺏을 수도 있으니
내치는것도 있고 거두는것도 있으며
살리는것도 있고 죽이는것도 있네
눈썹사이에 늘 흰 毫光 뻗어나는데
바보들은 아직도

279

보살에게 묻기를 기다리네

解說…마음데로 左之右之 모나게도 할 수 있고 둥글게도 할 수 있다

하얀 해오라기 눈위에 서있어도 같은 빛갈 아니며
崑崙國의 깜둥이 코끼리 타니 조곰은 어렴프시 보이는구나
사람마다 두개의 눈썹있고 한쌍의 눈썹언저리서 毫光 뻗도다
毫光 뻗어남이여 本來부터 눈앞에 이루어 진 것인데
무엇때문에 밖에 나가 공연히 찾고있는고?

❍宗鏡 寶滿三千이라 財施는 有盡이니와 偈宣四句나 法施는 無窮이니 發生智慧光明하야 流出眞如妙道로다 所以로 稱揚德勝하사 了達性空하야 徹諸佛之本源하며 豁一經之眼目시케하니 還見四句親切處麼아 眞性이 洞明依般若하니 不勞彈指證菩提로다

徒將七寶施三千이나 四句親聞了上根이로 無量劫來諸佛祖ㅣ 從玆超出涅槃門이다

❍說 徒將七寶施三千이나 但是人天有漏因이니와 四句親聞了上根하면 當證無餘大涅槃이로 清

淨無餘大涅槃하여 佛祖皆因四句證이로다

(宗鏡의 頌)

보물 三千世界에 가득하다 하더라도 財物의 布施는 끝나는 것이 있으나 偈頌으로 베푸는 것은 四句에 흘러 지나지 않지만 法布施는 다함이 없다. 그런까닭에 德이 뛰어났다 稱讚하시고 自性의「空」임을 환하게 내쳐서 眞如의 妙道가 흘러나온다.

부처의 本源에 사모처서 온 經의 眼目을 탁 터이게 하신것이다.

四句偈의 親切한 点을 보았는가?

眞如의 本性 훤하게 밝아 般若에 依止하니 눈 깜작할 사이에 菩提를 證得하는 수고도 필요없네

부질없이 七寶로 三千世界에 布施하나

四句偈 몸소 듣고 三千世界에 布施하나

無量劫의 過去부터

上等의 根機로다

四句偈 몸소 듣고 上根을 깨달으면 당장 無餘의 大涅槃을 證得하리라. 淸淨한 無餘의 大涅槃이여!

解說…부처님 祖師들 모두가 四句偈도 因緣하여 證得하였느니라

여기서부터 뛰어나와 涅槃門에 이르렀네

모든 부처 祖師들
부처 祖師師 모두가 四句偈도 因緣하여 證得하였느니라

圭峰 第四는 斷聲聞得果是取疑라 論에 云向說聖人이 以無爲法으로 得名이라故로 法不可取說云何聲聞이 各取自果하야 如證而說斷之니라 文

이四니 一은 入流果라

一相無相分 第九

須菩提야 於意云何오 須陀洹이 能作是念호대 我
得須陀洹果不아

※ 註
無餘涅槃…煩惱의 찌꺼기가 남아있지 아니한 淸淨하고 完全한 涅槃

(圭峰의 解說)

네번째는 聲聞僧들의 果報를 얻고 이를 取하여 疑心하는것을 決斷한 內容이다. 般若論에 이르기를
「앞에서 말하기를 聖人은 無爲의 法으로 聖人이란 이름을 얻은 까닭에 法을 取할 수도 없고 說明할 수도 없다고 하였는데 어떻게 聲聞僧들이 各己 나름대로 果報를 取하여 證得한것과 같이 說法을 할 수 있겠는가? 그런까닭에 이를 斷絶한 것이다.
글은 네가지로 區分되며 첫째는 小乘 第一果인 入流果에 관한 말씀이다.

一相無相分、第九(唯一한 形相을 無相이다)

(本文)

須菩提야! 너는 어떻게 생각하느냐? 須陀洹이 「나는 須陀洹果를 얻었다」고 생각할 수가 있겠느냐? 아니냐?

〈六祖〉 須陀洹者는 梵語며 唐言으로는 逆流니 逆生死流하야 不染六塵하고 一向 修無漏業하야 得麁重煩惱不生하야 快定不受地獄畜生脩羅異類之身을 名 須陀洹果니라 若了無相法하면 即無得果之心이니 微有得果之心이면 即不名須 陀洹일새 故로 言不也라하시니라

註
※ 須陀洹…小乘의 初果

(六祖大師의 解說)

須陀洹이라 하는것은 梵語이며 中國말로는 「逆流」란 뜻이다. 生死의 흐름으로 거슬러 올라가서 六塵에 물들지 아니하고 오로지 無漏의 業을 닦아 굳직하고 무거운 煩惱가 생겨나지 아 니하는 境地를 얻어 상쾌하고 安定되여 地獄, 畜生, 阿修羅등 類가 다른 몸을 받고 태여나는 일이 없게 되는것을 「須陀洹」이라 이름한다. 만약 無相의 法을 깨닫게 되면 곧 果를 얻겠다는 마음이 없어지니 조곰이라도 果를 얻겠다는 마음이 있게되면 곧 「須陀洹」이라고는 이름하지 아 니한다. 그런까닭에 「그렇게 생각하겠는가? 아닌가?」라고 말씀하신 것이다.

須菩提─ 言대하사 不也다니이 世尊이시어 何以故오 須陀洹 은 名爲入流로대 而無所入이니 不入色聲香味觸法

是名須陀洹이니다

(本文)

流者는 聖流也니 須陀洹이 得入聖流요 而無所入者는 無得果之心也니 須陀洹者는 乃修行人의 初果也니라

須菩提는 말하기를 「아닙니다. 世尊이시어 왜 그런가 하오면 須陀洹은 入流를 이름하나 들어가는 곳이 없으며 色, 聲, 香, 味, 觸, 法에 들어가지 아니하는것을 須陀洹이라 이름합니다」라고 하였다.

解說…흐름(流)이란 聖人世界의 흐름을 말한다. 須陀洹이 된 사람은 이미 추하고 무거운 번뇌는 벗어난 사람인 까닭에 聖人의 流에 들어갈 수 있는 것이다. 그러나 「들어가는 곳이 없다(無所入)」라고 한것은 果報를 얻어려는 마음이 없음을 말한것이다. 須陀洹이란것은 곧 修行하는 사람이 얻는 첫번째 果報인 것이다.

圭峰

須陀洹은 此云入流니 入聖流故며 亦云預流니 預聖流故니라 秖由不入六塵일새 名入聖流니 不是別有所入故니라 論에 云호대 聖人이 得果에 不取一法하며 不取六塵境界일새 故名逆流며 乃至羅漢도 不取一法以是義故로 名阿羅漢이라 然이나 非不取無爲自果니 但於證時에 離取我等煩惱일새 是故로 無如是라도 心我能得果니라 若起如是心하야 我能得果면 卽爲着我人等하니라

故知。得果는 是不取義。늘 何得疑云是取아

(圭峰의 解說)

「須陀洹」이란 이곳 말로는 「入流」라고 한다. 聖人의 흐름에 들어가는 까닭에 그렇게 말한것이다. 또 다른 말로는 「頂流」라고도 한다. 聖人의 흐름을 머리위에 이고 있는 까닭에 그렇게 말한것이다. 오직 六塵에 들어가지 아니함으로 말미암아 「聖流에 들어간다」고 부르는것이지 따로 들어가는 곳이 있는 까닭에 入流라 하는것은 아니다.

般若論에 이르기를 「聖人이 果를 얻으면 한 法도 取하지 아니하고 六塵의 境界를 取하지 아니하는 까닭에 「逆流」라 이름하며 乃至은 阿羅漢에 이르기까지도 (※ 阿羅漢은 小乘의 第四果) 한 法도 取하지 아니한다. 이런 內容이 있는 까닭에 「阿羅漢」이라 이름한다. 그러나 이는 無爲로 얻는 自然의 果報도 取하지 아니하는것은 아니며 다만 證得하였을 때 取, 我 等의 煩惱를 벗어날 따름이다. 그런 까닭에 「이와같은 마음이 없어도 나는 果를 얻게되었다」라고 하였다. 만약 「이와 같은 마음이 있어서 내가 능히 果를 얻을 수 있다」라고 하였다면 이는 곧 我相, 人相等에 執着하고 있는 것이다」라고 하였다.

그런까닭에 알지어다 果를 얻는다는것은 取하지 않는다는 뜻인데 어떻게 이를 取하는것이라 疑心할 수 있는가?

二는 一來果라오

須菩提야 於意云何오 斯陀含이 能作是念호대 我得斯陀含果不아 須菩提-言대하사不也니다 世尊이시어

何以故오 斯陀含은 名一往來로대 而實無往來일새 是名斯陀含이다

斯陀含은 此云一來니 斷欲界六品脩惑하고 從此命終에 一往天上가라 一來人間하야 便得斯陀含果일새 故名一來요 而實無來者는 已悟無我어니 誰能往來리오

(圭峰의 解說)

두번째는 「一來果」를 말씀하셨다.

(本文)

須菩提야! 너는 어떻게 생각하느냐? 斯陀含이 「나는 斯陀含果」를 얻었다고 생각할 수 있겠느냐?

須菩提가 말하기를 「아닙니다. 世尊이시어! 斯陀含이란 한번 갔다가 다시 오는것을 이름한 것이나 實地로는 가고 옴이 없는것을 斯陀含이라 이름합니다」라고 하였다.

解說…斯陀含이란 이곳 말로는 「一來」란 뜻이니 欲界의 六品의 修惑(※思惑)을 끊고 이 世上에서 목숨이 다함에 따라 天上世界로 갔다가 다시한번 人間世界로 오면 곧 斯陀含果를 얻게되는 까닭에 「一來」라 이름한 것이다.

「그러나 事實은 가고 오는것이 없다」고 말한것은 이미 깨달아 我相이 없는데 누가 가고 올 수가 있다는 것인가?

【六祖】 斯陀含者는 梵語어든 唐言에 一往來니 捨三界結縛하야 三界結盡이라 故로 名斯陀含이니 斯陀含을 名一往來者는 從人間死하야 卽生天上하고 從天上에 却到人間生하야 竟出生死하야 三界業盡을 名斯陀含果니라 大乘斯陀含者는 目睹諸境에 心有一生一滅하고 無第二生滅이라 故로 名一往來니 前念起妄에 後念卽止하고 前念有着에 後念卽離하야 實無往來라 故로 曰斯陀含也니라

(六祖大師의 解說)

「斯陀含」이란 말은 梵語며 中國말로는 「一往來」란 뜻이다. 三界의 煩惱와 束縛을 버리고 三界에서 맺은 번뇌가 다하게 되는 까닭에 「斯陀含」이라 이름한 것이다. 이 斯陀含을 「一往來」라 부르는것은 人間世界에서 죽어서 곧 天上世界에 태여났다가 다시 人間世界로 되돌아와서 마침내는 생사를 벗어나서 三界의 업이 다 하게 되는것을 「斯陀含果」라 부르는 것이다.

大乘에서의 斯陀含이란 눈으로 모든 境界를 보고 마음에 한번 生滅이 있으니 두번째의 生滅은 없게 되는 까닭에 「一往來」라 이름한 것이며 앞 생각에 妄念이 일어났다가도 뒷 생각이 그것이 그치고 앞 생각에 執着이 있다가도 뒷 생각에는 執着을 떠나서 事實上 오고 가는것이 없는 까닭에 「斯陀含」이라 이름한 것이다.

【圭峰】 三은 不來果라

須菩提야 於意云何오 阿那含이 能作是念호대 我

得阿那含果不아 須菩提ㅣ 言대하사ㅣ 世尊이시여
何以故오 阿那含은 名爲不來로대 而實無不來일새
是故로 名阿那含이이다

此本에 元無無不之不字어늘 今稽川頌本하야 加之라
皆以無爲法으로 而有差別이니 佛法이 既非佛法인댄 差別聖果ㄴ들 亦何有實이리오 伊麼則若佛
若法若僧寶ㅣ 畢竟冥然合一機로다
阿那含은 此云不來며 亦云不還이니 斷欲界九品脩惑盡하고 命終에 一往天
上하야 更不還來下界일새 故云不來니라 而實無不來는 義同前釋하다

(圭峰의 解說)

세번째로 不來果를 말씀하셨다.

(本文)

須菩提야! 너는 어떻게 생각하느냐? 阿那含이 「나는 阿那含果 를 얻었다」고 생각할 수 있겠느냐? 아니냐?
須菩提가 말 하기를 「아닙니다. 世尊이시어! 왜 그런가 하오면 阿那含은 「不來」라 이름하는 것인데 實相은 오지 아니하는것이 없습니다. 그런까닭에 「阿那含」이라 이름한 것입니다」라고 하였다.

解說…이 經의 原本에는 元來 「無不」이란 句節에 「不」자가 없었는데 冶父道川의 頌本을 參考해서 이 글자를 添加하였다.

모든 佛法이 모두 이 經에서 나오고 모든 賢人聖人이 無爲로 法을 삼으나 그기에 差別이 있다. 佛法이 이미 佛法이 아니니 差別있는 聖人의 果報도 또한 무슨 實地의 差別이 있겠는가?

그렇다면 부처나 法이나 僧寶나 畢竟에 가서는 눈에 보이지 않는 가운데 한 機緣에 合一되는 것이다.

(圭峰의 解說)

「阿那含」이란 말은 이곳 말로는 「不來」또는 「不還」이라 말한다.

欲界의 九品의 修惑을 다 斷滅하고 목숨이 다하여 한번 天上世界로 가면 다시는 下界에 되돌아 오지 아니하는 까닭에 「不來」라 말 한것이다.

「사실은 오지 않하는 것이 없다」고 말한것은 그 내용을 앞 章의 句節과 같이 解釋하면 된다.

六祖 阿那含은 梵語니 唐言는으로 不還이며 亦名出欲이니 出欲者는 外不見可欲之境하고 內無欲心可得하야 定不向欲界受生일새 故名不來며 而實無不來 亦名不還이니 以欲習이 永盡하야 決定不來受生일새 是故로 名阿那含也니라

(六祖大師의 解說)

「阿那含」이란 말은 梵語며 中國語로는 「不還」(돌아오지 않는다)라는 뜻이다. 欲界를 벗어난다는 것은 밖으로 欲望할 만한 境界가 없고 안으로 「出欲 즉 欲界를 벗어난다」는 뜻이다. 欲界를 벗어날 만한 欲心이 없어서 決定코 欲界에 가서 生命을 賦與받지 아니하는 까닭에 「不來」라 이름한

것이다.

그러면서 사실은 「不來」도 없으니 이를 또한 欲望과 習氣가 永遠히 사라져 決定코 人間世界에 와서 生命을 부여받지 아니하니 그런 까닭에 「阿那含」이라 이름한 것이다.

傳大士 捨凡初入聖이여 煩惱漸輕微라 斷除人我執하고 創始至無爲로다 緣塵及身見을 今者乃知非니 七返人天後에 趣寂不知歸로다

(傳大士의 頌)

凡人자리 버리고 처음 聖人자리 들어가니
煩惱 漸次 輕微하도다
人相、我相의 執着 斷除하고
처음으로 비로소 無爲에 이르렀네
因緣、境界、몸과 見解
지금에사 아님을 알았노니
일곱번 人天世界 가고 오다가
寂滅世界 向하더니
돌아올 줄 모르네

 諸行이 無常하고 一切皆苦로다

說 皆苦는 他本에 作皆空하니 空字ー 近是라 四果無果하야 歸一妙空이로다
三位聲聞이 已出塵이나 往來求靜有疎親이로다 明明四果ー元無果하니 幻化空
身이 卽法身이로다

說 六塵境內예 齊得出이나 涅槃城裏에 有疎親이라 有疎親을 分四果나 四果無果幻空身이로
幻空身卽法身이여 混融平等勿疎親이로다

解說…皆苦를 다른 原本에는 「皆空」으로 되여있는데 「空」이란 글자가 옳은것같다. 小乘四果는
無果며 한 妙空으로 歸一한다.

모든것 다 괴롭네
모든 行 無常하고

（治父道川의 評唱）

（評唱）

세자리 聲聞僧
이미 六塵 벗어 났으나
오고 가며 고요한곳 찾는데는
親疎있도다
明明白白 四果는 無果니
허깨비 造化같은 虛空의 몸이
곧 法身이로다

解說…六塵의 境界안에서는 모두 벗어났으나 涅槃의 城안에 들어가는데는 親疎의 差別이 있다.

그 親疎 있음을 四果로 나누었으나 四果는 無果요 허깨비 虛空같은 몸이로다

四는 不生果라 阿羅漢은 此譯에 有三하니 一은 無賊이니 三界見脩煩惱盡故요 二는 不生이니 不受後有故요 三은 應受니 應受人天廣大供養故니라 於中에 有三하니 一은 擧所得以問이라

須菩提야 於意云何오 阿羅漢이 能作是念호대 我得阿羅漢道不아

(圭峰의 解說)

네번째는 「不生果」를 말씀하셨다.

이 「阿羅漢」이란 말을 번역하는데 세가지가 있으니 첫째는 「無賊」이란 內容이며 이는 三界의 見惑, 修惑의 번뇌가 다한 까닭이다. 두번째는 「不生」이란 뜻이 있으니 後有身(다음 世上에 태여나는 몸)의 生命을 賦與받지 아니하는 까닭이다. 세번째는 「應受」란 뜻이 있으니 마땅히 人天世界에서의 넓고 큰 供養을 받을 資格이 있는 까닭이다.

이 글 가운데 세가지 區分이 있는데 그 첫째는 自身이 얻은것을 들어 물어본 내용이다.

(本文)

須菩提야! 너는 어떻게 생각하느냐? 阿羅漢이 「나는 阿羅漢을 얻었다」고 생각할 수 있겠느냐? 아니냐?

六祖 諸漏已盡하야 無復煩惱일새 名阿羅漢이라 阿羅漢者는 煩惱永盡하야 與物無諍이니 若有得果之心하면 即是有諍이라 若有諍하면 非阿羅漢이라

(六祖大師의 解說)

모든 煩惱妄想이 이미 다하여 다시는 煩惱가 없는것을 阿羅漢이라 이름한다. 阿羅漢이란 煩惱가 永遠히 사라져 衆生들과 말다툼이 없는 境地인데 果報를 얻겠다는 마음이 있다면 이는 곧 마음속에 다툼이 있는것이며 만약 마음에 다툼이 있다면 阿羅漢이 아니다.

圭峰 二는 明無取以答이라

須菩提-言하사대 不也니이다 世尊이시어 何以故오 實無有法을 名阿羅漢이니 世尊이시어 若阿羅漢이 作是念호대 我得阿羅漢道라하면 即爲着我人衆生壽者니이다

六祖 阿羅漢은 梵語며 唐言에는 無諍이라 無諍者는 無煩惱可斷하며 無貪嗔可離하야 情無違順하야 心境俱空하고 內外常寂을 是名阿羅漢이니 若有得果之心이면 即同凡夫일새 故로 言不也니라

(圭峰의 解說)

두번째는 取함이 없음을 밝히므로서 對答으로 삼았다

(本文)

須菩提는 말하기를

「아니옵니다. 世尊이시여! 웨 그런가하오면 眞實로 法이 없는것을 阿羅漢이라 이름하기 때문입니다. 世尊이시여! 만약 阿羅漢이 「나는 阿羅漢의 道를 얻었다」라고 생각한다면 이는 곧 我相、人相、衆生相、壽者相에 執着하고 있는것입니다.」

(六祖大師의 解說)

阿羅漢이란 말은 梵語이며 中國말로는 「無諍(마음에 是非의 다툼이 없는것)」이란 뜻이다. 無諍이란 끊어야 할 煩惱도 없고 버려야 할 貪欲、노여움도 없어서 마음에 어긋나고 順應하는 是非의 對立이 없고 마음과 境界가 모두 비어 안밖이 恒常 寂滅한 사람을 「阿羅漢」이라 부르는데 만약 果를 얻는다는 마음을 가진다면 이는 凡夫와 같은 사람인 까닭에 須菩提가 「아닙니다」라고 말한것이다.

世尊^{이시여} 佛說^{하사되} 我得無諍三昧^{하야} 人中^에 最爲第一^{이라} 是第一離欲阿羅漢^{이시나니}

三^은 引已證令信^{이라} 於中^에 文三^{이니} 一^은 明佛先印^{이라}

內不被見聞의 使殺하고 外不被聲色의 染汚하야 內外淸淨하야 曠然虛閑을 是名無諍이며 亦名離欲이니라

無諍者는 不惱衆生이니 能令衆生으로 不起煩惱故니라 佛이 讚之대하사 十弟子中에 善現이 第一離欲者시라하 三界煩惱에 但有貪心하면 盡名爲欲이요 非唯欲界니라

(圭峰의 解說)

自身이 證得한것을 引用하여 相對方을 믿게한 內用이며 이 가운데 세가지 區分이 있는는 부처님이 먼저 印可하신 일을 밝혔다.

(本文)

世尊이시어! 부처님이 말씀하시기를 제가 無諍三昧를 얻어 사람들 가운데 第一가는 사람이며 이는 첫번째 阿羅漢인 欲心을 버린 阿羅漢이라 하셨습니다.

解說…안으로는 見聞으로 因해서 煩惱의 奴隷가 되지아니하고 밖으로는 聲色으로 因해서 汚染 당하지 아니하여 안팎이 淸淨하고 마음이 텅 비어 虛閑한것을 「無諍」이라 하며 또한 欲心을 버린 사람(離欲)이라 부른다.

(圭峰의 解說)

無諍이란 衆生들을 괴롭히지 아니하는 사람이니 능히 衆生들로 하여금 煩惱를 일으키지 아니하게 할 수 있는 까닭에 부처님이 이를 讚歎하시기를 十大弟子가운데 須菩提가 가장 欲心을 버린 사람이라 하셨다.

三果의 煩惱에 다만 탐욕하는 마음이 있기만하면 이를 모두 欲心이 있는 사람이라 부르며 비단

欲界에 局限된것이 아니다.

六祖 阿를 名無諍三昧오 謂阿羅漢은 心無生滅去來하고 唯有本覺常照일새 故로 云無諍三昧니라 三昧는 是梵語니 唐言으로 正受며 亦云正見이니 遠離九十五種邪見을 是名正見也니라 然이나 空中에 有明暗諍하고 性中에 有邪正諍하니 念念常正하야 無一念邪心이 即是無諍三昧라 脩此三昧하면 人中에 最爲第一이며 若有一念得果之心이면 即不名無諍三昧니라

(六祖大師의 解說)

「阿」라는 말은 無諍三昧를 指稱한 말이다. 즉 阿羅漢은 마음에 오고가는 生滅이 없고 오직 究極의 깨달음이 恒常 비추는것만이 있는 까닭에 「無諍三昧」라 말한것이다. 「三昧」란 梵語며 中國말로는 「正受」또는 「正見」이란 뜻이니 멀리 九十五種의 邪見을 떠나는 것을 「正見」이라 이름하는 것이다.

그러나 空中에도 밝음과 어둠의 다툼이 있고 性品가운데도 邪와 正의 다툼이 있으니 生覺마다 恒常 바르고 一念의 邪心도 없는것이 곧 無諍三昧다. 이 三昧를 닦으면 사람가운데 第一가는 사람이며 만약 一念의 果報를 얻겠다는 마음만 있어도 이는 無諍三昧라 이름하지는 아니하는 것이다.

冶父 把定則雲橫谷口요 放下也에 月落寒潭이로다
說 不爲有邊所動이여 根境法中에 無影迹이요 不爲無邊所寂이여 這邊那邊에 應無蹤이로다 應

無影여 月落寒潭이요 無影迹이여 雲橫谷口로다 把定이 是아 放下가 是아 把定放下 俱不是하니 一掃掃向三千外로다

喚馬何曾馬리오 呼牛未必牛라 兩頭를 都放下하고 中道도 一時休라 六門에 迸出遼天鶻하니 獨步乾坤總不收로다

說 喚馬呼牛總不然하니 放下把定이 俱不是라 旣不涉於明暗兩頭하고 亦不坐於毘盧頂 頓이라 六根門頭에 沒蹤由하니 三千里外에 閑獨步 閑獨步여 快如遼天鶻이라 乾坤도 收不得이어 宇宙ㅣ 豈能藏오리

(治父道川의 評唱)

달이 떨어졌도다
차가운 깊은 물에
내려놓으니
골짝 들머리에 구름 가로막고
손에 잡으니

解說…「有」쪽의 作用에 흔들리지 아니하니 六根, 六境의 법 가운데 그림자도 자취도 없고 「無」쪽의 作用으로 寂滅하지 아니하니 이쪽 저쪽에 이지러짐 없을 것이다. 이지러짐 없으니 구름이 골짝 들머리를 가로막았 에 달은 차갑고 깊은 물속에 떨어졌고 그림자도 자취도 없으니 구름이 골짝 들머리를 가로막고 저 달이 떨어지고 저 다.

잡아두는것이 옳은가? 놓아주는것이 옳은가? 잡아두고 놓아주는것이 모두 옳지못하니 다 쓸 어버리고 저 三千世界 밖으로 가라!

(評唱)

말을 언제 말이라 불렀으며
소를 꼭 소라 부르지 안해도 된다
양쪽 머리를 모두 내려놓고
中道도 一時에 그만두라
六門에서 하늘에 닿는
매(鶻) 튀어 나가고
홀로 天地를 걸어가니
아무것도 거두어 들이지 못하네

解說…말을 말이라 부르고 소라 소라 부르는것이 모두 그렇지 아니하며 잡아두고 놓아주는것 이 모두 옳지 않다.
이미 밝음과 어둠의 양쪽 끝에 關聯하지 아니하고 그렇다고 毘盧遮那佛의 머리위에도 앉아있지 아니하니 六根의 門頭에 종적도 말미도 없어 三千里밖을 홀로 한가롭게 걸어간다. 그 快速함이 遼天鶻(하늘에 닿게 높이 나는 매)과 같아 하늘과 땅도 거두어들이지 못하는데 宇宙인들 어떻게 갈무리 할 수 있겠는가?

圭峰 二는 彰己不取라
我不作是念호대 我是離欲阿羅漢이라하 노이다

※ 六門…六根의 門.

(圭峰의 解説)

두번째는 自己가 取하지 아니하였음을 밝혔다

저는 그런 생각을 하지 아니하였는데 저를 離欲阿羅漢이라 하셨습니다.

(本文)

三은 却釋佛意라

世尊이시 我若作是念호대 我得阿羅漢道라하면 世尊께서 卽不說須菩提ㅣ 是樂阿蘭那行者리라하시나 以須菩提의 實無所行으로 而名須菩提는 是樂阿蘭那行이라하시다나이다

(圭峰의 解説)

세번째는 문득 부처님의 뜻을 풀이하였다.

離欲無諍에 已稱第一이요 又不作念하니 善不可不加로다 反是則豈得名爲無諍이리오 阿蘭那者는 論에 云호대 離二種障이니 一은 煩惱障이요 二는 三昧障이라 故無所行하다라 阿蘭那者는 此云寂靜이라

(本文)

世尊이시어! 제가 만약 「나는 阿羅漢의 道를 얻었다」라는 생각을 하였다면 곧 須菩提는 阿蘭那行(寂靜行)을 즐기는 사람이라 말씀하시지 아니하셨을 것이나 이 須菩提가 眞實로 行한것이 없음으로서 須菩提는 阿蘭那行을 즐기는 사람이라 이름하셨나이다.

解說…欲心을 떠나 마음속에 다툼이 없음에 이미 第一이라 稱하게 되었고 또 그런 생각을 하지 아니하였으니 그 거룩함을 더하지 아니할 수가 없다. 이에 反한다면 어떻게 無諍이란 이름을 얻겠는가?

(圭峰의 解說)

「行하는것이 없다(無所行)」라는 말을 般若論에는 이르기를 「두가지 障礙를 벗어난 것이니 첫째는 煩惱障이며 두번째는 三昧障이다 그런까닭에 「行하는것이 없다」라고 말하였다」고 하였다.

「阿蘭那」란 말은 이곳 말로 「寂靜」이란 뜻이다.

(六祖) 阿蘭那는 是梵語니 唐言에는 無諍行이라 無諍行은 即是淸淨行이니 淸淨行者는 爲除去有所得心也니 若存有所得心이면 即是有諍이요 有諍은 即非淸淨道니 常行無所得心이 即是無諍行이라 하니

(六祖大師의 解說)

「阿蘭那」의 말은 梵語며 中國말로는 「無諍行」이다. 無諍行이란 곧 마음을 除去하는것을 말한다. 만약 얻는것이 있는 마음이 남아있다면 이는 곧 「有諍(마음속에 是非의 다툼이 있는것)」이며 有

淨은 곧 淸淨한 道가 아니니 恒常 無所得의 마음을 行하는것이 곧 「無諍行」이다」

傳大士 無生亦無滅이며 無我復無人이라 永除煩惱障하고 長辭後有身이로 境亡心亦滅하야 無復起貪嗔이라 無悲空有智하야 儵然獨任眞이로다

註
※無所得…아무것에도 狗礙받지 아니하는 自由의 境地 마음속에 執着, 分別을 하지 아니하는 것, 對象을 認識하지 아니하고 主觀과 客觀을 區別하지 아니하는것.

(傳大士의 頌)

生도 없고 滅도 없고
我相도 人相도 없어
永久히 煩惱障 除去하고
기리 後有身과 離別하네
境界도 사리지고 마음도 滅하여
다시는 탐욕 노여움 일어나지 않고
空、有의 두 가장자리 智慧에
슬퍼함도 홀로 없으니
儵然히 홀로 眞如에 마끼도다

冶父 認着하면 依前還不是니라

說 以有無諍之實일새 故有無諍之名이니 名實을 更須忘却하야 始得다 若也未忘却이면 依前還不是니라

蚌腹에 隱明珠하고 石中에 藏碧玉이라 有麝自然香이니 何用當風立오이리 (當은 一作 臨이라)

說 明珠碧玉이 隱不露하니 大智如愚看似癡라 道存乎己하면 自發外니 何用區區逆人知리오
活計看來恰似無나 應用頭頭皆具足다이로
莫謂渠無活計在하라 應用頭頭皆具足다이로

※ 翛然…깨끗하고 홀가분 한것

(冶父道川의 評唱)

만약에 아직 잊지 못하였다면 여전히 도로 옳지못한 곳으로 되돌아가는 것이다.

無諍의 實이 있음으로서 無諍이란 이름을 얻는것이니 이름과 사실을 다시 다 잊어 버려야만 眞實한 無諍이 된다.

여전히 옳지 못하다

確固하게 認定하면

(評唱)

조개 뱃속에 眞珠 숨어있고
돌 속에 碧玉이 숨어있네
궁노루(麝香노루) 있으면
自然히 향기나니
무엇때문에 바람과 마주 설 필요있는가?
살림살이 보아오니

흡사 없는것 같지만
應用하면 간곳마다
모두가 具足하네

解説…眞珠나 碧玉은 숨어서 나타나지 아니하나 큰 智慧 지닌 사람은 어리석은 사람같아 바보처름 보인다. 道가 自己몸에 있으면 스스로 밖으로 나타나는데 무엇때문에 區區하게 사람들이 알기를 부르겠는가? 그는 살아갈 길이 없다고 생각하지 말아라! 應用하면 곳곳에서 모두가 具足된다.

宗鏡 人天往返에 諸漏未除러니 道果雙忘에 無諍第一이라 超凡入聖이여 從頭勘證將來하라 轉位廻機여 透底盡令徹去로다 委悉麼아 勿謂無心云是道하라 無心도 猶隔一重關이니라

説 超凡入聖이여 從頭勘證將來나 爭奈死水沈潛오리라 要須死水裏에 轉身廻機向此來하야 令於大寂滅海에 透底深入하야 徹證無餘니 逞相委悉此意麼아 莫以滅定爲究竟하라 於道에 猶未達一間이니라

果位聲聞이면 獨善身하니 寂然常定이 本非眞이라 廻心頓入如來海하야 倒駕慈航逆渡人이로다

説 聲聞獨善은 不是仁人이니 若是仁人인댄 兼善天下니라 寂然常定은 死水沈潛이니 若是眞龍인댄 不藏死水裏니라 要須死水裏에 轉身하야 廻入大寂滅海하야 興悲度生사하야 始得다

(宗鏡의 頌)

人天世界 갔다가 돌아옴에
道와 果報 모두 있으니
無諍이 第一일세
凡人 뛰어넘어 聖人에 들어감이여!
처음부터 勘證해 갖고오라
위치 바꾸고 機緣 돌림이여
밑바닥에 사모치게
모두 다 除去토록 하여라
자세히 알았는가?
無心이 道라고 생각하지 말아라
無心도 아직
한 겹 관문 中間에 가로막혀 있느니라!

解說…凡人의 자리를 뛰어넘어 聖人의 位置에 들어간다고? 처음부터 勘定해 證明해 보여다오! 썩은 물밑에 잠겨 가라앉은 身勢는 어떻게하고 그런 소리를하는가? 모름지기 그 썩은 물속에서 몸을 돌리고 기틀을 바꾸어 이곳으로 와서 大寂滅의 바다에서 밑바닥에 사모치도록 徹底하게 證得하고 남김이 없도록 하여야 한다. 이 말의 뜻이 무엇인지 자세히 알고싶은가? 滅定을 究竟이라 생각하지 말아라! 그것도 道에는 아직 한칸 未達한 境地이다.

(頌)

果報의 位階가 聲聞이라면
홀로 自己몸이나 거룩하게 하는것이
寂然히 늘 禪定만 하는것이
本來부터 眞如는 아니다
마음돌려 頓然히
부처의 바다에 들어가
慈悲의 배 거꾸로 타고
逆으로 사람들을 건너주어라

解說 : 聲聞僧의 獨善은 어진 사람이 아니다. 만약 어진 사람과 아울러 거룩해야 한다.
寂然히 恒常 禪定만 즐기는것은 썩은 물속에 가라앉아 잠기는 일이니 만약 眞正한 龍이라면 썩은 물속에 숨어있지 아니하니 모름지기 썩은 물속에서 몸을 돌려 大寂滅의 바다로 돌아와 그기에 들어가서 慈悲心을 일으켜 衆生을 濟度하여야만 비로소 眞正한 龍이 되는것이다.

莊嚴淨土分第十

佛이 告須菩提대하사 於意云何오 如來ㅣ 昔在然燈

圭峰 第五는 斷釋迦然燈取說疑라 論에 云釋迦는 昔於然燈佛所에서 受法하시고 彼佛은 爲此佛說法시늘 云何言不可取不可說새고할故로 經에 斷之니라하

佛所하야 於法에 有所得不아 不也니이다 世尊이시여 如來 在然燈佛所하사 於法에 實無所得이니이다

一 在然燈佛所하사 於法에 實無所得이니
이며 何容有法更得이리오 所以로 道호대 謂得然燈記인댄 寧知是舊身이라하시니라
之則釋迦는 本是天上天下에 獨尊獨貴底人이라 位過諸佛이시며 富有萬德이시니 何曾受他點眼
燈의 所說法要하사 果能答以無所得이라야 然이니 此는 但以借緣見道로 爲得耳니라 以實言
知佛明無得하시고 因甚道無所得고 以迹論之則釋迦 — 彼時에 因聞然
已明聲聞無所了고 將現菩薩亦無取리라 先擧自己因地上에서 師亦無言無聞하시니 空生이
於法에 實無所得者는 然燈佛說은 說是語言이요 釋迦所聞은 唯聞語言이니
語言은 非實智證法故니라 論에 云釋迦 — 於然燈佛所에 言語所說은 不取
證法이니 以是義故로 顯彼證智는 不可說不可取니라하다

다섯번째는 釋迦牟尼부처님은 燃燈佛에게서 說法을 取하였다는 疑心을 끊은 內容이다. 般若論
에 이르기를
「釋迦牟尼부처님은 예전에 燃燈佛이 계신곳에서 法을 받았으며 그 부처님이 이 부처님을 위하
여 說法하셨는데 어떻게 「取할 수도 없고 말할 수도 없다」고 하겠는가? 그런 까닭에 이러한
疑問을 끊은 것이다」라고 하였다

(本文)
부처님이 須菩提에게 말씀하시기를

307

「너는 어떻게 생각하느냐? 내가 예전에 燃燈佛의 佛所에서 法에 얻은것이 있다고 생각하느냐? 그렇지 않다고 생각하느냐?
(須菩提가 말하기를) 「아닙니다. 世尊이시여! 부처님은 燃燈佛이 계신곳에 계시면서 法에는 實地로 얻은것이 없었아오이다」라고 하였다

解説…이미 聲聞이 取함이 없음을 다 밝혔기에 곧 菩薩도 역시 取함이 없음을 말도 없었고 자기도 들은것이 없음을 밝히려 하심을 알고 果然 能히 「無所得」으로서 對答하였다.

무엇때문에 「無所得」이라 말하였는가? 迹門의 일로 論한다면 釋迦牟尼부처님은 그 때 燃燈佛이 説法한 法要를 들음으로 因緣하여 正覺을 薰成하였으니 어찌 이것이 「無所得」이겠는가? 그러나 이는 다만 因緣을 빌려 道를 본것을 「所得」이라 하였을 따름이며 그 位階는 實相으로 말한다면 釋迦牟尼부처님은 天上天下에 獨尊獨貴하신 사람이며 萬德을 가추고 있으니 언제 일찌기 다른 부처님의 位階를 넘어선 분이며 富는 萬德을 가추고 있으니 언제 일찌기 다른 부처님의 位階를 넘어선 분이며 다시 法을 얻은, 일이 容納되겠는가? 그런까닭에 이르기를 「燃燈에게서 記莂을 받은 일이 있었겠으며 어떻게 생각한다면 그것이 옛 몸임을 어떻게 알겠느냐?」라고 하신것이다.

註
① 迹門…本門의 對、本門의 부처님이 暫時 이세상에 자취를 드리우는것
② 點眼…龍이 그림에 마지막에 눈동자의 點을 찍는일、道의 修行에 마지막 한번의 도움을 받는일
③ 記莂…스승이 弟子를 認定하는 편지. 認可書

(圭峰의 解説)

法에는 實로 所得이 없었다고 한것은 燃燈佛이 말한것은 言語를 説法한것이며 釋迦가 들은것은

오직 말 뿐이었으니 말이란 實相의 智慧로 證得하는
般若論에 이르기를
「釋迦牟尼부처님이 燃燈佛에게서 얻은 것은 말로 說法한 法門이며 證한 法을 取한것이 아니다.
그러한 內容이 있는 까닭에 그의 證得한 智慧는 「말로 說明할 수도 없고 取할 수도 없는 것이다.」라고 말한것이다.

⑥ 佛이 恐須菩提─有得法之心하사 爲遣此疑故로 問之하시고 須菩提는 知法無所得하야 而白佛言호대 不也니라하니라 然燈佛은 是釋迦牟尼佛의 授記之師라 故로 問須菩提대하사 我於師處聽法에 有法可得不시고 須菩提는 卽謂法卽因師開示나 而實無所得이라 但悟自性이 本來淸淨하며 本無塵勞하야 寂而常照하면 卽自成佛이니 當知世尊이 在然燈佛所하사 實無所得也라 如來法者는 譬如日光이 明照하야 無有邊際나 而不可取니라

（六祖大師의 解說）

부처님은 須菩提가 「法을 얻은것이 있다」는 마음을 갖을까 두려워 하시어 이 疑心을 없애기 위하여 그 까닭으로 이를 물어 보신 것이며 須菩提는 法에서는 얻은것이 없음을 알았기에 부처님께 아뢰기를 「아닙니다」라고 말 한것이다. 燃燈佛은 釋迦牟尼부처님께 記莂을 내려준 스승인 까닭에 須菩提에게 물어보시기를 「내가 스승이 계시던 곳에서 法門을 듣고 얻을 수 있었던 法이 있었다고 생각하느냐? 아니냐?」라고 하

傅大士

法性은 非因果요 如理는 不從因이니 謂得然燈記인댄 寧知是舊身오이리

昔時에 稱善慧러니 今日에 號能仁이라 看緣緣是妄이요 識體體非眞이리다

신 것이며 須菩提는 곧 法은 스승으로 因緣하여 開示되지만 無所得이라 생각한 것이다. 다만 自性이 本來부터 淸淨하고 本來부터 六塵으로 因한 고달픔이란 없으며 寂滅하면서도 恒常 밝게 비춘다는 것을 깨닫기만 하면 곧 스스로 成佛하는 것이니 알지어다. 世尊께서는 燃燈佛의 佛所에 계시면서 法에서는 實地로 얻은 것이 없는 것이다. 부처님의 法이란 햇볕이 밝게 비추는 것과 같아서 끝도 가장자리도 없으며 取할 수도 없는 것이다.

(傅大士의 頌)

옛날에 善慧라 일커렀고
오늘날은 能仁이라 號하나
인연마다 거짓임을 보았고
몸체마다 眞實아님을 알았노라
法性은 因果가 아니니
眞如의 眞理는 因緣을 따르지 않는다
燃燈佛에게서 記莂얻었다고 생각한다면 어떻게 그것은 옛 몸이였음을 알겠는가?

冶父 古之今之로다

說 非但昔年에 無所得이라 至今出世라도 亦無得이니 伊麼則古亦只如是며 今亦只如是로다

一手指天하고 一手指地하시니 南北東西는 秋毫不視로다 生來心膽이 大如天하시니

無限群魔ㅣ 倒赤幡이로다

說 指天指地를 會也未아 南北東西ㅣ 釋迦로다 一釋迦여 誰籠罩오 心膽이 恢恢大如天하시니

一口吞盡諸佛祖로다 佛祖도 尚被渠吞却늘 魔外ㅣ 如何得不降오이리

解說…비단 옛날에만 無所得일 뿐 아니라 지금 世上에 나오셨어도 역시 無所得이시다. 그렇다면 예전에도 오직 이와같았고 지금도 역시 오직 이와같을 따름이다.

(評唱)

예전 일이 지금 일이로다

한 손은 하늘을 가르치고

한 손은 땅을 가르치며

南北東西는 조금도 보지 아니하셨다

태여나면서 心膽 하늘처럼 크시니

無限한 뭇 魔軍

붉은 깃발 거꾸로 눕혔노라 (降服했다는 뜻)

解說…하늘을 가르치고 땅을 가르친일 아는가? 모르는가?

南北東西에 오직 한 釋迦로다
唯一하신 釋迦님 누가 이분을 가두어 놓겠는가? 心膽은 넓고 넓어 크시어 한입에 모든 부처 祖師 다 삼켜버렸네. 부처, 祖師조차 그에게 삼켜버렸는데 外道, 天魔 어떻게 降服하지 아니할 수 있겠나?

 第六은 斷嚴土違於不取疑라 論에 云호대 若法不可取인댄 云何諸菩薩이 取莊嚴淨土며 云何自受法王身고할새 此中에 且斷嚴土之疑하니다라 斷之文이 三이니 一은 擧取相莊嚴問이라

佛意ㅣ 欲明法性眞土일새 故로 問호대 取形相莊嚴土不아니라하시니라

須菩提야 於意云何오 菩薩이 莊嚴佛土不아

(圭峰의 解説)
여섯번째는 國土를 莊嚴케 하는 일은 「取하지 않는다」는 뜻과는 어긋나는 일이 아닌가? 하는 疑問에 決斷을 내린 內容이다.

般若論에 이르기를
「만약 法을 取해서는 안된다고 한다면 어찌하여 모든 菩薩들은 莊嚴淨土를 取하며 또 어찌하여

스스로 法王身을 받으려 하는가? 이 가운데서 잠시 莊嚴淨土는 取한다는 疑問을 끊은 것이다」라고 하였다.

疑問을 끊은 內容은 세가지가 있는데 그 첫번째는 形相의 莊嚴을 들어 물어 보신 內容이다.

(本文)

須菩提야! 너는 어떻게 생각하느냐? 菩薩이 佛土를 莊嚴케 하느냐? 아니냐?

解說…부처님의 뜻은 法性의 眞土를 밝히시고자 하신 까닭에 形相의 莊嚴한 國土를 取해야 하는가 아닌가?·를 물어 보신 것이다.

二는 釋離相莊嚴答이라

不也다 世尊이시여 何以故오 莊嚴佛土者는 卽非莊嚴일새 是名莊嚴이다

二는 無爲佛土니라 根身器界를 因甚喚作淸淨智境과 無爲佛土오 捏目에 空花亂墜요 不然이면 滿目蒼蒼이니 作麽生莊嚴고 情忘勿疎親

內而根身과 外而器界— 皆是淸淨智境이며 無爲佛土오 捏目에 空花亂墜요 不然이면 滿目蒼蒼이니 作麽生莊嚴고 情忘勿疎親

偈에 云호대 智習唯識通이니 如是取淨土라 非形은 第一體요 非嚴은 莊嚴意며라

見盡無內外로다 作麽生 是非莊嚴고 情見忘處에 不留蹤하면 見佛見祖를 若冤讐니라

論에 釋云 諸佛은 無有莊嚴國土事요 唯眞實智慧로 習識通達일새 故不可

取莊嚴이 有二하니 一은 形相이요 二는 莊嚴意者는 卽是第一義相이니 非嚴者는 無形相故요 莊嚴者는 以一切功德으로 成就莊嚴故니라하

(圭峰의 解說)

두번째는 相을 떠난 莊嚴을 풀이하여 對答한 內容이다.

(本文)

아니옵나이다. 世尊이시어! 왜 그런가 하오면 佛土를 莊嚴케 한다는 것은 곧 莊嚴이 아닌것을 莊嚴이라 이름하기 때문입니다.

解説…안으로 六根을 가춘 몸과 밖으로는 六根을 가춘 몸 그것을 담고 있는 境界를 무엇때문에 淸淨한 智慧의 境界며 하나가 無爲의 佛土다 六根을 가춘 몸 그것을 담고 있는 境界가 모두 淸淨한 智慧의 境界며 하나가 無爲의 佛土라 하는가?
눈을 짓누르면 허공에서 꽃이 어지럽게 떨어지지만 그렇지 않으면 눈에 가득히 보이는것은 蒼蒼한 하늘이다.
어떻게 하는것이 莊嚴인가? 情을 잊고 親疎를 두지 말것이며 見解가 다하면 內外의 差別이 없는것이 莊嚴이다.
어떻게 하는것이 「非莊嚴」인가? 情과 見解 잊은 곳에는 자취 남기지 아니하니 부처、祖師 보기를 원수처럼 보는것이 非莊嚴이다.

(圭峰의 解說)

偈에 이르기를
「智慧 익혀 오직 通達한 境地 알면 이와같이 淨土를 取하도다. 形相아닌것이 第一가는 바탕이며 莊嚴아닌것이 莊嚴의 참 뜻이다」라고 하였는데 般若論에 이를 풀이하여 이르기를 「모든 부처님에게는 國土를 莊嚴하게 하는 일은 없다. 오직 眞實한 智識은 習識이 通達할 따름이니 그런 까닭에 「取할 수 없다」고 하는 것이다.」

莊嚴에 두가지 內容이 있으니 첫째는 形相의 莊嚴이며 두번째는 「第一義相」의 莊嚴이다.

「非莊嚴」이란 形相이 없는 까닭이며 莊嚴이라 한것은 곧 그것이 第一義相의 莊嚴이기 때문이며 一切의 功德으로 莊嚴을 成就하기 때문이다.

六祖 佛土淸淨_{하야} 無相無形_{하니} 何物_이 而能莊嚴耶_아 唯以定慧之寶_로 假名莊嚴_{이니} 莊嚴_이 有三_{하니} 第一莊嚴_은 世間佛土_니 造寺寫經_과 布施供養_이 是也_요 第二莊嚴_은 身佛土_니 見一切人_에 普行恭敬_이 是也_요 第三莊嚴_은 心佛土_니 心淨_{하면} 即佛土淨_{이라} 念念常行無所得心_이 是也_{니라}

(六祖大師의 解說)

佛土는 淸淨하여 形相이 없는데 무슨 물건이 이를 莊嚴하게 하는가? 오직 禪定과 智慧의 보배로 假名으로 莊嚴한다고 하느니라.

莊嚴에 세가지 區分이 있으니 첫째의 莊嚴은 世間의 佛土다. 절을 짓고 경을 배끼고 供養하는 것이 곧 이것이다. 두번째의 莊嚴은 身佛土다. 만나는 모든 사람들이 두루 恭敬을 行하는것이 곧 이것이다. 세번째의 莊嚴은 마음의 佛土다. 마음이 淸淨하면 곧 佛土를

清淨케 하는 것이니 念念에 잊지않고 恒常 無所得의 마음을 修行하는 것이 곧 이것이다.

冶父 孃生袴子요 靑州布衫이로다

孃生袴子는 純而無雜이라 然이나 唯古非今이요 靑州布衫은 儉而無華라 然이나 但質無文이니 本始合體하야 文質이 彬彬사하야 始可名爲十成莊嚴이라

抖撒渾身白勝霜하니 蘆花雪月이 轉爭光다이로 幸有九皐翹足勢하니 更添朱頂

又何妨가

說 功中就位에 脫盡廉纖이요 位裏轉身에 更添光彩로다

(冶父道川의 評唱)

어머니 뱃속에서 갓 태여난 아기여!
靑州의 무명 長衫이로다

解說…어머니에게서 갓 태여난 아기는 純眞하고 雜되지 아니하다. 그러나 오직 옛스럽기만 하고 지금의 모습은 아니다. 靑州(山東省)의 무명長衫 儉素하여 華麗함이 없다. 根本 처음에 바탕이 合致되고 文彩와 本質이 아울러 빛나야만 비로소 十成의 莊嚴이라 이름할만 하다.

※ 靑州布衫…趙州의 話頭에 나오는 말 「내가 靑州에 있을때 한벌의 布衫을 샀는데 무게가 일곱斤이더라(我在靑州 買一襲布衫重七斤)」

(評唱)

온 몸의 희고 멋진 서리
훌, 훌 털어버리니
갈대꽃 눈에 비친 달빛이
더욱 빛을 다투네
多幸히 九皐(이늦은 골짝 鶴이 움추린 곳)에서 발돋음하는 氣勢 있어
다시 이마에 朱紅을 더한들
무슨 相關 있겠나 (鶴의 정수리에 있는 붉은 斑点에 朱紅빛을 더한다는 것)

解説…功徳가운데 자리잡아 가랑비 젓는것과 같은 微細한 煩惱를 다 벗어나 位階안에서 몸을 돌리니 다시 光彩 더 해지도다

註
① 功中就位…洞山의 功勳五位의 境地에 이르는것(向、奉、功、共功、功功의 다섯階段의 修行의 地位)
② 廉纖…가랑비 微細한 번뇌

 三은 依淨心莊嚴勸이라

是故로 須菩提야 諸菩薩摩訶薩은 應如是生清淨心이며 不應住色生心이며 不應住聲香味觸法生心이요

何謂淸淨心가 無取無着이 是니라 若欲無取着인댄 須開智慧眼이니 一切賢聖이 以開智慧眼故로 善能分別諸根境界하야 於中無着하야 而得自在니라 由是로 根塵識界가 廓達無碍하야 一明妙하며 一一淸淨如虛空이니 是可謂天水相連爲一色이라 更無纖霧隔淸光이요 般若利用하야 如是甚深하며 如是自在하니 須開慧眼하야 普應根門하야 念念淸淨하며 塵塵解脫이요 不應無智하야 染着諸境이니라

論에 云호대 若人이 分別佛土ㅣ 是有爲形相이라하야 而言是我成就者면 彼住於色等境中이니 爲遮此故로 云호대 應如是生淸淨心하야 不應住色等也니라하시 而生其心者는 則是正智라 此是眞心이니 若都無心이면 便同空見라이니

(圭峰의 解說)
세번째는 淸淨한 마음의 莊嚴에 歸依하기를 勸誘한 말씀이다.

(本文)
그런까닭에 須菩提야! 모든 菩薩들은 이와같은 淸淨한 마음이 생겨야 할것이며 色에 住著한 마음이 생겨서는 안되며 소리、 냄새、 맛 感覺、 法에 住著한 마음이 생겨도 안된다.

解説…무엇을 淸淨한 마음이라 하는가? 無取、 無着하는 마음이 그것이다. 만약 取着을 없애고자 한다면 모름지기 智慧의 눈을 떠야하며 모든 賢人、 聖人이 智慧의 눈을 뜸으로서 六根、 六境을 훌륭히 分別할 수 있고 그 가운데서도 執着이 없이 自由自在한 境地를 얻게된다. 이로 말미암아 六根、 六境、 六塵、 六識의 境界가 탁 터여 걸림돌이 없이 하나 하나가 밝고

묘하며 하나가 虛空과 같이 淸淨하게 되니 이것이야 말로 하늘과 바다가 맞닿아 한 빛갈로 이어져 다시 털끝만한 노을도 맑은 빛을 가로막는것이 없다」는 境地라 말할 수 있다.

般若의 利益과 作用이 이와같이 깊고 깊으며 自由自在하니 모름지기 智慧의 눈을 뜨고 두루 六根의 門에 응하여 念念에 淸淨하고 永久히 解脫하여야 할것이며 智慧가 없어 여러 境界에 汚染되고 執着해서는 안되는 것이다.

(圭峰의 解說)

般若論에 이르기를

「만약 사람들이 佛土가 有爲의 形相이라 分別하여 「나는 佛土를 成就한 사람이다」라고 말한다면 그는 色, 聲등의 境界에 住著한 사람이다 이러한 이와같은 淸淨한 마음에 住著하여 色등 여러 境界에 住著하여서는 안된다」라고 말씀하신 것이다.

그러나 그런 마음이 생기는 것은 곧 그것이 바른 智慧며 이것이 眞如의 마음인데 만약 아무 마음도 없게 된다면 곧 空에 執着한 見解와 같아질 것이다.

六祖 諸修行人은 不應說他是非니 自言我能我解라하야 心輕未學이면 此非淸淨心也니 自性에 常生智慧하야 行平等慈하야 下心恭敬一切眾生이 是修行人의 淸淨心也니라 若不自淨其心하고 愛着淸淨處하야 心有所住하면 即是著法相이라 見色著色하고 住色生心은 即是迷人이요 見色離色하야 不住色生心은 即是悟人이니 住色生心은 如雲蔽天이요 不住色生心은 如空無雲하야 日月이 長照며 住色生心은 即是妄念이요 不住色生心은 即是眞智니 妄念이 生하면

即暗이요 眞智ㅡ照하면 即明이라 明하면 即煩惱ㅡ不生이요 暗하면 即六塵이 競起니라

(大祖大師의 解説)

모든 修行하는 사람은 다른 사람의 옳고 그른것을 말하여서는 안되며, 스스로 「나는 能力이 있고 나는 안다」라고 말하며 마음으로 아직 배우지 못한 사람을 경멸한다면 이는 淸淨한 마음이 아니다. 自性에 恒常 智慧가 생겨나서 平等한 慈悲를 행하고 마음의 姿勢를 낮추어 모든 衆生들을 恭敬하는 것이 修行하는 사람의 淸淨한 마음이다.

만약 스스로 그의 마음을 淸淨하게 하지 아니하고 淸淨한 곳에 愛着을 느껴 마음에 住着이 있다면 이는 곧 法相에 執着한 사람이라 色을 보면 色에 執着하고 色에 住著한 마음이 생겨나는 곧 이는 곧 迷惑된 사람이다. 色을 보고도 色을 떠나 色에 住著하지 아니하고 마음이 생겨나면 이는 곧 깨달은 사람이다. 色에 住著하여 생겨나는 마음은 곧 妄念이며 色에 住著하지 아니하고 생겨나는 마음은 마치 空中에 구름이 없고 해와 달이 기리 비추고 있는 것과 같다.

色에 住著하여 생겨나는 마음은 곧 妄念이며 色에 住著하지 아니하고 생겨나는 마음은 마치 구름이 하늘을 가리는 것과 같고 한 智慧이다. 妄念이 생기면 그것은 곧 어둠이며 眞正한 智慧가 비추게 되면 그것을 곧 밝음이다.

「밝음」에는 煩惱가 생겨나지 아니하고 어둠이 생기면 六塵이 앞을 다투어 일어나게 되는 것이다.

傅大士 掃除心意地를 名爲淨土因이니 無論福與智하고 先且離貪嗔이니 莊嚴은 絶能所라 無我亦無人이니 斷常에 俱不染하면 穎脫出囂塵이라하리

(傅大士의 頌)

마음과 생각의 땅을 掃除함을
淨土의 因이라 이름하니
福과 智慧, 論하지 말고
먼저 탐욕 노여움을 버려라
莊嚴은 主觀, 客觀, 斷絕되고
我相도 人相도 없이
斷見, 常見, 모두 물들지 아니하여
시끄러운 六塵世界를
멀리 벗어난 것이니라

(冶父) 雖然恁麼나 爭奈目前을 何오

說 雖然不應住於色聲이나 色聲이 爭奈目前何오
見色非干色이요 聞聲不是聲이라 色聲不礙處에 親到法王城다이로
目前諸法이 鏡裏看形이라 鏡裏看形不礙我나 眉目分明非別人이라 非別人이여 此是
相見法王處로다 所以로 道호대 鏡裏에 見誰形고 谷中에 聞自聲이라 見聞而不惑이어 何

處匪通程하가다라

(冶父道川의 評唱)

비록 그렇다 하더라도
눈앞에 닥친 일을 어찌할고?

應無所住하야 而生其心이니

不須空然逐風波하고 常在滅定應諸根이니 是可謂暗中有明다이로 又無所住者는 了無內外하고 中虛無物이오 如鑑空衡平하야 而不以善惡是非로 介於胸中也요 生其心者는 以無住之心으로 應之於事호대 而不爲物累也니라 孔夫子ㅣ云호대 君子之於天下也에 無適也하며 無莫也하야 義之與比시니 此는 言心無所倚하야 而當事以義也니 當事以義則必不爲物累矣며 不爲物累

(評唱)

色 보고도 色에 干與치 않고
소리 듣고도 소리가 가로막지 아니하며
色과 소리가 가로막지 아니하는 곳이
몸소 法王의 城에 이르는 곳이로다

解說…눈앞에 닥치는 모든 法은 거울속에 보이는 形相이다。거울속에 보이는 모습이 나를 가로막지 아니하나 眉目은 分明하여 딴 사람 아님이여! 이것이 法王과 만나는 곳이다。
그런까닭에 이르기를 「거울속에 보이는것 누구의 모습이며 골자기에 메아리 치는 소리 내소리를 듣는구나 보고 듣고 헷갈리지 아니하면 어느곳이 通하지 아니하는 길목인가?」라고 말한것이다。

解說…비록 그렇게 色과 소리에 住着하여서는 안된다고 하지만 그 色과 소리가 눈앞에 닥치니 이를 어찌할고?

(本文)

마땅히 住著하는 곳이 없이 그 마음이 생겨나야 하느니라

解說…空然히 風波를 쫓아갈 必要는 없다. 恒常 滅定가운데 있으면서 六根의 作用에 應하여야 하니 이것이 어둠속에 밝음이 있는것이라 말할 수 있다.
또 「無所住」라 하는것은 조금도 안과 밖의 區別이 없고 가운데가 비고 아무 물건도 없이 마치 虛空을 거울에 비추고 저울대가 平行하여 기울지 아니하는 것과 같으며 善惡과 是非가 가슴속에 介入되지 아니하는 것을 말한다.
「生其心」이란 住著이 없는 마음으로 事物에 應하면서 事物에 마음이 連累되지 아니하는 것을 뜻한다.

孔子가 말씀하시기를
「君子는 天下에 臨함에 마음에 맞는다고 이끌리는 일도 없고 義理로서 더부러 짝을 이루어야 한다」
라고 하였으니 이는 마음이 기대는 곳이 없고 義理로 일을 當하여야 한다는 뜻이다. 義理로 일을 맡게되면 반드시 事物때문에 마음이 얽혀지지는 아니하는 것이며 반드시 그 옳바름을 잃지 아니하게 되는 것이다.

聖人은 時代가 달라도 道는 같으며 말을 달라도 서로 뒷바침 한다는것을 여기에서 볼 수 있다. 謝氏(謝枋得)가 「無適、無莫」이란 말에 註釋을 달면서 金剛經의 이 句節을 引用하여 「猖狂自恣(미치광이의 제멋대로 날뛰는 소리)며 끝내 聖人에게 得罪하는 말」이라고 하였는데 어찌 그다지도 살피지 못한 말이 이 지경에 이르렀는가?

예전에 盧能(六祖) 스님이 五祖 弘忍大師의 門下에서 이 說의 說法을 듣다가 이 句節에 이르러 마음의 꽃이 頓然히 피어나 五祖의 衣鉢을 傳授받아 六祖가 되었고 그때부터 다섯 잎사귀의 꽃에 열매가 맺어 그 꽃다운 향기가 天下에 퍼지게 되었다.

오직 이 한 句節에서 無盡한 人天世界의 스승이 태여났느니라 아! 謝氏여! 왜 대나무 구멍으로 세상을 내다보는 좁은 所見을 가지고 저 蒼蒼한 하늘을 非謗하려 하는가?

註
① 盧能…六祖、慧能禪師、俗姓이 盧氏인 까닭에 盧能이라함.
② 五葉…禪宗의 五家。臨濟宗、雲門宗、曹洞宗、僞仰宗、法眼宗의 五宗을 말함.
③ 謝枋得…宋、弋陽사람。字는 君直 號는 疊山 寶佑年間 進士、宋末의 忠臣이며 學者、文章軌範등 많은 著書가 있

冶父 退後退後어다 看看하라 頑石이 動也로다

說 明中에 莫留蹤하고 却向暗中歸어다 看看하라 可不動底 — 如今動也니 動還無動하야 始得라이니

山堂靜夜坐無言하니 寂寂寥寥本自然이라 何事西風이 動林野하야 一聲寒鴈

說 本自無動이어니 何須動也리오 須信道어다 四海에 浪靜龍穩睡하고 九天에 雲淨鶴飛高로다

唳長天가

(冶父道川의 評唱)

물러서라 물러서!
보라! 보라!
쓸모없는 바위가 움지긴다!
解說…밝음속에 자취를 남기지 말고 문득 어둠속으로 돌아가라
보라! 보라! 움지길 수 없는것이 지금은 움지기고 있다. 움지겨도 문득 움지김이 없어야 되는것이다.

(評唱)

山堂 고요한 밤에
말없이 앉았으니
寂寂하고 寥寥함이 本是 自然인데
어찌하여 西風은
林野를 흔들고
하나의 소리, 찬 기러기
먼 하늘에서 우는가?
解說…本來 스스로 움직임이 없거늘 무엇때문에 움직일 必要가 있는가?
모름지기 道를 믿을지어다
四海의 물결 고요하니 龍은 편안하게 잠들고
九天에 구름 맑아지니 鶴은 높이 날아가네!

圭峰 第七은 斷受得報身有取疑니 疑意는 如前하다 斷之文이 二니 一은 問答斷疑라

須菩提야 譬如有人이 身如須彌山王하면 於意云何오 是身이 爲大不아 須菩提 言하사대 甚大니이다 世尊이시여 何以故오 佛說호대 非身이 是名大身이니다

放下根塵識하야 清淨至無餘면 圓滿空寂體가 豁爾於焉現이라 體同龜毛像鬼鬼하니 須彌橫海落群峰다 擧問空生深有以니 恐人於斯에 認着空生이 果能知佛意하사 答以非身하니 好知音이로다 只如非身底道理를 作麼生道오 未曾暫有나 像宛然하니 像雖宛然이나 同兎角다

論에 云호대 如須彌山이 勢力高遠일새 故名爲大로대 而不取我是山王은 以無分別故라 報佛도 如是하야 以得無上法王體일새 故名爲大나 而不取我是法王은 以無分別故니라 故偈에 云호대 亦復然이라 非身名身者는 非有漏有爲身이요 是無漏無爲身이라 故로 偈에 云호대 遠離於諸漏와 及有爲法故며 論에 云호대 若如是면 卽無有物이요 唯有清淨法身이니 以遠離有爲法

故가라하 以是義故로 實有我體니 以不依他緣住故다라하

(圭峰의 解說)

일곱번째는 報身을 받아 태여났으니 取한것이 있는것이 아닌가? 하는 疑心한 內容은 앞에서 말한것과 같다. 이를 斷切한 글은 두가지로 구분되며 그 첫번째는 問答으로 疑問을 끊은 內容이다.

(本文)

須菩提야 비유하면, 어떤 사람의 몸이, 須彌山의 王과 같다면 너는 어떻게 생각하느냐? 그의 몸은 크다고 생각하느냐? 그렇지 않느냐?
須菩提가 말 하기를 「매우 크옵니다. 世尊이시어! 왜 그런가 하오면 부처님이 말씀하시기를 「몸 아닌것을 큰 몸이라 이름한다」라고 하셨기 때문입니다.」

解說…六根, 六塵, 六識을 밑으로 내려쏟고 지극히 淸淨하여 번뇌, 망상이 남은것이 없으면 圓滿하고 空寂한 바탕이 눈앞에 탁 터여 나타난다.
바탕은 거북털과 (※事實이 아닌 虛空孟浪한 거짓) 같은데도 影像은 우뚝히 높으니 須彌山이 바다에 가로놓여 뭇 봉우리가 떨어져 내리도다
須彌山을 例로 들어 須菩提에게 물어보신것은 깊은 까닭이 있었으니 사람들이 여기에서 認識의 執着이 생길까 두려워 하신것인데 須菩提도 果然 능히 부처님의 뜻을 알고 「몸 아닌것」으로 대답하였으니 부처님과 뜻이 통하는 사람이었다.
그렇다면 「몸이 아닌」道理는 어떻게 말하면 되는것인가?
일찌기, 形像, 잠시도 없었건만 形像 宛然하니 形像비록 宛然하나 토끼 뿔(事實無根)같도다

(圭峰의 解說)

般若論에 이르기를
「須彌山의 形勢와 힘은 높고 먼 까닭에 「크」고 이름한다. 그런데로 「나는 山의 王이다」라는 생각을 갖지아니함은 이와같이 無上의 法王體를 얻었기에 「크」라고 이름하지만 「나는 法王이다」라는 생각을 갖지 아니함은 分別함이 없는 까닭이다.
報身佛도 이와같이 分別함이 없는 까닭이다.」
그런까닭에 偈頌에 이르기를
「山의 王이 取함이 없음과 같이
果報의 몸을 받음도
또한 이와 같도다」라고 하였다.
「몸 아닌것을 큰 몸이라 이름한다」라고 한것은 有漏, 有爲의 몸이 아니며 無漏, 無爲의 몸이란 뜻이다.
그런까닭에 偈頌에 이르기를
「모든 번뇌에서 멀리 떨어져
또한 有爲의 法과도
멀리 떨어진 까닭이다」
라고 한 것이다.
般若論에 이르기를
「만약 이와같다면 곧 衆生은 없고 오직 淸淨한 法身만 있게되니 이는 멀리 有爲의 法에서 벗어났기 때문이다」라고 하였다.
이러한 內容이 있는 까닭에 眞實로 나의 몸이 있으며 이는 다른 사람의 因緣에 依止하고 머물고 있는것이 아니기때문이다.

六祖 色身이 雖大나 內心量小하면 不名大身이요 內心量大하야 等虛空界사하야 方名大身이니 色身은 縱如須彌라도 終不爲大니라

(六祖大師의 解說)

色身이 비록 크다고 하더라도 안으로 마음의 度量이 크서 虛空의 世界와 같아야만 비로소 「큰 몸」이라 이름한다. 色身은 비록 須彌山과 같다 하더라도 끝내 크다고 하지는 아니한다

傅大士 須彌高且大여 將喻法王身이라 七寶齊圍繞요 六度自相隣다이로(自는 他本에 字作次字라) 四色은 成山相이요 慈悲는 作佛因이니 有形終不大요 無相乃爲眞이니라

(傅大士의 頌)

須彌山 높고 크서
法王身에 비유되네
七寶 가지런히 애워싸고
六度波羅蜜 스스로 이웃하네
四色은 산 모습 이루고
慈悲는 佛因이 되도다
形相있는것 끝내 크지 아니하니
無相만이 眞實로 크네

說 賴同兔角이어 設有인들 向什麼處着고 饒君膽大更心麤하야 目前에 指出千般有라도 我道其中

擬把須彌作幻軀하니 大烘焰裏에 難停物이로

說 冶父 設有인들 向甚麽處着고

一也無라 便從這裏入다이어

大身説非身이여 心膽이 大麁生이라 幸而喚作非身이나 設使喚作是身이라도 我道龜毛滿目

前이니라 伏請諸人은 須從這裏入다이어

(冶父道川의 評唱)

設使 存在한들 어디가서 발을 붙이는가?

解説 …믿는것은 토끼뿔을 믿는것과 같으니 어디가서 발을 붙인단 말인가? 활활 타오르는 불덩이 속에서 衆生들을 멈추게 하기는 어렵다.

(評唱)

須彌山 손에 잡고
허깨비같은 몸이라 하려니
설사 그대 간 덩어리 크고
또 마음 억세여서
눈앞에 온갖 存在
指摘해 낸다 해도

나는 말 하노니
그 안에는 한 물건도 없단다
곧 이곳으로 들어오라

解説…큰 몸은 「몸 아니것」이라 하였으니 마음과 肝膽이 크게 억센 사람이라 多幸이 큰 몸은 몸 아니것이라 하였지만 設使 「이 몸이 큰 몸이다」라고 하였다라도 나는 말하노니 눈앞에 가득한것은 거북털 뿐이라고…엎드려 請하노니 여러분은 모름지기 이곳으로 들어오라

宗鏡 如來ㅣ 續焰然燈이시나 實無可得之法이요 菩薩이 莊嚴佛土시나 應無所住之心이라 諸妄이 消亡에 一眞이 淸淨이라 昔究法華妙旨라가 親感普賢誨言하고 淸淨身心으로 安居求實하며 冥符奧義하야 豁悟前因하니 直得心法兩忘하고 根塵俱泯다로 且道하라 莊嚴箇什麼오 彈指에 圓成八萬門이요 刹那에 滅却三祇劫이로다

說 雖日續焰然燈이나 傳介什麼며 得介什麼오 雖日莊嚴佛土나 所嚴은 何土며 能嚴은 何人고 能所旣無에 心應無住며 心旣無住면 諸妄消요 妄旣消亡이면 一眞現이라 昔究法華妙旨라가 感驗契實하야 直得心法兩忘하고 根塵俱泯다로 且道하라 莊嚴介什麼오 無法不圓이요 一刹那際에 無罪不滅이라 莊嚴淨土事如是나 而與實相不違背로다

正法眼中에 無所得이어 涅槃心外에 謾莊嚴이라 六塵空寂을 無人會하니 推倒須彌浸玉蟾이로다

說 莊嚴淨土事如何오 得正法眼眞宗要로다 何謂正法眼고 了法無所有로다 法旣無所有
인댄 一切心亦無라 無心無所得을 是謂涅槃心이니 此眞莊嚴을 人不會하야 取相身土譌
莊嚴일새 故號大身說非身하사 致令知見無所寄니라케하시

〈宗鏡의 頌〉

부처님이 활활 타오르는 등불을 이어섰지만 사실은 얻을 수 있는 법은 없었고 善薩들이 佛土를
莊嚴케 하였지만 마땅히 住著하는 곳이 없는 마음이어야 한다. 모든 妄念이 녹고 사라지니
唯一한 眞如 淸淨하구나!
예전에 法華經의 妙旨 參究하다가
親히 普賢보살의 가르침 感應하니
淸淨한 몸과 마음으로
安居하며 實相求하여
눈에 보이지 않게 깊은 眞理 符合하여 豁然히 前生의 因緣 깨닫고
곧 마음과 法 둘 모두 잊어버리고
六根 六塵 모두 사라지게 되었네
말해보라!
무엇을 莊嚴하였는가
눈 깜작할 사이에
八萬法門 둥글게 이루어지고
刹那間에
三阿僧祇劫을 滅해 버리도다

解說…비록 활활 타오르는 등불을 이어받았으며 무엇 하나를 傳授받았으므로 무엇 하나를 얻었는가?

비록 佛土를 莊嚴케 하였다고 하지만 莊嚴케 된것은 무슨 땅이며 莊嚴케 한 사람은 누구인가?

莊嚴을 받은 客体 莊嚴케 한 主体가 이미 없으니 마음에 住著이 없어야 하며 마음에 住著이 없으면 모든 妄念이 사라지고 망념이 사라지게 되면 唯一한 眞如가 나타난다.

예전에 法華經의 妙旨를 參究하다가 普賢菩薩의 感驗으로 實相과 契合되어 곧 마음과 법이 다 없어지고 六根、六塵이 모두 사라지게 되었다(※이 部分은 宗鏡自身의 經驗이며 本經과는 相關이 없는 蛇足이다)

말해보라! 무엇을 莊嚴케 한다는 것인가? 손가락! 한번 퉁길 사이에 圓成되지 아니하는 法이 없고 눈 한번 깜작할 사이에 滅絶되지 아니하는 罪가 없다. 淨土를 莊嚴케 한다는 일은 이와같으나 그러나 이는 實相에 違背되는 일이 아니다

(頌)

正法眼藏 가운데 所得은 없고
涅槃의 마음밖의 부질없는 莊嚴일세
六塵의 空寂을 아는 사람 없으니
須彌山 밀어 넘겨
달 속에 가라앉게 하리라

解說…淨土를 莊嚴케 한다는 일은 어떤것인가? 正法眼藏과 眞正한 宗要를 얻는 일이 그것이다

무엇을 正法眼이라 하는가? 法이 無所有임을 깨닫는 일이다. 法이 無所有라면 모든 마음도 없는 것이다. 마음도 없고 所得도 없는것을 涅槃의 마음이라 한다. 이 眞正한 莊嚴을 사람들은 모

無爲福勝分 第十一

須菩提야 如恒河中所有沙數하야 如是沙等恒河提-ㅣ 言甚多다하사이다 世尊이어시 但諸恒河도 尚多無數어든 何況其沙-ㅣ릿가

一恒河沙數無窮하니 沙等恒河亦無盡이로 一性中有恒沙用하니 如恒沙用法無盡다이로 二恒

圭峰 二는 校量顯勝이라 於中에 文二니 一은 約內財校量하야 倍顯經勝이라니 初中에 文二니 一은 約多河以辨沙라 所以라 初中에 文三이니 一은 約外財校量하야 廣顯經勝이요 二는 校量勝劣이요 二는 釋勝

註
① 玉蟾…달, 달속의 두꺼비같은 陰影이 보임으로「옥두꺼비」라 부름.
② 無所有…아무것도 갖는것이없다. 어디에도 束縛받지아니하는 自由自在의 境地

르고 形相의 身土를 取하여 부질없이 莊嚴이라 하고있는 까닭에 큰 몸이란 이름은 몸이 아닌것이라고 말씀하여 사람들로 하여금 知見이 몸 붙일 곳이 없게 하신 것이다.

沙亦無盡하니 一一法有恒沙用이라 恒河者는 從阿耨池東面流出이니 周四十里라 沙細如麵하고 金沙混流어든 佛多近此說法일새 故取爲喩니라

(圭峰의 解說)

두번째는 數量를 비교하여 뛰어났음을 밝혔다. 이 가운데 글은 두가지로 區分되니 첫째는 外部의 財物과 結付시켜 數量을 비교하여 널리 經으로 얻는 福德이 뛰어났음을 밝혔고 두번째는 內部의 財物과 結付시켜 數量을 비교하여 갑절이나 經으로 얻는 福德이 뛰어났음을 밝혔다. 이 두가지 첫번째 內容도 두가지로 區分되니 첫째는 數量을 비교하여 뛰어나고 뒤진것을 論하였고 두번째는 뛰어난 理由를 풀이하였다. 이 두가지 가운데 첫번째 內容의 글도 세가지로 구분되니 그 첫번째는 많은 江과 結付하여 모래의 數가 많음을 가려내는 內容이다.

(本文)

(無爲의 福이 뛰어나다는 分段、第十一段)

須菩提야! 가령 恒河 가운데 있는 모래를 例로 든다면 이와같은 모래가 차라리 많다고 생각하느냐? 아니냐? 이 모든 恒河의 모래가 차라리 많다고 생각하느냐? 아니냐?

須菩提가 말 하기를

「매우 많습니다。世尊이시여! 다만 모든 恒河의 물만 하더라도 오히려 無數하게 많거늘 하물며 그기에 있는 모래야 말할 나위가 없습니다」라고 하였다

解說…한 恒河의 모래의 數도 無窮한데 그 모래와 比等한 恒河도 또한 無盡하다。한 自

335

性 가운데 恒河의 모래알같이 많은 作用이 있고 恒河의 모래알같은 法도 다함이 없다. 恒河의 모래알마다 그 自体도 다함이 없고 法마다 恒河의 모래알같은 作用처럼 많은 作用이 있다.

(圭峰의 解說)

恒河란 江은 多耨池의 東쪽에서 흘러나오는 江이며 周圍가 四十里에 達하고 모래는 밀가루처럼 가늘고 金과 모래가 섞여서 흐른다. 부처님은 흔히 이 江가까이서 說法하신 까닭에 이 江을 取하여 比喻하셨다.

冶父 前三三後三三이로다

說 天地日月과 萬像森羅와 性相空有와 明暗殺活과 凡聖因果의 凡諸名數를 一句에 都說破로다

一二三四數河沙여 沙等恒河數更多로다 算盡目前無一法하야 方能靜處薩婆訶라 하리

說 一二三四等恒河여 一恒河沙로 以爲數하니 猶未足이라 沙等恒河數更多로다 諸法이 無邊數難窮하니 窮盡諸法無異法이로 了得法法無異法하야 方能靜處薩婆訶라 하리

(冶父道川의 評唱)

解說…하늘과 땅, 해와 달 森羅萬像과 本性과 形相의 空과 有 밝고 어둡고 죽이고 살리는 凡人, 聖人의 因果와 모든 이름과 數量를 이 한마디로 모조리 說破하였다.

앞도 헤아릴 수 없고 뒤도 헤아릴 수 없도다

(評唱)

하나, 둘, 셋, 넷
모래알 해아리고
모래와 비등한 恒河의 數도
또한 많으나
다 해아리고 나도 눈 앞에는
한 法도 없어야
비로소 고요한 곳이로 소이다

註
解說…하나, 둘, 셋, 넷 恒河의 數와 같고 한 恒河의 모래알로 수자를 삼으니 한 恒河의 모래 알도 오히려 다 해아릴수 없는데 모래알처럼 많은 恒河의 모래 수는 더욱 많도다 여러 法도 끝없이 그 數字 다하기 어려우나 모든 法 다 究竟하여도 다른 法 다 른 法 없음을 깨단하게 되면 비로소 고요한 境地에 이르렀소이다

① 靜處薩婆訶…薩婆訶는 梵語의 文章末尾에 붙는 語助辭。「고요한 境地로 소이다」

圭峰 二는 **約多沙以彰福**이라

須菩提야 我今實言으로 告汝하노리 若有善男子善女人이 以七寶로 滿爾所恒河沙數三千大千世界

以用布施하면 得福이 多不아 須菩提ㅣ言대사 甚多니이 世尊하

(圭峰의 解說)

論에云호대 前已說喩어늘 何故로 復說고하며 偈에 云호대 說多義差別이며 亦成勝校量이니 後福이 過於前일새 故로 重說勝喩라하며 何故로 不先說此喩오 爲漸化衆生하야 令信上妙義故며 又前未顯以何等勝功德으로 能得菩提故니라

두번째는 많은 모래와 結付시켜 福德이 많음을 밝혔다.

(本文)

須菩提야! 내가 지금 眞實한 말로 너에게 알리노니 만약 善男子, 善女人이 일곱가지 보배로 恒河의 모래알 같이 많은 三千大千世界를 가득차게 하여 이로서 布施에 쓰는 사람이 있다면 그가 얻는 福이 많겠느냐? 아니냐?

須菩提가 말 하기를
「매우 많습니다. 世尊이시어!」
라고 하였다.

(解說…般若論에 이르기를

「앞에서 이미 譬喩를 말씀하셨는데 무슨 까닭으로 다시 비유를 말씀하셨는가」하고 偈頌에 이르기를 「많은 福의 內容의 差別이 있음을 말씀하신 것이며 또한 뛰어난 앞의 福을 넘어서는 까닭에 거듭 뛰어난 비유를 말씀하신 것이다」라고 하였다. 왜 먼저 이 비유를 말씀하시지 아니하셨는가? 그것은 漸次로 衆生들을 敎化하여 最上의 妙한 眞理를 믿게 하기 위한 까닭이며 또한 앞에서는 어떠한 뛰어난 功德으로 능히 菩提를 얻을 수 있는가를 밝히지 아니하셨기 때문이다.

三은 約多福 以顯勝이라

佛이 告須菩提하사 若善男子善女人이 於此經中에 乃至受持四句偈等하야 爲他人說하면 而此福德이 勝前福德하리라

施寶는 終感生死일새 所以爲劣이요 持經은 當趣菩提일새 所以爲勝이라

施寶는 經趣菩提니 大意는 同前이다

施感生死요 經趣菩提니

六祖

布施七寶는 得三界富貴報요 講說大乘經典은 令諸聞者로 生大智慧하야 成無上道니 當知어다 受持福德이 勝前七寶福德也니라

(圭峰의 解說)

세번째는 많은 福과 結付하여 뛰어남을 밝혔다.

(本文)

부처님이 須菩提에게 말씀하시기를 「만약 善男子, 善女人이 이 經 가운데에서나 乃至는 四句의 偈頌을 받아 간직하거나 다른 사람을 위하여 說明한다면 이 福德은 앞에서 말한 福德보다 뛰어날 것이다」라고 하셨다.

(圭峰의 解說)

解說…宝物을 布施하는 것은 끝내는 生死에 感應하는 까닭에 뒤지는것이고 經을 護持하는 것은 곧 菩提로 가는 길인 까닭에 뛰어난다는 것이다.

布施는 生死에 感應하고 經은 菩提로 나아간다. 大体的인 뜻은 前章과 같다.

(六祖大師의 解說)

七宝를 布施하는것은 三界에서의 富貴의 果報를 얻으나 大乘의 經典을 講說하는것은 그것을 듣는 사람에게 큰 智慧가 생겨 無上의 道를 이루게 하는 것이니 알지어다. 經을 受持하는 福德이 앞에서 말한 七寶를 布施하는 福福보다 거룩한 福을 받는것이다.

傳大士 恒河數甚多요 沙數更難量이라 將沙齊七寶하야 能持布施漿도이라 有相은 皆爲幻이니 徒言智慧强이나 若論四句偈인댄 此福이 未爲長이라

(傅大士의 頌)

恒河의 數 매우 많고
모래의 수 더욱 헤아리기 어렵네
그 모래알과 비등한 七寶로
능히 布施의 漿物로 간직하더라도
形相 있는것은 모두가 허깨비요
부질없이 智慧가 굳세다 말 하지만
만약 四句의 偈頌과 論한다면
이 福 길다고 할 수 없네

冶父 眞鍮로 不換金이로다이로

說 眞鍮ㅣ雖眞이나 比之精金하면 猶是僞寶요 施福이 雖勝이나 比之經福하면 猶是劣福이로다
入海算沙徒費力이라 區區未免走紅塵이니 (紅은 一作埃라) 爭如運出家珍寶하야 枯木生花別是春가

說 棄本逐風波하니 終成有漏因이라 有漏因이여 爭如直下明自己리오 因甚要須明自己오 人脚跟下가 淸淨本解脫이라 更明今日事하면 別有一春光하리라

(冶父道川의 評唱)

놋쇠로 금과 바꾸지 못하노라

解說…놋쇠가 비록 眞짜라 하더라도 精金과 比較하면 아직도 이는 거짓宝物이다. 布施의 福德이 비록 뛰어나다 하더라도 經을 受持하는 福德과 비교하면 아직도 뒤진 福德이다.

〈評唱〉

바다에 들어가 모래알 헤아림은
부질없이 힘만 浪費함이며
區區하게 紅塵世間 달려감을
면치 못한 身勢라
그것이 어떻게
집안 珍寶 실어내서
마른 나무 꽃피게 하는
別世界의 봄과 같으랴?

解說…根本버리고 風波 쫓아감이여! 끝내 有漏의 因緣이루네! 有漏의 因緣이여! 어찌 막바로 自己의 正体 밝힘과 같으랴! 무엇때문에 自己를 밝혀야 하는가? 사람마다 발굼치 아래가 淸淨한 根本解脫이니 다시 오늘의 일을 밝힌다면 따로 한 봄볕이 있을 것일세

宗鏡 滿積恒沙七寶로 周廻布施三千하면 福德도 分明하고 果因도 不昧나 能宣四句之偈하야 勝前萬倍之功하야 用眞智以照愚가 如急流而勇退로다 且道하라 退後에 如何오 象踏恒河徹底過하니 大千沙界ㅣ百雜碎로다

說 七寶施來에 福德果因이 分明이나 四句宣來에 勝前施功萬倍나라 持說此經이 因甚勝

前福德^고 前則智眼^이 未明^{하야} 凝心^을 未除^{와어니} 此則智以照愚^{하야} 愚不得住^{니라} 且道^{하라}

爾後^에 如何^오 利根^이 依經解義^{하면} 洞明此道淵源^{하리} 淵源^이 旣已洞明^{하면} 曠劫無明

^이 當下灰^라 無明^이 旣已灰^{일세} 目前境界ㅣ何有^오

重增七寶滿恒沙^여 如棄甜瓜覓苦瓜^요 豁悟眞空元不壞^여 百千三昧ㅣ

總虛花^{로다}

㊗ 甜瓜服來^에 心自悅^{이요} 苦瓜服來^에 氣未便^{이니} 持經^에 當受無上樂^{이요} 布施^에 終成有

漏因^{이로다} 布施^는 因甚^{하야} 終成有漏^{하고} 持經^은 因甚^{하야} 受樂無窮^고 持經^은 豁悟眞空^{이요}

布施^는 空然住相^{이니} 住相布施^는 生天福^{이라} 猶如仰箭射虛空^{이요} 豁悟眞空^은 元不壞

^라 百千三昧ㅣ總虛花^{로다}

(宗鏡의 頌)

恒河의 모래알처럼 많은 七寶

가득히 싣고

三千世界 두루 돌며 布施하면

福德도 分明하고 果와 因도 確實하나

능히 四句의 偈 베풀면

앞의 福德 萬倍나 뛰어나고

眞如의 智慧 쓰서

어리석은 사람 비추어줌이

急한 흐름에서

勇敢히 물러서는것과 같도다
물러선 뒤에는 어떻게 되는가?
말해보라
코끼리 恒河밟고
밑바닥에 사모치게 지나가니
三千大千世界 산산히 부스지네!

解說… 일곱가지 보배로 布施를 계속한다면 福德의 果報、因子 分明하지만 四句偈로 宣法을 계속한다면 앞의 布施의 功德보다 萬倍나 뛰어나다 이 經을 護持說法하는것이 무엇때문에 앞의 布施의 功德보다 뛰어나는가? 앞의 布施는 智慧의 눈이 아직 밝지못하여 어리석은 마음이 아직 除去되지 아니하였으나 이 功德은 智慧로 어리석음을 비추어 어리석음이 머물지 못한다. 말해보라! 그 다음은 어떻게 되는가? 銳利한 根機가 經에 根據하여 眞理를 解得하게 되면 이 道의 淵源을 환하게 밝혀지게되고 淵源이 밝혀지면 曠劫의 過去에서부터 내려온 無明이 그 자리에서 재가 되고 만다. 無明이 재가 되고나면 눈앞의 境界가 나와 무슨 관계가 있겠는가?

(宗鏡의 頌)

다시 七寶 더하여
恒河의 모래알 數를 채운다 해도
단 참외 버리고
쓴 참외 찾는것과 같으며
眞空이 元來 허무러지지 않음을
豁然히 깨닫게되면
百千의 三昧도 모두

解説…맛이 단 참외를 먹어보면 마음이 스스로 기쁘고 쓴 참외를 먹어보면 기분이 언잖다. 經을 호지하면 더 없는 즐거움을 받을 것이며 布施는 끝내 有漏의 因緣을 이룬다. 經을 護持하는 일은 어찌하여 無窮한 즐거움을 받는가?
布施는 어찌하여 번뇌, 망상의 因子가 되며 經을 護持하는 일은 어찌하여 無窮한 즐거움을 받는가?
經을 護持하면 豁然히 眞如의 空을 깨닫게 되고 布施는 공연히 相에 머물게 된다.
相에 住著하면 하늘에 태여나는 福이 있으나 이는 마치 虛空을 우러러보고 화살을 쏘아올리는 것과 같고 豁然히 眞空을 깨닫는 일은 元來 허물어지지 아니하니 百千의 三昧도 境地에서는 모두가 헛 보이는 꽃에 지나지 않는다

헛 보이는 꽃이로다

圭峰 二는 釋勝所以라 於中에 文五니 一은 尊處歎人勝이라 又三이니 一은 明處可敬이라

尊重正教分第十二

復次須菩提야 隨説是經호대 乃至四句偈等하면 當知此處는 一切世間天人阿修羅— 皆應供養을 如佛塔廟어든

大般若에 說天帝－不在에 諸天이 若來하야 但見空座라도 盡皆作禮供養而去라하니 窣睹波는 此云高顯이니 塔者는 邊國訛語라 廟는 貌也니 於塔中에 安佛形貌니라

(圭峰의 解說)

두번째는 經을 護持하는 功德이 뛰어나다는 理由를 풀이한 것이며 글은 다섯가지로 區分되는데 첫째는 尊貴한 位置에서 사람들의 讚歎함이 뛰어나다는 內容이며 이 內容도 또 세가지로 區分되는데 그 첫째는 位階의 尊敬받을만한 점을 밝혔다.

(尊重正敎分, 第十二)

(本文)

또한 須菩提야! 이 經의 說法에 따르다가 이어 四句偈등에 이르게 되면 알지어다. 이 境地는 모든 世間과 하늘사람, 阿修羅등이 모두 마치 부처의 塔廟에 供養하듯 供養할 것이니…」

(圭峰의 解說)

大般若經에 이르기를

「하늘의 帝王이 자리에 없을 때 만약 여러 하늘나라에서 와서 다만 빈 자리만 보게되는 境遇라도 모두가 절을 하고 供養을 드리고 떠난다」라고 하였다.

「窣睹波(塔의 梵語)는 이곳 말로 하면 높이 드러난 것」이란 뜻이며 「塔」이라 번역한 것은 변두리 나라에서 잘못 번역한 말이다. 「廟」란 것은 「모습(貌)」이란 뜻이며 塔안에 부처님의 모습을 모신다는 뜻이다.

六祖 所在之處를 如見人하면 即說是經호대 應念念常行無念心하야 不作能所心說이니 若能遠離諸心하야 常依無所得心하면 即此身中에 有如來全身舍利故言如佛塔廟니라 以無所得心으로 說此經者는 感得天龍八部 ― 悉來聽受어니와 心若不清淨하고 但爲名聞利養하야 而說是經者는 死墮三途하리 有何利益오이리 心若清淨하야 而說是經者는 令諸聽者로 除迷妄心하고 悟得本來佛性하야 常行眞實일새 感得天人阿修羅人非人等이 皆來供養하리라

（六祖大師의 解說）

經이 있는 곳을 마치 사람이 있는곳 처럼 생각한다면 곧 이 經을 說法할때 아마도 念마다 잊지 아니하고 늘 無念心과 無所得心을 修行하여 主觀이나 客觀에 支配되는 마음으로 說法하지 아니 할 것이며 만약 모든 마음을 멀리 벗어나 恒常 아무것에도 구애받지 아니하는 마음으로 이 經을 說法하는 사람이라면 곧 이 몸 가운데 부처님의 全身舍利가 있게될 것이니 그런 까닭에 「부처님의 塔廟와 같이 供養한다」라고 말한것이다.

아무것에도 구애받지 아니하는 마음으로 이 經을 說法하는 사람은 天龍등 八部大衆을 感應케하여 모두가 와서 法門을 듣고 받아드릴 수 있게 할것이다. 만약 마음이 清淨하지 아니하고 다만 이름만 알려져 훌륭한 供養을 받기 위하여 이 經을 說法하는 사람이라면 죽어서 地獄、餓鬼、畜生의 世界에 떨어질 것이니 무슨 利益이 있겠느냐？

만약 마음이 清淨한 사람이 이 經을 說法한다면 모든 法門을 듣는 사람으로 하여금 헷갈리고 망영된 마음이 除去되고 本來의 佛性을 깨닫게되여 恒常 眞實을 行하여 하늘世界의 사람 阿修羅、人間과 人間이 아닌 衆生들을 感得케하여 모두가 와서 供養드리게 될 것이다.

圭峰 二는 顯人獲益이라

何況有人이 盡能受持讀誦가 須菩提야 當知是人은 成就最上第一希有之法이니

(圭峰의 解說)

四句偈者는 對全經而言이면 其小分也라 雖是小分이나 隨所説處하야 皆應供養如塔이니 小分도 尚爾어든 況盡能持説全經者乎아 此則不啻如塔廟尊崇이니 當知어다 是人은 決定成就最上無上第一無比의 希有難得之法也니라
前四句도 猶勝이어든 況此盡受持아 故로 最上等也니라

(本文)

두번째는 持經하는 사람이 얻는 利益을 밝혔다.

하물며 어떤 사람이 이 經을 모조리 受持, 讀誦할 수 있다면 須菩提야! 알지어다. 이 사람은 最上의 가장 希有한 法을 成就하게 될 것이다.

(解説) … 四句偈는 經 全体를 相對로 말한다면 그 가운데 한 작은 部分에 지나지 않는다. 비록 작은 部分이기는 하지만 그것을 説法하는 곳에서는 모두 佛塔과 같은 供養을 받게 될 것이니 작은 部分도 이렇거늘 하물며 經全体를 모조리 護持하고 説法할 수 있다면 더 말할 나위가

없는것이니 이는 비단 佛塔과 같은 尊崇을 받는데 그치는것이 아니니 決定코 다시 없는 最上의 무엇과 비교할것이 없는 希有하고 얻기 어려운 法을 成就하게 될 것이다. 이사람은 앞에서 말한 四句의 偈도 七寶의 布施보다 뛰어난 功德인데 하물며 이 經을 모조리 受持하는 사람에서랴! 그런 까닭에 最上等이라 말씀하신 것이다.

三은 顯處有佛이라

若是經典所在之處는 卽爲有佛과 若尊重弟子니라

(圭峰의 解說)

前明經勝하고 次敎尊重人法며 此顯經勝之所以니 人間世之所尊重者는 賢聖也요 賢聖之所宗者는 佛也요 佛之所宗者는 經也라 此經은 佛及賢聖도 尙以爲宗이시니 其勝을 可知로다 前明佛法僧三이 皆從一經流出이라하고 而言一切佛法이 皆從此經出이라 一切賢聖이 皆以無爲法으로 而有差別이라시고 此明佛法僧三이 會歸一經하사 而言經典所在之處엔 卽爲有佛과 若尊重弟子시니라 前明從體起用이요 此則攝用歸體也니라 又前明佛法僧三을 一一泯迹하사 而言佛法非法과 四果無果로 以至嚴非嚴身非身이라하시고 此則把定乾坤黑이요 此明佛法僧三을 却向一處活하사 而言經典所在之處과 若尊重弟子시니라 前則從體起用이요 此則攝用歸體也니라

伊麽則此一行文은 亦可謂之全體句也며 亦可謂之全用句也니 是可謂之雙明雙暗이며

是可謂之雙放雙收로다 經顯如來法身이니 依法則有報化요 又一切賢聖이 皆以無爲法으로 得名이니 經顯無爲일새 必有賢聖과 尊重弟子니라

세번째는 經典이 있는 곳에는 부처님이 계신다는것을 밝혔다.

(圭峰의 解說)

解說… 앞에서 經의 뛰어남을 밝혔고, 다음에 사람과 法을 尊重하라고 가르치시고, 여기서 經이 뛰어난 理由를 밝히시니 人間世上에서 尊重하는것은 賢人과 聖人이며 賢人, 聖人이 宗本으로 삼는것은 부처님이며 부처님이 根本으로 삼는것은 經이다.

이 經은 부처님과 賢人, 聖人도 根本으로 삼으시니 그 뛰어남을 알 수 있다. 앞에서 밝힌 부처와 法과 스님의 三寶가 모두 한 經으로 부터 흘러 나오며 모든 佛法이 이 經으로 부터 나온다고 말씀하셨고 모든 賢人, 聖人이 모두 無爲를 法으로 하나 거기에 差別이 있다고 말씀하셨는데 지금 여기서는 부처와 法과 스님의 三寶가 한 經으로 모여 歸一함을 밝히시면서 「經典이 있는 곳은 여기가 있는 곳」이라 말씀하셨다.

(本文)

만약 그곳이 經典이 있는 곳이라면 곧 그곳은 부처님과 尊重받는 弟子가 있는 곳이다.

앞에서 하신 말씀은 바탕으로 부터 作用을 일으키신 것이고 여기서는 佛, 法, 僧의 三寶가 한 곳으로 돌아가게 하신 것이다. 또한 앞에서는 佛, 法, 僧의 三寶가 하나하나 자취를 감추게 됨을 밝히시면서 「佛法이 法이 아니고 四果에 果는 없으며 莊嚴도 莊嚴이 아니라고 몸도 몸이 아니라고 밝히기에 이르렀는데 여기서는 佛, 法, 僧이 도로 한 곳으로 와서 살게됨을 밝히시면서 「經典이 있는 곳은 부처와 尊重받는 弟子있는 곳」이라 말씀하셨다.

앞에서는 잡아두니 하늘과 땅이 캄캄하였고 여기서는 놓아주어 해와 달이 밝아진 것이다.

그렇다면 이 한줄의 글은 또한 完全한 바탕의 文句이며 또한 完全한 作用을 나타낸 文句라 할 수 있으며 이는 밝음과 어둠을 아울러 나타내고 놓아주는 일과 거두어드리는 일을 아울러 나타낸 文句라 할 수 있다.

(圭峰의 解說)

經은 부처의 法身을 밝혔으나 法에 根據하면 報身, 化身이 있게 된다. 또한 모든 賢人, 聖人이 모두 無爲를 法으로 함으로서 이름을 얻었으니 經에서 無爲를 밝혔으니 여기에는 반드시 尊重받는 賢人, 聖人과 弟子가 있게 되는 것이다.

六祖 自心으로 誦得此經하며 自心으로 解得經義하고 更能體得無着無相之理하야 所在之處에 常脩佛行하야 念念無有間歇이면 即自心이 是佛일새 故言所在之處에 即爲有佛시니라

(六祖大師의 解說)

자기의 마음으로 이 經을 외울 수 있고 자기의 마음으로 이 經의 뜻을 알 수 있고 다시 執着이 없고 相이 없는 眞理를 體得할 수 있게되여 그가 있는 곳에서 恒常 부처님의 行을 닦고 念念에 中斷되는 일이 없다면 自己 마음이 곧 부처인 까닭에 「그가 있는곳은 곧 부처가 있는 곳이라」고 말씀하신 것이다.

傅大士 法門遊歷處에 恒沙爲比量하야 分爲六種多라도 持經取四句하면 七寶ㅣ詎能過리오
供養感脩羅라 經中에 稱最勝하니 尊高似佛陀로다

(傅大士의 頌)

恒河의 모래알로 數量을 비교하고
나누어 여섯가지가 그것보다 많다고 하더라도
經을 護持하고 四句偈를 取한다면
七寶布施 어떻게 이 功德을 넘어설까?
法門이 遊歷하는 곳에는
阿修羅도 感應·供養하리니
經에서 가장 뛰어나다고 일컬었으니
그 尊貴하고 높음은
佛陀와 같도다

冶父 合如是로다

說 舒卷自由하고 隱現無碍하니 理合如是로다 又白雲은 只合在靑山이니 山含白雲이 也相宜로다

似海之深이요 如山之固로다 左旋右轉에 不去不住로다 出窟金毛師子兒ㅣ全

說 威嚇吼衆狐疑로다 深思不動干戈處에 直攝天魔外道歸로다
日月이 雖明이나 明不到요 劫火壞時에 渠不壞로다 然亦賓主交參에 善能廻互하야 轉身
無滯하며 大用이 全彰하야 群邪自伏이라 端拱九重에 四海朝宗다이로

맞다! 이와 같도다.

(冶父道川의 評唱)

註
※ 靑山、白雲…靑山은 住山僧、白雲은 遊脚僧。

또한 흰 구름은 오직 靑山에 있는것이 알맞으며 靑山은 흰구름을 머금어서 서로 適宜하도다.

解説…퍼고 말아들이는것이 自由自在하고 숨기고 나타냄에 걸림돌이 없으니 理致의 合當함이 이와 같도다.

(評唱)
바다와 같이 깊고
山과 같이 굳건하니
왼쪽으로 돌고 바른쪽으로 돌면서
가지도 머물지도 아니하도다
굴 나온 금털 獅子
威勢 다하여 소리치니
뭇 여우 요리조리 의심하네
깊은 생각이지 아니하는 곳에서
武力 움직이지 아니하는 곳에서

解說…해와 달이 비록 밝아도 그 밝음이 이르지 못하는 境地며 劫火가 온 宇宙를 허물 때도 그는 허물지 못한다.

그러나 또한 손님과 주인이 바꾸어가며 參與하여 능히 거룩하여 回互하여 몸자리 바꿈에 遲滯함이 없고 큰 作用이 完全히 드러나니 뭇 邪惡한 무리는 스스로 屈伏하여 九重宮闕에 端正하게 앉아 팔장끼고 있어도 四海가 모두 朝宗하도다.

註

① 金毛獅子…부처. 혹은 悟道人

回互…서로 맴돌며 섞여 도움을 주는 일

〈宗鏡〉 慈愍三根隨說하시니 乃人天이 敬仰이요 受持四句도 皆應如塔廟尊崇다이로 常行無念之心이 即爲希有之法이니 如何是最上第一句오 非但我今獨達了라 恒沙諸佛이 體皆同다이로 說處隨宜不滯空하니 勸持四句爲流通다이로 天龍이 覆護尊如塔하니 功德은 無邊讚莫窮다이로

(宗鏡의 頌)

慈悲, 憐愍으로 上, 中, 下 세 根機따라 說法하시니 곧 人間世界 天上世界 공경하고 우러러 보았네.

四句偈만 受持하여도 모두 塔廟처럼 尊崇하는데 恒常 無念의 마음을 修行하는것은 곧 希有의

354

法이 된다.

어떤것이 最上의 第一句인가?

비단 나만 지금 홀로 完全히 사모치게 깨달은것이 아니고 恒河의 모래알처럼 많은 부처도 그 바탕 모두 같도다.

說法하는 곳 알맞는 方便따라 「空」에만 머물지 아니하고

四句偈의 護持 勸誘하신 일

佛法의 流通을 爲하신 일이로다

天龍이 덮어주고 지켜주며

佛塔처럼 尊崇하니

그 功德 가이없어

限없이 讚揚하네

 二는 約義辨名勝이라

如法受持分第十三

爾時에 須菩提 - 白佛言하사대 世尊이시어 當何名此經이며 我等이 云何奉持하니잇고 佛이 告須菩提하사대 是經은 名爲金剛般若波羅蜜이니 以是名字로 汝當奉持하라

從初敷座로 極至於此하야 一經體備하고 說義已周로다 由是로 空生이 請安經名하사 以求奉持
如來ㅣ 於是에 叩其兩端하사 兩手分付하다

(圭峰의 解說)

두번째는 內容과 結付시켜 이름의 뛰어남을 가려낸 말씀이다.
(如法受持分·第十三…법대로 受持하라는 分段)

(本文)

이때 須菩提가 부처님께 아뢰기를 「世尊이시여 마땅히 이 經을 무슨 經이라 이름하여야 하오며 우리들은 어떻게 받들고 간직하여야 합니까?」
하니 부처님이 須菩提에게 말씀하시기를
「이 經은 金剛般若波羅蜜이라 이름한다. 이 이름으로 너희들은 마땅히 받들고 간직하여야 한다」라고 하셨다.

解説…처음 자리를 깔고 앉으실때 부터 마침내 여기에 이르러 온 經의 體貌가 갖추어졌고 說明도 이미 周徧하게 되었다. 이로 말미암아 須菩提가 經의 이름을 지어주시기를 請하고 받들고 간직하기를 求하니 이에 부처님은 양쪽 끝을 두드려 두 손으로 나누어 내려주셨다.

冶父
今日에 小出大遇로다

說
一問經名求奉持어늘 和盤托出親分付시니 可不謂之大遇乎아
火不能燒요 水不能溺이며 風不能飄요 刀不能劈이라 軟似兜羅하고 硬如鐵壁하니 天上人間에 古今不識다로다 咦

說 般若波羅蜜이여 千變變不去로다 雖然變不去나 物來即應이요 雖然應物이나 亦不變去로다
非情識到어니 那容思慮리오

解說… 般若波羅蜜이여! 千번 變해도 變해버리지 아니한다. 비록 그렇게 變해버리지 아니하지만 物이 오면 곧 應하고 비록 그렇게 物을 應하나 또한 變해버리지 아니한다. 情識으로도 이를 수가 없나니 어찌 思慮로 이를 수가 있나.

(治父道川의 評唱)

큰 利得 보았구나!
오늘은 작은 밑천 드려서

解說… 한번 經 이름을 물어보고 받들어 간직하기 구하였는데 밥상을 통채로 밀어내 주시고 몸소 分付하여 주시니 이것을 큰 利得 보았다고 아니할 수 있겠느냐?

(評唱)

불도 태울 수 없고
물도 빠지게 할 수 없고
바람도 날리게 할 수 없으며
칼도 쪼갤 수 없으며
부더럽기 兜羅(솜)와 같고
단단하기 鐵壁과 같은데
天上世界 人間世界
古今을 통해 몰랐으니
어! 이를 수가 있나

解說… 般若波羅蜜이여! 千번 變해도 變해버리지 아니한다. 비록 그렇게 變해버리지 아니하지

357

만 사물이 찾아오면 곧 응하며 비록 그렇게 事物이 이는 情識이 미칠 수 있는 境界가 아닌데 어떻게 헤아리고 생각해서 알 수 있는 일이겠는가? 변해 버리지는 아니하니 역시

(本文)

所以者ー何오 須菩提야 佛說般若波羅蜜이 卽 非般若波羅蜜일새 是名般若波羅蜜이라

그 理由는 무엇인가? 須菩提야. 부처가 말하는 般若波羅蜜이라 하였느니라. 般若波羅蜜은 곧 般若波羅蜜이 아니니 이를 이름하여

解說…經을 說法하시고 이름을 지어 般若가 般若가 아니라고 말씀하시어 文字의 本質이 「空」임을 알게 하셨다. 그런 까닭에 두려워하셔서 낭을까

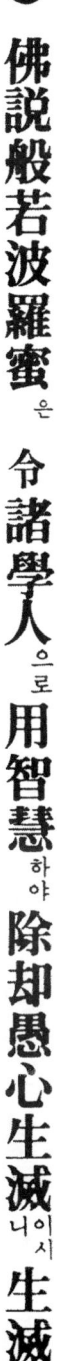

**說經安名分付了**고시**且恐依語生知解**라 **故說般若波羅蜜非般若**하사 **令知文字性本空**케하사**이니라**

**佛立經名**은 **約能斷惑**이니 **斷惑故**로 **勝也**니라

云호대 **對治如言執**시니라

**佛說般若波羅蜜**은 **令諸學人**으로 **用智慧**하야 **除却愚心生滅**이니시 **生滅**

則非般若者를 **無著**이

滅盡에 卽到彼岸이라 若心有所得이면 卽不到彼岸이요 心無一法可得이면 卽是到彼岸이니 口說心行이 乃是到彼岸也니라

(圭峰의 解說)

부처님이 經의 이름을 지어신것은 이 經이 능히 迷惑을 斷絶하는 까닭에 뛰어난 것이다.

「般若가 般若아닙니다」라고 하신 말씀에 관하여 無着스님은 이르기를 「말씀따라 거기에 執着하는것을 相對적으로 治癒하신 말씀이다」라고 하였다.

(六祖大師의 解說)

부처님이 말씀하신 般若波羅蜜은 모든 學人들로 하여금 智慧를 써서 어리석은 마음의 生滅을 完全히 除去하게 하시는 것이다. 生滅이 다 滅하면 곧 生死의 江물을 건너가 저쪽 涅槃의 언덕에 이르게 된다.

만약 마음에 所得이 있으면 곧 저쪽 언덕에는 이르지 못하게 되니 마음에 한 法도 얻을것이 없어지면 곧 저쪽 언덕에 이르게 된다. 입으로 말 한것을 마음으로 行하는것이 곧 저쪽 언덕에 이르는 일이다.

冶父

說 般若를 說非般若여 是則固是나 猶隔一線道로다

猶較此子로다

一手擡하고 一手搦하야 左邊吹右邊拍이로 無絃彈出無生樂사하야 不屬宮商律調新

說 (律은 一作 格이라)
知音知後는 徒名邈이라

般若ㅣ 即非般若여 一擡一搦하고 左吹右拍이로다 擡搦吹拍이 善則善矣나 尚非好手니 無絃琴上에 彈出無生曲子하야 始可名爲好手ㅣ니라 若是無生曲子인댄 不屬擡搦與吹拍이니 雖然不屬彼宮商이나 格調淸新別宮商이라 此曲을 從來로 和者稀하니 子期之聽도 尚 茫然다이로

(冶父道川의 評唱)

解說 : 般若를 般若가 아니라고 말씀하시니 옳은 말씀이지만 아직도 한가닥 길 건너에 있는 말씀이다.
아직도 조곰 모자란다 (前에 보다는 조곰은 낳은 편이다)

(評唱)

한손으로 떠 받히고
한 손으로는 끌어 내리니
왼편에서 피리 불고
오른편에서 손뼉치네
줄 없는 거문고가
無生의 음악 타내니
그 소리 宮商角徵羽에 속하지 않아도
가락은 새롭구나

소리 아는 사람이 알고난 뒤에는
부질없는 이름은
아득히 멀어지네

解説…般若가 般若가 아니라고? 한손으론 떠받고 한손으로는 끌어내리며 왼쪽에서 피리 불고 오른쪽에서 손뼉친다. 떠받고 끌어내리고 불고 손뼉치는 일이 좋기는 좋은 일이지만 아직 멋진 바둑 수는 아니다.

줄 없는 거문고에서 生滅없는 曲調를 태내게 되여야만 비로소 「좋은 수」라 이름하게 된다.

만약 그것이 生滅없는 曲調라면 이는 떠받고 끌어내리고 불고 손뼉치는 類에는 속하지 아니한 다.

비록 그렇게 宮商角徵羽 五音에 속하지는 아니하지만 그 가락의 格調는 清新하여 別天地의 宮商角徵羽이다.

이 가락은 예전부터 和答하는 사람이 드물어 鍾子期 같은 사람이 듣는다 해도 오히려 茫然自失할 것이다.

註

※ 鍾子期…古代 中國의 樂聖

 三은 佛無異說勝이라

須菩提야 於意云何오 如來ㅣ 有所說法不아 須菩提 白佛言하사대 世尊이시여 如來ㅣ 無所說이니다

佛稱空生善解空하시니 果能知佛本無言이로다 然雖如是나 自從阿難結集來로 名句文身의 差別言詞ㅣ 布在方策하야 盈于東震하야 迄至于今하니 黃面老子ㅣ 若都無說인댄 如是法藏은 夫誰說來오 須信道어다 有言도 皆成謗이요 無言도 亦不容이니 無所說者는 無別異增減之說하고 但如證而說이니 旣如其證인댄 則無所說이라 三世諸佛이 皆然이니 故로 云無異說이라 故로 論에 云호대 無有一法도 唯獨如來ㅣ 說이요 餘佛도 不說이라하며 無著은 云호대 第一義는 不可說하다

(圭峰의 解說)

세번째로 부처님의 별다른 說法이 뛰어남을 밝혔다.

(本文)

須菩提야! 너는 어떻게 생각하느냐? 부처가 說法한것이 있다고 생각하느냐? 아니냐? 須菩提가 부처님께 아뢰기를 「世尊이시어! 부처님은 說法하신것이 없읍니다」라고 하였다.

解說…부처님이 須菩提를 「解空」에 뛰어나다고 칭찬하셨는데 果然 須菩提는 능히 부처님은 本來 말씀하신것이 없음을 알 수 있었다. 그러나 비록 그와 같다고 하더라도 阿難이 結集을 한 以來로 이름과 文句의 몸으로 差別의 말씀들이 여러 책에 깔려서 西天에 넘치고 中國에 가득하여 지금에 이르렀으니 黃面老人(부처님)이 만약 말씀 도 없었다고 한다면 이와같은 法藏은 무릇 누가 말해온 것인가? 모름지기 내가 하는 말을 믿어야 한다. 즉 「말씀이 있었다고 해도 모두가 非謗이 되고 말씀이

없었다고 해도 역시 容納이 안된다」

(圭峰의 解說)

「말씀하신것이 없었다는 것은 별다른 增減된 말씀이 없었다는 것이고 다만 證得하신대로 말씀하신것 뿐이라는 뜻이다. 이미 그 證得한것과 같다면 더 말씀하신것은 없는 것이며 三世의 모든 부처도 모두가 그렇다. 그런까닭에 般若論에 이르기를 「한 法도 부처님 혼자만이 하신 말씀은 없었고 다른 부처님 말씀하시지 아니하였다」라고 하였고 無着스님은 이르기를 「最高의 眞理는 말로 說明할 수는 없다」라고 하였다.

六祖 佛이 問須菩提하사 如來說法이 心有所得不아시니 須菩提 知如來說 法이 心無所得이라 故로 言無所說也니라하시 如來意者는 欲令世人으로 離有所得 之心일새 故說般若波羅蜜法하사 令一切人으로 聞之하고 皆發菩提心하야 悟無生 理하야 成無上道也라시니

(六祖大師의 解說)

부처님이 須菩提에게 「부처의 說法은 마음에 所得이 있는 說法인가?」라고 물어시니 須菩提는 부처님의 說法은 마음에 分別心이 없음을 아는 까닭에 「부처님은 說法하신것이 없읍니다」라고 말한 것이다.

부처님의 뜻은 世上사람들을 分別함이 있는 마음을 벗어나게 하시고자 하신 까닭에 般若波羅蜜

法을 說法하시어 모든 사람이 이를 듣고 菩提心을 일으켜 生滅없는 眞理를 깨달아 無上의 道를 이루게 하신 것이다.

傳大士 名中에 無有義요 義上에 復無名이라 金剛喩眞智여 能破惡堅貞 若到波羅岸이면 入理出迷情이니 智人은 心自覺이요 愚者는 外求聲이다

(傅大士의 頌)

이름 가운데 眞理없고
眞理위에 또 이름없네
金剛으로 眞正한 智慧 비유함이여
능히 모지고 곧은 惡을 허문다
만약 江건너 언덕에 이르게 되면
眞理에 들어가 迷情을 벗어나니
智慧있는 사람은
마음에 스스로 깨닫지만
어리석은 사람은
마음밖의 소리를 求하네

冶父 低聲低聲하라

說 佛無所說이여 是則固是나 無言도 亦非佛本心이라 故로 云低聲低聲하라시니 無所說하라 人天耳裏에 鬧浩浩로다 鬧浩浩여 伏請니하노 低聲低聲하라 又莫謂一向

入草求人不奈何하야 利刀斫了手摩挲로다 雖然出入無蹤迹이나 紋彩全彰을 見也麽아

㊟說 要識黃面老麽아 此老는 本不愛草며 亦不厭草故로 入草하야 見此老不得이요 不厭草故로 出草하야 覓此老不得이니 所以로 道호대 雖復不依言語道나 亦復不着無言說이라하시니 看看하라 黃面老子ㅣ 現也여 摩醯眼前에 藏身無地로다

(冶父道川의 評唱)

쉬、쉬、 가만가만히 말해라!

解說…부처님이 말씀하신것이 없다고 한것이 옳은 말이지만 말이 없는것도 또한 부처님의 본마음은 아니다. 그런까닭에 가만가만 낮은 소리로 말하라고 한것이다. 또한 외길로 「말씀하신것이 없다」고만 생각하지 말아라. 人間世界 하늘世界의 耳目이 끝없이 떠들썩하다. 끝없이 떠들썩한 소리여 제발 가만가만히 낮은 목소리로 말 하시오!

(評唱)

풀속에 들어가 사람 찾으니
찾을 길 없어서
날카로운 칼로
풀 모두 자르고나니
손끝이 어리 하구나
비록 그렇게
들고 남에 종적 없다 하지만

紋彩는 完全히 드러난것을 그대 보았는가? 못보았는가?

註
① 入草…衆生의 迷情속에 들어감을 말함.

解說…얼굴 노란 늙은이를 알고 싶은가? 이 늙은이는 본래 풀을 (草…衆生)사랑하지도 아니하였고 또한 미워하지도 아니하였다. 풀을 사랑하지 아니한 까닭에 풀속에 들어가도 이 老人을 찾을 수 없고 또 풀을 싫어하지도 아니한 까닭에 풀 밖으로 나와도 이 老人을 찾을 수 없다. 그런까닭에 이르기를 「비록 言語의 道에 根據하지 아니한다 하더라도 또한 無言의 說法에 執着하지도 아니하여야 한다」라고 하는 것이다. 보라! 지금 얼굴 노란 늙은이가 나타났다. 의 눈 앞에는 몸을 숨길 땅은 없다. 磨醘首羅

圭峰 四는 施福劣塵勝이라

須菩提야 於意云何오 三千大千世界所有微塵이 是爲多不아 須菩提ー 言대하사 甚多니이다 世尊이시여 須菩提야 諸微塵을 如來ー 說非微塵일새 是名微塵이며 如來의 說世界는 非世界일새 是名世界니라

此는 擧塵界之喩하사 以明無所說也니라 於一大地에 有三千界塵이 數難窮이라 離却本有一大地하면 世界微塵이 總皆空이로다 於一佛乘에 說三乘無盡法門이 從茲始라 離却本有一佛乘法法이 皆空無所有로다 伊麼則從初轉四諦로 至今談般若를 可謂有法可示며 有言可宣이어니와 以實而觀컨덴 理本亡言이라 無法可示 無言可宣이니 佛本無心이라 何待靈山會리오 祇園座上에 早歸一이로다

論에 云호대 寶施福德은 是煩惱因이니 以能成就煩惱事故며 地塵은 無記니 非煩惱因故로 塵勝施劣하며 大雲은 云호대 諸地塵은 則非貪等煩惱塵이라 是名無記地塵이요 如來 – 說의 彼三千界는 即非煩惱染因界라 是名地塵無記界니 是則界爲塵因이라 塵不生煩惱나 施爲福因이라 福生煩惱다 하니라

則名數 – 即非名數요 界非界則三乘이 即非三乘이니 會三에 歸一이로다

(圭峰의 解說)
네번째는 布施로 받는 福德은 뒤지고 微塵이 뛰어남을 말씀하셨다.

(本文)
須菩提야! 너는 어떻게 생각하느냐? 三千大千世界에 있는 微塵이 많다고 생각하느냐? 아니냐?

須菩提가 말하기를 「매우 많습니다 世尊이시어!」

須菩提야! 모든 微塵은 부처는 微塵이 아니라고 말하니 이를 이름하여 微塵이라 하며 부처가

解説…여기서는 微塵世界를 比喩로 들어 「無所說」을 밝혔다.

한 大地위에 三千世界가 있고 三千世界의 微塵은 그 數를 다 헤아리기 어렵다. 그러나 本來부터 存在하는 한 大地의 微塵은 完全히 벗어나면 三千世界의 微塵도 모두 「空」이다. 같은 理致로 한 大地를 떠나버리면 三乘을 說法하셨고 無盡한 法門이 여기서 비롯되었지만 本來 存在하던 하나의 佛乘에서 三乘을 說法하셨고 無盡한 法門이 여기서 비롯되었지만 本來 存在하던 하나의 佛乘을 떠나버리면 모든 法이 모두 空이며 아무것도 없게 된다.

그렇다면 처음 부처님이 四諦(苦集道滅)의 法輪을 굴리실 때 부터 (華嚴經의 說法) 지금 般若經을 說法하시기에 이르기까지 보여주실만한 法이 있었고 베푸실만한 말씀이 있었다고 말할 수 있을지 모르나 實相으로 본다면 眞理란 本來 말은 사라진 것이니 보여주실 만한 法도 없고 부처님은 本來 無心의 境地니 베푸실만한 말씀이 없는 것이다. 微塵이 微塵이 아니며 이름과 數字가 곧 이름과 數字가 아니며 境界가 境界가 아니니 三乘이 三乘이 아니다.

三乘을 모으는데 어찌 靈山의 모임을 기다리겠나? 祇園精舍의 자리위에서 일찌감치 一乘으로 돌아갔느니라.

(圭峰의 解說)

般若論에 이르기를 「七寶의 布施로 얻는 福德은 煩惱의 因子이니 능히 煩惱의 일을 成就할 수 있기 때문이며 大地의 微塵은 無記이고 (※善도 아니고 不善도 아니며 果報가 없는것) 煩惱의 因子가 아닌 까닭에 微塵이 뛰어나고 布施의 福德은 뒤진다」라고 하였고 大雲(玄約)스님은 이르기를

「모든 大地의 微塵은 貪慾등 煩惱의 먼지가 아니니 이를 이름하여 「無記地塵」이라 한다. 부처님이 말씀하신 「저 三千世界」는 곧 煩惱에 물든 因緣의 世界」라 한다. 이는 곧 世界는 微塵의 因子며 微塵에는 煩惱가 생기지 아니하나 布施는 福德의 因子니 福德에는 煩惱가 생긴다」라고

하였다.

※ 註
大雲玄約…五祖弘忍의 法嗣. 隨州 大雲寺에 住錫, 北宗禪에서 玉泉. 神秀와 더불어 代表的인 人物.

六祖 如來ㅣ 說衆生性中妄念이 如三千大千世界中所有微塵하니 一切衆生이 被妄念微塵의 起滅不停하야 遮蔽佛性하야 不得解脫하나니 若能念念眞正하야 脩般若波羅蜜無着無相行하면 了妄念塵勞ㅣ 即清淨法性이라 妄念이 既無인댄 即非微塵이요 是名微塵이니 性中에 無塵勞하면 即是佛世界요 心中에 有塵勞ㅣ 即是衆生世界니 了諸妄念空寂故로 云非世界요 證得如來法身하야 普現塵刹하야 應用無方일새 是名世界니라

(六祖大師의 解說)

부처님 말씀은 衆生들의 自性가운데 생기는 妄念이 저 三千大千世界에 있는 微塵과 같다고 하셨다. 모든 衆生들이 이 妄念의 微塵이 일어났다가 사라지고 함이 멈추지 아니하여 佛性을 가로막고 덮어 解脫할 수 없는 被害를 입고 있으나 만약 念念에 眞正하여 般若波羅蜜의 執着없고 相이 없는 行을 닦는다면 妄念에 사로잡힌 塵世의 고달픔이 곧 清淨法性임을 깨닫게 될 것이다.

妄念이 없어지면 곧 微塵이 아니며 眞實이 곧 妄想임을 깨닫게 되며 眞과 妄이 모두 사라지면 따로 별다른 法이 없게 되니 그런까닭에 이를 「微塵」이라 이름한다.

自性가운데 塵勞(※ 많은 塵世의 고달픔…煩惱)가 있으면 곧 그것은 衆生의 世界이며 부처님의 法身을 證得하여 微塵世界에 두루 나타나시어 感應과 作用이 모난 일이 없는 것을 「世界」라 이름한다.

뇌가 世界가 아니다」라고 말씀하신 것이며 모든 妄念이 畢竟은 空寂한 것임을 깨달은 까닭에 마음속에 번

傅大士 積塵成世界요 析界作微塵이라 界喩人天果요 塵爲有漏因이로다 塵
因은 因不實이요 界果는 果非眞이니 果因이 知是幻하면 逍遙自在人이라이니

(傅大士의 頌)

微塵쌓여 世界 이룩되었고
世界를 分析하면 微塵이 되네
世界는 人天의 果報에 비유되고
微塵은 煩惱의 因緣에 비유된다
微塵의 因緣 그 因緣 實相아니며
世界의 果報 그 果報 眞實아니니
果報, 因緣 허깨비임을 안다면
世上밖을 거니는
自由自在한 사람이라네

冶父 南贍部洲요 北欝單越이로

說 今師 一直取塵界하사 以明平常不動也시니 塵非塵則塵塵이 淨妙身이요 界非界則界界

－黃金國이라 界界－ 旣知黃金國則更說什麼非世界며 塵塵이 旣知淨妙身則更說什麼非微塵이리 只可喚作南贍部洲요 北欝單越이로 便是年이니라 南北東西秖者是로다

說 指天踏地人所同이라 飢湌困睡孰不能이오리 只這眞消息은 彼此無兩般이니 只如無兩般底道理를 作麼生道오 梅枝片白에 足知天下春이오 梧桐一葉에 可知天下秋라 從此 不疑天下事하니 天下人皆應似我로다 應似我여 久旱에 逢甘雨하니 何人이 獨不喜리오 又 頭指云云은 平常總不動이요 此土云云은 彼此無兩般이요 到處云云은 無私一着子 ─ 全該一切處로다

頭指天脚踏地하고 饑則湌困則睡라 此土西天이요 西天此土로다 到處元正이

(冶父道川의 評唱)
須彌山 南쪽과 北쪽이로다

解說…지금 스님께서는 곧 바로 微塵世界를 平常不動한것으로 取하였다. 世界마다 黃金의 나라 境界마다 淸淨한 妙身이며 世界마다 黃金의 나라 境界마다 淸淨한 妙身이 微塵이 微塵이 아니니 境界마다 淸淨한 妙身임을 안다면 다시 무슨「非微塵」을 말할것인가? 오직 그저 여기는 須彌山 南쪽「南贍部洲」요 여기는 須彌山 北쪽「北欝單越이요」라고만 말하면 된다.

(評唱)
머리는 하늘 가르키고

발은 땅을 밟고 있으며
주리면 밥먹고 고단하면 잠자니
이 땅이 서쪽나라요
西天이 이 땅이다
간곳마다 설날이 곧 올해며
南北、東西 오직 이곳이로세

解説…머리는 하늘을 가르키고 발은 땅을 밟고 있는것은 사람마다 같은것이고 배고프면 밥먹고 고단하면 잠자는 일、누가 못할 사람 있겠는가?
오직 이 眞正한 逍息만은 너와 나의 두가지 差別이 없다 이 두가지 差別이 없는 道理를 어떻게 말하면 되겠는가?

매화나무가지 한조각 하얗게 되면
天下의 봄을 알 수 있고
오동잎 하나 떨어지면
天下의 가을을 알 수 있다
이로부터 天下일 의심치 아니하니
天下사람 모두가 아마 나를 닮았으리라
오랜 가뭄에 단비 만나면
누가 홀로 기뻐하지 않겠나

또한 머리는 하늘을 가르키고 云云한 것은 모든것이 平常이며 아무것도 変動된것이 없음을 말한 것이며「이땅이 西天이요」云云한 것은 너와 나 사이에 두가지 差別이 없음을 말한 것이며「간곳마다 설날이 올해다」云云한것은 私心없는 한점의 바둑수로 完全히 모든 곳을 거두어드린 말씀이다.

圭峰 五는 感果離相勝이라

須菩提야 於意云何오 可以三十二相으로 見如來不아 不也니이다 世尊이시여 不可以三十二相으로 得見如來니 何以故오 如來ㅣ 說三十二相이 卽是非相일새 是名三十二相이니이다

是相非相이 皆非佛이요 相卽非相이 乃爲眞이라 若能如是知端的하면 天眞面目을 更何疑아 恐施寶者ㅣ 云호대 我施求佛이어 誰言煩惱할새오 故로 此經에 云호대 可以相으로 爲佛不아 論에 云호대 持說此經하면 能成菩提하야 勝彼福德이니 何以故오 彼相은 於佛菩提에 非法身相故라 經福이 能降施福하야 得三十二相하니 意明經福降施라야 方得色相佛身이니 若但寶施인댄 卽煩惱因이라니라

(圭峰의 解說)

다섯번째로 感應한 果報가 相을 여이었음이 거룩함을 말씀하셨다.

(本文)

須菩提야! 너는 어떻게 생각하느냐? 서른두가지 모습으로 부처를 볼 수 있다고 생각하느냐? 아니냐?
아니옵니다. 世尊이시어! 서른두가지 모습으로 부처님을 볼 수는 없아옵니다. 왜 그런가 하오면 부처님이 말씀하시는 서른두가지 모습은 곧 相이 아니옵니다. 이를 이름하여 「三十二相」이라 하였기 때문입니다.

解説…是의 相이나 非의 相이 모두 부처의 相이 아니며 相이 곧 相이 아닌 것이 眞實한 相이다.

만약 이와같이 확실히 알 수 있다면 天眞한 面目을 다시 무엇때문에 의심하겠는가?

(圭峰의 解説)

보물을 布施한 사람이 「나는 布施로 부처가 되기를 求하였는데 누가 이것을 煩惱라 말하는가?」라고 생각할까 두려워하신 까닭에 이 經에서 이르기를 「相으로 부처라 할 수 있겠는가?」라고 말씀하신 것이다.

般若論에 이르기를

「이 經을 護持하고 說法하면 능히 菩提를 이루어 저 相은 佛菩提의 立場에서 보면 法身의 相이 아닌 까닭이다. 經으로 얻는 福德이 능히 布施로 얻는 福德을 끌어내리는 것이다」라고 하였다.

이 말의 뜻은 經으로 얻는 福德이 布施로 얻는 福德보다 뛰어나다 왜 그런가 하면 저 相은 佛菩提의 立場에서 보면 法身의 相이 아닌 까닭이며 三十二相을 얻게되는 것이다라고 하였다. 經으로 얻는 福德이 능히 布施로 얻는 福德을 끌어내릴만 하여야만 비로소 色相의 佛身을 얻게됨을 밝힌것이며 만약 오직 보물의 布施만 한다면 그것은 곧 煩惱의 因子에 지나지 않는다.

【六祖】 三十二相者는 是三十二淸淨行이니 於五根中에 脩六波羅蜜하고 於意根中에 脩無相無爲하면 是名三十二淸淨行이니 常脩此三十二淸淨行하면 即得成佛이어니와 若不脩三十二淸淨行이면 終不成佛이며 但愛着如來의 三十二相하고 自不脩三十二行이면 終不見如來니라

(六祖大師의 解說)

三十二相이라 하는것은 서른 두가지의 淸淨한 行이며 五根(眼耳鼻舌身)가운데 六波羅蜜을 닦고 意根 가운데서 無相, 無爲를 닦는것을 「三十二淸淨行」이라 이름한다. 恒常 이 三十二淸淨行을 닦는다면 곧 成佛할 수 있지만 만약 三十二淸淨行을 닦지 아니한다면 끝내 成佛하지 못하며 부처의 三十二相을 사랑하고 執着하기만 하고 스스로는 三十二行을 닦지 아니한다면 끝내 부처님을 보지못한다.

【傅大士】 佛問空生相에 善現이 答相非하니 一相全無相이라 無相佛何爲오 了達人空理도 하야 法空은 未覺知라 一切全無相사하야 方號大慈悲니라

(傅大士의 頌)

부처님 須菩提에게 相 물어 보시니
須菩提 相 아니라 대답했네
一相은 오로지 無相인데
相 아닌 相 부처님 어떻게

無相에 부처도 무엇을 하겠나?
사람이 空임은
훤하게 達通하여도
法이 空임은
아직 깨닫고 알지못하니
一切가 完全히 無相이라야
비로소 大慈悲라 부르느니라.

冶父 借婆衫子拜婆年다이로

說 佛이 欲明無相시어늘 果能答相非나하시 若使佛問相이면 亦能答以相다이로

說 爾有我亦有요 君無我시어늘 有無俱不立하니 相對髑盧都로다

承問有答不參差하니 爾有爾無我亦無라 有無를 俱不立이여 相對默無言다이로 有無不立이요 此可謂借婆衫子拜婆年다이로
無言以對여 外道一問佛에 世尊이 良久니하시 其勢然也라 彼可謂騎賊馬趂賊이요

(冶父道의 評唱)
할머니 저고리 빌려입고
할머니에게 歲拜하네

解説…부처님이 無相임을 밝히고자 하시니 須菩提는 果然 相이 相 아니라고 대답하였다. 만약

부처님이 「相」을 물으셨다면 역시 능히 相으로 대답했을 것이다.

(評唱)

네가 「有」면 나도 「有」요
그대 「無」면 나도 「無」라
有와 無 모두 세우지 아니하니
마주보고도 할 말이 없네(嘴盧都)

註

※ 嘴盧都…嘴는 입(口)의 俗語。盧都는 색까맣다。즉 할말이 없다는 뜻。中國의 鄙俗한 말。우리말로 「주둥이가 열개라도 할말이 없다」라는 말과 같음。

解説…물음 받고 대답함에 들쑥날쑥 差異없고 네가 無면 나도 역시 그렇다。有無를 모두 세우지 아니하고 無言으로 相對한 일 이외 다시 입 다물고 말이 없도다。有無 세우지 아니하여도 相對하여도 입 다물고 말이 없도다。道가 부처님께 물었을 때 부처님 한참동안 말씀 없으셨으니 그것은 그때의 形勢가 그렇게 된 것이 그때는 도적의 말(馬)에 올라타고 도적의 뒤를 쫓아갔다고 말할 수 있으나 이것은 할머니 의 저고리를 빌려입고 할머니께 歲拜드렸다고 말할 수 있다。

圭峰

二는 約內財校量하야 倍顯經勝이라 於中에 文二니 一은 校量勝劣이라

須菩提야 若有善男子善女人이 以恒河沙等身命으로 布施어든

傳大士 猴는 探水月하고 閒蕩은 拾花針이라 愛河浮更沒이요 苦海出還沈다이로 獼는 施命如沙數여 人天業轉深이라 旣掩菩提相이요 能障涅槃心다이로

(圭峰의 解說)

두번째는 內財(몸이나 목숨)의 布施와 經의 護持의 功德의 量을 比較하여 經의 護持가 갑절이나 거룩함을 밝혔다.

글은 두가지로 구분되니 그 첫째는 功德의 뛰어나고 뒤집을 비교한 내용이다.

(本文)

須菩提야! 만약 善男子、善女人이 恒河의 모래알처럼 수많은 목숨으로 布施하는 사람이 있다면…

(傅大士의 頌)

목숨의 布施 모래처럼 數없어도
人天의 業 더욱 깊어지네
菩提의 모습 가려지고
涅槃의 마음 가로막을 수 있다
원숭이 물속의 달을 엿보고
閒蕩은 꽃수염 줍도다
사랑의 江물에 뜬다간 사라지고
괴로움의 바다에서
나왔다간 가라앉네

※ 註

間蕩…神仙의 宮殿에서 기르는 개

若復有人이 於此經中에 乃至受持四句偈等하야
爲他人說하면 其福이 甚多니라

無智慧眼하야 空然捨施하면 此非菩提正路라 反招生死苦輪이요 受持四句하야 開得慧眼하면 此
眞菩提正路라 當證涅槃眞常하리 有爲無爲ㅣ 優劣이 皎然다이로

(本文)

또 만약 어떤 사람이 이 經 가운데서나 乃至는 四句의 偈를 受持하여 다른 사람을 위하여 說法한다면 그 福이 매우 많을 것이다.

解說… 智慧있는 眼目이 없이 공연히 布施喜捨만 하는것은 菩提로 向하는 바른 길이 아니며 도리어 生死의 괴로운 輪迴만을 부른다. 四句偈를 받아 간직하여 智慧있는 眼目을 열 수 있다면 이것이 眞實한 菩提로 가는 바른 길이며 곧 涅槃의 眞常을 證得하게 될것이니 有爲와 無爲의 優劣이 이로써 환하게 밝혀졌다.

六祖 世間重者ㅣ 莫過於身命이어늘 菩薩이 爲法하야 於無量劫中에 捨施身命하야 分與一切衆生하면 其福이 雖多나 亦不如受持此經四句之福이니 多劫

捨身이라도 不了空義하면 妄心을 不除라 元是衆生이요 一念持經하야 我人頓盡하면 妄想이 旣除라 言下成佛일새 故知어다 多劫捨身이 不如持經四句之福이라

(六祖大師의 解說)

世間에 소중한것은 목숨보다 더한것이 없는데 菩薩이 佛法을 爲하여 無量劫 가운데서 목숨을 버려 布施하여 모든 衆生들에게 나누어 준다면 그 福德이 비록 많지만 역시 이 經과 四句의 偈를 受持하는 福德만 못하다.

많은 劫에 걸쳐 몸을 버려도 「空」의 眞理를 깨닫지 못하면 妄心이 除去되지 아니하니 元來 이는 衆生에 지나지 아니한다. 一念으로 經을 護持하여 我相, 人相이 頓然히 다하면 妄想이 이미 除去되었기에 말이 떨어지자 마자 成佛하게 된다. 그런까닭에 알지어다. 많은 歲月에 걸친 捨身 布施가 經과 四句偈를 護持하는것만 같지 못하다.

傅大士 經中에 持四句여 應當不離身이라 愚人은 看似夢이나 智者는 見唯眞이다 法性에 無前後하고 無中에 非故新이라 蘊空無實體이나 憑何見有人가

(傅大士의 頌)

經가운데 四句偈 간직함이여!
응당 몸에서 떠나는것 아닌데
어리석은 사람 꿈같이 보나
智慧있는 사람 오직 眞實로 본다

380

法性에 앞 뒤 없고
「無」가운데는
옛것 새것 없도다
五蘊은 空이라 實体없는데
무엇에 기대여
「有」라고 보는 사람 있는가?

冶父 兩彩一賽로다

說 優劣皎然은 即不無나 然이나 皆未免脩斷功動이어 若是本分衲僧인댄 動靜에 皆行施어니
何勞捨身命이며 語默에 皆轉經이어 何煩讀文字리오 伊麼則持經行施를 不故象而自象 다로다

(冶父의 評唱)
한번 굴린 주사위에
두 모양 나타났네

解說…환하게 優劣이 가려진것은 없지 아니하나 그러나 그 모두가 아직 닦고 끊은 功動자리를 면치못하고 있다. 만약 眞實로 本分의 衲僧이라면 動靜이 모두 布施를 行하는것인데 무엇때문에 목숨을 버리는 수고를 하겠으며、말하고 입을 다무는 일이 모두 經을 굴리는 일인데 무엇때문에 번거롭게 文字를 읽겠는가? 그렇게되면 經을 護持하고 布施를 行하는 두가지 일을 애써 兼하려 하지 아니하여도 스스로 兼하게 된다.

伏手滑槌로 不換劍하니 善使之人은 皆總便이라 (皆總便은 他本에 作能穩便이라) 不用安排本現
成하니 箇中에 須是英靈漢이라 囉囉哩哩囉囉여 山花笑野鳥歌로다 此時에 如
得意하면 隨處薩婆訶하리라

說 若是本分人인댄 即日用이 便是妙用이어 何須更借脩斷方便오리 不用今日安排하야 妙用
이 本自現成하니 此非劣機境界라 須是過量人이아 始得다 只如過量人境界를 作麽生
道오 海晏河清風月好하니 齋唱太平歌로다 何獨人人이 如是리오 花笑山前洩天
機하고 鳥歌林外話無生이라 頭頭自有無窮意하니 得來無處不逢原이로다

손에 가려진 반들반들한 방망이를 큰 칼과 바꿀 수 없으나 훌륭히 쓸 줄 아는 사람은 모두 다
알맞게 쓴다.
安排할 필요없이 本來 스스로 나타나 있으니 이 가운데서는 모름지기 英明하고 靈利한 사나이
여야 한다.
이때에 得意하면
들 새 노래하네
山 꽃이 활짝 웃고
라리、 리라라 (※ 콧노래)
간곳마다 사바하로다 (※ 끝내준다)

解說…만약 本分의 衲僧이라면 日常生活이 곧 妙用이니 무엇때문에 다시 번거롭게 닦고 끊은
方便을 빌리겠는가?

오늘 새삼스럽게 按排할 필요는 없다. 妙用이 本來 스스로 現成되고 있는 것이다. 이는 뒤진 機緣이 얻을 수 있는 境界가 아니며 모름지기 넘치는 度量을 지닌 사람이라야 얻을 수 있는 境界다.

그렇다면 이 넘치는 度量을 지닌 사람의 境界는 어떻게 말하면 되는것인가? 바다 물 맑아 風月좋으니 사람마다 太平歌를 부르네? 어찌 이와 같겠나? 山앞에 꽃도 웃으며 天機를 漏洩하고 숲 밖에 새도 홀로 노래하며 無生을 이야기 하네. 간곳마다 스스로 無窮한 뜻 있어 얻고나면 根源을 만나는 곳 아닌곳이 없구나!

宗鏡 大覺尊이 本來不立一字하사 而直指人心시어늘 須菩提ㅣ 無端特請標 名하사 而强生枝節이라 縱使等河沙施身命도이라 無相可求며 析世界如微塵도이라 無法可說이니 且道하라 奉持介什麽오 咄 金剛寶劒이 倚天寒하니 外道邪魔ㅣ 俱腦裂다이로

說 咄 不須向外謾馳求니 馳求未免作兩段라하리

箇裏에 本無元字脚어늘 空中에 誰肯强安名가 等閑點出金剛眼하니 照破魔 王八萬城다이로

說 此事從來로 無註脚을이어늘 誰向空中强安名가 不須向外謾馳求하고 只要點出金剛眼니라 等閑點出金剛眼하니 滿目虛空이 當撲落다이로 虛空이 既撲落하니 魔宮이 無所寄로다

(宗鏡의 頌)

大覺尊(부처님)께서는 本來 한 글자도 文字를 세우지 아니하시고 곧 사람들의 마음을 指摘하셨는데 須菩提가 까닭없이 이름을 붙여주기를 特請하여서 억지로 가지와 마디가 생겨났도다. 설사 강의 모래알처럼 많은 목숨을 布施하다 하더라도 求할 수 있는 相은 없고 世界를 微塵과 같이, 쪼갠다 하더라도 說法할만한 法은 없다. 무엇을 받들고 說法할만한 것인가? 쯧, 쯧 寒心하다 寒心해! 金剛寶劍 하늘에 닿게 차가운 빛 내치니 外道와 邪魔 모두 머리가 쪼개졌네.

解說…쯧, 쯧 外道로 向해 부질없이 달리며 求할 필요는 없다. 달리며 求한다 해도 그것은 두 토막이 되는 身勢 免치 못한다.

(頌)

이 가운데 本來 文字의 다리 없는데 누가 空中에 억지로 이름 붙이려 하느냐? 아무렇게나 點찍어도 金剛眼이 나와서 魔王의 八萬城을 남김없이 비추네.

解説…이 일은 從來 註釋이 필요없는 것인데 누가 空中을 向해 억지로 이름을 붙이나? 밖을 向해 달려가며 求할 필요는 없다. 다만 金剛의 眼目만 점찍어내면 된다. 虛空이 당장에 우수수 떨어져 내린다. 虛空이 이미 아무렇게나 金剛眼 점 찍어내니 눈 가득한 虛空이 당장에 우수수 떨어져 내렸으니 魔의 宮殿이 기댈 곳이 없구나!

㊀圭峰 捨身이 勝於寶施요 持說이 又勝捨命이라니 二는 釋勝所以라 於中에 文五니 一은 泣歡未聞深法勝이라

離相寂滅分第十四

爾時에 須菩提ㅣ 聞說是經하고 深解義趣하야 涕淚悲泣하며 而白佛言대하사 希有世尊하 佛說如是甚深經典은 我從昔來所得慧眼으로 未曾得聞如是之經이다 호이다

經初엔 以上根悟入일새 故로 不動悲欣하고 直讚希有ㅣ어니 此는 迹同中容하야 權示悟入인새 故로 悲欣交集然後에 讚佛希有ㅣ라하니

捨身之苦도 已感人心든이어 何況更聞하고 不及持說가 是故悲淚니라 論에 云호대 念彼身苦하야 尊重法故로 悲淚다라 慧眼은 人空也요 未聞은 法空也니라

(圭峰의 解說)

몸을 喜捨하는것이 보물을 布施하는 功德보다 거룩하고 經을 護持하고 說法하는것이 또 목숨을 喜捨하는 功德보다 거룩하다。
두번째는 功德이 뛰어난 理由를 풀이하였는데 글은 다섯가지로 區分되며 그 첫번째는 울면서 일찍 듣지 못한 깊은 法의 거룩함을 讚歎한 內容이다。

(本文)
(離相寂滅分、第十四)
(相을 떠나 寂滅에 이르는 分段)

이때 須菩提는 이 經의 說法을 듣고 깊이 그 뜻의 趣旨를 解得하여 눈물을 흘리고 울면서 부처님께 아뢰기를 希有하신 世尊이시여! 부처님이 이와같은 매우 깊은 經典을 說法하신것은 제가 예전부터 얻은 慧眼으로도 일찍이 이와같은 經은 듣지 못하였읍니다.

解說…經의 첫머리에서는 上根을 지녔므로서 깨닫고 道에 들어간 까닭에 슬픔이나 기쁨의 表示를 하지 아니하고 곧 바로 「希有하다」고 讚揚하였으나 여기서는 迹門에서 中根을 지닌 사람을 함께 包容하기 때문에 方便을 보여서 깨닫고 道에 들어가게 하는 까닭에 슬픔과 기쁨이 아울러 모인 다음에 부처님의 希有하심을 찬양한 것이다.

「그 몸의 苦痛을 생각하고 法을 尊重한 까닭에 슬픔의 눈물을 흘렸다」라고 하였다.
「慧眼」이라 한 것은 「人空」을 말한 것이며 「듣지 못하였다」고 한것은 「法空」을 말한 것이다.

(圭峰의 解說)
몸을 喜捨하는 苦痛도 이미 사람들이 마음을 感動케 하였는데 하물며 또다시 法文을 듣고 經을 護持하고 說法하는 일에 미치지 아니하겠는가? 그런까닭에 슬픔의 눈물을 흘린것이다.

般若論에 이르기를

傳大士
計$_는$ 於先了$_하고$ 圓成$_은$ 證此時$_라$ 宿乘無礙慧$_하야$ 方便勸人持$_로다$ 聞經深解義$_하야$ 心中喜且悲$_라$ 昔除煩惱障$_하고$ 今能離所知$_로다$ 編

(傅大士의 頌)

經을 듣고 깊이 뜻을 아니
마음속이 슬프고도 기쁘구나
예전엔 煩惱障이 除去되고
지금은 所知障도 여읠 수 있게 되니
두루 온갖 헤아림 하는일은
먼저 이미 다 마치고
圓成을 이때에 證得했네
오래전에 걸림돌 없는 智慧를 타고
方便으로 사람들에게
護持를 권유하네

冶父 好笑어늘 當面諱了로다

說 喜事現前에 也好吐笑어늘 涕淚悲泣은 只要諱却다이로 又深悟佛意에 忍不云喜하고 內悅 外悲하시니 所以堪笑로다

自少來來慣遠方하니 幾廻衡岳渡瀟湘하고 一朝에 踏着家鄉路하니 始覺途中 日月長다이로

說 因小利養하야 捨父逃逝하야 流落天涯하니 幾度往返我人山下며 幾度出沒恩愛河中고 忽逢良友의 指示하야 踏得常樂家鄉하니 始知昔年生死路에 虛送百千閒日月다이로

(冶父道川의 評唱)

우슴거리지만 얼굴을 맞대고 있으니
웃는 일은 避해야지!

解説…기쁜 일이 눈앞에 나타났으니 우슴이 터저나와야 할것이며 눈물을 흘리고 슬피 우는 일 만을 삼가 했어야 한다. 또 깊이 부처님의 뜻을 깨달았으니 차마 기쁘다고는 말하지 아니하였 을 망정 속으로는 기쁘면서 겉으로는 슬픈척하니 그런까닭에 우슴거리라 한 것이다.

(評唱)

긴 歳月 보냈음을 깨달았도다
비로소 途中에서
하루아침에 고향집 길 밟고보니
瀟湘 강물 건너 왔든가?
몇번이나 衡岳 구비돌고
먼 地方에만 익숙하여서
젊을때 부터 줄곤

解説…작은 利益과 供養으로 因縁하여 아비를 버리고 도망처나가 하늘끝에 流浪하면서 몇번이 나 我相・人相의 山밑을 갔다가 되돌아 왔던가? 또 몇번이나 恩惠와 愛憎의 강물속을 出没하였 던가?
그러다가 홀연히 좋은 친구 만나서 그의 指示로 常楽의 故郷길을 밟을 수 있게되니 비로소 옛 날 生死의 길목에서 百年、千年 쓸모없는 歳月을 虚送하였음을 알게 되었다.

二는 心淨契實具德勝이라 於中에 文二니 初는 正明이라

 圭峰

世尊어이시어 若復有人이 得聞是經하고 信心淸淨하면 即生實相이니 當知是人은 成就第一希有功德이니이다

論에 云호대 此中에 有實相이요 餘者는 非實相하다

(圭峰의 解說)
두번째는 마음이 淸淨하면 實相과 一致되어 德을 갖추는 거룩함을 말하였다。 글은 두가지로 區分되며 그 첫째는 바로 實相을 밝힌 內容이다。

(本文)
世尊이시어! 만약 또 어떤 사람이 있어 이 經을 듣게 되어 信心이 淸淨하다면 곧 實相이 나올 것이니 곧 이 사람은 가장 希有한 功德을 成就하였음을 알 수 있읍니다。

(圭峰의 解說)
般若論에 이르기를
「이 가운데 實相이 있고 나머지 다른것은 實相이 아니다」라고 하였다。

六祖 自性不癡를 名慧眼이요 聞法自悟를 名法眼이라니 須菩提는 是阿羅漢

於五百弟子中에 解空第一이시며 已曾勤奉多佛이시니 豈不得聞如是深法하고 今於釋迦牟尼佛所에 始聞也리오 然이나 或是須菩提 - 於往昔所得은 乃聲聞慧眼이라 今始得聞如是深經하고 方悟佛意일새 悲昔未悟故로 涕淚悲泣가 聞經諦會를 謂之淸淨이라 從淸淨中하야 流出般若波羅蜜多深法이니 當知決定成就諸佛功德이라이니

(六祖大師의 解說)

自性이 어리석지 아니한것을 「慧眼」이라 이름하며 법문을 듣고 스스로 깨닫는것을 「法眼」이라 이름한다.

須菩提는 阿羅漢이며 五百弟子 가운데 「解空第一」이며 이미 일찍이 여러 부처님을 알뜰하게 받드렸으니 어찌 이와같은 깊은 뜻을 담은 法門을 듣지못하고 지금 釋迦牟尼부처님에게서 비로소 들었겠는가?

그러나 혹시 이는 須菩提가 예전에 얻은것은 聲聞의 慧眼이였었다가 지금 비로소 이와같은 깊은 뜻을 담은 經의 說法을 듣고 비로소 부처님의 뜻을 깨달아 예전에 깨닫지 못한 일을 슬퍼한 까닭에 눈물을 흘리며 슬피 울었는지도 모른다.

經을 듣고 眞理를 아는것을 「淸淨」이라 말하며 이 淸淨 가운데서 般若波羅蜜의 깊은 經이 흘러나오니 알지어다. 이 사람은 決定코 여러 부처님의 功德을 成就하게 되는 것이다.

二는 拂迹이라

世尊이시여 是實相者는 卽是非相이라 是故로 如來
說名實相이니다

經顯眞常妙體하시니 聞經生信하면 妙體實相이 當處現前일세 故로 云호대 信心淸淨하면 卽生實相이라
此實相者는 不可以見聞覺知로 求며 不可以色香味觸으로 覓이라 故로 云호대 是實相者는 卽
是非相이라 是故로 如來-說名實相이시니라 又是實相者는 非有相非無相하며 非非有相非
無相일세 是故로 如來-說名實相이라하시니라
無着은 云호대 爲離實相은 分別故다라

(圭峰의 解說)

두번째는 자취를 쓸어버린 말씀이다.

(本文)

世尊이시여! 이 實相은 곧 相이 아니니 그런까닭에 부처님은 이를 實相이라 이름한다고 말씀
하셨읍니다.

解說…經이 眞實하고 變함없는 妙體를 밝혔으니 經의 說法을 듣고 믿음이 생겨나면 妙體의 實
相이 그 자리에서 눈앞에 나타난다. 그런까닭에 「信心이 淸淨하면 곧 實相이 생겨난다」라고 말
한 것이다. 이 實相은 보고듣고 느끼고 아는것으로 求할 수 없는것이며 또한 빛깔과 향기와 맛
과 감촉으로 찾을 수도 없는 것이다. 그런까닭에 「이 實相은 곧 相이 아니며 그런까닭에 부처

님이 實相이라 이름한다고 말씀하셨다」라고 말한 것이다. 또한 이 實相이란 有의 相도 아니며 無의 相도 아니며 有의 相이 아닌것도 아니며 無의 相이 아닌것도 아니다. 그런까닭에 부처님은 말씀하시기를 「實相이라 이름한다」라고 하신것이다.

(圭峰의 解說)

無着스님은 이르기를 「實相을 떠나는것은 分別하기 때문이다」라고 하였다.

六祖 雖行淸淨行이라 若見垢淨二相의 當情하면 並是垢心이라 即非淸淨心也니 但心有所得하면 即非實相이라이니

(六祖大師의 解說)

비록 淸淨한 行을 修行한다 하더라도 어느것은 때문고 어느것은 깨끗하다는 두가지 差別相이 가슴에 와닿는것을 본면 이는 모두가 때문은 마음이며 淸淨한 마음이 아니다. 오직 마음에 所得, 즉 남아있는것이 있게되면 이는 곧 實相이 아니다.

傳大士 未有無心境이요 曾無無境心이라 境亡心自滅이요 心滅境無侵다이로 經中에 稱實相이여 語妙理能深이니 證知唯有佛이라 詺堪任오이리

(傳大士의 頌)

마음 없는 境界 없었고

경계 없는 마음 없었네
경계 사라지면 마음도 스스로 滅하고
마음 滅하지면 경계의 侵犯도 없다
經안에 實相이라 일컬어진것
말도 묘하고 理致 능히 깊으니
깨단고 아는 사람
오직 부처님이 있을 뿐
小乘의 聖果가
어떻게 그것을 감당하겠나?

冶父 山河大地를 甚處에 得來오

說 若謂一向非相인댄 即今山河大地ㅣ 顯然是相이니 甚處에 得來오 하니 遠觀山有色이요 近聽水無聲이라 春去花猶在요 人來鳥不驚이라 頭頭皆顯露

物物이 體元平이라 如何言不會오 祇爲太分明이니라 일새

說 迷之則目前有法이라 所以로 遠於道也요 悟之則耳畔無聲이라 所以로 近於道也니라 雖云無色聲이나 以道호대 以衆生妄見則種種紛紜이어 以如來實見則一切眞寂이시니라 相相이 常宛然이요 雖云常宛然이나 相相을 不可得이라 所以로 道호대 即是如來眞實相이시니라 此眞實相은 頭頭上顯하고 物物上明하야 無時無處而不明顯也니

既頭頭上顯하고 物物上明인댄 老盧는 因甚하야 道不會佛法고 眉底兩眼이 極分明하니

反觀眸子作何樣 하라

(冶父道川의 評唱)

山河大地는 어디서 왔는가?

解說…만약 오로지 相이 아니라고만 생각한다면 지금 눈앞에 보이는 山河大地는 뚜렷한 相인데 이것은 어디서 온 것인가?

멀리 山은 바라보니 빛깔이 있고
가까이서 들어보니 물소리 없네
봄은 가도 꽃은 아직 남아있고
사람 와도 새는 놀라지 아니하니
물건마다 간곳마다
모두가 뚜렷이 나타나고
衆生마다 바탕 元來 平等한데
어찌하여 모른다고 말 하는가?
다만 너무도 分明하기 때문일세

解說…헷갈리면 눈앞에 법이 있다. 그런까닭에 道와는 멀어지고 깨달으면 귀가에 소리 없다. 그런까닭에 이르기를 「衆生의 妄見으로 보면 갖가지가 시끄럽지만 부처님의 實見으로 보면 모든것이 眞寂하다」라고 말하는 것이다. 언제나 모습마다 宛然하다 비록 빛깔과 소리가 없다고 말하지만 모습마다 宛然하다 하니 하나도 얻을 수 없다. 그런까닭에 이르기를 「相도 없고 空도 없고 不空도 없는 것이 곧 부처님의 眞實한 모습이다」라고 하는것이다.

이 眞實한 모습은 간곳마다 그 위에 밝아서 어느 때 어느 場所이건 밝고 뚜렷하지 아니한 일이 없다. 이미 간곳마다 그 위에 뚜렷히 밝혀졌는데 늙은 盧氏(六祖大師)는 무엇때문에 「나는 佛法을 모른다」고 말하였는가? 눈썹밑에 두 눈이 分明하니 돌이켜 눈동자는 어떤 모양 하고 있는지 보아라.

㊀ 圭峰 三은 信解三空同佛勝이라 於中에 文三이니 一은 總標信解라

世尊이시 我今得聞如是經典하고 信解受持는 不足爲難이니와

(圭峰의 解說)

세번째는 세가지의 空을 믿고 아는것이 부처님과 같이 거룩함을 말한 內容이며 글은 세가지로 區分되는데 그 첫째는 總體的으로 믿고 해득한 일을 標榜한 내용이다.

(本文)

世尊이시여! 제가 지금 이와같은 經典을 듣고 믿고 解得하여 이를 受持하는 일은 어렵다고 할 만한 일이 못되지만…

冶父 若不得後語ㅣ면 前話也難圓이로다

說 若使空生으로 但說其易하고 不言其難이면 話不得圓이니어와 如今에 難易를 俱說하니 話得爲圓

難難難이여 如平地上青天이요 易易易여 似和衣一覺睡로다 行船이 盡在把梢

人하니 誰道波濤從地起오

說 言其難也인댄 五目으로 不能睹며 二耳로 不能聞이요 言其易也인댄 開眼便見하고 側耳便聞

하며 開口則頭頭說破하고 擧足則步步踏著이니 平地上天이 誠不易나 和衣覺睡ㅣ 豈爲

難오리 看看하라 難易ㅣ只是一人의 機變다이로

(冶父道川의 評唱)

解說…만약 須菩提가 다만 그 쉬운 점만 말하고 그 어려운 점은 말하지 아니하였다면 그의 말
은 圓滿함을 얻지 못한다. 그러나 지금은 쉽고 어려운 점을 모두 말하였으니 그의 말은 圓滿함
을 얻게되었다.

앞 말도 뒷 말이 옳지 못하면
만약 圓滿하기 어렵다

어렵고 어려움이여!
平地위의 푸른 하늘과 같고
쉽고 또 쉬움이여!

옷 입은체 잠든 모조리
가는 배는 모조리
노 잡은 사람에게 달려있는데
누가 말하나
波濤는 땅에서 일어난다고

解説…그 어려운 점을 말하면 다섯개의 눈으로도 볼 수 없고 두 귀로도 들을 수 없으나 그 쉬운 점을 말한다면 눈만 뜨면 곧 보이고, 귀만 기울이면 곧 들리며, 입만 열면 모든것을 다 설파하고, 발만 들어올리면 걸음마다 확실히 밟아간다. 平地위의 푸른 하늘은 참으로 쉬운것이 아니지만 옷 입은채 졸음에서 한번 깨어나는 일이 어찌 어렵다 하겠는가? 보라! 어렵고 쉬운것이 오직 한 사람의 기틀의 変化일 따름이다.

若當來世後五百歲에 其有衆生이 得聞是經하고 信解受持하면 是人은 即爲第一希有다니이다

經顯人人本有니하시 此本有底一著子는 硬如鐵壁이요 軟似兜羅로다 硬如鐵壁故로 受持即難이니 空生이 軟似兜羅故로 受持即易요 硬如鐵壁故로 左叩右擊하사 以現其中다이로

(本文)

만약 앞으로 다가올 世上이 五百年이 지난 후에 그때 어떤 衆生이 있어 이 經의 説法을 듣고

이를 믿고 解得하여 받아들여 護持한다면 이 사람은 곧 가장 希有한 사람이 될 것입니다.

解說…經은 사람마다 本來부터 갖고 있는것을 밝혔으니 이 本來로 存在하는 한점의 바둑알은 단단하기가 鐵壁과 같고 부드럽기가 솜털과 같다. 부드럽기가 솜털과 같은 까닭에 받아 간직하기 쉽고 단단하기가 鐵壁과 같기때문에 받아 간직하기 어렵다. 須菩提는 왼편을 두드리고 오른편을 쳐서 그 中間을 나타낸 것이다.

冶父 行住坐臥와 着衣喫飯일세 更有甚麽事오

說 佛法이 只在日用의 行住坐臥處와 着衣喫飯時하야 一切時 一切處에 ㅡㅡ呈露靡遺하니 旣然如是인댄 信解受持 何難之有며 雖然信解나 亦何希有리오 人이 信得及하면 北斗를 面南看하리라

冰不熱이요 火不寒이요 土不濕水不乾이라 金剛은 脚踏地하고 幡竿은 頭指天이라 若冰不熱로 至頭指天은 平常總不動着이니 只如平常底道理를 作麼生道오 行船宜擧棹요 走馬에 即加鞭이며 若遇飢來飯하고 還因困即眠이라 君今欲識平常道인댄 北斗南星이요 位不別이니 只如不別底道理를 且作麼生道오 雨中에 看好月이요 火裏에 汲清泉이며 直立頭垂地요 橫眠脚指天다이로

(冶父道川의 評唱)
걷고 멈추고 앉고 눕고 옷 입고

밥먹는 일 이외에 다시 무슨 일이 있는가?

解說…佛法이란 오직 日常生活의 行住坐臥 옷입고 밥먹고 하는 곳에 있을 따름이며 모든 時間 모든곳에 하나하나 뚜렷히 드러나 남김이 없다. 이미 이와같다면 이를 믿고 解得하고 받아들여 간직하는 데 무슨 어려움이 있겠는가? 또 비록 그렇게 믿고 解得한다고 하더라도 그것이 무슨 希有한 일인가?

어름은 뜨겁지 아니하고
불은 차갑지 아니하며
흙은 축축히 젖어있지 아니하고
물은 메마르지 아니하다
金剛力士는 발로 땅을 밟고 서 있고
깃발 장대는 끝이 하늘을 가르킨다
만약 사람들이 여기에
믿음이 미친다면
北斗七星을
南쪽을 向해 보게된다

解說…어름이 뜨겁지 아니하다는 말에서 장대끝이 하늘을 가르킨다는 말에 이르기까지 모든 일이 平常이며 하나도 變動된것이 없음을 말한 것인데 그렇다면 이 平常한 道理를 어떻게 말해야 할것인가? 배를 저으려면 노를 들어 올려야 하고 말을 달리려던 채찍질 해야한다

배고플때가 되면 와서 밥먹고
문득 고단하면 잠잔다
그대 지금 平常한 道理 알고 싶은가?
北斗星, 南斗星 자리 다르지 않다。
그렇다면 이 다르지 아니한 道理는 또 어떻게 말할것인가?
비오는 가운데 달구경 하기좋고
불길속에서 맑은 샘물 길러오네
꼿꼿히 섰는데 머리 땅에 드리우고
가로 누워 잠자는데 다리는 하늘을
가르치네

圭峰은 無着이 云호대 未來法滅時에도 尚有菩薩受持라 故로 無我人等取어늘 云何
汝等은 於正法時에 遠離修行하야 不生慚愧다오하 二는 別顯三空이라

何以故오 此人은 無我相하며 無人相하며 無衆生相
하며 無壽者相이니 所以者ー 何오 我相이 即是非相
이며 人相衆生相壽者相이 即是非相이라 何以故오
離一切相이 即名諸佛이니이다

聞經信受를 何名第一希有오 以離四相하야 超然獨步故也니라 因甚하야 却能遠離오 以開智慧眼하야 了四相本空故也니라 了相本空하야 而能遠離를 何名第一希有오 離一切相을 即名諸佛故也니라

無着은 云호대 無我等者는 無人取我相이요 即非相等者는 無法取요 離一切相者는 顯示諸菩薩의 隨順學相이니 諸佛世尊이 離一切相일새 是故로 我等도 應如是學이라하다

(圭峰의 解說)

無着스님은 이르기를
「未來에 法이 滅할 때에도 菩薩은 法을 受持하는 사람이 있는 거늘 어찌하여 너희들은 正法의 時代에 살면서 멀리 修行을 버리면서도 부끄러운 마음이 생겨나지 아니하는가?」라고 하였다.
두번째는 따로 三空을 밝혔다.

(本文)

왜 그런가 하오면 이 사람은 我相도 없으며 人相도 없고 衆生相도 없고 壽者相도 없기 때문입니다. 그 理由는 무엇인가 하오면 我相이 곧 相이 아니며 人相, 衆生相, 壽者相도 곧 相이 아니기 때문입니다. 왜 그런가 하오면 모든 相을 떠나는것을 곧 「부처」라 이름하기 때문입니다.

解説…經의 説法을 듣고 이를 믿고 받아드리는것을 왜 「第一希有」라 이름하였는가? 네가지 相을 떠남으로서 超然히 홀로 걸어가는 存在이기 때문이다.

四相에서 멀리 떠나는 것이 어려운 일인데 어찌하여 문득 멀리 떠날 수 있었는가? 智慧의 눈이 열림으로서 四相이 本來 「空」임을 깨달았기 때문이다.

相이 本來 空임을 깨달아 능히 相에서 멀리 떠날 수 있는 것을 왜 「第一希有」라 이름하였는가? 모든 相을 떠난것을 곧 「부처」라 이름하기 때문이다.

(圭峰의 解說)

無着스님은 이르기를
我相, 人相등이 없다는 것은 相을 取하는 我相이 없다는 것이며, 「相이 아니라」고 한것은 法을 取함이 없다는 것이며, 「모든 相을 떠났다」고 한것은 모든 보살이 배우는 모습을 뚜렷이 밝혀보인 것이니 모든 부처님 世尊께서 모든 相을 떠나셨으니 그렇기 때문에 우리들도 마땅히 이와같이 배워야 한다는 뜻이다」라고 하였다.

六祖 須菩提 深悟佛意하사 呈自見處니 業盡垢除하야 慧眼이 明徹하니 信解受持는 即無難也니라 世尊이 在世說法之時에도 亦有無量衆生이 不能信解受持어늘 何必獨言後五百歲아 盖佛在之日엔 雖有下根不信과 及懷疑者라도 即往問佛하면 佛이 即隨宜爲說하사 無不契悟어니 佛滅度後後五百歲엔 漸至末法이라 去聖遙遠하야 但存言教하니 若人이 有疑라도 無處諮決하야 愚迷抱執하야 不悟無生하고 着相馳求하야 輪廻諸有하리니 於此時中에 得聞深經하고 清心敬信하야 悟無生理者는 甚爲希有일새 故로 言第一希有也니라 於如來滅後後

五百歲에 若有人이 能於般若波羅蜜甚深經典에 信解受持하면 即知此人은 無我人衆生壽者相이니 無此四相을 是名實相이며 即是佛心일새 故로 云離一切諸相을 即名諸佛也니라하시니라

（六祖大師의 解說）

須菩提가 깊이 부처님의 뜻을 깨닫고 自己가 본 곳을 말씀드렸는데 業이 다하고 때 묻은 것이 除去되어 慧眼이 明徹하여졌으니 그가 믿고 解得하고 受持하는 일은 어려움이 없는 것이다. 世尊께서 世上에 계실 때에도 역시 헤아릴 수 없이 많은 衆生들이 부처님의 法을 믿고 解得하고 受持할 수 없는 사람이 많았었는데 何必이면 홀로 五百年後의 일을 말하였겠는가? 이는 무릇 부처님이 世上 계실 때에는 비록 下根을 지닌 사람들의 믿지 아니하는 경우와 疑心을 품은 사람이 있다고 하더라도 곧 부처님에게 가서 묻게 되면 부처님은 그의 根機에 적합하게 說法하셔서 뜻이 맞아 깨닫지 못하는 사람이 없었지만 부처님이 滅度하신 뒤 五百年이 되면 漸次 末法時代에 이르게 되고 聖人과의 距離가 아득히 멀어져 다만 말씀의 가르침만이 남아 있게 되니 이때 만약 어떤 사람이 疑問이 있더라도 물어서 決定을 내릴 곳이 없게 되어 어리석고 헷갈린 사람은 執着을 안고 無生의 理致를 깨닫지 못하여 相에 執着하여 四方으로 달려가며 法을 求하고 모든 煩惱의 世界를 輪廻하게 될 것이니 이러한 時代 속에서 깊은 뜻을 담은 經의 說法을 듣고 맑은 마음으로 恭敬하며 믿어 無生의 理致를 깨닫는 사람은 매우 稀有한 存在가 된다. 그런까닭에 「第一稀有」라고 말한 것이다.

부처님이 滅度하신 後 五百年 뒤에 만약 어떤 사람이 能히 般若波羅蜜의 깊고 깊은 經典에서 믿고 解得하고 받아들여 간직할 수 있는 사람이 있다면 곧 이사람은 我相, 人相, 衆生相, 壽者相이 없는 사람임을 알 수 있으며 이 四相이 없는 것을 「實相」이라 이름하며 이것이 곧 부처님이

마음이다. 그런 까닭에 「모든 相을 떠나는 것을 부처라 이름하다」라고 말한 것이다.

傅大士ㅣ 空生이 聞妙理여 如蓬植在麻라 凡流ㅣ 信此法하면 同火出蓮華
恐人生斷見하야 大聖이 預開遮ㅣ하시 如能離諸相하면 定入法王家ㅣ니라

(傅大士의 頌)

須菩提 妙한 理致 들었으니
쑥대가 삼밭에 심어진 것 같구나
凡人 무리 이 법 믿으면
불속에서 蓮꽃 피어남과 같도다
사람들에게 斷見 생길까 두려워하여
큰 聖人 미리
法門 열고 닫으셨으니
능히 모든 相 떠날 수 있다면
決定코 法王의 집에 들어가리라

冶父 心不負人이면 面無慚色다이로

說 佛有三身이시니 是法身耶아 報身耶아 化身耶아 看彼毘盧老漢의 住處하라 非三非一이대로 而三而一이니 若使文殊로 不來途中하고 普賢으로 忘却青山이면 早已辜負毘盧老漢이라 辜負毘盧則心有歉然하야 面有慚色이니어 如今不然하야 寒山은 忘却來時路한데 拾得이 相將

攜手歸라 所以로 心無歉然하야 面無慚色이로다
舊竹에 生新筍하고 新花ㅣ 長舊枝로다 雨催行客路요 風送片帆歸로다 竹密
不妨流水過요 山高에 豈礙白雲飛리오

說 本始雙成하야 父子ㅣ 同業이라 旣然同業인댄 莫戀家裏事하고 好作途中客하며 亦莫戀途中
却向家裏歸어다 雖然如是나 途中이 不碍家裏事요 家裏 不碍途中事로다 看看하라
文殊普賢이 左旋右轉하니 毗盧滿面笑春風다이로

(冶父道川의 評唱)

얼굴에 부끄러운 빛이 없으면
마음에 사람을 背反한 일 없으면

解說…부처에게는 三身 있으니 여기 부처는 法身인가? 報身인가? 化身인가?
저 毘盧遮那佛이 머물고 있는 곳을 보라 三身도 아니며 一身도 아닌데 또 三身이며 一身이다.
만약 文殊菩薩이 途中에 오지 아니하였고 普賢菩薩이 青山을 잊어버리게 되었다면 일찍 감치 이
미 毘老遮那佛은이의 期待를 저바리게 되었을 것이다. 毘盧遮那佛의 期待를 저바리게 되었더라
면 마음에 꺼림직 한것이 있어 얼굴에 부끄러운 빛이 있었을 것인데 지금은 그렇지가 않다.
寒山스님 올 때、 길 잊어버리니
拾得스님 서로 손잡고 돌아왔네
그런까닭에 마음에 꺼림직 한것이 없으면 얼굴에 부끄러운 빛이 없는 것이다。

三은 如來印定이라

佛이 告須菩提대하사 如是如是다하

(評唱)

묵은 대나무에 새竹筍 돋아나고
새로 핀 꽃 옛 가지에서 자라나네
비는 길손 갈길 재촉하고
바람이 조각 돈대 돌려보낸다
대나무 빽빽해도
흐르는 물 가로막지 못하고
山이 높은들 어찌
흰 구름 나는 것에 걸림돌 되랴?

解說…本來 시작부터 雙을 이루어 父子가 同業한다。 이미 그렇게 同業하고 있다면 집안일을 그리워하지 말아라。 멋지게 途中의 나그네가 되었다면 또한 途中일을 그리워하지 말고 문득 집안을 向해 돌아갈지어다。 비록 이와같다 하더라도 途中일이 집안일에 障碍가 되지 아니하고 집안일이 途中일을 가로막지 아니한다。

보라! 보라! 文珠보살 普賢보살이 왼쪽에서 돌고 오른쪽에서 도니 毘盧遮那부처님 얼굴 가득히 봄바람에 웃음꽃 피었네

六祖

佛이 印可須菩提의 所解ㅣ 善契我心일새 故로 重言如是也니라

(圭峰의 解說)

세번째는 부처님의 印定이다

(本文)

부처님이 須菩提에게 말씀하시기를 「그와 같도다. 그와 같도다」라고 하셨다.

(六祖大師의 解說)

부처님이 須菩提가 解得한것이 거룩하게 나의 마음과 맞는다고 印可하신 까닭에 거듭 「그와 같도다」라고 말씀하신 것이다.

圭峰

四는 聞時不動希有勝이라

若復有人이 得聞是經하고 不驚不怖不畏하면 當知 是人은 甚爲希有니

空生의 希有之說이 妙契於理일새 故로 讚言如是如是니라하시 衆生이 違背覺王其來久矣라 聞佛開示하고 多生驚怖니하나 苟不驚怖면 甚爲希有로다 比之窮子ㅣ 岭嵸孤露하야 爲日已久

得見父王하니 實爲天幸이로다 然이나 其父는 門庭이 高峻하고 窮子는 志意ㅣ 下劣일새 見已에 未免驚怖去在니 見已에 不驚怖者는 甚爲希有로다

論에 云驚者는 謂非處生懼요 怖者는 不能斷疑心故요 畏者는 一向怖故니 其心이 畢竟墮驚怖故라하다

(本文)

네번째는 들었을 때 마음이 흔들리지 아니하는것이 希有하고 거룩하다고 하셨다.

(圭峰의 解説)

또한 만약 어떤 사람이 이 經을 듣게되여 놀라지 아니하고 무서워하지 아니하는 사람이 있다면 알지어다. 이 사람은 매우 希有한 사람이다.

解説… 須菩提의 「希有」하다는 말이 묘하게 理致에 맞는 말인 까닭에 「그와같다 그와같다」고 讚揚의 말씀을 하셨다.

衆生들이 부처님의 뜻을 違背해온지 오래다 지금 부처님의 開示하신 法門을 듣고 흔히 놀라고 무서워할 것이나 만약 놀라고 무서워하지 아니한다면 매우 希有한 사람이라 하겠다.

이를 比喩하면 窮한 아들이 비실거리며 외롭고 의지할곳 없이 오랜 歲月을 보내다가 王인 아버지를 만날 수 있다면 實로 天幸이라 하겠다. 그러나 그의 아버지는 문턱이 높고 가파로우며 窮한 아들은 志操와 생각이 아주 못나서 아버지를 보고나면 놀라고 무서워만 하는 꼴을 면치못하니 보고나서도 놀라거나 무서워하지 아니한다면 매우 希有한 일이 된다 (※ 이 比喩는 法華經에 나오는 法門이다.

(圭峰의 解說)

般若論에 이르기를 「놀란다」는 것은 자기가 있을 곳이 아니라하여 두려움이 생기는 것이며 「무서워한다」는 것은 疑心을 끊을 수 없기 때문이다. 또 「두려워한다」는 것은 노상 무서워만 하기 때문에 그 마음이 필경 놀람과 무서움에 떨어진 까닭이다」라고 하였다.

(六祖大師의 解說)

六祖 — 聲聞은 久着法相하야 執有爲解하며 (爲解는 作所解라) 不了諸法本空과 一切文字ㅣ 皆是假立가이라 忽聞深經에 諸相不生하며 言下卽佛 所以로 驚怖와어니 唯是上根菩薩은 得聞此理하고 歡喜受持하야 心無怖畏退轉이니 如此之流ㅣ 甚爲希有也니라

聲聞僧들은 오래동안 法의 相에 執着하여 「有」를 「解得」이라 固執하고 모든 法이 本來 「空」임을 깨닫지 못하고 모든 文字는 모두 假設된 것임을 알지 못하다가 홀연히 깊은 뜻이 담긴 經의 說法을 들었을때 모든 相이 生滅하지 아니하게 되면 한마디 말이 끝나자마자 곧 成佛한다고 하니 그런까닭에 놀라고 무서워하지만 오직 上根을 지닌 菩薩만은 이 理致를 듣고 크게 기뻐하며 받아들여 간직하고 마음에 무서움과 두려움과 물러서고 轉換하는 것이 없게 되니 이와같은 部類는 매우 希有한 存在가 되는 것이다.

傅大士 — 如能發心者는 應當了二邊이니 涅槃은 無有相이요 菩提는 離所緣이니 無乘及乘者여 人法兩俱捐하라 欲達眞如理인댄 應當識本源이라 다이로

(傅大士의 頌)

만약 發心할 수 있는 사람이라면
응당 두 가장자리 일은 마쳐야하니
(※ 二邊…有, 無, 是, 非 등)
涅槃에 相은 없고
菩提는 外部因緣 떠났네
수레도 탈 사람도 모두 없으니
사람과 법 둘 모두 버려라
眞如의 理致에 通達하려 한다면
마땅히 本源을 알아야 한다

冶父　祇是自家底니라

說　不生驚怖를 說爲希有하니 是則是矣나 而父子ㅣ 本自同氣며 亦自同家니 何曾驚怖며 雖不驚怖나 亦何希有리오

毛吞巨海水요 芥子에 納須彌로다 碧漢에 一輪滿하니 淸光이 六合輝로다 踏得故鄕田地穩하니 (鄕은一作關이라) 更無南北與東西로다

說　塵毛芥子는 物之最微者也요 巨海須彌는 物之最大者也라 以最微로 攝最大하니 非情識之所到로되 然이나 智以照之則塵毛芥子ㅣ 不曾小며 巨海須彌ㅣ 不曾大니 容巨海於毛端하고 納須彌於芥子ㅣ 是吾輩之常分이라 非假於他術이니 因甚如此오 性天覺月이 虛徹靈明하야 輝騰六合하고 光被萬像하야 洪纖巨細ㅣ 無一不容其光焉이니 踏得這

般境界하며 見得這般消息는하야 更說甚麼是東是西와 是南是北이오리 南北東西-皆吾化
라 一切由我總無妨이니 恁麼則建立도 亦在我며 掃蕩도 亦在我로다

(冶父道川의 評唱)

다만 自身의 일일 따름이다

解説…놀라고 무서워하는 마음이 나지 아니하는것을 「希有」한 일이라고? 옳기는 말이지만 아버지와 아들은 本來같은 氣脈을 지니고 있고 또한 스스로 같은 집에 살고 있는데 언제 놀라고 무서워한 일이 있었던가? 또 비록 놀라고 무서워하지 아니한다고 해서 그것이 또 무슨 「希有」한 일인가?

(評唱)

털구멍이 큰 바다물 삼키고
겨자속에 須彌山을 넣는다
파란 하늘에 한 동그라미 가득하니
맑은 빛 宇宙에 빛나도다
편안하게 故鄕땅 밟았으니
다시 南北과 東西 없구나

解説…먼지, 털, 겨자는 물건중에 가장 微細한 것이다. 巨大한 바다와 須彌山은 물건중에 가장 큰 것이다. 가장 微細한 것으로 가장 큰 것을 받아드린다는것은 보통 情識으로는 이르지 못하는 境地다. 그러나 智慧로 비추면 먼지, 털, 겨자가 일찍이 작은 일이 없었으며 巨大한 바다와 須彌山이 일찍이 큰 일이 없었다. 巨大한 바다를 털구멍끝에 담고 須彌山을 겨자속에 넣는다는

것은 우리들의 變하지 아니하는 本分이며 다른 技術을 빌리는것이 아니다.
어찌하여 이와같이 되는가?
自性의 하늘 깨달음의 달이
비고 사모치고 神靈하게 밝아서
宇宙에 치솟아 빛나고
그 빛 萬像을 덮어
넓고 섬세하고 굳고 가는 것이
어느 하나도 그 빛 받아드리지 아니하는것은 없으니 이러한 境界를 밟을 수 있으면 이 境界의 消息도 볼 수 있으니 다시 무슨 東西南北을 말하겠는가? 南北東西가 모두 나의 化身이며 모든 것이 나로 말미암는 것이라 아무것도 妨害하는것이 없게된다.
이렇게 되면 建立하는것도 내마음에 달려있고 掃蕩하는것도 내마음에 달려있는 것이다.

圭峰 五는 大因淸淨第一勝이라

第一波羅蜜일새 是名第一波羅蜜이라이니

何以故오 須菩提야 如來說第一波羅蜜 非

聞經不怖를 因甚하야 道甚爲希有오 此法이 物無與等대이로 而能與物爲等이라 深玄幽奧하야 不近人情하니 聞者多生驚怖하야 信解者誠難이어늘 如今에 能生淨信하야 不生驚怖하니 所以로 希有니라하니라

何以故者에 有二하니 一은 躡前하야 不驚等을 徵함이며 二는 都躡前勝하야 以徵이라 論에 云호대 此法門은 名爲大因이니 勝餘脩多羅故며 名爲淸淨이니 同說故라 故로 彼珍寶檀等에 無如是功德이니 是故로 彼福德中에 此福이 爲勝이라 하다

다섯번째는 큰 因緣의 淸淨함이 가장 거룩하다고 한 內容이다.

(圭峰의 解說)

왜 그런가? 須菩提야! 부처가 말하는 第一波羅蜜은 第一波羅蜜이 아닌데 이를 第一波羅蜜이라 이름하였느니라.

解說 … 經의 說法을 듣고 무서워하지 아니한다고 하는것을 어찌하여 「希有」하다고 말하였는가? 이 法이 더불어 比等할만한 物件이 없으면서 또한 능히 衆生과 더불어 平等할 수 있으며 깊고 玄妙하고 그윽하여 深奧의 情識과는 가깝지 아니하니 이를 듣는 사람은 흔히 놀람과 무서운 생각이 생기고 이를 믿고 解得하기란 참으로 어려운 일이다. 그런데 지금은 능히 淸淨한 믿음이 생겨 놀람과 무서움이 생겨나지 아니할 수 있었으니 그런까닭에 「希有」라 한 것이다.

(本文)

(圭峰의 解說)

「왜 그런가」란 말씀에 두가지 內容이 있다. 첫째는 앞 句節의 놀라지 아니한다는 등의 말을 이어 따져진 것이고 두번째는 앞에서 말한 거룩함을 모조리 뒤이어 따져본 것이다.

般若論에 이르기를 이 法門을 「大因」이라 이름하니 이는 다른 修多羅(經)보다 뛰어났기 때문이며 또한 「淸淨」이라

413

〈六祖〉 口說心不行하면 即非요 口說心行하면 即是며 心有能所하면 即非요 心無能所하면 即是니라

(六祖大師의 解說)

입으로만 말하고 마음으로 行하지 아니하면 잘못이며 입으로 말한것을 마음으로 行하면 옳은것이다. 마음에 主觀, 客觀의 差別이 있으면 잘못이며 마음에 主觀, 客觀의 差別이 없으면 옳다.

〈傅大士〉 波羅를 稱彼岸이여 於中에 千種名이라 高卑는 緣妄識이요 次第는 爲迷情이다 焰裏에 尋求水하고 空中에 覓響聲이라 眞如何得失가 今始號圓成이다

(傅大士의 頌)

波羅를 彼岸이라 일컬음이여!
이 가운데 千가지 이름있네
높낮음의 差別은
妄識에 緣由함이며
順序, 차례는 迷情때문에 생긴다
불꽃속에 물을 찾고

空中에서 메아리소리 찾네
眞如에 무슨 得失 있겠나
지금에야 비로소
「圓成」이라 부르네

冶父 八字打開하야 兩手分付다하

説 第一波羅蜜이여 更無向上이요 非第一波羅蜜이여 不異向下로다 是名向
上耶아 向下耶아 向上向下를 都説示하사 兩手로 分付了也로다
是名第一波羅蜜이여 萬別千差ㅣ 從此出이라 鬼面神頭ㅣ 對面來하니 此時에
莫道不相識하라

説 第一波羅蜜이여 差別이 所從出이라 窅然幽奧深難測이나 爭奈頭頭常現露리오 常現露여
別無眞하니 此時에 莫道不相識하라

(冶父道川의 評唱)

여덟八字로 대문 활짝 열고서
두손으로 나누어 주셨노라

解説…第一波羅蜜이라 하심이여! 다서 더위의 境地는 없고 第一波羅蜜이 아니라 하심이여 아랫 境地와 다르지 아니하네 「이를 第一波羅蜜이라 이름하였다」고 하심이여! 이는 最上의 境地인가 向下의 境地인가?

向上、向下의 두 境地 모두를 說明해보였으니 두 손으로 다 나누어주시고 말았구나!

(評唱)

이를 第一波羅蜜이라 이름한다 하심이여
千差萬別 여기에서 나오도다
귀신 얼굴 神의 머리
얼굴 마주보고 오면서
이때 서로 모르는 사이라고
말하지 말아라

解說…第一波羅蜜! 差別은 여기서 나오도다! 아득히 그윽하고 깊어 그 깊이 헤아리기 어렵지만 곳곳에 언제나 뚜렷이 나타나 있음은 또 어찌할고? 언제나 뚜렷이 나타났지만 별다른 眞實없으니 이때에도 서로 모른다고 말하지 말아라!

圭峰 第八은 斷持說도 未脫苦果의 疑라 論에 云호대 向說捨身은 苦身果報故로 福劣하니라 若爾면 依此法門持說하야 諸菩薩이 行苦行도 亦是苦果어늘 云何此法은 不成苦果오할새 斷之니라 文二니 一은 明超忍以斷疑요 二는 勸離相以安忍이니 初中에 文二니 一은 明忍體라

須菩提야 忍辱波羅蜜을 如來ㅣ 說非忍辱波羅

蜜일새 是名忍辱波羅蜜이니
忍到彼岸에 已離苦相이어 況彼岸非岸이어 誰苦誰忍오이리 明忍相이라 於中
又二니 初는 引一生證의 極苦忍이며 又二니 一은 正明이라

(圭峰의 解説)

여덟번째는 經을 護持하고 説法하여도 아직 괴로움의 果報에서는 벗어나지 못하고 있다는 疑心을 斷絶시킨 內容이다.
般若論에 이르기를 「앞에서 말한 보살들이 몸을 喜捨하는 布施는 苦痛받는 몸의 果報때문이며 그 福德은 뒤지는 것이다」라고 하였으니 만약 그렇다면 이 法門에 根據하여 經을 간직하고 說法할제 여러 菩薩들이 苦行을 行하는것도 역시 苦痛받는 果報라고 해야할것인데 어찌하여 이 法만은 苦痛받는 몸의 果報가 되지 않는가? 라는 疑問이 생기는 까닭에 이 疑問에 決斷을 내린 것이다.
글은 두가지로 區分되며 그 첫째는 超越한 忍辱을 밝혀서 疑心을 끊었으며 두번째는 相을 떠나기를 勸誘함으로서 忍辱에 安住하게 하였다.
이 가운데 첫번째 內容도 또 두가지로 區分되니 그 첫째는 忍辱의 바탕을 밝힌 內容이다.

(本文)

須菩提야! 忍辱波羅蜜을 부처는 忍辱波羅蜜이 아니라고 말하나 이를 忍辱波羅蜜이라 이름한 것이다.

解説…忍辱으로 彼岸에 이르면 이미 괴로움의 相은 벗어난 것인데 하물며 彼岸도 언덕이 아니

니 괴로움을 받는 사람은 누구며 그것을 참는 사람은 누구인가?

두번째는 忍辱의 모습을 밝혔는데 이 가운데도 또 두가지 區分이 있으니 그 첫째는 한 「生」동안에 證한 것을 引用하여 극히 괴로운 일을 참는것을 밝힌 것이며 이 內容도 또 두가지로 區分되는데 그 첫째는 바로 內容을 밝힌 것이다.

何以故오 須菩提야 如我昔爲歌利王하야 割截身體한데 我於爾時에 無我相하며 無人相하며 無衆生相하며 無壽者相이라이리

歌利王은 此云極惡이니 佛昔作仙하야 在山中修道러니 王獵疲寢에 妃共禮仙이어늘 王이 問得四果不아 皆答云不로라 王이 怒하야 割截한대 天이 怒하야 雨石늘이어 王이 懼而懺悔한대 仙은 證本無嗔이라 王乃免害하다 論에 云不但無苦라 而乃有樂이니 以慈悲故다라하

(本文)
왜 그런가? 須菩提야! 예를 들면 내가 예전에 歌利王 때문에 몸이 쪼개지고 切斷되었지만 나는 그때 我相이 없었고 人相도 없었고 衆生相도 없었고 壽者相도 없었느니라.

解說…歌利王은 이곳 말로하면 「極惡」이란 뜻이다.

부처님이 예전에 仙人이되여 山中에서 道를 닦고 있었는데 王妃와 함께 仙人에게 절을 하고 있었는데 王이 사냥을 나와 疲困하여 山中에서 잠자게 되었는데 王妃가 모두 仙人에게 간을 하고 있다고 하고 王이 묻기를 「나도 四果를 (※ 小乘) 얻을 수 있는가?」라고 하였으나 얻을 수 없다고 대답하자 王이 怒하여 仙人의 몸을 쪼개고 切斷하자 하늘이 怒하여 돌비를 내리니 王이 두려워하고 懺悔하였는데 仙人은 이미 根本眞理를 證得하여 노여움이 없었음으로 王은 害를 면하게 되였다.

般若論에 이르기를
「비단 고통이 없을뿐만 아니라 곧 즐거움이 있었으니 이는 慈悲心이 있었기 때문이다」라고 하였다.

二는 反顯이라

何以故오 我於往昔節節支解時에 若有我相人相衆生相壽者相이면 應生瞋恨이리라

上讚信解하사 令發心竟고 將勸菩薩하여 離相發心하사려 先擧自己의 行菩薩道時의 逢難安忍 離相之迹이시니 忍辱波羅蜜者는 逢難安忍하야 求到彼岸也오 非忍辱波羅蜜者는 辱境이 本空하고 忍心이 本寂하야 無彼岸可到也니라 爲甚如此오 如我昔爲歌利의 割截하야 不見有辱 境當情하며 亦不見有身心 當彼所害도야 初無我人之相이라 尚不見有辱境身心이어 何更見 有彼岸可到也리오 因甚知無我相고 我於彼時에 若有我相이면 應生瞋恨이리라 旣不生瞋일새 故로 知無相也니라

(圭峰의 解說)

두번째는 反證을 한 内容이다

(本文)

〔六祖〕

當彼所害_{하면} 即非_요 不見有身相_{하고} 當彼所害_{하면} 即是_{니라} 如來-因中在初
見有辱境當情_{하면} 即非_요 不見有辱境當情_{하면} 即是_며 見有身相_{하고}

解説…위에서 믿고 解得한 일을 지나간 옛날 나의 몸의 마디마디가 잘려져 分解되었을 때에 만약 我相, 人相, 衆生相, 壽子相이 나에게 있었다면 아마도 노여움과 怨恨이 생겼을 것이다.

왜 그런가? 須菩提야 내가 發心토록 하신 法門을 끝내시고 곧 보살에게 相을 떠나 發心하기를 勸誘하려 하시어 먼저 自身이 菩薩道를 修行할 때의 일을 例로 들어 災難을 만나도 忍辱하신 相을 떠난 자취를 말씀하신 것이다.

忍辱波羅蜜이라 하신것은 災難을 만나도 욕된것을 참는데 相을 떠나 安住하여 彼岸에 到達하기를 求하는 것이며 「忍辱波羅蜜이 아닌것」이라 하신것은 욕된 境界가 本來 寂滅한 것이니 到達할 彼岸이 없다는것을 말씀하신 것이다.

어찌하여 이와같이 되는가? 例를 들면 내가 예전에 歌利王때문에 몸이 쪼개지고 잘려졌을 때 도 辱된 境界가 마음에 와닿는것을 보지못하였고 또한 「내몸이 存在한다는 마음도 나타나지 아니하였으니 그가 害치는 일을 當하면서도 조곰도 我相, 人相이 없었으니 辱된 境界나 存在意識조차도 없었는데 어떻게 다시 我相, 人相등이 없었음을 아는가? 내가 그때 만약 我相, 人相등이 없었다면 아마 또 무엇으로 我相, 人相등이 없었음을 아는가? 내가 그때 만약 我相, 人相등이 있었다면 아마 도 노여움과 怨恨이 생겼을것인데 이미 노여움도 怨恨도 생기지 아니하셨으니 그런까닭에 相이 없었음을 알게 되었다는 것이다.

地時에 曾爲忍辱仙人하사 被歌利王에 割截身體호대 無一念痛惱之心이니 若有痛惱之心이면 卽生瞋恨이리시 歌利王은 是梵語며 此云無道極惡君也니라 如來─ 因中에 曾爲國王하사 嘗行十善하야 利益蒼生이러시니 爾時에 天帝釋이 化作栴陀羅하야 乞王身肉이어늘 王이 卽割施하야 殊無瞋惱하니 今存二說이나 於理에는 俱通이라하니

(六祖大師의 解說)

욕된 境界가 마음에 와닿는것이 보이지 아니하면 이것이 忍辱波羅蜜이다.

「나의 몸이 存在한다」는 相을 보면서 그의 害침을 당했다면 이는 忍辱波羅蜜이 아니며 욕된 境界가 마음에 와닿는 것이 보이지 아니하면 이것이 忍辱波羅蜜이다. 「나의 몸이 存在한다」는 相을 보지못하고 그의 害침을 당한다면 이것이 忍辱波羅蜜이다.

부처님의 因緣가운데 (※十地中의 初地, 歡喜地) 境地에 있을 때 일찍이 忍辱仙人이 되여 歌利王에게 부처님이 初地의 災難을 입었으나 一念의 아프고 괴로와하는 마음도 없었으니 만약 아프고 괴로와 하는 마음이 있었다면 곧 노여움과 원한이 생겼을 것이다. 歌利王이란 말은 梵語이며 이곳 말로는 「極惡無道한 임금」이란 뜻이다.

또 一說에는 부처님의 因緣가운데 부처님이 일찍이 國王이 되여 十善을 修行하여 모든 百姓에 게 利益되게 하신 일이 있었는데 百姓들이 노래를 지어 이 임금님을 稱頌한 까닭에 하늘의 帝釋天王이 百丁으로 化해서 王의 몸의 살을 求乞하니 王이 곧 몸을 잘라 布施하면서 조금도 노여워하거나 괴로워하라 한다고 하였고 王의 몸의 살을 求乞하니 王이 無上菩提를 求하여 忍辱의 行을 닦을 때 하늘의 帝釋天王이 百丁으로

는 마음이 없었다고 한다.

① 旃陀羅…屠殺者、百丁.
② 十善…十惡의 反對、十惡은 殺生、偸盜、邪婬 妄語、兩舌、惡口、綺語、貪欲、瞋恚、邪見. 이 十惡을 行하지 아니하는 일.

※지금 두가지 說이 있으나 理致에는 모두가 通하는 말이다.

冶父 智不責愚니라

說 仙人이 逢難不動이어 歌利ー昧仙證空하니 愚智ー 皎然이라 逢難不動이 是不責愚니라

如刀斷水요 似火吹光이라 明來暗去에 那事無妨다이로 歌利王歌利王이여 誰知

遠煙浪에 別有好商量오이리

說 商은 一作思라 靈源이 湛寂하야 攪之不可動이며 靈焰이 烜赫하야 吹之不可滅이라 任他八

風交馳하야 內智ー 湛爾常凝하니 歌利之愚ー 焉知逢難之中에 具無限好消息也리오

(冶父道川의 評唱)

智慧있는 어리석은 사람을 탓하지 아니한다.

解説…仙人은 災難을 만나도 흔들리지 아니하였는데 歌利王은 證得하였음을 몰랐었다. 어리석은 사람과 智慧있는 사람의 區別 分明하게 나타났으며 災難을 만나도 흔들리지 아니한것이 곧 어리석은 사람을 탓하지 아니한 일이다.

(評唱)

칼로 물 베기와 같고

입으로 불어 햇볕불을 꺼려는것과 같으니
밝음이 오면 어둠은 가니
그 일에 방해됨은 없도다
누가 아랴!
歌利王이어 歌利王이어!
먼 아지랑이 물결속에
따로 멋진 흥정할 일 있을지?

解説… 「商量」이란 「商」字는 어떤 책에는 「思」字로 되여있다. 神靈한 源泉이 맑고 잔잔히 寂滅해서 휘저어도 움직일수 없고 神靈한 불꽃은 환하게 빛나 입으로 불어도 끌 수가 없다. 相對方이야 八風이 바꾸어가며 달리도록 내버려두고 自身만은 안에 감춘 智慧가 湛然히 恒常 응켜있었으니 歌利王의 어리석음이 어찌 災難을 만난 가운데서도 無限한 좋은 消息이 갖추어졌음을 알았겠는가?

圭峰 後는 引多生에 證相續忍이라

須菩提야 又念過去於五百世에 作忍辱仙人하야 於爾所世에도 無我相하며 無人相하며 無衆生相하며 無壽者相이었느니라

非但一生에 安忍無相이라 五百生中에 頻遭此苦도 하야 悉皆無相이시다 하
累苦故로 忍이요 忍熟而樂이니 但與正定慈悲相應故니라 偈에 云호대 離我及恚相
實無有苦惱요 共樂有慈悲니 如是苦行果다라 하

(圭峰의 解說)

다음은 많은 「生」을 引用하여 이어진 忍辱임을 證明하셨다.

(本文)

須菩提야! 또 생각하면 過去 五百世에 걸쳐 忍辱하는 仙人이 되였었는데 그때 그 場所에서도 我相도 없었고 人相도 없었고 衆生相도 없었고 壽者相도 없었느니라.

解說…비단 한 生涯에서만 忍辱에 安住하여 相이 없었던것이 아니고 過去 五百生 가운데서도 자주 이러한 苦痛을 만났으니 모조리 다 相이 없었었다고 말씀하신 것이다.

苦痛이 쌓이는 까닭에 참는 것이며 참는 일에 익숙해지면 즐거워진다. 이는 다만 바른 禪定과 慈悲心이 相應하였기 때문이다. 偈頌에 이르기를

我相과 恚相 떠나면
眞實로 苦惱 없고
함께 즐기며 慈悲 있으니
이와같음이 苦行의 果報로다

라고 하였다.

六祖 世者는 生也라 如來ㅣ 因中에 於五百生에 修行忍辱波羅蜜하사 以得四相不生하시니 如來ㅣ 自述往因者는 欲令一切脩行人으로 成就忍辱波羅蜜이니 行忍辱波羅蜜人이 既行忍辱行인댄 先須不見一切人過惡하고 冤親平等하야 無是無非하고 被他의 打罵殘害도하야 歡喜受之하야 倍加恭敬이니 行如是行者는 即能成就忍辱波羅蜜이니라

(六祖大師의 解說)

「世」라는것은 「生」을 뜻한다. 부처님의 因緣 가운데 五百生에 걸쳐 忍辱波羅蜜을 修行하시어 四相이 생겨나지 아니하게 되었는데 부처님께서 스스로 지나간 因緣을 말씀하신것은 모든 修行人으로 하여금 忍辱波羅蜜을 成就하게 하고자 하셨기 때문이다.

忍辱波羅蜜을 修行하는 사람이 忍辱行을 行하였을 때는 먼저 다른 사람의 허물과 잘 못을 보지 아니하여야 하며 冤讐와 親戚을 平等하게 대하고 是도 없고 非도 없어 다른 사람으로 부터 매맞고 욕먹고 殘害를 당하더라도 기쁜 마음으로 이를 받아들여 갑절 恭敬을 더해야 하는것이니 이와같은 修行을 行하는 사람은 곧 忍辱波羅蜜을 成就할 수 있다.

傅大士 頻經五百世여 前後極時長이라 承仙忍辱力하야 今乃證真常이로다 暴虐唯無道일새 時稱歌利王이라 逢君出遊獵하야 仙人이 橫被傷다이로

(傅大士의 頌)

暴虐하고 無道하기만 한 사람을

當時 歌利王이라 일컬었으니
임금이 사냥 나가는 날을 맞아
仙人이 엉뚱하게 傷害입었네
五百世에 자주 겪은 일
前後의 극히 긴 時間을
仙人의 忍辱의 힘 이어받아
지금 마침내 眞常을 證得하였네

冶父 目前에 無法하니 從敎柳綠花紅이요 耳畔에 無聞하니 一任鶯吟燕語로다

說 深達法性空하니 塗割에 兩無心이라 達性空則根塵이 無礙요 得無心則事事無妨이로所以로 道호대 智明頭頭明이요 心閒事事閒이시니라하

四大一元無我요 五蘊은 悉皆空이라 廓落虛無理여 乾坤萬古同이라 妙峯

巍巍常如故하니 誰管顓號括地風오리

說 四大五蘊이 同鏡像하니 空空無我亦無人이라 無我無人性常住하니 同地同天古到今이다로

古到今이여 無變異하니 從敎八風來彭彭다로

(冶父道川의 評唱)

눈 앞에 法 없으니
버들이 푸르건 꽃이 붉건
시키는데로 따라가고

426

귀 가에 들리는것 없으니

꾀꼬리가 읊조리건 재비가 속사이건 내버려두도다

解說…法性이「空」임을 깊이 通達하였으니 약을 바르건 살을 자르건 두가지에 모두 관심이 없다.

法性의 空을 達通하게되면 六根、六塵에 걸림돌이 없어지고 無心의 境地를 얻으면 모든 일에 妨害가 없어진다. 그런까닭에 이르기를「智慧 밝으면 물건마다 밝고 마음이 한가하면 모든 일이 한가롭다」라고 하는것이다.

(評唱)
四大에 我相없고
五蘊은 모두 空이라
텅 비고 虛無한 眞理
하늘과 땅 萬古에 같네
묘한 봉우리 우뚝 높아
언제나 옛날과 같은데
누가 관여하랴
엎어지며 소리치며
땅을 휩쓰는 바람소리에?

解說…四大와 五蘊(色受想行識)이 거울에 비친 影像과 같고 空도 空이여서 我相도 없고 人相도 없다.

※ 註

八風…사람의 마음을 혼드는 八種의 幸, 不幸. 利, 衰, 毁, 譽, 稱, 譏, 苦, 樂.

여전에서 스스로 이르렀으니 변하고 달라진 것 없으니 八風이 팽팽히 불어오더라도 내버려 두라.

圭峰 二는 勸離相以安忍이라 論에 云호대 若有菩薩이 不離我相이면 見苦行苦

欲捨菩提心일새 故勸離相이라 無着云호대 爲對治不忍因緣이니 不忍因緣에

有三種苦하니 謂流轉苦와 衆生相違苦와 乏受用苦라하 於中에 文은 二니 一은

總標라

是故로 須菩提야 菩薩은 應離一切相하고 發阿耨

多羅三藐三菩提心이니

既悟自心의 與佛無殊하면 更能塵塵無着하고 念念無生니하리 是眞發心이며 名眞菩薩라 由是로

凡有發心者는 要應離相也니 此는 正勸離相發心也니라 又離相發心者는 是非人我ㅣ俱

是虛妄이라 悉應遠離하고 但發無上菩提之心也니라 然이나 所謂離相은 但了相虛妄하야 能所不

生을 即名爲離요 非別有相可離也니라

若離相發心하면 雖逢大苦라도 即能不捨니라 無着云호대 離一切相者는 爲離如

是三苦相也니라

(圭峰의 解説)

두번째는 相을 떠남으로서 忍辱에 安住하기를 권유한 말씀이다. 般若論에 이르기를 「만약 어떤 보살이 我相을 버리지 아니한다면 苦行의 괴로움을 보고 菩提心을 버리고자 할것인 까닭에 相을 떠나라고 권유한 것이다 하였고 無着스님은 이르기를 「忍辱하지 못하는 因緣을 相對的으로 治癒한 것이며 忍辱하지 못하는 因緣에 세가지 苦痛이 있다. 즉 流轉하는 苦痛과 衆生들의 서로 어긋나는 고통과 受用에 窮乏한 苦痛이 그것이다」라고 하였다.

이 가운데 글은 두가지로 區分되며 그 첫번째는 總体的인 標榜이다.

(本文)

그런까닭에 須菩提야! 菩薩은 마땅히 一切의 相을 떠나 阿耨多羅三藐三菩提心을 일으켜야 하며…

解説…이미 自己마음이 부처님의 마음과 다르지 아니함을 깨닫게 되면 다시 모든 境界에 執着이 없어지고 念念에 生滅이 없게 될 수 있으니 이것이 眞正한 發心이며 이를 「眞菩薩」이라 이름한다. 이런 理由때문에 모든 發心이 있는 사람이라면 마땅히 相을 버릴 필요가 있는 것이며 이는 바로 相을 버리고 發心할것을 권유한 말씀이다.

또한 相을 버리고 發心한다는 것은 是非와 人相、我相 모두가 虛妄한 것이니 마땅히 이를 모두 멀리 떠나야 하며 오직 無上의 菩提心만 일어나는것을 말한다.

그러나 相이 虛妄함을 깨달아 相에서 主觀、客觀이 생기지 아니하는것을 곧 「떠난다」라고 이름하는것이지 따로 떠나야 할 相이 있는것이 아니다.

(圭峰의 解説)

無着스님은 이르기를 「모든 相을 떠난다」라고 하신 말씀은 이와같은 세가지 苦難의 相을 떠나야 하기때문이다」라고 하였다.

冶父 是ㅣ 即此用가 離此用가

說 既云離相發心인댄 心與相이 相去多少오 沖虛妙粹하고 廣大靈明하야 離諸幻妄을 名之爲心이요 日用是非人我와 現前色香味觸이 俱是虛妄을 皆名爲相이니 然이나 相非外來라 全是自心起用이니 伊麼則此心이 即此用가 離此用가 若道離此用인댄 爭奈不礙諸相이리오 畢竟作麼生道오 若人이 識得心하면 大地無寸土니라 所以로 道호대 於一毛端에 現寶王刹하고 坐微塵裏하야 轉大法輪이라 하시니라

得之在心이요 應之在手라 (在는ㅣ 作於라) 雪月風花여 天長地久로다 朝朝雞向五更啼하고 春來處處山花秀로다

說 失其旨也니 離却日用코 別求生涯어니 得其源也며 機境上에 把得便用이니 伊麼則頭頭ㅣ 淨妙國土요 物物이 常住眞身이라 一切聲이 是佛聲이요 一切色이 是佛色이니 觸處에 天眞하야 雌黃無分이라 雞向五更啼하고 處處山花秀하니 可得雌黃麼아

(冶父道川의 評唱)

이는 이 作用에 몸담는 것인가?
作用에서 떠나는 것인가?

解說…이미 相을 떠나 發心하였다고 한다면 마음과 相과의 距離는 얼마나 되는가? 텅 비어 있고 묘하고 純粹하고 廣大하고 靈明하며 모든 幻想, 妄想을 떠난것을 이름하여 「마음」이라 하고 日常生活의 是非와 人我의 差別과 눈앞에 나타나는 色、향기、맛、感觸의 모든 虛妄한것을 모두 이름하여 「相」이라 한다. 그러나 相은 外部에서 오는것이 아니며 오로지 自己의 마음에서 일어나 作用하는 것이니 그렇다면 이 마음이 곧 이 作用과 떨어진 存在인가?

만약 이 作用에 몸담은것이라 말한다면 「相을 끊고 이름을 여인다」는 일은 또 어떻게 되며 만약 作用을 떠난것이라 말한다면 모든 相에 障礙받지 아니한다는 일은 또 어떻게 되는가? 필경 마지막에는 어떻게 말하면 되겠는가?

만약 사람이 마음을 알 수 있으면 大地에 한치의 땅도 없게된다 그런까닭에 이르기를 「한 털끝에 寶王의 寺刹이 나타나고 微塵속에 앉아서 大法輪을 굴린다」라고 말하는 것이다.

(評唱)

이를 얻는것은 마음에 달려있고
이에 應하는것은 손에 달려있다

雪月風花여!
天地는 永久히 변하지 아니하여
아침마다 새벽닭은
五更을 向해 울고
봄이 오면 到處에
山 꽃이 빼어나네

解說…그 참뜻을 잃게 되면 日常生活을 떠나서 따로 살아갈 길을 찾게되지만 그 根源을 얻게 되면 機緣과 境界위에서 손에 잡고 곧 쓸 수 있게된다. 묘한 國土가 되며 물건마다 영구히 머무는 眞如의 몸이 되며 모든 色이 모두 부처님의 소리가 되며 모든 色이 모두 부처님으 색이고 건드리는 곳 마다 天眞한 世界라 잘잘못이 없어진다. 닭은 五更을 향해 울고 간곳마다 山 꽃이 빼어났는데 여기 잘잘못을 分別함이 없겠는가?

※雌黃…硫黃과 砒素의 混合物로 化粧品의 原料로 쓰임. 예전에 詩文의 잘못된 곳을 雌黃을 발라 글자를 지우고 고쳐 쓰기에 是非를 가려 바로잡는것을 雌黃이라 함.

圭峰 二는 別顯이라 於中에 文二니 一은 對治不忍流轉苦라

不應住色生心하며 不應住聲香味觸法生心이요 應生無所住心이라

六祖 不應住色生心者는 是都標也요 聲香等은 別列其名也라 於此六塵에 起憎愛心 由此 妄心이 積集하야 無量業結 覆蓋佛性니하나 雖種種 勤苦修行이라도 不除心垢라 終無解脫之理니라 推其根本하면 都由色上住心이니 如能念念常行般若波羅蜜하면 推諸法空하야 不生計着하며 念念常自精進 一心守護하야 無令放逸라하리 淨名經에 云호대 求一切智하야 無非時求며라하 大般若經에 云호대 菩薩摩訶薩은 晝夜精進호대 常住般若波羅蜜多하야 相應作意하야 無時

暫捨

(圭峰의 解說)

두번째는 區別하여 밝히신 말씀이다. 이 가운데 글은 두가지로 區分되며 첫째는 忍辱하지 못하여 生死의 강물에 흘러 떠 돌아 다니는 病을 相對的으로 治療하신 말씀이다.

(本文)

마땅히 色에 住著하는 마음이 생겨서는 아니될것이며 마땅히 住著하는 곳이 없는 마음이 생겨야 할 것이다.

(六祖大師의 解說)

「마땅히 色에 住著하는 마음이 생겨서는 아니된다」라고 하신것은 全體를 標榜하신 말씀이다.

다음 소리, 향기등은 따로 따로 그 이름을 列擧하신 것이다.

이 여섯가지 境界에서 미워하고 사랑하는 마음이 일어나면 이로 말미암아 妄心이 모이고 쌓여 無量한 業이 맺어져서 佛性을 덮어 버리니 비록 갖가지의 알뜰하고 苦心한 修行을 한다고 하더라도 마음에 묻은 때를 除去하지 못하여 끝내 解脫할 道理가 없어진다.

그 根本原因을 미루어 보면 모두가 色 위에 마음이 住著함으로 말미암은 것이니 만약 念念에 늘 般若波羅蜜을 行하여 모든 法이 空임을 미루어 보면 그에 헤아림과 執著이 생기지 아니할 것이며 그렇게되면 念念에 늘 스스로 精進하게 되고 한 마음으로 佛法을 守護하여 放逸하지 아니하게 될 것이다.

維摩經에 이르기를

「一切智를 求하여 求하지 아니하는 때가 없다」라고 하였고 大般若經에는 이르기를

「보살은 밤낮으로 精進하여 恒常 般若波羅蜜에 머물어 이와 相應하는 생각을 하고 暫時도 버릴

433

若心有住면 即爲非住니 때가 없어야 한다」라고 하였다.

(本文)

若心住涅槃이면 非是菩薩住處라 不住涅槃하며 不住諸法하야 一切處不住사하야 方是菩薩住處니 上文에 説應無所住하야 而生其心者ㅣ 是也니라

解説…만약 마음이 涅槃에 住著이 있으면 곧 보살이 머물곳이 아닌 곳이 된다. 涅槃에도 住著하지 아니하며 모든 法에도 住著하지 아니하여야만 비로소 이것이 보살이 머물 곳이다. 윗 글에서 「마땅히 住著하는 곳이 없는 마음이 생겨야 한다」라고 한것이 바로 이것이다.

是故로 佛説호대 菩薩은 心不應住色하고 布施라하노라

菩薩은 不爲自身의 五欲快樂하야 而行布施하고 但爲內破慳心하며 外利益一切衆生하야 而行布施니라

(本文)

그런 까닭에 부처는 말하기를 「보살은 마음이 色에 住著하지 아니하고 布施한다」라고 한것이다.

解説…보살은 自己몸의 五欲의 快樂을 위하여 布施하는것이 아니고 안으로는 아까워하는 마음을 허물고 밖으로는 모든 衆生들의 利益을 위하여 布施하는 것이다.

圭峰 初는 正明流是集諦요 轉是苦諦라 無著은 云호대 若著色等하면 則於流轉苦中에 疲乏故로 菩提心이 不生하나니라 後는 引證이니 引前説無住施—具合 六度하야 證此文矣니라

(圭峰의 解説)

처음 部分은 바로 生死의 강물에 흘러감을 밝힌것으로 이는 四諦가운데 集諦에 해당하며 굴러가는것은 苦諦에 해당한다.

無着스님은 이르기를

「만약 色등에 執着하면 生死의 강물에 流轉하는 괴로움속에서 疲困하고 窮乏해지는 까닭에 菩提心이 생기지 아니한다」라고 하였다.

뒷 部分은 證據를 引用한것이니 앞에서 말씀하신 住着없는 布施에 六度波羅蜜이 갖추어져있음을 引用하여 이 글로서 證明하신 것이다.

二는 對治不忍相違苦라

須菩提야 菩薩은 爲利益一切衆生하야 應如是布

施니 識浪이 內湧則境風이 作而常動하고 智水ㅣ 內凝則風塵이 息而常靜하니 靜無靜相이라 眞明

自照를 是謂無住生心이라 是眞菩薩住處니라 由是로 發心之者는 凡於應用之際에 但當無

念而應하고 不應着意攀緣이니 着意면 墮魔坑이라 非眞菩薩住處也니라 所以然者는 菩薩發心은

只爲益生이니 自若有住면 豈能令他無住리오 所謂有諸己然後에 求諸人하며 無諸己然後에

非諸人이 是也니라 所謂無念無住는 正似秋天野水에 森羅自顯이니 豈同寒灰枯木하야 一於

忘懷者哉아. 忘懷는 沈鬼窟이라 亦非菩薩住處也니 若眞住處인댄 不依有住而不住하고 不依無

住而住하며 亦不依中道而住하야 如是而住也니라

(圭峰의 解説)

두번째는 衆生들이 서로 생각이 어긋나는것을 참지못하는 病을 相對的으로 治癒한 內容이다.

(本文)

須菩提야! 菩薩은 모든 衆生들을 위하여 마땅히 이와같이 布施하여야 하느니라.

解説…識(六識…六根으로 느끼는 것)의 물결이 가슴안에 용소슴치면 境界의 바람이 일어나 늘 흔들리게 되고 智慧의 물이 가슴안에 응키면 바람과 먼지가 멎어 恒常 고요해진다. 고요해저도 고요한 相이 없어야 眞如의 밝음이 스스로 비추게 되니 이를 「住著없이 생기는 마음」이라 말하며 이것이 眞正한 보살이 머무는 곳이다. 이로 말미암아 發心하는 사람은 모든 應用할 때에는 오직 無念으로서 應하여야 하며 생각에 執着하고 因緣에 매달려서는 안된다. 생각

에 執着하면 魔의 陷穽에 떨어지니 이는 眞正한 보살이 머무는 곳이 아니다.

그렇게 되는 理由는 菩薩의 發心은 오직 衆生을 利益되게 하기 위한것이니 自身이 만약 住著이 있게 되면 어떻게 다른 사람을 住著이 없도록 할 수 있겠는가? 이것이 이른바 「자가에 있으면서 다른 사람에게도 求하고 자기에게 없어진 다음에 다른 사람에게도 求하지 아니한다」라고 하는것이다.

이른바「念이 없다」「住著이 없다」라고 하는것은 바로 가을하늘 들판의 강물과 같아서 森羅萬像이 스스로 밝혀지는것이니 이것이 어찌 불꺼진 재나 마른 나무가지와 같이 오로지 가슴속에 모든것은 잊어버리기만 하는 사람과 같겠는가? 모든 생각을 잊어버리기만 하는것은 鬼神의 巢窟에 가라앉는 것이며 역시 菩薩이 머무는 곳은 아니다.

만약 眞正한 머물 곳을 말한다면 住著이 있는 마음에 根據하여 머무지도 아니하며 中道에 根據하여 머무지도 아니하니 이와 같이 머무는것이 眞正한 머물 곳이다.

六祖 菩薩者는 行法財等施하야 利益無彊이니 若作能利益心하면 即是非法이요 不作能利益心하면 是名無住니 無住-即是佛心也니라

(六祖大師의 解說)

菩薩이란 法布施、財布施 등을 行하여 그 利益의 限界가 없는것인데 만약 내가 利益을 줄 수 있다는 마음을 짓는다면 이는 곧 法이 아니며 내가 利益을 줄 수 없다는 마음을 짓지 아니한다면 이를 이름하여 「無住」라 하며 이 「無住」는 곧 佛心이다.

437

傳大士 (濟는一本에 作恐이라)

菩薩懷深智하여 何時不帶悲아 投身憂虎餓하고 割肉濟鷹飢로다
精勤三大劫호대 曾無一念疲하니 如能同此行이면 皆得作天師니라

(傅大士의 頌)

菩薩 깊은 智慧 품고 있으니
어느때 慈悲 지니지 아니할 때 있으랴?
배고픈 호랑이 근심하여
몸을 던지고
주린 매 구제하려고
살을 자르며
三大劫을 부지런히 精進해도
일찍이 고달프다는 생각 한번 없었네
만약 이와 같이 行할 수 있다면
모두 하늘세계의 스승이 되리

冶父

有佛處에 不得住하고 無佛處에 急走過하야 三十年後에 莫言不道어다

說

有佛處에 有敎可遵이요 無佛處엔 無敎可効라 然이나 有敎無敎ㅣ盡令人으로 不得洒洒落落이니 旣不坐於兩邊인댄 亦不滯於中道하야 透過三關已하고 亦復不留跡이라
朝遊南嶽하고 暮往天台로다 追而不及이요 忽然自來로다 獨行獨坐無拘繫하니 得

寬懷處에는 且寬懷로다

說 彼此無所止하고 中間도 亦無蹤이라 蕭然獨脫無拘繫하니 雲蹤鶴態喩難齊로다 旣不坐 於三千里內하고 亦不立於三千里外하니 是可謂逸驥之於春風廣野요 神龍之於月明 滄海로다

解說…부처가 있는 곳은 따를만한 가르침이 있고 부처없는 곳은 본뜰만한 가르침이 없다. 그러나 가르침이 있고 없는것이 모두가 사람들을 훌훌 다 털어버리고 물뿌린듯 淸淨하게 할 수는 없다. 이미 두 가장 자리에 앉지 아니하고 또한 中道에도 滯留하지 아니하며 세곳 關門을 꿰뚫어 通過한 후에도 또한 자취를 남기지 말아야 한다.

부처 있는곳에 머무르면 안되며 부처없는 곳은 급히 달려 지나가라. 三十年後에라도 내가 말해주지 아니하였다고 말하지 말아라!

(治父道川의 評唱)

(評唱)

아침엔 南嶽에 노니다가
저녁엔 天台山에 가도
뒤따라가도 미치지 못했는데
홀연히 스스로 찾아와서
홀로 걷고 홀로 앉아
拘碍도 얽매임도 없으니
느긋한 품 얻는 곳에서는

그저 느긋한 가슴 가져라

解說…이쪽 저쪽에 依止하는 곳 없고 中間에도 역시 자취 없으며 쓸쓸히 홀로 벗어나 拘碍, 束縛 없으니 구름 자취 鶴의 모습으로도 나란히 비유하기 어렵구나! 이미 三千里안에는 앉아 있지 아니하지만 또한 三千里밖에 서 있지도 아니하니 이것이야말로 봄바람 넓은 들판을 달리는 千里馬나 달 밝은 滄海를 날라가는 神龍이라 할 수 있다.

(本文)

如來— 說一切諸相이 即是非相이며 又說一切衆生이 即非衆生이니

諸相이 本空하야 無相可住요 衆生이 本寂하야 無生可度也니 此所以勸離相發心也니라

解說…모든 形相이 本來 「空」이기에 머물 만한 相이 없고 衆生은 本來 寂滅한것이기에 濟度할 만한 衆生이 없다. 이것이 相을 떠나서 發心하기를 勸誘하는 理由이다.

부처는 말하기를 一切의 모든 相은 相이 아니라고 하며 또 모든 衆生이 衆生이 아니라고 말하였느니라.

〈六祖〉 如者는 不生이요 來者는 不滅이니 不生者는 我人不生이요 不滅者는 覺照不滅이라니 下文에 云如來者는 無所從來며 亦無所去일새 故名如來시라하시니 如來

說我人等四相은 畢竟可破壞라 非眞覺體也요 一切衆生은 盡是假名이라 若離妄心하면 即無衆生可得일새 故로 言即非衆生也니라 하시니라

(六祖大師의 解說)

「如」라 하는것은 「不生」을 뜻하며 「不滅」이란 「來」라 하는것은 「不滅」이란 「깨달음의 비춤이 滅하지 아니한다는 것이다」 經의 아랫 글에 이르기를

「부처란 어디서 온 곳도 없으며 어디로 간 곳도 없으니 「如來」라 이름한다」라고 하였다. 부처님이 말씀하시기를 「我相、人相등 네가지 相은 없기에 畢竟에는 破壞할 수 있는 것이니 眞正한 깨달음의 바탕이 아니며 모든 衆生이란 모두가 一時的인 假名이니 만약 妄心을 버린다면 곧 衆生이라 할만한 衆生은 없어지기 때문에 「衆生이 아니다」라고 말씀하신 것이다.

冶父 別有長處하니 不妨拈出이로다

說 相即非相이며 生即非生이어 只說得一半이요 一半을 更須拈出하야 始得다

不是衆生不是相이어 春暖黃鶯이 啼柳上이로 說盡山雲海月情이어 依前不會

說 空惆悵이로 休惆悵하라 萬里無雲天一樣이다

纖毫不掛處라 萬像頓彰時라 山頂白雲은 封不開요 海天明月은 正蕭然다 見已에

情自悅하니 此情을 說向誰오 傍有遠鄉客作夢을 扶起分明說此情하니 睡初起라 眼昏하야 依前不會空惆悵이로 休惆悵하라 一道寒光이 滿目前이로다

解說…相이 아니고 衆生이 衆生이 아니라 함은 半의 眞理만은 說明할 수 있었지만 나머지 半은 說明이 미치지 못하였다. 그 나머지 折半은 다시 한번 집어내야만 되는 것이다.

따로 長点도 있으니 집어내도 無妨하다.

〈評唱〉

衆生도 아니요 相도 아니라 함이여
봄은 따뜻한데 노란 꾀꼬리
버들나무 위에서 우네
山 구름 바다의 달에 서린 情
다 말해주어도
여전히 알지못하고
공연히 외롭게 슬퍼하네
슬퍼하지 말어라
萬里에 구름 없으면
하늘은 한 모습이니라!

解說…실오라기 하나도 걸치지 아니한 곳에 森羅萬像이 갑작이 밝아진다. 山꼭대기 흰 구름은 山을 에워싸 열리지 아니하고 바다 하늘의 밝은 달은 바야흐로 蕭然하다. 이를 다 보고나자 마음 스스로 즐거워 이 즐거운 情趣를 누구에게 말할까? 때마침 옆에 먼 고을에서 온 나그네의 꿈꾸고 있는 사람이 있기에 부추겨 일어켜서 分明히 이 情趣 말해주었건만 잠에서 처음 깨어난 때라 눈앞이 캄캄하여 여전히 뜻을 모르고 공연히 나그네 身勢만 슬퍼하네 슬퍼하지 말어라 한 가닥 차가운 빛이 눈앞에 가득하지 않느냐?

圭峰 無着은 云호대 旣爲衆生行施라면 云何於彼에 生瞋가 由不能無衆生相 故니라 衆生과 相違時에 即生疲乏일새 故로 顯示人無我法無我니 其第三苦는 此不用之라하야 論에 云호대 諸相者는 衆生相也요 非相者는 無我也라 陰中見 我ㅣ是衆生相이며 一切衆生者는 五陰法也오 非衆生者는 陰空故ㅣ 法無 我也라하다

(圭峰의 解說)

無着스님은 이르기를

「이미 衆生들을 위하여 布施를 行한다고 한다면 어찌하여 그들에게서 노여운 마음이 생겨날까? 이것은 衆生相을 없앨 수 없었기 때문이다. 衆生들과 마음이 어긋날 때에는 곧 피곤하고 궁핍한 마음이 생기는 까닭에 여기에서 사람도 我相이 없어야 하고 法에도 我相이 없어야 한다는 것을 뚜렷히 밝혀 보여주셨으며 그 세번째의 苦痛에 대해서는 問題를 提起하지 아니하셨다」라고 하였다.

般若論에는 이르기를

「모든 相」이라는 것은 衆生相을 말씀하신 것이며 「相이 아니다」라고 하신것이 곧 衆生相을 말씀하신 것이다. 五陰가운데서 我相을 보는것이 곧 衆生相이며 「一切衆生」이라는 것은 五陰의 法을 말씀하신 것이며 「衆生이 아니다」라고 하신것은 五陰이 「空」인 까닭에 法에 我相이 없다 는 것이다.

第九는 斷能證無體非因疑라 論에 云호대 於證果中에는 無道어늘 云何彼

須菩提야 如來는 是眞語者며 實語者며 如語者며 不誑語者며 不異語者니라

於果에 能作因함이라오 斷之니라 文二니 初는 斷疑라

諸法實相을 說也說盡고하시 乃云되하시 我所說法은 眞不僞며 實不虛며 上不違如理하고 下不誑衆生이라 佛佛이 皆然하야 初無異說시니라하

佛所有說은 皆如其事니 今說證果인들 何疑不然오이리 眞語者는 說佛大菩提法也니 是眞智故요 實語者는 說小乘四諦니 諦是實義요 如語者는 說大乘法이니 大乘法은 有眞如나 小乘은 無也요 不異語者는 說三世授記等事

─ 更無參差니 佛이 將此四語하야 不誑衆生이라 是故로 秦譯에 加不誑語라하니

(圭峰의 解說)

아홉번째는 主觀으로 證한것은 바탕이 없으니 깨달음의 因子가 아니다 라고 하는 疑心을 끊은 말씀이다.

般若論에 이르기를 「證得한 果報가운데 道는 없는데 어찌하여 그는 果報에서 主觀的으로 因을 만들 수 있겠느냐?」라고 생각하기 쉬운 까닭에 이 疑問을 끊은 것이다. 처음 글은 의문을 斷絕시킨 내용이다.

（本文）

須菩提야! 부처는 진정한 말을 하는 사람이며 事實을 말하는 사람이며 如如한 말을 하는 사람이며, 속이는 말을 하지 아니하는 사람이며 별다른 말을 하지 아니하는 사람이다.

（圭峰의 解說）

解說…모든 法의 實相을 말씀하시고 말씀이 끝난 다음 이어 말씀하시기를 「내가 說法한 것은 眞實이며 거짓이 아니고 虛妄한 말이 아니며 위로는 如如한 眞理에 어긋나지 아니하고 아래로는 衆生들을 속이지 아니하며 부처마다 모든 부처가 다 그러하며 조금도 다른 말이 없었다」라고 말씀하신 것이다.

부처님께서 說法이 있어신 것은 모두가 그 事實과 같으니 지금 말씀하신 證得한 果報도 어떻게 그렇지 않다고 의심하겠는가?

「眞語」라는 것은 부처님이 말씀하신 大菩提의 法을 뜻하며 이는 眞正한 智慧인 까닭이다.「實語」라는 것은 「小乘의 四諦」를 말씀하신 것이며 「諦」라는 말은 事實이란 뜻이다.「如語」라고 하는 것은 大乘의 法을 말씀하신 것이니 大乘의 法에는 眞如가 있으나 小乘에는 眞如가 없다.「不異語」라 하는것은 三世에 記前일 등을 말씀하신 것으로 그 記前에 다시 들쑥날쑥 差別이 없었음을 말씀하신 것이다.

부처님은 이 네가지 말씀으로 衆生들을 속이지 아니하셨음으로 後秦時代의 翻譯本에는 여기에「不誑語(속이지 아니하는 말)」이란 글자를 더 하게 된 것이다.

（六祖）眞語者는 說一切有情無情이 皆有佛性이요 實語者는 說衆生이 造惡業에 定受苦報요 如語者는 說衆生이 脩善法에 定受樂報요 不誑語者

說般若波羅蜜法이 出生三世諸佛호대 決定不虛요 不異語者는 如來所有言說이 初善中善後善이시니 旨意微妙하야 一切天魔外道ㅣ 無有能超勝과 及破壞佛語者也니라

(六祖大師의 解說)

「眞語」라 하는 것은 모든 有情, 無情에게 모두 佛性이 있다는 것을 말씀하신 것이며 「實語」라 하는 것은 衆生이 惡業을 지으면 決定코 苦痛의 果報를 받는다는 것을 말씀하신 것이며 「如語」라 하신 것은 衆生들이 善法을 닦으면 決定코 즐거운 果報를 받는다는 것을 말씀하신 것이며 「不誑語」라 하신 것은 般若波羅蜜의 法이 三世의 모든 부처님을 낳으며 決定코 虛妄한 말이 아니라 하신 것은 부처님이 하신 말씀은 처음도 거룩하고 中間도 거룩하고 뒤도 거룩하며 그 참뜻이 微妙하여 모든 天魔外道는 이를 超越하고 이에 이기거나 부처님 말씀을 破壞할 수 있는 것이 없다는 것을 말씀하신 것이다.

(傅大士의 頌)

傅大士 衆生與蘊界ㅣ 名別體非殊니 了知心似幻이라 迷情見有餘니라 眞言은 言不妄이요 實語는 語非虛니 始終無變異라 性相本來如로다

衆生과 五蘊의 世界
이름 달라도 바탕 다르지 아니하니
마음은 허깨비와 같음을
훤하게 안다고 해도

헷갈린 情에서 보면
번뇌, 망상, 남아 있다네
眞言이란 말이 거짓이 아니네
實語란 말이 빈 말이 아니니
처음에서 끝까지
변하고 달라진것 없으며
性相은 本來 如如하도다

㊚ 知恩者ㅣ 少하고 負恩者ㅣ 多로다

㊛ 諄諄之慈ㅣ 靡所不至언마는 隨語生解者ㅣ 衆하고 承言會旨者ㅣ 鮮하니 承言會旨는 所以
知恩이요 隨語生解는 所以負恩이니라
兩箇五百이 是一貫이요 阿爺元是丈夫漢이라 分明對面向渠言이나 (阿은一作報라) 爭
奈好心이 無好報리오 眞語者實語者여 呵呵呵喏喏喏다이로다

㊛ 天下에 無二道요 聖人은 無兩心이니 如來眞實說이여 只說這介法이라 琴上에 分明彈報
知나 一曲無生을 和者稀로다 邈然天地間에 唯師獨知恩이라 忍俊不禁笑呵呵하고 肯心
自許云喏喏다이로다 且喜瞿曇이 逢此老니하노 白雲千載에 一知音이라 連下三聲을 字細看하라
亦與忠老로 作知音다이로다

(治父道川의 評唱)
은혜 아는 사람은 적고

은혜 저바리는 사람은 많다

解説…諄諄하신 慈悲 이르지 아니하는 곳 없건만 말 따라 아름아리 낳는 사람은 많고 말씀 받들어 참뜻 아는 곳 없건만 말 따라 아름아리를 참뜻 아는 사람 드무니 말씀 받들고 참뜻 아는 것은 은혜를 아는 根本이 되며 말 따라 아름아리를 낳는것은 은혜를 저바리는 까닭이 된다.

(評唱)

五百도중이 둘이면 이것이 一貫이다
아버지는 元來부터 大丈夫여서
마주보고 分明히 그에게 말했건만
좋은 마음에
좋은 報答 없는 것을 어찌할꼬?
眞語者、實語者라고?
하하하! 옳소 옳소 옳아요!

解説…天下에 두가지 道는 없고 聖人에게 두 마음은 없다. 부처님의 眞實한 말씀이라 다만 이 한 法을 말했을 뿐이다.
거문고 위에서 분명히 타 알려주었건만 生滅없는 한 曲調 和答하는 사람 드물고 아득한 하늘과 땅 사이에 오직 스님 한분만이 參다 參다 못參고 하하하 웃었으며 마음에 스스로 許諾하려고 옳소 옳소 하였네
기뻐하라 瞿曇氏(釋迦) 이 老丈 만났으니 마음 통하는 사람 한 분 생겼구나
연달아 내린 세 소리 자세히 보라! 이는 또한 慧忠老丈과도 (※ 南陽慧忠…前出) 마음 통하는

사람이 되었구나!

二는 離執이라

須菩提야 如來所得法은 此法에 無實無虛라하니 前明所說하시고 此明所得이니 所說도 亦只是不二法이며 所得도 亦只是不二法이라 無實無虛는 是言不二니라 無實者는 如其言說하야 性非有故요 無虛者는 不如言說하야 自性有故니라

(圭峰의 解說)

두번째는 執着에서 벗어나라는 말씀이다.

(本文)

須菩提야! 부처가 얻은 法이 法에는 眞實도 없고 거짓도 없느니라.

解說…앞에서는 부처가 說法하신것을 밝히셨고 여기서는 얻으신것을 밝히셨다. 說法하신 것도 다만 「둘이 아닌 法」이며 얻으신것도 또한 오직 「둘 아닌 法」이다. 眞實도 없고 虛妄도 없다는것은 「두가지가 아님(不二)」을 말씀하신 것이다.

(圭峰의 解說)

「無實」이라 하신것은 그 말씀의 說明처럼 性은 「有」가 아니기 때문이며 「無虛」라 하신것은 말씀의 설명과 같지 아니하여 自性은 「有」인 때문이다.

六祖 無實者는 以法體空寂하야 無相可得이라 然이나 中有恒沙性德하야 用之不匱이니 故로 言其實이요 無相可得이요 欲言其虛인댄 用而無間이라 是故로 不得言有며 不得言無니 有而不有요 無而不無라 言辭不及者ㅣ 其唯眞智乎인저 若不離相修行이면 無由臻此也니라

(六祖大師의 解說)

「無實」이라 하신것은 法의 바탕이 空寂하여 얻을 수 있는 形相이 없고 그 빈 측면을 말하고자 한다면 얻을 수 있는 相이 없다는 뜻이다. 그러나 그 가운데 恒河의 모래알처럼 많은 性과 德이 있어 아무리 쓰도 다하지 아니하는 까닭에 「有」라고 말할 수도 없고 「無」라고 말할 수도 없으며 存在하지 아니하면서도 存在하지 아니하지 아니하고 없지 아니하면서도 없지 아니하여 말로는 미칠 수 없는것이 오직 그 眞實한 智慧뿐이다.

만약 相을 떠난 修行을 하지 아니한다면 이 境地에 이를 길이 없는것이다.

傳大士 證空便爲實이요 執我乃成虛라 非空亦非有어니 誰有復誰無리오 對病應施藥이요 無病藥還袪니 須觀二空理하야 穎脫入無餘라

(傅大士의 頌)

「空」을 밝힘이 곧 「實」이며
我相에 執着하면 곧 「虛」를 이룬다
「空」도 아니고 「有」도 아닌데
누가 「有」며 또 누가 「無」인가?
病과 相對하면 마땅히 藥을 베푸나
病이 없으면 藥도 버린다
두 「空」(人、法)의 理致 보아야만
멀리 벗어나
無餘涅槃에 드리라

冶父 水中鹹味요 色裏膠清이로다

說 是有아 是無아 是實가 是虛아 咦

硬似鐵軟如酥하고 看時有覓還無라 雖然步步常相守나 要且無人識得渠
披露分明이나 乃一切處에 摸揉不着다이로 更知道
且強且柔하니 易見難曉로다 雖一切處에
十聖三賢도 不知處하니 有時에 閑掛寺門前다이로

(冶父道川의 評唱)
물 가운데 짠맛이요

빛갈속에 膠清이로다

(※ 膠清…透明하고 진한 꿀)

解說…이것이 有인가? 無인가. 이것이 實인가? 虛인가?

(評唱)

군세기 무쇠같고 연하기 牛乳같아
볼 때는 있는데 찾으면 없네
비록 그렇게
걸음마다 늘 서로 지키지만
아무도 그를 아는 사람 없구나
어! (이것이 어쩐 일인가?)

解說…강하고도 부더럽고 쉽게 보이지만 깨닫기 어려우니 비록 모든 곳에 펼쳐져 드러났으나 곧 이어 모든 곳에서 더듬어 찾아도 찾지못하니 다시 여기서 말할줄 알아야 한다. 「十聖三賢도 일지 못하는 곳이 때로는 절 門앞에 한가롭게 걸려있다고…」

圭峰 第十은 斷如偏을 有得無得疑라 論에 云호대 若聖人은 以無爲眞如法으로 得名인댄 彼眞如ㅣ 一切時處에 恒有어늘 何故로 有得者하며 有不得者새오할 斷之라하니 文二니 一은 擧喻斷疑라

須菩提야 若菩薩이 心住於法하야 而行布施하면 如

人이 入暗에 即無所見이요 若菩薩이 心不住法하야 而行布施하면 如人이 有目하야 日光明照에 見種種色이라

論에 云호대 無智住法하면 心不淸淨故로 不得이요 有智不住法이면 心淸淨故로 得이니 有目者는 如得對治法이요 日光者는 如所治闇盡에 能治現前이니 旣有目 及日光인댄 合見空中諸色이니 空喩眞如之性이요 色喩性上萬德하니라

(圭峰의 解說)

열번째는 두루 모든 곳에 깔린 眞如를 왜얻는 사람도 있고 얻지 못하는 사람도 있는가? 하는 疑心을 끊은 말씀이다.

般若論에 이르기를

「만약 聖人은 無爲、眞如의 法으로 聖人이란 이름을 얻었다고 한다면 그 眞如란것은 모든 곳에 恒常 存在하는 것인데 무엇때문에 이를 얻는 사람도 있고 얻지 못하는 사람도 있는가?」라 고 疑心하는 사람이 있는 까닭에 이 疑問을 끊은 것이다 라 하였다.

글은 두가지로 區分되며 그 첫번째는 比喩를 들어 疑問을 끊은 內容이다.

(本文)

須菩提야 만약 菩薩이 마음이 法에 住著하여 布施를 行한다면 마치 사람이 어둠속에 들어가 아

무엇도 보이는 것이 없는것과 같지만 햇빛이 밝게 비추어 온갖 색을 볼 수 있는것과 같다。

解説…般若論에 이르기를 「智慧가 없고 法에 住著하면 마음이 淸淨하지 못한 까닭에 깨달음을 얻지 못하나 智慧있는 사람이 法에 住著하지 아니하면 마음이 淸淨해지는 까닭에 깨달음을 얻는다」라고 하였다。

「눈이 있다」고 한것은 相對的으로 治療하는 法을 얻는것과 같고 「日光」이라 한것은 外部의 作容으로 治療하여 어둠이 다하고 主體의 힘으로 治療하는 方法이 눈앞에 나타난것과 같다。이미 눈과 햇빛이 있다면 「空」가운데 모든 色을 아울러 보게되니 「空」은 眞如의 性에 비유되고 色은 性위의 萬德에 비유된다。

六祖

於一切法에 心有住著하면 則不了三輪體空이 如盲處暗하야 無所曉了니라 華嚴經에 云호대 聲聞은 在如來會中하야 聞法도하야 如盲如聾이라하니 爲住法相故若菩薩이 常行般若波羅蜜多無着無相行하면 如人이 有目하야 處於皎日之中이니 何所不見也리오

(六祖大師의 解説)

모든 法에서 마음에 住著이 있으면 三輪(施者、受者、施物)의 바탕이 本來「空」임을 깨닫지 못하게되니 마치 눈먼 소경이 어둠속에 있는것과 같아서 깨닫고 알 道理가 없다。華嚴經에 이르기를 「聲聞僧은 부처님의 모임가운데서 法門을 들어도 소경과 귀먹어리와 같다」라고 하였으니 이는 法相에 住著하기 때문이다。

만약 菩薩이 般若波羅蜜多의 執着이 없고 相이 없는 修行을 恒常 行한다면 마치 사람에게 눈이 있어 밝은 대낮에 사는것과 같으니 보이지 아니하는것이 무엇이겠느냐?

🅑 傳大士

法如行慧하면 不拘寂靜地하면 縱橫觸處通이어 若心依相住하면 有作枉施工이니 離
清光이 一鏡中이니 靈源이 常獨照라 坦蕩總含容다이로

(傅大士의 頌)

寂靜한 땅에만 拘碍받지 아니하면
가로세로 부딪치는 곳마다 通하나
만약 마음이 相에 依止하여 머무면
作爲 있어 잘못 工夫 베풀게된다
法을 떠나 智慧롭게 修行하면
온 거울속에 맑은 빛 홀로 가득하여
神靈한 根源이 늘 홀로 비추어
坦坦하고 넓은 世界에
모든것을 머금고 包容하리라

🅐 圭峰 二는 讚經功德이라 於中에 有二하니 一은 總標라

須菩提야 當來之世에 若有善男子善女人하야 能

於此經에 受持讀誦하면 即爲如來 ― 以佛智慧로
悉知是人하며 悉見是人하야 皆得成就無量無邊功
德하리라

前明無住所以고 此喻明無住니 法本無實이라 不應住於有며 法本無虛라 不應住於無니라
住於有則違於空寂之本體요 住於無則違彼靈明之本用이니 既與本體本用으로 相違則性
上萬德이 無由顯發니라 如人이 入暗에 即無所見이라 是可謂盲者ㅣ 不知光所在하야 低頭冷
坐暗思量이라 不住有則契乎本體하고 不住無則契乎本體本用이니 既與本體本用으로 相契則性上
萬德이 當處現前하리니 如人이 有目하야 當陽見色이라 是可謂決散浮雲孤月上하니 大千沙界一
時明이로다

無着은 云호대 讀誦者는 此説受持因故니 爲欲受故로 讀이요 爲欲持故로 誦이라하며
論에 云호대 受持修行은 依總持法故요 讀誦修行은 依聞慧廣故라하니 是則從他
聞法하고 内自思惟하야 爲得修行智也니라 故로 偈에 云脩從他及内다라하

(圭峰의 解説)
두번째는 讀經의 功德을 말씀하셨다. 이 가운데 두가지 구분이 있으며 그 첫번째는 總體的인
標榜이다.

(本文)

須菩提야! 닥아올 未來의 世界에 만약 善男子、善女人이 있어 능히 이 經에서 읽고 외울 수 있다면 곧 부처님은 부처의 智慧로 이 사람들을 모두 알게 될 것이며 이 사람들을 모조리 만나서 헤아릴 수 없고 가이 없는 功德을 成就하게 할 것이다.

解説 : 앞에서는 住著이 없어야 하는 理由를 밝혔고 여기서는 비유로 住著이 없음을 밝혔다. 法은 本來「實」이 없으니 마땅히「有」에 住著하여서는 안되며 또 法은 本來「虛」도 없으니 마땅히「無」에 住著하여서도 안된다. 有에 住著하면 空寂한 根本바탕에 어긋나고 無에 住著하면 靈明한 根本作用에 어긋난다. 根本바탕 根本作用과 서로 어긋나게 되니 德을 밝히고 일으킬 길이 없게 되니 이는 마치 사람이 어둠속에 들어가 아무것도 보이는것이 없게 되는것과 같으니 이야말로「소경이 빛의 所在를 몰라 머리숙여 홀로 앉아 남몰래 생각하고 헤아리기만 한다」라는 경우라 말할 수 있다.

그러나 有에 住著하지 아니한다면 根本 바탕과 無에 住著하지 아니한다면 根本作用과 一致되니 根本바탕 根本作用과 一致하게되면 自性위의 모든 德이 그자리에서 눈앞에 나타나게 되니 이는 마치 사람에게 눈이 있어 당장 그자리에서 色을 볼 수 있는것과 같으니 이야말로「뜬 구름 끊어지고 흩어져 외로운 달 떠 오르니 大千河沙世界 一時에 밝도다」라는 境地라 말할 수 있다.

(圭峰의 解説)

無着스님은 이르기를

「읽고 외운다」는것은 받아들이고 간직하는 原因과 緣故를 말한 것이다. 받아들이고자 하는 까닭에 외운다」라고 하였고 간직하고자 하는 까닭에 읽는다」라고 하였고 般若論에는 이르기를 「受持하는 修行은 法을 그대로 護持하는 까닭이며 讀誦하는 修行은 듣는 智慧를 넓이는데 依支하기 때문이다」라고 하였으니 이는 곧 다른 사람으로 부터 法門을 듣고 자기

의 마음속에서 깊이 생각하여 修行하는 智慧를 얻게 되는것을 말한 것이다. 그런까닭에 偈頌에 이르기를

「다른 사람과 또 내 마음속을 따라 닦는다」라고 한 것이다.

㊅ 當來之世는 如來滅後後五百歲濁惡之時니 邪法이 競起하야 正法을 難行이라 於此時中에 若有善男子善女人이 得遇此經하야 從師稟授하고 讀誦在心하야 專精不忘하며 依義修行하야 悟入佛之知見하면 則能成就阿耨多羅三藐三菩提니하리 以是로 三世諸佛이 無不知之라시니

(六祖大師의 解說)

「다가올 未來의 世界」라 하신것은 부처님이 入滅하신 후 五百年이 지나서 탁하고 惡한 時代를 말씀한 것이니 이때는 邪惡한 法이 다투어 일어나 바른 法을 行하기 어렵다. 이 時代 가운데서 만약 어떤 善男子, 善女人이 있어 이 經을 만날 수 있어 스승으로 부터 물려줌을 받아 읽고 외어 마음에 새겨 두고 오로지 精誠끝 精進하여 잊지 아니하고 그 내용에 根據하여 修行하여서 부처님의 智見을 깨닫고 그 안에 들어가게 된다면 阿耨多羅三藐三菩提를 成就할 수 있을것이며 이로서 三世의 모든 부처님이 모두 이 사람을 알게 될 것이다.

㊆ 冶父

㊇ 說 地不令人倒며 亦不令人起니 起倒由人이라 不關於地니라 法不令人悟며 亦不令人迷

因地而倒에 因地而起니 地向爾道什麽오

迷悟在人이라 法不關於法라하니 法不令人取며 亦不令人舍니 取舍由人이라 不在於法라

世間萬事ㅣ 不如常하니 (不如常은 他本에 作總如常이라) 又不驚人又久長이라 如常이여 恰似秋風

至하야 無意凉人人自凉다이로

說 世間萬事ㅣ 不過常與不常이니 言其常也인댄 乃久長이요 言其不常也인댄 身上出水하고 身下出火라 云奇特이나 就實而觀컨댄 不如常也니라 伊麼則觸目皆道라 是平常이니 平常이 何以使人驚오리 不以有相으로 驚於人하며 不以無相으로 驚於人於其間에 人於其間에 自生障碍하야 或以爲有相着於有而落於常見之坑하며 或以爲無相하야 着於無而落於斷見之坑이니 正似秋風은 無心늘이어 而人이 自凉다이로 迷悟도 亦然라하니

〈冶父道川의 評唱〉

解説…땅이 사람을 넘어지게 하는것이 아니지 땅과는 關係가 없는 일이다. 땅 때문에 넘어지고 땅 때문에 일어나니 땅이 너를 보고 무어라 말하던가? 넘어지고 일어나는것은 사람으로 말미암은 것이지 땅과는 關係가 없는 일이다. 같은 理致로 法이 사람을 깨닫게 하지도 아니하며 또한 헷갈리게 하지도 아니한다. 깨닫고 헷갈리는 일은 사람에게 달린 일이며 法과는 關係가 없는 일이다. 法이 사람을 取하게 하지도 아니하고 또한 버리게 하지도 아니하니 取하고 버리는것은 사람에게 달려있고 法에 달려있는 것은 아니다.

(評唱)

世間萬事 平常보다 더한것은 없으니
또한 사람을 놀라게 하지도 아니하며
如如한 長久하구나
마치 가을바람 불어오면
사람을 시원하게 할 생각 없지만
사람들이 스스로 시원해 하는것과 같도다

解説…世上萬事란 따지고 보면 普通인 것과 普通아닌것 두가지 일에 지나지 아니한다. 그 平常的인 側面을 말한다면 머리위에 하늘을 이고 땅위에 서서 배고프면 밥먹고 목마르면 물 마시는 일일 따름이니 이는 또한 사람을 놀라게 하는것도 아니지만 長久하게 변하지 아니하는 일이다.

그러나 그 平常이 아닌 側面을 말한다면 몸 위에서는 물이 나오고 몸 아래서는 불이 나오니 이는 사람의 마음을 놀라게하고 흔들리게 하며 또한 이는 오래 계속되지도 아니한다. 이것이 비록 奇異하고 特殊한 일이라 말한다. 하더라도 事實에 立脚해서 본다면 平常한것만 같지 못하다.

그렇다면 눈에 뜨이는것은 모두가 「道」이니 이것이 平常이며 平常이 무엇으로 사람을 놀라게 하겠는가? 有相이라 하여 사람에게 놀라지도 아니하고 無相이라 하여 사람에게 놀라지도 아니하는데 사람이 그 사이에서 스스로 障碍를 낳고 있으니 혹 어떤사람은 상이 있다」라고 생각하여 「有」에 執着하여 그 「常見」의 함정에 떨어지고 또 어떤 사람은 「相은 없다」라고 생각하여 「斷見」의 함정에 떨어지고 있으니 바로 이것은 마치 가을바람은 아무 마음도 없는데 사람들이 스스로 시원하다고 하는것과 같다. 헷갈리고 깨닫는 일도 역시 그렇다.

㊂ 空生은 聞說是經하고 解義趣而悲流雨淚하며 仙人은 垂慈弘忍하사 笑雪刃而謾斬虛空다이로 如是印可其詞니 能離一切諸相다이로 未審케라 感悟處에 有何奇特고 豁開慧眼明如日하사 返照微塵世界空다이로

㊁ 空生의 離相之言이 妙契於理니하시 佛稱如是하사 印可其詞로다

善吉이 親聞徹見源니하시 悲欣이 交集讚慈尊다이로 心空法朗超眞際니하시 堪報從前不報恩다이로

(宗鏡의 頌)

須菩提 이 經 說法듣고
그 뜻의 行方 알아
슬픈 눈물 비오듯 흘렸으며
仙人은 慈悲한 큰 忍辱드리며
눈발같이 흰 칼날로
부질없이 虛空을 자르는것 웃어셨네
「如是라 如是라」印可하신 그 말씀
능히 一切의 모든 相 여잇도다
모르겠노라

解説… 須菩提의 相을 떠난 말이 妙하게 眞理와 一致하니 부처님이 「如是」라 稱讚하시고 그의 말을 印可하셨다

須菩提 느끼고 깨달은 곳 무슨 奇特한것 있었는지？
智慧의 눈 해와 같이 밝게 활짝 열고 내다보며
微塵世界 虛空을 되돌아 비추네

（頌）

須菩提 몸소 듣고
源泉 뚫어지게 보고나서
슬픔、기쁨、번갈아 모여
慈悲하신 世尊 찬양하였다
마음이 비니 法은 밝아
眞理의 끝을 뛰어넘으니
從前에 갚지 못한 恩惠
갚을만 하게됐네

金剛般若波羅蜜經 上 終

金剛般若波羅蜜經 下

圭峰 二는 別顯이라 於中에 文十이니 一은 捨命不如라 又二니 一은 捨命福이라

持經功德分第十五

須菩提야 若有善男子善女人하야 初日分에 以恒河沙等身으로 布施하며 中日分에 復以恒河沙等身으로 布施하며 後日分에 亦以恒河沙等身으로 布施하야 如是無量百千萬億劫을 以身布施도하야

偈에 云호대 以事及時大하야 福中에 勝福德이라

(圭峰의 解說)

「經」을 護持하는 功德의 部分

이는 功德을 分別하여 밝혔다. 이 가운데는 글이 열가지로 구분되며 그 첫째는 목숨을 버리는

(本文)

須菩提야 만약 어떤 善男子, 善女人이 있어서 첫 아침녘에 恒河의 모래알과 같은 몸으로 布施하고 한 낮 무렵에 다시 恒河의 모래알과 같은 몸으로 布施하고 해질 무렵에 또 恒河의 모래알과 같은 몸으로 布施하여 이와같이 헤아릴 수 없는 百千萬億劫의 歲月을 몸으로 布施하여도…

이 내용을 말씀하셨고 또 두가지로 이 내용은 또 두가지로 구분되니 첫째는 목숨을 버리는 福德을 말씀하셨다.

(圭峰의 解説)

偈에 이르기를

일과 때가 큼으로서 福德에 거룩한 福德이로다」라고 하였다.

二는 信經福이라

若復有人이 聞此經典하고 信心不逆하면 其福이 勝彼니 何況書寫受持讀誦하야 爲人解説가

世人慳貪이 厚於地하야 寸絲施人도 尚爲難이어던 況捨身命而行施를 誰肯一念生其心오리 今讃持經 捨身命日三時하야 施經多劫尚無厭하니 此事希奇絶無倫이라 聞之使人竪寒毛어늘 今讃持經 福勝彼니하시 信知此經이 爲無上다이로 佛訶布施言爲劣은 以其不能無所着이니 但能布施心無住하면 只此便是菩薩行이라

信經은 劣於持說이요 多命은 勝於前喩니라

두번째는 經을 믿는 福德을 말씀하셨다.

(圭峰의 解說)

解說…世上사람들이 자기것을 아끼고 남의 것을 탐내는 마음은 땅보다 더 두터워서 한치의 실오라기라도 다른 사람에게 베푼다는것은 오히려 어려운 일이라 하는데 하물며 身命을 버려서 布施를 行한다는 일을 누가 잠깐동안이라도 그런 마음이 생기게 하려 하겠는가?

그런데 지금은 하루 세때에 걸쳐 목숨을 버리면서 많은 劫의 歲月이 지나도록 아직 싫어하는 마음이 없다고 하니 이 일은 아주 稀奇한 일이라 이에 비할 일이 없으며 이 말을 듣기만 하여도 사람들을 머리털이 으시시 추워지고 빳빳하게 서게 만든다.

그런데 지금 經을 護持하는 福德이 그것보다 더 거룩하다고 讚嘆하셨으니 참으로 이 經이 더 위가 없는 最高의 經임을 알 수 있다.

부처님이 身命의 布施가 뒤진다고 나무라신것은 그가 執着하는것이 없을 수 없기 때문이니 다만 布施하는 마음에 住著이 없기만 한다면 오직 이것이 곧「菩薩行」이다.

(本文)

만약 또 어떤 사람이 있어 이 經典의 說法을 듣고 信心을 거슬리지 아니한다면 그 福이 저(목숨을 布施하는) 福德보다 거룩할것인데 하물며 經을 쓰고 배끼고 받아드려 간직하고 읽고 외우고 다른 사람을 위하여 解說하는 사람의 福德에 있어서랴!

(圭峰의 解說)

經을 믿는것은 經을 護持하고 說法하는것만 못하고 많은 목숨은 앞에서 한 비유보다 더 거룩하다.

佛說末法之時에 得聞此經하고 信心不逆하면 四相이 不生하리니 即是佛之知見이라 此人功德은 勝前多劫捨身功德百千萬億하야 不可譬喻니 一念聞經도하야도 其福이 尚多어든 何況更能書寫受持讀誦하야 爲人解說이따녀 當知此人은 決定成就阿耨多羅三藐三菩提일새 所以로 種種方便으로 爲說如是甚深經典하사 俾離諸相하고 得阿耨多羅三藐三菩提시니 所得功德이 無有邊際니라 蓋緣多劫捨身도하야도 不了諸相本空하야 有能捨所捨心在일새 元未離衆生之見이니와 如能聞經悟道하야 我人頓盡하면 言下即佛이라 將彼捨身有漏之福으로 比持經無漏之慧하면 實不可及이니 雖十方聚寶와 三世捨身도이라 不如持經四句之偈也니라

(六祖大師의 解說)

부처님이 말씀하시기를 末法時代에 이 經의 說法을 들을 수 있어서 信心이 어긋나지 아니하면 四相이 생기지 아니할것이니 이것이 곧 부처님의 知見이며 이 사람의 福德은 앞에서 말씀하신 많은 劫의 歲月동안 身命을 버린 百千萬億의 福德보다 더 거룩하여 비유할 수가 없으며 잠깐동안 經의 說法만 들어도 그 福德이 오히려 많은데 하물며 다시 經을 쓰고 베끼고 간직하고 다른 사람을 위하여 解說하는 사람의 福德이야 더 말할 나위가 없다고 하셨다. 이 사람은 決定코 阿耨多羅三藐三菩提를 成就할것이다. 그런까닭에 갖가지 方便으로 이와같은 깊고 깊은 經典을 說法하시어 듣는 사람으로 하여금 모든 相을 떠나 阿耨多羅三藐三菩提를 얻게 하셨으니 거기에서 얻는 功德은 끝과 가장자리가 없는 것이다.

무릇 많은 劫에 걸쳐 身命을 버리는 因緣도 모든 相이 本來「空」임을 깨닫지 못하면 主觀的으로 버려야 하겠다는 마음과 外部의 影響으로 버려야 하겠다는 마음이 있게 되어 元來가 아직도 衆生들의 見解를 벗어나지 못하고 있으니 만약 능히 經의 說法을 듣고 道를 깨달아 我相, 人相이 完全히 사라질 수 있다면 言下에 곧 그것이 부처인 것이다.

저 목숨을 버리면서도 煩惱妄想이 있는 福德을 가지고 이 經을 護持하여 번뇌 망상이 없는 智慧와 比較한다면 事實이 미치지 못하니 비록 十方世界에서 보물을 모으고 三世에 몸을 버린다 하더라도 經을 護持하고 四句의 偈頌을 說明하는 福德만 같지 못한 것이다.

傅大士

捨身은 由妄識이요 施命은 爲迷情이니 詳論福比智인댄 不及受持經이라

衆生及壽者여 蘊上에 立虛名이라 如龜毛不實이요 似兔角無形이로다

(傅大士의 頌)

衆生相, 壽者相이여!
五蘊위에 헛된 이름 붙였네
거북털 처럼 事實아니며
토끼뿔 처럼 形体없다네

몸 버림은 妄識에 말미암은 일
목숨 布施는 헷갈린 생각때문
福德 자세히 論하고
그 智慧 比較한다면
經을 護持함에 미치지 못하네

467

冶父 人天福報는 即不無와 佛法은 未夢見在로다

説 捨身時事兩不輕하니 人天福報를 孰敢先이오리然이나 所作이 出於迷情하야 終感不如意事니라 若將經福論相去인댄 十萬八千이 未是遠이로다

初中後發施心同하니 功德이 無邊算莫窮이로다 爭似信心心不立하야 一拳打透太虛空가

説 三時捨身福無邊이나 爭似聞經一念信가 一念了達無生佛하면 其量이 恢恢大如空이니와 更把虛空令粉碎하면 人天福報를 不堪論다이로

(冶父道川의 評唱)

人天世界에서의 福德이야 없는것은 아니나 佛法은 아직 꿈에도 보지 못하고 있구나!

解説…몸의 喜捨와 그 時代에서 한 일은 두가지가 다 가벼운 일은 아니니 人天世界에서 받을 福德은 누가 감히 이에 앞서겠는가? 그러나 그가 한 일은 헷갈린 생각에서 나온 일이라 끝내 그 감응은 뜻한 일과는 같지 아니하니 만약 이것을 持經하는 福德과 比較한다면 그 距離는 十萬八千里도 먼 것이 아니다.

(評唱)

아침 점심 저녁에 일어킨
布施한 마음 같아서
그 功德 가이없고
헤아려도 끝이 없지만

須菩提야 以要言之컨댄 是經에는 有不可思議不可稱量無邊功德하니

偈에 云호대 非餘者의 境界며라하 無着은 云호대 不可思議者는 唯自覺故요 不可稱量者는 無有等及勝故다라하

㊅㊖ 持經之人은 心無我所니 無我所故로 即是佛心이라 佛心功德이 無有邊際일새 故로 言不可稱量也니라

㊏㊌ 二는 餘乘不測이라

解說… 하루 세 때 몸布施 그 福德 가이없지만 그것이 어떻게 한주먹에 太虛의 空間을 쳐서 뚫는 일과 같으랴? 信心의 마음 建立하지 아니하고 그것이 어떻게 같으랴? 一念에 훤하게 生滅없는 부처의 境地 達通하면 그 量이 넓고 넓어 虛空과 같이 큰데 다시 그 虛空을 손에 잡고 가루로 만들어 버린다면 人天世界의 福德같은것은 말할 거리도 되지 못한다. 經책 열어 一念으로 믿는 福과

(本文)

如來-爲發大乘者說이며 爲發最上乘者說이니

圭峰 三은 依大心說이라

是經이 德難量이라 獨爲上智說이니

最上者는 一佛乘也니라

(六祖大師의 解說)

經을 護持하는 사람은 마음에 我相의 執着이 없다. 我相의 執着이 없는 까닭에 이것은 곧 佛心이며 佛心의 功德은 끝과 가장자리가 없다. 그런까닭에 「量을 일컬을 수 없다」고 말씀하신 것이다.

(圭峰의 解說)

須菩提야! 結論的으로 말한다면 이 經에는 不可思議하고 量을 일컬을 수 없는 功德이 있으니…

解說…偈頌에 이르기를 「나머지 다른 經에서 미칠 수 있는 境界가 아니다」라고 하였고 無着스님은 이르기를 「不可思議」라 하신것은 오직 스스로 깨달아야만 하기 때문이며 「稱量할 수 없다」고 하신것은 이 經과 比等하거나 이 經보다 더 뛰어난 經은 없기 때문이다」라고 하였다.

두번째는 나머지 다른 乘으로는 推測할 수 없는 境界임을 말씀하셨다.

470

(圭峰의 해설)

세번째로 大乘의 마음에 歸依한 사람에게 説法하신다고 말씀하셨다.

(本文)

부처는 大乘의 마음을 일으킨 사람을 위하여 説法하시고 最上乘의 마음을 일으킨 사람을 위하여 説法하느니라.

(圭峰의 해설)

해설… 이 經은 그 德을 헤아리기 어려우며 홀로 上等의 智慧를 지닌 사람만을 위하여 説法하신다.

最上乘이란 唯一한 佛乘을 뜻한다.

〔六祖〕 大乘者는 智慧廣大하야 善能建立一切法이요 最上乘者는 不見垢法可厭하고 不見淨法可求하며 不見衆生可度하고 不見涅槃可證하며 不作度衆生之心하고 亦不作不度衆生之心이니 是名最上乘이며 亦名一切智며 亦名無生忍이며 亦名大般若니라 有人이 發心하야 求無上道인댄 聞此無相無爲甚深之法하고 不生毁謗하야 得大忍力하고 大智慧力과 大方便力하면 即能流通此經이라 하리 力과 聞已에 即便信解受持하야 爲人解説하야 令其深悟하고

(六祖大師의 해설)

「大乘」이라 하는 것은 智慧가 넓고 커서 훌륭히 모든 法을 建立할 수 있는것을 말한 것이며 「最

471

"上乘"이란 싫어 해야 할 때문에 法도 보지 아니하고 求해야 할 清淨한 法도 보지 아니하며 救濟해야 할 衆生도 보지 아니하고 證得해야 할 涅槃도 보지 아니하며 衆生을 濟度하겠다는 마음도 먹지 아니하고 衆生을 濟度하지 아니하겠다는 마음도 먹지 아니하는 것을 "最上乘"이라고 이름하며 또한 "一切智"라고도 이름하며 "無生忍"이라고도 이름하며 "大般若"라고도 이름한다. 어떤 사람이 發心하여 無上의 道를 求하려면 이 無相, 無爲의 깊고 깊은 法門을 들어야 하며 지 깨달아 혈뜯고 비방하는 마음이 생기지 아니하고 큰 忍辱의 힘과 큰 智慧의 힘과 큰 方便의 힘을 얻게 한다면 곧 이 經을 世上에 流通시킬 수 있게 된다.

㊗ 冶父

如斬一握絲하야 一斬에 一切斷이로다

㊗ 說

此經이 令人斷障則如斬一握絲하야 一斬에 一切斷이요 令人成德則如染一縷絲하야 一染에 一切染다이로

觀自在어다 大乘說最上說이여 一棒에 一條痕이요 一掌에 一握血다이로

一拳打倒化城關하고 一脚蹋翻玄妙寨로다 南北東西에 信步行하니 休覓大悲

捆倒化城踏玄關하니 闊步如來廣大刹다이로 既能與佛同活計인댄 大悲提接을 更何求아

大乘說最上說이여 一棒에 可當五千部요 一掌擊에 盡八萬門이로 只此已成도이라 多事在니何

更喃喃話葛藤가 一條痕一握血이여 乾坤은 失色이요 日月은 無光다이로

(冶父道川의 評唱)

한줌 실을 자르듯
한칼에 모든것 다 잘랐네

解說…이 經이 사람들에게 障礙物을 斷絕시킬 경우 마치 한줌의 실을 칼로 자르듯 한칼에 모든것을 다 자르고 이 經이 사람들로 하여금 德을 이루게 할 때는 한가닥의 실에 물을 드리듯 한번 물들이면 모든것이 다 물들게 된다.

(評唱)

허깨비城의 關門
한주먹에 때려눕히고
玄妙한 要塞
한발길에 차서 뒤집어
南北과 東西
멋대로 걸어다닌다
大悲觀自在보살 찾지를 말아라
大乘을 위한 說法
最上乘을 위한 說法
한번 몽둥이로 때리니
한줄기 흔적남고
한번 손바닥으로 따귀 때리니
한줌의 피가 흐르네

解說…허깨비城 꽉 거머쥐고 넘어뜨려 玄妙한 關門 밟고 부처님의 廣大한 國土를 闊步하도다. 이미 부처님과 함께 살림살이를 꾸려갈 수 있는데 大悲觀音의 提撕, 接化를 다시 무엇때문에 求하겠는가? 大乘의 說法, 最上乘의 說法이라고! 몽둥이질 한번이 五千部의 經에 맞먹을 수 있고 따귀 한은 일이 남아있으니 왜 다시 얌얌거리며 뒤엉킨 이야기를 하는가? 하늘과 땅이 얼굴빛이 파래지고 해와 달이 빛을 잃도다.

圭峰 四는 具德能傳이라

若有人이 能受持讀誦하야 廣爲人說하면 如來ㅣ 悉知是人하며 悉見是人하야 皆得成就不可量不可稱無有邊不可思議功德하리니 如是人等은 卽爲荷擔如來阿耨多羅三藐三菩提니라

此經이 旣爲上智說來시니 若人이 持說하면 此必上智라 得佛知見하야 荷擔菩提ㅣ 必無疑矣로다 成就等者를 偈에 云호대 滿足無上界라하며 荷擔者를 無着은 云호대 肩負菩提重擔故라하다

(圭峰의 解說)

네번째는 德을 갖춘 사람은 능히 이 經을 傳할 수 있음을 말씀하셨다.

(本文)

만약 어떤 사람이 능히 이 經을 받아들여 간직하고 읽고 외어서 널리 사람들을 위하여 說法할 수 있다면 부처는 모두 이 사람을 알고 이 사람과 만나 모두가 限量할 수 없고 일컬을 수 없는 가장자리가 없는 不可思議한 功德을 成就할 수 있게 할것이니 이와같은 사람들은 곧 부처의 阿耨多羅三藐三菩提를 어깨위에 메게 될 것이다.

解說…이 經은 이미 上智를 지닌 사람들을 위하여 說法해왔음으로 만약 어떤사람이 이 經을 護持하고 說法한다면 이 사람은 반드시 上智를 지닌 사람으로 부처님의 知見을 얻어 菩提를 어깨에 걸머질 사람임에 틀림없다.

고 「荷擔(어깨에 멘다)」이라는 말씀은 偈頌에는 이르기를 「滿足한 無上의 世界」라고 하였고 「여러가지 功德을 性就한다」고 하신 말씀을 이르기를 「어깨에 菩提의 무거운 짐을 멘까닭이다」라고 하였다.

(圭峰의 解說)

六祖

上根之人이 聞此深經하면 得悟佛意하야 持自心經하야 見性究竟하고 復能起利他之行하야 爲人解說하야 令諸學者로 自悟無相之理하야 得見本性如來하야 成無上道니하리 當知說法之人의 所得功德이 無有邊際하야 不可稱量이니 聞經解義하야 如敎修行하고 復能廣爲人說하야 令諸衆生으로 得悟修行無相無着之行하면 卽有大智慧光明하야 出離塵勞하리 雖離塵勞나 不

作離塵勞之念하면 即得阿耨多羅三藐三菩提일새 故名荷擔如來니 當知 持經之人은 自有無量無邊不可思議功德이니라

(六祖大師의 解說)

上根을 지닌 사람이 이 깊은 뜻이 담긴 經의 說法을 들어면 부처님의 뜻을 깨달을 수 있어 究竟의 自性을 보게 되고 自己의 마음의 經을 간직하여 다시 다른 사람들을 利롭게 할 行을 일으켜 다른 사람들을 위하여 解說하여 모든 佛法을 배우는 사람들로 하여금 스스로 相이 없는 眞理를 깨달아 本性의 부처님을 만나 無上의 道를 이룰 수 있게 할 것이니 알지어다! 說法하는 사람이 얻는 功德은 끝과 가장자리가 없어 그 量을 말로 表現할 수가 없는 것이다.

經의 說法을 듣고 그 뜻을 解得하여 모든 衆生들로 하여금 無相, 無作의 行을 깨닫고 修行할 수 있어서 능히 이 行을 行할 수 있다면 이 사람에게는 큰 智慧의 光明이 있게 되어 煩惱의 고달픔을 벗어나게 된다.

비록 번뇌의 고달픔에서 벗어났다고 하더라도 「나는 煩惱를 벗어났다」는 생각을 하지 아니하게 되면 곧 阿耨多羅三藐三菩提를 얻게 된다. 그런까닭에 「부처님을 어깨위에 멘다」라고 이름하였으니 알지어다. 經을 護持하는 사람에게는 스스로 無量無邊한 不可思議한 功德이 있는 것이다.

(冶父) 掌開泰華手는 須是巨靈神이니

(說) 荷擔佛菩提는 須是介中人이라니

堆山積岳來여 一一盡塵埃로다 眼裏에 瞳人碧하고 胸中에 氣若雷로다 出邊에
沙塞靜이요 入國에 貫英才로다 一片寸心이 如海大하니 波濤幾見去還來오

說

若是介中人인댄 無理不窮하고 無事不通이라 直令虛空을 粉碎하고 大地를 平沈이니 假使十方諸佛이 同時興現種種神變이라도 此人面前엔 盡成塵埃니라 爲甚如此오 拈槌豎拂도 他亦不顧하며 語言三昧도 他亦不聞하야 眼光이 爍破三千界하니 裏有瞳睛碧眸寒이로다 胸次洒落渾忘世하고 中有雷霆氣宇新이라 外應衆緣隨處寂하고 內冥一寂應無朕로다 肚裏恢恢如海大하니 一任千差有興無로다

(冶父道川의 評唱)
泰山、華山 쪼갤 열 손은
모름지기 巨靈의 神이어야 하노라

註
① 巨靈…巨大한 山神。崑崙山의 神。李太白의 詩에「巨靈擘泰華」란 句節이 있으며 여기 이 글은 이 詩에서 따온 말이다。

解說…佛菩提를 어깨에 멜 사람은 모름지기 이 가운데에 있는 사람이어야만 된다。

(評唱)
山을 쌓고 뫼뿌리를 쌓아 와도
그 하나하나는 모두 먼지로다
눈 속에 동자에 비친 사람 파랗고
가슴속 기개 雨雷와 같아
邊方에 나가면
나라안에 고요해지고
砂漠陣地 고요해지고
○ 뜸가는 英才로다

何以故오 須菩提야 若樂小法者는 着我見人見

圭峰 五는 樂小不堪이라

註

① 拈槌竪拂…禪宗에서 祖師가 學人들을 指導하는 方便, 딱딱이 방망이를 뽑아들어 보이거나 拂子를 고추세워 보여서 話頭를 깨닫기를 誘導하는 일.

解説…만약 이 境地 안에 든 사람이라면 究竟하지 못할 理致는 없고 達通하지 못할 일이 없어 곧 虛空을 가루로 만들고 大地를 바다밑에 가라앉힐 수 있다. 設令 十方의 모든 부처님이 同時에 일어나 갖가지 神通한 變化를 나타낸다 하더라도 이 사람의 얼굴앞에서는 모두 먼지로 變하고 만다.

어찌하여 이와같이 되는가?

망치 뽑아들고 拂子 고추세워도 그는 역시 돌아보지 아니하며 말로하는 三昧도 그는 역시 듣지 아니한다.

眼光은 三千世界 녹혀 허물고

가슴속은 텅 비어 渾然히 世上을 잊었는데 그 가운데 雨雷같은 氣宇 새롭다

밖으로 뭇 因緣에 응하지만

간곳마다 寂滅하고 안으로 一寂과 冥合하니 아마도 이지러짐 없으리

뱃속은 넓고 넓어 그 크기 바다와 같고

世間의 千差萬別 있건 없건 내버려두네!

一片寸心 바다같이 크니 波濤를 보았던가? 몇번이나 밀려오고 돌아가는

衆生見 壽者見일새 即於此經에 不能聽受讀誦하야 爲人解說하리라

因甚道此經이 爲發大乘者說이며 爲發最上乘者說이며 乃至云如是人等은 即爲荷擔阿耨菩提오 此經은 直示大人境界라 非是小根小智의 所能堪任故也니라

(圭峰의 解說)

다섯번째는 小乘을 즐기는 사람은 이 經을 堪當할 수 없음을 말씀하셨다.

(本文)

왜 그런가? 須菩提야? 만약 小乘의 法을 즐기는 사람이라면 我相, 人相, 衆生相에 壽者相에 執着하여 곧 이 經에서 說法을 듣고 받아들이고 읽고 외어서 다른 사람을 위하여 解說할 수 없을 것이기 때문이다.

解説…무엇때문에 이 經은 大乘의 마음을 일으킨 사람을 위하여 說法한다고 하셨으며 乃至는 이와같은 사람은 곧 阿耨多羅三藐三菩提를 어깨에 멜 것이라 말씀하셨는가? 이 經은 곧 바로 大人의 境界를 보여주신 것이니 小根 小智가 능히 堪當하고 맡을 境界가 아닌 까닭이다.

(六祖) 樂小法者는 爲二乘人이 樂小果하야 不發大心이니 以不發大心故로 即於如來深法에 不能受持讀誦하야 爲人解說이니

(六祖大師의 解說)

小乘의 法을 즐기는 二乘(聲聞, 緣覺)의 사람이 되어 작은 果報를 즐기고 大乘의 마음이 일어나지 아니하는 사람들이니 大乘의 마음이 일어나지 아니하는 까닭에 곧 부처님의 깊은 뜻이 담긴 法門에서는 그것을 받아들여 간직하여 읽고 외우며 다른 사람을 위하여 解說할 수 없는 것이다.

傳大士 所作이 依他性하야 脩成功德林이라 終無趣寂意요 唯有濟群心이다이로 行悲에 悲廣大요 用智에 智能深이니 利他兼自利여 小聖이 詎能任오이리

(傳大士의 頌)

하는 일이 다른 사람의 性品에 根據하여 功德의 숲을 닦고 이룬다

끝내 寂靜한 곳으로 갈 뜻은 없고

오직 衆生을 濟度할 마음만 있으니

慈悲 行함에 그 慈悲 廣大하고

智慧 作用함에 그 智慧 능히 깊어

다른 사람을 利롭게 하고

아울러 自身도 利롭게 되니

小乘의 聖者가

어찌 이 일 감당할 수 있겠나?

冶父 仁者見之에 謂之仁이요 智者見之에 謂之智로다

說 此經은 以智立體하야 念念無生하고 以行起用하야 繁興無際하니 此乃文殊普賢의 大人境界라 非小根小智의 所能掛懷니라 伊麽則非智면 無以窮其體요 非仁이면 無以盡其用이니 依此而脩者는 可謂行悲에 悲廣大요 用智에 智能深다로다

不學英雄不讀書하고 波波役役走長途로다 娘生寶藏을 無心用하야 甘作無知 餓死夫로다 爭怪得別人이오리

說 能文能武世第一이면 免見人間貧賤苦나 仁智於人이 亦如然하야 習來能得免沈淪이니어

如今仁智兩不習일새 故於迷途에 長匍匐이라 德性寶藏이 雖然在나 不解用하야 自取

蛩苦로다 旣然自取어니 歸咎何人가

(冶父道川의 評唱)

어진 사람 이를 보면 어질다 할것이고 智慧있는 사람. 이를 보면 智慧롭다 할것이다.

解說…이 經은 智慧로 바탕을 세워 念念에 生滅없고 修行으로 作用을 일으키니 빈번이 일어켜 끝이 없다. 이는 곧 文殊보살 普賢보살과 같은 大人의 境界며 작은 根器 작은 智慧를 지닌 사람들이 말하고 품에 품을 수 있는 境界가 아니다. 그렇다면 智慧가 아니면 그 바탕을 다 究竟할 길이 없고 어짐이 아니면 이에 根據하여 修行하는 사람은 慈悲를 行함에 그 慈悲 廣大하고 智慧를 作用함에 그 智慧가 깊은 사람이라 말할 수 있다.

(評唱)

英雄도 배우지 아니하고
책도 읽지 아니하며

설사이 없이 힘겹게
먼 길을 달리며
어머니가 낳아주신 보물창고는
쓸 마음도 없이
無知하고 굶어죽는 사나이
되기를 달갑게 여기니
별난 사람 되는 일
무엇이 이상한가?

解說…글도 잘하고 武術도 잘해서 世上에 第一가는 사나이되면 人間世界의 가난하고 천한 고통 당하는 일은 면하게 된다. 어진 마음과 智慧가 사람에게 갖는 關係도 또한 그러니 이를 익혀오면 奈落에 가라앉는 身勢는 면할 수 있다. 그런데 지금은 어진 마음과 智慧 둘 모두 익히지 아니하니 그런 까닭에 迷路에서 기리 기어다니고 있다. 德性이란 보물창고는 비록 그렇게 存在한다 하지만 쓸 줄도 모르고 스스로 비실거리는 괴로움만 取하고 있으니 이미 그렇게 스스로 取한것을 그 허물 누구에게 돌릴것인가?

圭峰 六은 所在如塔이라

須菩提야 在在處處에 若有어다 此經하면 一切世間天人阿修羅의 所應供養이니 當知此處는 即爲是塔

皆應恭敬作禮圍繞하야 以諸華香으로 而散其處하리라

此經은 從來로 無處不在로대 只因埋塵不顯하야 人不得知라 唯有大智人은 破塵擎來하야 廣爲人說이니하나 此有此經之處也니라 此是人天眼이니 人天의 所應供이로다

(圭峰의 解說)

여섯번째는 經이 있는 곳은 佛塔과 같다 라고 말씀하셨다.

(本文)

須菩提야! 世上 어느곳이든 만약 이 經이 있다면 모든 世間과 天人, 阿修羅가 마땅히 供養할 場所가 될것이니 알지어다! 이곳은 곧 佛塔이 되여 모두가 아마도 恭敬하고 禮拜하며 周圍를 에워싸고 맴돌면서 모든 꽃의 香을 그 곳에 흩을것이다.

解説…이 經은 本來부터 存在하지 아니하는 곳이 없지만 먼지속에 묻혀서 나타나지 아니하니 사람들이 알 수가 없었다. 오직 큰 智慧를 지닌 사람이 있다면 먼지를 헤치고 받들어 와서 널리 사람들을 위하여 説法할 것이니 이곳이 經이 있는 場所이며 이는 곧 人天世界의 눈이니 人天世界가 마땅히 供養할 場所이다.

六祖 若人이 口誦般若하며 心行般若하야 在在處處에 常行無爲無相之行하면 此人所在之處는 如有佛塔이라 感得一切人天하야 各持供養하야 作禮恭敬

與佛無異라 能受持經者는 是人心中에 自有世尊이라 故로 云如佛塔廟니라
當知是人의 所作福德이 無量無邊이라

(六祖大師의 解說)

만약 어떤 사람이 입으로 般若經을 외우며 마음으로 般若를 行하면서 가는 곳 어느곳에든지 恒常 無爲 無相의 行을 修行한다면 이 사람이 있는 곳은 마치 佛塔이 있는 곳과 같아서 모든 人天世界를 感應시킬 수 있고 그리하여 모든 人天世界의 사람들이 각기 供養을 들고 禮拜하고 恭敬하기를 부처님과 다를 바 없이 하게 될 것이다. 능히 經을 受持할 수 있는 사람은 이 사람의 마음가운데는 스스로 부처님이 存在하는 까닭에 「부처님의 塔廟와 같다」라고 말씀하신 것이니 알지어다! 이 사람이 짓는 福德은 無量無邊할 것이다.

冶父

鎭州蘿蔔이요 雲門胡餠이니라

說

供養此經에 以何로 爲供養具오 鎭州蘿蔔이요 雲門胡餠이니라 僧問雲門호대 如何是超佛越祖之談이잇고 門이 云胡餠이라 開先暹和尙이 擧此話云호대 如今二百員衲子 東京西洛에 出一叢林하야 入一道場호대 喫却多少了也아 還有一人이 識得雲門胡餠也未아 山僧이 不是壓良爲賤이라 敢道未識得在니라 何故오 山僧이 二十年前에 藏在衣鉢下하야 鬼神도 亦不能知니 爾這一隊漢이 向甚麽處하야 摸搎가 若也不信인댄 今日에 普將供養大衆하리라 遂拈起柱杖하야 畫一圓相하고 云好手底는 拈取하라 復云하사 收라하시니 須知所以爲供養具하야사 始得다 此一枚胡餠이 非但可以供養一衆이라 亦可以供養十方諸佛이며 亦可以供養六途含靈이라 作麽生供養고 鎭州의 一頭蘿蔔을

與君同步又同行하니 起坐相將歲月長다이로 渴飲飢湌常對面하니 不須回首更

思量라이니

天下老和尚이 吞吐來吞吐去하며 雲門의 一枚胡餠은 天下衲僧이 咬嚼來咬嚼去하나
苟知吞吐咬嚼인댄 早已供養了也니라

㊗️說 只如供養底一卷經을 向什麽處하야 看고 一切時處에 覿面相呈이니 擬議思量하면 對面

千里니라

(冶父道川의 評唱)

鎭州의 무우요 雲門스님의 호떡이로다

解說…이 經에 供養드리려면 무엇으로 供養을 갖추어야 하는가? 鎭州의 무우요(※註參照) 雲門大師의 호떡이다.

한 스님이 雲門(文偃)스님에게 묻기를 「어떤것이 부처와 祖師의 境地를 뛰어넘는 이야기인가?」라고 하자 雲門스님이 「호떡이다」라고 대답하였다. 開先寺의 善暹和尚이 이 話頭를 擧論하여 말하기를

「지금 二百名의 스님들이 東京와 西쪽 洛陽의 한 叢林에서 나와 따로 한 道場에 들어 가는 곳마다 차갑고 뜨거운 것은 사랑하여 호떡이란 호떡은 다 먹어버렸다. 그런데 여기 한사람이라도 雲門스님의 호떡을 알 수 있는 사람은 아니지만 감히 말하겠는가? 아무도 모르고 있다. 왜 그런가? 이 山僧은 良民을 壓迫해서 賤民을 만드는 사람은 아니지만 감히 말하겠는가? 이 山僧이 二十年前에 衣鉢밑에 숨겨두어 鬼神도 알 수 없는데 너희들 이 이들이 어디에 가서 그것을 더듬어 찾겠는가? 만약 나의 말을 믿지못하거든 오늘 두루 大衆들

485

에게 供養하리라!」
라고 하고 마침내 拄杖을 뽑아들고 한 동그라미 모습을 그려보이면서 말하기를
「멋진 수가 있거든 집어가라!」
라고 하고 다시 말 하기를
「거두어드리겠다」라고 하였다.

모름지기 이것을 供養으로 갖추게 된 理由를 알아야만 된다.
이 한장의 호떡은 비단 모든 大衆들에게 供養드릴 수 있을 뿐만 아니라 또한 十方의 모든 부처님께 供養드릴 수 있고 또한 六途를 輪廻하는 모든 生命體에게 供養드릴 수 있다.
어떻게 供養드리는가? 鎭州의 한 포기 무우를 天下의 老和尙들이 삼켰다가 吐해내곤 하였고 雲門山의 호떡 한장을 天下의 衲僧들이 썹어오고 썹어가고 있다.
만약 삼키고 吐해내고 썹고 물고 할 줄 안다면 일찌감치 供養은 끝난 것이다.

註
① 鎭州羅蔔…趙州, 從諗의 話頭. 한 스님이 趙州스님에게 「듣자니 스님께서는 南泉스님을 親見하셨다는데 事實입니까?」라고 묻자 「鎭州에는 큰 무우가 난다」라고 하였다. 이는 南泉스님을 만난 일 보다는 現實問題가 더욱 切實하다는 뜻을 담은듯 하다.
② 開先…善暹…(生沒 未詳) 雲門宗, 宋代의 스님, 江西省臨江出身, 德山, 慧遠, 開先寺에 住錫.
雲門~雙泉~德山
文偃~仁郁~慧遠~善暹

(評唱)
그대와 더불어
같은 步調로 함께 걸어가면서
긴 歲月 서로 도와
일어나고 앉고 하면서

解說… 다만 供養을 드릴만한 한권의 經을 어디에 가서 본다는 것인가? 모든 때 모든 곳에서 부처님과 얼굴을 마주보고 말씀드리고 있는데 머뭇거리며 생각하고 헤아리려 한다면 얼굴을 마주보고 있어도 그 距離는 千里萬里 먼 距離에 있다.

늘 얼굴 마주보고 밥먹으며
배고프면 밥먹고
목마르면 물마시고

생각하고 헤아릴 必要는 없네
머리 돌려 다시

宗鏡 布施千萬億劫之身이여 福深於海요 爲發最上乘者說이여 擔重如山이라 動도하고 等閑抹過上頭關이라하니

慶快撩起便行이나 且請依然放下니하노 (然은 當作前이라) 何故오 大力量人은 元不

說 捨身之福이 深則深矣나 於此上乘엔 了沒交涉이요 菩提重擔을 撩起便行이 快則快矣나 且請依前放下니하노 爲甚如此오 若是大力量人인댄 不肯聽他最上乘說하고 踏斷千差하야 直過那邊이니

倒握吹毛掃異蹤하야 頓令心地盡開通이라 鋒芒이 獨露毘盧頂하니 凡聖이 齊

敎立下風다이로

說 倒握一柄吹毛하고 掃盡千差萬別하야 頓令心地로 豁然開通하니 毘盧頂上에 鋒芒이 獨露하고 威光이 赫赫하야 寓目皆喪이라 所以로 凡聖이 立在下風다이로

(宗鏡의 頌)
千萬億劫에 몸을 布施함이여
그 福德 바다보다 깊도다
最上乘을 일어키기 위하여 說法함이여
무거운 짐 山과 같도다
그 짐 사뿐히 지고 일어서
곧 길 떠나가려 하지만
잠깐 請하노니
예전 그대로 내려놓게나
무슨 까닭인가! 라고?
큰 力量 지닌 사람은
元來 한발자욱도 움직이지 않고도
꼭대기 關門을 아무렇지도 않게
짓뭉게고 지나간다네

解説…몸을 喜捨하는 福德이 깊지만 이 最上乘과는 아무 關聯이 없다. 菩提의 무거운 짐을 지고 일어나 곧 길을 떠나는 일이 痛快하기는 하나 잠시 請하노니 예전 그대로 내려놓아라. 왜 그렇게 하느냐고? 만약 큰 力量을 지닌 사람이라면 다른 사람이 説法하는 最上乘을 들으려 하지 아니하고 온갖 差別을 밟아 끊고 곧 바로 저편으로 通過해가기 때문이다.

(頌)
吹毛劍 거꾸로 잡고

다른 발자취 쓸어버리고
頓然히 마음의 바다
모두 開通시키니
칼날은 홀로
毘盧遮那부처의 정수리에 드러나
凡人, 聖人 모두를
저 아랫자리에 서게 하였네

① 吹毛劒…古代中國의 名劒

解說…한자루 吹毛劒을 거꾸로 잡고 千差萬別의 모든 事相을 다 掃蕩하여 頓然히 마음의 바탕을 활짝 열리게 하니 毘盧遮那佛 정수리위에 칼날이 홀로 드러나 그 威光이 赫赫히 빛나서 눈을 돌려 그것을 본 사람은 모두 視力을 잃게 된다. 그런까닭에 凡人, 聖人 모두가 저 아랫 자리에 서게 되는 것이다.

〖圭峰〗 七은 轉罪爲佛이라

能淨業障分第十六

復次須菩提야 善男子善女人이 受持讀誦此經호대 若爲人輕賤하면 是人은 先世罪業으로 應墮惡道언마는 以今世人이 輕賤故로 先世罪業이 卽爲消滅

하고 **當得阿耨多羅三藐三菩提**하리라

爲人輕賤은 明無我人이니 大率有我人者는 只欲爲人之上하고 不欲爲人之下나 達無我人者는 貴之不喜하며 賤之不怒하야 能下心於一切衆生하야 甘爲人之下라 由是로 昔年에 忍辱仙人은 爲歌利의 割截하시고 不輕菩薩은 爲四衆의 打罵하시니 此皆輕賤之事로대 初無瞋恨之心이라 故知어다 爲人輕賤之事는 乃達無我人者之所爲也니 苟達無我人者인댄 猶爲法樂이리니 法無彼此어늘 見起我人하야 因起業造罪하며 罪業이 相形하야 障菩提路나 欲成菩提인댄 先除罪業이요 欲除罪業인댄 先斷我人이니 若聞經解義하야 達無我理하고 又能修行無我之行하야 更不造生死之業하면 則罪根이 永除故로 云若善男子善女人이 受持讀誦此經이나 若爲人輕賤하야 當成無上佛果菩提故니라

先世罪業이 即爲消滅하고 當得阿耨多羅三藐三菩提니라하시 云若善男子善女人이 受持讀誦此經이나 若爲人輕賤하면 是人의 先世罪業이라도 即同氷消瓦解하야

名聞利養하야 不能生淨信心하며 亦不能知無我理行無我行이면 則塵勞業用이 依舊熾然하리니 非唯不能轉罪成佛이라 亦乃未免當墮惡途니라

輕賤者는 總包니 於中에 或打或罵故니라 隋譯에 云호대 輕賤甚輕賤이라하며 當得菩提者는 罪滅故라하니

云호대 此毀辱에 有無量門故로 復云甚輕賤이며 當得菩提者는 罪滅故다라

(圭峰의 解説)

일곱번째는 罪人을 轉換시켜 부처가 되게한다는 内容이다.

第十六, 능히 業障을 맑힐 수 있다는 뜻.

(本文)

또한 須菩提야! 善男子, 善女人이 이 經을 받아들여 간직하여 읽고 외우되 만약 사람들로부터 輕蔑당하고 賤待받는 일이 있다면 이 사람은 前生의 罪業으로 마땅히 惡道에 떨어질 것이로 대지금 世上의 사람들로부터 輕蔑당하고 賤待받음으로서 前生의 罪業이 곧 消滅되어 곧 阿耨 多羅三藐三菩提를 얻게 될 것이다.

解說…사람들로부터 輕蔑당하고 賤待받는다는 것은 我相이 있는 사람임을 밝힌 것이며 大體로 我相이 있는 사람은 다른 사람의 위가 되려하고 다른 사람의 아랫사람이 되고저 하지 아니하나 我相이 없는 수행에 通達한 사람은 自己를 貴하게 接待해도 기뻐하지 아니하고 自己를 賤待해도 성내지 아니하며 능히 모든 衆生보다 아랫자리의 마음을 지녀 달갑게 사람들의 아랫사람이 된다.

이로 말미암아 예전에 忍辱仙人은 歌利王에게 몸을 쪼개고 잘리는 災難을 당했으며 不輕菩薩은 四部大衆으로부터 때리고 욕하는 逢變을 당하였으나 이는 모두가 輕蔑당하고 賤待받는 일이 오히려 法의 즐거움이 된다. 만조금도 노여워하고 怨恨하는 마음이 없었다. 그런 까닭에 알지어다! 사람들로부터 輕蔑당하고 賤待받는 彼此의 差別이 없는데 사람들의 見解의 差異로 我相, 人相이 일어나며 我相, 人相이 있음으로 因하여 業을 일으키고 罪를 짓게되며 罪와 業이 서로 形成되여 菩提의 道를 가로막는다. 그러므로 菩提를 이루고자 한다면 먼저 罪業을 除去하여야 하며 罪業을 除去하고자 하면 먼저 我相, 人相을 끊어야 한다.

만약 經의 說法을 듣고 그 뜻을 解得하여 我相이 없는 眞理에 通達하고 또 능히 我相이 없는 行을 修行할 수 있다면 다시는 生死의 業을 짓지 아니하게 되니 이는 罪의 뿌리가 永遠히 除去

되기 때문이다. 이런 사람은 설사 前生에 無量한 罪業이 있다고 하더라도 곧 어름녹듯 개왓장 무너지듯 罪業이 없어질 것이며 곧 無上의 佛果인 菩提를 얻게 될 것이다. 그런까닭에 經에 「만약 善男子, 善女人이 이 經을 받아들여 간직하고 읽고 외우면서 만약 사람들로 부터 輕蔑당하고 賤待받게 된다면 이 사람은 前生의 罪業이 곧 消滅되여 곧 阿耨多羅三藐三菩提를 얻게 될 것이다」라고 하신것이다.

비록 그렇게 이 經을 받아들여 간직하고 읽고 외운다 하더라도 만약 名聞과 利養을 탐내서 淸淨한 信心이 생길 수 없고 또한 我相없는 眞理를 알 수도 없고 我相없는 修行을 行할 수도 없는 사람이라면 번뇌의 고달픔과 業의 作用이 여전히 熾烈하여 비단 罪를 轉換시켜 成佛할 수 없을뿐만 아니라 또한 곧 惡道에 떨어질 運命을 免치못할 것이다.

(圭峰의 解說)

「輕賤」이란 表現은 全体를 包括한 말이며 그 가운데는 혹 때리는 경우도 있고 욕하는 경우도 있기 때문이다.

隋나라 때의 飜譯本에는 「輕賤甚輕賤」이라 表現되여 있는데 이에 관하여 無着스님은 이르기를 「이는 헐뜯고 욕보이는 일에는 無量한 門이 있기에 다시 「甚輕賤」이라 말하였으며 「곧 菩提를 얻게 될 것이다」라고 하신것은 罪가 消滅되기 때문이다」라고 하였다.

註

※ 惡道는 三惡道를 말한 것임.

〔六祖〕 佛言대사 持經之人은 合得一切天人의 恭敬供養이어늘 爲多生에 有重業障故로 今生에 雖得受持諸佛如來의 甚深經典이나 常被人輕賤하야 不得人恭敬供養이니와 自以受持經典故로 不起人我等相하야 不問冤親하고 常行恭

敬하야 心無惱恨하며 蕩然無所計較하야 念念常行般若波羅蜜하야 曾無退轉하야 以能如是修行이라 故로 得從無量劫으로 以至今生의 所有極重惡障이 悉皆消滅이시니라 又約理而言인댄 先世者는 即是前念妄心이요 今世者는 即是後念覺心이니 以後念覺心으로 輕賤前念妄心하야 妄不能住故로 云先世罪業이 即爲消滅이라 妄念이 旣滅에 罪業이 不成하야 即得菩提也니라

(六祖大師의 解說)

부처님이 말씀하시기를 「經을 護持하는 사람은 當然히 모든 人天世界의 恭敬과 供養을 얻게 되지만 많은 「生」에 걸친 무거운 業障이 있기 때문에 今生에서 비록 모든 부처님의 매우 깊은 뜻이 담긴 經典을 받아 간직할 수 있다고 하여도 늘 사람들의 輕視와 賤待만 받고 恭敬과 供養을 얻지못하고 있다. 그러나 스스로 經典을 받아들여 人相、我相등이 일어나지 아니하고 恒常 般若波羅蜜을 行하며 마음에 근심과 괴로가 일어나지 아니하며 念念에 늘 般若波羅蜜을 行하여 한번도 물러서거나 轉向한 일 없고 蕩然히 이와같은 修行을 할 수 있었던 까닭에 無量劫의 過去에서부터 今生에 이르기까지 갖고 있었던 극히 무거운 惡의 障碍가 모조리 消滅되었다」라고 하셨다. 또 理致와 結付시켜 말한다면 「先世(前生)」라 하는것은 곧 前念(앞서 일어났던 생각)의 妄心을 뜻하며 「今世」라 한것은 곧 後念의 覺心을 뜻한다. 後念의 깨달은 마음으로 앞서 생각했던 妄心을 輕蔑하고 賤視하여 妄心이 머물 수 없게된 까닭에 「先世의 罪業이 곧 消滅된다」라고 말씀하신 것이며 妄念이 滅하여지지 아니하게되는 이는 곧 菩提를 얻게되는 일인 것이다.

傅大士 先身에 有報障이나 今日受持經하니 暫被人輕賤이나 轉重復還輕이로다

若了依他起하면 能除徧計情이나 常依般若觀이면 何慮不圓成가

(傅大士의 頌)

前生의 몸에 報障있었으나
오늘날 經을 受持하니
暫時 사람들의 輕蔑賤待 받지만
무거운 罪業돌려
다시 가볍게 하였구나

만약 다른 사람에 의해
일어남을 깨단게 되면
온갖 計較하는 마음 除去할 수 있으며
늘 般若의 觀에 依止하면
圓滿한 이룸 이루지 못할까
무엇때문에 念慮하겠나

治父 不因一事면 不長一智니라

説 無我不造業하고 斷障成菩提는 全承受持經力이니 伊麼則不因了得一大事면 不能證之一切智로다

讃不及毀不及이니 若了一萬事畢이면 無欠無餘若太虛라 爲君題作波羅蜜이라하노라

🈯 說 此一大事는 釋梵諸天이 稱讃不及이요 天魔外道ㅣ 毁謗無門이로다 若能了得一大事하면 諸佛祖의 神通機用과 百千三昧와 無量妙義를 只向一念間하야 了畢無餘하리니 此一大事는 無名字相하며 無迷悟相하야 圓同太虛하야 無欠無餘로대 只爲未了底人하야 施設文字言詞라하노라

(冶父道川의 評唱)

한가지 일에 因緣하지 아니하면
한가지 智慧 자라나지 못한다.

解說 … 我相이 없으면 業을 짓지 아니하고 障碍를 끊으면 菩提를 이루는 일은 오로지 經을 受持하는 힘을 받은 탓이니 그렇다면 一大事를 다 마칠 수 있는것에 因緣하지 아니하면 一切智를 證得할 수가 없는 것이다.

(評唱)

讃揚도 미치지 못하고
毀謗도 미치지 못한다
만약 一萬가지 일 다 마쳤음을 깨닫게되면
모자람도 남는것도 없어
저 太虛와 같으나
그대 위해 波羅蜜이라
題目 달아주노라

解説…이 一大事는 帝釋天、梵天등 모든 하늘世界가 讚歎해도 미치지 못하는 일이니 天魔外道도 毁謗할 길이 없는 것이다. 만약 이 一大事를 마칠 수 있다면 모든 부처님의 神通한 機緣의 作用과 百千의 三昧와 헤아릴 수 없는 妙한 眞理를 오직 一念사이에 다 깨닫고 남김이 없게 된다. 이 一大事는 이름도 字도 없고 햇갈리고 깨달은 相도 없어 둥글기 太虛와 같아 모자람도 없고 남는것도 없지만 다만 아직 깨닫지 못한 사람들을 위하여 그기에 文字와 言辭를 마련한 것이다.

圭峰 八은 超事多尊이라 論에 云호대 示現速證菩提法故라하야 於中에 文二니 一은 供佛多中全具福이라

須菩提야 我念過去無量阿僧祇劫에 於然燈佛前에서 得值八百四千萬億那由他諸佛하야 悉皆供養承事하야 無空過者호라

那由他者는 十億이 爲洛叉요 十洛叉 | 爲俱胝요 十俱胝 | 爲那由他니라

(圭峰의 解說)

여덟번째는 時空을 뛰어넘어 많은 부처를 섬겼음을 말씀하셨다.

般若論에 이르기를 菩提의 法을 速히 證得할 方便을 示現하려 하신 때문이라고 하였다.

이 가운데 글은 두가지로 구분되며 그 첫번째는 供養한 부처님이 많은 가운데서 完全한 福德을

(本文)

須菩提야! 나는 생각하니 過去 無量한 阿僧祇劫을 燃燈佛이 계신 곳에서 八百四千萬億那由他의 여러 부처와 만날 수 있었으며 그 모든 부처님을 供養하며 일을 맡아 보면서 헛되게 歲月을 보낸 일이 없었느니라

가추었음을 말씀하셨다.

傳大士 如來說那由여 那由幾劫中고 我人衆生壽여 壽者盡俱空다이로 若悟菩提道하면 道者盡通同이니 二體俱實際라 際度出凡籠다이로

解說…「那由他」라 하는것은 十億이 一洛叉며 十洛叉가 一俱胝며 十俱胝가 一那由他이다.

(傳大士의 頌)

부처님 那由他 말씀하시니
그 那由他는 몇 劫의 中間인가?
我相, 人相, 衆生相, 壽者相이여!
壽者相 모두가 다 空이로다
만약 菩提의 道 깨닫게 되면
道란 모두 같은곳에 通하니
두 바탕 모두가 實際라
實際의 濟度로
凡人의 올가미를 벗어나도다

496

圭峰 二는 持經多中少分福이라

若復有人이 於後末世에 能受持讀誦此經하면 所得功德은 於我所供養諸佛功德으로는 百分에 不及一이며 千萬億分과 乃至算數譬喩로는 所不能及이라

佛不外求라 只向心覓이니 若欲見佛인댄 唯須內照니라 承事諸佛이 福則不無나 然亦未免向外馳求와니 一念聞經하면 能生淨信하야 即自見性하야 直了成佛일새 所以 供佛이 不及持經이라

註
① 實際…最極、最後의 眞實

(圭峰의 解說)

두번째는 經을 護持하는 功德이 많은 가운데 부처님이 供養한 功德은 적은 몫의 福德임을 말씀하셨다。

(本文)

만약 또 어떤 사람이 있어 後日 末世에 능히 이 經을 受持讀誦할 수 있다면 그가 얻은 功德은 내가 여러 부처를 供養한 功德으로는 그 百分의 一에도 미치지 못하며 千萬億과 乃至는 數字를 헤아려 비유할 수 있는 百分의 一에도 미치지 못할 것이다。

解說…부처는 밖에서 구하는것이 아니고 오직 마음에서 찾는것이다. 만약 부처를 만나고자 한다면 오직 안으로 비추어 보아야만 한다. 여러 부처의 일을 맡아보는것이 아니지만 그러나 그것은 역시 밖을 향해 달리며 求하는 일을 면치 못하는 일이다. 一念으로 經의 說法을 듣고 능히 淸淨한 믿음이 생길 수 있다면 곧 스스로 自性을 보게 되고 곧 바로 成佛을 마치게 된다. 그런까닭에 부처를 供養하는 功德이 經을 護持하는 功德에 미치지 못하는 것이다.

〈六祖〉 供養恒沙諸佛하고 施寶滿三千界하며 捨身如微塵數한 種種福德이 不及持經은 一念에 悟無相理하야 息希望心하고 遠離衆生의 顚倒知見하야 卽 到波羅彼岸하야 永出三塗苦하고 證無餘涅槃이니라

(六祖大師의 解說)

恒河의 모래알처럼 수많은 여러 부처를 供養하고 三千世界에 가득한 보배를 布施하고 微塵같이 많은 數의 몸을 喜捨하는 등, 각가지 福德이 經을 護持하는 功德에 미치지 못하는것은 經을 護持하면 一念에 無相의 眞理를 깨달아 希求하고 바라는 마음이 멎고 衆生들의 顚倒된 知見을 멀리 벗어나 곧 波羅蜜의 彼岸에 이르러 永遠히 三惡道의 苦痛에서 벗어나 煩惱妄想이 남김없이 사라진 涅槃을 證得하기 때문이다.

〈傅大士〉 然燈이 未敎化엔 呼爲在佛前이라 得値河沙聖하야 供養不爲難이어와 末法難調製에 開經暫展看하면 斯人은 無斷見하야 萬劫自安閑이로

(傅大士의 頌)

然燈佛이 敎化하기 이전을
佛前에 있었다고 부른다
河沙같이 많은 聖人 만나서
供養드리는 일 어렵지 아니하나
末法時代 調製하기 어려울 때
經을 열어 잠시만 펼쳐봐도
이 사람에겐 斷見 없어져
萬劫에 스스로
편안하고 한가하리라

冶父 功不浪施니라

說 持經一念圓證하면 直了成佛일새 所以로 功不浪施니라

億千供佛이 福無邊이나 爭似常將古敎看가 白紙上邊에 書黑字하니 請君開

眼目前觀다이어 風寂寂水漣漣하니 謝家人이 秖在魚船다이로

說 他本에 謝家人이 在釣魚船이라 要識古敎在處麽아 似海之深이요 如山之高로다 要識古敎者는 十二時中에 常照了하라 常照了여 內外無侵眞境現하니 一人이 獨擅其中事로다 又古敎者는 以迹言之면 則古佛의 能證之敎也요 以理言之면 則學人의 一卷經也라 此一卷經은 佛祖相傳底法印이며 衆生本有底一着子니 其來無始일새 故로 云古敎니라 白紙上邊書黑字者

經卷은 本具의 文彩也라 白屬偏하니 自性과 隨緣의 二用也요 黑屬正하니 寂滅一體也니라 請君開眼目前觀者는 勸令諸人으로 不離日用하고 轉一大經也니라 得一大經卷하면 則外而境風이 自寂하고 內而智水ㅣ 澄清하야 隨緣任眞하며 逐處逍遙ㅣ 一似虛舟駕浪에 自東自西하며 隨高隨下也니라 又風寂寂云云은 謂釣得錦鱗時에 風停而水面漣漣이요 觀照實相時에 也宜情忘而智水澄澄라 船爲釣魚之具요 敎爲悟眞之法이니 悟眞者ㅣ 專心悟眞之法하면 則必有悟眞之期요 釣魚者ㅣ 只在釣魚之船하면 則必有釣魚之時也니라

(冶父道川의 評唱)

功은 헛되게 베푸지 아니한다.

解說 : 經을 護持하면 一念에 圓證하여 곧 바로 成佛을 마친다. 그런까닭에 功이 헛되게 베풀어진것이 아니다.

(評唱)

億千劫에 부처를 供養함이여
그 福德 가이없으나
옛 가르침 갖고 보는 功德과
어찌 같으랴?
흰 종이 윗 쪽에
검은 글자 쓰여있으니
그대에게 請하노니

눈 뜨고 눈앞을 내다보라
바람은 寂寂하고 물은 잔잔한데
謝氏집 사람은
다만 고기잡이 배에 남아 있도다
(※ 註 謝氏집 사람…玄沙師備禪師)

解說…다른 책에는 「謝家人在釣船(謝氏집 사람은 낚시배에 남아있다)」라고 되여 있다.
예전 가르침이 있는곳을 알고싶은가? 바다와 같이 깊고 山과 같이 높으다
옛 가르침의 紋彩를 알고싶은가?
따뜻한 봄 햇볕 생겨나니 온 땅에 비단 깔리고 紋彩없는 도장글자 비단위에 펴지네.
請하노니 어머니가 낳아주신 눈 크게 뜨고 하루 열두時辰에 늘 밝게 비추어 보라! 안밖으로 侵犯없는 眞如의 境界 나타나리니 한사람이 그 안에서 홀로
마음대로 支配하네

그 由來는 시작이 없는 아득한 옛날이라 그런 까닭에 「옛 가르침」이라 말한것이다.
또 옛 가르침이란 迹門의 立場에서 말하면 古佛이 主觀的으로 究極한 가르침이며 理致로 말한다면 學人의 한권의 經이다. 이 한권의 經은 부처 祖師가 서로 傳授하신 法印이며 衆生들에게
本來부터 갖고있는 한점의 바둑알이다.
「흰 종이 윗쪽에 검은 글자를 썼다」라고 한것은 經책에 본래 가추어 가는 두가지 作用을 뜻하며 「검다」는것은 바른것에 속하니 自性과 因緣따라 가는 두가지 作用을 뜻하며 「검다」는것은 바른것에 속하니 寂滅한 하나의 바탕을 뜻한다.
「그대에게 請하노니 눈앞을 내다보라」라고 한것은 모든 사람이 日常生活을 떠나지 아니하면서 一大經卷을 굴리도록 권유한 말이다.
「바람은 寂寂하고 물결은 잔잔한데」云云 한것은 만약 一大經卷을 굴릴 수 있다면 밖으로는 境

界의 바람이 스스로 寂寂해지고 안으로는 智慧의 물이 투명하게 맑아 因緣따라 眞如에 마끼고 간곳마다 逍遙하여 마치 빈 배가 물결을 타고 스스로 東으로도 가고 西로도 가며 물결따라 높이 올라갔다가 또 낮게 내려오는것과 꼭 같은 境地에 이른다.

또한 「바람은 寂寂하고…」云云한것은 비단잉어를 낚시로 잡을 수 있었을 때 또한 바람은 멎고 물결은 잔잔한 일이 아울러지고 實相을 觀照하였을 때도 情識을 잊고 智慧의 물이 투명하게 맑아야 하는것과 같은 것이다.

배(船)란 고기를 낚는 道具며 가르침이란 眞如를 깨닫는 방법이다.

眞如를 깨닫는다는것은 法에 오로지 마음을 쏟으면 반드시 眞如를 깨달은 時期가 있는것이며 고기를 낚는 사람은 오직 고기낚는 배에 남아 있으면 반드시 고기를 낚게될 時期가 있게 마련이다.

註

① 謝家人…玄沙師備禪師…靑原下、福建省사람 (八三五～九〇八) 俗姓、謝氏、雪峰義存의 法嗣 雪峰門下에서 持律이 가장 嚴格하여 備頭陀라 尊敬받고 또 謝氏집 三男인 까닭에 謝三郎이라 愛稱되였다. 唐、昭宗皇帝로부터 宗一禪師란 賜號와 袈裟를 下賜받았다. 어릴때부터 낚시질을 좋아하여 낚시에 얽힌 話頭가 많다.

六祖慧能～靑原行思～石頭希遷～天皇道吾～龍潭崇信～德山宣鑑～雪峰義存～玄沙師備

● 九는 具聞則疑라

須菩提야 若善男子善女人이 於後末世에 有受持讀誦此經하여 所得功德을 我若具說者면 或有

人이 聞하고 心即狂亂하야 狐疑不信하리라

(六祖) 佛言대하사 末法衆生은 德薄垢重하고 嫉妬彌深하야 衆聖은 潛隱하고 邪見이 熾盛하리니 於此時中에 如有善男子善女人이 受持讀誦此經하면 圓離諸相하고 了無所得하야 念念常行慈悲喜捨하고 謙下柔和하야 究竟成就無上菩提하나니 或有聲聞小見은 不知如來正法의 常在不滅하고 聞説如來滅後後五百歲에 有人이 能成就無相心하며 行無相行하야 得阿耨多羅三藐三菩提라하면 則心生驚怖하야 狐疑不信하시다.

(圭峰의 解説)

아홉번째는 功德을 다 남김없이 말하면 사람들이 疑心할것이라 말씀하셨다.

(本文)

須菩提야! 만약 善男子, 善女人이 훗날 末世때에 이 經을 受持讀誦하여 얻는 功德을 내가 만약 다 말한다면 혹 어떤 사람은 이 말을 듣고 마음이 곧 狂亂해저서 요리조리 疑心하고 믿지 아니할 것이다.

(六祖大師의 解説)

부처님이 말씀하시기를

「末法時代의 衆生들은 德은 엷고 때문음은 무거워 嫉妬心이 더욱 깊어지니 여러 聖人들은 자취를 감추고 숨어 邪見만 熾烈하게 盛해질것인데 이러한 時代안에서 만약 善男子, 善女人이 있어

이 經을 受持讀誦한다면 이 사람은 모든 相을 圓滿히 떠나 아무 執着도 없고 念念에 恒常 慈悲喜捨를 行하고 사람들에게 謙下하고 柔和해서 究竟에 無上菩提를 成就할것이나 念念에 恒常 慈悲見解를 지닌 사람은 부처님의 바른 法이 永久히 存在하며 不滅하다는 사실을 모르고 부처님의 좁은 入滅後 五百年에 어떤 사람이 능히 無相心을 成就하고 無相行을 行하여 阿耨多羅三藐三菩提를 얻을 수 있다는 말씀을 듣게되면 마음에 놀라움과 무서움이 생겨서 요리조리 의심하고 믿지 아니하게 된다 라고 말씀하셨다.

傳大士 經中에 了妄에 心明遣이요 無爲에 業漸離라 狂迷心境滅하니 凡愚盡總袪로다 稱末世여 狐疑且自迷라 性慧脩眞實이 只此是菩提로다

(傅大士의 頌)

妄念이 다하면
마음에 分明히 煩惱 사라지고
作爲함이 없음에
業 漸漸 떠나가네
미치고 헷갈린 마음境界 滅하면
凡俗한 어리석음 모두가 없어진다
經가운데 末世라 稱함이여
요리조리 의심하고
또한 스스로 헷갈리고 있으니
本性의 智慧도 眞實을 닦는것이
이것이 오직 菩提이니라

十은 總結幽邃라

須菩提야 當知어다 是經은 義도 不可思議며 果報도 亦不可思議니라

無著은 云호대 此는 顯示彼福體及果ㅣ 不可測量故라하니라

不知服이요 果報不思議여 服來면 平地에 便升仙다이로

廣讚持經說經之功德을 不可得而思議시고 乃云所得功德을 我若具說者면 或有人이 聞하고 心即狂亂하야 狐疑不信이라하시며 乃至云果報도 亦不可思議라하시니 聞經不信受하면 良藥이 現前

須菩提야! 알지어다! 이 經은 內容도 不可思議하며 果報도 不可思議하니라

(圭峰의 解說)

열번째는 總体的인 結論으로 이 經은 깊고 그윽하다고 말씀하셨다.

(本文)

解說…經을 護持하고 說法하는 功德을 널리 讚揚하시며 그것은 사람이 생각하고 論議해서 알 수 있는것이 아니라고 하시고 이어 이로서 얻는 功德을 내가 만약 다 말한다면 혹 어떤 사람은 그 말을 듣고 마음이 狂亂해저서 요리조리 疑心하여 믿지 아니할것이라 말씀하시고 마침내 果報도 不可思議하다고 말씀하시기에 이르렀다.

經의 說法을 듣고 이를 믿고 받아드리지 아니한다면 이는 좋은 藥이 눈앞에 나타나도 그것을 服用할 줄 모르는 것과 같으니 果報가 不可思議하다고 하신것은 그 藥을 服用해오면 平地에서 神仙이 되여 하늘로 올라가는것과 같은 效果가 나타날것이라고 말씀 하셨다」라고 하였다.

(圭峰의 解説)

無着스님은 이르기를

「이는 그 福德의 바탕과 果報를 測量할 수 없음을 뚜렷히 보여주시기 위한 때문에 이렇게 말씀 하셨다」라고 하였다.

六祖 是經義者는 即是無着無相行이요 云不可思議者는 讚歎無着無相行이 能成就阿耨多羅三藐三菩提也니라

(六祖大師의 解説)

「이 經의 內容」이라고 하신것은 곧 執着도 없고 相도 없는 行을 말씀하신것이며 「不可思議」라 하신것은 無着, 無相의 行이 능히 阿耨多羅三藐三菩提를 成就할 수 있음을 讃歎하신 말씀이다.

傅大士 狐疑에 生斷見이나 偹即是便宜니 果報分明在여 善惡이 分兩枝라 末法難調製여 謗經失路迷로다 覺悟無前後하야 成佛도 不爲遲니라

(傅大士의 頌)

果報 分明히 있어
善과 惡 두 갈래로 나누어지는데
末法時代 調制하기 어려워

經을 비방하고 길 잃고 헤매도다
요리조리 의심하여 斷見 생기나
道 닦으면 곧 便宜 얻어서
깨달음에 앞뒤 없으니
成佛도 드디지 아니하리라

㊀冶父 各各眉毛眼上橫이로다

㊀說 佛所說法은 只說得眼上眉毛시니 若是眼上眉毛인댄 生而固有라 誰獨且無리오

良藥은 苦口요 忠言은 逆耳라 冷暖自知요 如魚飮水로다 何須他日에 待龍

華리오 今朝에 先授菩提記라하노

㊀說 旣皆同有인댄 聞不信受는 怎麼오 只爲太近難曉니라 雖然如是나 飮啄隨時에 飢飽自

知라 伊麼則人人이 位同毘盧요 一一이 同居寂光이니 何待龍華記莂이리오 擧足이 卽是寂場

이로다 以本分으로 論之則理合如斯어니와 若據今時하야 論之則此經이 如良藥하야 服來에 萬病

消라 超然作金仙마는 只是不肯下口요 亦如忠言하야 信受예 自知非라 能爲衆中尊이언

마는 只是不肯信受니라 唯有利根人은 言下에 一聞에 能總持하리니 鯤鯨이 飮海水

라 位同大覺已어니 極果를 更何疑리오 果報不思議시니라 誠哉라 佛所說이여

(冶父道川의 評唱)

사람마다 각각 눈썹은 눈위에 가로 놓였다.

解説…부처님이 說法하신것은 오직 눈위의 눈썹을 설법하실 수 있었다. 만약 그것이 눈썹이라면 태여나면서 本來부터 있는것이니 누가 홀로 이것이 없겠는가?

解説…이미 모두가 다 같이 갖고있는것인데도 듣고도 믿고 받아드리지 아니하는것은 무엇때문인가? 오직 너무 가까운 곳에 있어 깨닫기가 어렵기 때문이다. 비록 이와같다고 하더라도 마시고 먹는것은 때에 따라 하는일이라 배고픈지 배부른지는 스스로가 아는 일이다. 그렇다면 사람마다 位階가 毘盧遮那佛과 같고 사람마다 모두가 함께 寂光속에 살고있으니 무엇때문에 龍華樹아래에서 彌勒의 記莂을 기다리겠는가? 발만 들어올리면 곧 그곳이 寂滅道場이다.

(評唱)

좋은 藥 입에 쓰고
忠告말 귀에 거슬리니
물이 차가운지 따뜻한지는
마셔보면 아는 일
무엇때문에 물마시는것과 같거늘
龍華樹아래서 彌勒記莂 기다리겠나
오늘 아침에 먼저
菩提記莂 내려주리라

註

① 龍華…佛滅後、五十六億七千萬年이 지나면 彌勒佛이 龍華樹아래에 내려와 衆生을 濟度한다고 한다.

本分으로 論한다면 理致의 合當함이 이와같지만 만약 지금 時代에 根據를 두고 論한다면 이 經

은 마치 좋은 藥과 같아서 계속 服用해 오면 萬病이 다 없어져 부처가 될 것인데 다만 이 좋은 藥에 입을 대려하지 아니하고 또 다른 비유를 한다면 忠告의 말과 같아서 믿고 받아드리면 스스로 잘못을 알아 있을 能히 大衆가운데 尊長이 될 수 있을 것이며 이를 믿고 받아드리려 하지 아니하고 있을 따름이다. 오직 靈利한 根機를 지닌 사람만이 떨어지자마자 스스로 잘못하고 한번 들으면 能히 佛法을 그대로 護持할 수 있을 것이니 그렇게 되면 鯤이나 고래가 바다물을 마시는것과 같아서 그 位階가 부처님과 말것이니 至極의 果報를 다시 왜 疑心하겠는가? 果報의 不可思議함이여! 참으로 부처님의 말씀과 같구나!

註
① 鯤…莊子의 逍遙遊에 나오는 想像上의 물고기. 길이가 三千里에 達하고 化하여 새가되면 鵬이라하여 날개의 길이가 三千里며 한번 날면 九萬里를 가서 南溟에 이른다.

宗鏡 宿業緣墮惡報한데 今人賤而罪卽消라 供諸佛과 誦此經이여 功德勝而喩莫及다이로 只如無著無相底는 還有果報也無아 妄心滅盡業還空하니 直證菩提超等級다이로 惡因誰作罪誰招오 眞性은 如空不動搖라 曠劫無明이 俱蕩盡하니 先天後地에 寂寥寥로다

(宗鏡의 頌)
宿世의 業緣으로 惡한 果報에 떨어질것인데 지금 사람들이 賤待하니 예전 罪는 곧 消滅되었네
여러 부처님께 供養드리는 功德과 이 經을 외우는 功德을 比喩하면 比喩하여 미칠 수 있는것은 아무것도 없도다

그렇다면 無著、無相한 道理에도 문득 果報가 있는가? 없는가? 妄佞된 마음이 다 消滅하면 業도 문득 空이되여 곧 바로 菩提 證得하여 等級을 超越하도다

惡한 因緣 누가 짓으며
罪는 누가 부르는가?
眞如의 自性 虛空과 無明
흔들리지 아니하고
曠劫때 부터 내려온 無明
모두 다 掃蕩하니
하늘보다 앞선 예날부터
땅이 없어진 뒤 까지
寂滅하고 寥寥하구나

圭峰

第十一은 斷住脩降伏是我疑라 佛이 教我住脩降伏하며 兼不住前十重疑執過患케하시니 若無我者인댄 誰人이 受教며 誰人이 住脩며 誰人이 如此離過云云이오리 亦云除微細執故니 偈에 云於內心修行에 存我爲菩薩하면 此即障於心이라 違於不住道다라하 斷之文이라 二니 初는 問이라

究竟無我分第十七

爾時에 須菩提 - 白佛言대하사 世尊이시 善男子善女

人이 發阿耨多羅三藐三菩提心하리면 云何應住며 云何降伏其心잇고하리

(第十七, 究竟의 無我)

(圭峰의 解說)

열한번째는 修行에 머물고 마음을 降伏시키는 일도 我相이 아닌가? 하는 疑問에 斷定을 내린 內容이다.

즉 부처님이 나에게 修行에 머물어 마음을 降伏시키게 하시고 아울러 앞에서 말한 十重의 疑心, 執着, 허물, 病弊등에 住着해서는 안된다고 가르치셨으니 만약 我相이 없다면 누가 가르침을 받을것이며 누가 修行에 머물것이며 누가 이와같이 허물에서 벗어날것인가? 云云하는 疑問이 곧 그것이다.

또한 微細한 執着을 除去하라고 말씀하신 까닭에 이런 疑問이 생긴것이다.

偈頌에 이르기를

나는 菩薩이다 라는 생각이 남아있다면
이는 곧 마음에 障礙가 되여
住著하지 아니하는 道에 어긋나리라
라고 하였다.

斷定하신 글은 두가지로 구분되며 그 첫번째는 須菩提의 質問이다.

(本文)

이때 須菩提가 부처님께 아뢰기를 「善男子, 善女人이 阿耨多羅三藐三菩提心을 일으키려면 어떻게 마땅히 머물어야 하오며 어떻게 그 마음을 降伏시켜야 하옵니까?」라고 하였다.

二는 答이라 文三이니 一은 若名菩薩인댄 必無我라

佛이 告須菩提하사 若善男子善女人이 發阿耨多羅三藐三菩提心者는 當生如是心이니 我應滅度一切衆生하리호리라 滅度一切衆生已는하야 而無有一衆生이 實滅度者니라

滅度一切衆生은 不同二乘하야 悲化含生이요 無一衆生滅度는 智冥眞際하야 不生於化니 此 當安住降心也니라

(圭峰의 解說)

두번째는 부처님의 對答이다. 글은 세가지로 구분되며 첫째는 이름이 보살이라 한다면 반드시 我相이 없어야 한다고 말씀하셨다.

(本文)

부처님이 須菩提에게 말씀하시기를 「만약 善男子、善女人이 阿耨多羅三藐三菩提心을 일으키려면 마땅히 이런 마음이 생겨야 한다. 즉 "나는 마땅히 모든 衆生을 滅度케 하리라 一切衆生을 다 滅度시켰지만 實際로 滅度케 한 사람은 없느니라"라고…」

解說…모든 衆生을 滅度케 하는 것은 二乘과는 다르다. 이는 慈悲로 모든 生物을 敎化함이며 한 사람의 衆生도 滅度케 하신 것은 없다 라고 하신 것은 智慧가 窮極의 眞如와 冥合하여 敎化에 生滅이 없는 것이며 이는 마음을 降伏시키는 境地에 安住하는 일에 該當된다.

(六祖) 須菩提—問佛대하사 如來滅後 五百歲에 若有人이 發阿耨多羅三藐三菩提心者면 依何法而住하며 如何降伏其心하리잇고하니 佛言대하사 當發度脫一切衆生心이니 度脫一切衆生하야 盡得成佛已도하야 不得見有一衆生도 是我度者라하시니 何以故오 爲除能所心也며 除有衆生見也며 亦除我見也니라

(六祖大師의 解說)

須菩提가 부처님께 묻기를 「부처님이 入滅하신 후 五百年이 지나서 만약 어떤 사람이 阿耨多羅三藐三菩提心을 일으키려면 무슨 法에 依止하여 머물어야 할 것이며 어떻게 그의 마음을 降伏시켜야 합니까?」라고 하자 부처님이 말씀하시기를 「마땅히 모든 衆生들을 濟度하여 解脫시키겠다는 마음을 일으켜야 할 것이며 모든 衆生을 얻고난 후에도 한 사람의 衆生도 「이는 내가 濟度

한 사람이다」라는 見解가 있어서는 안 된다」고 말씀하셨다. 主觀, 客觀에 사로잡힌 마음을 除去하여야 하기 때문이며 또한 我相에 사로잡힌 見解를 除去하여야 하기 때문이며 衆生이 存在한다는 見解를 除去하여야 하기 때문이다.

㊀冶父 有時에 因好月하야 不覺過滄洲로다

㊁說 駕起鐵船入海來하니 釣竿揮處여 月正明이로다 性愛蟾光寒照影하야 滄溟過來渾不覺이로다 更知어다 途中에 却憶青山事하니 終日行行不知行이로다

若問云何住인댄 非中及有無라 頭無纖草盖하고 足不履閻浮로다 輕如蝶舞初로다 衆生滅盡知無滅하니 此是隨流大丈夫로다

㊁說 要識眞住處인댄 化生而無化라 脫然無所托하니 龐重淨無痕이로다 青山에 留不得이어 紫陌에 豈能容으리 化生而無化하니 隨流大丈夫로다

(冶父道川의 評唱)

때로는 좋은 달 때문에
나도 모르게 滄洲를 지나갔네

解說…무쇠배를 일으켜 타고 바다에 들어오니 낚싯대 휘두르는 곳에 달 바야흐로 밝구나 天性이 달빛 차갑게 비추는 그림자, 사랑하여 큰 바다 넘어와도 도무지 아무것도 느끼지 못하였네 다시 이렇게도 말할줄 알아야 한다.
「途中에 문득 푸른 山 생각나니 온 終日 걷고 또 걸었지만

(評唱)

어떻게 머물어야 하는가고
만약 물어온다면
中間도 아니며 有, 無도 아니니
머리엔 실오라기같은 풀잎 하나도
덮어쓰지 아니하고
발은 閻浮提洲땅 밟지 아니하며
가늘기 隣虛(原子)를 쪼갠것 같고
衆生 다 滅度시켜도
滅度시킨 衆生 없음을 아니
이것이 흐름따라 흘러가는
大丈夫라오.

註

① 隣虛…至極히 微細한것、虛無의 이웃、現代의 原子、電子등에 해당함

解説…眞正한 머물곳을 알려고한다면 中間도 有, 無도 아니다。超然히 依托하는 곳이 없고 굳직하고 무거운 짐이 말끔히 흔적도 없다。青山에도 머물수 없으니 꽃피는 언덕이 어찌 받아주 겠나? 衆生을 教化하였지만 教化한 衆生 없으니 흐름을 따라가는 大丈夫로다

圭峰 二는 若有我相이면 非菩薩이라

何以故오 若菩薩이 有我相人相衆生相壽者相이면 卽非菩薩이니

六祖 菩薩이 若見有衆生可度면 卽是我相이요 有能度衆生心이면 卽是人相이요 謂涅槃可求면 卽是衆生相이요 見有涅槃可證이면 卽是壽者相이니 有此四相하면 卽非菩薩也니라

(圭峰의 解説)

두번째는 만약 我相이 있으면 菩薩이 아니다 라고 하셨다.

(本文)

왜 그런가? 만약 菩薩이 我相、人相、衆生相、壽者相이 있다면 곧 菩薩이 아니기 때문이다.

(六祖大師의 解説)

보살이 만약 濟度할 衆生이 있다고 본다면、이것은 곧 我相이며、능히 衆生을 濟度할 수 있다는 마음이 있다면 이것은 곧 人相이며、涅槃은 求할만 하다고 생각한다면 이것은 곧 衆生相이며、證得할만한 涅槃이 있다고 본다면 이것은 곧 壽者相이니 이 네가지 相이 있으면 곧 菩薩이 아니다.

517

三은 能所俱寂이 是菩提라

所以者-何오 須菩提야 實無有法發阿耨多羅三藐三菩提心者니라

因甚道要須不生於化오 若謂我能度生하며 我是發心者라하면 我人이 競作하야 能所紛然이라 即非菩薩이니 我能我是를 因甚道非菩薩고 實際理地앤 曾無伊麼事니 我人이 頓盡하고 能所俱寂사하야 方與實際로 相應去在니라

(圭峰의 解説)

세번째는 主觀과 客觀이 모두 寂滅하여야 菩薩이라 하셨다.

(本文)

그 理由는 무엇인가? 須菩提야! 眞實로 阿耨多羅三藐三菩提心을 일으키는 法은 없느니라

解説…무엇때문에 教化에서 生滅하지 아니하여야 한다라고 말하는가? 만약 나는 능히 衆生을 濟度할 수 있으며 나는 發心한 사람이다 라고 생각한다면 이는 我相, 人相이 앞을 다투어 일어나 主觀과 客觀이 熾烈하게 타오르는 보살이 아니다.「나는 능히 할 수 있다」「나는 옳다」라고 생각하는 사람을 웨 보살이 아니라고 하는가? 窮極의 眞實, 眞理의 境地에는 일찍이 그런 일이 없었으며 我相, 人相이 完全히 다하고 客觀, 主觀이 모두 寂滅하여야만 비로소 窮極의 眞實과 相應해갈 수 있게된다.

六祖 有法者는 我人衆生壽者四法也니 若不除四法이면 終不得菩提요 若言我不發菩提心者라도 亦是我人等法이니 我人等法이 卽是煩惱根本이라

(六祖大師의 解說)

「有」의 法이란 我相, 人相, 衆生相, 壽者相의 四法이다. 또 만약 「나는 菩提心이 일어나지 아니한다」라고 말한다고 하더라도 그것도 역시 我相, 人相 등의 法이며 이 我相, 人相 등의 法이 곧 煩惱의 根本이다.

傅大士 空生이 重請問에 無心爲自身이니 欲發菩提者는 當了現前因이니 行悲에 疑似妄이요 用智에 最言眞이라 度生에는 權立我나 證理면 卽無人이라

(傅大士의 頌)

須菩提 거듭 請해 물음에
無心을 자기몸으로 삼으라 하셨으니
菩提心 일으키고자 한다면
눈앞에 나타난 因緣 깨달아야 한다
慈悲行함을 妄念같다고 疑心하고
智慧의 作用
가장 眞實이라 말한다
衆生을 濟度함에는
方便으로 我相세우나
眞理를 밝히면 곧 人相이 없네

冶父 少他一分인들 又爭得오리

說 我人頓盡하고 能所俱寂이 功極則不無나 以實而觀컨댄 又爭得也리오

獨坐儼然一室空하니 更無南北與西東이라 雖然不借陽和力이나 爭奈桃花一樣紅오리

說 脫然物外에 更無栖泊處라도 莫把此境云究竟하라 敢道此亦猶未在니 雖然不用苦鍛鍊이나 自有本地風光爛다이로

(冶父道川의 評唱)

다른 사람보다 조금 적다고 해도 또 그것으로 되겠느냐?

(※ 我相、人相이 적다는 뜻)

解說…我相、人相이 完全히 다하고 主觀、客觀이 함께 寂滅해지면 工夫의 至極한 側面은 없지 아니하나 實相으로 본다면 또 그것만으로 되겠느냐?

(評唱)

홀로 앉아 말끔히 온 방 비어있고
다시 南北도 東西도 없네
비록 그렇게 봄 햇볕 힘
빌리지 아니하다 하더라도
복사꽃 다 같이

解說…世上밖에 超脫하여 다시 어느 한곳에도 住著하는 곳이 없다고 하더라도 이 境地를 잡고 究竟이라 말하는지는 말아라! 敢히 말해주노니 이 境地도 아직 「未在(道에는 到達하지 못한 것)」의 境地니라

비록 그렇게 고된 鍛鍊을 쓰지 아니하여도 스스로 本地의 爛滿한 風光이 있느니라

圭峰 第十二는 斷佛因에 是有菩薩疑라 論에 云若無菩薩이면 云何釋迦如來ㅣ 於然燈佛所에 行菩薩行하야 斷之니라하야 文四니 一은 擧疑處라

須菩提야 於意云何오 如來ㅣ 於然燈佛所에 有法得阿耨多羅三藐三菩提不아

降怨王이 請然燈佛하야 入城에 城中長幼ㅣ 盡迎할새 路泥어늘 善慧ㅣ 布髮한대 佛與授記하시 故擧此問이니라

(圭峰의 解說)
열두번째로 부처님의 過去因緣 가운데는 菩薩이 存在하였던것이 아닌가? 하는 疑問에 斷定을 내린 말씀이다.

般若論에 이르기를 「만약 菩薩이 없다면 어찌하여 釋迦牟尼부처님은 過去然燈佛의 處所에서 菩

二는 斷疑念이라

(本文)

須菩提야! 너는 어떻게 생각하느냐? 如來가 然燈佛의 處所에서 法으로 阿耨多羅三藐三菩提를 얻은 일이 있다고 생각하느냐? 아니냐?

不也니이다 世尊이시 如我解佛所說義컨댄 佛이 於然燈佛所에 無有法得阿耨多羅三藐三菩提니이다

善慧ㅣ 彼時에 都無所得하야 離諸分別이니 由無法故로 得記라 若有法者인댄 是有相心이니 不順菩提일새 佛不與記니라

解說…過去世에 降怨王이 然燈佛을 招請하여 然燈佛이 城안에 들어오니 城中의 어른과 아이들이 모두 나가 마중하였는데 길이 질어 當時 善慧보살이 (註參照) 머리카락을 잘라 이를 땅에 깔았는데 이에 然燈佛이 記別을 내려주었다. 그런 까닭에 이 質問을 擧論한 것이다.

註

① 善慧…九地菩薩、부처님이 過去世에 菩薩行을 닦을때의 이름.

(圭峰의 解說)

두번째는 疑心나는 생각을 끊은 內容이다.

(本文)

아닙니다. 世尊이시여! 제가 解得한 부처님 말씀하신 뜻은 부처님이 燃燈佛의 處所에서 法으로 阿耨多羅三藐三菩提를 얻으신것은 없습니다.

解說…善慧보살은 當時 마음에 「내것이다.」라는 觀念이 조곰도 없었고 모든 分別心을 버렸으니 法이 없음에 原由한 까닭에 記莂을 얻은것이며 만약 法이 있었다면 이는 相이 있는 마음이니 菩提를 따르지 아니하는 사람임으로 然燈佛은 記莂을 주지 아니하였을 것이다.

六祖 佛이 告須菩提대하사 我於師處에 不除四相코 得受記不아 須菩提ㅣ 深解無相之理일새 故로 言不也니라하시

(六祖大師의 解說)

부처님이 須菩提에게 말씀하시기를 「내가 스승의 處所에서 四相을 除去하지 아니하고 記莂을 받을 수 있었다고 생각하느냐?」라고 하시니 須菩提는 깊이 無相의 眞理를 解得하여 「아닙니다」라고 말 하였다.

圭峰 三은 印決定이라

佛言대하사 如是如是다하

522

523

上明菩薩의 無我之意하고 今擧自己의 無所得하사 重明無我之意하니 佛이 欲明無得하사 假以
有得問也어시 空生이 善契佛意하야 答以無得하니 可謂好知音也로다 再歎如是를 須着眼하라 滿
口許他見家風다이로

(圭峰의 解說)

세번째는 印可를 決定하셨다.

(本文)

부처님이 말씀하시기를
「그렇다 그렇다」라고 하셨다.

解說…위에서는 菩薩에게 我相이 없어야 함을 밝혔고 지금은 自身이 所得(※ 내것이다 라는 執念)이 없었음을 밝혀 거듭 我相이 없는 내용을 밝혔으니 부처님이 所得이 없었음을 밝히시고자 所得이 있겠느냐 라는 말씀을 빌려 물어 보셨고 須菩提는 훌륭히 부처님의 뜻에 맞게 「所得이 없었다」고 대답하였으니 이야말로 좋은 한쌍의 마음이 통하는 사이라 말할 수 있다. 두번 「그렇다」라고 讚歎하신 말씀을 눈여겨 보아야 한다. 입 가득히 그를 認定하며 家風을 보여주신 말씀이다.

 善契佛意일새 故言如是니 如是之言은 是印可之辭니라

(六祖大師의 解說)

須菩提가 훌륭하게 부처님의 뜻에 맞는 대답을 하였음으로 「如是」라 말씀하셨다. 「如是」란 말씀은 곧 印可하신 말씀이시다.

冶父 若不同床睡면 爭知紙被穿오이리

說 同聲相應이요 同氣相求로다

打鼓弄琵琶ㅣ 相逢兩會家로다 君行楊柳岸이면 我宿渡頭沙로다 江上에 晚來
疎雨過하니 (疎는一作初라) 數峯이 蒼翠接天霞로다

說 空生이 見世尊은 打皷人이 逢弄琴者로다 見來에 歌何事오 君行楊柳我渡頭로다 要識
渡頭光景麼아 雨過雲收江上晚하니 數峯蒼翠接天霞로다 箇中無限淸意味를 江上一
句로 都說破로다

(治父道川의 評唱)

解說…같은 소리는 서로 呼應하고 같은 氣質은 서로 求한다.
만약 같은 寢床에 자지 아니하였다면 어떻게 종이 이불에 구멍뚫린것을 알았겠는가?

(評唱)

북치고 琵琶타며
서로 만난 두 사람
한곳에 모였도다
그대 수양버들 느러진
언덕을 걸어가면
나는 나루터머리

須菩提야 實無有法如來得阿耨多羅三藐三菩提니라

圭峰 論에 云호대 我於彼時에 所修諸行은 無有一法도 得阿耨菩提며하 功德施論에 引佛說云호대 若見於佛이면 即見自身이요 見身清淨이며 見一切清淨이니 是名見佛이라 我如是見然燈如來하고 得無生忍과 一切智-明了現前일새 即得授記호니 是授記聲이 不至於耳며 亦非餘智之所能知라 我於此時에 亦非惛瞪無覺대로 然無所得하다라 四는 反覆釋이라

解說 : 須菩提가 世尊을 만난것은 북치는 사람이 琵琶뜯는 무슨 일을 노래하였는가? 그대는 수양버들 언덕을 걸어가고 나는 나루터 머리의 光景을 알고싶은가?

비 지나가고 구름 걷혀 江上은 저무는데 몇몇 봉오리 파랗게 푸르러 하늘 끝 노을에 接했노라

이 가운데 無限한 맑은 意味를 「江上」이란 한마디로 모조리 說破하였네

하늘끝 노을에 接했도다
몇몇 봉우리 파랗게 푸르러
성긴 비 지나가니
江위에 저녁무렵
모래밭에 잠자도다

(本文)

須菩提야! 眞實로 부처가 阿耨多羅三藐三菩提를 얻은 法은 없었느니라

須菩提야 若有法如來得阿耨多羅三藐三菩提者면 然燈佛은 即不與我授記하시고 汝於來世에 當得作佛호대 號를 釋迦牟尼리라 하시려니와 以實無有法得阿耨

(圭峰의 解說)

「내가 그 때 닦은 모든 修行은 한 法도 阿耨多羅三藐三菩提를 얻은것은 없었다」라고 하였고
「功德施論」에서는 부처님의 말씀을 引用하여 이르기를
「만약 부처님을 만났다면 그것은 곧 自身을 본 것이며 自身의 淸淨함을 보았다면 一切가 淸淨함을 보게되어 淸淨함을 보는 智慧도 또한 淸淨해지니 이를 이름하여 「부처님을 만났다」라고 하는것이다.
나는 이와같이 燃燈佛을 만나오면서 無生忍과 一切智를 얻었고 그 智慧가 明了하게 눈앞에 나타나 곧 記莂을 내려주시는 일을 얻게 되었으며 이 記莂을 내려주시는 소리가 귀에 들리지 아니하였고 또한 나머지 다른 사람들의 智慧로 능히 알 수 있는 境界도 아니였다. 나는 이 때에 意識이 朦朧하여 感覺이 없었으나 그러나 마음에 所得은 없었다. (※所得…이것은 내것이다. 나는 됐다 하는 自覺의 執念)」라고 하였다.

多羅三藐三菩提라 是故로 然燈佛이 與我授記하사 作是言대하사 汝於來世에 當得作佛하야 號를 釋迦牟尼시니라하시니

得失之言이 只緣迷悟나 而其實則迷介什麽며 悟介什麽오 迷悟旣無인데 得何曾失이며 失何曾失가 旣然不可言有得이라 亦復不應言無得이니 我佛見然燈도 了應如是知니라 無著은 云호대 若正覺法의 可說이 如彼然燈所說者인댄 我於彼時에 便得正覺일새 然燈이 則不與我授記하사 言來世當得이라 以法不可說故로 我於彼時에 不得正覺이라 是故로 記言來世當得이시니라하니라

(圭峰의 解說)

네번째는 反覆하여 풀이하신 內容이다.

(本文)

須菩提야! 만약 부처가 阿耨多羅三藐三菩提를 얻는 法이 있었다면 然燈佛은 곧 나에게 記莂을 내려주시면서 「너는 다음 世上에 곧 부처가 될 수 있고 이름을 釋迦牟尼라 할것이다」라고는 말씀하시지 아니하셨을 것이다. 眞實로 阿耨多羅三藐三菩提를 얻는 法이 없음으로서 이 때문에 然燈佛이 나에게 記莂을 내려주시면서 「너는 다음 世上에 곧 부처가 될 수 있고 이름을 釋迦牟尼라 할것이다」라고 말씀하신 것이다.

解説 … 얻었다 잃었다 라는 말은 다만 헷갈리고 있다. 깨달았다는데서 연유하는것이나 實相으로 말하면 얻었다 헷갈리고 무엇을 다만 헷갈리고 깨달은 差異가 이미 없다면 얻기는 일찌기 무엇을 잃 었다는 것인가?

이미 그렇게 얻은것이 있다고 말할 수도 없고 또 얻은것이 없다고 말할수도 없으니 우리 부처 님이 然燈佛을 만난 일도 分明히 이와같이 알아야 할 것이다.

(圭峰의 解說)

無着스님은 이르기를

「만약 바른 깨달음을 얻는 法을 말로 説明할 수 있고 저 然燈佛이 말씀한 말과 같다고 한다면 나는 그때 곧 바른 깨달음을 얻었을 것이고 然燈佛은 나에게 記莂을 내려주시며 「다음 世上에 부처가 될 것이다」라고 말씀하시지는 아니하였을 것이다.

法을 말로 説明할 수 없기 때문에 나는 그때 바른 깨달음을 얻지못하였고 그런까닭에 記莂을 내려주시며 「다음 世上에 아마 부처가 될 수 있을것이다」라고 말씀하신 것이다」라고 하였다.

(六祖大師의 解說)

六祖 佛言 實無我人衆生壽者 하사 始得授菩提記 니 我若有發菩提心 然燈佛 이 即不與我授記 러며 以實無所得일세 然燈佛 이 始與我授菩提記 시니 此一段文은 總成須菩提의 無我義 니라

부처님이 말씀하시기를

「眞實로 我相、人相、衆生相、壽者相이 없어야만 비로소 菩提의 記莂을 내려줄 수 있으니 내가

529

만약 菩提心을 일으킨 일이 있다면 然燈佛은 곧 나에게 記莂을 내려주시지 아니하였을 것이며 眞實로 所得이 없었기 때문에 然燈佛이 비로소 나에게 菩提의 記莂을 내려주셨다」라고 하셨다.

이 一段의 글은 總體的으로 須菩提의 我相이 없음을 이루어주신 대목이다.

(冶父) 貧似范丹이나 氣如項羽로다

(說) 貧則貧矣나 自有衝天意氣로다

上無片瓦하고 下無卓錐로다 日往月來에 不知是誰오 噫라

(說) 淸貧無所有나 意氣는 不敢籠다이로

註

① 范丹…後漢, 桓帝때의 사람, 字는 史雲. 諡號는 靖節先生. 여러번 朝廷의 부름을 받았으나 謝絶, 隱居生活로 一貫하였고 赤貧하여 자주 때를 굶기도 하였다. 當時사람들이 「甑裏生塵范史雲, 釜中魚活范萊蕪」라 읊었다.(※ 萊蕪는 縣名. 이 곳 郡守에 任命되었으나 가지아니하였다)

(冶父道川의 評唱)

가난하기 范丹과 같으니

意氣는 項羽와 같다

解說…가난한것은 가난하지만 나름대로 하늘을 찌르는 意氣는 있다.

(評唱)

위로는 지붕을 덮을

한 조각 개 왓장도 없고
아래로는 밭을 일굴
송곳 꽂을 땅도 없다
해가 가고 달이 와도
이것이 누구인지 모르니
아!

解説… 淸貧하여 아무것도 가진 것이 없으나 意氣는 가두어둘 수 없다.

圭峰 第十三은 斷無因則無佛法疑라 於中에 文三이니 一은 斷一向無佛
疑라 論에 云若無菩薩이면 即無諸佛如來니 於中에 有如是謗하야 謂一向無佛이라 爲
斷此疑故로 云如來者는 即是眞如니라하시 於中에 文二니 一은 顯眞如－是
佛故로 非無라

何以故오 如來者는 即諸法如義니라

旣得如來號인댄 必得菩提道어늘 因甚道無所得고 得名如來無別意라 以了諸法是眞如
眞如平等性淸淨하니 所得을 何以論其中오이라
無著이 二云眞如淸淨인새 故名如來니 猶如眞金하이라

(圭峰의 解説)

열세번째로 因子가 없다면 佛法도 없는것 아니냐? 하는 疑問을 끊은 內容이다.

이 가운데 글은 세가지로 區分되며 그 첫째는 외길로 「부처는 없다」라고 하는 疑心을 끊었다.

般若論에 이르기를

「만약 菩薩이 없다면 곧 모든 부처님도 없는것 아닌가? 이와같은 非謗이 있어 외길로 「부처는 없다」라고 생각하게 된다 이 疑問을 끊어야 하는 까닭에 「부처란 곧 眞如다」라고 말씀하셨다」

고 하였다.

이 斷定의 글 가운데 두가지 區分이 있으니 첫째는 眞如를 밝히는 것이 부처인 까닭에 부처는 없는것이 아니다 라고 말씀하셨다.

(本文)

왜 그런가? 부처란 곧 모든법의 眞如란 뜻이다.

解説…이미 「菩薩이 없다」라고 하였는가? 부처란 이름을 얻은것이 별다른 내용이 있는것이 아니고 모든 法이 眞如임을 깨달았음으로 부처라 한것이다.

眞如는 平等하고 本質은 清淨한데 所得을 어떻게 그 가운데서 論하랴?

(圭峰의 解説)

無著스님은 이르기를

「眞如는 清淨한 까닭에 「如來」라 이름하였으니 이는 마치 純金과도 같은 存在다」라고 하였다.

六祖 言諸法如義者는 諸法은 即是色聲香味觸法이니 於此六塵中에 善能分別호대 而本體湛然하야 不染不著하야 曾無變異하야 如空不動하야 圓通瑩徹하야 歷劫常存을 是名諸法如義니라 菩薩瓔珞經에 云호대 入佛境界經에 云호대 諸欲不染故로 敬禮無所觀이니라하며

(六祖大師의 解說)

「모든 法의 眞如란 뜻이다」라고 말씀하신것은 모든 법이란 色, 소리, 향기 맛, 감촉, 法(※ 六塵)을 말하니 이 六塵 가운데서 훌륭히 分別할 수 있어야 한편 본 바탕은 湛然 히 맑아 물들지도 아니하고 執着하지도 아니하여 일찌기 어떤 變異도 없었으며 마치 虛空처럼 움직이지 아니하고 圓通하고 玲瓏하게 透徹하여 永劫을 겪어오면서 永久히 변치않고 常存하는 것이니 이를 이름하여 「모든 法의 如如한 뜻」이라 말씀하신 것이다. 「菩薩瓔珞經」에 이르기를 「非難하고 稱讚하는 말에 흔들리지 아니하는것이 「如來行」이다」라고 하였고, 「入佛境界經」에 이르기를 「모든 欲望에 물들지 아니하는 까닭에 공경히 禮拜하고 觀察하는 對象이 없다」라 말씀하신 것이다.

冶父 ○住住이다 動著則三十棒이라호리

説 只如眞如平等底道理를 作麽生道오 ○生佛이 并沈하고 自他俱泯하니 天地地天天地 轉이요 水山山水水山空이로다 雖然如是나 法法이 本來安本位하니 誰喚燈籠作露柱리오 伊麽則不應動著이니 動著則三十棒이다로

上是天兮下是地요 男是男兮女是女로다 牧童이 撞着牧牛兒하니 大家齊唱
㘑囉哩로다 是何曲調오 萬年歡다로

說 天天地地何曾轉이리 水水山山各宛然다이로 百億活釋迦ㅣ醉舞春風端하니 韻曲은 自然이라
誰不解和리오 萬年歡曲는 緣何有오 人人이 自有無生樂다이로

解説…다만 眞如平等할만한 道理의 경우 이를 어떻게 말하면 되겠는가?
衆生과 부처가 아울러 물밑에 가라앉고 나와 남의 差別이 함께 없어지니 하늘이 땅이요 땅이
하늘이라 하늘과 땅이 빙빙 돌고 물이 山이요 山이 물이라 물도 山도 空이로다
비록 이와같다고 하더라도 法마다 本來의 자리에 놓여있으니 누가 초롱을 기둥이라 부르는가?
그렇다면 움지겨서는 안되니 움지기기만 하면 몽두리 서른대를 때리겠다.

움지기면 몽두리 三十대다
그만! 그만!

(治父道川의 評唱)

(評唱)

위는 하늘이요 아래는 땅이라
男子는 男子요 女子는 女子라
牧童이 牧牛와 부디쳤으니
大家들은 一齊히 라라리를 부르네
이것은 무슨 가락인가?
「萬年歡」가락일세

若有人이 言如來得阿耨多羅三藐三菩提라하면 須菩提야 實無有法佛得阿耨多羅三藐三菩提하니

【圭峰】 二는 明佛卽菩提故로 無得이라

註
① 萬年歡…結婚祝賀의 曲調

先標錯解니 魏에는 云若有人이 言如來得阿耨菩提者인댄 是人은 不實語니라 謂等前菩薩行無得也니라 無着은 云
後釋正見이니 偈에 云菩提는 彼行等이라하니
或이 謂然燈佛所에는 於法에 不得正覺이요 世尊이 後時에 自得正覺이라할새 爲離
此取일새 故로 云若人言等이시니라 二는 斷一向無法疑니 論에 云有人이 謗言
若無因行이면 則如來ㅣ 不得阿耨菩提새라할새 爲斷此疑故로 云如來所得等
於中에 文二니 初는 遣執遮疑라

解說…하늘은 하늘이요 땅은 땅인데 언제 일찌기 바뀐 일이 있으며 물은 물이요 山은 山이라 제마다 각기 宛然하다。 百億의 살아있는 釋迦牟尼가 봄바람끝에서 술에 취해 춤추니 그 韻과 가락은 自然이라 누가 和答할줄 모르리오 萬年歡의 가락은 무엇에 緣由하여 存在하는가? 사람마다 나름대로 生滅없는 즐거움이 있기 때문이다。

534

두번째는 부처가 곧 菩提인 까닭에 所得이 없음을 밝히셨다.

(圭峰의 解説)

(本文)

만약 어떤 사람이 「부처는 阿耨多羅三藐三菩提를 얻었다」라고 말하는 사람이 있다면 須菩提야! 眞實로 부처가 阿耨多羅三藐三菩提를 얻을 法은 없느니라

解説…먼저 잘못된 아름아리를 標榜하셨다. 魏譯本에는 이르기를 「만약 어떤 사람이 부처는 阿耨多羅三藐三菩提를 얻었다고 말한다면 이 사람은 사실이 아닌 말을 하는 사람이다」라고 되여있다.

뒤에 바로 본 일을 풀이 하셨다.

偈頌에 이르기를 「菩提는 그의 修行과 같다」라고 하였으니 이 말은 앞에서 말한 菩薩의 修行에는 無所得인 것과 같음을 말한 것이다.

「혹 어떤 사람은 부처님이 燃燈佛의 곳에서는 正覺을 얻으신 것이다 라고 생각하고 있기 때문에 이 取着을 떠나게 하기 위하여 「만약 어떤 사람이…」라고 하는 등의 말씀을 하셨다」라고 하였다.

두번째는 오로지 「법은 없다」라고만 疑心하는 마음을 끊게 하였다.

般若論에 이르기를

「어떤 사람은 비난의 말을 하면서 「만약 因緣의 修行이 없었다면 부처님은 阿耨多羅三藐三菩提를 얻지 못하였을 것이다」라고 하고 있기 때문에 이 疑問을 끊기 위한 까닭에 「부처가 얻은 三菩提는…」라고 하신 등등의 말씀을 하신 것이다.

글은 두가지로 區分되며 첫번째는 執着을 버리고 疑心을 遮斷하셨다.

536

須菩提야 如來所得阿耨多羅三藐三菩提는 於是中에 無實無虛라하니

前言佛하사 以明無得無實고 此言法하사 以明所得無虛하시니 若論佛義인댄 廓然無
諸相하며 寂然無去住하야 盡十方世界 都盧是一身이라 更無二相하니 傳介什麽며 得介什麽
오 所以로 道호대 實無有法如來得阿耨菩提等이라하시니라 若論法義인댄 如彼太虛하야
萬像森羅ㅣ 差別全身이요 見聞覺知ㅣ 應用無妨이라 這裏에 說聽도 亦不無며 傳得도 亦不無
니라 所以로 道호대 無實無虛라하시니 雖然無實이나 亦非無實也니라
論에 云호대 無色等相故며 彼卽菩提相故라하고 無着은 云호대 顯眞如無二故며 謂言
說故니 謂彼正覺에도 不無世間言說故다라하니라

(本文)
須菩提야! 부처가 얻은 阿耨多羅三藐三菩提는 實相도 없고 虛相도 없느니라

解說…앞에서는 부처를 말씀하심으로서 所得도 없고 實得이 없음을 밝혔는데 여기서는 法을
말씀하심으로서 얻은것이 虛妄함이 없음을 밝혔다.
만약 「부처」의 內容을 論한다면 마치 太虛와 같아 탁 터여 모든 相이 없고 寂然히 가고 머무는
것이 없어 十方世界가 모두 한 몸이며 다시 두가지 모습은 없는것이니 무엇을 傳授하고
무엇을 얻는다는 것인가? 그런까닭에 「如來」가 阿耨多羅三藐三菩提를 얻을 法은 없다 라고 말
씀하셨다.

그러나 만약 法의 內容을 論한다면 저 太虛의 밝은 太陽과도 같아서 森羅萬像의 差別된 完全한 몸이며 보고 듣고 느끼고 알아 應用에 妨害됨이 없으니 說法하는 경우와 聽法하는 경우도 없지 아니하며 傳授하고 얻는 경우도 없지 아니하다. 그런까닭에 「實相도 없고 虛相도 없다」라고 말씀하신 것이다.

비록 그렇게 眞實이 없다고 하나 또한 眞實이 없는것도 아니다.

(圭峰의 解說)

般若論에 이르기를

「色등 六塵이 없는 까닭이며 그가 곧 菩提의 모습인 까닭이다」라고 하였고 無着스님은 이르기를

「眞如가 둘이 아님을 밝히신 까닭이며 말로 하는 說法을 뜻하였기 때문이다. 즉 그분의 正覺에 世間에서 말로 하는 說法도 없지 아니함을 말씀하신 것이다」라고 하였다.

(六祖大師의 解說)

<big>六祖</big> 佛言대하사 實無所得心으로 而得菩提나 以所得心이 不生이라 是故로 得菩提니라 離此心外에 更無菩提可得일새 故言無實也요 所得心이 寂滅하면 一切智ㅣ 本有하고 萬行이 悉圓備하야 恒沙德性이 用無乏少일새 故言無虛也니라

부처님이 말씀하시기를

「眞實로 얻는것이 없는 마음으로 菩提를 얻으며 얻으려는 마음이 생겨나지 아니함으로서 그런까닭에 菩提를 얻는다」고 하셨다

이 마음을 떠나서 다시 菩提를 얻을 수 있는것은 없는 까닭에 「實相」이 없다고 말씀하신 것이

며 얻은 마음이 寂滅하면 一切智가 本來부터 存在하여 모든 行이 모조리 圓滿해지고 恒河의 모래처럼 많은 德性을 아무리 使用해도 모자라는 일이 없게 되는 까닭에 「虛相」이 없다고 말씀하셨다.

冶父 富嫌千口少요 貧恨一身多로다

說 實而無實이요 虛而無虛로다

生涯如夢若浮雲하니 活計都無絶六親이로 留得一雙青白眼하야 笑看無限往來人이로다

說 莫恠寥寥無一物하라 伊家活計自如然이로 莫謂一向空無物하라 左之右之應無㢣로다

解説…眞實이면서 眞實은 없고 虛妄하면서 虛妄함도 없다.

(冶父道川의 評唱)

부자는 千名의 食口도 적다고 싫어하고 가난한 사람은 自己 한 몸도 많다고 恨歎하네

(評唱)

한 평생 꿈같고 뜬 구름같이
살아갈 計策은 하나도 없고
六親마저 끊어졌는데
한 雙 푸르고 흰 눈 남아있어서
限없이 가고 오는 사람들을
웃으며 보고 있네

解說…寂寞하게 한 物件도 없다고 이상하게 여기지 말아라、그의 집 살림살이 나름대로 그와 같도다
오로지 비어있기만 하고 아무 物件도 없다고 생각하지 말아라
左之右之 하는데 아무도 모자람이 없을 것일세

※ 六親…父母、兄弟妻子

圭峰 二는 釋義斷疑라

是故로 如來ㅣ 說一切法은 皆是佛法이라하노니 前言無實則法法이 無自性이라 內而根身과 外而器界ㅣ 相相이 此言無虛則法法이 依位住하야 鶴長鳧短하고 松直棘曲하야 相相이 皆爲虛妄하야 無可指陳이요 馬佛과 男佛女佛이 不相借借하야 各受法樂이로 元眞이라 無非實相이니 牛佛

(圭峰의 解說)
두번째는 뜻을 풀이하여 疑問에 斷定을 내리셨다.

(本文)
그런까닭에 부처가 말하는「一切法」은 모두가 佛法이니라

解說…앞에서 말씀한 眞實이 없다고 한것은 法마다 自性이 없으며 안으로는 六根을 가춘 몸과 밖으로는 몸을 담고 있는 그릇인 境界가 모습마다 모두 虛妄한것이여서 指摘해서 말할만한 것이 없다는 뜻이며 여기서 말씀하신 虛妄함이 없다는것은 法마다 자리에 依止하여 머물고 있기에 鶴

의 목은 길고 오리의 목은 짧으며 소나무는 곧고 가시나무는 굽어 形相마다 元來 眞實하여 實相이 아닌것이 없으니 牛佛과 馬佛, 男佛과 女佛이 서로 빌리고 빌려 쓸 것이 없이 각기 法이 즐거움을 받고있음을 말씀하셨다.

(冶父) 明明百草頭에 明明祖師意로다

(說) 祖意明明百草頭니 百草頭上에 好開眸어다
會造逸巡酒하고 能開頃刻花로다 琴彈碧玉調요 爐煉白硃砂로다
從何得고 須信風流出當家니라

(說) 造酒開花역 伎倆이 多端하니 如是伎倆이 非從他得다이로
幾般伎倆을

※ 百草…衆生을 비유한 말

(治父道川의 評唱)
分明히 百草의 머리위에 祖師의 뜻 分明하도다

解說…祖師의 뜻 밝고 밝은 衆生들의 머리위여 衆生들의 머리위를 잘 살펴보아라

(評唱)
때마침 주춤거리며 술을 만들고
項刻에 피는 꽃을 피게 하였네
거문고는 碧玉의 가락 타고
熔鑛爐는 白硃砂 鍛鍊하네

몇가지 재주 어디서 얻었는가?
風流는 自己집에서 나옴을
모름지기 믿어야 하느니라

解説…술을 만들고 꽃을 피우고하는 재주가 여러가지다. 이와같은 재주는 다른 사람으로 부터 얻어지는것이 아니다.

須菩提야 所言一切法者는 即非一切法일새 是故로 名一切法이니라

前言無實無虛則捏取放開요 此言法即非法則放開捏取로다 伊麼則佛則是法이요 法則是佛이니 佛法이 無二라 道方現前다

圭峰 論에 云 一切法이 皆眞如體일새 故皆佛法이라 即非者는 由色等法이 即眞如故로 即非色等法이니 眞如는 常無色等諸相故요 是名者는 即是眞如法自性矣니라

(本文)

須菩提야! 이른바 「一切法」이란 일체의 法이 아닌것에 몸담고 있다. 그런까닭에 「一切法」이라 이름하였느니라

解說…앞에서 말씀한 眞實도 없고 虛妄도 없다 함은 놓아주고 열여주었던것을 잡아누르려 取한것 이며 여기서 말씀한「법이 곧 법이 아니라」고 하신것은 눌러 取하였던것을 놓아주고 열어준것 이니 그렇다면 法이 곧 法이 곧 부처여서 부처와 법도 따로따로 있는 두가지 存在가 아니게 되니 道가 비로소 눈앞에 나타난 것이다.

(圭峰의 解說)

般若論에 이르기를「모든 法이 모두 眞如의 바탕인 까닭에 모두가 佛法이다」라고 하였다.「即非一切法」이라 하신것은 眞如에 몸담고 있는 까닭에 곧、色、소리등의 法이 아닌것이며、眞如는 恒常 색、소리 등의 모든 形相이 없는 까닭이다.「是名一切法」이라 하신것은 곧 이것이 眞如法의 自性임을 말씀하신 것이다.

六祖

能於諸法에 **心無取捨**하며 **亦無能所**하면 **熾然建立一切法**호대 **而心常空寂**하니 **故知一切法**이 **皆是佛法**이라이니 **恐迷者** ― **貪着一切法**하야 **以爲佛法**일까 **爲遣此病故**로 **言即非一切法**이요 **心無能所**하야 **寂而常照**하면 **定慧齊行**하고 **體用一致**일새 **是故**로 **名一切法也**니라

(六祖大師의 解說)

능히 모든 法에서 마음에 取하고 버리는 差別이 없고 또한 主觀과 客觀의 差別이 없으면 불길 일어나듯 모든 法이 세워지지만 그러나 마음은 恒常 空寂하다. 그런까닭에 모든 법이 佛法인 것이다.

그러나 혹 여기에 헷갈린 사람들이 一切의 法에 貪着하여 差別이 없고 寂滅을 없애기 위하여 「一切法이 아닌 것이며 그것을 佛法이라고 錯覺할까 두려워하여 이 病弊를 없애기 위하여 「一切法이 아니다」라고 말씀하신 것이며 마음에 主觀과 客觀의 一致하게 된다. 그런까닭에 「一切法」이라 이름한 것이다.

說 **上大人丘乙已**로다

斯道之體ㅣ 最尊極無上하고 廣博無邊表하며 混空爲體性하야 無物爲等倫이니 所以로 上大人丘乙已니라 上大人之言은 世稱孔聖之談이나 然이나 此乃天下之公名이니 豈一人 之獨稱哉아 但孔聖이 深體乎此하야 而其德之大成이 未嘗有間然故로 稱之云然이니 如所謂佛者는 妙契天眞佛體故로 稱之爲佛也니라

說 是法非法不是法이여 死水藏龍活鱍鱍이요 是心非心不是心이여 逼塞虛空古 到今타이로 秖者是라 絶追尋이로다 無限野雲을 風捲盡하니 一輪孤月이 照天心다이로 法則是心不是法이여 死水藏龍活鱍鱍이요 法旣非法心亦非여 非心心體塞天地로다 塞 天地하니 今古應無墜하야 分明在目前다이로 在目前하니 何用區區謾追尋고 是非雲盡야心 法雙忘하니 大人面目이 當陽顯赫이로다

（冶父道川의 評唱）

가장 윗자리 어른 허리굽은 孔子로다

解說…이 道의 바탕은 가장 尊極無上하고 廣博하여 가장자리의 表示가 없다. 온통 「空」뿐인것

으로 바탕의 自性을 삼았으니 무슨 물건도 이에 比等한 짝이 될만한것이 없다. 그런 까닭에 「上大人、丘乙己」라 말한것이다.

「上大人」이란 말을 世上에서는 孔子를 指摘한 말이라 일커러지고 있다.

그러나 이는 곧 天下의 公的인 呼稱이니 어찌 孔子 한사람을 홀로 일커런 말이겠느냐?

다만 孔子가 깊이 이를 體得하였고 그 德이 大成하여 한번도 中間에 끊어진 일이 없는 까닭에 그렇게 呼稱한 것이며 이른바 「부처」라 할 경우에는 天眞한 부처의 바탕에 妙하게 一致된 까닭에 「부처」라 呼稱한 것이다.

註

① 上大人、丘乙己…이 말은 中國의 里謠에 傳來된 말이며 「上大人 丘乙己 養三千 有七十 汝小兒 可知禮」란 노래에 緣由된 것이 禪宗의 話頭로 變한것이다.

※ 이 노래를 解釋하면 「가장 윗자리 어른、孔子님 허리가 굽도록 三千弟子 길렀지만 이름 남은 사람은 七十名일세 너희들은 어린아이 千字文이나 읽어라」란 뜻이며 즉 바꾸어 말하면 孔子도 온 平生 努力해도 뜻을 이루지 못하였는데 네 따위가 무엇을 한다고 야단들이냐?」라는 뜻이다.

丘乙己란 丘는 孔子의 이름이며 乙己는 孔子의 字가 「仲尼」라 「仲」은 「乙」에 해당되고 「尼」와 글자와 音이 비슷하며 同時에 乙己는 몸이 乙字로 굽었다는 뜻을 겸하고 있다. 이 말이 「尼」와 글자와 音이 비슷하며 同時에 乙己는 몸이 乙字로 굽었다는 뜻을 겸하고 있다. 이 말이 中國의 話頭에 자주 利用되고 있음으로 特히 說明해두는 바이다.

(評唱)

是의 法、非의 法、法이 아니니
썩은 물에 잠긴 龍
퍼득 퍼득 뛰 노네

須菩提야 譬如人身長大라하니 須菩提 言대하사 世尊하 如來- 說人身長大는 卽爲非大身일새 是名大

圭峰 三은 顯眞佛眞法體라

是의 마음, 非의 마음, 마음아니니
두루 虛空을 매워
예전에서 지금에 이르렀네
오직 이것만은
뒤따라 찾을 길 끊어졌고
限없던 들 구름
바람이 모두 걷어가니
한 수레바퀴같은 외로운 달
하늘 中心을 비추는 구나

解說…法이 곧 마음이며 法이 마음 아니니 썩은 물에 잠긴 龍 살아서 퍼득 퍼득 뛰논다. 法이 이미 法이 아니니 마음도 마음이 아니다. 마음아닌 마음의 바탕이 天地를 매웠노라 天地를 매웠으니 今古에 떨어질 일 없을것이며 分明히 눈앞에 있을것이며 눈 앞에 있다면 무엇때문에 區區하게 뒤따라가며 찾을 필요가 있겠는가? 是非의 구름이 다 걷히고 마음과 법을 모두 잊으니 大人의 面目이 그자리에 뚜렷히 빛나도다

身이니이다

此身은 無限量하고 無邊表하야 無一物可等伊며 無一物能蓋伊니 設道大同須彌라도 早已局限他了也며 量同太虛라도 亦局限他了也니라 因甚道非身고 本是尊貴人이 不居尊貴位니 須彌頂上에 尋不遇라가 芳草岸頭에 或相逢이로다 是名爲大身이여 令人特地愁라 摩竭에 爲之曾掩關하고 毘耶에 爲之口掛壁이로다

偈에 云호대 依彼法身佛일새 故說大身喩니 身離一切障이며 及徧一切境이로 功德及大體일새 故卽說大身이요 非身卽是身일새 是故說大身이라 非身者는 無有諸相故요 大身者는 有眞如體故라 無著은 云호대 攝一切衆生의 大身故로 於彼身中에는 安立非自非他故다라하니라

(圭峰의 解說)

세번째로 眞正한 부처 眞正한 法의 바탕을 밝히셨다.

(本文)

須菩提야! 비유하면 사람의 몸이 長大한것과 같으니라

須菩提가 말씀하기를 「世尊이시어! 부처님이 말씀하신 사람몸의 長大는 곧 「큰 몸」이 아닌것인데 이를 「큰 몸」이라 이름하신 것입니다.

解說…이 몸은 限量도 없고 가장자리 表示도 없으니 한 물건도 그와 比等할 것이 없고 한 물건

六祖 如來─說人身長大─即爲非大身者는 以顯一切衆生의 法身이

도 그를 덮을 물건은 없다 설사 크기가 須彌山과 같다고 말한다 하더라도 이미 이것은 일찌감치 그 크기를 局限시키고 만 일에 지나지 아니하며 그 量이 太虛와 같다고 말한다 하더라도 역시 그 量을 局限시키고 만 것이다.

무엇때문에 「大身이 아니다」라고 말하였는가?

本來 이 尊貴한 사람은 尊貴한 자리에 살지 아니하며 須彌山 꼭대기서 찾아도 만나지 못하다가 偶然히 芳草의 물기슭 언덕에서 만나기도 한다. 이를 이름하여 「大身」이라 하였으니 사람들을 유난히도 시름지게 하는구나 摩竭窟에서 일찌기 문을 닫았고 毗耶城에서는 입을 벽에 걸어놓았네 (※ 言語道斷, 즉 말로 表現할 길은 끊어진 境界를 말한 것임).

(圭峰의 解說)

偈頌에 이르기를 「저 法身佛에 依止한 까닭에 大身에 比喩하여 말씀하셨고 그 몸 모든 障碍 벗어나 또한 모든 境界에 두루하여 功德이 큰 바탕에 미쳤으니 곧 몸이라 그런 까닭에 大身이라 하였네」라고 하였다.

般若論에는 이르기를

「몸이 아니다」라고 한 것은 모든 相이 없기 때문이며 「큰 몸」이라 하신것은 眞如의 바탕이 있기 때문이다」라고 하였다.

또 無着스님은 이르기를

「모든 衆生들의 큰 몸을 包攝한 까닭에 그 몸 가운데는 自身도 아니며 他人도 아닌 몸이 세워진 까닭이다」라고 하였다.

548

本無處所일새 故言即非大身이요 法身은 不二하야 無有限量일새 是名大身이라 又以色身이 雖大나 內無智慧하면 即非大身也요 色身이 雖小나 內有智慧하면 得名大身이며 雖有智慧나 不能依行하면 即非大身이요 依教修行하야 悟入諸佛無上知見하야 心無能所限量하면 是名大身이라니

(六祖大師의 解說)

부처님이 말씀하신 「사람의 몸이 長大한것은 곧 큰 몸이 아니다」라고 한것은 이로서 모든 衆生의 法身이 本來 一定한 處所가 없다는것을 밝히신 말씀이며 그런까닭에 「大身이 아니다」라고 말씀하신 것이다.

法身은 둘이 아니여서 限量이 없으니 이를 「大身」이라 이름한 것이며 또한 色身이 비록 크다 하더라도 안에 智慧가 없다면 「大身」이 아니며 色身이 비록 작다고 하더라도 안에 智慧가 있다면 「大身」이란 이름을 얻는다.

또 비록 智慧가 있다고 하더라도 그것에 依止하여 行하지 아니한다면 「大身」이 아니며 가르침에 根據하여 修行하여 모든 부처님의 無上의 知見을 깨닫고 그 智慧의 門에 들어가 마음에 主觀、客觀의 限量이 없는것을 「大身」이라 이름한다.

冶父 喚作一物이라 即不中이니

說 設道即心即佛이라도 爭奈非心非佛이며 設道一物이라 亦非一物이로

天産英靈六尺軀하니 能文能武善經書로다 一朝에 識破孃生面하니 方信閑名이 滿五湖로다

說 能文能武善經書하니 可謂天産之英靈이며 人間之俊傑이로다 然이나 只得雙眼圓明이요 未開
得頂門正眼이니 識得大人面目然後에아 許伊開得頂門正眼이라니 伊麽則目前所作이
是閑事며 所聞도 亦只是閑名다이로

(冶父道川의 評唱)

一物이라 불러도 맞지 않는다.

(※ 무엇이라 이름지어 불러도 그것은 實相이 아니며 言語의 길은 끊어졌다)

解說…설시「마음이 곧 부처다」라고 말한다 하더라도「마음도 아니며 부처도 아니니 이를 어떻게 할꼬?」
設使「어떤 한 물건」이라 부른다 하더라도 그 한 물건이 아닌것이다.

(評唱)

하늘이 낳은 英明하고 神靈한 六尺의 몸、
글도 잘하고 武도 잘하며 經書도 잘하도다
하루아침에 어머니 뱃속에서 태여난
얼굴 모조리 알아버렸으니
비로소 믿겠노라
부질없는 이름
五湖에 가득함을…

解說…글도 잘하고 武術도 잘하고 經書에도 훌륭하니 可謂 하늘이 낳은 英明하고 神靈함이며 人間世界의 俊傑이로다。 그러나 다만 두 눈만 둥글고 밝은것을 얻었을 뿐 아직 정수리에 박힌

또 하나의 正眼을 열지못하였으니 大人의 面目을 알고난 다음에야 그에게 정수리의 正眼이 열렸다고 認定하겠다.

그렇다면 눈앞에서 하고있는 일은 다만 쓸모없는 일이며 알려진 이름도 역시 쓸모없는 이름일 따름이다.

圭峰 第十四는 斷無人度生嚴土疑라 論에 云호대 若無菩薩者인댄 諸佛도 亦不成菩提며 衆生도 亦不入涅槃이며 亦無淸淨佛土어늘 何故로 諸菩薩이 發心하야 欲令衆生으로 入涅槃이며 起心修行하야 淸淨佛土오할 斷之니라 文은 三이니 一은 遮度生念이라 文은 三이니 一은 明失念이라

須菩提야 菩薩도 亦如是하야 若作是言호대 我當滅度無量衆生하면 이라 即不名菩薩이니

偈에 云호대 不達眞法界하야 起度衆生意와 及淸淨國土니하나 即是倒다다하야 二는 明無人이라

(圭峰의 解說)

열네번째로 아무도 衆生을 濟度하고 國土를 莊嚴케 할 사람은 없는것 아닌가? 하는 疑問에 斷

般若論에 이르기를
「만약 菩薩이 없다면 모든 부처님도 菩提를 이루지 못할것이며 衆生들도 涅槃에 들어가지 못하게 됨으로 그런까닭에 이 의문에 斷定을 내린것이다」라고 하였다. 글은 세가지로 구분되며 첫번째는 淸淨佛土도 없을것인데 무슨 까닭으로 모든 보살이 發心하여 衆生들을 涅槃에 들게 하고저 하고 마음을 일으켜 修行하여서 佛土를 淸淨하게 하고저 하겠는가? 라고 생각하게 됨으로 그런까닭에 이 의문에 斷定을 내려야 함을 밝히셨다. 두번째는 菩薩이라 이름할 사람이 없음을 밝히셨다

解說…偈頌에 이르기를 「眞如의 法界에 사무치지 못하여 衆生을 濟度할 생각이 일어나니 이런 마음이 생기면 이는 곧 顚倒된 妄想이다」라고 하였다

須菩提야! 보살도 또한 이와같아서 만약 「나는 마땅히 無量한 衆生을 濟度케 하리라」라고 말한다면 이는 곧 菩薩이라 부르지 아니한다

(本文)
無法名菩薩이어 豈有我度衆生이리오 三은 引前說이라

何以故오 須菩提야 實無有法名爲菩薩이니

(本文)
왜 그런가? 須菩提야! 眞實로 菩薩이라 이름할 法은 없느냐

解說…菩薩이라 이름할 法도 없는데 어찌 「나는 衆生을 濟度한다」는 마음이 있겠는가?

세번째는 앞의 說明을 引用하셨다.

是故로 佛說一切法이 無我無人無衆生無壽者라 하노라

始因空生問住降하사 敎以滅度而無滅하야 以明無住無我之意하사 令如是降心하며 如是安住也케하시고 次言實無有法如來得阿耨等이라하시고 又言一切法으로 以至云大身이 即非大身하사 以明佛法道三이 皆空而無住고하시 此言菩薩도 亦如是로 至實無有法名爲菩薩하사 重明無住無我之意하사 乃云是故로 佛說一切法이 無我無人無衆生無壽者시니 伊麽則現前天地日月萬像森羅로 以至二乘諦緣과 菩薩六度와 諸佛無上正等菩提히 一一無住하며 一一無相하며 一一淸淨하며 一一寂滅하며 一一如銀山鐵壁相似하야 無有一法도 容思議於其間矣니라

(本文)
그런까닭에 부처가 말하는 모든 法에는 我相, 人相, 衆生相, 壽者相이 없다.

解說…처음에는 須菩提의 어디에 머물어 어떻게 마음을 降服시켜야 하는가를 물음으로 因하여 滅度하되 事實은 滅度케 한 衆生은 없다고 가르쳐셨고 이로서 住著과 我相이 없어야 한다는 內容을 밝히심으로 마음을 降服시키고 이와같이 安住하라고 하셨으며 다음으로 眞實로 부처가 三菩提를 얻을 法은 없다고 말씀하시고 또 모든 법에서 부터 大身에 이르기까지 모든 法이 모두 法이 아니며 大身이 大身이 아니라고 말씀하심으로서 佛, 法, 道의 세가지가 모

두 空이며 머무는 곳이 없음을 밝히시고 이어 말씀하시기를 「眞實로 菩薩이라 이름할 法은 없다」고 말씀하시어 거듭 住著이 없고 我相이 없어야 함을 밝히시고 「菩薩도 또한 이와 같다」고 하신 말씀에서 부터 「菩薩이라 이름할 法은 없다」고 말씀하시기까지 모든 부처님의 無上의 正覺, 等覺에 이르기까지 모두가 住著이 없고 모두가 相이 없으며 모두가 淸淨하고 모두가 寂滅하여 하나하나가 銀山鐵壁과 같아서 한 法도 그 사이에 생각하고 議論하는 것을 容納하는 法은 없는 것이다.

그렇다면 눈앞에 나타난 天地日月과 森羅萬像에서 부터 二乘에서의 四諦, 十二因緣, 菩薩의 六度波羅蜜, 모든 부처가 말하는 모든 법에는 我相, 人相, 衆生相, 壽者相이 없다고 말씀하셨다.

〖六祖〗 菩薩이 若言因我說法하야 除得彼人煩惱라하면 卽是法我요 若言我能度得衆生하면 卽有我所니 雖度脫衆生이나 心有能所하야 我人不除하면 不得名爲菩薩이요 熾然說種種方便하야 化度衆生이라도 心無能所하면 卽是菩薩也니라

(六祖大師의 解說)

菩薩이 萬若 「나의 說法으로 因하여 저 사람의 煩惱를 除去할 수 있다」고 말한다면 이는 곧 法에 대한 執着이며 또 만약 「나는 능히 衆生들을 濟度할 수 있다」고 말한다면 이는 곧 「이것은 나의 것이다」라는 執着이 있는 것이니 비록 衆生들을 濟度解脫시킨다 하더라도 마음에 主觀, 客觀의 執着이 있어 我相, 人相이 除去되지 아니하면 菩薩이라 이름할 수 없다. 그러나 쉬지 않고 온갖 方便으로 說法하여 衆生들을 濟度敎化하면서 마음에 主觀, 客觀의 執着이 없으면 이것이 곧 菩薩이다.

〖冶父〗 喚牛卽牛요 呼馬卽馬로다

說 既一一如銀山鐵壁相似인댄 作麼生出氣去오 喚牛即牛요 呼馬即馬니 法本是無라 道無라도 亦不乖法體며 法本是有라 道有라도 亦不乖法體니라

水無痕다이로

說 看取門前禮數儀하라 借來堂上婆子衫이라 有影掃階塵不動하니 當軒翠竹이 舞婆娑로다

借婆衫子拜婆門하니 禮數周旋已十分이리요 竹影이 有華透水水無痕하니 在天明月이 光炯曜로다 空耶아 有耶아 吾不稱斷다이로

掃階塵不動이요 月穿潭底

(冶父道川의 評唱)

소라 하면 소、말이라 하면 말이다.

解說…이미 모든것이 하나하나가 銀山鐵壁과 같다면 어떻게 숨을 내 쉴수 없겠는가? 소라고 부르면 소요 말이라고 부르면 말이니 法이란 本來 없는것이니, 없다고 말해도 또한 법의 바탕과 어긋나지 아니하며 法은 本來 存在하는 것이라「有」라고 말해도 법의 바탕과 어긋나지 아니한다.

(評唱)

할머니 저고리 빌려입고
할머니 門앞에서 절하니
禮節 자주 周旋하여
이미 充分하도다
대나무 그림자 섬돌 쓸어도

먼지 일어나지 아니하고
달빛 깊은 물밑을 뚫어도
물에 흔적이 없네

解說…門앞에서 절하는 사람의 모습을 보아두고 마루위의 할머니 저고리 빌려 온다. 먼지 일어나지 아니하니 처마에 닿는 푸른 대나무 부지런히 춤춘다. 빛 있어 섬돌 쓸어도 먼지 이러나지 아니하며 빛 있어 물을 뚫어도 물에 흔적 없으니 하늘의 밝은 달은 환하게 비친다. 이것이 空인가? 有인가? 나는 斷定하지 못한다.

圭峰 二는 遮嚴土念이라 於中에 文二니 一은 明失念이라

須菩提야 若菩薩이 作是言호대 我當莊嚴佛土라하면 是不名菩薩이니

(圭峰의 解說)

두번째는 佛土를 莊嚴케 한다는 생각을 遮斷하셨다. 이 가운데 글은 두가지로 區分되며 그 첫째는 생각을 버려야 함을 밝혔다.

(本文)

須菩提야! 만약 菩薩이 「나는 마땅히 佛土를 莊嚴케 하여야 한다」라고 말한다면 이는 菩薩이라 이름하지 아니한다.

二는 釋所以라

何以故오 如來-說莊嚴佛土者는 即非莊嚴일새 是名莊嚴이니다

(圭峰의 解說)
두번째는 理由를 풀이하셨다.

(本文)
왜 그런가? 부처가 말하는 佛土를 莊嚴케 한다는것은 곧 莊嚴이 아니면서 이름 하였기 때문이다.

六祖 菩薩이 若言我能建立世界者는 即非菩薩이요 雖能建立世界나 心有能所하면 即非菩薩이니 熾然建立世界호대 能所心이 不生사하야 是名菩薩이니라 最勝妙定經에 云호대 假使有人이 造得白銀精舍를 滿三千大千世界라도 不如一念禪定心이라하니 心有能所하면 即非禪定이요 能所不生사하야 是名禪定이니 禪定이 即是清淨心也니라

(六祖大師의 解說)
菩薩이 萬若 「나는 世界를 建立할 수 있다」라고 말 한다면 이는 菩薩이 아니며 비록 世界를 建

立할 수 있다고 하더라도 마음에 主体、客体의 執着이 있으면 곧 菩薩이 아니다. 쉬지않고 世界를 建立하면서 主体、客体에 執着한 마음이 생기지 아니하여야 이를 菩薩이라 이름한다.

最勝妙定經에 이르기를 「가령 어떤 사람이 있어 白銀의 精舍를 만들어 三千大千世界에 가득하게 한다 하더라도 그것은 一念의 禪定의 마음만 못하다」라고 하였으니 마음에 主体、客体의 執着이 생기지 아니하는 것을 「禪定」이라 이름하며 禪定이 곧 淸淨한 마음이 아니며 主体、客体의 執着이 있으면 곧 이는 禪定이 아니며 主体、客体의 執着이 생기지 아니하여야 이를 菩薩이라 이름하는 마음이다.

圭峰 三은 釋成菩薩이라

須菩提야 若菩薩이 通達無我法者ㄴ면 如來ㅣ 説名眞是菩薩이라이니

前依度生하야 以明無我하며 此依嚴土하야 復明無我고하시乃云若菩薩이 通達無我法者ㄴ면 如來ㅣ 説名眞是菩薩이라하야 只如無我底道理를 作麽生道오 內不見有五蘊身하니 天地萬物이 爲一已로다 更有一道理하니 亦名無我法이라 寒山拾得이 兩相隨하니 在山在途影從形다이로 若使二人으로 如有我면 一在青山一在途ㅣ라 作麽生通達고 智窮文殊之智源도하야 權掛垢衣伊麽來하고 行窮普賢之行海도하야 却粧珍御伊麽去니라

論에 云호대 若起度生嚴土心이면 即是顚倒며 非菩薩者이라 起何等心사야 名爲菩薩고할새 故로 經에 言通達等이라하며 無着은 云호대 謂人無我法無我니라하시니라

(圭峰의 解說)

세번째로 보살을 이루는 길을 풀이하셨다.

(本文)

須菩提야! 만약 菩薩이 我相이 없는 法에 通達하였다면 부처는 이를 眞正한 菩薩이라 이름한다고 말하느니라.

(圭峰의 解說)

解說…앞에서는 衆生濟度에 根據하여 我相이 없어야함을 밝히셨고 여기서는 佛土를 莊嚴케하는 일에 根據를 두고 다시 我相이 없어야함을 밝히시고 이어 말씀하시기를 「만약 菩薩이 我相이 없는 法에 通達하였다면 부처는 이를 眞正한 菩薩이라 이름한다」라고 하셨으니 그렇다면 그 我相이 없다는 道理는 어떻게 말해야 하겠는가?

안으로 五蘊의 몸이 있음을 보지 아니하니 天地萬物이 나와 한 몸이 되는구나! 이밖에 또 하나의 道理 있으니 또한 我相없는 法이라 이름한다.

寒山과 拾得 서로 따라다니니 山에 있던 길에 있던 그림자 形體를 따라가듯 하였네. 만약 두 분에게 我相이 있었다면 한분은 青山에 있고 한분은 길에 있었으리라. 만약 我相이 없었다면 한분은 어떻게 通達하는가?

智慧는 文殊의 智慧의 根源을 다하고 잠시 때문은 옷을 걸치고 그렇게 오셨고(※寒山) 行은 普賢의 行의 바다를 다하고도 문득 보배 안장 치장하여 그렇게 가셨다네(※拾得)

(圭峰의 解說)

般若論에 이르기를

「만약 衆生을 濟度하고 國土를 莊嚴케 한다는 마음을 일으켜 킨다는 것은 곧 顚倒妄想이니 菩薩이 아니다. 그렇다면 어떠한 마음을 일으켜야 菩薩이라 이름하는가?」라는 疑問이 남기 때문에 經에 「我相이 없는 法에 通達한」云云을 말씀하셨다 라고 하였다.

「이는 사람에게도, 我相이 없고 法에도 我相이 없어야 함을 말씀하신 것이다」라고 하였다.

(六祖) 於諸法相에 無所滯礙를 是名通達이요 不作解法心을 是名無我法이니 無我法者는 如來ㅣ 說名眞是菩薩이며 隨分行持를 亦得名爲菩薩이라 然이나 未爲眞菩薩이니 解行이 圓滿하야 一切能所心이 盡하야 方得名爲眞是菩薩也니라

(六祖大師의 解說)

모든 法相에 막히고 걸림돌이 되는것이 없는것을 「通達」이라 이름하며 부처님은 이를 「眞正한 보살」이라 이름한다고 말씀하셨으며 分數따라 行하고 護持하는 사람도 또한 菩薩이라 이름할 수 있다」그러나 이는 아직도 眞正한 菩薩은 되지 못하였으니 解行이 圓滿하고 모든 主觀, 客觀에 執着한 마음이 다 사라져야만 비로소 眞正한 보살이라 이름할 수 있다.

傳大士

人與法相待여 二相이 本來如라 法空에 人是妄이요 人空에 法亦祛로다 人法이 兩俱實인댄 授記可非虛어니 一切皆如幻이니 誰言得有無리오

(傅大士의 頌)

사람과 법의 상대성이여!
두 相 本來는 같았도다
法이 空하면 사람은 거짓이고
사람이 空하면 法도 사라지도다
사람과 法 모두가 眞實이라면
記莂의 授與도 虛妄하지 아니하나
모두가 다 허깨비와 같으니
有와 無를
누가 말할 수 있으리오?

㊀冶父㊁ 寒即普天寒이요 熱即普天熱이로다

㊀說㊁ 妙造文殊之智境하니 朔風이 冽冽에 霜雪이 漫天이요 高踏普賢之行門하니 黑風이 習習
여 靑黃이 滿地로다

我를 分明道하니 不知道者ー是何人고 呵呵

有我元無我하니 寒時에 燒軟火요 無心似有心하니 半夜에 拾金針이로다 無心無

㊀說㊁ 本是無我人이 度生에 權立我하니 寒時軟火ー不是可厭이오 內同枯木이나 假現威儀하니 夜
半拾針이 不是無知로다 分明道出無我理하니 不知道者是何人이라 呵呵是有我아 無我
아 有心가 無心가

(冶父道川의 評唱)

추우면 온 하늘이 춥고
더우면 온 하늘이 덥다

解説… 妙하게 文殊보살의 智慧의 境地에 이르니 北風이 쌩쌩하고 서리 눈하늘에 질펀하고 높
이 普賢보살의 行의 門을 밟으니 봄바람 촉촉하여 푸른 빛 노란빛 땅에 가득하구나!

(評唱)

我相 있음도 元來는 我相 없었으니
추울 때는 따뜻한 불을 태우네
無心이 有心과 비슷하니
한밤중에 금바늘을 줍는구나
無心、無我라 分明히 말했으니
모르겠다 말한 사람 그 누군가?
하。하。하

金針…금바늘。道理를 깨닫는 方便。

解説…本來는 我相없는 사람인데 衆生濟度하느라 一時方便으로 我相을 세웠으니 이는 추울때
따뜻한 불을 피우는 것과 같아서 싫어할 일은 아니다。一時方便으로 威儀를 나타내니
가슴안은 마른 나무와 같지만 한밤중에 바늘줍는 일과 같지만
이는 無知의 탓이 아니다。
分明히 我相이 없는 眞理를 말 해 냈으나 말한 사람은 또 누구인지 모르겠다。하하하! 이것은
我相이 있는것인가? 我相이 없는것인가?

(宗鏡의 頌)

宗鏡 妄盡還眞하니 衆生이 何曾滅度리오 法空無我하니 菩提ㅣ 本自圓成이로다
直饒遇然燈하야 印證而不疑라도 已隔來世어든 況釋迦ㅣ 重審而方悟하야 轉涉
途程가 且道하라 不涉途底人은 脚跟이 還點地麽아 丈夫自有衝天智하니 不
向如來行處行이로다
直指單傳密意深하니 本來非佛亦非心이라 分明不受然燈記하니 自有靈光
古今다이로
密意圓成更無求하니 自有靈光耀古今다이로

거짓이 다하면 眞實로 돌아오니
衆生들이 언제 滅度한일 있는가?
法도 空이요 我相도 없으니
本來 스스로 원만히 이루어졌네
설사 然燈佛 만나서
印證하면서 의심 안했다 하더라도
이미 다음 世上으로 距離 두었으니
하물며 釋迦牟尼佛 거듭 살펴 비로소 깨닫는데
더욱 먼 길을 걸었음에랴!
말 해보라
깨달음의 路程을 거치지 아니 할 만한

사람은 발꿈치를 땅에 붙이겠는가? 아닌가?
大丈夫 나름대로
하늘을 찌를 智慧 있기에
부처가 가든 길은 가지 아니하도다
곧 바로 指示한
오직 하나의 傳法
그 비밀한 뜻 깊으니
本來부터 부처도 마음도 아니였다네
分明히 然燈佛의 記莂 받지않고도
스스로 神靈한 빛
古今에 빛나도다

解說…비밀한 뜻은 本來 圓成된것이니 다시 求할것이 없고 스스로 神靈한 빛 古今에 빛나도다.

圭峰 第十五는 斷諸佛이 不見諸法疑라 論에 云호대 前說菩薩이 不見彼是 衆生이며 不見我爲菩薩이며 不見清淨國土니라하야 若如是則諸佛이 斷之니라 文二니 一은 約能見五眼하야 明見淨이라 於中에 又三이니 一은 以偈總標라 偈에 云雖不見諸法이나 非無了境眼이니 諸佛이 五種實로 以見彼顚倒 다라 二는 約經別釋이라 於中에 文五니 一은 肉眼이라

一體同觀分第十八

須菩提야 於意云何오 如來ㅣ 有肉眼不아 如是다니 世尊이시 如來ㅣ 有肉眼이시니 肉團中에 有淸淨色하야 見障内色을 名爲肉眼이니 佛具諸根이라 故로 有肉眼이니라

열다섯번째는 모든 부처님도 모든 法에 見解가 있어서는 안되는것 아니냐? 하는 疑問에 斷定을 내리셨다.

(圭峰의 解説)

般若論에 이르기를

앞에서 말씀하시기를 菩薩은 「저들은 衆生이고 나는 보살이다」라는 見解를 갖지 아니하고 「여기는 淸淨國土다」라는 見解도 같지 아니한다고 하셨다. 만약 그렇다면 모든 부처님도 모든 法에 見解를 갖지 아니하여야 할것 아닌가? 라고 疑心하게 되기 때문에 이를 끊은것이다.

글은 두가지로 區分되며 그 첫째는 부처님은 능히 五界를 내다보는 일과 結付시켜 부처님의 「見」의 淸淨하심을 밝혔다.

이 가운데 또 세가지 區分이 있으니 첫번째는 偈頌으로 總体的인 標榜을 하셨다. 그 偈頌에 이르기를

第十八章 바탕이 같은 觀의 分段

비록 모든 法 보지 안해도 境界를 환하게 내다보는 눈은 없는것 아니니 모든 부처님은 다섯가지 眞實로서 저들의 顚倒된 見解를 보신다 라고 하였다.

두번째는 經과 結付시켜 五眼을 分別하여 풀이하셨는데 이 가운데 글은 다섯가지로 區分되며 그 첫째는 肉眼을 말씀하셨다.

(本文)
須菩提야! 너는 어떻게 생각하느냐? 부처는 肉眼이 있겠느냐? 아니냐? 世尊이시어 부처님에게는 肉眼이 있아옵나이다.

解説…살덩어리 가운데 淸淨한 色이 있어 울타리안에 있는 色을 보는것을 肉眼이라 이름한다. 부처님은 六根을 모두 갖추고 계시는 까닭에 肉眼이 있는 것이다. 그러하옵나이다.

二는 天眼이라

須菩提야 於意云何오 如來ㅣ 有天眼不아 如是니이다 世尊이시어 如來ㅣ 有天眼이니시다

두번째는 天眼을 말씀하셨다.

(圭峰의 解說)

(本文)

須菩提야! 너는 어떻게 생각하느냐? 부처님에게는 天眼이 있겠느냐? 아니냐?
그러하오이다 世尊이시어! 부처님에게는 天眼이 있사옵니다.

解説…肉眼의 가장 끝자리에 清浄한 天眼을 끌어들여 울타리밖의 色을 보신다. 大般若經의 説明에 依하면 「부처님은 肉眼으로 능히 사람 가운데의 無數한 世界를 보실 수 있다」라고 하였으니 肉眼도 비단 울타리 안 만을 보실 수 있는 것이 아니다. 만약 부처님의 天眼의 경우에는 모든 하늘세계에 있는 微細한 色을 보실 수 있으며 여기에는 하늘밖에 보시는 일은 除外되며 사람 등의 일을 보시는 것은 肉眼이라 이름한다. 維魔經에는 이르기를
「오직 부처님만이 眞正한 天眼을 얻어서 恒沙佛土를 비추어 보시나 두가지 相으로 보시지는 아니하신다」라고 하였다.

於肉眼邊에 引淨天眼하야 見障外色이니 依大般若説컨대 佛은 肉眼이라 能見人中無數世界니라 不唯障内라 若佛天眼인댄 能見諸天의 所有細色이나 除見天外에 見人等事를 名肉眼矣니라 淨名에는 云호대 唯佛世尊이 得眞天眼하야 照見恒沙佛土大하사 不以二相하다

三 慧眼

(圭峰의 解說)

세번째는 慧眼을 말씀하셨다.

以根本智로 照眞理니라

根本智慧로 眞理를 비추어 보신다.

(本文)

須菩提야 於意云何오 如來ㅣ 有慧眼不아 如是니이다 世尊이시어 如來ㅣ 有慧眼이니이다

須菩提야! 너는 어떻게 생각하느냐? 부처님에게는 慧眼이 있겠느냐 아니냐? 그러하옵나이다 世尊이시여 부처님에게는 慧眼이 있사옵나이다.

四는 法眼이라

後得智로 說法度人이라니

須菩提야 於意云何오 如來ㅣ 有法眼不아 如是

(圭峰의 解説)

네번째는 法眼을 말씀하셨다。

(本文)

須菩提야! 너는 어떻게 생각하느냐? 부처님에게는 法眼이 있으시 오니까? 그러하옵나이다 世尊이시어! 부처에게는 法眼이 있겠느냐 아니냐?

解説…뒤에 얻으신 智慧로 説法하셔서 사람들을 濟度하신다。

五는 佛眼이라

須菩提야 於意云何오 如來 | 有佛眼不아 如是니이다 世尊이어이시 如來 | 有佛眼이니다

다이

上明無住無我之意고하시 此엔 歷擧五眼하사 以明如來知見이 廣大纖悉하야 沙界衆生의 染淨 善惡差別心行을 不可得而掩也니라 意在令捨顚倒知見하야 契乎無住大道也니 若使衆生 으로 住無住하면 佛眼이 雖明이나 覿不見이니라

前四ㅣ在佛에 總名佛眼이며 又見佛性圓極을 名爲佛眼이라니 三은 以論總釋 이니 無着이 云爲令知見淨勝故로 顯示有五種眼이어 略説有四種하니 謂色攝 과 第一義諦攝과 世諦攝과 一切種智과 一切智攝하니라

(圭峰의 解說)

다섯번째는 佛眼을 말씀하셨다.

(本文)

須菩提야! 너는 어떻게 생각하느냐? 부처에게는 佛眼이 있겠느냐? 아니냐? 그러하옵나이다 世尊이시어! 부처님에게는 佛眼이 있으시오이다.

解說…위에서는 住著이 없고 我相이 없는 內容을 밝히시고 여기서는 五眼을 하나하나 들어 부처님의 知見이 廣大하고 微細한것을 모조리 알고 보시니 河沙世界의 衆生들이 汚染되고 淸淨하고 善과 惡의 差別있는 마음과 行跡을 감출 수가 없음을 밝히셨다. 그 뜻은 衆生들이 顚倒된 知見을 버리고 住著없는 大道와 一致하게 하기 위한 것이니 만약 衆生들로 하여금 無住의 境地에 머물게 한다면 부처님 눈이 비록 밝다고 하더라도 보아도 보지 못하실 것이다.

(圭峰의 解說)

앞에서 말씀하신 四眼도 부처님에게 있으면 모두 佛眼이라 이름한다. 또한 佛性의 圓極함을 보는 눈을 佛眼이라 이름한다.

세번째는 般若論으로 總体的인 풀이를 하였다.

無着스님은 이르기를

「衆生들의 知見을 淸淨하고 거룩하게 하기 위하여 다섯 種類의 눈이 있음을 뚜렷히 表示하셨지만 줄여서 말하면 네 種類의 눈이 있다. 즉 色에 包含되는 눈과 第一義諦에 包含되는 눈과 世諦(世俗의 眞理)에 包含되는 眼目과 一切種智 및 一切智에 包含되는 眼目이 그것이다」라고 하였다.

六祖 一切人에 盡有五眼이언마는 爲迷所覆하야 不能自見일새 故로 佛이 敎除却 迷心하면 卽五眼이 圓明하야 念念修行般若波羅蜜法이라하시니 初除迷心을 名爲肉眼이요 見一切衆生이 皆有佛性하야 起憐憫心을 是名天眼이요 名 爲慧眼이요 着法心除를 名爲法眼이요 細惑永盡하야 圓明徧照를 名爲佛眼이라 又云호대 見色身中에 有法身을 名爲肉眼이요 見一切衆生이 各具般若性을 名 爲天眼이요 見般若波羅蜜이 能出生三世一切法을 名爲慧眼이요 見一切佛 法이 本來自備를 名爲法眼이요 見性明徹하야 能所永除를 名爲佛眼也니라

(六祖大師의 解說)

모든 사람에게 모두 五眼이 있지만 迷惑때문에 덮혀져서 스스로 볼 수 없다. 그런까닭에 부처 님은 이들에게 迷惑된 마음을 除去해 버리면 곧 五眼이 圓明하고 念念에 般若波羅蜜을 修行하 게된다고 가르치신 것이며 처음 헷갈린 마음을 除去하는 것은 肉眼이라 이름하였고 모든 衆生에 게 모두 佛性이 있음을 보고 憐憫하는 마음을 일으키는 것을 慧眼이라 이름하였고 어리석은 마음이 생기지 아니하는것을 慧眼이라 이름하였고 法에 執着하는 마음을 除去하는 것을 法眼이 라 이름하였고 微細한 煩惱가 永遠히 다하여 圓明하게 두루 골고루 비추어보는 것을 佛眼이라 이름하였다.

또 이르기를

「色身가운데 法身이 存在하는것을 보는 것을 肉眼이라 이름하였고 모든 衆生들이 각기 般若의 自性을 갖추고 있는 것을 보는것을 天眼이라 이름하였고 般若波羅蜜이 능히 三世의 모든 法을

낮을 수 있음을 보는것을 慧眼이라 이름하였으며 모든 佛法이 本來 스스로 갖추어졌음을 보는 것을 法眼이라 이름하였으며 明徹하게 自性을 보고 主觀과 客觀이 永久히 除去되는것을 佛眼이 라 이름하였다」라고 하였다.

傅大士 天眼은 通非礙요 肉眼은 礙非通이며 法眼은 唯觀俗이요 慧眼은 直 緣空이니와 佛眼은 如千日하야 照異體還同이라 圓明法界內에 無處不鑑容이니 (鑑은 他本에 作舍이라)

(傅大士의 頌)

天眼은 通한것 막힌것이 아니며
肉眼은 막힌것 통한것이 아니다
法眼은 오직 俗諦만 비추어보고
慧眼은 곧 바로 空과 因緣한다
佛眼은 一千의 해와 같아서
비춤은 달라도 바탕 문득 같으니
圓明안 法界안에
비추고 包含되지 아니하는 곳 없다네

(※ 鑑字를 다른 책에는 舍字로 된 곳도 있다)

冶父 盡在眉毛下로다

說 如來五種眼이 盡在眉毛下하고 張三李(雙)眼도 亦在眉毛下로다 旣然同在眉毛下인댄 應

用亦應無兩般이로다

如來는 有五眼이요 張三은 只一雙이라 一般分皂白하야 的的別青黃이로다 其間些
子文訛處는 六月炎天에 下雪霜이로다

說 五眼一雙이 名雖異나 誰將皂白謂青黃가 燦然作用無其蹤이니 無其蹤이여 六月炎天에
彫로다 佛之所以異於人은 燦然作用無其蹤이니 春來예 同見芳草綠이요 秋來예 同見黃葉
　　　　　　　　　　　　　　　　　　　　　　　　　　　　　　　　　　　　　六月炎天예 下雪霜이로다

(冶父道川의 評唱)

모두 눈썹밑에 있다

解說…부처님 다섯가지 눈 모두 눈썹밑에 있으며 張三李四의 한쌍의 눈도 역시 눈썹밑에 있다.
이미 그렇게 다같이 눈썹밑에 있다면 應用이 또한 마땅히 두가지는 없어야 할것이다.

(評唱)

張三李四는 오직 한쌍의 눈
부처에겐 다섯 눈이 있는데
다 같이 黑白을 分別하며
確實히 青黃을 가려낸다
그 사이 조금 틀리는 곳은
六月炎天에 눈 서리 내리네

解說…다섯 눈과 한쌍의 눈은 비록 이름은 다르지만 누가 黑白을 가지고 青黃이라 하겠는가? 부
봄이 오면 다 같이 芳草의 푸르름 보고 가을이 오면 다 같이 노란 나무잎 시드는것 본다네

처가 보통 사람과 다른 理由는 설사이 없이 作用하면서 발자취 없는 일인데 그 발자취 없음이여! 六月炎天에 눈, 서리 내리네.

🔲 **圭峰** 二는 約所知諸心하야 明知淨이라 於中에 文五니 初는 約一箇恒河하야 以數沙라

須菩提야 於意云何오 如恒河中所有沙를 佛說是沙不아 如是다니이 世尊이시 如來ㅣ 說是沙라하시니이다

(圭峰의 解說)
두번째는 알아야 할 모든 마음과 結付하여 앞의 淸淨하심을 밝혔다. 이 가운데 글은 다섯가지로 區分되며 그 첫번째는 한 恒河와 結付시켜 거기에 있는 모래의 數를 말씀하셨다.

(本文)
須菩提야! 너는 어떻게 생각하느냐? 가령 恒河가운데 있는 모래를 부처는 모래라 말 하겠느냐? 아니냐?
그러하옵나이다 世尊이시어! 부처님은 모래라 말씀하시옵나이다.

二는 約一河中沙하야 以數河라

須菩提야 於意云何오 如一恒河中所有沙하야 有如是沙等恒河어든 是諸恒河所有沙數는 佛世界도 如是니 寧爲多不아 甚多니이다 世尊하

三은 約多恒河中沙하야 以數界라 (恒은 當作多라)

(本文)
須菩提야! 너는 어떻게 생각하느냐? 가령 한 恒河가운데 있는 모래와 같이 이 모래와 비等한 恒河가 있고…

(圭峰의 解說)
두번째는 한 강물안의 모래와 結付하여 강물의 數를 헤아렸다.

六祖 恒河者는 西國祇洹精舍側近之河也라 如來說法에 常指此河爲喻하시니 佛說此河中沙一沙로 況一佛世界하사 以爲多不신대 須菩提 言대하사 甚多다니이다 世尊시하 佛이 擧此衆多國土者는 欲明其中所有衆生의 一一衆生에 皆有爾許心數니라

575

四는 約爾所界中所有生이라

佛이 告須菩提하사 爾所國土中所有衆生의
五는 約二衆生의 所有心이라 於中에 文三이니 一은 總明染淨하야 以標悉知
라

(本文)

이 모든 恒河에 있는 모래는 부처의 世界도 이와같으니 차라리 이것을 많다고 하겠느냐? 아니냐?

매우 많사옵니다 世尊이시어!

(六祖大師의 解說)

恒河란 印度의 祗洹精舍옆을 흐르는 江이다. 부처님은 說法에 늘 이 江을 指摘하여 比喩로 삼으셨으며 부처님말씀이 이 강물 가운데 있는 모래중에 모래 알 하나를 한 佛世界와 比較하시여 이러한 佛世界가 많다고 생각하느냐? 아니냐? 라고 하시니 須菩提가 「매우 많습니다 世尊이시어!」라고 말하였다.

부처님이 이 많은 國土를 例로 들은 것은 그 가운데 있는 衆生들의 한 사람마다 모두가 이와같이 많은 마음의 作用이 있음을 밝히시고자 하신것이다.

(圭峰의 解說)

세번째는 많은 恒河가운데의 모래와 結付시켜 世界의 數를 헤아렸다.

若干種心을 如來悉知하노니

如來心地月이 照臨諸刹海하시니 刹海ㅣ 都一撮이요 諸心이 一點雲이로다

無着이 云若干種者는 有二種하니 謂染及淨이니 即共欲心과 離欲心等이라하다

(圭峰의 解説)

네번째는 그곳 國土가운데 있는 衆生과 結付시켜 말씀하셨다.

(本文)

부처님이 須菩提에게 말씀하시기를
「그곳 國土 가운데 있는 衆生들의…」

(圭峰의 解説)

다섯번째는 衆生마다 한사람 한사람이 갖고 있는 마음과 結付시켰다.
이 가운데 글은 세가지로 구분되며 그 첫번째는 全体的으로 汚染과 清浄을 밝히시어 그 모두를 안다고 標榜하셨다.

(本文)

많은 種類의 마음을 부처는 모두 알고 있다.

解説…부처님 마음바닥의 달이 世界의 바다를 照臨하도다 世界를 한손에 움켜잡으니 모든 마음은 한점의 구름이로다.

冶父 曾爲蕩子偏憐客하고 慣愛貪盃惜醉人이로다

說 客作他鄕하니 蛉螨事可哀요 醉迷衣寶하니 痴迷情可愍다이로 循塵背眞覺하야 枉趣輪轉事 如然이라 我佛曾經今故愍하사 慈眼善照輪中人다이로

眼觀東南이요 意在西北다이로 將謂候白니이러 更有候黑다이로 一切衆生一切心이여 盡

逐無窮聲與色다이로 喝

說 白雲兒向萬里飄나 從來不忘靑山父로다 將謂牟尼是大悲러니 更有毘盧最是慈라

乃何遊子-不知返하야 累他慈父送人尋고 不知還이여 長在迷途逐風波로다 喝金剛寶

劍이 倚天寒하니 一揮能摧萬仞峯이러 徧界魔軍이 從此落하니 有何精魅-闚其中오이리

(冶父道川의 評唱)

일찍이 蕩子되여
오로지 나그네만 어엿뻐 하고
술잔 사랑하고 탐내는 일
몸에 젖어서
다른 사람 취하는 일
아까워 하였노라

解說…他鄕의 나그네가 되였으니 비실거리는 일이 슬프고 옷속에 숨긴 보물을 술에 취하여 아
득히 모르고 있으니 어리석고 헷갈린 일이 불상하다。

境界따라 眞正한 깨달음은 등지고 잘못 수레바퀴처럼 돌고도는 일도 그와 같다.
우리 부처님은 일찍이 古今을 겪어 오시면서 이를 불쌍하게 여기시고 慈悲의 눈으로 거룩하게
수레바퀴속의 사람들을 비추어 보신다.

(評唱)

눈은 東南쪽을 바라보면서
생각은 南北쪽에 있으니
좀도둑은 候白이 最高인가 하였는데
다시 한수 위의 候黑이 있었구나
모든 衆生의 모든 마음
소리와 色을 쫓고 있구나
윽!

※候白、候黑…中國、後漢때의 有名한 窃盜。候白이 王家의 寶物을 훔쳤는데 候黑은 그것을 다시 훔쳤다。

解說…白雲(行脚僧)이 된 아들, 萬里밖을 向해 나부끼지만 元來 青山의 (※住山僧)아비를 잊지 않도다.
釋迦牟尼佛의 大悲가 最高인가 하였는데 다시 가장 慈悲하신 毘盧遮那佛이 계셨구나!
그런데 어찌하여 나그네는 돌아갈 줄 모르고 그의 慈父가 사람을 보내 찾게하는 累를 끼치는가?
돌아갈줄 모름이여! 오래 迷路에서 風波만 쫓아가고 있었기 때문이다.
윽! 金剛寶劒이 하늘에 당게 차가우니 한번 휘두르면 능히 萬길 봉오리를 무찌르리라.
온 世界의 魔軍이 이로 부터 떨어져 내릴것이니 또 무슨 妖精, 도깨비가 그 가운데서 엿보겠는가?

何以故오 如來ㅡ 說諸心이 皆爲非心일새 是名爲心이라이니

圭峰 二는 會妄歸眞하야 以釋悉知라

靈源湛寂하야 本自無生이어늘 一念波興에 諸妄競作하니 波非水性이요 妄非眞源이라 是可名爲虛妄浮心이요 又前念今念後念이 念念에 思無量善事하며 思無量惡事하야 念念遷流하야 起滅不停이니 如是等心을 是名諸心이요 而此諸心이 刹那에도 無有生相이며 刹那에도 無有滅相이라 更無生滅可滅일새 是名非心이요 旣無生滅可滅인댄 唯一妙圓眞心이 常住不滅일새 是名爲心이니 所以로 佛頂經에 云호대 見與見緣과 并所想相이 如空中花하야 本無所有나 此見及緣이 元是菩提의 妙精明體니라하시니라

大雲은 云호대 由一切妄心이 依眞如體하야 都無其性이니 佛證眞如일새 故悉知之라하니 諸心者는 標指요 非心者는 妄識本空이요 是名心者는 眞心不滅이라 若本論釋인댄 則與此殊하니 偈에 云種種顚倒識이 以離於實念이니 不住彼實智일새 是故說顚倒라하다

(圭峰의 解說)

두번째는 거짓을 모아 眞實로 돌아가게하여 이로서 「모두 안다」는 內容을 풀이하셨다.

(本文)

왜 그런가? 부처가 말한 모든 마음은 마음이 아닌데 이를 마음이라 이름하였느니라.

解説∶靈의 源泉은 맑고 寂滅하여 本來 스스로 生滅이 없는데 한 생각의 물결이 일어나는 여러가지 妄想이 다투어 作用하나 물결의 本性이 眞正한 靈源이 아니다. 이를 이름하여 「虛妄한 뜬 마음」이라 한다.

또한 앞 생각 지금생각 뒷 생각에서 그 생각마다 無量한 善한 일을 생각하고 無量한 惡한 일도 생각하며 헤아려서 생각마다 자리를 옮겨 흘러가서 일어나고 사라짐이 멈추지 아니하니 이와같은 등등의 마음을 「諸心」이라 이름하였다.

이러한 여러가지 마음이 한 刹那間에도 생겨나는 모습도 없고 斷滅하는 모습도 없으며 다시 滅할 만한 生滅도 없는것을 「非心」이라 이름하였다.

이미 滅할만한 生滅도 없는것이니 오직 하나인 妙圓한 眞如의 마음이 永久히 머물어 滅하지 아니하니 이를 이름하여 「마음」이라 이름하였다.

그런까닭에 佛頂經에 이르기를 「見解와 見解의 因緣과 아울러 想像하는 形相이 모두 虛空가운데 핀 꽃과 같아 본래 아무것도 없는 것이니 이 見解와 見解의 因緣이 元來 菩提의 妙精하고도 밝은 바탕이다」라고 하였다.

(圭峰의 解說)

大雲스님은 이르기를

「모든 妄心이 眞如의 바탕에 根據하여 그 自性은 아무것도 없다. 부처님은 眞如를 證得하신 까닭에 모조리 다 알고계시다」라고 하였다.

「諸心」이라 한것은 標示해서 指摘한 論議의 對象을 말씀하신 것이며 「이를 마음이라 이름하였다」라고 하신것은 妄識이 本來 「空」임을 말씀하신 것이며 「非心」이라 하신것은 眞如의 마음은 不滅임을 말씀하신 것이다.

만약 般若論에 根本을 두고 풀이한다면 이와는 다르다.

偈에 이르기를

「갖가지 거꾸로 된 認識이 實相의 念을 떠남으로서 저 實相의 智慧에 머물지 아니하니 이때문에 顚倒된 말을 한다」

라고 하였다.

六祖 爾所國土中所有衆生이 皆有若干差別心數하니 心數雖多나 總名妄心이라 識得妄心非心하면 是名爲心이니 此心이 即是眞心이며 常心이며 佛心이며 般若波羅蜜心이며 淸淨菩提涅槃心也니라

(六祖大師의 解說)

그곳 國土안에 있는 衆生들의 사람마다에 모두 수많은 差別이 있는 마음의 作用은 비록 많으나 이 모두를 「妄心」이라 이름하여 이 「妄心」이 마음이 아님을 알게 되는 것을 「마음」이라 이름한다. 이 마음이 곧 眞正한 마음이며 永久不變하는 마음이며 부처님의 마음이며 般若波羅蜜의 마음이며 淸淨한 菩提 涅槃의 마음이다.

冶父 說 世人이 病多에 譜藥性이로 病多에 無病에 醫王이 拱手하고 衆生이 無垢에 佛自無爲로다

一波纔動萬波隨하니 似蟻循環豈了期리오 咄 今日에 與君都割斷하니 出身方號丈夫兒니라

🈞 虛妄浮心이 其勢然也로다 咄妄想林向靈鋒斷하니 於焉方現本來身다이로

(治父道川의 評唱)

病이 많으니 藥性도 외우고 있다

解說…世上 사람이 病이 없으면 醫王은 팔장을 끼고 있고 衆生에게 때묻음이 없으면 부처는 스스로 할 일이 없다.

(評唱)

한 물결 일어나면
곧 萬 물결 따라와서
개미 쳇바퀴 돌듯 하니
어찌 끝날 날 있으랴
쯧、쯧
오늘은 그대와 더불어
모조리 쪼개고 끊어서
그기서 벗어난 몸이라야
비로소 大丈夫라 부른다

解說…虛妄한 뜬 마음은 그 形勢가 그렇게 된 것이다。 쯧、쯧

망상의 숲을 向해 神靈한 칼날이 끊으니 여기에서 비로소 本來의 몸이 나타나도다.

圭峰 三은 推破妄染하야 以釋非心이라

所以者ㅣ 何오 須菩提야 過去心不可得이며 現在心不可得이며 未來心不可得이라

因甚道諸心이 非諸心일새 是名常住妙圓眞心고 若定諸心이 是妄非眞인댄 何者ㅣ 是過去心이며 何者ㅣ 是現在心이며 何者ㅣ 是未來心고 過去心不可得이며 現在心不可得이며 未來心不可得이라 旣總不可得인댄 唯一妙圓眞心이 無去來相하며 無現在相하야 光通三際하고 體徧十方이니 佛之所以言此者는 示現沙界衆生의 差別心行이 卽是如來妙圓眞心이라 與佛無殊也니라 所以로 永嘉ㅣ 云諸行無常一切空이 卽是如來大圓覺이라하시니 然이나 此는 但依會妄歸眞之義하야 論之而已니 若但伊麽商量인댄 恐妨捨妄歸眞之路 노라 若以捨妄歸眞으로 論之則沙界衆生의 若干種心이 皆爲虛妄浮心이라 故得悉知하시나니 因甚得知之也오 卽非常住眞心이라 現在耶아 未來耶아 若道過去心인댄 過去已滅이라 心不可得이요 若道未來心인댄 未來未至라 心不可得이니 寂然無有諸相하야 一切時中에 不可得而見也며 一切法中에 亦不可得而知也니라 佛之所以言此者는

令捨虛妄浮心하고 契乎常住眞心也니라 所以로 道호대 妄心滅盡業還空하니 直證菩提超等級이라 시니라

세번째는 妄念과 汚染을 밀쳐내고 허물어서 「마음이 아니라」는 이유를 풀이하였다.

(圭峰의 解説)

無着은 云호대 過去는 已滅故며 未來는 未有故며 現在는 第一義故라 하니라

(本文)

그 理由는 무엇인가? 須菩提야! 過去의 마음도 얻을 수 없고 현재의 마음도 얻을 수 없으며 未來의 마음도 얻을 수 없기 때문이다.

解説…무엇때문에 모든 마음은 마음이 아니다 라고 이것을 이름하여 「妙圓眞心」이라 하였는가?

만약 決定코 모든 마음이 妄心이며 眞心 아니라고 한다면 무엇이 現在의 마음이고 무엇이 未來의 마음인가?

過去의 마음도 내것으로 얻을 수는 없고 현재의 마음도 나의것은 아니며 이미 모두가 나의 것은 아닐진덴 오직 하나뿐인 妙圓한 眞心만이 過去와 未來의 相이 없고 현재의 相도 없이 그 빛은 三際(過去, 現在, 未來의 끝)에 두루 깔렸을 뿐이니 이것을 말씀하신 理由는 河沙世界의 衆生들의 마음의 行方이 곧 부처님의 妙圓한 眞心이며 부처님이 衆生과 부처가 다르지 아니함을 示現하신 것이다.

그런 까닭에 永嘉(※ 玄覺) 스님은 이르기를 (永嘉集)

「모든 行 無常하고 一切는 空이다. 이것이 곧 부처님의 大圓覺이다」라고 하였다.

그러나 이것은 다만 거짓을 알고 참으로 돌아가는 길에 걸림돌이 되지 않을까 두렵다.

만약 오직 그렇게만 商量(저울질함)한다면 아마도 거짓을 버리고 眞實로 돌아가는 뜻에만 根據를 두고 論했을 따름이다.

만약 妄心을 버리고 眞心으로 돌아가는 內容으로 論한다면 河沙世界의 衆生들의 수많은 種類의 마음을 부처님은 모두 알고계신다 하였으니 무엇에 因緣하여 이를 알 수 있으셨는가? 河沙世界의 수많은 種類의 마음은 곧 永久히 변치않고 虛妄한 뜬 마음인 까닭에 이를 알 수 있었던 것이다.

어찌하여 이와같이 되는가?

만약 그것이 영구히 변치않고 머무는 眞如의 마음이라면 그것은 過去의 마음인가? 未來의 마음인가? 現在의 마음인가?

만약 過去의 마음이라 한다면 過去는 이미 滅하였으니 마음을 얻을 수 없으며 만약 未來의 마음이라 한다면 未來는 아직 오지 아니하였으니 마음을 얻을 수 없다. 寂然히 가고 머무는것이 없고 탁 트이고 팅 비어서 모든 形相이 없이 一切의 時間에 볼 수도 없으며 一切의 法에서 알 수도 없다.

부처님이 이것을 말씀하신 理由는 虛妄한 뜬 마음을 버리고 영구불변하는 眞如의 마음에 一致하게 하신것이다. 그런 까닭에 이르기를

「妄心 다 滅하면 業이 문득 空하여 곧 바로 菩提 밝혀

等級을 뛰어 넘으리」

하고 하신 것이다.

(圭峰스님의 解說)

無着스님은 이르기를 「過去는 이미 斷滅되었고 未來는 아직 存在하지 아니하며 現在는 最高의 眞理인 까닭에 (나의 것으로 가질 수 없다)」라고 하였다.

六祖 過去心不可得者는 前念妄心이 瞥爾已過에 追尋無有處所요 現在心不可得者는 眞心이 無相하니 憑何得見이리 未來心不可得者는 本無可得이라 習氣已盡하야 更不復生이니 了此三心不可得이면 是名爲佛也니라

(六祖大師의 解說)

過去의 마음을 얻을 수 없다는것은 앞 순간에 일어나는 妄念은 눈깜빡 할 사이에 이미 지나갔고 뒤쫓아 찾아보아도 있는곳이 없음을 말한것이며 「現在의 마음도 얻을 수 없다」고 하는것은 眞如의 마음은 形相이 없으니 어디에 根據하여 볼 수 있는가? 「未來의 마음도 얻을 수 없다」고 한것은 本來 얻을 수 있는것이 없고 習氣(煩惱의 찌꺼기)가 이미 다하여 다시 생겨나지 아니하는 것을 말한 것이다.

이 세 마음의 얻을 수 없음을 환하게 깨닫는것을 이름하여 부처라 한다.

傅大士 依他一念起하면 俱爲妄所行이라 便分六十二하야 九百亂縱橫다이로 過去는 滅無滅이요 當來는 生不生이니 常能作此觀하면 眞妄坦然平하리라

(傅大士의 頌)

依他心의 一念 일어난다면

모두가 망념의 所行이 되어
곧 六十二見의 外魔로 나누어져서
九百의 魔軍이 어지럽힌다
過去는 滅해도 滅함이 없고
未來는 생겨나도 생겨남이 아니다
늘 이와같은 觀을 지으면
眞實과 거짓 坦然히 平等하리

冶父 低聲低聲하라 直得鼻孔裏出氣하야사하리라

說 此心을 向三際求하야도 求之不得이요 向十方覓하야도 覓之無蹤이니 進之에 如銀山鐵壁이요 退之에 若萬丈深坑이라 無有掛目處며 無有下脚處로다 雖然如是나 若但伊麽提持하면 後學이 無有進身之路하야 便見陸地平沈하리라 所以로 道호대 低聲低聲하라 直得鼻孔裏出氣하야사

三際求心心不見하니 兩眼이 依前對兩眼이라 不須遺劍刻舟尋이니 雪月風花 常見面다이로 하야사하리라하시니라

說 作麽生出氣去오 三際求心心不見하니 兩眼이 依前對兩眼이다로 要識兩眼對兩眼麽아 看取古鏡裏影子어다 不須求劍이니 劍不曾失이요 不須刻舟니 刻舟奚爲리요 只如古鏡裏 影子를 作麽生看取오 雪月風花無限事여 頭頭常現劍全身다이로

(冶父道川의 評唱)

가만 가만히 말하라!
곧 바로 코구멍으로 숨을 내쉬야 한다

解說… 이 마음은 過去, 未來, 現在의 끝을 向해 찾아도 찾지못하며 十方世界를 向해 찾아도 자취가 없다. 앞으로 나아가자니 銀山鐵壁이 가로막혔고 뒤로 물러서자니 萬길 깊은 陷穽이다. 아무곳에도 눈 붙일 곳이 없고 아무곳에도 발꿈치를 내려놓을 곳이 없다. 비록 이와같다고 하더라도 만약 그렇게만 제자리에 주저물러 앉게되고 만다. 길이 없어저 곧 陸地가 가라앉는 後生들을 引導한다면 後學들은 앞으로 나아갈 길이 없어저 곧 陸地가 가라앉는 제자리에서 주저물러 앉게되고 만다. 그런까닭에 「가만 가만히 말하라 곧 바로 코구멍속에서 숨을 내쉬야 하니까」라고 말한것이다.

(評唱)

三際에 마음 찾아도
마음 보이지 아니하는데
두 눈은 여전히
두 눈과 마주보고 있다네
잃어버린 칼 찾으려고
뱃전에 읐은 자리 찾으려
눈과 달 바람과 꽃은
늘 얼굴을 나타내고 있으니
늘 새길 필요는 없다

解說… 어떻게 계속 숨을 쉬어 가겠는가? 三際에 마음을 찾아도 마음은 보이지 아니하나 두 눈은 여전히 두 눈과 마주보고 있다. 두 눈이 두 눈과 마주보고 있는 사실을 알고싶은가?

※ 刻舟…蒙求의 標題로 後漢때 어떤 사람이 배를 타고 江을 건느다가 갖고 있던 劍을 물에 빠뜨렸는데. 그는 그것을 훗날 찾으려고 뱃전에 떨어뜨린 자리를 새겼다는것. 아주 어리석다는 비유

옛 거울뒤의 그림자를 보아두어라. 江물속에 빠터린 劒 잃은일이 없느니라. 뱃전에 자리를 새길 필요는 없다. 그렇다면 옛 거울뒤의 그림자는 어떻게 보아야 한다는 것인가? 뱃전에 떨어뜨린 자리를 새겨놓는들 무엇하겠느냐? 눈, 달, 바람, 꽃 無限한 일이 곳곳마다 늘 劒의 全身 나타나고 있느니라.

🔵 宗鏡 五眼이 悉圓明이여 如揭日耀恒沙之世界요 三心을 不可得이여 似撥火覓滄海之浮漚로다 縱使窮諸玄辯하고 竭世樞機라도 到此하야 總須茫然이리라 且道하라 是何標格고 直饒講得千經論이라도 也落禪家第二壽니라 心眼이 俱通法界周하니 恒沙妙用이 沒蹤由로다 雲收江湛天空濶하니 明月蘆花一樣秋로다

🔵 說 此心이 周法界여 佛眼으로 亦乃通이요 此心妙用이 沒蹤由여 佛眼이 雖明이나 覷不得이니 伊麽則十方이 都是一眼睛이라 更無纖塵到此間이다로

(宗鏡의 頌)

五眼이 모두 圓明함이여! 마치 해를 空中에 걸어놓고 河沙世界를 빛나게 하는것과 같구나! 세 마음을 얻을 수 없다함이여! 화로불을 뒤져서 큰 바다의 뜬 거품을 찾는것과 같구나!

설사 모든 玄妙한 말재주를 다하고 世間의 中樞되는 機緣을 다한다 하더라도 여기에 이르면 모두가 아마도 茫然自失하리라!

말해보라! 이것은 어떤 表示가 있고 어떤 骨格을 갖추었는가?

설사 千經의 論藏을 講義할 수 있다해도 곧 禪門「第二壽」에 떨어지고 마리라.

※第二壽…두번째의 壽命. 今生에서는 깨달음을 얻지 못하고 죽어서 두번째 태어났을때의 목숨의 期限.

마음과 눈이 함께
法界에 두루 通하니
恒沙의 妙한 作用도
자취도 말미도 없네
구름 걷히고 강물은 맑고
하늘 空間 넓은데
밝은 달 갈대꽃
한 모습의 가을이로다

解説…이 마음이 法界에 두루함은 佛眼으로 또한 곧 통한다. 그러나 이 마음의 묘한 作用이 자취도 말미도 없는것은 비록 佛眼이 밝다해도 엿볼 수 없다. 그렇다면 十方世界가 모두가 하나의 눈동자라서 다시 이 사이에 실오라기 같은 먼지 하나도 없는 것이다.

🔵圭峰 第十六은 斷福德例心顚倒疑라 論에 云호대 向說心住顚倒일새 皆不可得이라 若如是인댄 福德도 亦是顚倒니 何名善法할새 斷之니라 文二니 一은 問福答福이라

法界通化分第十九

須菩提야 於意云何오 若有人이 滿三千大千世界七寶로 以用布施하면 是人이 以是因緣으로 得福이 多不아 如是다니이 世尊어이시 此人이 以是因緣의 得福이 甚多하리이다

多니라하라

以是離相無倒行施因緣으로 成無漏福하면 離於二章이니 既非顛倒일새 故得福이 多니라하라

(圭峰의 解說)

열여섯번째는 福德도 마음의 예에 따라 顛倒된 생각이 아닌가? 하는 疑心을 끊었다.

般若論에 이르기를 「앞에서 마음이 顛倒된 妄想에 머물고 있다고 말씀하시며 모든 顛倒된 妄想이니 어떻게 그것을 「善法」이라 이름하겠는가? 라고 생각하게 됨으로 이 疑問을 끊은 것이다.

이 글은 두가지로 구분되며 첫번째는 福德인가? 라고 물으시니 「福德입니다」하고 대답하였다.

(本文)
(法界通化分、第十九)

須菩提야! 너는 어떻게 생각하느냐? 만약 어떤 사람이 三千大千世界에 가득한 일곱 가지 보물로 布施에 쓴다면 이 사람은 이 因緣으로 福德을 얻겠느냐? 아니냐?

그러하옵나이다 世尊이시여! 이 사람이 이 因緣으로 얻는 福德은 매우 많을 것입니다.

須菩提야! 若福德이 有實인댄 如來 - 不說得福德多어니와 以福德이 無故로 如來 - 說得福德多니라

解説 : 이 相을 떠난 顚倒가 없는 마음으로 布施를 行한 因緣으로 번뇌망상이 없는 福德을 이루면 두 紋彩(我相、人相)에서 떠난것이니 이미 顚倒된 妄想이 아니다. 그런까닭에 얻는 福德이 많은 것이다.

二는 反釋順釋이라

福有者는 取相也요 福無者는 離相也라 經中에 凡所以訶之者는 警其住相也요 賛之者는 進其離相行施 是眞修行이라 故知어다 凡言施者는 非但爲較量經勝이요 蓋責其住相也니 前則責其住相故로 寶施福德이 皆歸世諦有漏어니와 此則直示無相無住故로 寶施福德도 得歸眞淨無漏니라 偈에 云호대 福有實者는 取相也요 福無者는 離相也니라 問호대 福이 性空故로 福多者는 故 - 다하 福有實者는 取相也요 福無者는 離相也라 故論에 云호대 顯示福非顚倒는 佛智爲本이라 하며 非顚倒功德이라 하니 佛智慧爲本이라

593

前說妄心도 性空이니 妄亦應多다라이 答호대 福은 以佛智爲本이니 順於性空이다 故로 悟性空하면 福則甚多와 心識의 顚倒는 違於性空이니 故悟性空하면 則心識이 都盡이라이니

(圭峰의 解說)

두번째는 反論으로 풀이하고 順理로 풀이하셨다.

(本文)

須菩提야! 만약 福德에 實質이 있다면 부처는 福德을 얻음이 많다고 말하지 아니한다. 福德에 實質이 없음으로서 부처는 福德이 많다고 말하느니라.

解說…福德이 있다는 것은 相을 取하는 것이며 福德에 實質이 없다는 것은 相을 떠나는 일이다. 經가운데서 무릇 이 福德을 나무란것은 그가 相에 住著하는것을 警告한것이며 福德을 讚揚한것은 그가 相을 떠난 境地로 나아가기 때문이다. 앞에서는 그가 相에 住著함을 말씀하셨을 뿐 아니니 무릇 이것은 그가 相에 住著하는것을 꾸진 것이다. 모두가 有漏이며 (번뇌망상이 남아있음) 世諦 (世間의 常識) 에 歸屬되지만 지금 이 布施는 곧 無相、無住를 指摘한 까닭에 보배布施로 얻는 福德도 眞如淸淨의 無漏에 歸屬될 수 있다.

(圭峰의 解說)

偈頌에 이르기를

「부처의 智慧로 근본을 삼았으니 顚倒된 功德이 아니다」라고 하였고
般若論에는 이르기를
「뚜렷이 福이 顚倒된것이 아님을 표시하신것은 부처님의 智慧로 根本을 삼았기 때문이다」라
고 하였다.
「福德에 實質이 있다」는 것은 相을 取하는 것이며 「福이 없다」는 것은 相을 떠난것이다.
問…福의 性(本質)도 空인 까닭에 福이 많다고 한다면 앞에서 말씀하신 妄心의 性도 空이니 妄
心도 마땅히 많아야 할것이 아닙니까?
答…福德은 부처님의 智慧가 根本이 된 까닭에 本質의 空을 따른것이며 그런 까닭에 性의 空임
을 깨달았을 때 그 福德은 매우 많으나 마음과 認識의 顚倒는 本質인 空에 違背되는 까닭에 性
이 空임을 깨닫게되면 마음과 認識은 다 없어지게 된다.

六祖 七寶之福은 不能成就佛果菩提일새 故言無也요 以其在量數일새 故

名曰多니 如能超過量數하면 即不說多也니라

(六祖大師의 解說)

七寶를 布施하는 福德으로는 佛果인 菩提를 成就할 수 없는 까닭에 「없다」고 말씀하셨다.
그러나 數量으로는 남아있는 까닭에 「많다」고 부른다. 이것은 마치 어떤 數量의 限界를 超過하
였을 때는 「많다」고 말하지 아니하는것과 같은 이치다.

傅大士 三千大千界에 七寶滿其中이라 有人이 持布施하면 得福也如風다이로

猶勝慳貪者의 未得達眞宗이니와 終須四句偈라야 知覺證全空이니

(傅大士의 頌)

三千大千世界에
七寶 그 안에 가득한데
어떤 사람 이를 간직
布施하였건만

얻은 복 또한 바람과 같았네
그러나 오히려
인색하고 탐욕한 사람의
眞如의 根本에 到達하지 못한

사람들 보다는 뛰어났다
그러나 끝내는 모름지기
四句偈 간직하고 외워서
완전한 空을

알고 깨닫고 證得해야 하느니

冶父 由勝別勞心이니

說 但知作福하고 不解性空하면 果招象身七寶珍이요 但觀性空하고 不解作福하면 果招羅漢應
供薄이니 此與大道로 皆不相契니라 然이나 此二를 較量하면 觀空者ㅣ差勝이라 所以로 道호대
莫言空打坐하라 猶勝別勞心이라 하시니라

羅漢은 應供薄이요 象身은 七寶珍이라 雖然多濁富나 爭似少清貧오이리 罔象은

說 只因無意得하고 離妻는 失在有心親이라
因若偏修면 果闕圓常이니 觀空作福이 二俱라사 差過니라 然이나 於中에 觀空이 猶勝이니 觀空
因甚有勝處오 罔象은 只因無意得이니 作福은 因甚有劣處오 離妻는 失在有心親
이니
라

(治父道川의 評唱)

유별난 마음 씀씀이 보다는 거룩하기 때문이다.

解說…다만 福德만 지을줄 알고 性의 空임을 알지 못하면 그로 받는 果報는 코끼리몸에 치장한 七寶의 端裝이다. 또 다만 自性이 空인것만 觀照하고 福德을 지을줄 모르면 그 果報로 招來되는것은 阿羅漢이 應하는 供養의 얕파함이다. 이는 모두 大道와는 서로 一致하지 아니하는 것이다.

그러나 이 두가지 일 가운데 功德의 量을 比較하면 空을 觀照하는것이 比較的 뛰어나니 그런까닭에 이르기를

「공연히 노상 坐禪만 한다고
탓하지 말아라
그래도 유별나게 마음쓰는 일보다는
거룩하단다」
라고 한것이다.

(評唱)

阿羅漢이 應하는 供養 얕박하고
코끼리 몸에는 七寶의 보배로다

비록 그렇게 濁한 財物 많지만

그것이 어떻게 淸貧함만 같으랴?

財物 적고 淸貧함만 같으랴?

罔象(註參照)은 다만

無心함으로 인해 구슬 찾았고

離婁(註)의 잘못은

찾겠다는 마음 간절했기 때문일세

註

① 罔象…一般的으로는 허리멍텅한 存在. 여기서는 黃帝를 모시는 水神. 黃帝가 赤水에 行次하였을 때 玄珠를 강물에 빠트렸는데 離朱에게 찾아오라 하니 찾지못하여 罔象이에게 찾도록 하니 찾아왔다는 故事)

② 離婁…離朱. 黃帝를 모시는 눈 밝은 神. 百步밖의 말털(馬)을 분갈할 수 있다.
(※黃帝가 赤水에 行次하였을 때 玄珠를 강물에 빠트렸는데 離朱에게 찾아오라 하니 찾지못하여 罔象이에게 찾도록 하니 찾아왔다는 故事)

解說…因에서 만약 치우친 修行을 하면 果는 圓常함에 欠陷이 생긴다.

空을 觀照하는것과 福德을 짓는 일 두가지를 모두 갖추면 그 果報는 훨씬 이를 넘어선다.

그러나 그 가운데서 두가지를 놓고 比較한다면 空을 觀照하는 果報가 오히려 거룩하다.

무엇때문에 空을 觀照함에 뛰어난 점이 있는가? 罔象은 오직 아무 생각이 없었기에 구슬을 찾은 것이다.

또 무엇때문에 福德을 짓는것이 果報가 뒤진다고 하는가?

離婁는 꼭 찾겠다는 생각이 있었던것이 잘못이었다.

宗鏡 布施因緣은 實人天有漏之果요 無爲福德은 超凡聖通化之功이다이로

噫라 有爲ㅣ雖僞나 棄之則功行을 不成이요 無爲ㅣ雖眞이나 擬之則聖果를 難證이니 且道하라 不擬不棄時에 如何是聖諦第一義오 達磨ㅣ當機會直指 廓然元不識梁王다이로

寶施寰中福倍常이요 花開錦上最難量이라 就中에 拶到空王殿하니 露柱燈籠이 盡放光이로다

說 寶施因緣은 福中之勝이요 無爲福德은 勝中之勝이라 寶施에 心有住하고 無爲에 解猶存이여 當空宇宙淸하야 觸目無非淸淨色이로 伊麼則智淨 影方明하니 事事得無碍로다 日이 月入雲籠天下暗하야 大地山河ㅣ無其光이로다 寶施에 心無住하고 無爲에 解亦亡이여 杲

(宗鏡의 頌)

布施의 因緣은 사실이 人天世界의 번뇌, 망상이 남아있는 果報를 얻게 되고 無爲의 福德은 凡人, 聖人을 뛰어넘는 通化(敎化를 넓히는) 功德이다. 有爲가 비록 거짓이지만 이를 버리면 功德修行이 이루어지지 아니하고 無爲가 아! 이지만 이를 견주어서 하려고 하면 聖人의 果報를 證得하기 어렵다. 그렇다면 이를 견주어 보지도 아니하고 버리지도 아니하였을 때 어떤 것이 聖人의 眞理의 最高의 內容인가? 達磨는 機緣 맞자 일찍이 곧 指摘하면서 廓然히 元來 梁王은 알지 못했네。

註
① 廓然…達磨가 梁高帝를 만나、梁高帝가 護法한 功德을 말하자「郭然無聖…텅 빈 虛空에 聖人은 없다」라고 한 故事

보배布施 世界에서 그 福德
普通보다 갑절 더받아
바다위에 꽃이 피니
가장 헤아리기 어렵네
그 가운데서 부비며 들어가
空王殿에 이르니
기둥과 초롱에서
모두 빛이 뻗어 났다네

解説…布施의 因緣은 福德中에 뛰어난 것이며 無爲의 福德이다.
寶物의 布施에 마음의 住著이 있고 無爲에도 아직도 아름아리가 남아있다면
달 구름 바구니에 들어가니
天下가 어둡고
大地와 山河에 그 光明 없도다
보배의 布施에 마음에 住著이 없고 無爲에 아름아리도 사라졌다면
밝은 해 하늘에 뜨니
宇宙가 맑고
눈에 띄이는것
淸淨한 빛 아님이 없네
그렇게 되면 智慧가 淸淨하니 그림자도 비로소 밝아지고 일마다 걸림돌 없게 되었네.

圭峰 第十七은 斷無爲 − 何有相好疑라 論에 云호대 若諸佛이 以無爲로 得

名면이라 云何諸佛은 成就相好하사 而名爲佛이니고하 此는 約法身佛이라 故以爲疑니라
斷之文이 二니 一은 由無身故로 現身이라

離色離相分第二十

須菩提야 於意云何오 佛을 可以具足色身으로 見
不아 不也다니이다 世尊이시여 如來는 不應以具足色身으로
見이니 何以故오 如來-說具足色身은 卽非具足
色身일새 是名具足色身이니이다

卽隨形好也니 如鏡中無物이 方能現物故니라 論에 云호대 法身은 畢竟에 非色
身이며 非諸相이라 然이나 相好二種도 亦非不佛이니 此二- 不離法身故라 是故
로 此二를 亦得言無일새 故說非身이며 亦得言有일새 故說成就라하

(圭峰의 解說)

열일곱번째는 부처님은 無爲(마음을 일으켜 作用함이 없는것)이신데 어떻게 여러가지의 거룩하신
몸(相好)은 있는가?라고 하는 疑問에 斷定을 내리셨다.
般若論에 이르기를

佛意 – 恐衆生이 不見法身하고 但見三十二相八十種好의 紫磨金

「만약 모든 부처님이 「無爲」로 부처란 이름을 얻었다면 모든 부처님은 거룩하신 모습을 이루셨으며 그리하여 「부처」라 이름하게 되었는가?」라고 하였는데 이는 法身佛과 結付시켜 「無爲」라 한것이며 그런까닭에 報身, 應身佛에 관하여는 疑問이 提起된 것이다. 斷定한 글은 두가지로 區分되며 그 첫째는 「몸이 없음으로 말미암아 몸이 나타난다」라고 하셨다.

(本文)

須菩提야 너는 어떻게 생각하느냐? 부처를 色身을 具足한 사람이라고 보아도 되겠느냐? 아니냐?

아니옵니다 世尊이시여! 부처를 色身을 具足한 사람이라 보아서는 안될것입니다. 왜 그런가 하오면 부처님이 말씀하시는 具足한 色身이란 곧 具足한 色身이 아니온데 이를 「具足한 色身」이라 이름하신 것이기 때문입니다.

解說…이는 곧 形體의 좋은 모습을 따른것이니 마치 거울속에 아무것도 없어야 비로소 物體의 現象을 나타낼 수 있는것과 같은 理致다.

般若論에 이르기를

「法身은 畢竟 色身이 아니니 여러가지 形相이 아니다. 그러나 形相이 거룩하신 두 부처(報身佛, 應身佛)도 또한 부처님이 아닌것은 아니다. 이 두 부처님도 法身을 떠난 存在가 아닌 까닭에 그렇다. 그런까닭에 이 二身은 「無」라고 말할수도 있고 「有」라고도 말할 수 있는것이니 그런 까닭에 「二身을 成就하였다」라고 말한 것이다.

軀하야 以爲如來眞身일까 爲遣此迷故로 問須菩提하사대 佛을 可以具足色身으로
見不아하시니 不也니이다 世尊하 如來를 不應以具足色身으로 見이니 何以故오 如來說具足色
身은 即非具足色身이요 是名具足色身이니이다 內具三十二清淨行하야 是名具足色
身이니 清淨行者는 即六波羅蜜이 是也라 於五根中에 修六波羅蜜하고 於意
根中에 定慧雙修를 是名具足色身이요 徒愛如來三十二相하고 內不行三
十二清淨行하면 即非具足色身이요 不愛如來色相이라도 能自持清淨行하면 亦得
名具足色身이니라

（六祖大師의 解說）

부처님의 뜻은 혹 衆生들이 다만 三十二相과 八十種好의 모습으로 나타나신 붉게 갈고 다듬은 금빛 몸만을 보고 그것이 부처님의 眞身이라 생각할까 두려워하셔서 이 헷갈림을 없애기 위하여 須菩提에게「부처를 色身을 具足하였다고 보아도 되겠느냐?」라고 물어셨으니 三十二相은 곧 色身을 具足한 것이 아니고 마음속에 三十二清淨行을 갖추어야만 이를「具足色身」이라 이름 하는 것이다.

註
① 三十二相…부처님. 혹은 偉大한 사람이 갖춘 모습의 서른 두가지 特徵.
② 八十種好…부처님이 갖추신 八十가지의 副次的인 特徵.

清淨行이란 곧 六波羅蜜이며 五根 가운데서 六波羅蜜을 닦고 意根 가운데서 禪定과 智慧를 아울러 닦아야 이를「具足色身」이라 이름한다.

부질없이 부처의 서른두가지의 거룩하신 모습만 사랑하고 마음안에 서른두가지 清淨行을 닦지 아니한다면 이는「具足色身」이 아니며 부처의 色身을 사랑하지 아니하더라도 능히 清淨行을

직한다면 또한 「具足色身」이라 이름할 수 있다.

圭峰 二는 由無相故로 現相이라

須菩提야 於意云何오 如來를 可以具足諸相으로 見不아 不也다니이 世尊이시어 如來는 不應以具足諸相으로 見이니 何以故오 如來ㅣ 說諸相具足이 即非具足일새 是名諸相具足이다

即三十二相也니 二는 如前色身中說이니

體虛不見一絲毫에늘 對緣垂示萬般形다이로

(圭峰의 解說)

두번째는 形相이 없음으로 말미암아 그런까닭에 모습을 나타내신다고 하셨다.

(本文)

須菩提야! 너는 어떻게 생각하느냐? 부처를, 여러 모습을 具足한것으로 볼 수 있다고 생각하느냐? 아니냐?

아니옵니다. 世尊이시어! 부처님은 여러 모습을 具足하신 분으로 보아서는 안 될것입니다. 왜

그런가 하오면 부처님이 말씀하시는 「具足」이란 곧 具足이 아닌것을 「具足」이라 이름하셨기 때문입니다.

解說…바탕은 비어 실오라기 하나도 보이지 아니하나, 因緣을 마주하면 萬가지 모습을 垂示하신다.

(圭峰의 解說)

곧 三十二相을 말씀하신 것이다. 그 하나하나의 모습이 앞에서 말씀하신 色身과 같다.

六祖 如來者는 卽無相法身이 是也라 非肉眼所見이요 慧眼이아 乃能見之니라 慧眼이 未明하야 具足我人等相하야 以觀三十二相하야 爲如來者는 卽不名爲具足也요 慧眼이 明徹하야 我人等相이 不生하고 正智光明이 常照하면 是名諸相具足이라 三毒이 未泯한채 言見如來眞身者면 固無此理니 縱有見者라도 祗是化身이요 非眞實無相之法身也니라

(六祖大師의 解說)

「부처」란 相이 없는 法身이 부처다. 이는 肉眼으로 보이는것이 아니며 慧眼이라야만 곧 이를 볼 수 있다.

慧眼이 아직 밝지못하여 我相, 人相등을 갖추고 三十二相을 보고 그것을 부처라 한다면 이는 「慧眼을 具足한 사람」이라 이름하지 아니한다.

「慧眼이 明徹하여 我相, 人相등이 생겨나지 아니하고 바른 智慧의 光明이 늘 비추면 이를 이름

하여 「諸相具足」이라 한다. 탐욕, 노여움, 어리석음 등 세가지 毒素가 아직 사라지지 아니한 사람이 부처의 眞身을 보았다고 말 한다면 본시 이러한 理致는 없는것이며 설사 본것이 있다고 하더라도 그것은 다만 부처님의 化身이지 眞實로 形相이 없는 法身은 아니다.

傳大士 八十隨形好요 相分三十二라 應物萬般形이나 理中非一異로다 人法兩俱遣이요 色心齊一棄라 所以證菩提는 實由諸相離로다

(傅大士의 頌)

形態는 八十種의 좋은것을 따르고
모습은 三十二로 나누어졌네
事物에 應하면 萬般의 形相이나
眞理가운데서는
하나도 다른것이 아니다
사람과 法, 다 멀리 보내고
色과 마음, 꼭 같이 버린다
그런까닭에 菩提를 證得함은
實로 모든 相을
떠남에 말미암는다

冶父 公門에 官不容針이나 私通車馬로다
說 公門에 不容私나 鄕黨에 豈無情이오리

請君仰面看虛空하라 廓落無邊不見蹤이로다 若解轉身此子力하면 頭頭物物總
相逢하리라
說 正體從來로 絶聲色하니 覓則知君不見蹤이로다 妙峯頂上에 一轉身하면 十方無處不逢渠

(治父道川의 評唱)

解說…公門에는 私情이 容納되지 아니하지만 鄕黨에서는 어찌 情理가 없겠는가?

官法으로는 바늘구멍만한 틈도 없으나
私情으로는 車馬통할 길도 있다

(評唱)

그대 한번 우러러 虛空을 보라
텅 비고 탁 터여
가이도 없고 자취도 없다
만약 조금만 몸 돌릴
힘을 解得했다면
十方 어느곳에도
「그」를 만나지 못할곳 없으리라
(※「그」는 부처님)

解說…바른 바탕은 從來부터 聲色이 끊어졌는데 그것을 찾는다면 그대는 蹤跡이 없음을 알게느니라.

도리어 妙峯으로 꼭 다시 한번 몸을 돌리면 十方世界 그 어느곳도 그를 만나지 못할 곳은 없

宗鏡 有相有身하니 如來莊嚴이 具足하고 分賓分主하니 空生은 解辨疎親하야
直得賓主兩忘하고 色相俱離로다 如何是主中主오 君臣道合無廻互하니
認得分明不是渠니라

說 誰將佛身辨疎親고 珍重空生이 分主賓하야 賓主를 兩忘하고 色相을 俱離하니 如何是主
中主오 君臣道合絶疎親하니 蕩蕩無依鳥道玄다이로 只此妙中妙여 何更生認着오 生認
着이여 廻頭鷓子過新羅니라

端嚴妙好紫金身이여 正眼看來總不眞이라 要會問酬親的意인댄 蘊空無我亦
無人이로다

(宗鏡의 頌)

相도 있고 몸도 있으니
如來莊嚴 具足하였고
손님과 主人(註參照) 자리 나누니
須菩提 主人 親疎를 가려낼 줄 알아서
곧 손과 主人 모두를 잊고
色과 相 함께 버렸네
어떤것이 主人中의 主人인가?

圭峰 第十八은 斷無身可以說法疑라 論에 云호대 若如來의 色身相好를 不

君臣의 道 合致하여
迴互(섞여 맴도는것)함이 없게되니
분명히 「그」가 아님을
認定할 수 있었네

(※ 「그」는 相對方. 즉 부처가 相對的인 存在가 아니라 自身이 곧 부처임을 알았다는 뜻)

解說…누가 佛身을 가지고 거기에서 親疎를 가리는가? 珍重하소서 須菩提 賓主를 나누었네. 賓主의 자리를 모두 잊고 色, 相을 모두 버려야하니 어떤것이 主人中의 主人인가? 君臣의 道 合致하여 親疎의 差別 斷絶되고 넓고 넓어 依止할곳 없이 새가 날아가는 길은 까마득하다.

註…賓主, 主中主…臨濟가 創說한 機關. 賓은 學人. 主는 師僧, 賓中主, 主中賓, 賓中賓. 主中主의 四段階로 나눔.
② 珍重…賓主, 主中主…中國佛家의 作別의 人事말. 잘가세요 잘있어요 라는 程度의 뜻.

오직 이 묘한 가운데서 묘한 眞理에 무슨 認定이 다시 필요한가? 認着이 생긴다면 머리돌려 바라보니 매는 (鷹) 이미 먼 新羅땅을 지나갔느니라 (道는 멀리 멀리 떠나버렸다는 뜻)

(頌)

端正하고 莊嚴한
거룩한 紫金의 몸
바른 눈으로 보아오면
모두가 眞實아니니
묻고 대답한, 親切하고 正確한 뜻 알고 싶다면
五蘊도 我相도 또 人相도
없는것이 그것이니라

可得見인댄 云何言如來說法고할 斷之니라 文三이니 一은 遮錯解라

非說所說分第二十一

須菩提야 汝勿謂如來ㅣ 作是念호대 我當有所說法하이라 莫作是念이니

谷中無人이나 能作音聲이니二는 釋所以라

何以故오 若人이 言如來ㅣ 有所說法이라하면 即爲謗

佛이라 不能解我所說故니라

世尊이 達諸法空하사 畢竟無執이시니 今言有說이면 是謗佛執法也니라

佛說一切法이 湛然常寂滅하시 但信佛無言이면 可稱爲子期니라

(圭峰의 解説)

열여덟번째는 부처님의 眞身은 없는것이라면 어떻게 說法은 하시는가? 하는 疑問을 끊은 內容이다.

般若論에 이르기를

「만약 부처님의 色身의 거룩하신 모습을 부처라고 보아서는 안된다고 하다면 어찌하여 「부처님의 說法」이라고 말 하는가? 라고 생각하게 됨으로 이 의문에 斷定을 내렸다」라고 하였다. 글은 세가지로 구분되며 그 첫째는 잘못된 아름아리를 遮斷하셨다.

(本文)

須菩提야! 너는 부처가 「나는 當然히 說法이 있다」는 생각을 하고 있다고 생각하지 말아라. 이런 생각은 한 일이 없으니…

解説…골짜기안에는 사람이 없어도 소리를 낼 수 있다.

(圭峰의 解説)

두번째는 그 理由를 풀이하셨다.

(本文)

왜 그런가? 만약 어떤 사람이 「부처님이 說法한 바 있다」고 말한다면 이는 곧 부처를 非謗하는 사람이며 내가 說法한 바를 알 수 없었기 때문이다.

解説…부처님이 説法하시는 모든 法은 湛然히 恒常 寂滅하시니 다만 부처님은 말이 없으시다 라고 믿는다면 鍾子期(中國音樂의 聖者)라 稱할 수 있다.(※ 知音人이란 뜻)

(圭峰의 解説)

世尊께서는 法의 空임을 通達하시어 畢竟 執着이 없으시니 지금 説法하신것이 있다고 말한다면 이는 부처님을 비방하고 法에 執着한 사람이다.

是則是나 大藏小藏은 從甚處得來오
佛無所說이 是則固是나 頓漸偏圓의 大小乘藏이 充樑溢宇하야 如今天下에 無所不在하니 若都無說인댄 如是法門은 其誰說來오
有說無說이 二俱擔板漢이라 無念說示니 同谷響이요 亦如日輪이 日向嶺東紅이니라
有說이라 皆成謗이요 無言도 亦不容이라 爲君通一線하노니 照無心다이로

(冶父道川의 評唱)

옳기는 옳은 말씀이지만 大藏經 小藏經은 어디서 얻어 왔는가?
부처님이 說法하신것이 없다 고 하신 것은 옳기는 勿論 옳은 말씀이다. 그러나 頓敎, 漸敎, 偏敎, 圓敎 등 大乘·小乘의 藏經이 대들보에 가득하고 집밖으로 넘쳐나와 지금 天下에 없는곳이 없으니 만약 아무것도 說法하신것이 없다면 이와같은 法門은 누가 說法해온 것인가?

(評唱)

說法이 있다 해도 모두 非謗이 되고
說法이 없다 해도 또한 容納되지 아니하니
그대 위해 한가닥 길 通해 주노니
해는 높은 山 東쪽에서 붉느니라

解說…說法이 있다 없다 하는것은 둘 모두, 옆도 돌아보지 못하는 빠고미들이다 (擔板漢) 無念의 說示는 골짜기에 울리는 메아리 소리와 같고 또한 太陽의 비춤이 無心한 것과 같다.

須菩提야 說法者는 無法可說을 是名說法이니라

圭峰 三은 示正見이라

法身은 本無說이라 報化方有說이니 有說은 非眞說이요 無說이 是眞說이라 十方佛土中에 唯有一乘法하고 更無可說底라 故로 云無法可說이요 只以一乘法으로 開示諸衆生일새 故로 云是名說法이니 若是一乘法인댄 直是無開口處로다 然이나 亦不廢衆生日用이라

偈에 云호대 如佛法亦然하니 所說二差別이 不離於法界며 說法에 無自相이라하며 大雲은 云호대 若言無說인댄 是眞說法이니어와 若云有說인댄 不名說法이니는 謗佛故라하다

六祖 凡夫說法은 心有所得이라 故로 佛이 告須菩提하사 所發言辭 如響應聲이라 任運無心하야 不同凡夫의 生滅心說이니 若言如來說法이 心有生滅者는 即爲謗佛이시니라 維摩經에 云호대 夫說法者는 無說無示며 聽法者는 無聞無得이라하시니 了萬法空寂하면 一切名言이 皆是假立이라 於自空性中에 熾然建立一切言辭하야 演說諸法호대 無相無爲하야 開導迷人하야 令見本性하야 脩證無上菩提를 是名說法이니라

(圭峰의 解説)

세번째는 正見을 보여주셨다.

(本文)

須菩提야! 説法이라 하는것은 말로 할 수 있는 法이 없는 것을 「説法」이라 이름하느니라.

解説…法身은 本來 말씀이 없고 報身·化身이라야 비로소 말씀이 있는데 말씀이 있어도 眞實한 말씀은 아니고 말씀이 없는것이 眞正한 말씀이다. 十方의 佛土가운데는 오직 一乘의 法만이 있는것이며 이 一乘法을 떠나서 다시 説法할만한 法은 없다. 그런까닭에 「말로 할 수 있는 法은 없다」고 말씀하셨다. 오직 一乘의 法으로 衆生들을 開示하시는 까닭에 「이를 説法이라 이름한다」라고 하셨으니 곧 이것이 입을 열 곳이 없는 境地이다. 그러나 또한 이것도 衆生들의 日常生活을 떠나서 存在하는 것은 아니다.

(圭峰의 解説)

偈頌에 이르기를

「佛法의 경우도 또한 이와 같아서
説法하신 두가지 差別이
法界를 떠나지 아니하고
説法도 스스로 相이 없다
라고 하였으며, 大雲스님은 이르기를
「만약 説法이 없었다고 말한다면, 이는 眞正한 説法이지만 説法이 있었다 한다면, 이는 説法이라 이름하지 아니하니 이는 부처님에 대한 비방인 까닭이다」라고 하였다.

(六祖大師의 解說)

凡夫의 說法은 마음에 얻은것이 있기에 부처님이 須菩提에게 말씀하시기를 「부처의 說法은 마음에 所得이 없다」고 하셨고 凡夫는 主觀的으로 마음을 解釋하여 說法하지만 부처님은 말씀하시나 默默하시어 부처님으로부터 나오는 말씀은 마치 메아리가 소리에 응하는것과 같아 마음대로 無心할 수 있음이 凡夫의 說法이라 한다면 이는 곧 부처님을 같지 아니하다。만약 부처님의 說法이 마음에 生滅이 있는 說法이라 한다면 이는 곧 부처님을 비방하는 말이 된다。

維摩經에 이르기를
「무릇 說法이라 하는것은 말씀도 없고 垂示도 없으며 聽法이라 하는것은 듣는것도 없고 얻는것도 없다」라고 하였다。

萬法이 空寂함을 깨단게되면 모든 이름과 말이 모두가 一時的인 方便으로 假設된 것이여서 自身의 빈 自性가운데 쉴 사이없이 建立되는 一切의 言辭와 演說하는 모든 法이 無相、無爲하여 헷갈린 사람에게 法門을 열어 引導하여서 그들로 하여금 本性을 보고 無上의 菩提를 닦고 證得하게 하는것이니 이를 이름하여 「說法」이라 하는 것이다。

冶父 **兎角杖龜毛拂**이로다

說 古人이 道호대 四十九年積累功이여 龜毛兎角이 滿虛空이라 一片臘雪이 垂垂下하야 落在烘爐烈焰中이라시니 則許多年을 露胸跣足하고 拖泥帶水하사 拔濟沈淪하신 如是功能이 如夢相似하야 無一毫許可與相許로다 雖然如是나 畢竟作麽生道오 拈起兎角杖하야 拈開一路涅槃門이요 竪起龜毛拂하야 拂盡三千空假中이로다

多年石馬 ─ 放毫光하고 鐵牛哮吼入長江더니 虛空에 一喝 無蹤迹이라 不覺潛

身北斗藏이로 且道하라 是說法가 不是說法가

㊙ 寂滅場中에 不曾擡步하고 生死海裏에 橫身而入하사 許多年을 以石馬而放毫光하사 致令盲者로 得見하며 以鐵牛而作哮吼하사 致令聾者로 得聞시고 且道하라 是說法가 不是說法가 藏身하시니 且道하라 是說法가 若道是說인댄 爭奈石馬鐵牛有甚閑情이며 甚閑氣리요 若道不說인댄 爭奈放光哮吼하야 解喝虛空가 又須信四十九年說이 光鐵牛吼나 石馬放 一 竟無力하고 虛空一喝도 便無蹤이라 伊麽則虛空一喝。 大烘 焰裏요 放光哮吼 一 一片冬雪이로다

(冶父道川의 評唱)

토끼뿔 拄杖이요 거북털 拂子로다

解說…옛 사람이 이르기를

「四十九年 쌓아온 功德。 거북털과 토끼뿔만 虛空에 가득하네。 한조각 섯달 눈이 펄펄 내려와 큰 熔鑛爐 사나운 불길속에 떨어지고 있구나!」라고 하였으니 부처님이 그렇게 오랜 歲月동안 가슴을 드러내고 맨발로 진흙에 끌려가고 물을 뒤집어 쓰면서 물에 빠진 사람을 건저 올려셨는데 이와같은 功德이 結局은 꿈과 같은 일이여서 실오라기 만큼도 스스로 認定받을 만한 일이 없었다。

비록 이와 같다고 하더라도 畢竟에 가서는 어떻게 말해야 하는가?

토끼뿔로 만든 拄杖 집어올려서

한가닥 涅槃으로 가는 門길

집어 열고

거북털로 만든 拂子 고추세워서
三千大千世界의
空諦·假諦·中道를
모조리 털어버리네

① 拖泥帶水…물에 빠진 사람을 救하기 위해 自身이 진흙과 물을 뒤집어 쓰는 勞苦를 하는 것.

註

(評唱)

여러해 石馬 毫光을 뻔어내고
鐵牛는 소리치며 長江에 들어 가더니
虛空에서 한번
「윽」하고 喝한 다음
자취 없으니
雲門스님 自身도 모르게(※ 註參照)
北斗星에 몸을 숨겨 숨어 버렸네
말해보라 說法인가 說法이 아닌가?

解說…寂滅道場 안에서 일찌기 발걸음을 들어올리지 아니하고 生死의 바다 속에 몸을 눕혀 들어가셔서 여러해 동안을 石馬가 되어 毫光을 뻔어내서 눈 먼 사람들이 볼 수 있게 하시고 鐵牛가 되여 울음소리를 질러 귀먹은 사람들이 듣게 하시고 또 虛空에서 一喝을 할 수 있어시어 禪하는 사람들이 北斗七星속에 숨어들게 하셨다.
말 해보라! 이것이 說法인가! 아닌가?
만약 이것을 說法이라 한다면 石馬와 鐵牛에게 무슨 한가로운 情識이 있고 무슨 한가로운 氣分

617

爾時에 慧命須菩提 - 白佛言하사대 世尊이시여 頗有衆生이 於未來世에 聞說是法하고 生信心不잇가 佛言須菩提야 彼非衆生이며 非不衆生이니 何以故오 須菩提야 衆生衆生者를 如來는 說非衆生일새 是名衆生이라니

註
① 石馬鐵牛…모두 得道한 禪僧을 比喩하는 말、情識、思量、分別을 超越한 偉大한 힘의 所有者
② 北斗裏藏身…雲門文偃禪師의 話頭로 一切의 蹤跡을 남기지 아니하는것、六根、六塵에 의한 一切의 煩惱妄想에서 完全히 解脫하는 것

그렇다면 虛空에서의 一喝은 그 熔鑛爐속이며 放光과 咆哮는 한조각의 겨울 눈발인 것이다.

또한 모름지기 믿어야 할것은 四十九年의 說法이 石馬의 放光이며 鐵牛의 咆哮였으나 石馬와 鐵牛는 끝내 그러한 힘이 없었고 虛空에서 喝을 할 줄 알았지만 곧 자취가 없어졌다는 사실이다.

또 어떻게 說明해야 하겠는가?

또 만약 說法이 아니라고 한다면 放光하고 咆哮하며 虛空에서 一喝을 할 줄 알았으니 이 일은 또 어떻게 說明해야 하는가?

이 있겠느가? 이일은 어떻게 說明해야 하는가?

空生이 以後世信與不信으로 發問이어늘 佛이 以是生非生으로 答者는 以是生故로 困於生死하야
以求出要니 應有信之之理요 以非生故로 本來是佛이라 不應以佛求佛이니 應有不信之理
로다 不信佛法이오 是眞生信이니 以無法相故也니라

(本文)

이 때에 智慧를 목숨으로 삼는 須菩提가 부처님께 아뢰기를
「世尊이시여! 자못 많은 衆生들이 未來의 世界에서 이 法門을 듣고 信心이 생기는 사람들이
있겠습니까?」
부처님이 말씀하시기를
「須菩提야! 그들은 衆生이 아니며 또 衆生 아닌것도 아니다. 왜 그런가 하면 衆生들이 말하는
衆生은 부처는 衆生이 아니라고 이를 이름하여 衆生이라 하였느니라」

解説…須菩提가 後世에 이 法門을 믿겠는가 아니할것인가를 가지고 물었는데 부처님은
衆生이 衆生이 아니라는것으로 대답하신것은 그들이 衆生인 까닭에 生死에 시달려 出家를 求하
니 마땅히 이 法門을 믿는다는 理致가 成立되며 또한 그들은 衆生이 아닌 까닭에 本來부터 부
처며 마땅히 부처가 부처를 求하지는 아니할것이니 응당 믿지 아니하여야 한다는 理致도 成立
된다.
佛法을 믿지 아니하는것이 참으로 믿음이 생긴것이니 이는 法相이 없기 때문이다.

幽冥禪師續加

傅大士
不言有所説이여 所説이 妙難窮이라 有説은 皆爲謗이며 至道는 處其中이로

多言은 無所解요 默耳 得三空다이로 知覺은 刹那頃이요 無生은 無有終이라이니

(傅大士의 頌)

說法한 바 있었다고
말씀하시지 아니하심은
說法하신 法門이
奧妙하여 究竟하기 어려움이니
說法이 있었다 함은
모두 부처님에 대한 비방이 되고
至極한 道는
그 가운데 자리잡고 있도다
말 많은것은
解得한 것이 없는것이며
입 다물고 말없는 것이
三空을 解得한 것이라네
알고 느끼는 일은
한 刹那間의 일이지만
生滅없는 깨달음은
끝나는 때가 없다네

註

여기서 「幽冥禪師續加」라고 標題한것은 元來 原本에는 이 章에 傅大士頌 冶父評唱、宗鏡의 頌이 빠져있었던것을 後世에 幽明禪師란 분이 이 部分을 發見하여 原本에 이어 添加한것이란 뜻인듯 하다)

冶父 火熱風動이요 水濕地堅이로다

說 儒子入井見皆憐하니 可稱人天調御師요 毀聲이
伊麼則面前壁脚이요 背後龍鱗이니 是凡가 是聖
하고 聖住聖位하니 凡聖路別이라 不可得而混也니라
指鹿豈能成駿馬며 言烏誰謂是翔鸞가 雖然不許纖毫異나 馬字驢名이
幾百般가
盜跖을 不應號文湯이니 誰喚波旬作牟尼리오 雖然理上에 殊無二나 爭奈難齊聖凡名가
入耳聞皆怒하니 是則難當聖人名이로
定當不得이로 然雖如是나 凡住凡位

(冶父道川의 評唱)

불이 뜨거우면 바람이 생기고
물에 젖으면 땅이 굳어진다

解說…어린아이가 깊은 우물에 들어 가려하는것을 보면 모두 가엾게 생각하니 이런 마음은 人天世界를 調御하는 스승이라 稱할만 하고 自己를 허물하는 소리가 귀에 들어오면 모두 怒하니 이런 마음은 聖人이란 이름에 해당하기는 어렵다.
그렇다면 얼굴앞에 있는 마음은 당나귀 다리요 등뒤에 있는 마음은 龍의 비늘이니 이것이 凡人인가? 聖人인가? 그 어느쪽도 받아 드리지 못하겠다.
비록 이와같다고 하더라도 凡人은 凡人의 位置에 머물고 聖人은 聖人의 位置에 머물어 聖人과 凡人은 길이 다르니 이것을 한곳에 뒤섞을 수는 없는 것이다.

(評唱)

사슴을 가르쳐 말이라 한다 해도
어찌 이것이 駿馬가 되겠으며
까마귀를 가르쳐
祥瑞로운 鳳이라 한다 해도
누가 그것을 놓이나는
鳳凰이라 여기겠는가?
비록 그렇게
실오라기 만큼의 差異도
認定하지 아니한다 하지만
字는 말이요 名은 당나귀인 사람이
또 몇백가지나 되는가?

解說…큰 盜賊인 盜跖을 文王, 湯王이라 부를 수는 없는것이며 누가 波旬을 釋迦牟尼라 부르겠느냐? 비록 그렇게 理致로는 融合되어 두가지로 다른 점이 없다고 하나 聖人과 凡人의 이름을 가즈런히 하기는 어려운 것을 또 어떻게 하겠는가?

㊂宗鏡 如來ㅣ 無所說이여 慈雲甘露ㅣ 洒濛濛이요 慧命이 未嘗聞이여 明月淸
風이 空寂寂다이로 正恁麼時에 且道하라 是何境界오 欲得不招無間業인댄 莫謗
如來正法輪다이어
㊀說 如來無說說이여 出軸雲無心이요 慧命이 不聞聞이여 風月이 兩蕭然다이로

說 道本無言喚不醒이요 藥因救病出金瓶이라 可憐億萬人天衆이 依舊獸獸側耳聽이로다

說 道本無言常寂滅하니 吉祥이 難敎女子醒이요 佛爲救生出乎眞하니 浩浩宣揚非本心이다 可憐億萬人天衆이 不知黃葉竟非錢이라 若使人天으로 知本心이면 何用獸獸側耳聽오이리

부처님 說法하신것 없다 하심은
濛濛하게 뿌려주심이 甘露水
慈悲의 구름
須菩提 일찌기 듣지 못하였다 함이여!
밝은 달 맑은 바람 비고 寂寂하구나
바로 이러한 때에
말해보라! 이것은 어떤 境界인가?
無間地獄에 떨어질 業을
부처님의 바른 法의 수레바퀴를
불러드리지 아니하고 싶거든
비방하지 말아라

解說…부처님의 說法없는 說法이여!
山마루에 나오는 구름 無心하도다
須菩提의 듣지 아니한 들음이여
바람과 달빛

모두 蕭然하도다

(頌)

道는 本來 말없어
이름 불러도 깨닫지 못하고
약은 病者를 救함으로 因하여
藥瓶에서 나왔네
可憐하다 億萬의
人天世界 衆生들은
오늘도 예전처럼
우두커니 귀 기우리며
法門을 듣고있네

解說…道는 本來 말이 없고 늘 寂寂한데 文殊보살은 女子를 三昧에서 깨어나게 하기 어려웠다 (註參照)
부처님이 衆生을 救濟하시는 일은 眞心에서 나온 일이나 끝없이 넓고 많은 法文의 宣揚은 本心이 아니였다.
불상하다 億萬의 人天世界衆生들은 아직도 노란 나무잎이 돈이 아님을 모르고 만약 人天世界 사람들로 하여금 부처님의 本心을 알게한다면 바보처럼 우두커니 귀를 기우리고 法門을 듣는 일이 무슨 必要가 있겠느냐?

註

① 女子出定…諸佛要輯經에 나오는 이야기로 世尊께서 옛날에 文殊와의 因緣으로 여러 부처가 모인 곳에 가셔서 모임이 끝나 모두 제자리로 돌아가게 되였을때 한 女人이 三昧에서 깨어나지 아니하자 世尊께서 文殊에게 女子가 깨어나도록 하였

② 黃葉止啼…우는 아기를 달래기위하여 노란 나무잎을 돈이라 속여 아기를 달래듯 부처님은 眞實이 아닌 方便으로 衆生들을 道門으로 引尊하시는 일

는데 文殊가 세번을 禪指하여도 깨어나지 아니하니 世尊은 罔明보살을 불러시키니 一禪指에 곧 女人이 三昧에서 깨어났다.

圭峰 第十九는 斷無法如何脩證疑라 論에 云호대 如來ㅣ 不得一法인맨 云何 離上上證하야 轉轉得阿耨菩提오할새 爲斷此疑하야 示現非證法이 名爲阿耨菩提니라 斷之文은 三이니 一은 以無法으로 爲正覺이라

無法可得分第二十二

須菩提ㅣ 白佛言하사대 世尊이시여 佛이 得阿耨多羅三藐三菩提는 爲無所得耶니잇까 佛言하사대 如是如是니라 須菩提야 我於阿耨多羅三藐三菩提에 乃至無有少法可得일새 是名阿耨多羅三藐三菩提니라

上言生不生고하시고 此言佛無得이니하시 蓋菩提는 生佛平等之本有라 於中에 不應分別是凡是聖과 有得無得이라이니

以無法爲正覺者를 偈에 云호대 彼處에 無少法이면 知菩提無上이라하며 論에 云호대 彼菩提處는 無有一法可證을 名爲阿耨菩提라하다

(圭峰의 解說)

열아홉번째는 法이 없다면 어떻게 修行하고 어떻게 證得하는가? 하는 疑問에 斷定을 내린 內容이다.

「부처님은 한 법도 얻는것이 없다면 어떻게 上上의 證을 떠나 더욱 더 높이 阿耨多羅三藐三菩提를 얻는다 하는가?」라는 疑問이 일어남으로 이 疑問에 아닌것을 示現하시어 그것을 阿耨多羅三藐三菩提法이라 이름한다고 하셨다. 斷定의 글은 세가지로 區分되며 그 첫번째는 「法이 없음으로서 正覺이 된다」라고 하셨다.

(本文)

須菩提가 부처님께 아뢰기를

「世尊이시어! 부처님이 阿耨多羅三藐三菩提를 얻는것은 얻는것이 없기 때문입니까?」

부처님이 말씀하시기를

「그러니라 須菩提야! 나는 阿耨多羅三藐三菩提와 乃至는 어떠한 작은 法도 얻을것이 없으니 이를 이름하여 阿耨多羅三藐三菩提라 하느니라」

解說…위에서는 衆生이 衆生이 아니라고 말씀하시고 여기서는 부처는 얻는것이 없다고 말씀하셨으니 이는 무릇 菩提란 衆生과 부처에게 本來부터 平等하게 存在하는 것임으로 이 가운데서는 마땅이 이 사람은 凡人이고 이 사람은 聖人이며 이 얻은것이 있고 이 얻은것이 없고 分別하여서는 안되는 것이다.

(圭峰의 解說)

얻은 法이 없는것은 正覺이라 한것에 대하여 偈頌에서는
「그 곳엔 작은 法도 없으니
菩提의 無上임을 알겠노라」
라고 하였고 般若論에는 이르기를
「그 菩提가 存在하는 곳도 한 法도 證해야 할 法이 없으며 이것을 이름하여 阿耨多羅三藐三菩提라 한다」라고 하였다.

六祖 須菩提─言하사 所得心盡이 即是菩提라할새 佛言대하사 如是如是다하 我於菩提에 實無希求心이며 亦無所得心이니 以如是故로 得名爲阿耨多羅三藐三菩提也니라하시니라

(六祖大師의 解說)

須菩提가 말하기를
「얻은 마음이 다하게되면 곧 그것이 菩提입니까?」라고 하니 부처님이 「그렇다」라고 하시고 「나는 菩提에 있어서도 希求하는 마음이 없으며 얻으려는 마음이 없다. 이와같음으로서 그 까닭으로 阿耨多羅三藐三菩提란 이름을 얻었다」라고 하셨다.

傅大士 諸佛智明覺이여 覺性本無涯라 佛因有何得가 所得爲無耶로다 妙性難量比라 得理則無差어늘 執迷不悟者는 路錯幾河沙오.

(傅大士의 頌)

모든 부처님 智慧의
밝은 깨달음이여!
깨달음의 自性은 本來 끝 없는데
부처님 「有」로 因해 무엇을 얻겠나
얻으신것은 없어진것 아닌가?
妙한 自性
그 量 比較하기 어려우나
眞理 얻으면 差異 없어지네
迷惑에 執着하여 깨닫지 못하는 사람
길 錯覺하기
그 몇몇 河沙歲月이였던가?
(河沙歲月…헤아릴 수 없는 긴 永劫의 時間)

冶父 求自이 不如求自己니라

說 求自는 一作自求라 旣是平等인댄 何以遠推諸聖이며 旣是本有인댄 何須向外馳求리오 若能反求諸己하야 驀然觸著鼻孔하야 坐斷報化의 佛頭去在리니 所以로 求人이 不如求自己니라

滴水成氷信有之나 緣楊芳草色依依라 秋月春花無限意는 不妨閑聽鷓鴣啼로다

說 此事는 寒威威冷湫湫라 滴水滴凍하야 江河絕流하야 纖塵不立하고 寸草不生이라 雖然如

是나 寒暄이 不常이라 日煖風和하면 山川이 競秀하면 玄黃을 可判이요 黑白이 分明한대 伊麼
則秋月春花無限事ㅣ 各各自有無限意事事ㅣ 一一着着하야
可以向翠竹黃花邊하야 明得此事며 可以明宗하야
可以向鶯吟燕語邊하야 明得此事라 以至一見一
聞이 一一皆是發機的時節이요 一色一香이 一一開我活眼的物事하야 須信道어다 山僧
이 未陞座에 風鐸이 已搖舌니라하느라

(冶父道川의 評唱)

다른 사람에게서 求하는 것이
自己에게서 求하는 것만 못하다

解説…「求自己」라 한 것을 어떤 책에는 「自求」라 한 곳도 있다.
이미 善提는 평등하게 存在하는 것인데 무엇때문에 멀리 聖人에게서 이를 찾는가? 이미 이것은
本來부터 自身이 所有하고 있는데 왜 번거롭게 外部를 向해 달려가며 求하는가?
만약 도리켜 自己自身에게 求할 수 있다면 당장 갑작이 報身佛、化身佛의 머리를 잘라버리게 될 것이다. 그런까 달겡 다른 사람에게 求하는 것
이 自己自身에게서 求하는 것만 못하다고 한 것이다.

(評唱)

방울 방울 떨어진 물이
어름이 되는 일은 참으로 있지만
푸른 버들 꽃다운 풀빛
언제나 잊지 못하네
가을 달 봄 꽃에 담긴

무한한 뜻이

한가롭게 鷓鴣새 소리 듣는 마음에 害로울 것 없구나

註 鷓鴣는 中國江南에 棲息하는 美鳥

解說… 이 일이란 사납게 춥고 어시시하게 차가운 일이라(※道를 말함) 한방울 처마물이 방울마다 얼어붙고 江과 河水도 꽁꽁 얼어붙어 흐름이 끊어지고 실오라기 하나도 그 사이에 建立되지 못하며 한치의 풀도 돋아나지 못하는 嚴肅한 境地다.

비록 이와같이 하나 人間世上의 人事變化란 뜻뜻하지 못하여, 날이 따뜻하고 바람이 和氣있으면 山川이 아름다움을 다투고 하늘과 땅을 가려낼 수 있고, 검고 흰것이(※是非) 분명해진다.

그렇게 되면 가을 달, 봄 꽃 限없이 펼쳐지는 일에 각기 나름대로 無限한 뜻이 있게되고 일마다 하나하나가 天眞爛滿하며 바둑 한수 한수 놓는 돌마다 宗旨를 밝힐 수 있게되어(※禪의 話頭參問을 바둑에 비유한것) 푸른 대나무 노란꽃 피어 있는 곳에 가서도 이 일을 밝힐 수 있고 꾀꼬리 노래하고 제비 재잘거리는 곳에 가서도 이 일을 밝힐 수 있으며 이로서 한번 보고 한번 들은것에 이르기까지 모두 機緣이 일어나는 時節이 되고 하나의 色 하나의 香氣도 그 하나하나가 살아있는 나의 눈에 비치는 物件이며, 일이 되니 이렇게 되면 옛 말을 믿을지어다 「이 山僧이 法座에 오르기 전에 이미 바람목탁이 혀를 나불거렸느냐」라고 한 말씀을…

(雲門錄參照)

宗鏡

法無可得이여 是名阿耨菩提요 道無可傳이여 直指涅槃正眼이로다 只如 三賢도 尚未明斯旨은 十聖이
得而不得이요 傳而不傳은 畢竟是何宗旨오
那能達此宗이오리
從來無說亦無傳하니 纔涉思惟便隔關이라 語默離微俱掃盡하니 寥寥獨坐古

說 此宗은 本無生하니 生心即差違라 有心無心을 俱蕩盡하니 空空唯有一靈臺로다

(宗鏡의 頌)

靈山다이로
얻을 法이 없음이여
阿耨菩提라 이름하고
傳할 法이 없음이여
곧 涅槃正眼 가르치시네
그렇다면
얻으면서 얻지 아니하고
傳하면서 傳하지 아니하는것은
畢竟 무슨 宗의 宗旨인가
三賢도 (十住、十行、十迴向) 아직
이 宗旨 밝히지 못하였는데
十聖(※十地)이 어찌
이 宗旨 通達하겠나
從來 說法도 없고 傳授도 없었으니
조곰만 생각해서 알려고 하다가는
곧 큰 關門 사이에 두게된다
말하고 입 다물고
主觀과 客觀의 超越、微妙등
그 모두를 다 쓸어버리고

쓸쓸히 홀로
옛 靈鷲山에 앉았노라

解說…이 宗에는 本來 生滅이 없으니 마음이 생기면 곧 宗과는 差異나고 어긋난다. 有心, 無心을 모두 다 蕩盡하면 空도 또 空하여 오직 한 靈臺만이 存在하게 된다. (靈臺…人間精神의 根源地)

㊞ 二는 以平等爲正覺이라

淨心行善分第二十三

復次須菩提야 是法은 平等하야 無有高下일새 是名
阿耨多羅三藐三菩提니
偈에 云호대 法界는 不增減이라 論에 云호대 是法이 平等일새 是故로 名無上이니 以更無
上上故라하다

(圭峰의 解說)
두번째는 平等을 正覺이라 하셨다.

(本文)

(清淨한 마음修行은 거룩하다는 分段第 二十三)

또한 須菩提야! 이 法은 平等하여 높고 낮은 差別이 없으니 이를 이름하여 「阿耨多羅三藐三菩提라 하나니」

(圭峰의 解說)

偈頌에 이르기를 「法界에 增減없다」라고 하였고 般若論에는 이르기를 「이 法은 平等하니 그런 까닭에 「無上」이라 이름하며 이는 다시 이보다 더는 위가 없기 때문이다」라고 하였다.

三은 以正助脩로 爲正覺이라

以無我無人無衆生無壽者로 修一切善法하면 即得阿耨多羅三藐三菩提라하리

佛이 因空生之問하사 答以生亦非生이며 佛亦無得하시 乃云是法이 平等하야 無有高下니라 前言阿耨菩提라하야 生非生則不異於佛이요 佛無得則不異於生이라 是名平等하야 無有高下일새 前言無得하시 此言即得은 何也오 前明本有를 令不屈於凡下요 此明新熏하사 使功齊於諸聖이니 若恃其本有하야 不以新熏으로 熏之면 則持珠行丐라 永處輪廻하리라

(圭峰의 解說)

세번째는 바른 修行의 도움으로 正覺을 한다고 말씀하셨다.

(本文)

我相없고 人相없고 衆生相없고 壽者相없는 마음으로 모든 善法을 닦으면 곧 阿耨多羅三藐三菩提를 얻게 될 것이다.

解説…부처님이 須菩提의 물음으로 因緣하여 衆生도 衆生이 아니며 부처도 얻는것이 없다고 대답하시고 이어 말씀하시기를 「이 法은 平等하여 높낮음이 없으며 이를 이름하여 阿耨多羅三藐三菩提라 이름한다고 말씀하셨다.

衆生이 衆生이 아니며 부처와 다르지 아니하니 衆生이 얻는것이 없으니 이를 이름하여 「平等하여 高下가 없다」라고 表現하셨다. 앞에서는 「얻는것이 없다」라고 말씀하신것은 무슨 까닭일까?

여기서는 本來부터 存在하는것을 밝혀 자기는 凡人이요 못난 사람이라 退屈하지 아니하게 하셨고 여기서는 새로운 熏修(道가 몸에 배이게하는 修行)를 밝혀 그 功德이 모든 諸人과 가즈른하게 하셨다.

만약 本來부터 存在한다는 사실만 믿고 새로운 熏修로 熏陶하지 아니한다면 이는 보배구슬을 간직하면서 거지의 求乞을 하는것과 같아서 永遠히 生死輪廻속에 있게될 것이다.

(六祖)

菩提法者는 上至諸佛하고 下至昆蟲히 盡含種智하야 與佛無異일새 故로 言平等하야 無有高下시라하고 以菩提無二故로 但離四相하야 修一切善法하면 即得

菩提^{니라하시}若不離四相^{하고}修一切善法^{하면}轉增我人^{하야}欲證解脫之心^{이라}無由可得^{이니라}若離四相^{하야}而修一切善法^{하면}解脫^을可期^{니라}修一切善法者^는於一切法^에無有染着^{하고}對一切境^{하야}不動不搖^{하며}於世出世法^에不貪不愛^{하며}於一切處^에常行方便^{하야}隨順衆生^{하야}使之歡喜信服^{케하고}爲說正法^{하야}令悟菩提^니如是^{라사}始名修行^{일새}故^로言修一切善法^{이라하}시니라

(六祖大師의 解說)

菩提의 法이라 하는것은 위로는 모든 부처님에게 이르고 아래로는 곤충에 이르기까지 모두가 一切種智를 머금고 있음은 부처님과 다를것이 없는 까닭에 「平等하여 높낮음이 없다」라고 말씀하셨다.

菩提에 두가지가 없는 까닭에 다만 四相만 여이고 모든 善法을 닦게 되면 곧 菩提를 얻게 되는 것이다.

만약 四相을 여이지 아니하고 모든 善法을 닦게되면 더욱 我相, 人相만 더해져서 解脫한 마음을 證得하고자 하여도 얻을 길이 없게된다.

그러나 만약 四相을 여이고 모든 善法을 닦는다고 하는것은 一切의 법에 染着이 없고 모든 境界에 움직이지 아니하고 흔들리지 아니하며 世間과 出世間(※ 스님의 世界)의 法에 貪欲하지 아니하고 愛着하지 아니하며 모든 곳에서 恒常 方便을 行使하여 衆生들에게 隨順하여 그들로 하여금 기쁜 마음으로 믿고 따르게하여 그들을 위하여 바른 法을 說法하여 그들도 菩提를 깨닫게 하는 일이다. 그런까닭에 「모든 善法을 닦는다」라고 말씀하신 이와같이 하여야만 비로소 修行이라 이름한다.

것이다.

冶父 山高海深이요 日生月落이로다

說 所謂平等은 豈是夷岳實洞하며 截鶴續鳧然後에 然哉아 長者는 任其長하고 短者는 任其短이며 高處는 任其高하고 低處는 任其低니라

說 僧是僧兮俗是俗이요 喜則笑兮悲則哭이라 若能於此에 善參詳하면 六六이 從來三十六이라

說 何須喚僧作俗오리 不必忍喜云哭이니 但能隨流認性하면 彼彼元來平等이니라

(冶父道川의 評唱)
산은 높고, 바다는 깊으며
해가 뜨면 달은 진다

解説 …이른바 평등이라는것이 높은 山을 편편하게 만들고 깊은 물을 매우며 鶴의 목을 잘라서 오리의 목에 이어준 다음에야 평등이 되겠는가? 긴것은 그 긴그대로 마껴두고 짧은것은 그 짧은그대로 마껴두며 높은 곳은 높은대로 마껴두고 낮은 곳은 낮은대로 마껴두는 것이 평등인 것이다.

(評唱)
스님은 스님, 俗人은 俗人이라
기쁘면 웃고, 슬프면 운다
만약 여기서 훌륭히

須菩提야 所言善法者는 如來ㅣ 說卽非善法일새 是名善法이니라

圭峰云호대 無我等은 是了因이니 卽正道也요 修一切善法은 是緣因이니 卽助道也요 卽得阿耨菩提는 是正覺이요 所言善法者는 標指也니라 說非等者를 論於有漏니라

了得平等理하야 無我로 修善法하면 善法이 非善法이라 與惡으로 性無殊니 是名眞善法이며 不同彼法에 無有漏法故로 名非善法이요 以有無漏法故로 名爲善法이라하다

(本文)
須菩提야! 이른바 善法이라 하는것은 부처는 말하기를 곧 善法이 아니라 하며 이를 이름하여 善法이라 하느니라

해설…무엇때문에 스님을 俗人이라 부를 필요도 없다. 다만 능히 흐름을 따라 本質을 認識할 수 있다면 그러한것들이 元來부터 平等한 것임을 알게될 것이다.

자세하게 參究할 수 있다면 六六은 예전부터 三十六이였느니라 부를 필요가 있으며 기쁜것을 참고 울음이 나온다고 말할 것이다.

636

637

(六祖) 修一切善法호대 **希望果報**면 **即非善法**이요 **六度萬行**을 **熾然俱作**호대
心不望報하면 **是名善法**이라

(六祖大師의 解說)

모든 善法을 닦지만 果報를 希求하고 바란다면 그것은 善法이 아니며 六度波羅蜜과 모든 修行을 쉬지않고 함께 지어나가면서도 마음에 果報를 바라지 아니한다면 이를 善法이라 이름한다.

(圭峰의 解說)

我相、人相등이 없는것은「了因佛性」이며 곧 正道이다.(※ 了因은 認識의 根據, 즉 甲을 根據로 하여 乙을 認識하게 되었을 때 「甲을 乙의 了因이라 한다」
一切의 善法을 닦는다는것은 緣因佛性이며 이는 곧 助度다.(正道를 도우는것) (※ 緣因은 補助的인 原因, 佛性을 밝히는 因緣)
곧 阿耨多羅三藐三菩提를 얻는다고 하는것은 곧 正覺이며, 이른바 「善法」이라 하는것은 標的을 指摘한 것이다.
「善法이 아니다」라는 말씀을 般若論에서는 이르기를
「그 法에 有漏의 法은 없는 까닭에 善法이 아니다 라고 이름하였고 無漏法은 있는 까닭에 善法이라 이름하였다」라고 하였다.

解説…平等하게 眞理를 환하게 깨달아 我相이 없이 善法을 닦게되면 善法이 아니며 惡法과 本質이 다른것이 없다. 이를 이름하여 眞正한 善法이라하여 이는 有漏의 善法과 같지 아니하다.

傅大士 水陸이 同眞際요 飛行이 體一如라 法中에 無彼此요 理上에 絶親疎로다 自他分別遣하고 高下執情除하야 了期平等性하면 咸共入無餘라라

(傅大士의 頌)

몸과 陸地가 같은 眞際며
나는 새, 걸어가는 짐승이
바탕은 하나로 같다
法안에 너와 나의 區別없고
眞理위에 親疎의 差別 끊겼다
自他의 分別 멀리 보내고
높낮음의 執着 除去하여
모두 함께 平等한 自性을 期하면
환 하게 無餘涅槃에 들어가리라

註
① 眞際…絶對眞理의 境地

冶父 面上엔 夾竹桃花요 肚裏엔 侵天荊棘이로다

說 善耶아 惡耶아

是惡非惡이요 從善非善이라 將逐符行하고 兵隨印轉이로 有時에 獨立妙高峯가이라 却來端坐閻羅殿이라 見盡人間秪點頭하니 大悲手眼이 多方便이로다

說 惡非惡善非善이여 善惡이 性無殊하니 擧一相隨來로다 涅槃生死에 兩逍遙하니 雖知無化

나 常演化로다

(冶父道川의 評唱)

얼굴에는 대나무사이에 핀 복사꽃인데
뱃속은 하늘을 찌르는 가시나무로구나

解說…이것이 善인가? 惡인가?

이 惡惡이 아니며
善을 따름도 善이 아니다
將軍은 符命 쫓아 行動하고
兵士는 印旗따라 돈다
때로는 홀로
妙高峰에 섰다가
문득 돌아와
閻羅大王宮殿에 端正히 앉아
人間世界 다 보고 나서도
오직 고개만 끄덕일 뿐
大悲하신 손과 발
方便 많았느니라

註

① 符命…帝王이 싸움에 나가는 將軍에게 信任의 標示로 符節을 주어, 그 곳에 命令을 下達한 것

解説…惡이 惡이 아니고 「善이 善이 아니니 善惡의 本質은 다를것이 없구나 하나를 들어 올리면 다른것은 따라오노니 涅槃과 生死 두곳 모두에 逍遙한다 비록 導化없음을 알지만 恒常 敎化를 베풀고 있다.

宗鏡 法無高下故로 諸佛心內에 衆生이 時時成道하고 相離我人故로 衆生心內에 諸佛이 念念證眞이니 所以로 道호대 念佛이 不礙參禪이요 參禪이 不礙念佛이시니라 至於念而不念하고 參而不參하야 洞明本地風光하고 了達惟心淨土니 溪山이 雖異나 雲月은 是同이라 且道하라 那裏ㅣ 不是平等之法오리요 要知縱橫不礙處麼아 處處綠楊堪繫馬요 家家有路透長安이니라

説 本來是佛을어 一念而迷하니 迷不曾失이라 現成受用이니 聞聲이 是證時며 見色이 是證時라 一見一聞과 擧足下足이 一一皆是寂場이라 所以로 道호대 念念釋迦出世요 步步彌勒下生이시니라 旣然如是인댄 何容分別是凡是聖이리오 昔日而迷하고 今日而悟니 悟無所得이라 念念無生이시니라 雖然念念興悲나 未嘗一念離眞이라 所以로 道호대 念無念이요 無礙하야 究竟終無二之可度니라 旣然如是인댄 何曾見有能度所度리오 所以로 道호대 溪山이 雖異나 雲月은 是同이니 要知縱橫不二底道理를 作麼生道오 處處綠楊堪繫馬요 家家有路透長安이니라

山花似錦水如藍하니 莫問前三與後三이어 心境이 廓然忘彼此하니 大千沙界를 總包含다이로

(宗鏡의 頌)

法에 높낮음이 없는 까닭에 모든 부처님의 마음속에 衆生들도 때때로 成道하고 我相人相을 떠났기에 衆生의 마음속에 모든 부처가 생겨나고 眞如를 밝힌다. 그런 까닭에 이르기를 「念佛이 參禪에 걸림돌이 되지 않고 參禪이 念佛에 걸림돌이 되지 아니한다」고 말한 것이다. 念하면서 念하지 아니하고 參하면서 參하지 아니하는 境地에 이르러서는 本地의 風光을 훤하게 밝히고 惟心淨土에 환 하게 通達하여 溪山이 비록 달라도 雲月은 같다.

말해보라! 어디가 平等한 法 아니곳인가? 가로새로 막힘없는 곳을 알고싶은가? 간곳마다 푸른 버들 말 멜만 하고 집잡마다 長安으로 통하는 길은 있다네

解說… 本來부터 부처인데 한번 생각의 잘못으로 헷갈렸으며 헷갈려도 本分은 일찌기 잃지 아니하여 눈앞에 이루어져 받아드려 쓰게되니 소리를 듣는 것이 證得하는 때가 되고 色을 보는 것이 證得하는 때가 되어 한번 보고 한번 듣고 발을 들어 올리고 내려놓는 모든 하나하나의 動作이 모두가 寂滅道場이다.

그런까닭에 이르기를

「생각마다 釋迦牟尼가 世上에 나오시고 걸음마다 彌勒이 下生한다」라고 하는것이다.

이미 이와같을진데는 어떻게 이사람은 聖人 이사람은 凡人이라는 分別이 許容될것인가? 예전에는 헷갈렸으나 오늘은 깨달았으며 깨달아도 얻은것은 없고 念念에 生滅이 없다.

비록 그렇게 생각마다 大悲心이 일어나지만 아직 한번도 一念이 眞如를 떠난 일은 없다 그런까닭에 이르기를

「終日 衆生을 濟度하여도 濟度할 衆生은 보지 못했다」라고 하는 것이다.

모두 包含하노라

解説… 混融하여 差別이 없고 탁 터여서 모든것을 含容하여 남김이 없다
이미 이와같을 진데는 언제 일찌기 主体的으로 濟度하고 客觀的으로 濟度하는 일이 있음을 보았겠는가?
그런까닭에 念에 念願함이 없고 막힘이 없어 끝내 두가지 結果는 어떻게 말하면 되겠느냐? 바로 「溪山은 달라도 雲月은 같다」
그 두가지 結果가 없다는 道理는 이것이 이것이다.
가로새로 막힘없는 곳을 알고싶은가? 곳곳마다 푸른 버들 말멜만 하고 집집마다 長安으로 通하는 길은 있다네

(頌)

山에 핀 꽃 비단같고
물은 藍빛과 같네
前三三 後三三 묻지를 말아라
마음과 境界 탁 터여서
너와 나의 차별을 잊고
大千河沙世界를

圭峰 第二十은 斷所説無記非因疑라 論에 云호대 若修一切善法하야 得阿耨菩提者인댄 則所説教法은으로 不能得菩提니 以是無記法故다라하

福智無比分 第二十四

須菩提야 若三千大千世界中所有諸須彌山王 如是等七寶聚를 有人이 持用布施하야도 若人이 以此般若波羅蜜經과 乃至四句偈等을 受持讀誦하야 爲他人說하면 於前福德은 百分에 不及一이며 百千萬億分과 乃至算數譬喩로도 所不能及이라

持經行施 – 功行이 不等하니 所以不等은 只在頓漸이라

偈에 云호대 雖言無記法이나 而說是彼因이니 是故一法寶 – 勝無量珍寶라 論에 云호대 以離所說法이면 不能得大菩提라 故로 此法이 能爲菩提因이라하며 又言 汝法은 是無記어니 而我法은 是記라 是故로 勝捨無量七寶다하니라

(圭峰의 解說)

二十번째는 說法하신것이 「無記(※ 부처님이 外道들의 質問에 말씀을 하시지 아니하신것, 默言)」라 한다면 이는 因緣이 아닌것 아니냐는 疑問에 斷定을 내리셨다.

般若論에 이르기를

「만약 모든 善法을 닦아서 阿耨菩提를 얻는다고 한다면 說法하신 敎法으로는 菩提를 얻을 수

(第二十四、福德과 智慧가 比較할것이 없다고 하신 分段)

(本文)

須菩提야! 만약 三千大千世界 가운데 있는 여러 須彌山王의 이와같은 등등의 七寶의 보물덤이를 어떤 사람이 간직하여 布施에 쓰는 경우와 또 어떤 사람이 이 般若波羅蜜經과 乃至는 四句의 偈頌等을 受持讀誦하여 다른 사람을 위하여 說法하는 경우 이것은 앞의 布施의 福德으로는 百分의 一에도 미치지 못하며 百千萬分의 一 乃至는 數字로 헤아리고 譬喩로 比較해서 미칠수 있는 바가 아니다

解說…經을 護持하는것과 布施를 行하는것은 功行이 平等하지 아니하니 이平等하지 아니한 理由는 오직 頓敎와 漸敎의 差異에 있다

(圭峰의 解說)

偈頌에 이르기를

「비록 無記의 法이라 하지만 그대로 그 因緣을 말씀하셨으니 그런 까닭에 한 法寶가 無量한 보배의 布施보다 뛰어난 것이다」라고 하였고 또 이르기를

「說法하신 말씀을 떠나서는 大菩提를 얻을 수 없는 까닭에 이 法이 능히 菩提의 因子가 된다」라고 하였고 또 이르기를

「너의 法은 無記이지만 나의 法은 記莂이다. 그런까닭에 無記인 七寶의 布施보다 뛰어난 것이다」라고 하였다

없으며 이는 無記의 法이기 때문이 아닌가? 라고 생각하게된다」라고 하였다.

【六祖】大鐵圍山高廣이 二百二十四萬里요 小鐵圍山高廣이 一百一十二萬里며 須彌山高廣이 三百三十六萬里니 以此로 名爲三千大千世界니 約理而言인댄 即貪瞋癡妄念에 各具一千也니라 如爾許山이 盡如須彌로 以況七寶數니 持用布施라하야 所得福德은 無量無邊이라 終是有漏之因이라 而無解脫之理어니 摩訶般若波羅蜜多四句는 經文이 雖少나 依之修行하면 即得成佛이니 是知持經之福이 能令衆生으로 證得菩提일새 故로 不可比也니라

(六祖大師의 解說)

大鐵圍山의 높이와 넓이는 각각 二百二十四萬里며 小鐵圍山의 높이와 넓이는 각각 一百十二萬며 須彌山의 높이와 넓이는 각각 三百三十六萬里니 이로써 三千大千世界라 이름하였으니 理致와 結付시켜 말한다면 탐욕과 노여움과 어리석음의 망념에 각각 一千世界를 가추고 있는 것이다.

이와같은 山들이 모두 須彌山과 같아 그것을 七寶의 數量으로 比喩하여 이를 간직하여 布施에 쓴다고 하였으니 이로서 얻은 福德은 無量, 無邊할것이지만 끝내 이는 有漏의 因緣이며 解脫의 眞理는 없는것이다.

그러나 摩訶般若波羅蜜經의 四句偈는 經文은 비록 적어도 이에 依止하여 修行한다면 곧 成佛할 수 있으니 이로서 經을 護持하는 福德이 능히 衆生들로 하여금 菩提를 證得하게 할 수 있음을 알 수 있다. 그런까닭에 그 무엇으로도 그 福德을 比較할 수 없는것이다.

傅大士 施寶如沙數라도 唯成有漏因이니 不如無我觀으로 了妄乃名眞이로다 證無生忍인댄 要假離貪瞋이니 人法知無我하면 逍遙出六塵하리라

(傅大士의 頌)

보배布施 모래알의 수효처럼 많아도
오직 有漏의 因緣만을 이루니
我相없는 觀으로
妄念 다한 眞如라
이름함만 같지못하네
生滅없는 法忍을 證得하려면
탐욕과 노여움에서
우선 벗어나
사람과 法에 我相없음을 안다면
멀리 六塵에서 벗어나
世上밖을 悠悠히
逍遙하게 되리라

註

① 無生法忍…不生不滅의 法을 認知하고 그기에 安住하는일. 忍은 認과 같음.

冶父 千錐劄地 不如鈍鍬一捺이로다

說 無明堅厚ㅣ 猶如地碍하니 漸斷頓除ㅣ 千錐一捺다이로 寶施는 只度慳貪이요 般若는 直度

無明이니 頓漸이 懸殊하고 優劣이 皎然다
麒麟鸞鳳이 不成群이니 尺璧寸珠ㅣ 那入市리오 逐日之馬는 不並馳요 倚天
長劒은 人難比로다 乾坤이 不覆載요 劫火ㅣ 不能壞라 凜凜威光이 混太虛
하니 天上人間이 總不如로다 噫라

說 麒麟之爲物은 頭戴一角하고 性含仁心하며 鸞鳳之爲物은 身備五彩하고 聲合五音하야 天
下有道則至하고 無道則隱이니하나 此事도 亦然하야 本是一道로대 開有四心五位하야 諸佛이 時
乃說之며하시 衆生이 時乃得聞이니 不成群은 則彼物이 無伴侶라 此事도 無多字니라 尺璧寸
珠는 體具溫潤明瑩之德하고 亦有剛强淸淨之相하니 此事도 亦然하야 擧體隨緣而照無遺
餘하고 隨緣不變하며 而物不能汚며 那入市는 則此寶를 人人이 珍之하야 不用賤賣라 此事도
佛佛이 密護하야 罕爲人說이니 亦迅速이요 如良馬하야 不爲鈍根之所追며 快然이라 如利劒
魔外ㅣ 於是乎心寒다이로 恢恢乎여 乾坤도 覆載不着이요 確確乎여 劫火도 燒壞不得이라
凜凜乎여 光爍億萬乾坤이요 鬼鬼乎여 絶對天上人間이니 得之者ㅣ 所以殊勝無譬니라

(冶父道川의 評唱)

千번 송곳으로 찌른 땅이
무딘 괭이로 한번 찍은것만 못하다

解說…無明의 단단하고 두텁기가 마치 땅과 같이 가로막고 있으니 이를 漸次 끊어나가는 일과

한꺼번에 除去하는 일이 마치 송곳으로 一千번 찌르는것이 괭이로 한번 직는것만 못한 것과 같다 (※ 頓悟와 漸修와의 差異) 보배의 布施는 다만 인색한 마음과 탐욕만을 濟度하지만 般若의 智慧는 곧바로 無明을 濟度하니 漸修와 頓悟는 懸隔하게 다르며 그 優劣은 환하게 드러나고 있다.

(評唱)

麒麟과 鳳凰 무리 이루지 아니하며
한자 둘래 큰 寶石
한치 둘래 작은 眞珠
어찌 저자 商品에 드러가겠다
太陽을 쫓아가는 말은
낙타와 나란히 서지 아니하고
하늘에 기댄 긴 長劒은
사람들이 比武하기 어렵다
하늘과 땅도
덮고 싣지 못하고
宇宙를 태우는 劫火도
이를 허물 수 없으니
그 凛凛한 威光은
太虛와 뒤섞여서
天上世界 人間世界
모두가 그와 같지 못하다
아! 偉大하구나!

解説…麒麟이란 動物은 머리에 외뿔을 떠받고 性品은 어진 마음을 머금었으며 鳳凰이란 새는 몸에 五色을 가추고 소리는 五音을 머금어 天下에 道가 있으면 찾아오고 道가 없으면 숨는다. 이 일도 또한 그렇다 (깨달음의 일) 본래 한 道를 더 찾아오고 道가 없으면 숨는다. 하여 부처님이 때로 이를 説法하시고 衆生들은 때때로 이를 듣게 되는 것이다.

註

① 五位…小乘에서는 色、心、心所、心不相應、無爲의 다섯가지로 法을 나누었고, 大乘에서는 資糧位、加行位、通達位、修習位、究竟位의 다섯가지로 修行의 位階를 나누며 禪門에서는 洞山의 正偏五位、君臣五位、王子五位、功勳五位등이 있다.

「무리를 이루지 아니한다」라고 한것은 기린, 봉황등의 動物은 伴侶(同伴者)가 없듯이 이 깨달음의 길도 그러하여 많은 文字가 없는 것이다.

큰 寶石 작은 구슬은 바탕에 따뜻하고 윤택하고 밝고 빛나는 要素를 갖추었으며 또한 군세고 강하고 맑고 깨끗한 形相이 있다. 이 일도 또한 그러하니 온 몸으로 因緣을 따라 비추어 남김이 없으며 인연을 따르는것은 변하지 아니하지만 어떤 물건도 이를 汚染시킬 수 없다.

「어찌 저자 商店에 들어가겠나?」라고 한것은 이 보물은 사람마다 珍貴하게 생각하여 싼 값에 팔지 아니함을 말한것이니 이 일도 또한 그러하여 부처님마다 비밀히 守護하여 사람을 위하여 말씀하시는 일이 거의 없어졌다.

또한 그 迅速함이 마치 좋은 말과 같아서 鈍한 根機가 뒤쫓아오지 못하여 그 快利함이 마치 날카로운 劍과 같아 天魔外道가 이에 마음이 떨리고 넓음은 하늘과 땅도 이를 덮고 싣지 못하고 確固하게 堅實함은 劫火로 태워도 허물지 못한다.

그 凜凜함은 光彩가 億萬乾坤에 빛나고 그 높고 우뚝함은 天上、人間에 相對가 없으니 이를 얻는 사람의 特殊하게 뛰어남은 比喩할 相對가 없는 理由가 여기에 있다.

宗鏡 福等三千이여 施須彌之七寶요 持經四句여 耀智海之明珠로다 能令識浪으로 澄淸하고 頓使義天으로 開朗이라 弘慈普濟에 廣利無邊다 夜半正明이 還在何處오 三身四智- 體中圓이요 八解六通이 心地印이로다

說 施寶에 福無邊이나 箭射虛空極還墜요 持經에 智乃明이라 驪珠獨耀於滄海로다 智明理旣顯하니 弘慈利無邊이라 心地에 悲花秀하니 霜夜에 月正明이로다 還在何處오 三身四智體中圓이요 八解六通이 心地印이로다 道오 太虛寥廓淨無雲하니 一輪이 高朗照三千이로다 旣知夜半正明인댄 須知天曉不露니 只如天曉不露를 且作麽生道오 月落寒潭可承覽이나 展手欲捉捉不得다 且作麽生 寶聚山王箏莫窮이나 還如仰箭射虛空이라 洞明四句超三際하면 絕勝僧祇萬倍功하리라

(宗鏡의 頌)

三千世界와 比等한 福德
須彌山과 같은 七寶를 보시하고
經과 四句偈 護持함이여!
智慧의 바다의 밝은 眞珠 빛나네
能히 六識의 물결은 투명히 맑게하고
頓然히 眞理의 하늘을 밝게 열도다
넓은 慈悲 골고루 濟度

廣大한 利益 가이없도다
한밤중의 正明이
문득 어디에 있는가?
三身四智 몸체안에 둥글고
八解脫、六神通
心地에 도장찍었네

註
① 四智…一般的으로는 法智、類智、世俗智 또 佛智慧의 경우는 大圓鏡智、平等性智、妙觀察智、成所作智

解說…寶物의 布施는 그 福德이 無邊하지만 비유하면 虛空에 활을 쏘는것과 같아서 힘이 極致에 이르면 도로 땅에 떨어진다. 그러나 經을 護持하면 智慧가 밝아지니 비유하면 如意珠가 홀로 큰 바다에 빛나는것과 같다
智慧가 밝아 眞理를 이미 밝혔으니 넓은 慈悲의 利益이 無邊하다
마음의 바닥에 자비의 꽃이 빼어나니 서리내리는 한밤중에 달이 바야흐로 밝구나!
말해보라! 한밤중에 바야흐로 밝은것이 어디에 있는가?
三身四智 부처님 몸체안에 둥글고 八解脫、六神通力 마음바닥에 도장찍었다.
그렇다면 그 몸체 가운데서 둥글고 맑고 구름없는데 한 둥근 달 높고 밝게 三千世界비추네
太虛는 고요하고 탁 터여 마음바닥에 도장찍은것은 또 어떻게 말해야 하는가?
이미 한밤중에 바야흐로 밝은것을 알았다면 또한 새벽이 되여도 나타나지 아니하는것도 알아야 한다.
그렇다면 새벽이 되여도 나타나지 아니하는것은 또 어떻게 말해야 하는가?
차갑고 깊은 물속에 떨어진 달을 承服하고 구경할 수는 있어도
손을 뻗어 잡으려면 잡히지 아니하네

(頌)

보배더미가 須彌山王이
헤아려도 헤아려도 다하지 못하나
문득 이것은
虛空을 우러러 화살을 쏘는것과 같도다
훤하게 四句偈에 뜻 밝히면
現在、過去、未來의
가장자리를 뛰어넘어
阿僧祇劫 萬倍의 功德보다
類例없이 뛰어난 功德되리라

圭峰 第二十一은 斷平等이어 云何度生의 疑라 論에 云호대 若法이 平等하야 無高下者인댄 云何如來ㅣ 度衆生고할새 斷之니라 文四니 一은 遮其錯解라

化無所化分第二十五

須菩提야 於意云何오 汝等은 勿謂如來ㅣ 作是念我當度衆生하리라 須菩提야 莫作是念이니

(圭峰의 解説)

스물한번째로는 "平等한데 어찌하여 衆生을 濟度한다고 하는가?"라는 疑問에 斷定을 내리셨다.
般若論에 이르기를 "만약 法이 平等하여 高下가 없다고 한다면 어찌하여 부처님이 衆生들을 濟度하신다 하는가?라고 생각하기 때문에 이 疑心을 끊었다"라고 하였다.
글은 네가지로 區分되며 그 첫번째는 그러한 아름아리를 遮斷하신 말씀이다.

(本文)

(教化에 教化한바 없다는 分段) (第二十五章)

須菩提야 너는 어떻게 생각하느냐? 너희들은 부처가 「나는 마땅히 衆生들을 濟度하여야한다」라고 생각하고 있다고 여기지 말아라 須菩提야! 나는 한번도 이런 생각을 한 적이 없다.

二는 示其正見이라

何以故오 實無有衆生如來度者니

두번째는 그 올바른 見解를 垂示하셨다.

(圭峰의 解説)

偈에云호대 平等眞法界에는 佛不度衆生이니 以名共彼陰이라 不離於法界며 論에 云호대 衆生假名과 與五陰이 共不離於法界다라 三은 反釋所以라

(本文)

若有衆生의 如來度者면 如來ㅣ 即有我人衆生壽者니라

(圭峰의 解說)

解說…偈頌에 이르기를
「平等한 眞法界에는 부처가 衆生을 濟度하지 아니하니 이름은 그들 五陰과 함께하나 法界를 떠나지 아니하기 때문이다」라고 하였다.

왜 그런가? 眞實로 부처나 濟度할 衆生은 없으니…

衆生이 本成佛이요 佛不度衆生이니 爲甚如此오 眞如界內에 無生佛이요 平等性中에 無自他니라 見有可度면 成自他니 豈謂如來無我人오이리

論에 云若如來ㅣ 有如是心호대 五陰中에 有衆生可度者인댄 此是取相過며라하 無着이 云如來는 如爾炎而知니 是故로 若有衆生想이면 則爲有我取다라하

(圭峰의 解說)

세번째는 도리켜 理由를 說明하셨다.

655

(本文)

만약 부처가 濟度할 衆生이 있다면 부처에게는 곧 我相, 人相, 衆生相, 壽者相이 있게 되는 것이다.

解説…衆生이 本來 成佛한 것이며 부처가 衆生을 濟度하지 아니하였다. 어찌하여 이와 같은가? 眞如의 世界안에서는 衆生과 부처란 差別이 없고 平等한 自性가운데는 自己와 他人의 區別이 없다. 濟度할 衆生이 있다고 보면 이는 自他의 區別이 이루어지는 것이니 그렇게 되면 어떻게 부처를 我相이 없는 사람이라 하겠는가?

(圭峰의 解説)

般若論에 이르기를

「만약 부처님에게 「五陰가운데 濟度할 衆生이 있다」이와 같은 마음이 있다면 이는 相을 取하는 허물이 된다」라고 하였다.

無着스님은 이르기를

「부처님은 「爾炎」즉 對象이 되는 相對方처럼 相對를 알고 있다. 그런까닭에 부처님에게 衆生相이 있게 되면 이는 곧 我相을 取하는 일이 된다」라고 하였다.

六祖 須菩提야 意謂如來가 有度衆生心할새 爲遣須菩提의 如是疑心이라 故로 言莫作是念하라하시니라 一切衆生이 本自是佛이니 若言如來가 度得衆生成佛인댄 即爲妄語라 以妄語故로 即是我人衆生壽者라 此는 爲遣我所生成佛

心也니라 夫一切衆生이 雖有佛性이나 若不因諸佛說法이면 無由自悟니 憑何 修行하야 得成佛道아

(六祖大師의 解說)

須菩提가 생각하기는 「부처님이 衆生들을 濟度하실 마음이 있으시다」라고 생각하기 때문에 부처님은 須菩提의 이러한 疑心을 없애기 위하여 그 때문에 「그런 생각을 하지 말아라」라고 말씀하신 것이다.
모든 衆生이 本來 스스로 부처이니 만약 부처님이 衆生을 濟度하여 成佛시킬 수 있다고 말한다면 이는 거짓말이다.
거짓말인 까닭에 이는 곧 我相, 人相, 衆生相, 壽者相이니 이는 곧 「我所」즉 「이것은 내것이다」라는 執念에 사로잡힌 마음을 없애기 위한 것이다.
무릇 모든 衆生들은 비록 佛性이 있다고 하더라도 만약 여러 부처님의 說法에 因緣하지 아니한다면 스스로 깨달을 길이 없고 길이 없으니 무슨 修行에 기대여 佛道를 이룰 수 있겠는가?

冶父

說 春蘭秋菊이 各自馨香이로다

十類生이 與十方佛로 一時成道요 十方佛이 與十類生으로 同日涅槃이니 生佛相이 本寂이요 能所度도 亦寂다니로 能所度도 何有리오 伊麽則釋迦도 眼橫鼻直이요 人人도 亦眼橫鼻直이니 同居常寂光土하야 共受無生法樂다니라

生下에 東西七步行이여 人人이 鼻直兩眉橫이로 哆喇悲喜 一皆相似하니 那時에 誰更問尊堂오리오 還記得在麽아

說 釋迦ㅣ 纔生母胎에 周行七步하시고 人人이 纔生母胎에 眼橫鼻直이로다 哆哆啝啝 象悲喜
人家孺子ㅣ 皆相似라 性本神解自如然하니 誰向尊堂問何爲리오 傾心吐露報君知
니하노 問君於斯에 記取否아

(冶父道川의 評唱)

봄 蘭草, 가을 菊花
각기 스스로 향기를 뿜네

解說…열 種類의 衆生이 十方의 부처님과 더부러 같은 時間에 成佛하고 十方의 부처님이 十類의 衆生들과 더부러 같은 날 涅槃하니 衆生, 부처의 모습이 本來 寂滅하고 主體, 客體의 濟度 또한 寂滅하다. 主体, 客体에 의한 濟度가 이미 寂滅한데 我相, 人相이 어떻게 存在하겠느냐? 그렇다면 釋迦牟尼도 눈은 가로 째졌고 코는 곧게 뻗었으며 모든 사람도 역시 눈은 가로 째지고 코는 곧게 뻗었으며 다 같이 永久不變한 寂光의 國土에 살면서 함께 無生滅의 法樂을 받고 있는 것이다.

(評唱)

나자마자 東西로
일곱발자욱 걸어갔음이여
사람마다 코는 곧고
두 눈썹은 가로 뻗었다
아다다 혀자라기 소리로
기뻐하고 슬퍼함은

658

모두 엇비슷한데
그 때에 누가 다시
尊堂을 물었겠느냐?
記憶이 남아있느냐!

解説…釋迦牟尼는 어머니 胎속에서 나오자마자 七步를 周行하였다。 그러나 다른 사람마다 어머니 뱃속에서 나오자마자 눈은 가로 째젖고 코는 곧게 뻗었으며 다다화화(혀자라기 소리)혀자라기 소리로 슬픔과 기쁨을 아울러 表示하고 사람들 집안의 어린 아이는 모두가 엇비슷하게 그 自性이 本來 神通한 아름아리로 스스로 다 같이 그러한데 이 때에 누가 尊堂을 찾아가 무엇을 하십니까? 라고 묻겠는가? 그대에게 이 때에 누가 尊堂을 찾아가 내 마음을 다 기우려 眞心을 吐露하여 그대에게 알려주었으니 여기에 記憶 해둔것이 있는가? 없는가?

圭峰 四는 展轉拂迹이라

須菩提야 如來ㅣ 説有我者는 即非有我어늘 而凡夫之人이 以爲有我니라 須菩提야 凡夫者는 如來ㅣ 説即非凡夫일새 是名凡夫니라

雖云有我나 我性은 本空이라 凡夫ㅣ 不知하야 以爲有我니라 雖曰凡夫나 凡夫相도 寂滅이니 凡

六祖의 解說

네번째는 展轉하며 자취를 쓸어 버렸다

(本文)

夫相이 寂滅일새 故說非凡夫니라 又前念不覺을 名凡夫요 後念卽覺을 說非凡夫니라

六祖 如來-說有我者는 是自性淸淨常樂我淨之我라하시 不同凡夫의 貪嗔無明虛妄不實之我라 故로 言凡夫之人이 以爲有我니라 有我人하면 卽非凡夫니라 我人不生하면 卽非凡夫며 心有生滅하면 卽是凡夫요 心無生滅하면 卽非凡夫며 不悟般若波羅蜜多하면 卽是凡夫요 悟得般若波羅蜜多하면 卽非凡夫며 心有能所하면 卽是凡夫요 能所不生하면 卽非凡夫也니라

(圭峰의 解說)

須菩提야! 부처가 말하는 「我가 있다」고 하는것은 곧 我相이 있는것으로 생각한다. 須菩提야! 부처가 말하는 凡夫는 凡夫가 아닌것을 凡夫라 이름하였느니라

解說…비록 我相이 있다고 말하지만 我相의 自性은 本來 空이다. 凡夫는 이를 모르고 참으로 我相이 있는것으로 생각한다.

또 비록 凡夫라고 말하나 凡夫의 相도 寂滅한것이니 凡夫相이 寂滅한 까닭에 凡夫가 아니라고 말한다.

또한 앞에 일어났던 생각에서는 깨닫지 못하였으니 이를 凡夫라 말하고 뒤이어 일어난 생각에서는 깨달았으니 이를 凡夫가 아니라고 말한것이다.

(六祖大師의 解説)

부처님이 말씀하시는 「我相이 있다」고 하는것은 여기서 말하는 常樂我淨(※四德)의 「我」임으로 凡夫들의 탐욕과 노여움과 無明으로 일어나는 虛妄하고 眞實하지 아니한 我相과는 다르다. 그런까닭에 「凡夫인 사람들이 我相이 있다고 생각한다」라고 말씀하신 것이다.

我相、人相이 있으면 곧 凡夫며 我相、人相이 생기지 아니하면 곧 凡夫가 아니다. 또 마음에 生滅이 있으면 곧 凡夫며 마음에 生滅이 없으면 곧 凡夫가 아니다. 또 般若波羅蜜多를 깨닫지 못하면 곧 凡夫며 般若波羅蜜多를 깨달을 수 있으면 곧 凡夫가 아니다. 또 마음에 主觀과 客觀이 있으면 곧 凡夫며 客觀、主觀이 생겨나지 아니하면 곧 凡夫가 아닌것이다.

傅大士

恰似捕魚者 — 得魚忘却筌이니 **若道如來度**인댄 **從來度幾船**고
衆生의 **脩因果**여 **果熟自然圓**이라 **法船自然度**어니 **何必要人牽**이리오

(傅大士의 頌)

衆生들이 因果 닦음이여
果 무르익으면
自然히 둥글다
法의 배, 自然히 江을 거느니
何必 사람들이 끌 必要 있겠다.

마치 고기잡이
고기를 잡고나면
고기잡는 사람이
「발」은 잊어버리듯

만약 부처님이
濟度 하셨다고 말 한다면
예전부터 지금까지
몇체의 배를 건느게 하였는가?

註
① 笻...물고기 잡는 도구. 물 양편으로 돌같은 것으로 쌓아 물을 한곳으로 흐르게 모으고 그 곳에 대나무나 싸리로 엮은 「발」을 設置하여 오르내리는 물고기가 「발」에 걸려 잡힌다.

冶父 前念衆生後念佛이라 佛與衆生이 是何物고

說 前念起妄에 後念即覺하고 前念有着에 後念即離니 妄還覺着却離여 爲聖가 爲凡가 是善가 是惡가 定當不得다이로다

咦

不現三頭六臂도 하야 却能拈匙放筋로다 有時에 醉酒罵人가이라 忽爾燒香作禮하며
手把破砂盆하고 身披羅錦綺하니 做模打樣이 百千般이나 驀鼻牽來秖是你로다

說 咦는 一作嗄라 非能非不能이며 非善非不善이며 非貴非不貴니 貴賤善惡能否異여 正眼看來唯一人다이로

(冶父道川의 評唱)

解說...앞 생각에서 衆生이였다가 뒷 생각에는 부처 되었으니 衆生과 부처 이것이 다 무엇인가? 앞 생각에서 妄想이 일어났다가 뒷 생각에서는 깨닫고 앞 생각에는 執着이 있다가 뒷

생각에서 執着을 버린다. 妄想이 문득 깨달음으로 변하고 執着이 문득 離脫로 변하니 이것이 聖人인가? 凡人인가? 그 어느것도 承當할 수 없다

(評唱)

머리는 셋 팔은 여섯의
神通力의 變化 나타내지 아니해도
문득 숟가락은 집어들고
절가락은 내려놓을 수 있네
어느때는 술에 취해
사람들을 욕 하다가
갑작이 향 사르고
부처님께 禮拜드리며
손에 깨진 사발을 들고
몸에는 비단옷 걸치니
모양 꾸미고 만든것은
百千가지 다르지만
갑작이 코를 끌고 와서보니
오직 너 한사람의 짓이였구나!
어!

解説…「咦」란 글자를 다른 책에는 「嗄(사)」라고 된곳도 있다. 咦는 가벼운 驚嘆, 嗄는 목쉰 소리
咦는 할 수 있는것도 아니며 善도 아니며 不善도 아니며 귀중한것도 아니고

아오면 오직 한사람이 꾸민 모습이다. 귀중하지 아니한것도 아니다. 귀하고 賤하고 善하고 惡하고 能하고 다른것이 바른 眼目으로 보

㊗ 宗鏡 無我無人이여 衆生이 自成正覺이요 不生不滅이여 如來─說非凡夫로다
雖然箇事分明이나 爭奈當機蹉過리오 昔에 有僧이 問翠岩云호대 還丹一粒이
點鐵成金하고 至理一言이 轉凡成聖이라 學人이 上來하니 請師─點이라하노라 師─云호대 不落凡
不點이니 僧이 云호대 爲什麽不點잇고 師─云호대 恐汝落凡聖이라 且道하라 不落凡
聖底人은 具什麽眼고 直饒聖解凡情盡이라 開眼依然在夢中이니

㊗ 說 佛不度衆生이여 衆生相寂滅이여 如來─說非凡夫로다 雖曰人人具
足이나 爭奈日用而不知리오 翠岩이 曾不點은 恐落凡聖路니 且道하라 不落凡聖底人은
具什麽眼고 直饒不落凡聖路라도 敢道猶未具眼在니라
到岸에 從來不用船이니 坦然大道─透長安이라 了然元不因他悟니 面目이
分明總一般다이로다

㊗ 說 悟了不應守方便이니 何更從他問長安오리 一條活路─如絃直하니 千聖이 皆從此路歸
로다

(宗鏡의 頌)
我相도 없고 人相도 없음이여 衆生이 스스로 正覺을 이루도다.
不生不滅함이여! 부처님이 凡
夫가 아니라고 말씀하셨네

비록 그렇게 이 일이 分明하건만 機緣을 맞고도 발을 헛디디셔 그냥 지나가니 이를 어찔고?

예전에 한 스님이 翠巖(令參)禪師에게 물었다.

「大還丹 한알이 무쇠를 녹여 금을 만들고 至極한 眞理의 말씀 한마디가 凡人을 聖人으로 바꾼다고 하오니 제가 스님의 방에 올라왔으니 스님께서 저를 한번 녹혀주십시오」

「녹히지 아니한다」

「왜 녹히지 아니하십니까?」

「네가 凡人, 聖人이란 差別의 陷穽에 떨어질까 두렵기 때문이다」

말해보라! 凡人, 聖人의 함정에 떨어지지 아니할까 두려워한 사람은 무슨 眼目을 가추었겠느냐?

설사 거룩한 아름아리 이루어 凡人의 情 다 없어졌다 하더라도 눈을 뜨고도 여전히 꿈속에 있구나

解說…부처님이 衆生을 濟度하는것이 아니고 衆生이 스스로 正覺을 이룬다.

衆生相이 寂滅하니 부처님이 凡夫가 아니라고 말씀하셨다.

비록 사람마다 具足하였다고 하지만 날마다 쓰면서도 모르니 이를 어찌할까? 翠巖스님이 일찌기 녹혀주지 아니한것은 聖人, 凡人 가리는 差別心에 떨어지지 아니할만한 사람은 어떤 眼目을 가추고 있겠는가?

凡人, 聖人 가리는 差別의 일에 떨어질까 두려워한것이니 말해보라!

※ 翠巖令參…生沒 未詳 唐末, 五代때사람. 浙江省湖州人, 雪峰義存의 法嗣, 吳越王, 錢氏로 부터 紫衣와 永明大師란 法號를 받았다.

六祖~青原~石頭~天皇~道悟~龍潭~崇信~德山~宣鑑~雪峰~義存~翠巖 合參

설사 凡人 聖人 差別하는 길에 떨어지지 아니한다 하더라도 敢히 말해주노니 아직은 바른 眼木

665

을 가추지 못하고 있다고…

(頌)

저쪽 언덕에 이르는데
예전부터 배를 쓰지 아니하였고
坦坦大路가 長安으로 통해있다
환하게 元來부터
다른 사람에 因緣해 깨닫는것이 아니니
얼굴모습 분명히
모두가 一般이라네

(圭峰의 解說)

解説…깨닫게되면 마땅히 方便을 지키지 아니할것이니 무엇때문에 다시 다른 사람에게 長安으로 가는 길을 물어 보겠느냐? 한가닥 살 길은 거문고줄 처럼 곧으니 모든 聖人도 모두 이 길따라 돌아왔다네

스물두번째는 相을 比較해서 眞佛임을 알게되는것 아닌가? 하는 疑問에 斷定을 내리신 것이다.

般若論에 이르기를
「비록 形相이 이루었다고 하더라도 부처님을 볼 수는 없는것이나 나타난 相이 成就하신 智慧를 比較해보면 곧 부처님의 法身을 알게 될 것이다」라고 생각하게됨으로 이를 斷定한 것이다.

圭峰 第二十二는 斷以相比知眞佛疑라 論에 云雖相成就로 不可得見 如來나 而以見相의 成就比智로 則知如來法身이라할새 斷之니라 文은 五니 一은 問

以相表佛이라

法身非相分第二十六

須菩提야 於意云何오 可以三十二相으로 觀如來不아

須菩提 言대하사 如是如是이다 以三十二相으로 觀如

來다니이

(本文)

須菩提야! 너는 어떻게 생각하느냐? 三十二相으로 부처를 볼 수 있다고 생각하느냐? 아닌가?

須菩提가 言대하사 如是如是이다 하였다.

글은 다섯가지로 구분되며 첫번째는 相으로 부처를 表示하는가를 물어 보셨다

二는 答因苗識根이라

空生이 彼中엔 迹同悟入일새 故로 言不可以三十二相으로 得見이라시고 此中엔
迹同下根하야 權示未悟일새 故로 言可以三十二相으로 觀如來시니 彼中言見하고 此中言觀이 亦
有以也로다

問호대 善現이 前에 頻答此義호대 皆悟佛身非相이어늘 如何今答以相觀佛고 有
云호대 前엔 實理答이요 今엔 假設答이라 又前엔 依眞答이요 此는 據俗答이라하며 又有
云호대 欲明二十一段에 法身妙體하야 假設此答이라 皆錯이로 前何不假
示하고 今始假示아 假示는 須有綸緒理例니 秖合先假示迷하고 後假示悟ㅣ언
豈可前悟而後却迷리오 又云 前悟色身이요 此迷法身이라하니 此亦錯解로다 前
已悟法인댄 非唯悟色이며 非不證眞而能達俗이니 今細詳之컨댄 此問及答이
與前皆殊하니 前問以相爲佛故로 答云不也와어니 今問可以相觀으로 知是無相
佛不故로 設答云可以相觀하니 意云相雖非佛이나 但見外具相好하면 即表
知內證法身無相眞佛이라 故論에 云호대 比智知也니라하니 由此로 科云因苗識根이니
大雲은 最後釋云호대 意謂法身이 既流出相身일새 即由此相하야 知佛證得
無相法身하니라 此即順矣로다

說 以上十三行文은 圭峯本疏의 所無니 盖編集者之所論云云이라

(圭峰의 解說)

돌아난 싹으로 인해 뿌리를 안다고 대답하였다.

(本文)

須菩提가 말 하기를 그러하옵나이다 三十二相으로 부처님을 觀察할 수 있습니다.

解說…須菩提가 저편에서는 자취를 中根을 지닌 사람과 같이하여 方便으로 깨닫고 道에 든 모습을 보였는 까닭에 「三十二相으로 부처님을 볼 수는 없습니다」라고 말하였고 여기서는 자취를 下根을 지닌 사람과 같이하여 方便으로 아직 깨닫지 못한 모습을 보인 까닭에 「三十二相으로 부처님을 觀察할 수 있습니다」라고 말한것이다.

여기서 「본다」고 하지않고 「觀察한다」고 한것도 또한 理由가 있는것이다.

(圭峰의 解說)

問…須菩提가 앞에서 자주 이 내용에 대답하기를 모두 부처님의 몸은 形相이 아님을 깨달았는데 어찌하여 지금은 形相으로 부처님을 觀察한다고 하였는가?

이 질문에 대하여 어떤 사람은 말 하기를 「전에는 實相의 眞理로 대답하였고 지금은 假設로 대답한 것이며 또 앞에서는 眞實에 根據하여 대답하였고 여기서는 世俗에 根據하여 대답하였다」라고 하였고 또 어떤 사람은 말하기를 二十一段에서 法身의 妙한 바탕을 밝히고 그 一時方便으로 두 사람의 解明이 모두 잘못된 것이다.

앞에서는 왜 假示하지 아니하다가 지금에 와서 비로소 假示하려면 반드시 順序와 條理가 있어야 하는것인데 다만 먼저의 假示는 迷惑을 表示한것이고 뒤의 假示는 깨달음을 表示한것에 合致시키고 있으니 앞에서 이미 法을 깨달았다면 비단 色만 깨달은것이 아니니 眞諦를 證得하지 아니하고 능히 俗諦에 達通할 수 있는것이 아니다.

669

지금 이 문제를 자세히 詳考해보면 이 問答은 앞에서의 問答과 全然 다르다. 앞에서의 물음은 「相을 부처로 보는가?」라고 하였기에 「아니옵니다」라고 하였으나 지금 여기서는 「相으로 부처를 觀察할 수 있느냐?」라고 물었으니 그런까닭에 「相으로 부처를 觀察하여 相이 없는 부처를 알 수 있습니다」라는 答을 마련한 것이다.

나의 생각으로는 形相이 비록 부처는 아니지만 다만 外貌의 거룩한 모습을 가추었음을 본다면 곧 안으로 證得한 法身의 無相眞佛을 表知할 수 있다고 말한것으로 생각된다.

그런까닭에 般若論에 이르기를 「比較하는 智慧로 알게되는 것이다」라고 하였다.

이로 말미아마 이 章의 科題를 「돋아난 싹으로 인하여 뿌리를 안다」라고 말한것이다.

大雲스님은 最後로 이를 풀이하기를 「法身이 이미 相身으로 흘러나왔으니 이 形相으로 말미아마 곧 부처님이 無相法身을 證得하셨음을 알게 된다」라는 뜻을 말한것이다」라고 하였으니 이것이 順理의 解釋일 것이다.

解說…위에 실은 열세줄의 글은 主峰의 本疏에는 없는것이니 아마도 編輯한 사람이 論한 글인 듯 하다

冶父 錯이라

說 色身이 非是佛이요 音聲도 亦復然이늘 而云以相觀如來라하시니 所以로 云錯이라하니

泥塑木雕縵綵畵여 堆靑抹綠更粧金다이로 若將此是如來相인댄 笑殺南無觀世音라하리

說 執相執情之見이 違於離塵復性之觀이니 取笑菩薩이 其在茲焉다이로

(冶父道川의 評唱)

틀렸다!

解說…色身이 부처가 아니며 音聲도 부처는 아닌데 그런데 相으로 부처를 觀察한다 하였기 때문에 「틀렸다」라고 한 것이다.

(評唱)

흙으로 빚고 나무로 새기고
비단에 그림 그리고
丹青 쌓아 緣末 지우고
다시 金色端粧 입혀서
만약 이것을
부처의 모습이라 한다면
웃긴다 南無觀世音보살이여!

解說…相에 執着하고 情에 執着하는 것은 境界를 벗어나 自性에 復歸하는 觀에 어긋나는 것이니 菩薩에게서 웃음을 사는 理由가 바로 여기에 있다

圭峰 三은 難凡聖不分이라

佛言하사 須菩提야 若以三十二相으로 觀如來者인댄

偈에 云非是色相身으로 可比知如來니 諸佛은 唯法身이요 轉輪王은 非佛하니라

세번째는 凡人과 聖人을 分別하지 못하는것을 나무라셨다.

(圭峰의 解説)

偈頌에 이르기를 「色相의 몸을 比較해서 부처를 아는것은 아니니 모든 부처님은 오직 法身이며 轉輪王은 부처가 아니다」라고 하였다

(本文)

부처님이 말씀하시기를 「만약 三十二相으로 부처를 觀察한다면 轉輪聖王이 곧 부처일 것이다.

(圭峰의 解説)

轉輪聖王이 即是如來로다

四는 悟佛非相見이라

須菩提 — 白佛言하사대 世尊이시어 如我解佛所説義컨댄 不應以三十二相으로 觀如來니이다

蒙佛痛與針劄코사 方得醒悟일새 乃云不以相觀이시라하 是則是矣나 猶未徹見다이로

(圭峰의 解說)

네번째는 부처는 상으로 볼 수 있는것이 아님을 깨달은 것을 말하였다.

(本文)

須菩提가 부처님께 아뢰기를
「世尊이시어! 제가 부처님의 말씀하신 뜻을 解釋해보니 마땅히 三十二相으로 부처를 觀察할 수는 없겠습니다.

解説…부처님으로 부터 痛烈한 一針을 찔리고 비로소 깨달아 마침내 「相으로 觀察해서는 안된다」고 말하였으니 옳기는 옳은 말이지만 아직도 뚫어지게 보지는 못하고 있다.

⑥ 六祖 世尊이 大慈로 恐須菩提가 執相之病을 未除일새 故作此問이어시늘 須菩提ㅣ未知佛意하야 乃言如是如是라하야 早是迷心이요 更言以三十二相으로 觀如來시니 又是一重迷心이라 離眞轉遠故로 如來ㅣ爲說하사 若以三十二相으로 觀如來者인댄 轉輪聖王이 即是如來也리오 世尊이 引此言者는 以遣須菩提의 執相之病하사 令其所悟深徹이시니 須菩提ㅣ被問하사 迷心이 頓釋일새 故로 言如我解佛所說義컨댄 不應以三十二相으로 觀如來라하니 是大阿羅漢이라 所悟甚深하니 方便으로 示其迷路하야 以冀世尊의 除遣細惑하사 令後世衆生으로 所見不謬也니라

(六祖大師의 解說)

世尊께서 大慈하신 마음으로 須菩提가 혹 아직도 相에 執着하는 病弊를 除去하지 못하고 있는 것이 아닌가 두려워 하신 까닭에 짐짓 이 물음을 만드신것인데 須菩提는 부처님의 뜻을 알지못하고 곧 「그러하옵나이다」라고 하였으니 이는 일찌감치 헷갈린 헷갈린 부처님의 뜻으로 부처를 觀察한다」라고 하였으니 이는 또 한겹의 헷갈린 마음이며 眞實을 떠남이 더욱 멀어진 말이다. 그런까닭에 그를 위하여 설멸하게서 그의 헷갈린 마음을 除去하게 하기 위하여 「만약 三十二相으로 부처를 觀察한다면 轉輪聖王이 곧 부처일 것이다」라고 하셨다.

轉輪王은 비록 三十二相이 있기는 하지만 어찌 부처님과 같겠는가?

世尊께서 이 말씀을 끌어오신것은 須菩提의 相에 執着한 病弊를 없애고 그의 깨달은것을 깊고 투철하게 하기 위한 것이며 須菩提는 부처님의 이 反問을 받고 헷갈린 길이 完全히 풀렸기에 「제가 해득한 부처님이 말씀하신 뜻은 마땅히 三十二相으로 부처를 觀察할 수 없다」라고 말한 것이다.

須菩提는 大阿羅漢이며 그가 깨달은 境地는 매우 깊다. 그는 여기서 다만 方便으로 헷갈린 길을 나타내서 世尊께서 微細한 煩惱를 除去해주시기를 바랐고 그리하여 後世의 衆生들로 하여금 그들의 보는 바에 誤謬가 없게 하였든것이다.

冶父 錯이라

說 亦不離色聲코 見佛神通力늘어어 而云不以相觀이라하시니 所以로 亦錯이라

有相身中無相身이여 金香爐下에 鐵崑崙이다 頭頭盡是吾家物이니 何必靈山에 問世尊이리 如王秉劍이다로

說 即相卽眞이라 相外無眞이니 頭頭物外家風이요 事事目前三昧로다 處處에 得逢渠니 何必向外求리오 如王秉劒者는 以有相求라도 亦錯이며 以無相求라도 亦錯이니 有相無相이 都盧是錯이라 如王秉劒하야 罪來卽斬하고 一得知非하면 便令却活이니 操縱이 在渠요 殺活이 臨時로다

(冶父道川의 評唱)

틀렸다!

解說…色과 소리를 떠나지 아니하고도 부처님을 보는 神通力이 있는데도 相으로 觀察할 수는 없다고 하였으니 그런까닭에 이것도 역시 「틀렸다」라고 한 것이다.

(評唱)

形相있는 몸안의
形相없는 몸
금 香爐아래에 까만 쇠뭉치로다
물건마다 모두가 우리집 물건인데
何必 靈山에 가서
世尊께 묻겠는가?
王이 칼자루 잡은것 같도다

解說…相이 곧 眞如이며 相밖에 眞如는 없다. 물건마다 世上밖의 家風이며 일 마다 눈앞의 三昧다.

곳곳에서 「그(부처님)」를 만나는데 何必 밖에 가서 求하겠느냐?

王이 칼자루를 잡고 있는것과 같다고 함은 形相이 있는것으로 求하는 것도 역시 틀렸으며 無相으로 求하는 듯것도 역시 틀렸으며 罪지은 사람이 오면 곧 목자루를 것이나 한번 自己의 잘못을 알게 되면 곧 命令하여 살려준다. 法의 操縱은 손아귀안에 있으며 살려주고 죽이는것은 때에 달려있다.

爾時에 世尊이 而説偈言하사 若以色見我어나 以音聲求我하면 是人은 行邪道라 不能見如來하시니라 하시다

圭峰 五는 印見聞不及이라

色見聲求ㅣ 是行邪道인댄 作麽生 不行邪道去오 但知聲色이 本非眞이면 自然不被聲色惑이니 見盡에 自於玄旨會요 情忘에 能與道相親하니 魏에는 加後偈云 彼如來妙體는 即諸佛法身이니 法體不可見이라 彼識不能知니라하며 偈에 云 唯見色聞聲이면 是人不知佛이니 以眞如法身은 非是識境故라 하며 無着은 云호대 以彼法身은 眞如相故로 非如言説而知요 唯自證知故다라하

(圭峰의 解説)

다섯번째는 보고 듣는것으로는 미치지 못함을 確認시켰셨다.

(本文)

이때 世尊께서는 偈頌을 지어 말씀하시기를

만약 色으로 나를 보거나

音聲으로 나를 찾는다면

이 사람은 邪道를 行하는 사람이니

부처를 볼 수 없느니라

라고 하셨다.

解說…色으로 보려하고 소리로 찾으려 하는것이 邪道를 行하는 일이라면 어떻게 하는것이 邪道를 行하지 아니하게 되는것일까? 다만 소리와 色이 本來 眞實이 아님을 안다면 自然히 聲色의 誘惑을 입지아니하고 偏見이 다하면 스스로 玄妙한 宗旨와 만나며 情을 잊어버리면 능히 道와 親近하여지니라

(圭峰의 解說)

魏譯本에는 이 偈頌 뒤에 또 한首의 偈를 添加하였는데 그기에 이르기를

오직 色으로 보고

소리로 들으려 하면

이 사람은 부처를 모른다

眞如의 法身은

認識의 境界가 아니기 때문이다

라고 하였다.

無着스님은 이르기를

「저 法身이란 眞如의 相인 까닭에 말로 說明해서 알 수 있는것과 같은것이 아니며 오직 스스로

證知해야만 하는것이기 때문이다」라고 하였다.

六祖 若以兩字는 是發語之端이라 色者는 相也요 見者는 識也요 我者는 是一切衆生身中에 自性清淨無爲無相眞常之體니 不可高聲念佛하야而得成就요 會須正見分明하야 方得解悟니라 若以色聲二相으로 求之면 不可見也니 是知以相觀佛과 聲中求法은 心有生滅하야 不悟如來矣라

(六祖大師의 解說)

「若以」란 두 글자는 發音하는 실마리(助辭)며, 「色」이란 形相을 뜻하며, 「見」이란 認識을 뜻하며 「我」란 一切衆生의 몸 가운데 있는 自性의 清淨하고 無爲無相한 眞如의 永久不變하는 바탕을 뜻하다.

만약 色과 소리의 두 相으로 이를 求한다면 부처를 볼 수 없는 것이다. 이로서 相으로 부처를 觀察하거나 소리 가운데서 法을 求하는 것은 마음에 生滅이 있는것이여서 부처를 깨닫지 못한다는 사실을 알게된다.

높은 소리로 念佛한다고 해서 道를 成就할 수는 없는것이며 모름지기 正見이 分明한 境地를 만나야 비로소 「解悟」(아름아리의 깨침)를 얻는다.

傅大士 涅槃에 含四德하나 唯我契眞常이라 齊名八自在나 獨我最靈長다이로

非色非聲相을 心識이 豈能量가 看時不可見이나 悟理即形彰다

(傅大士의 解説)

涅槃에 四德이 包含되어 있으나
오직 나만이
永久한 眞如와 一致하도다
八解脱과 이름 같이 하지만
오직 나만이 홀로
가장 神靈함이 뛰어났도다
色과 소리의 相이 아닌것을
마음의 認識이 어찌 헤아리겠나
보았을 땐 볼 수 없으나
眞理 깨달으면
곧 形相 밝혀지느니라

註

① 四德…常、樂、我、淨
② 八解脱…八禪定(初禪~四禪、四無色定滅盡定)의 힘으로 貪欲과 執着을 버리는 일

冶父　直饒不作聲色求라도 是亦未見如來在니 且道하라 如何得見고

說　聲至是는 一作聲求色見이라

不審不審

說　佛不在色聲이니 亦不離色聲이니 即色聲求佛도 亦不得見이며 離色聲求佛도 亦不得見

678

即色離色에 兩不得見이니 且道하라 如何得見고 不審不審이여 看看하라 黃頭老ㅣ 現也로다

見色聞聲은 世本常이어늘 一重雪上에 一重霜이로다 君今要見黃頭老인댄 走入摩耶腹內藏다이어 咦 此語는 三十年後에 擲地라도 金聲在리라

說 妙圓眞淨劫前身을 莫將知見으로 妄疎親하라 見色聞聲이 世本常이니 莫離色聲別求眞하라 古人이 道호대 道不屬見聞覺知나 亦不離見聞覺知라 見色聞聲이라도 則即見聞覺知求道라도 亦錯이요 離見聞覺知求道라도 亦錯이며 即色聲求佛도 亦錯이요 離色聲求佛도 亦錯이니 將錯就錯이여 雪上加霜이로다 如斯見佛하면 終不得見이니 君今要見黃頭老인댄 走入摩耶腹裏堂이여 摩耶肚裏堂法界體이니 若是法界體인댄 爲相가 非相非非相이여 諸佛所同歸니 要見黃頭老인댄 便向此中尋하라 此語ㅣ 三十年前엔 未得分曉와이어니 三十年後엔 一似擲地金聲在리라

(冶父道川의 評唱)

설사 聲色으로 찾는 일을 하지 아니한다 하더라도 그것도 아직 부처를 보지 못하고 있는 것이다.

말해보라! 어떻게 하면 볼 수 있는가? 모르겠다 모르겠어!

解説…原文中「聲色求, 是」까지를 다른 原本에는 「聲求色見」이라 된 곳도 있다.

부처는 色과 소리에 存在하는것이 아니나 또한 色과 소리를 떠나서 存在하는 것도 아니니 色과

소리에 몸담아 부처를 찾는다 하더라도 역시 만날 수 없다. 두 方法 모두가 만날 수 없으니 한번 말해보라 어떻게 하면 만날 수 있는가를? 모르겠다 모르겠어! 보라 보라! 머리 노란 늙은이가 나타났도다는다 하더라도 부처를 찾고 소리를 떠나서 부처를 찾

(評唱)

色을 보고 소리를 듣는것이
世間의 變치 않는 眞理인데
한 겹 눈위에
또 한겹의 서리 내렸네
그대 지금
머리 노란 늙은이 보고 싶은가?
달려가 摩耶夫人 뱃속에 숨어라!
어!
이 말 三十年 後에는
땅에 내동댕이 쳐도
쇠소리가 날것이다

解說…妙圓하고 眞淨한 永劫以前의 몸을 知見을 가지고 함부로 멀리하고 가까이하려 하지 말아라! 色을 보고 소리를 듣는것이 世上의 變치않는 眞理인데 色과 소리를 떠나서 따로 眞實을 찾으려 하지 말아라!
옛 사람이 이르기를 「道는 見聞覺知에 속한것이 아니나 또한 見聞覺知를 벗어난것도 아니다」라고 하였으니 見聞覺知에 몸담아 道를 求하는 것도 역시 틀린 일이고 見聞覺知를 떠나서 道를 求

하는것도 역시 틀렸다. 色과 소리에 몸담아 부처를 찾는것도 틀렸고 色과 소리를 떠나서 부처를 찾는것도 역시 틀렸다.

이와같이 틀린곳으로 나아가니 이는 눈위에 서리가 더해진것이다.

그대 지금 머리로 부처를 보려하면 끝내 부처는 볼 수 없다.

옛 사람이 이르기를 머리노란 늙은이를 보고싶은가? 달려가 摩耶夫人의 뱃속에 숨어라!

「摩耶夫人의 뱃속의 法堂 法界의 바탕 한결같이 如如하다」

라고 하였으니 만약 이것이 法界의 바탕이라면 이것은 相이라 해야하는가? 相이 아니라 해야하는가? 相도 아니요 相 아닌것도 아니니 모든 부처님이 함께 歸依하는 곳이로다

머리노란 늙은이가 보고싶다면 곧 이가운데 가서 찾아보아라!

이 말은 三十年前에는 분명히 깨달을 수 없지만 三十年後에는 꼭 땅에 내동이처도 쇳소리가 나듯 分明하게 알게될 것이다.

宗鏡 妙相端嚴은 聖王相이나 即如來相이며 法身周徧은 如來身이나 異聖王身이라 若向這裏하야 見得徹去하면 鷲依雪巢요 兎棲月殿이어니와 其或未然인댄 石火一揮天外어늘 癡人은 猶看月邊星이로다

說 如來與聖王이 以其相則毫釐無差나 以其證則天地何遠오리 若向這裏하야 見得徹去하면 鷲依雪巢요 兎棲月殿이어니와 其或未然인댄 火飛天外어늘 目送星邊이로다

公案現成重審問하시니 愛情翻款錯承當이로 不應聲色行邪道니 結罪無因見法王이니라

說 如來重審問하시며 空生이 錯承當이로 適來에 雷天大壯이러니 今日에 地火明夷로다 法王體ㅣ 寂滅하니 從來非色聲이라 色見聲求應結罪니 結罪無因見法王다이로

(宗鏡의 頌)

妙相의 端正莊嚴함은 聖王의 相이 곧 부처님의 相이나 法身의 두루 골고루 깔린 面에서는 부처의 몸은 聖王의 몸과 다르다.

만약 여기에서 투철하게 본다면 지만 혹 아직 그런 境地가 되지 못하였다면 부싯돌에 불 한번 번쩍 휘두르는 사이에 하늘 밖으로 도는 떠나가고 마는데 어리석은 사람은 아직도 달 옆에 있는 별만 쳐다보고 있도다.

解說…부처님과 聖王은 그 形相에서는 조금도 差異가 없으나 그 證道의 側面에서는 天地의 差異도 어찌 멀다 하겠는가?

만약 여기서 徹底히 眞理를 보아버린다면 白鷺가 눈 둥지에 依止하고 토끼가 달의 宮殿에 사는 格이 되 完全히 道와 一体同色이 되겠지만 혹 아직 그런 地境에 이르지 못하였다면 별똥은 하늘 밖으로 날라가는데 눈으로 별 어저리만 보고 있는 꼴이다.

(頌)

公案(事件文案 裁判文案)이 눈앞에 이루어졌는데 거듭 審問하였는데

愛情으로 간곡한 眞實을 뒤집어

잘못 받아 드렸으니
마땅히 聲色으로
邪道를 行해서는 안된다
罪業을 맺게되면
法王을 만날
因緣이 없어지느니라

解説…부처님이 거듭 審問하셨는데 須菩提가 잘못 받아들였다.
조금전에는 雷天大壯卦였더니 지금은 地火明夷卦로구나 (註参照).
法王의 바탕 寂滅하여 예전부터 聲色은 아니니 色으로 보고 소리로 求하면 아마도 罪業을 맺게되고 罪業을 맺게되면 法王을 만날 因緣이 없어진다.

註
※ 雷天大壯… 雨雷가 하늘위에 있는 格으로 壯嚴하고 剛하며 動的이고 正大한 表象 地火明夷 밝음이 땅속에 들어가니 안은 밝은데 밖은 弱하여 그 災難을 입는 卦

圭峰 第二十三은 斷佛果非關福相疑라 由前에 以相比知法身이 是失이라하며 又聞以色見聲求ㅣ是邪야라하야 遂作念云호대 佛果는 一向無相無爲니 若爾면 則修福德之因은 但成相果라 相旣非佛인댄 佛果는 則不以具相而得故니 得大菩提면 如是諸菩薩은 則失福德이며 及失果報니라하야 斷之文이 四니 一은 遮毀相之念이라

佛果는 畢竟不關福相故로 論에 云有人이 起如是心하야 若不依福德코 得大菩提면 如是諸菩薩은 則失福德이며 及失果報니라하야 斷之文이 四니 一은 遮毀相之念이라

無斷無滅分第二十七

須菩提야 汝若作是念호대 如來- 不以具足相故로 得阿耨多羅三藐三菩提아 須菩提야 莫作是念호대 如來- 不以具足相故로 得阿耨多羅三藐三菩提라 須菩提야 汝若作是念호대 發阿耨多羅三藐三菩提心者는 說諸法斷滅가 莫作是念이니

華嚴經에 云色身은 非是佛이오 音聲도 亦復然이어 亦不離色聲코 見佛神通力이라하며 肇- 云不偏在色聲일새 故言非요 亦不離色聲일새 故復言是며 大雲은 云호대 若言如來- 不以具足相인댄 斷滅見矣라 故로 佛이 止之하사 莫作是念이니라하다

(圭峰의 解說)

스물세번째는 佛果는 福德과 關聯되는것이 아니다 라는 疑心을 끊었다. 앞에서 相으로 比喩해서 法身을 안다는것은 잘못된 생각이란 말씀으로부터 다음에는 色으로 보고 소리로 듣는것으로 부처를 만난다는것은 邪道를 行하는 것이란 말씀을 들음으로 말미암아 마침내 생각하기를 「佛果는 오로지 無相無爲로 얻어지는것이며 만약 그렇다면 福德의 因緣을 닦는다는것은 다만 相의 果報만 이루어질 뿐이다. 그런까닭에 佛果란 畢竟 福德의 相과는 關聯되는것이 아니며 그런까닭에 佛果란 相을 갖춤으로써 얻어지는 것이 아니며 그러나 相을 갖춘다는것은 다만 相의 果報만 이루어질뿐이다. 그런까닭에 佛果가 부처가 아니니 佛果는 相

니다」라고 생각하게 된다. 그런 까닭에 般若論에 이르기를 「어떤 사람이 이와같은 마음이 일어나 만약 「福德에 의하지 아니하고 大菩提를 얻는다」라고 생각한다면 이와같은 보살은 福德과 그 果報를 잃게 되기 때문에 이러한 생각을 하지 아니하고 阿耨多羅三藐三菩提를 얻는다」라고 하였다.

글의 내용은 네가지로 구분되며 그 첫번째는 相을 허물어야 한다는 생각을 遮斷시켰다.

(本文)
(斷滅함이 없다는 分段, 第二十七)

須菩提야! 네가 만약 「부처님은 相을 具足하시지 아니하신 까닭에 阿耨多羅三藐三菩提를 얻는 것 아닌가?」 이런 생각을 한다면 須菩提야! 그런 생각을 하지 말고 부처님은 相을 具足하시지 아니하신 까닭에 阿耨多羅三藐三菩提를 얻는다고 생각하지 말아라!

解說: 華嚴經에 이르기를 「色身은 부처가 아니며 音聲도 또한 그렇다 그러나 소리와 色을 떠나지 아니하고 부처를 만나는 神通力이 있다」라고 하였다.

僧肇 스님은 이르기를 「소리와 色에 치우쳐있지 아니하는 까닭에 「非」라고 한 것이며 身相이 아닌것도 아닌 까닭에 「是」라고 하였고 大雲스님은 이르기를 「만약 부처가 相을 갖추지 아니함으로서 菩提를 얻는다고 한다면 이는 斷滅見이다. 그런까닭에 부처님은 그를 制止하신 것이다」라고 하였다.

二는 **出毀相之過**라

須菩提야 汝若作是念호대 發阿耨多羅三藐三菩提心者는 說諸法斷滅가 莫作是念이니
毁相則墮斷滅이니 斷滅은 是損滅之過요 斷見은 邊見之過니라

(圭峰의 解說)
두번째는 相을 허무는 잘못을 지적해내 보이셨다.

(本文)
須菩提야 네가 생각하기를
「阿耨多羅三藐三菩提心을 일으킨다는 것은 모든 法의 斷滅을 말하는 것이 아닌가」라고 한다면 이런 생각을 하지 말아라!

解說…相을 허물면 곧 斷滅의 見에 떨어지며 滅의 見은 智慧를 損滅하는 허물이 있고 斷見은 中道가 아닌 가장 자리의 見解란 잘못이 있다.

三은 明福相不失이라

何以故오 發阿耨多羅三藐三菩提心者는 於法에 不說斷滅相이니라

訶相與非相은 恐伊落斷常이니 若謂佛無相인댄 早已成斷滅이니라

無着이 云호대 於法에 不說斷滅者는 謂如所住法而通達하야 不斷一切生死影像하고 於涅槃에 自在하야 行利益衆生事니 此中에 爲遮 一向寂靜故로 顯示不住涅槃하며 偈에 云호대 不失功德因과 及彼勝果報며라하고 論에 云호대 雖不依福德하야 得眞菩提나 而不失福德과 及彼果報니 以能成就智慧莊嚴과 功德莊嚴故라하다

세번째는 福德의 相을 잃지 않는다는 것을 밝히셨다.

(本文)

왜 그런가? 阿耨多羅三藐三菩提心이 일어난다는 것이 아니기 때문이다.

解說 : 相과 非相에 執着하는것을 꾸짖은 것은 그가 斷見, 常見에 떨어질까? 두려워하신 까닭이니 만약 부처님은 相이 없다고 생각한다면 일찌 감치 이는 斷滅의 偏見을 이룬것이다.

(圭峰의 解說)

無着스님은 이르기를

「法에서 斷滅을 말하지 아니한다」라고 하신것은 가령 그가 머물고 있는 法에서 그 法에 通達하고도 모든 生死의 그림자인 法도 끊지 아니하고 또 涅槃에 自在하면서도 衆生을 利益되게하는

일을 行하는 것이니 이 가운데서 오로지 寂靜만을 取하는 것을 遮斷하기 위하여 涅槃에 住着하여서는 안된다는 것을 이 뚜렷히 表示하신 말씀이다. 라고 하였고 偈頌에서는 이르기를 「功德의 因子와 그 뛰어난 果報를 잃지 아니한다」라고 하였으며 또 「般若論」에는 이르기를 「비록 福德에 依하여 眞正한 菩提를 얻는 것이 아니지만 그러나 福德과 그 果報도 잃지 아니함 으로서 智慧의 莊嚴함과 功德의 莊嚴함을 成就할 수 있기 때문이다」라고 하였다.

六祖 須菩提ᅟ 聞說眞身離相고하시 便謂不修三十二淸淨行코 得佛菩提 라할새 佛이 語須菩提하사 莫言如來ᅟ 不修三十二淸淨行코 而得菩提라하 汝若 言不修三十二淸淨行코 得阿耨菩提者인댄 卽是斷滅佛種이라 無有是處니라

(六祖大師의 解説)

須菩提가 부처님의 眞身은 相을 떠난 것이란 말씀을 듣고 곧 생각하기를 「부처님이 須菩提를 얻는다고 生覺하였기에 부처님이 須菩提에게 「부처가 三十二淸淨行을 닦 지 아니하고도 菩提를 얻는다고 말하지 말아라! 네가 만약 三十二淸淨行을 닦 지 아니하고 阿耨多羅三藐三菩提를 얻는다고 한다면 이는 곧 부처의 씨를 斷滅하는 것이며 하나도 옳은 點이 라고는 없는 말이다.」라고 하신 것이다.

(傳大士의 頌)

傳大士 相相이 非有相하니 具足相은 無憑이요 法法이 生妙法하니 空空과 體不同 다이로 斷滅不斷滅이여 知覺으로 悟深宗이니 若無人我念이면 方知是志公이라

相마다 相이 있는 것 아니니

具足된 相이란 根據가 없다
법마다 妙法을 낳으니
空空과는 바탕이 다르다
斷滅한다 滅하지 아니한다 함은
아름아리와 느낌으로
깊은 宗旨를 깨달으려 함은
만약 人相 我相에 집착한 생각없다면
비로소 이것이
誌公스님의 境界임을 알리라

① 註
誌公…寶誌禪師(五一八)陝西省、金城人(一説에는 江蘇省、金陵이라고도 함)
俗姓、朱氏、幼年에 出家、江蘇省、道林寺에서 禪定을 닦다가 秦始皇、初年에 出奔、一定한 居處가 없이 飮食도 때를 定하지 아니하고 長髮로 냄비를 손에 들고 四方에 雲遊하다가 齊의 永明七年(九八)武帝가 惑世誣民한다고 逮捕投獄하였는데 梁高祖가 이를 釋放 十二因緣、靜心安樂의 法門을 묻고 그 心要를 얻었다. 大乘讚二四首、十二時頌、十四科頌등의 遺作이 있고 死後 皇帝가 그 遺體를 獨龍阜에 葬하고 그 곳에 開善寺를 創建 廣濟大師라 諡號하였다. 達磨를 알아본 最初의 人物로 評價되고 있다. 高句麗王은 使臣을 보내서 綿帽를 贈呈하였다.

冶父 剪不齊兮여 理還亂이요 拽起頭來割不斷이로다
說 剪欲其齊나 不能使之齊며 理欲無亂이나 不能使之無亂이며 拽來割欲斷이나 不能使之斷이니 伊麼則雖云無色聲이나 亦不碍色聲이로다
不知誰解巧安排오 捏聚依前又放開로다 莫謂如來成斷滅하라 一聲이 還續

一聲來로다

說 既言非諸相하고 又道是具足이여 恐人生斷見하야 再言莫作念이라이니

잘라도 끊어지지 않는구나!
끌고 와서 머리 세워
理致는 도리어 어지럽구나!
잘라도 가즈른 하지 않고

(冶父道川의 評唱)

解說…가위로 자라서 그것을 가즈른히 하고저 하여도 亂雜한 面을 없앨 수가 없다. 끌고 와서 칼로 잘라 끊으려 해도 끊게 할 수 없으니 그렇다면 비록 色과 소리가 없어야 한다고 하더라도 또한 色과 소리를 가로막지도 아니한다.

(評唱)

모르겠다! 누가
숨씨있게 按排할줄 아는지
눌려 쌓은것 如前한데
또 놓아주고 열어주네
부처 斷滅 이루었다고
생각하지 말아라
한 소리 끝에 문득

解説… 모든 相이 부처의 實体가 아니라고 말해놓고 또 相을 具足하고 있다고 말씀하셨네 두려워하시어 거듭 「이런 생각을 하지 말아라」라고 말씀하시어 사람들에게 斷見이 생길까? 또 한소리 잇으시고 있도다

宗鏡 相非具而本具며 常自莊嚴이요 法은 不傳而相傳이어니 何曾斷滅가 昔에 世尊이 於靈山會上人天衆前에서 云하사 吾有清淨法眼涅槃妙心을 付囑飲光하야 廣令傳化시니라하시고 且道하라 當時에 付箇甚麼오 青蓮目顧人天衆하시니 金色頭陀ㅣ 獨破顏다로

呪 一燈이 能續百千燈하고 心印光通法令行이라 千聖이 不傳吹不滅하니 聯輝列焰轉分明다이로

一燈이 能然百千燈이여 靈焰이 綿綿到如今이라 千聖이 不傳作狂風하야 吹滅此燈燈不滅이라 燈不滅이여 聯輝列焰轉分明다이로

(宗鏡의 頌)

相은 갖추지 아니하여도 本來 갖추어졌으며 늘 스스로 莊嚴하고 法은 傳하지 아니하여도 서로 傳해졌으니 언제 일찌기 斷滅된 일이 있었든가? 예전에 靈山의 모임 席上에서 人天의 大衆앞에 世尊께서 말씀하시기를 「나에게 清淨한 法眼과 涅槃의 妙心이 있으니 이를 飲光(迦葉)에게 付囑하여 널리 傳하고 教化하게 하노라」라고 하셨다.

말해보라! 當時에 付囑한것은 무엇을 付囑하였다는 것인가?
靑蓮이 눈으로 人天大衆 돌아보니
金色頭陀 홀로 크게 하하하 웃네

한 등불 능히 百千등불로
이어질 수 있으며
心印의 빛은
法令통해 行해진다
千聖이 傳하지 아니한 등불
불어도 꺼지지 아니하고
이어진 빛남 줄지은 불꽃
더욱 分明하구나

解說…한 등불이 능히 百千의 燈을 불 붙일 수 있고 그 神靈한 불꽃은 綿綿히 이어저 지금에 이르렀다 千聖도 傳하지 아니하여 狂風이 일어나 이 燈불에 불어 닥쳐 불을 꺼려 하였지만 燈불 아니하였다.
燈불 꺼지지 아니함이여!
이어진 빛남 줄지은 불꽃
더욱 分明하구나!

 圭峰

四는 明不失所以라 於中에 文二니 一은 明得忍故로 不失이라

不受不貪分第二十八

須菩提야 若菩薩이 以滿恒河沙等世界七寶로 持用布施하야 若復有人이 知一切法無我하야 得成於忍하면 此菩薩이 勝前菩薩의 所得功德이니

布施不住於相을 前에 贊福이 等十方虛空하시고 知法無我하야 得成於忍을 今贊하대 福勝河沙 布施니하시 今此一言이 可以攝前의 住降等意니 所謂不貪不受-蓋是住降心之意也니라

論에 云 有人이 起如是心호대 諸菩薩은 得出世智인댄 失彼福德과 及彼果報라할새 爲遮此故로 偈에 云 得勝忍不失하야 以得無垢果니라하 無我者는 二種無我也니라

(圭峰의 解說)

네번째는 福德을 잃지 아니하는 理由를 밝히셨다. 이 가운데 글은 두가지로 구분되며 그 첫째는 밝게 法忍을 얻은 까닭에 잃지 아니한다고 하셨다.

(받지도 아니하고 탐내지도 아니한다는 分段 第二十八)

(本文)

須菩提야! 만약 菩薩이 恒河에 가득 한 모래와 比等한 世界의 일곱가지 보배를 간직하여 그것을 布施에 쓴다고 하더라도 또 만약 어떤 사람이 있어서 모든 법에 我相이 없음을 알고 忍辱을 이룰 수 있다면 이 菩薩의 功德은 앞에서 말한 菩薩이 얻는 功德보다 뛰어날 것이니…

解說…布施에서 相에 住着하지 아니하는 일을 앞에서 그 福이 十方의 虛空과 比等하다고 讚揚하셨고 法에 我相이 없음을 알고 忍辱을 이룰 수 있으면 그 福德이 恒河의 모래처럼 많은 보물의 布施로 얻는 福德보다 뛰어나다고 지금 찬양하셨다.

지금 이 한마디 말씀은 앞에서 말씀하신 「住」 「降心」등의 內容을 包含시켰다고 할 수 있으니 이른바 탐내지 아니하고 받지 아니한다는 것은 무릇 이 마음을 降服하는 자리에 머물고 닦는 다는 뜻을 말씀하신 것이다.

(圭峰의 解説)

般若論에 이르기를

「어떤 사람이 「菩薩은 世間을 벗어난 智慧를 얻었으니 저 世間의 福德과 그 果報는 잃게된다」라는 마음이 일어나기 쉬운 까닭에 이 마음을 차단하기 위한 까닭에 이 말씀을 하셨다」라고 하였고 偈頌에도 이르기를

거룩한 法忍 얻어 잃지 아니함으로서 때 없는 果報 얻는다」

라고 하였다.

「無我」라 한것은 二種의 無我를 말씀하신 것이다. (※ 二種無我、暫住無我、念念無我)

六祖 通達一切法하야 無能所心者를 是名爲忍이니 此人의 所得福德이 勝

(六祖大師의 解說)

모든 法에 通達하여 主觀, 客觀에 사로잡힌 마음이 없는 것을 「忍」이라 이름하니 이 사람이 얻는 福德은 앞에서 말한 七寶布施로 얻는 福德보다 뛰어난 것이다.

冶父 耳聽如聾이요 口說如啞로다

說 知法無我하면 則彼我相이 泯오 得成於忍하면 則能所情이 忘이니 能所情이 忘則無念智―現하고 彼我相이 泯則平等理―現이니 到伊麼時는 眼見耳聞에 分別不生이요 開口動舌에 分別不生이니 不生도 不生이니 何曾如聲若啞리오 直如明鏡照物과 空谷應聲하야 熾然照應호대 而無照應이니 所以로 道호대 常應諸根用호대 而不起用想이라 劫火―燒海底하고 風鼓山相擊하야도 眞常寂滅樂이여 涅槃相이 如是니라하시니라

說 馬下人因馬上君하야 有高有下有疎親이러니 一朝에 馬死人歸去하니 親者―如同陌路人이라 秪是舊時人이나 改却舊時行履處로다

窮寒清苦拙郞君이 本來無馬亦無人이러니 自有馬人分高下하야 親疎反成疎反親이라 一朝에 馬死人歸去하니 親者如同陌路人이라 馬死人歸親亦疎하니 依舊窮寒清苦拙郞君이로다 又

清淨本解脫이여 我人相이 元無러니 自有我人相으로 高下執情生하니 高下情生與道疎하고 無明三毒以爲親이로대 我人山向一念摧하니 所親三毒이 反成疎라 反成疎여 依舊清淨 本解脫이로다

〈冶父道川의 評唱〉

귀로 들어도 귀먹어리와 같고
입으로 말해도 벙어리와 같다

解說 ··· 法에 我相이 없음을 알면 彼我의 相이 사라지고 「忍」을 이루게 되면 主觀, 客觀의 感情을 잊게되면 平等의 眞理가 나타난다. 主觀, 客觀의 感情을 잊게되면 눈으로 보고 귀로 듣는것에 無念智가 나타나고 彼我의 相이 사라지면 그 分別心이 생기지 아니하고 입을 열고 헛바닥을 움직겨도 分別하는 말이 나오지 아니한다. 이 생겨나지 아니하는 그 自体도 또 생겨나지 아니하는 境地에 이르게되면 어찌 귀먹어리 벙어리와 같은 狀態에만 그치겠는가? 곧 바로 밝은 거울이 사물을 비추고 빈 골짜기가 소리에 응하듯 쉴사이 없이 비추고 응하지만 비추고 응하는 作用은 없다.

그런까닭에 이르기를

「항상 六根이 作用에 응하지만
作用할 생각은 일어나지 아니하니
劫火가 바다 밑을 다 태우고
바람이 山을 북처 서로 두드려도
眞如하고 永遠한
寂滅의 즐거움이여
涅槃의 모습 이와 같도다」
라고 한것이다.

〈評唱〉

馬夫는 고단한데

말탄 사람 임금같아
높낮음과 親疎 있더니
하루 아침에 말도 죽고
사람도 돌아가니
親하던 사람도
논뚝길에서 만난 사람 같더라
오직 옛날 그 사람이언마는
옛날 行動은 고쳐버렸네

解說…궁하고 寒貪하고 淸苦한 拙夫郎君 本來 말도 없고 馬夫 생기고 나서부터 높고 낮은 身分 나누어져서 親하게 도리어 서먹해지고 어느날 하루아침 말도 죽고 馬夫도 돌아가니 親하던 사람 도리어 서먹해져서 옛날처럼 窮하고 寒貪한 拙夫郎君이라네

말도 죽고 馬夫도 돌아가니 親하던 사람도 서먹해지니
또 다른 表現을 하면
淸淨한 本門의 解脫이여
我相、人相 元來 없었는데
我相、人相 생겨서 부터
높낮음에 執着하는 感情 생겼네
높낮음의 情 생기니
道와는 서먹서먹 해지고
無明과 三毒으로 친구 삼았네

我相、人相의 山을 向해서
一念으로 이를 부수니
親하던 三毒
도리어 서먹서먹 해지네
도리어 서먹서먹 해짐이여!
옛날 그대로
淸淨한 本門의 解脫이로다

圭峰 二는 明不受故로 不失이라 於中에 文二니 一은 正明이라

何以故오 須菩提야 以諸菩薩이 不受福德故니라

知法無我하야 得成於忍이 何勝布施之福耶아 布施는 但住相이라 福德이 爲究竟이니어 菩薩은 則不然하야 通達法性空이라 福德도 尙不受일새 所以로 爲勝也니라 論에 云호대 彼福德은 得有漏果報故로 可呵며 無着이 云호대 此는 顯示不着生死故니 若住生死하면 卽受福德이라하다

(圭峰의 解說)

두번째는 받지 아니하는 까닭에 잃지 아니함을 밝혔다. 이 가운데 글은 두가지로 구분되며 그 첫째는 바로 내용을 밝히셨다.

(本文)

二는 徵釋이라

須菩提-白佛言대하사 世尊이시어 云何菩薩이 不受福德잇고

須菩提야 菩薩의 所作福德은 不應貪着일새

是故로 說不受福德이라

了知福德이 元無性하면 不應於中에 生染着이니 貪求已泯徹底空이라 日入萬金渾不知니라

(圭峰의 解說)

般若論에 이르기를
「그 福德이란 有漏의 果報를 얻는것인 까닭에 排斥할만한 것이다.」
라고 하였으며 無着스님은 이르기를
「이는 生死에 執着하지 아니함을 뚜렷이 表示한 까닭이다. 만약 生死에 住着한다면 그것은 곧 福德을 받아드리는 일이 된다」라고 하였다.

解說…法에 我相이 없음을 알고 法忍을 이루면 왜 布施의 福德을 받아드리지 아니하는가? 布施는 다만 福德에 머물어 福德으로 究竟을 삼지만 菩薩은 그렇지 아니하여 法性의 空임을 通達하는 까닭에 福德조차 받아드리지 아니한다. 그런까닭에 뛰어나다고 하는것이다.

왜 그런가? 須菩提야! 모든 보살은 福德을 받아드리기 아니하기 때문이다.

(圭峰의 解說)

세번째는 理由를 따저보고 그것을 풀이 하셨다.

(本文)

須菩提가 부처님께 아뢰기를
「世尊이시어! 어찌하여 菩薩은 福德을 받아드리지 아니합니까?」
「須菩提야! 菩薩이 짓는 福德은 마땅히 탐내고 執着하지 아니하여야 하니 그런까닭에 福德을 받아드리지 아니한다고 말한 것이다.」

解說…福德에 元來 本質이 없음을 훤하게 알아서 그 가운데 染着이 생기지 아니하고 탐내고 求하는 마음이 이미 사라저 바닥에 사모치게 「空」의 境地에 達하였음으로 하루에 萬金이 들어 온다해도 渾然히 이를 모르는 것이다.

六祖 菩薩의 所作福德은 不爲自己요 意在利益一切衆生일새 故로 言不受福德也니라

(六祖大師의 解說)

菩薩이 짓는 福德은 自己를 위한것이 아니며 一切衆生을 利益되게 하는데 뜻이 있는 까닭에 「福德을 받아드리지 아니한다」고 말한것이다.

傳大士 布施有爲相이여 三生却被呑이라 七寶多行慧여 那知捨六根가 但離諸有欲하고 旋弃愛情恩이니 若得無貪相이면 應到法王門이라니

701

(傅大士의 頌)

布施는 有爲의 相이라
三生에 문득 삼켜버리고
七寶로 行하는 많은 布施가
어찌 六根을 버릴줄 알겠느냐?
다만 모든 번뇌 떠나서
愛情의 恩德 베풀고 버려
만약 相을 탐내는 마음 없다면
아마도 法王의 門에 이르리

冶父 **裙無腰袴無口**로다

說 裙袴ㅣ 雖然在나 與無却 一般이니 經云不受福이
其旨正如斯니라
似水如雲一夢身이여 不知此外에 更何親이라 箇中에 不許容他物이라 分付黃
梅路上人다이로

說 只此一夢身이 似水無情하야 逐處方圓하며 如雲無心하야 捲舒自由하니 此外에 別無親이라
何物이 此中歸리오 曠然無人縛하니 解脫을 更何求아 信老ㅣ 曾將此消息하야 分付黃梅
路上人다이로

(冶父道川의 評唱)

註
① 三生…前生、現世、後生。

解説…치마와 바지는 비록 그렇게 있지만 보통 더부러 있어야 할것은 없다. 經에서「福德을 받아드리지 아니한다」는 뜻은 바로 이와같은 것이다。

치마에 허리없고 바지에 구멍이 없다

(評唱)

흐르는 물과 같고
뜬 구름같은 꿈속의 한 몸
이밖에 다시 무엇과 親하는지
나는 모른다
그 안에 다른 물건
容納함은 許諾하지 않는다고
黃梅山 가는 길손에게
分付하였네

註
黃梅山…五祖、弘忍大師가 있던 곳

解説…오직 이 꿈속의 한몸이 물처럼 無情하여 구름처럼 無心하여 펴고 말아드림이 自由自在하다. 이 밖에 따로 親한것은 없으니 무슨 물건이 이 가운데 돌아올 것인가? 텅 비어있어 아무도 束縛하는 사람 없는데 解脱을 무엇때문에 다시 찾겠느냐?
道信老丈(四祖)는 일찍이 이 消息가지고 黃梅山가는 길손(五祖弘忍)에게 分付하였네。

註
① 四祖道信…湖北省、廣濟人(五八〇) 俗姓은 司馬氏 十三歲에 三祖、僧璨을 따라 十二年을 侍奉 그 衣鉢을 傳授받고 江西

② 五祖弘忍(六○一~六七四) 湖北省、蘄州人、俗姓 周氏、四祖道信을 오랫동안 侍奉 그 法을 이어받고 雙峰山의 東쪽 邊茂山에 住錫하다가 後에 黃梅山에 住錫. 會下에 六祖、慧能과 玉泉、神秀의 두 뛰어난 弟子가 輩出 각각 南禪、北禪의 祖師가 되었다.

省、吉州에 住錫 다시 廬山大林寺에서 十年、蘄州、雙峰山에서 三十年을 住錫. 五百余名 門徒가 모였다. 證號、大醫禪師

宗鏡 有求有苦하야 八風五欲이 交煎이요 無着無貪하면 三明六通이 自在라 便恁麽去면 水邊林下에 月冷風淸하려니와 不恁麽去면 橋斷路窮하야 別通消息이라니 還委悉麼아 老僧이 笑指猿啼處하니 更有靈蹤在上方이로다

說 有心皆苦요 無心乃樂이니 一得其樂이면 消息分明이요 樂亦不存이면 別通消息이라니 作麼生 是別通消息고 行到路窮好轉身하니 十方無處匪通程이여 是通程이여 鴈點靑天猿掛樹로다

說 雲中鴈寫數行字하고 澗底琴彈一曲歌로다 此中에 無德爲可用하니 自有風月是知音이라 數行梵字雲中鴈이요 一曲無生澗底琴다이로 德勝河沙渾不用하니 淸風明月이 是知音이로다

(宗鏡의 頌)

求하는것이 있어서 괴로움이 있으면 八風五欲이 가슴을 끓이고 執着이 없고 貪欲이 바람은 맑을 것이나 이렇게 지속이 안되면 다리는 끊어지고 길은 막혀져서 따로 消息을 통해야 없으면 三明六通이 自由自在하다. 문득 이렇게 계속해나가면 물가 숲아래서 달빛은 차갑고 바람은 맑을 것이나 이렇게 지속이 안되면 다리는 끊어지고 길은 막혀져서 따로 消息을 통해야

한다. 똑똑히 알겠느냐?

이 老僧이 웃으면서 원숭이 우는 곳을 가르치지만 다시 神靈한 자취는 그 윗쪽에 있느니라.

註
① 八風五欲…八風…前出。五欲…眼、耳、鼻、舌、身의 욕망。
② 三明六通…天眼明、宿命明、漏盡明。六通…天眼通、天耳通、神足通、他心通、宿命通、漏盡通。

解説…마음이 있으면 괴로움이 있고 마음이 없으면 즐겁다. 한번 그 즐거움을 얻으면 消息이 分明해지나 즐거움도 또한 存在하지 아니하면 따로 消息을 通해야 한다. 어떻게 하는것이 따로 消息을 통하는 일인가?
가다가 길이 다한곳에 이르면 몸 方向 돌리기에 알맞아 十方世界에 통한 길목 아닌곳이 없다네.
기러기는 푸른 하늘에 점 찍고 원숭이는 나무에 걸려 있도다.

(頌)

몇줄 梵語글자 구름속의 기러기요
生滅없는 한 曲調
개울밑의 거문고로다
江 모래보다 더 많은
功德 하나도 쓰지않고
맑은 바람 밝은 달이
내 마음 알아주네

解説…구름속의 기러기 몇 줄의 글자 배껴쓰고 개울바닥의 거문고가 한 곡조의 노래 퉁기네. 이 가운데 쓸만한 功德 없으나 나름대로 風月의 마음 알아주는 벗 있도다.

圭峰

第二十四는 斷化身出現受福疑라 論에 云 何諸菩薩福德을 衆生이 受用새 고할 斷之니라 文二니 一은 遮錯解라

云호대 若諸菩薩이 不受福德

威儀寂靜分 第二十九

須菩提야 若有人이 言如來 若來若去若坐若臥라하면 是人은 不解我所說義니

偈에 云是福德報應은 爲化諸衆生이니 自然如是業으로 諸佛이 現十方하이라하다

(圭峰의 解說)

스물네번째는 化身이 나타나면 福德을 받아들이는것이 아닌가? 하는 疑問에 斷定을 내리셨다.

般若論에 이르기를 「만약 모든 菩薩들이 福德을 받아들이지 아니한다면 어찌하여 모든 菩薩들의 福德을 衆生들은 受用하는가? 라고 생각하게 됨으로 이 疑問을 끊은 것이다」라고 하였다.

글은 두가지로 區分되며 그 첫째는 잘못된 아름아리를 遮斷하셨다.

(本文)

(威儀가 寂靜하다는 分段、第二十九)

須菩提야! 만약 어떤 사람이 말하기를 「부처님이 오신다. 혹은 가신다. 혹은 앉으셨다. 혹은 누워계신다」라고 한다면 이 사람은 내가 말하는 참뜻을 알지못하는 사람이다.

(圭峰의 解説)

偈頌에 이르기를
「이 福德의 報應은 衆生을 敎化하기 위하여 自然히 이와같은 業으로 모든 부처님 十方世界에 나타나신다」라고 하였다.

二는 示正見이라

何以故오 如來者는 無所從來며 亦無所去일새 故로 名如來니라

前言不可以身相으로 得見如來며 不可以三十二相으로 見이며 不應以三十二相으로 觀如來라하시고 此는 皆明佛非有相이요 次言莫作是念호대 如來ㅣ 不以具足相故로 得阿耨菩提시라하니 此는 明佛非無相이라 此言無所從來며 亦無所去라 此는 明佛無去來니라 伊麼則眞法性身은 非相非非相이라 性相이 相融이요 無去亦無來라 動靜이 一如니라

偈에 云호대 去來는 化身佛이니 如來는 常不動하며 大雲은 云호대 衆生心水ㅣ 若淸淨하면 則見佛來나 來無所從이요 濁則見佛이 雙林示滅하고 則云佛去나 去無可至라하며 肇는 云호대 解極會如하면 體無方所라 緣至物見이나 來無所從이요 感畢爲隱이나 亦可所去라하니

(主峰의 解說)

두번째는 바른 見解를 提示하셨다.

(本文)

왜 그런가? 如來란 어디서부터 온 곳도 없고 어디로 가는 곳도 없다. 그런까닭에 「如來」라 이름하는 것이다.

解說… 앞에서 몸의 形相으로 부처를 볼 수 없음을 말씀하셨고 三十二相으로 부처를 色身을 具足함으로 보아서는 안되며 三十二相으로 부처를 觀察해서도 안된다고 하시니 이는 모두 부처란 形相이 있는것이 아님을 밝히신것이며 다음에 말씀하시기를 「부처는 形相을 具足하지 아니함으로 阿耨多羅三藐三菩提를 얻는다」는 생각을 하지말라고 하셨으니 이는 부처가 形相이 없는것이 아님을 밝히신 것이다.

여기서는 부처가 온 곳이 없고 가는 곳이 없다고 말씀하셨으니 이는 부처는 가고 옴이 없음을 밝히신 것이다.

그렇다면 眞正한 法性의 佛身은 相도 아니며 相 아닌것도 아니며 性과 相이 서로 融合하였고 가는 곳도 없고 온 곳도 없으니 動靜이 한결같은 것이다.

(圭峰의 解說)

偈頌에 이르기를
「가고 옴은 化身佛
부처는 恒常 움직이지 않는다」
라고 하였고 大雲스님은 이르기를
「衆生들의 마음의 물이 맑으면 곧 부처가 오는것을 보게되나 와도 어디서 왔는지 그 온 根據地

六祖 如來는 非來非不來며 非去非不去며 非坐非不坐며 非臥非不臥니 行住坐臥四威儀中에 常在空寂이 即是如來也니라

(六祖大師의 解說)
「如來」란 오는것도 아니며 오지아니하는것도 아니며 가는것도 아니며 가지아니하는것도 아니며 앉는것도 아니며 앉지 아니하는것도 아니며 눕는것도 아니며 눕지 아니하는것도 아니니 行住坐臥, 네가지 行動가운데 恒常 空寂가운데 있는것이 곧 「如來인 것이다.

傅大士 如來何所來며 脩因幾劫功고 斷除人我見하면 方用達眞宗이니 見相不求相이여 身空法亦空이니 從來無所着이라 來去盡通通다이로

(傅大士의 頌)
부처님은 어디서 오셨으며

註
大雲…大雲玄約、生沒、未詳。五祖弘忍의 弟子 玉泉神秀와 함께 北宗의 創始者。

僧肇는 이르기를
「아름아리가 至極하여 如如한 境地를 만나면 바탕에 方向과 處所가 없고 因緣이 至極하면 衆生들이 부처를 보게되지만 오셔도 어디서 온 곳이 없으며 感興이 끝나면 숨지만 또한 어디로 가셨는지 가신 곳은 없는 것이다」라고 하였다.

「아름아리 至極하여 如如한 境地를 만나면 바탕에 方向과 處所가 없으며 因緣이 至極하면 衆生들이 부처를 보게되지만 오셔도 어디서 오셨는지 온 곳이 없고 感興이 끝나면 숨지만 또한 어디로 가셨는지 가신 곳은 없는 것이다」라고 하였다.

는 없으며 마음이 濁하면 나타났던 부처가 雙林에서 示滅하니 이를 「부처님이 가셨다」라고 말하지만 가셔도 이를 만한 곳은 없는 것이다」라고 하였다.

因緣을 닦은지 몇 劫의 功德인가?

人相、我相의 見解 끊어 없애면
비로소 作用이 眞宗에 사모치니
相 보아도 相 求하지 아니하고
몸은 空이라 法도 또한 空이니
예전부터 執着하는 곳 없기에
오고 감에 모두가
화통화통하도다

冶父 山門頭에 合掌하고 佛殿裏에 燒香이로다

説 雖云無去來나 山門殿裏에 進止從容하며 合掌燒香에 威儀炳著로다

衲捲秋雲去復來하니 幾廻南岳與天台오 寒山拾得을 相逢笑하니 且道하라 笑箇甚麼오 笑道同行歩不擡니라

説 飄然一條衲이 來去雲無心이라 大千을 寄脚底하니 台岳을 經幾廻오 撞著寒山與拾得하야

笑道同行歩不擡로다 怎生이 是同行歩不擡오 寒山은 也宜去요 拾得은 也宜來어늘

寒山之與拾得으로 來而不知去하며 拾得之與寒山으로 去而不知來하야 相緣不自由일새 取

笑ㅣ於焉在라 此衲은 不如彼하야 來去自從容이로다

(冶父道川의 評唱)

山門 들머리에서 合掌하고

解說…비록 가고 옴이 없다고 하지만 山門과 佛殿안에서 나아가고 멈춤이 從容하고 合掌하고, 香을 사르는 威儀가 뚜렷하다.

佛殿안에서 香을 사른다

(評唱)

누더기 僧服으로
가을 구름 말아올려
갔다가는 다시 오며
몇번이나 南岳과 天台山
맴돌았던가?
寒山과 拾得이
서로만나 웃으니
말 해보라 무엇이 우스웠는가?
웃으며 말하기를
함께 걸어 가면서
발걸음 들어 올리지 아니한다 하였네

解說…飄然히 한벌 누더기僧服. 오가는 구름 無心하도다. 大千世界에 발바닥 붙이고 天台山, 南岳을 몇번이나 맴돌고 왔는가? 마침 寒山과 拾得스님 만났더니 웃으며 말하기를 「함께 걸어 가면서 발걸음 들어 올리지 않는다」고 하였네. 어떤것이 함께 가면서 발걸음 들어 올리지 아니하는 것인가? 寒山은 아마도 가는 것이 좋고 拾得은 아마도 오는것이 좋은 모양이다. 寒山의 拾得과의 관계는 오면 갈줄은 모르

는 그 拾得은 寒山과의 관계가 가면 올줄을 모르니 서로 因緣됨이 自由自在하지 못하니 웃음을 사
理由가 여기에 있다. 그러나 이 衲僧은 그들과 같지 아니하여 오고 감이 스스로 從容하도다.

宗鏡 坐臥經行에 本自無來無去요 威儀不動에 寂然非靜非搖로다 要解

如來所說義否아 隨緣赴感靡不周호대 而常處此菩提座로다

巍巍不動法中王이여 那有獼猴跳六窓오이리 笑指眞空無面目하고 連雲推月下

千江다이로

說 巍巍不動尊이여 號爲法中王이라 古殿에 寥寥常放光하니 六窓이 虛靜絶喧煩다이로 眞淨界

中에 留不住하고 興悲運智爲機來로다 爲機來여 綠楊芳草岸에 無處不稱尊다이로

(宗鏡의 頌)

앉고 눕고 散策함에 본래 스스로 온 곳도 없고 간 곳도 없으며 흔들리는 것도 아니다. 부처님이 말씀하신 참뜻을 알고 싶은가? 寂然
히 고요한 것도 아니며 흔들리는 것도 아니다. 부처님이 말씀하신 참뜻을 알고 싶은가? 寂然
因緣따라 찾아가 感應함이 周偏하지 아니한곳 없으나 恒常 이 菩提의 座席에 계시느니라.
우뚝 높이 움직이지 아니하는 法中王이여.
어찌 원숭이가 六窓에 뛰어오르는 일 있겠나 (六窓…六根의 窓門)
웃으며 眞空의 얼굴 없는 곳 가르키니
이어진 구름이 달을 밀어내 千江에 내려오게 하였네.

解說…우뚝 높은 不動尊이여! 法中王이라 이름하노라.
옛 佛殿 寂寞한데 永久히 光明 내뿜고 六窓은 비고 고요해 시끄럽고 번거로운 일 끊어졌다.

圭峰 第二十五는 斷法身化身一異疑라 據前不可以化相으로 比知法身
法身은 無去來坐臥인댄 即似眞化ᅵ 一이라 據遮斷滅之念과 又顯不失福
相인댄 即似眞化ᅵ 一故로 成疑也니 此는 約微塵世界하야 委釋非一非異
義하야 以斷此疑니라 斷之文은 二니 一은 約塵界하야 破一異라 文五니 一은 細
末方便으로 破麁色이라

一合理相分第三十

須菩提야 若善男子善女人이 以三千大千世界
로 碎爲微塵하면 於意云何오 是微塵衆이 寧爲多
不아 甚多니다 世尊어이시
偈에 云호대 於是法界處는 非一亦非異며 論에 云호대 彼諸如來ᅵ 於眞如法界中
에 非一處住며 亦非異處住니 爲示此義일새 故說世界를 碎爲微塵이니 故로

眞如淸淨한 世界에 머물지만 住著하지 아니하고 大悲하신 마음 일어나 智慧 運用하심은 機緣이 찾아왔기 때문이며 푸른 버들 芳草 우거진 언덕에 尊貴하다. 稱하지 아니하는 곳 없구나.

偈에 云호대 世界作微塵은 此喩示彼義니라 無着은 二云호대 爲破名色身일새 故說界塵 等이라 於中에 有細末方便과 及無所見方便하니 微塵甚多者는 是細末方便 하며 大雲은 云호대 卽是析塵하야 至於細末이니 以此方便으로 破麁色矣니라 此言微塵 은 依大乘宗하야 於一搏色에 假想分析하야 至極略色으로 爲塵이요 非小乘宗의 實塵矣니라

(圭峰의 解說)

스물다섯번째는 法身과 化身은 같은가? 다른가? 하는 疑問에 斷定을 내리셨다. 앞에서 말씀한 말씀에 依據하면 化身의 모습으로 비교해서 法身의 모습을 알 수는 없다고 하셨고 法身은 가고 옴이 없으며 앉고 눕는 일이 없으니 이는 곧 眞身과 化身이 다른것 처럼 느껴지며 또 斷滅한다는 생각을 遮斷하시고 또 福德을 밝히셨으니 이는 眞身과 化身이 같은것 처럼 느껴진다. 그런까닭에 이것이 疑問이 된 것이며 여기서 微塵世界와 結付시켜 자세히 斷定한 글은 두가지로 區分되며 첫째는 微盡世界와 結付시켜서 이 疑問에 斷定을 내리신 것이다. 다르다 하는 觀念을 허물어 섰다. 그 內容은 다섯가지로 나누어졌는데 그 첫번째는 미세한 末端의 방편으로 굵직한 色에 대한 執着을 허물었다.

(眞理와 相이 하나로 合致된다는 分段、第三十)

(本文)

須菩提야! 만약 善男子、善女人이 三千大千世界를 부수어 微塵이 되게 하였다면 너는 어떻게

二는 不念方便으로 破微塵이라

생각하느냐? 이 微塵이 많다고 하겠느냐? 매우 많습니다. 世尊이시어.

解說…偈頌에 이르기를
「저 모든 부처님들이 眞如의 法界안에서 한곳에 머무시는 것이 아니니 이 內容을 表示하기 위한 까닭에 偈頌에 이르기를 「世界를 부수어 微塵이 되게한다」고 하였음은 그 뜻을 비유하여 表示하신 것이다」라고 하였다.

無着스님은 이르기를
「名色의 몸을 打破하기 위한 까닭에 世界를 微塵으로 만든다는 등의 말씀을 하신것이며 이 가운데 미세한 가루와 같은 方便과 無所見의 方便이 있으며 微塵이 매우 많다고 한것은 미세한 가루와 같은 方便을 말한 것이다」

大雲(玄約)스님은 이르기를
「이는 境界를 分析해서 미세한 가루에 이르게 한것이니 이 方便으로 굵직한 色에 대한 執着을 허물어버린 것이다」라고 하였으니 여기서 말하는 微塵은 大乘의 宗旨에 根據한 것으로 한것은 미세한 色에서 假想하여 이를 分析하여 至極히 色을 주린것을 微塵이라 한것이며 小乘의 宗旨에서의 實質的인 塵(境界)이 아니다.

「이 法界에 있어서는 같지도 아니하고 다르지도 아니하다」라고 하였고 般若論에는 이르기를 「世界를 微塵으로 만들었다」라고 하였으며 또한 각기 다른 곳에서 머무시는 것이 아니니

何以故오 若是微塵衆이 實有者인댄 佛이 即不說是微塵衆이니 所以者ー 何오 佛說微塵衆이 即非微塵衆일새 是名微塵衆이니다

前現如來之身이 非眞假無去來하시고 此擧微塵이 非微塵이며 世界ー 非世界하사 以明法相이 即非法相은 何也오 前則現佛眞體也라 所悟도 亦此也며 所證도 亦此也요 此則現法眞體也라 收言拂迹하야 示返眞源也니라 故로 於一身에 現三身하고 於三身에 現微塵數身하시며 於一法에 生대로 對機하야 有權實頓漸이니 佛身은 本無爲로대 隨機하야 有眞應去來요 法性은 本無演三乘하고 於三乘에 演微塵數法이니 如實而觀컨댄 佛無眞應去來之殊요 法無權實頓漸之異어늘 不解義者는 以爲佛身이 實有如是差別하고 法門이 實有如是名數라하야 如淨摩尼ー 隨方各現하야 映於五色이어늘 諸愚癡者는 說淨摩尼에 實有五色이라 故로 說佛則云若以色見聲求하면 是行邪道시며 乃至云若言來去라면 是不解義시니 此는 現佛眞體也요 說法則云言佛說四見이라하면 是不解義니 此는 現法眞體也니라 嘗觀說來之意컨댄 佛身은 無爲하야 即二邊而離二邊이요 法性은 無生하야 即名數而超名數라 今此二義ー 上來에 亦有其文하니 所謂不可以身相으로 得見如來며 所謂不可以三十二相으로 得見如來며 所謂佛은 不應以具足色身으로 見이니 此等諸文은 現佛眞體也요 所謂無有定

716

法如來可說이며 所謂如來는 無所說이며 所謂法이니 我當有所說法이니
此等諸文은 現法眞體也니라 佛之所以言此者는 皆爲廣闢人之邪見하사 大開佛之知見이니
下文에 所謂如是知見信解者ㅣ 夫是之謂歟인저 世界를 碎爲微塵等者는 何也오 大千이
同爲一地로대 而有三千之異名ㅣ라 以比一心으로 開爲三諦하며 一境을 復以三諦로 開
爲三惑하며 一法으로 開爲三乘이라 體雖是三이나 開爲無量하며 三惑으로 開爲無盡塵勞門하며 三乘으로 開
此三智로 開爲無邊觀智하며 三諦로 開爲無邊諦境하며 三名이라 開爲無盡脩多羅門이니 本雖是三이나 開爲無量하며 佛擧塵界間空生은 欲明諸法無體性이어늘
果能答以非實有하니 善知黃葉竟非錢다

論에 云碎塵爲末故로 塵衆聚故로 非異處니 如是佛住法界中
에 非一處住며 非異處住니라 又若塵衆實有者인댄 世間凡夫도 悉亦自知니
何須佛說이리오 祇爲不知體不成就일새 故로 佛說矣라 故로 無著이 云世尊이
說非者는 以此聚體ㅣ 不成就故ㅣ니 若異此者인댄 雖不說도 亦自知是聚
ㅣ니라

(圭峰의 解說)

두번째는 方便을 생각하지 아니하고 微塵을 허물었다.

(本文)

왜 그런가? 하오면 만약 이 微塵의 大衆이 事實上 存在한다면 부처님은 이 微塵大衆을 말씀하시지 아니하셨을 것입니다. 그 理由는 무엇인가 하오면 부처님이 말씀하시는 微塵衆은 微塵衆

이 아닌데 이를 微塵衆이라 이름하셨기 때문입니다.

解說…앞에서 부처의 몸이 眞身도 假身도 아니며 가고 옴이 없다고 하시고 여기서는 微塵을 擧論하여 微塵이 아니며 世界가 아니라고 하여 法相을 法相이 아니라고 밝혔으니 그 理由는 무엇인가?

앞에서는 부처의 眞正한 바탕을 現出하였고 깨달은것도 역시 이 바탕이였다.

여기서는 法의 眞正한 바탕을 나타내 보였으니 이는 말을 거두어들이고 자취를 쓸어서 眞如의 根據에 되돌아 감을 表示한 것이다.

부처의 몸이란 本來 作爲함이 없으나 機緣따라 眞身、應身의 去來가 있게 되는 것이며 法의 本性은 本來 生滅이 없으나 機緣과 마주하면 方便과 實相、頓敎와 漸敎가 存在하게 되는 것이다.

그런까닭에 한 몸에서 세 몸을 나타내시고 세몸에서 微塵과 같이 無數한 몸이 나타나는 것이며 法도 한 法에서 三乘이 베풀어지고 三乘에서 微塵數의 法이 베풀어진다.

그러나 實相 그대로 본다면 부처에게 眞身、應身의 가고 옴의 差異는 없는것이며 法에도 方便、實相、頓敎、漸敎의 差異는 없는 것이다.

이 內容을 모르는 사람은 부처의 몸에 事實로 이와같은 差別이 있고 法門에 事實로 이와같은 이름과 數爻가 있다고 생각하는 것이다.

이를 비유하면 淸淨한 摩尼寶珠가 方向따라 각기 다른 모습으로 나타나 五色을 反映하건만 어리석은 사람은 淸淨한 摩尼寶珠에 사실로 五色이 있다고 말하는것과 같다.

그런까닭에 부처를 説明하시며 말씀하시기를 「만약 色으로 보려하고 소리로 찾으려하면 이는 邪道를 行하는 사람이다」라고 말씀하시며 이어 「만약 부처가 오고 감이 있다」고 말 한다면 이는 부처란 참뜻을 모르는 사람이다 라고 말씀하시기에 이르렀다. 이는 곧 부처의 眞正한 바탕을 表現하신 참뜻을 말씀이다. 또 法을 説明하시며 말씀하시기를 「만약 부처가 네가지 見(單單俱非·有·無·

718

亦有亦無・非有非無)을 말씀하신다」라고 하시고 이어 「이른바 法의 모습이란 곧 法의 모습이 아니다」라고 말씀하시기에 이르렀으니 이는 法의 眞正한 바탕을 表現한 것이다.

일찍이 說明해오신 뜻을 살펴보았더니 부처의 몸은 作爲함이 없으며 두 가장자리를 떠나있고 法의 本性은 生滅이 없어 名數에 몸담고 있으면서 名數를 超越하고 있다. 지금 이 두가지 內容은 위에서 말씀하신 가운데도 역시 그러한 글이 있었으니 이른바 「몸의 形相으로 부처를 볼 수는 없다」고 하신 말씀과 또 이른바 「三十二相으로 부처를 볼 수는 안된다」고 하신 말씀 등, 이 등등의 여러 글은 부처의 眞正한 바탕을 表現하신 말씀이다. 또 이른바 「부처는 色身을 具足한 몸이라 보아서는 안된다」라고 하신 말씀이나 또 이른바 「부처는 說法한 바 없다」고 하신 말씀 등 이 등등의 여러 글은 法의 眞正한 바탕을 表現하신 말씀이다.

「부처가 說法할 定해진 法은 없다」라고 하신 말씀이나 또 이른바 「너는 '내가 마땅히 說法할 것이 있을 것이다'라는 생각을 하고 있다고 생각하지 말아라」라고 하신 말씀 등 이 등등의 여러 글은 法의 眞正한 바탕을 表現하신 말씀이다.

부처님이 이러한 말씀을 하신 理由는 모두가 널리 사람들의 邪見을 허물고 부처님의 知見을 크게 열기 위한 것이었으니 아랫 글에서 이른바 「이와같은 知見을 진실로 解得한 사람」이라 하신 말씀은 무릇 이를 두고 하신 말씀이었느니라!

「世界를 부수어 微塵을 만든다」는 등의 말씀은 무슨 뜻인가?

大千世界는 다 같은 한덩어리의 땅인데도 三千의 다른 이름이 있으니 이는 한 마음이 나누어 세가지 智慧가 되고 하나의 境界를 나누어 三諦가 되고 一念이 나누어져 세가지 迷惑이 되는 것과 비교되는 것이니 비록 하나지만 이를 分離하여 세가지 法이 나누어져 三乘이 되는 것과 한 이름이 된 것이다. 또한 三千世界를 부수어 微塵과 같이 만든다는 것은 이 세가지 智慧(一切智・道種智・一切種智)를 分離하면 글씨가 없는 三觀의 智慧가 되며 三諦(空・假・中道)를 分離하면

無盡한 修多羅(經)門이 되는것을 말씀하신 것이니 根本은 비록 셋이나 이는 分離하면 無量한것이 된다는 뜻이다.

부처님이 微塵世界를 擧示하여 須菩提에게 물어보신것은 모든 법에 바탕의 自性이 없음을 밝히고자 하신것인데 須菩提는 果然 實質的인 存在가 아니었으니 이는 어린 아기의 울음을 달래기 위한 노란 나무잎이 돈이 아니라는 사실을 훌륭히 알아낸 것이다.

(圭峰의 解說)

般若論에 이르기를

「먼지를 부수어 가루가 된 까닭에 한 場所가 아니며 먼지가 많이 모인 場所가 다른 場所에 머무시는 것도 아니고 각기 다른 場所에 머무시는 法界 가운데서는 한 場所에 머무시는것도 아니고 다른 場所에 머무시는것도 아니다. 만약 微塵같은 大衆이 實地로 存在한다면 世間의 凡夫도 모조리 自然 이를 알게될 것인데 무엇때문에 꼭 부처님이 말씀을 하실 필요가 있었겠느냐? 오직 바탕을 몰라 道를 成就하지 못하였기 때문에 이런 말씀을 하신 것이다」라고 하였다.

無着스님은 이르기를

「世尊께서 아니라고 말씀하신것은 이 모임의 바탕이 成就되지 못한 까닭이니 만약 이와 다른 사람들이였다면 비록 말씀 아니한다 하더라도 스스로 이 모임을 알았을 것이다.」

六祖

佛説三千大千世界는 以喩一一衆生性上에 妄念微塵之數ㅣ니 如三千大千世界中所有微塵이요 一切衆生性上에 妄念微塵이 即非微塵은 聞經悟道에 覺慧常照하야 趣向菩提일새 念念不住하야 常在清淨이니 如是清淨微塵을 是名微塵衆也니라

(六祖大師의 解說)

부처님이 三千大千世界를 말씀하신것은 衆生들 한사람 한사람의 自性위에 있는 妄念의 微塵과 같이 많은 數爻가 마치 三千大千世界에 있는 微塵과 같다고 하신것이며 모든 衆生들의 自性위에 있는 妄念의 微塵이 곧 微塵이 아니며 經의 説法을 듣고 道를 깨달음이 이와 같은 淸淨한 常 비추어서 菩提로 나아가 念念에 머물지 아니하고 恒常 淸淨地에 있게되니 깨달음의 智慧가 恒微塵을 微塵衆이라 이름하신 것이다.

冶父 若不入水면 爭見長人이리오

説 黃葉非錢。是則固是나 理非言外라 即言即理니 何須拂去文字코 別求忘言之旨乎아 教海裏에 得大解脱하고 知解上에 建大法幢하야 乃可謂寬腸没量大人也니라 又今師ㅣ直取塵界하야 以明衲僧의 不斷煩惱코 而入涅槃之義也니 伊麼則所謂微塵은塵勞業用이 熾然競作之謂也니라 若向塵勞中하야 任性浮沈하야 而得自在하면 則可謂寬腸没量大人也니 須信道어다 霜天에 知勁草요 火裏에 見精金이라하니

一塵纔起翳磨空하니 碎抹三千數莫窮이로 野老는 不能收拾得하야 任敎隨雨又隨風다이로

説 名數之於靈覺에 猶微塵之於太清이니 微塵을 不勝數라 名數도 亦如然다이로 衲僧은 自知無一字하야 從教名數亂縱橫이로 又箇裏에 從來無一物하니 瑩若清空絶點霞라 一念纔起性空暗하니 諸妄이 競作浩無邊다이로 衲僧은 自知妄元無하야 無心除斷任浮沈이라 休笑此衲不斷妄하라 火裏生蓮終不壞로다

(冶父道川의 評唱)

만약 물에 들어가지 아니하였다면 어떻게 키 큰 사람을 보았겠느냐?

解說…노란 나뭇잎은 돈이 아니란 말은 勿論 옳은 말이다. 그러나 眞理는 言語밖에 있는 것이 아니며 말이 곧 眞理이니 무엇때문에 꼭 文字를 쓸어버리고 言語를 잊은 玄旨를 따로 求할 必要가 있겠느냐.

가르침의 바다속에서 큰 解脫을 얻고 知識으로 얻은 아름아리위에서 大法幢을 세워야만 곧 창자가 넓은 限量이 없는 大人이라 말할 수 있다.

또한 지금의 스님들이 곧 바로 微塵世界를 取하여 그것으로 衲僧의 煩惱를 끊지 아니하고도 涅槃에 드는 眞理를 밝히고 있으니 그렇다면 이른바 微塵이라 하는것은 煩惱에 시달리는 業의 作用이 쉬지아니하고 다투어 일어남을 말한것이 된다. 만약 煩惱의 시달림속에서 自性에 맞겨 浮沈하면서도 自由自在한 境地를 얻는다면 창자가 넓은 限量없는 大人이라 말할 수 있다.

「서리 내리는 날에
곧 새 풀 알아보고
불속에서 精金을 본다」
는 말을 믿을지어다.

(評唱)

먼지 하나 일어나기만 하면
그 티 虛空을 갈고
三千世界 부수어 가루가 되었으니

是名世界니

世尊어이시 如來所說三千大千世界ㅣ 卽非世界일새

🔴 圭峰 三은 不念方便으로 破世界라

本論에 破世界不實之義를 可知로다 無着은 云호대 此破名身이니 世界者는 衆生

解說…名相의 수효와 靈覺과의 관계는 마치 微塵과 宇宙空間과의 관계와 같다. 微塵을 다 헤아릴 수 없듯이 名相의 수효 또한 그러하다. 衲僧이 스스로 아는것은 한 글자도 없으니 멋대로 名相의 수효가 어지럽게 가로새로 놓여있게 내버려 둔다.

또한 그 안에는 本來부터 한 물건도 없어 영롱하게 맑은것이 개인 하늘과 같아 一點 노을조차 끊어졌는데 一念이 일어나자 마자 自性의 虛空은 어둠에 잠기고 모든 妄想이 다투어 생겨 浩浩無邊하게 된다. 衲僧은 스스로 妄想이란 元來「無」임을 알기에 無心히 除去하고 斷絶하여 멋대로 浮沈하노니 이 衲僧 妄想 끊지 못한다고 웃지를 말아라. 불속에 생긴 蓮꽃 끝내 허물어지지 아니하느니라.

그 數 헤아릴 수 없도다
野老 이를 收拾할 수 없어서
멋대로 비 따라 바람따라
하는대로 내버려 두네

723

世故니라하

(圭峰의 解說)

세번째는 方便을 생각하지 아니하고 世界를 허물어 셨다.

(本文)

世尊이시어! 부처님이 말씀하시는 三千大千世界는 三千大千世界가 아닌것을 三千大千世界라 이름하셨습니다.

解說 : 本論으로 이르기를 世界가 實相이 아니라 여기서 世界라 한 것은 衆生들의 世界인 까닭이다」라고 하였다.

無着스님은 이르기를 「이는 이름과 肉身을 打破한것이며 여기서 世界라 한 것은 衆生들의 世界인 까닭이다」라고 하였다.

四는 俱約塵界하야 破和合이라

何以故오 若世界ㅣ 實有者인댄 卽是一合相이니 如來ㅣ 說一合相은 卽非一合相일새 是名一合相이니다

論에 云호대 若實有一世界인댄 如來ㅣ 則不說三千界라하며 大雲은 云호대 若實有一界인댄 冥然是一和合矣라 則不合有多差別니어 今旣三千인댄 明非冥然一矣라

故約三千하야 破一界也라하고 無着은 云호대 爲並說若世界와 若微塵界일새 故有二種搏取니 謂一搏取와 及差別搏取며 大雲은 云호대 此明塵衆과 及衆生類를 俱名世界다라하니 一合相者는 搏取爲一일새 故云一和合이라 有二搏取하니 一者는 一搏取니 卽是世界를 和合爲一이요 二는 差別搏取니 卽是微塵의 有衆多極微를 名差別搏取라 非一合者는 第一義中엔 二界無實故니라

(本文)

네번째로 모두를 微塵世界와 結付시켜 그것이 뒤섞여 합쳐졌다는 觀念을 打破하였다.

(圭峰의 解說)

解說 … 般若論에 이르기를

「만약 眞實로 하나의 世界가 存在한다면 부처님은 三千大千世界를 말씀하시지 아니하였을 것이다」라고 하였고 大雲(玄約) 스님은 이르기를

「만약 眞實로 하나의 世界가 存在한다면 눈에 보이지 아니하는 하나의 知合된 世界라 하였으니 그것은 많은 差別이 있는 世界와는 합쳐지지 아니할 것인데 지금은 이미 三千世界라 하였으니 이는 明白히 눈에 보이지 않는 가운데 和合된 하나의 世界가 아닌것이다. 그런까닭에 三千世界와 結付시켜 하나의 世界란 觀念을 打破한 것이다」라고 하였다.

왜 그런가 하오면 만약 世界가 眞實로 存在한다면 이는 곧 하나로 합쳐진 모습이란 하나로 합쳐진 型相아닌것을 하나로 합쳐진 形相이라 이름하였기 때문입니다.

五는 佛印無中妄執有라

須菩提야 一合相者는 即是不可說이어늘 但凡夫之人이 貪着其事니라

微塵이 既非實有인댄 三千도 亦非實有니 三千이 非實이로대 而有三千之名者는 但假其名하야 以分其界而已라 而其實則豈有三千之異乎아 何以故오 然이나 一地는 是實이요 三千은 是假니 一地ㅣ是實故로 爲一合相也요 三千이 若實인댄 即是非一合相也니라 三千이 是假故로 非一合相也니라

無着스님은 이르기를 「世界와 微塵界를 아울러 말씀하신 까닭에 두 種類의 搏取(하나로 뭉쳐서 取하는 일)가 있다. 즉 그 모든 世界를 하나로 뭉쳐서 取한것과 또 差別해서 따로따로 뭉쳐 取한것이 그것이다」라 고 하였다.

또 大雲스님은 이르기를 「이는 微塵衆과 衆生類를 모두 世界라고 밝힌 것이며 「一合相」이라 한것은 뭉쳐서 하나로 만든 다는 뜻인 까닭에 이는 섞어서 합친것을 뜻한다. 이 하나로 섞어서 합친것에 두가지의 搏取가 있으니 하나라는 하나로 뭉친것이며 이는 곧 世界를 뒤섞어 하나로 만드는 것이며 두번째는 差別 해서 따로따로 뭉친것이니 이는 곧 微塵의 수는 지극히 많고 微細하니 이를 이름하여 差別搏取 라 한것이다.

「一合相이 아니다」고 한것은 最後의 眞理가운데서는 두 世界에서는 實相이 없기 때문이다(※ 欲界와 色界)

一合相이요 而非異相이요 而非一合相이로 三千이 旣非實有니
非實有인댄 一地도 亦非實有니라 何則고 三千이 不外乎一地일새 所以로 三千이 卽非實有니 是
眞一合相이라 言詞相도 亦非實有니라 何則고 三千이 不外乎一地하고 一地도 亦不外乎三千之名하고 語
一地而生一地之解하나 旣非實有인댄 三乘도 亦非實有니라 三千而取三千之名하고 語
寂滅이어 但諸凡夫人이 不解其所以하야 語三千而取三千之名하고 非實有니 旣
三乘之名者는 但假其名하야 以接其根而已라 而其實則豈有三乘之異乎아 何以故로 然가
一乘은 是實이요 三乘은 是權이라 一乘은 是實이요 三乘은 是權故로 非一合
相也니라 三乘이 若實인댄 卽是一合相이니 而非異相이나 爲一合相이요 三乘은 是權故로 非一合
乘이 卽非實有니라 三乘도 亦不外乎一乘이니 不外乎所以하야 三乘도 亦不外乎所以
一乘도 亦不外乎三乘이니 是眞一合相이라 言詞相도 亦非實相이나 但是異相이며 寂滅이어 但諸凡夫人이 不解其所以하야 不外乎一乘하고 三
語三乘而取三乘之名하고 語一乘而生一乘之解하나 所謂錯認이어 何曾解方便者ㅣ 是已니只
如一合相은 且作麽生道오 諦緣六度幷一乘이 混然一味難分析이로다 非一合相은 又作麽
生道오 一河雖然不可分이나 象馬兎三은 爭奈異로다 伊麽則非但異相不應執이라 一合相도 亦
不可守니라
論에 云호대 以彼聚集에 無物可取어늘 虛妄分別故로 云妄取라하니 若實有者인댄 卽
是正見이라 無着은 云호대 世諦에는 說摶取나 第一義엔 不可說이어늘 彼小兒凡夫는
如言說取라하며 大雲은 云호대 執見五蘊하야 取其和合이 是貪着事니 迷於事法하야
起煩惱矣라하다

727

다섯번째는 부처님이 認定한것은 없는데 그 가운데서 妄想으로 있다고 執着하고 있음을 말씀하셨다.

(本文)

須菩提야! 하나로 合쳐진 모습이란 곧 말로 說明할 수 없는것인데 다만 凡夫들이 그 일에 貪着하고 있을 따름이다.

(圭峰의 解說)

解說…微塵世界가 이미 實在하는 世界가 아니라면 三千大千世界도 實在하는 世界는 아니며 三千世界가 實在하는 世界가 아닌데도 三千世界란 이름이 있는 것은 다만 그러한 이름을 빌려 그 境界를 나누었음을 따름이며 그 實相에 어찌 三千의 다른 世界가 있겠는가? 무슨 까닭으로 그렇게 말하는가?

三千世界가 만약 實在하는 것이라면 곧 그것은 하나의 和合된 形相이며 各其 다른 形相일 뿐, 하나의 和合된 形相이 아니니 三千世界는 오직 各其 다른 形相이며 하나의 和合된 形相이 아니다. 三千世界가 實在하는 世界가 아니라면 하나의 大地도 實相이 아니다. 왜 그런가? 三千世界가 하나의 大地가 아니며, 하나의 大地도 三千世界를 벗어난 存在가 아니니, 이는 眞正한 하나의 大地의 和合된 形相이며 여기서는 말로 形容할 수 있는 形相은 寂滅된 境界인 것이다. 다만 모든 凡夫들은 그 理由를 알지못하여 三千世界를 말하면 하나의 大地란 이름아리가 생기는 것이니 이것으로 三千이란 이름과 數字가 이미 實在가 아님을 밝힘으로써 三乘도 역시 實在가 아니게 되는

것이다. 三乘으로 實地로 存在하는것이 아닌데도 三乘이란 이름이 있는것은 다만 그러한 이름을 빌려 그 뿌리와 接緣시켰을 따름이며 事實에 어찌 三乘의 差異가 있겠는가?

어찌하여 그렇다고 하는가?

一乘은 實相이며 三乘은 一時方便이다. 一乘은 實相인 까닭에 한 和合된 모습이 되나 三乘은 方便인 까닭에 하나로 和合된 모습이 아니다. 三乘이 만약 實相이라면 이는 곧 하나로 和合된 모습이며 각기 다른 모습이 아니어야 할 것인데 事實은 三乘은 다만 각기 다른 모습일뿐 하나로 和合된 모습이 아닌 까닭에 三乘은 實存이 아닌것이다.

三乘이 이미 實質的인 存在가 아니라면 一乘도 또한 實質的인 存在가 아니다. 왜 그런가? 三乘이 一乘의 테두리를 벗어난것이 아니고 또 一乘도 三乘의 테두리를 벗어나지 아니하니 이것이 眞正한 一乘의 和合된 모습이며 여기서는 말로 形容할 수 있는 모습은 寂滅된 境界인데 다만 모든 凡夫들은 그 理由를 모르고 三乘을 말하면 三乘을 取하고 一乘을 말하면 一乘에 관한 아름아리가 생겨나니 이른바 「잘못된 아름아리를 지닌 사람이 언제 일찍이 方便을 알았던가?」라고 하는 말이 있을 뿐이다.

그렇다면 그 하나로 和合된 모습이란 또 어떻게 말하면 되겠는가?

四諦, 十二因緣, 六度波羅蜜과 一乘이 混然히 뒤섞여 같은 맛이라 나누고 쪼개기 어렵구나! 하나의 강물 비록 나눌 수 없다해도 코끼리와 말과 토끼가 각기 건느가는 方法이 다르니 이를 어찌할꼬?

그렇다면 모습이 다른것만을 執着해서는 안될뿐만 아니라 하나로 和合된 모습 또한 固守해서는 안되는 것이다.

(圭峰의 解說)

般若論에 이르기를

「저 모인것이 쌓인것에 아무것도 取할 만한 물건이 없는데도 虛妄한 까닭에 「妄取」라 말하지만 만약 眞實로 存在하는 것이 있다면 곧 그것은 正見이라 말해야 할 것이다。

無着스님은 이르기를

「世俗의 常識으로서는 「搏取」라 말하지만 最上의 眞理로 말하면 말로 說明할수가 없는것인데 저 어린아이같은 凡夫들은 「取한다」고 말하는것과 같다」라고 하였다。

大雲스님은 이르기를

「五蘊에 執着한 見解로 그 和合된 모습을 取하나 이는 일에 貪着한 것이며 事法에 헷갈려 煩惱가 일어난 것이다」라고 하였다。

六祖 三千者는 約理而言컨댄 即貪嗔癡妄念이 各具一千數也니라 心爲善惡之本이라 能作凡作聖하야 動靜을 不可測度하야 廣大無邊일새 故名大千世界니라 心中明了-莫過悲智二法이니 由此二法하야 而得菩提니라 說一合相者는 心有所得故로 即非一合相이요 心無所得을 是名一合相이니 不壞假名코 而談實相이니 由悲智二法하야 成就佛果菩提라 說不可盡이며 妙不可言이어 凡夫之人이 貪着文字事業하야 不行悲智二法하고 而求無上菩提니 何由可得이오리

(六祖大師의 解說)

三千世界란 理致와 結付시켜 말한다면 탐욕、 노여움、 어리석음에 각기 一千數의 世界를 갖추고

있음을 말한것이다. 마음은 善惡의 根本이 되게하고 凡人도 되게하고 聖人도 되게하여 그 動靜을 測度할 수가 없고 廣大無邊한 까닭에 이를 「大千世界」라 이름한다.

마음속을 환하게 밝히는것은 慈悲와 智慧보다 더한것은 없으니 이 두 法으로 말미암아 菩提를 얻게된다.

하나로 和合된 모습이라 말씀하신것은 마음에 所得이 있는까닭에 하나로 和合된 모습이라 이름한다. 하나로 和合된 모습이 아니라 하나로 和合된 모습이라 이름하는것은 마음에 所得이 없으면 이를 하나로 和合된 모습이라 이름하는것을 뜻한다.

假名을 허물지 아니하면서 實相을 말미암아 佛果인 菩提를 成就하기 때문에 말로 다 說明할 수 없고 그 奧妙함은 말로 表現할 수 없는것인데 凡夫들은 文字의 事業에 貪着하여 慈悲와 智慧의 두 法으로 말미암아 菩提를 얻을 수 없겠는가?

修行하지 아니하면서 無上의 菩提를 求하려하니 무슨 수로 이를 얻을 수 있겠는가?

事中에 通一合이나 理即兩俱捐이니 欲達無生路인댄 應當識本源이라

傅大士

界塵이 一何異며 報應도 亦如然이라 非因亦非果어니 誰後復誰先

(傅大士의 頌)

世界, 微塵 하나이니 무엇이 다른가?
報身, 應身 또한 그러하니
因도 아니며 果도아닌데
누가 뒤서고 또 누가 앞섰는가?
일 가운데는 共通되여
하나로 합쳐지나

理致로는 곧 둘 모두 버려야한다
生滅없는 길에 到達하려면
마땅히 本源을 알아야 한다

㊀ 冶父 捏聚放開여 兵隨印轉이로다

㊀ 說 有時엔 開三하고 有時엔 合一하니 合一即三이며 開三即一이라 俱是하니 伊麼則殺活이 臨時요 收放이 自由로다
非三而三이요 非一而一이라 三一이 俱非하고 三一이

渾圇成兩片이요 擘破却團圓이라 細嚼莫咬破사하야

㊀ 說 咬破는 他本에 作空碎라

方知滋味全하리라

㊀ 說 欲言非異나 爭奈異며 欲言非一이나 爭奈一이오 欲空三一還三一이라 方知本圓成이다 又一本에 云細嚼莫空碎라하니 理之極致는 要須着意精詳이요 不應偶爾念過니라 古人이 道호대 知有底人은 細嚼來嚐하고 不知有底人은 一似渾圇吞可棗시라하니 末後圓成處
는 精詳사하야 始應知니라

(冶父道川의 評唱)

兵士는 將軍의 印旗따라 돈다
눌러 모으고、놓아 열여주며

解説…때로는 三乘으로 分離하고 때로는 一乘으로 統合하니 統合된 一乘이 곧 三乘이며 分離된 三乘이 곧 一乘이니 三乘과 一乘이 서로 一体가 되니 三乘이 아니면서 三乘이요 一乘이 아니면서 一乘이라 三乘과 一乘이 모두 아니고 三乘과 一乘이 모두 옳다.
그렇게 되면 죽이고 살리는것은 때에 따라 自由自在하며 거두어들이고 놓아줌도 自由自在하다.

(評唱)

똘똘 한덩어리로 뭉치면
두조각이 되다가
두들려 깨면 도리어
한덩어리가 되니
가늘게 씹어도
깨물어 깨는 사람 없으니
비로소 기름진 맛의
完全함을 알았도다

解説…다르지 않다고 말하고자 하여도 다른것을 어떻게 하나이니 이를 어찌하겠는가? 三乘、一乘을 모두 비우려 하여도 하나가 아니라고 말하고자 해도 또 다른 三乘一乘이 本來 스스로 이룩되었음을 비로소 알게되었다. 原本에는 「細嚼莫咬破」가 「細嚼莫空碎」로 된 책도 있는데 (가늘게 씹어도 아무도 虛空을 부술 수는 없다) 眞理의 極致는 精密昭詳하게 붙여야 하며 偶然한 생각으로 넘겨서는 안되는 것이다.
옛 사람이 말씀하시기를

733

「有를 알 수 있는 사람은 細密히 씹어서 오면 침이 넘어가나 「有」을 모르는 사람은 마치 단단한 덩어리를 그대로 대추삼키듯 한다」라고 하였으니 最後의 圓滿히 이루어진 곳은 精密昭詳하게 咀嚼하여야만 비로소 알게 될 것이다.

宗鏡 以世界로 碎如微塵은 慈尊의 喩巧而玄要며 立權名하야 談其實相하면 凡夫ㅣ意絶於貪求로다 與麽會得하면 返本還源이나 不與麽會하면 智同諸佛하야 悲合衆生이라니 總不與麽하면 巨靈이 擡手無多子하야 分破華山 千萬重하리라

說 碎界爲塵이여 喩巧意玄이요 依權顯實이여 凡絶追求로다 顯實相則智境이오 全彰이요 絶追求 則塵勞ㅣ頓息이니 息塵勞則智日이 高懸하야 昏衢大朗하야 上同諸佛이요 順塵勞則慈雲이 廣布에 甘露普潤하야 下合衆生이라 亦不息塵勞하고 亦不順塵勞하면 巨靈이 擡手威動 地하야 萬重山向一掴開라

一段生涯六不收하니 （六은當作本이라） 從前萬法이 盡非偶라 輕輕擘破三千界하니 直 得恒河水逆流로다

說 一法이 本有라 不可收요 萬法이 無根이라 總非眞이니 法法이 會來歸本源하야 免敎人 逐風波로다

（宗鏡의 頌）

世界를 부수어 微塵처럼 만든다는것은 慈悲하신 世尊의 巧妙한 比喩이면서 玄門의 要旨이고 一

解説…한 이름을 세워놓고 그 實相을 이야기함은 凡夫들의 생각을 탐내고 追求하는 일에서 끊게 함이다. 그렇게 알 수 있으면 本源에 되돌아가게 되나 그렇게 理解하지 아니하는 境遇에는 智慧는 모든 부처님과 같이하면서 慈悲로 衆生들과 融合하는 경우이며 모든것을 모조리 그렇게 하지 아니할 境遇 한 巨靈이(※巨大한 神) 손을 들어 올리면 큰 힘 들이지 아니하고도 千萬겹 華山을 쪼개서 허물어버리는 경우다.

解説…世界를 부수어 먼지를 만든다는것은 비유가 巧妙하고 뜻이 玄妙하다 方便에 根據하여 實相을 밝힌다는것은 凡人의 생각을 追求하는 일에서 斷絶케 함이니 實相을 밝히면 智慧와 境界가 完全히 드러나고 追求를 斷絶하면 번뇌의 시달림이 完全히 멎게 된다. 번뇌의 시달림이 멎으면 智慧의 太陽이 높이 하늘에 걸려 어두웠던 거리가 크게 밝아져 위로는 모든 부처님과 같아진다. 反面 번뇌의 시달림에 順應하면 慈悲의 구름이 널리 깔려 甘露가 골고루 적셔주니 래로 衆生들과 融合된다.

번뇌의 시달림을 멎게 하지도 아니하고 번뇌의 시달림에 順應하지도 아니하면 巨靈이 손을 들어 威嚴이 振動하는 땅에서 만겹의 山을 向해 한주먹으로 山門을 열게 된다.

(頌)

한 토막 生涯 本來 거두어들이지 아니하니
從前의 萬法 모두 나의 짝은 아니다
가볍게 三千世界 쳐부수니
곧 바로 恒河
거꾸로 흐르게 되었네!

解説…한 法이 本來부터 存在하니 이를 거두어들일 수 없고 萬法에 뿌리가 없으니 모두 眞實

은 아니다. 法마다 모여들어 本源으로 돌아오게 한다면 사람마다 風波를 쫓는 일은 면하게 할 수 있다.

圭峰 解 二는 約止觀하야 破我法이라 於中에 文二니 一은 除我執이라 又二니 一은 遮錯解라

知見不生分第三十一

須菩提야 若人이 言佛說我見人見衆生見壽者見이라하면 須菩提야 於意云何오 是人이 解我所說義 不아 不也니이다 世尊이시여 是人이 不解如來所說義니

(圭峰의 解說)
두번째는 「止觀」과 結付시켜 我相에 사로잡힌 法을 허물었다. 이 가운데 글은 두가지로 區分되며 그 첫째는 我執을 除去하는 內容인데 이 內容이 또 두가지로 區分되니 첫번째는 잘못된 아름아리를 遮斷하였다.

(知見이 생기지 아니하여야 한다는 分段, 第三十一)

註
① 止觀…마음을 한곳에 모아 밝게 사물을 비추어 보는 일. 寂照, 定慧와 비슷한 槪念.

(本文)

須菩提야! 만약 어떤 사람이 我見, 人見, 衆生見, 壽者見을 說法한다고 말한다면 須菩提야 너는 어떻게 생각하느냐? 이 사람은 내가 說法하는 참뜻을 아는 사람인가? 아닌가?

아니옵니다. 世尊이시어! 이 사람은 부처님이 說法하시는 참뜻을 모르는 사람입니다.

二는 遣言執이라

何以故오 世尊이 說我見人見衆生見壽者見은 即非我見人見衆生見壽者見일새 是名我見人見衆生見壽者見이다

論에 云호대 我見은 虛妄分別이니 佛說은 即是不見이라하며 無著은 云호대 此는 顯示如所不分別이니 云何顯示오 如外道는 說我어든 如來는 說爲我見故로 安置人無我하시고 又爲說有此我見故로 安置法無我니하시 如是觀察하야 菩薩이 入相應三昧時에 不復分別이나 即此觀察이 爲入方便하다라

(圭峰의 解說)

두번재는 말에 대한 執着을 없게한 內容이다.

(本文)

왜 그런가 하오면 世尊께서 말씀하시는 我見, 人見, 衆生見, 壽者見은 곧 我見, 人見, 衆生見, 壽者見이 아니온대 이를 我見, 人見, 衆生見, 壽者見이라 이름하셨기 때문입니다.

(圭峰의 解說)

般若論에 이르기를 「我見은 虛妄한 分別이나 부처님의 말씀은 見解를 지니는것이 아니다」라고 하였다.

無着스님은 이르기를 「이는 뚜렷이 如如한 境地에서의 分別이 아니함을 表示한 것이다. 어떻게 뚜렷이 表示하였는가?

外道의 境遇에는 「我」를 말하나 부처님의 「我見」을 말씀하신 까닭에 사람에게 我相이 없음을 固定化시켰고 또 이 我見이 있다고 말씀하신 까닭에 法에 我相이 없음을 固定化시켰다. 이와같이 觀察하여 菩薩들이 이에 相應하는 三昧에 들어갔으며 다시는 分別을 하지 아니하게 되어 곧 이러한 觀察은 道에 들어가는 方便이 되는 것이다」라고 하였다.

六祖 如來—說此經하사 令一切衆生으로 自悟般若智하야 自修證菩提果니라 凡夫之人이 不解佛意하고 便爲如來—說我人等見이라하나 不知如來—說甚深無相無爲般若波羅蜜法이로다 如來所說我人等見은 不同凡夫의 我人等見이니 如來—說一切衆生이 皆有佛性이 是眞我見이요 說一切衆生이 無漏智性이 本自具足이 是人見이요 說一切衆生이 本無煩惱—是衆生見이요 說

一切衆生性이 本自不生不滅이 是壽者見也니라

(六祖大師의 解説)

부처님은 이 經을 説法하셔서 모든 衆生들이 스스로 般若의 智慧를 修證케 하려 하신 것인데 凡夫들은 부처님의 뜻을 모르고 문득 부처님이 我見, 人見 등에 사로 잡힌 말씀을 하신다고 생각하며 부처님이 깊고도 깊은 無相, 無爲의 般若波羅蜜法을 説法하심을 알지못한 것이다.

부처님이 말씀하신 我見, 人見 등과는 같지 아니하니 부처님이 말씀하신 「모든 衆生들에게는 모두 佛性이 있다」고 하신 말씀이 부처님의 眞正한 我見이며 「모든 衆生들에게는 煩惱妄想의 侵透가 없는 智慧로운 自性이 本來부터 스스로 充分히 갖추어져 있다」고 하신 말씀은 부처님의 人見이며 또 「모든 衆生들의 自性은 本來부터 不生不滅한 것이다」라고 하신것은 부처님의 壽者見인 것이다.

圭峰 二는 除法執이라 文二니 一은 除分別이라

須菩提야 發阿耨多羅三藐三菩提心者는 於一切法에 應如是知하며 如是見하며 如是信解하야 不生法相이니

(本文)

須菩提야! 阿耨多羅藐三菩提心을 일으킬 사람은 모든 法에서 마땅히 이와같이 알고 이와같이 보고 이와같이 믿고 解得하여 法相이 생기지 아니하여야 한다.

(圭峰의 解說)

無着은 云호대 此는 顯示何人이 無分別이며 於何法에 不分別이며 何方便으로 不分別이니 增上心과 增上智故로 於無分別中에 知見勝解니라 於中에 若智ㅣ 依止奢摩他 故로 知며 依止毘鉢舍那 故로 見이니 此二가 依止三摩提 故로 勝解니 以三摩提ㅣ 自在故로 解內攀緣影像하나니 彼를 名勝解니라 云何無分別고 此에 正顯無分別이라 大雲은 云호대 前之方便은 是加行智요 今不分別은 是根本智니 即親證眞如하야 離能所取를 名不分別하니라

두번째는 法에 대한 執着을 除去하신 것이니 글은 두가지로 區分되며 그 첫째는 分別心을 除去하라 하셨다.

解說…無着스님은 이르기를 「이는 어떤 사람이 분별하지 아니하며 어떤 方便으로 分別하지 아니하는가를 뚜렷이 보고 이와같이 믿고 解得하여 法相이 생기지 아니하여야 한다.

이 가운데서 만약 智慧가 奢摩他 즉 寂靜한 마음(止)에 依止한다면 그 까닭으로 알게되며 또 毘婆舍那 즉 觀照에 依止한다면 그 까닭으로 보게되니 이 두가지 즉 止觀이 三昧에 依止하게 되어 어떤 方便으로 分別하지 아니하는가를 뚜렷이 表示하신 말씀이며 禪定에 드는 마음과 禪定의 智慧가 생기는 까닭에 分別心이 없는 가운데서 知見에 의한 거룩한 아름아리가 생기는 것을 말씀하셨다.

되면 그 까닭으로 거룩한 아름아리가 생긴다. 三昧가 自由自在하면 그 까닭으로 마음안에 매달린 因緣의 그림자를 알게되니 그것을 이름하여 「거룩한 아름아리(勝解)라 한다. 어떻게 分別心이 없는가? 여기서 바로 無分別을 밝히는 것이다」라고 하였다.

또 大雲스님은 말하기를 「앞에서 말씀하신 方便은 修行의 智慧를 더하게 한것이며 지금 分別하지 아니하는 마음은 根本의 智慧니 곧 몸소 眞如를 밝혀서 主觀, 客觀의 「取」를 떠나는 것을 이름하여 「不分別」이라 하신 것이다」라고 하였다.

二는 顯本寂이라

須菩提야 所言法相者는 如來-說即非法相일새 是名法相이라 이니

正顯法相이 即非法相하사 合上塵界非塵界之喻也니 所說無量대로 上來에 特擧四見者는 此是 三乘의 所斷麁細惑之總名이며 意通明能治所治 一切諸法이 皆非實有也니라 佛說我見人見衆生見壽者見 以此例之컨댄 則佛說四聖諦- 即非四聖諦요 佛說 特擧問耳니

十八不共法이 即非十八不共法이니 乃至八萬四千多羅尼門이 即非八萬四千多羅尼門 伊麼則從初轉四諦로 至今談般若히 所說諸法이 無一字도 可以掛在目前이며 無一言 다로

741

可以記在胸中하야 所謂一相一味 - 究竟涅槃이라 常寂滅相이니 於是乎現다 於此에 可以
悟佛知見이며 入佛知見이요 於此에 可以發眞正信心이며 得眞正妙解也니 豈可泥言敎而爲
究竟하야 墮在名數之中也리오 所以로 云 發菩提心者는 於一切妙解也니 豈可泥言敎而爲
信解하야 不生法相이시고 以至云所言法相者는 卽非法相일새 是名法相이라하사 應如是知見하며 如是
總該大小乘法이요 非法相三字 - 通明所說諸法。 皆歸實相妙空이니 是皆歸實相
無着은 云 此는 顯示法相中에 不共義와 及相應義니 如前已說하다
妙空이 千重百巾無廻互하니 大家靜處薩婆訶로다

(圭峰의 解說)

두번째로 本來의 寂滅함을 밝히셨다.

(本文)

須菩提야! 이른바 「法相」이라 하는것은 부처가 말하는것은 法相이 아닌데 이를 法相이라 이름하였느니라.

解說… 바로 法相이 곧 法相이 아님을 밝히셔서 위에서 말씀하신 微塵世界가 微塵世界가 아니라는 비유와 合致시키셨다. 부처님이 說法하신 말씀은 헤아릴 수 없이 많은데 특별히 네가지 見解(我、 人、 衆生、 壽者)만을 擧論하신 것은 이것이 三乘에서 끊어야 할 굵고 微細한 煩惱의 總體的인 名稱이며 八萬四千의 모든 妄想과 汚染의 머리 數인 때문에 위에서 頻繁히 이를 말씀하시다가 여기서 特別히 擧論하여 물어보신 것이며 그 뜻은 共通的으로 主觀으로 다스리고 客觀으로 다스리는 一切의 모든 法이 모두 實存하는 存在가 아님을 밝히신 것이다.

부처님이 말씀하시기를 "我見, 人見, 衆生見, 壽者見이 아니다"라고 하셨으니 이 예에 따른다면 부처님이 說法하신 四聖諦(苦集道滅)는 곧 四聖諦가 아니며 부처님이 말씀하신 十八不共法(부처님만이 갖춘 十八種의 特徵(十力, 四無所畏, 三念住, 大悲)은 곧 十八不共法이 아니며 乃至는 八萬四千의 陀羅尼門도 곧 八萬四千의 陀羅尼門이 아니란 結論이 된다. 그렇다면 부처님이 처음 華嚴經의 說法때 四聖諦의 法論을 굴리실때부터 지금 般若波羅蜜의 說法하시기까지 說法하신 모든 法門을 말씀하신 모든 한 글자도 눈앞에 걸어놓을만한 法門이 없고 가슴속에 記憶해둘만한 말씀도 없다는 뜻이니 이른바 모든것이 究竟의 眞理라 하여 이름과 數字의 陷穽속에 떨어져 있어서야 되겠느냐? 그런까닭에 이르기를

"菩提心을 일으키는 사람은 마땅히 이와같이 알고 보아야 하며 이와같이 믿고 解得하여 法相이 생기지 아니하여야 한다"라고 하시고 이로서 "이른바 法相이라 함은 곧 法相이 아닌데 이를 法相이라 이름하였느니라"라고 말씀하시기에 여기서 "一切法"이란 세 글자는 大乘, 小乘의 모든 法을 모두 包含한것이며 "非法相"이란 세 글자는 부처님이 說法하신 모든 法門이 모두 實相의 妙空에 歸着됨을 共通的으로 밝히신 말씀이다.

그렇다면 어떤것이 "모두가 實相의 妙空으로 歸着하는 일인가?
千겹 百바퀴 돌고 돌아도
서로 迴互함이 없으니
大家는 고요한 곳에
제시오이다

(圭峰의 解說)

無着스님은 이르기를 「이는 法相가운데의 獨自的인 特徵과 相應하는 內容을 뚜렷히 表示한 말씀으로 앞에서 이미 說明한 內容과 같다」라고 하였다.

六祖 發菩提心者는 應見一切衆生이 皆有佛性이며 應知一切衆生의 無漏種智라 本自具足이며 應信一切衆生의 自性이 本無生滅이니 雖行一切智慧方便하야 接物利生이나 不作能所之心이니 口說無相法호대 心行無相行하야 而心無能所하면 是名法相也니라

(六祖大師의 解說)

菩提心을 일으킨 사람은 응당 모든 衆生에게 佛性이 있음을 보고 응당 모든 衆生들에게 無漏(煩惱妄想의 侵透가 없는)根本智慧가 本來 스스로 完全히 갖추어졌음을 알것이며 응당 모든 衆生들의 自性은 本來 스스로 生滅이 없음을 믿을 것이다. 비록 모든 智慧로운 方便을 修行하여 衆生들을 接化하여 衆生들을 利롭게 한다 하더라도 主觀, 客觀에 사로잡히는 마음을 짓지 말아야 한다. 입으로는 無相의 法을 말하더라도 마음에 主觀, 客觀의 作用이 있으면 곧 그것은 法相이 아니며 입으로 相이 없는 法門을 말하고 마음으로 相이 없는 行을 修行하면서 執着이 없어야만 이를 「法相」이라 이름한다.

傅大士

非到眞如理하야 棄我入無爲면 衆生及壽者의 悟見이 總皆非라 若

悟菩提道하면 彼岸도 更求離니 法相與非相을 了應如是知니라

(傅大士의 頌)

眞如의 眞理에 到達하여
我見 버리고 無爲에 들지 아니하면
衆生見、壽者見으로
깨닫고 본것 모두가 잘못이니
만약 菩提道 깨닫게되면
生死의 江 건너 저편 언덕에서도
다시 벗어나기를 求하게 되니
法相 非法相을
훤하게 마땅히
이와같이 알아야 하느니라

冶父 ▶ 飯來開口하고 睡來合眼이로다

說 ▶ 黃面老子ㅣ 從寂滅場하사 入生死海며하시 張大敎網하사 漉人天魚로대 無一衆生도 入彼網中다이로 何以故然고 人人이 有脚하야 要行即行하고 要住即住라 不要別人이요 介介ㅣ 有手야하 要捉即捉하고 要放即放이라 不借他力이며 以至飯來開口하고 睡來合眼히 一切自由하야 不借他能이니 既然如是인댄 何有衆生이 爲佛所度리오 伊麽則四十九年을 伊麽來하사 終無得物空手廻로다

千尺絲綸直下垂하니 一波纔動萬波隨라 夜靜水寒魚不食하니 滿船空載月明歸로다

說 錦鱗이 正在深深處하니 千尺絲綸을 也須垂로다 佛性이 深在五蘊海하니 要以大悲로 能引出다이로 一開大悲門이여 無盡法門이 從茲始로다 無明長夜靜하고 心水本清涼하니 清淨妙覺性은 不受大悲化로다 生旣不受化인댄 佛亦不住世니 無底船留大智月하고 却向青山更那邊다이로 雖然伊麼나 恐人錯會하노 莫謂多時空下釣하라 如今에 釣得滿船歸로다

(治父道川의 評唱)
잠이 오면 눈 감는다
밥이 오면 입 벌리고

解說…얼굴노란 老人어른 寂滅道場에서 生死의 바다에 들어가셔서 큰 가르침의 그물을 쳐놓고 人天世界의 고기를 건저올렸으니 한 衆生도 그 그물속에 들어간 사람은 없었다. 어찌하여 그렇게 되었는가? 사람마다 다리가 있어 가고싶으면 가고 머물고 싶으면 머물어 딴 사람의 손이 있어 잡고싶으면 잡고 놓고싶으면 놓아주어 다른 사람의 힘을 빌리지 아니하며 이로서 밥이 오면 입을 빌리고 잠이 오면 눈을 감는데 이르기까지 모든것이 自由며 다른 사람의 能力을 빌리지 아니한다.

이미 이와같다고 하면 어떤 衆生이 부처님이 濟度할 衆生이 있겠는가? 그렇다면 四十九年을 그렇게 지내왔으나 끝내 아무것도 얻은 물건은 없고 빈 손으로 돌아가셨도다.

(評唱)

千尺 낚시줄 곧 아래로 드리우니
한 물결 움직이자 一萬 물결 일자이네
밤은 고요하고 물은 차가와
고기 낚시밥 먹지 않아
배 가득히 헛되게
밝은 달빛만 싣고
돌아왔노라

(※ 註…이 詩는 船子德誠禪師의 悟道詩로 有名한 글이다)

解說…비단 잉어는 바로 깊고 깊은 물속에 있으니 千尺의 낚시줄 또한 드리워야 하였을 것이다. 佛性은 깊이 五蘊의 바다밑에 있으니 大悲한 마음으로 끌어내야만 한다. 한번 大悲의 門을 열면 無盡한 法門이 여기서 비롯되고 無明의 긴긴 밤은 고요한데 마음의 물은 本來 淸淨하다. 이 淸淨한 妙覺의 自性은 大悲의 敎化를 받아들이지 아니한다. 衆生이 이미 敎化를 받아들이지 아니하면 부처도 世上에 머물지 아니하신다. 밑없는 배가 큰 大智의 달빛을 머물게 하여 문득 靑山을 向하다가 다시 저편으로 갔도다. 비록 그렇다고 하더라도 사람들이 잘못 理解할까 두렵다. 오랜 歲月 空然히 낚시줄만 드리우고 있다고 생각하지 말어라. 지금은 배에 가득히 낚아올려 돌아오고 있느니라!

宗鏡 若着見聞覺知하면 不解如來妙義요 悟無我人壽命하면 還同陽焰空이로다 華로다 楞嚴에 云知見立知는 即無明本이요 知見無見은 斯即涅槃이시니 只如法相不生時를 還信解麽아 大千沙界ㅣ海中漚요 一切聖賢이 如電拂다이로

說 取法元是迷요 悟空도 亦非眞이라 悟心斯亡處에 是得涅槃時니 只如法相不生을 作麽生道오 目前에 絶纖塵하니 號誰爲聖賢고

法空非我道非親이라 樹倒藤枯笑轉新다이로 風掃止啼黄葉盡하니 千林全體露天眞다이로

說 空有를 已兩亡하고 一亦不掛懷라 大千爲自身하니 所以笑轉新다이로 快然不爲方便惑하니 本地風光이 觸處彰이로다

(宗鏡의 頌)

만약 보고 듣고 느끼고 안 것에 執着한다면 부처님의 오묘한 眞理를 解得하지 못하고 我見, 人見, 衆生見, 壽者見이 없음을 깨닫게 되면 문득 이러한것이 아지랑이나 虛空에 핀 幻想의 꽃과 같아진다. 首楞嚴經에 이르기를 「知見에 아름아리를 세우는것이 無明의 根本이며 知見에 見이 없는것이 곧 涅槃이다」라고 하였다.

그렇다면 가령 法相이 생기지 아니하였을 때는 문득 믿고 解得할 수가 있다는 것인가?

大千河沙世界는 바다안의 거품이요

748

모든 聖人賢人 번개불로 쓰는듯 하다

解説…法을 取하는것은 元來이는 迷惑된 일이지만 空을 깨닫는것도 또한 眞如가 아니다. 깨달았다는 마음이 없어진 곳이 곧 涅槃을 얻었을 때다. 法相이 생기지 아니한다는 것은 그렇다면 어떻게 말해야 할것인가? 눈앞에 실오라기 같은 먼지도 없는데 누가 聖賢이라 이름하는가?

(頌)

法의 空함은 我相아니며
道는 親한것이 아니니
나무 넘어지면
나무에 얽힌 등쿨도 마르는데
境界 더욱 새로워짐이 우습구나
어린 아기 울음달랠
노란 나무잎
바람이 쓸고 간 다음에
모든 숲 完全한 바탕이
天眞하게 드러났구나!

解説…空과 有 두가지가 모두 사라지면 오직 하나의 眞如조차 품안에 걸려있지 아니하다. 大千世界가 自己의 몸이 되니 그런까닭에 더욱 새로워진것이 우습다. 痛快하게 方便에 헷갈리지 아니하니 本地의 風光이 간곳마다 드러나도다.

註

① 樹到藤枯…話頭의 하나로 浮山法遠 夾山善會 등 여러 禪師에 依해 提唱된 公案.「藤生依樹 樹到藤枯時如何?」즉 因緣

과 因緣의 母体對象이 完全히 없어진 境地는 어떤것인가? 하는 問題.

圭峰 第二十六은 斷化身說法無福疑라 因聞眞化ㅣ非一非異하야 意云 若就非一인댄 化即唯虛假요 若就非異인댄 又唯冥合歸一하야 法身이 即化身이라 終無自體니 若爾인댄 即所說法을 受持演說도 無福할새라 斷之니라 文二니 一 明說法功德이라

應化非眞分第三十二

須菩提야 若有人이 以滿無量阿僧祇世界七寶로 持用布施어든 若有善男子善女人이 發菩薩心者ㅣ 持於此經하야 乃至四句偈等을 受持讀誦하야 爲人演說하면 其福이 勝彼니하리

偈에 云化身示現福이 非無無盡福이라하며 論에 云雖諸佛이 而彼諸佛의 化身說法이 有無量無盡無漏功德하야 自然化身作業이니

(圭峰의 解說)

스물여섯번째는 化身佛의 說法은 福德이 없는것이 아닌가? 하는 疑問에 斷定을 내리셨다. 眞身과 化身이 같지도 아니하고 다르지도 아니하다는 말씀을 들음으로서 因하여 생각하기를 만약 같지 아니하다는 側面에서 본다면 化身이란 오직 虛像이며 假設일 따름이며 또 만약 다르지 아니하다는 側面에서 본다면 또한 보이지 아니하는 가운데 合致歸一하여 法身이 곧 化身이여서 끝내 自体의 바탕은 없게 된다. 만약 그렇다면 곧 說法하신 法門을 받아들여 간직하여 베풀어 말한다 하더라도 거기서 얻는 福德은 없을것 아닌가? 라고 생각하기 때문에 이에 斷定을 내리신 것이다. 글은 두가지로 구분되며 그 첫번째는 說法의 功德을 밝히셨다.

(本文)
(應身、化身은 眞身이 아니라는 分段、第三十二)

須菩提야! 만약 어떤 사람이 無量阿僧祇劫의 世界에 가득한 일곱가지 보배를 간직하여 布施에 쓴다 하더라도 만약 어떤 善男子、善女人이 있어서 菩薩의 마음을 일으켜 이 經을 護持하거나 四句의 偈頌等을 간직하여 이를 받아들이고 護持하여 읽고 외워 사람들을 위하여 說法을 베푼다면 그 福은 앞에서 말한 福보다 뛰어날 것이다.

解説…偈에 이르기를「化身이 示現하는 福 無盡한 福없는것은 아니다」라고 하였고 般若論에는 이르기를「비록 여러 부처님이 自然의 化身으로 業을 짓는다 하더라도 그 여러 化身佛의 說法에도 無量無盡한 無漏의 功德이 있다」라고 하였다.

二는 明說法不染이라

云何爲人演說고

(圭峰의 解說)

두번째는 說法이 汚染되지 아니하였음을 밝혔다.

冶父 要說인댄 有甚難이오 即今便請하노 諦聽諦聽하라

說 只如四句를 要說인댄 有甚難이오 即今便請하노 諦聽諦聽하라

行住坐臥와 是非人我와 忽喜忽嗔이 不離這箇어니 祇這箇라하면 驀面睡라 平生肝膽을 一時傾하야 四句妙門을 都說破로다

說 日用行住坐臥와 嗔喜是非— 畢竟承誰恩力고 要之컨댄 總不離這介니 只這介여 堂堂覿面露規模하고 了了圓成無比格이로 然雖如是나 莫作這介會어 若作這介會하면 便是眼中屑이라 不作這介會사야 方得契如如니 比如清涼池— 四面皆可入이며 亦如猛火聚— 四面不可入이라니 妙門이 諒斯在하니 如今에 都說破로다

(本文)

어떻게 사람들을 위하여 說法을 베풀어야 하는가?

(冶父道川의 評唱)

말하면 어려울것 무엇인가?

解說…四句偈를 말하라 한다면 어려울것이 무엇인가? 지금 請하노니 잘 들어두시오.

지금 請하노니
잘 들어보시오

(評唱)

걷고 멈추고 앉고 눕고
옳고 그르고 너와 나 사이에
갑자기 기뻐하다
또 갑자기 성내는 일
모두 이 한가지를(마음)
벗어나지 아니하네
그러나 오직 이것 뿐이라 한다면
막바로 얼굴에 침을 뱉겠다
平生동안 간직한 肝膽
한꺼번에 쏟아 기우려
四句偈의 妙한 法門
모조리 說破했네

解說…日常生活의 行住坐臥에서 노여워하고 기뻐하고 是非하는 일이 누구의 恩德의 힘을 받은 것인가? 이를 간추린다면 모두가 이 한가지 「마음」을 벗어나는것은 아니지만 오직 이 한가지 뿐이라 한다면 堂堂한 모습으로 얼굴을 마주보며 規模를 드러내고 환하게 圓成한 比較할 品格이 없는

○ 이 모습은 이 뜻이 흡흡할까?

비록 이와같다 하더라도 이 한가지의 아름아리 만 짓는다면 곧 눈속에 티가 든 것이다. 이 한가지의 아름아리를 짓지 아니하여야 비로소 如如한 境地에 일치될 것이다.

비유하면 맑고 시원한 못은 四方에서 모두 들어갈 수 있으나 또한 사나운 불덤이와도 같아서 四方에서 모두 들어갈 수가 없는것과 같이 妙한 法門이 애오라지 여기에 있음을 지금 모두 다 說破하였노라.

不取於相하야 如如不動이라

法界는 本無說이로대 對緣而有說이라 說法이 無自性이나 終不離法界니 若是法界體인댄 爲有아 爲空가 爲非空有아 有空은 不空이요 空有는 不有니 既非空有인댄 中亦非中이라 是知法界體 上에 三相이 元來空寂이니 云何演說로 得與法界로 相應去在오 說理而即事라 不應取法이며 不應取非法시니라 合即法非法之二相이라 不取於有며 不取於中이니 故로 云不取於相이며 離三相而安住實際하고 坐一如而不動搖니 說是經者ㅣ 妙造乎此則不見有我爲能度며 不見有法爲可說이며 有人爲能說이라 所以로 道호대 始從鹿野苑으로 終至跋提河히 於是二中間에 未曾說一字라하시니 伊麽則內絶己躬하고 外無可化라 終日度生호대 未曾度生이요 舌頭無骨하고 語下無迹이라 終日說示호대 未曾說示니라 雖彌天敎海와 滿地葛藤이라도 如紅爐上一點殘雪이니 如是解者ㅣ 是眞正解며 如是說者ㅣ 是眞實說이라

(本文)

相에서 取하지 아니하고 如如하게(※ 自然그대로) 흔들리지 아니한다.

解説… 法界는 本來 말이 없으니 因緣을 마주하면 말이 있게 된다. 説法에 自性이 없지만 또한 法界를 벗어나지 아니하니 만약 이것이 法界의 正體라고 한다면 이것은 「有」인가? 空인가? 空도 有도 아니라고 해야 하는가?

有의 空은 空이 아니며 空의 有는 有가 아니다. 이미 空도 有도 아니라면 中道도 역시 中道가 아니다.

이로서 (空、有、中) 元來 空寂함을 알 수 있으니 이를 어떻게 説明을 베풀어야 法界와 相應해 갈 수 있겠는가?

理致를 말하면서 일에 몸담으니 空에서 取하지 아니하게 되고 일을 말하면서 眞理에 몸담으니 「有」에서 取하지 아니하며 中道를 말하면서 가장자리에 몸담으니 中道에서 取하지 아니하며 또한 내가 이러한 境地에 이르게 되면 妙하게 이러한 境地에 이르게 되면 説法하는 사람이라면 妙하게 이러한 境地에 이르게 되면 내가 能히 濟度할 수 있는 衆生이 있다고 보지 아니하고 또한 내가 説法할 수 있는 法門이 있다고도 보지 아니하며 能히 説法할 수 있는 사람이 있다고도 보지 아니한다.

그런 까닭에 이르기를 「마땅히 法을 取하여도 안되고 非法을 取하여도 안된다」라고 한 것이다.

合致하면 法과 非法의 두 모습이 되고 分離하면 有와 無와 中道의 세 모습이 되니 세 모습을 벗어나서 最後의 眞實에 安住하고 한 如如한 境地에 앉아 일찍이 動搖된 바 없었으니 이 經을 説法하는 사람이라면 妙하게 이러한 境地에 이르게 되면 내가 能히 濟度할 수 있는 衆生이 있다고 보지 아니하고 또한 내가 説法할 수 있는 法門이 있다고도 보지 아니하며 能히 説法할 수 있는 사람이 있다고도 보지 아니한다.

그런 까닭에 이르기를 「처음 鹿野苑에서부터 마지막 跋提河에 이르기까지 이 두 時期의 中間에 부처님은 일찍이 한 글자의 説法도 하시지 아니하셨다」라고 말한 것이다.

754

그렇다면 안으로는 자기몸에 대한 집착을 단절하였고 밖으로는 교화할만한 衆生도 없었으니 하루 終日 衆生들을 濟度하셔도 일찌기 한 사람의 衆生도 濟度하신 일이 없었던 것이다. 하루 終日 說法하시고 垂示하셔도 일찌기 한마디의 말씀도 說法하시고 垂示하신 일이 없었으니 비록 하늘에 당을 가르침의 바다와 땅에 가득히 뒤엉킨 葛藤이 있다고 하더라도 마치 벌거케 타오르는 熔礦爐위에 떨어지는 한 점의 눈과 같이 자취도 없이 融解되고 마는 것이다.

이와같이 解得을 한 사람은 眞正한 說法이며 이와같이 說明하는 사람은 眞實한 說法을 하는 사람이다.

冶父

(說) 拂盡今時_{사하야} 始得就體_니 須知三點水_ㅣ 却向裏頭圓_{이니라}

末後一句_ㅣ 始到牢關_{하니} 直得三世諸佛_이 四目相觀_{이며} 六代祖師_ㅣ 退身有分_{이라} 可謂是江河徹凍_{하야} 水泄不通_{이요} 極目荊榛_에 難爲措足_{이로다} 到這裏_{하야} 添一絲毫_{라도} 如眼中着刺_요 減一絲毫_{라도} 似肉上剜瘡_{이니} 非爲坐斷要津_{이라} 蓋爲識法者恐_{이니라} 雖然恁麽_나 佛法_이 只如此_{인댄} 便見陸地平沈_{이니} 豈有燈燈續焰_{오리} 川上座_는 今日_에 不免向猛虎口中奪食_{하며} 獰龍領下穿珠_{하야} 谿開先聖妙門_{하야} 後學_이 進身有路_{리케하} 放開一線_{인들} 又且何妨_{이리오} 語則全彰法體_요 默則獨露眞常_{이며} 動則隻鶴片雲_{이요} 靜則安山列嶽_{이라} 擧一步_에 如

象王回顧요 退一步에 若師子嚬呻이니 法王法令은 當行이나 便能於法에 自在로다 秪如末後一句를 又作麼生道오 還委悉麼아 雲在嶺頭閑不徹하고 水流澗下太忙生이로다

㉘ 最初敷座는 仗劍當路하야 號令天下요 末后不動은 斬盡精靈하야 秉劍歸位니 這一柄 吹毛는 體絶纖塵하고 光爍太虛라 寓目者ㅣ 喪膽亡魂이요 近傍者ㅣ 身分兩段이니 直得 三世諸佛이 覷不及이며 歷代祖師ㅣ 親不得이라 伊麼則深深乎不通風이요 凜凜乎難掛 目이라 終年竟歲威且險하니 不通凡聖絶去來로다 到這裏는 開口也錯이며 閉口也錯이라 動 靜이 俱非요 進退俱失이니 此非強爲라 法爾如然이로다 雖然伊麼나 若一向收而不放하고 合而不開면 則致令後代兒孫으로 撞脚不起하야 便見陸地平沈하리니 豈有子子相傳하며 孫 孫相繼리오 所以로 今日에 向荊棘林中하야 啓一線道하야 不通風處에 別通消息이니 所以 然者는 無施設中에 不妨有施設이며 不風流處에 不妨有風流라 語默動靜이 本現成 이요 擧步退步ㅣ 俱自若이로 到這裏는 妙用이 縱橫하야 不存軌則이라 蕩一切法도 亦在我 며 建一切法도 亦在我니 如王秉劍하고 似虎戴角이라 有意氣時에 添意氣요 得寬懷處 에 且寬懷로다 只如未后一句를 又作麼生道오 山不露頂雲不徹이여 望之 令人總愁殺이로다 澗水冷冷流太忙이여 行人이 到此快精神이로다 要會箇中意하면 愛暗亦雙 明하리라 得優遊處에 且優遊하니 雲自高飛水自流로다 秪見黑風이 翻大浪하고 未聞沈

却釣魚舟<small>로다</small>

說 自由更自由<small>하니</small> 閑忙<small>이</small> 共一時<small>로다</small> 風翻白浪<small>이</small> 尋常事<small>라</small> 漁艇<small>이</small> 從來<small>로</small> 不見沈<small>다이로</small>

(治父道川의 評唱)

㈁ (圓相안의 伊字三點이로다)

※ 伊字三點…悉曇文字의 伊字 로서 法身、般若、解脫의 세가지가 縱的인 關係도 아니며 橫的인 關係도 아닌 相互補完的인 關係임을 象徵한 것.

解說…지금 時代의 觀念을 完全히 털어버려야 비로소 바탕에 나가갈 수 있다. 伊字三點의 물이 문득 속에서 머리는 동그라미로 向하고 있음을 알아야 한다.

(評唱)

마지막 한 말씀

비로소 굳게 닫힌 關門에 이르렀네
바로 三世의 모든 부처
네개의 눈으로 서로 쳐다보고
六代의 祖師들
물러설 名分생겼네
이것이야 말로
강물도 꽁꽁 얼어붙어
한방울 물도 새어나갈 수 없고
눈 당는 곳 모두가 가시밭이라

발 디딜 곳 찾기 어렵다 할만 하니
이 境地에 이르면
한가닥 실만 덧붙이는 일조차
눈 속에 가시 붙이는 格이고
한가닥 실만 줄이는 일도
맨살을 도려서 傷處내는 꼴이라
이는 앉은 자리에서
要津을 잘랐을 뿐 아니라
아마도 法을 아는 사람은
두려워 하리로다
비록 이와같다 하더라도
佛法이 오직 이와같다 한다면
곧 陸地가 그대로 가라앉는 꼴을 당하리니
이렇게 되면 어떻게
燈불과 燈불이 이어저 타 오르랴
나 道川스님은 오늘
밥을 빼앗고
사나운 호랑이 입에서
억센 龍의 턱 밑에서
如意珠 도려내서
先代 聖人의 妙門 활짝 열고
後學들이 나아갈

길이 있게 하기 위하여
한가닥 길을 열어재친들
또 무슨 法의 相關이 있겠느냐?
말하면 法의 바탕
完全히 드러나고
입 다물면 永遠한 眞理
홀로 나타나니
움직이면
외로운 鶴 조각구름과 같고
고요하면
버티고 있는 줄 이는 높은 山이라
한발자욱 들어올리면
王코끼리 뒤돌아 보는것 같고
한발자욱 물러서면
獅子 웅어리며 않는소리 지르듯
法王의 法令 行할 때 되면
곧 능히 法에서
自由自在로울 수 있도다
그렇다면 그 마지막 한마디는
또 어떻게 말해야 하는가?
똑똑히 알겠느냐?
구름은 山마루에서

한가롭게 徹收하지 아니하는데
개울아래 흐르는 물
너무도 바쁘게 살고있구나!

解說…처음 자리를 깔고 앉으신것은 칼을 짚고 길을 막아 天下에 號令하신 것이며 마지막에 이 한자루 吹毛劒은 바탕에 실오라기 같은 목자르고 칼을 잡고 제자리로 돌아오신 일이다. 흔들리지 아니하심은 도깨비들을 다 목자르고 칼을 잡고 제자리로 돌아오신 일이다. 것에 눈을 돌리는 사람은 쓸개를 잃고 魂이 달아나며 먼지 아니하나 묻지 아니하고 그 빛이 太虛에 번쩍여 그 막으로 갈라져 곧 三世의 모든 부처도 미처 훔쳐보지 못하고 歷代의 祖師도 親近할 수 없게 되었다.

그렇게되니 깊고 깊어 바람도 통하지 아니하고 凜凜하여 눈을 붙일 수 없어 한해가 다 가고 平生이다 하도록 威嚴있고 또한 險해서 凡人、聖人도 通來하지 못하며 가고 오는 사람이 끊어졌다. 이 地境에 이르면 입을 여는것도 틀린 일이고 입을 다무는 일도 틀린 일이라 움직이고 멈춤이 모두 잘못이며 나아가고 물러섬이 모두 失手가 된다.

이것은 억지로 하는 일이 아니며 法이 그와같이 만든 것이다. 비록 그렇다고 하더라도 오로지 거두어드리기만 하고 놓아주지 아니한다면 後代의 子孫들로 하여금 발을 들어올려 일어서지 못하게 하여 곧 陸地가 그대로 물밑에 가라앉는 꼴을 보게 할 것이니 이렇게 되면 어떻게 아들과 孫子로 이어지고 傳해지는 일이 있겠는가?

그런까닭에 오늘 가시밭 숲속에 가서 한가닥 길을 열고 바람도 通하지 아니하는 곳에 따로 消息을 通하게 하련다.

그렇게 하는 理由는 施設이 없는 가운데서도 施設이 있어도 相關이 없고 風流롭지 못한 곳에서도 風流가 있어도 無妨하기 때문이다. 여기서는 말하고 입 다물고 움직이고 멈춤이 本來 現成되여 있어서 나아가고 물러섬이 모두 泰然自若하다. 이 境地에 이르게 되면 妙한 作用이 가로세로 自由自在하여 規則·軌道가 存在하지 아니하여 모든 法을 쓸어버리는 것도 내 마음에 달려있으니 마치 王이 칼을 잡고 있고 호랑이에게 뿔이 달린것과 같아서 意氣 있는 곳에는 意氣를 덧붙여주고 가슴안이 느긋한 곳에서는 마음을 느긋하게 지닌다. 그렇다면 그 마지막 한마디는 또 어떻게 말해야 하는가? 똑똑히 알겠느냐?

山은 꼭대기 드러내지 아니하려고
구름 걷히지 아니하니
바라보면 사람을 시름지게 하누나!
개울물 冷冷하여 너무 바삐 흐르니
길가는 사람 여기에 이르면
精神 爽快하도다
이 가운데 消息 알고 싶다면
둘 모두 어둡고
둘 모두 밝도다

(評唱)
느긋하게 노닐곳 만나면
그저 느긋하게 노니라
구름 스스로 높이 날고

(六祖大師의 解說)

[六祖] 七寶之福이 雖多나 不如有人이 爲人演說이니 其福이 勝彼百千萬倍라 不可譬喻니 說法善巧方便으로 觀根應量하야 種種隨宜를 是名爲人演說이요 所聽法人이 有種種相貌不等이니 不得作分別心이니 但了空寂一如之心하야 無所得心하며 無勝負心하며 無希望心하며 無生滅心이면 是名如如不動이라.

 일곱가지 보배로 布施하는 福德이 비록 많다고 하더라도 어떤 사람이 善薩의 마음을 일으켜 이 經과 四句의 偈頌등을 받아 간직하여 다른 사람을 위하여 베풀고 說明하는 福만 못하니 그 福은 七寶布施의 福보다 百千萬倍나 뛰어나 比喩로 다 말할 수 없다.

 훌륭하고 巧妙한 方便으로 說法하여 根機를 살피고 量에 應하여 갖가지 適當한 方法에 따르는 것을 「사람들을 위하여 베풀고 說明하는 일이라」부른다.

물은 스스로 흐르도다
다만 먹구름 바람이
큰 물결 뒤집는 것만 보았을 뿐
고기잡이 배
가라앉았다는 소식 듣지 못했네

解說…自由롭고 다시 自由로워 한가하고 바쁜것이 때를 같이하도다. 바람이 흰 물결 뒤집는 일 보통 있는 일이라 고기잡이 배는 예전부터 가라앉는 꼴 당하지 아니한다.

主峰

無着云 爲說法無染故 以有如是大利益 故 決定演說 如是演說 卽無所染 云何演說等者 顯示不可言說故 若異此者 則爲染說 以顚倒義故 又云 說時 不求信敬等 亦爲無染說法 大雲云 若能不以生滅心行 說實相法 卽如彼眞如 故曰如如 又心如境如 故曰如如 不動者 則無染義

(圭峰의 解說)

無着스님은 이르기를

「說法에 汚染됨이 없기때문에 이로서 이와같은 큰 利益이 있다. 그런까닭에 決定코 演說하는 것이며 이와같은 演說에서 外部의 環境에 汚染된것이 없다. 어떻게 베풀고 說明등을 하는가? 말로 說明할 수 없음을 뚜렷히 表示하였기 때문이다. 만약 이와 다르게 하는 汚染된 說法이며 참뜻을 顚倒하기 때문이다」라고 하였다.

또 이르기를

「說法할 때는 믿음과 恭敬등을 求하지 아니하는것도 역시 汚染이 없는 說法이 된다」라고 하였다.

大雲스님은 이르기를

「만약 生滅하는 마음의 作用이 아닌 것으로 實相의 法을 說法할 수 있다면 곧 저 眞如와 같아지는 까닭에 「如如」라 말씀하신 것이다. 또 마음도 如如하고 境地도 如如한 까닭에 如如라 말씀하신 것이며 「不動」이라 하신 것은 汚染이 없다는 內容이다」라고 하였다.

第二十七은 斷入寂如何說法疑라 論에 云호대 若諸佛如來ㅣ 常爲衆生說法인댄 云何言如來入涅槃고 하시고

云何故오 一切有爲法이 如夢幻泡影하며 如露亦如電하니 應作如是觀이라

演說是經에 何須不取於相하야 如如不動고 一切有爲化演之法이 若離法界하면 無自體相이 如彼六喩하야 皆非究竟이니 所以로 應如是觀하야 不取於相이며 不取於相을 以不取三相으로 言者니 眞如自性은 非有相이며 非無相이며 非非無相이라 爲破常見하사 說一切空이며 恐落二邊하사 說不空不有라 此皆對緣施設이라 非爲究竟이니 由爲破斷見하고 說一切有하며 是로 不應取於三相하야 違彼如如妙境이니 此則單約化演世出世法하야 以明三觀一心 一心三觀之意인댄 內而根身과 外而器界의 依正淨穢와 上至諸佛하며 下至螻蟻히 凡聖因果等法이 皆從緣有라 盡屬有爲오 因心所現이라 皆無自體라 如夢因想有하야 無自體하며 泡因水有하야 無自體하며 影因形有하야 無自體하며 所以로 諸法이 無自體하며 幻因物有하야 無自體하며

無不是空이라 雖無自體나 依正淨穢 相相이 宛然하고 凡聖因果를 不可云無호며 如彼草露ㅣ雖非常住나 暫焉得住라 所以로 諸法이 非有無일새 所以로 無中忽有하며 無中忽無하야 刹那即生이며 刹那即滅이며 即有即無요 無即非無니 諸法이 無非實相이라 所以로 道는 無非中道니라 因緣所生法을 我說即是空이라 是名爲假名이며 亦名中道義시니 伊麽則 三相이 一境이라 不離一境이며 圓含三相이라 宛是一境이요 欲言一境인댄 宛是三相이라 圓融互照하니 此是如如大總相法門也니라 取於有得麽아 取於空得麽아 取於中得麽아 取三相得麽아 取一相得麽아 應觀即三之一하야 契乎三觀一心之門하고 觀即一之三하야 契乎一心三觀之門하야 安住如如妙境이니 持是經者ㅣ入此觀門하면 不用解一理라도 會盡無量義요 不用説一字라도 常轉正法輪이니 末后一偈ㅣ妙超情謂하야 千古令人으로 洒洒落落하니 凡看讀者는 尤須着眼다

釋此文이 三이니 一은 約兩論하야 釋魏本中九喻요 二는 約諸經論하야 顯諸虛假요 三은 會通秦譯經本이니 初中엣 魏本九喻는 經에 云호대 一切有爲法을 如星翳燈幻과 露泡夢電雲하니 應作如是觀이라하니라 於中에 文은 二니 一은 喩之大意요 二는 論斷疑라 偈에 云호대 非有爲非離니 諸如來의 涅槃이라 九種有爲法을 妙智正觀故라하며 論에 云호대 諸佛이 得涅槃하사 化身說法故로 非有爲며 非離有爲니 何故로 示現世間호대 而不住有爲오 由妙智로 正觀有爲가 如九喩의 虛假

故다라 後는 兼無着釋相이라 無着은 云호대 此偈는 顯示四有爲相이니 於中에 文

四니 一은 自性相이니 此見相識三이 用識爲體니 生死根本故다라 於中에 文

三이니 一에 星함은 喩喩能見分이라 無着은 云호대 無智闇中에는 有彼光故요 有智明

中에 無彼光故다라 二는 翳는 喩所見分이니 論에 云호대 如人이 目有翳면 則見

毛輪等色하니 觀有爲法도 亦爾니 燈은 喩識이라 論에 云호대 人法我見이

如翳니 以取無義故다라 三은 燈이니 喩識이라 約膏油의 相續不絶이요 識은

依貪愛하야 生死無休니라 二는 着所住味相이니 論에 云호대 幻은 喩所依住處니 以

器世間種種差別이 無一體實故라하며 無着은 云호대 味着顚倒境故며 大雲이

云호대 幻出城郭誑人이니 識變山河不實이라하다 三은 隨順過失相이니 身及受用이

過失也요 觀此無常을 是名隨順이라 又解云 隨順身受—即是過失이니 於

中에 文二니 一에 露는 喩身이니 論에 云호대 身亦如是하야 少時住故다라 二에 泡는

喩受用事니 論에 云호대 所受用事도 亦復亦是니 以受想因三法으로 不定故

라하며 無着은 云호대 顯示隨順苦體니 以受如泡故며 功德施에는 云호대 觀察壽

如水上泡하야 (壽는當作受라) 或始生未成體하고 或纔生暫停住하야 即歸散滅이라하다 四는

隨順出離相이니 無着은 云호대 隨順人法無我일새 故得出離다라 於中에 文二니

一에 夢은 喩過去니 無着은 云호대 彼過去行이 以所念故로 如夢이라 新論에 觀察作者는 應觀過去所有集造ㅣ 同於夢境이니 但唯念性故ㅣ라하며 功德施는 云호대 觀察作者ㅣ 如夢中에 隨先見聞憶念分別熏習住故로 雖無作者나 種種境界ㅣ 分明現前하나 如是衆生이 無始時來로 有諸煩惱善不善業을 熏習而住며 雖無我是能作者나 而現無涯生死等事다하며 現在니 論애 云호대 以刹那不住故ㅣ라하며 功德施에는 云호대 觀察心如電하야 生時即滅하이라 三에 雲은 喩未來니 論에 云호대 以於于時에 阿梨耶識이 與一切法으로 爲種子根本하며 無着은 云호대 彼鹿惡種子ㅣ 似虛空하야 引心出故로 如雲이라하며 又云 如是知三世行하면 則達無我니 此는 顯示隨順出離相이라하며 大雲은 云호대 過未는 無體요 現又不住니 則三世空하야 達無我矣라하다 二에 約諸經論하야 顯諸虛假喩之大意者는 佛이 說一切法空이라하시 疑云 何現見一切境界오할새 故説如幻이니 幻法이 雖無나 分明可見이라 又疑云 幻法이 既無인댄 人何愛着이 새고할 故説如陽燄이니 渴鹿은 謂之爲水하야 愛着奔趣나라 又疑云 渴鹿이 畢竟不得水어니 貪者는 如何皆得受用이새고할 故説如夢이니 夢中所見도 亦得受用이라이니 又疑云 夢에 造善惡이나 寤無業報요 夢打尊長이나 寤無憂懼라할새 故説如影如響이니 雖全無體나

明鏡이 對色하고 空谷이 對聲에 姸媸高低一一皆應하야 必無雜亂하며 必無
參差니라 又疑云호대 若都無實인댄 菩薩이 何以作利樂事리오 故說如化니 謂變
化者는 雖知不實이나 而作化事니라 三에 會通秦譯經本者는 夢幻泡影은 空
理全彰하고 露電二喩는 無常足顯이라 悟真空則不住諸相이오 觀生滅則警策
修行이니 妙符破相之宗하고 巧示忘情之觀이라 略者는 良以星燈은 有體하고 雲
種은 含生일새 恐難契空心하야 潛滋相想이니 取意譯之一 妙在玆焉이니

(圭峰의 解說)

스물일곱번째는 入寂하는데 어떻게 說法하겠느냐? 하는 疑問을 끊은 것이다.
般若論에 이르기를
「만약 모든 부처님이 恒常 衆生들을 위하여 說法하신다고 한다면 어떻게 부처님이 涅槃에 드신
다고 말하는가?」 라고 하였다.

(本文)

왜 그런가? 모든 有爲의 法은 꿈과 같고 허깨비와 같고 거품과 같고 그림자와 같고 또한 번개불과 같으니 마땅히 이와같은 觀을 지어야 하느니라.

解說⋯이 經을 베풀고 說法하는데 왜 相을 取하지 아니하고 如如하게 흔들리지 아니해야 하는가?
般若論에 이르기를 「모든 作爲함이 있는 敎化로 베푸는 法이 만약 法界를 벗어난다면 그 自體의 相은 없어져서 저 여섯가지 比喩와 (※ 꿈, 허깨비 等) 같아져 모두가 究竟의 眞理는 아니게 된다. 그런까닭에

「마땅히 이와같이 觀照하여 相을 取하지 아니하며 三相(有, 無, 中道)을 取하여야 하는 것이다. 相을 取하지 아니한다는 것은 有의 相도 아니며 無의 相도 아니며 有의 相이 아닌것도 아니며 無의 相이 아닌것도 아니다.

常見을 허물기 위하여 一切空을 말씀하시고 斷見을 허물기 위하여 一切有를 말씀하시면 空과 有의 두 가장자리에 떨어질까 두려워하셔서 不空, 不有를 말씀하셨으나 이는 모두 因緣을 相對로 方便을 마련하신 것이며 究竟으로 삼은 것은 아니다.

이로 말미암아 相을 取하여 저 如如한 妙境과 어긋나서는 아니된다고 하셨으니 이는 單純히 敎化와 結付시킨 說法이 베푸심일 따름이니 한번 世間과 出世間의 法과 結付시켜서 三觀이 한 마음이며 한 마음에서 三觀이 생기는 내용을 밝혀 본다면 안으로 六根을 갖춘 몸에서 부터 밖으로 몸을 담는 그릇인 境界에 이르기까지 依報와 正報의 淸淨하고 더러운 差別이 있고 위로는 모든 부처님에 이르고 아래로는 개미, 昆蟲에 이르기까지 凡人, 聖人의 因果 등의 法들이 모두 因緣따라 存在하는 것이며 모두가 有爲의 法에 속하며 마음에 因緣하여 나타난 것이기에 모두 가 그 스스로의 바탕은 없는 것이다.

依報···根據地。環境
正報···우리들의 몸

이를 비유하면 마치 꿈은 想像으로 因하여 存在하는 것이며 그 스스로의 바탕은 없으며 그림자는 物體로 因하여 存在하는 것이며 그 스스로의 바탕은 없으며 거품은 물로 因하여 存在하는 것이여서 그 스스로의 바탕은 없으며 形體로 因하여 存在하는 것이며 그 스스로의 바탕은 없다. 그런까닭에 모든 法이「空」아닌것이 없다.

그러나 비록 스스로의 바탕은 없다고 하더라도 依報, 正報의 淸淨하고 더러운 形相이 形相마다 宛然하니 凡人, 聖人의 因果를 없다고 말할 수도 없다.

비유하면 마치 저 풀잎에 맺힌 이슬과 같이 비록 永久히 머무는것은 아닐지라도 暫間동안은 머물 수 있는것이니 그런까닭에 모든 法은 假諦아닌것이 없다. 또한 꿈과 같으니 이는 곧 空諦며 假諦아닌것이 없다. 이미 꿈과 같으니 忽然히 「有」가 되고 이는 곧 空諦며 또한 한 刹那에는 생겨났다가 다음 刹那 가운데서 忽然히 無가 되어 한 刹那에는 생겨났다가 다음 刹那에는 滅하니 이 「有」가 아니고 이 「無」는 無가 아니다. 이미 有도 無도 아닌 까닭에 모든 法은 中道아닌것이 없다. 「生」이 곧 無生이며 滅이 곧 無滅이라 生滅이 이미 虛妄한것인 까닭에 모든 法은 實相아닌것이 없다.

그런까닭에 이르기를 「因緣이 낳은 法을 나는 「空」이라 말하며 이를 「假名」이라 이름하며 또한 中道의 內容이라 이름한다」라고 하신 것이다.

그렇다면 三相이 한 境界를 벗어난 것이 아니며 한 境界가 圓滿하게 三相을 머금고 있는 것이니 三相을 말하고자 하면 宛然히 이것이 하나의 境界며 하나의 境界를 말하고자 하면 宛然히 이것이 세가지 形相이다. 三相과 一境이 三相이 圓融하게 한 덩어리가 되어 바꾸어 가며 비추는것이 세가지 이것이 如如한 偉大하고 總体的인 모습의 法門인 것이다.

여기서 有를 取하면 되겠는가? 또 無를 取하면 되겠는가? 中道를 取해서도 되겠는가? 三相을 取해서도 되겠는가? 一相을 取해서도 되겠는가? 사실이 이러한데 三相으로서의 一境이 되어 그것이 三觀一心의 法門과 一致되니 그리하여 頓然히 三觀一心의 法門에 들어서게 되면 한 理致도 解得할 必要없이 無量한 眞理를 모조리 알게되고 이 經을 說法하는 사람이 이 觀門에 들어서게 되면 한 글자의 說明도 必要없이 恒常 바른 法輪을 굴리게 될 것

밝게 비추어보면 곧 三相으로서의 一境이라 이것이 一境이 되어 보면 一境 가운데서의 三相이며 이것이 一境이라 이것이 一境이라 이것이 하나의 如如한 妙境에 安住하게 되는것이니 이 經을 護持하는 사람이 이 觀의 테두리밖으로 뛰어넘어 如如한 妙境에 安住하게 되는것이니 이 經을 護持하는 사람이 이 觀門에 들어서게 되면

最後의 한 偈頌이 奧妙하게 情識의 생각을 超越하여 千古에 사람들로 하여금 이 經을 보고 읽는 모든 사람들은 더욱 이 句節을 눈여겨 보아둘 必要가 있다. 털어버리게 하니 이 經을 보고 읽는 모든 사람들은 마음의 번뇌를 다 떨어버리게 함이다.

(圭峰의 解説)

이 글을 解釋한것이 세가지가 있다. 첫째는 두 論藏과 結付시켜 魏譯本 가운데의 아홉가지 譬喩를 풀이한 것이고 두번째는 여러 經論과 結付시켜 모든 虛妄하고 假設的인 譬喩의 大意를 밝힌 것이며 세번째는 秦譯本의 共通点을 모은 것이다.

처음 魏譯本 가운데의 아홉가지 譬喩는 經에이르기를

「별과 같고 눈에 든 티와 같고 등불과 같고 허깨비와 같고 이슬과 같고 거품과 같고 꿈과 같고 번갯불과 같고 구름과 같으니 마땅히 이와같은 觀을 지녀야 한다」라고 되여 있다.

이 가운데 글은 세가지로 구분되니 첫째는 本論과 結付시켜 疑問을 斷絶시킨것이니 偈頌에 이르기를

「有爲法도 아니며 有爲法을 떠난것도 아니니 이는 모든 부처님의 無爲의 法을 妙智로 바르게 觀照하시기 때문이다」라고 하였다.

般若論에는 이르기를

「모든 부처님은 涅槃을 얻으시고도 化身으로 説法하시는 까닭에 이는 有爲의 法도 아니며 有爲의 法에서 떠난것도 아니다. 무슨 까닭으로 現在의 世間에 나타나시면서 有爲의 法에 머물지 아니하시는가? 부처님의 妙智로 有爲의 法이 아홉가지 비유처럼 虛妄하고 假説임을 바르게 추어 보이시기 때문이다.

두번째로 뒷 部分에서는 無着스님이 相을 풀이한 말씀을 아울러 싣고 있다.

「이 偈頌에는 네가지 相으로 구분된다. 첫째는 自性의 相

이니 이는 相을 보고 三諦를 認識하는 일이다. 이는 認識이 生死의 根本인 까닭이다」라고 하였다.

이 가운데 글은 세가지로 나누어지니 첫째 「별」이라고 비유하신것은 主觀的으로 본 못을 비유한 것이며 이에 관하여 無着스님은 이르기를 「智慧가 없는 어둠속에서는 그 빛이 存在하기 때문이며 智慧가 있는 밝음 가운데서는 그 빛이 없어지기 때문이다」라고 하였다.

두번째로 눈에 든 티는 客觀으로 본 못을 비유한 것이다.

般若論에 이르기를

「만약 사람에게 눈병이 있으면 毛輪(※ 눈을 감으면 아지랑이처럼 동그라미 같은 型相이 눈앞에 얼른거리는 것) 등의 色이 보이듯이 有爲法을 觀照하는 것도 역시 그런 現象이 일어나니 이는 事物을 거꾸로 보기 때문이다」라고 하였다.

또 無着스님은 이르기를

「人見、法見、我見이 눈속에 든 티와 같으니 이는 「無」의 內容을 取하기 때문이다」라고 하였다.

세번째로 「등불」에 비유한것은 「識」을 비유한 것이니 燈은 기름과 結付되어 이어져 끊어지지 아니함을 비유한 것이며 識은 識에 貪欲과 사랑에 根據하여 生死의 輪迴가 쉬지 아니한다」라고 하였다.

두번째는 머문 곳의 맛과 形相에 執着한것을 말씀하신 것이니 般若論에 이르기를

「허깨비는 根據한 場所에 머물고 있는 곳을 말한것이니 世間의 갖가지 差別相을 그릇에 담고 있는 까닭에 한 바탕인 實相은 없는 까닭이다」라고 하였다.

「맛드려 顚倒된 境界에 執着하고 있기 때문이다」라고 하였으며 大雲스님은 이르기를

「허깨비는 城廓밖에 나와서 사람들을 속이니 識이 變하면 山河大地도 眞實하지 아니하게 된다」라고 하였다.

세번째는 잘못된 形相에 順應하여 따라감을 말씀하신 것이니, 몸과 받아들이고 作用하는 것이 잘못된 形相인 것이다.

이 無常함을 밝게 비추어 보는것을 「順應하여 따라간다」고 이름한다.

또 다른 解釋으로는 「몸과 環境에서 받는 影響을 따라가는것이 곧 잘못이다」라고 하였다.

여기에 해당하는 글은 두가지가 있으니 첫째 「이슬」이라 비유하는것은 「몸」을 비유한 것이다.

般若論에 이르기를 「몸 또한 이와같이 짧은 시간 世上에 머무는 까닭에 이슬에 비유한 것이다」라고 하였다.

두번째 「거품」이라 하신것은 사람이 受用하는 일을 비유한 것이다.

般若論에 이르기를 「우리가 받아들여 作用하는 일도 또한 이와같으니 이는 받아들이는 (受)、생각하고 (想)、因緣맺는 (因)、세가지 法이 一定하지 아니하기 때문에 거품에 비유한것이다」라고 하였고 無着스님은 이르기를

「괴로움의 바탕에 順應하고 따라감을 뚜렷히 表示하신 말씀이니 이는 괴로움을 받아들이는 것이 마치 거품과 같기 때문이다」라고 하였다.

功德施論에는 이르기를 「사람의 목숨을 觀察하면 물위의 거품과 같으니 혹 처음 생겨나 根本바탕이 이룩되지 못하였거나 또 혹 태여나자마자 잠깐동안 世上에 머물고 곧 다시 흩어져 없어지는 것이 거품과 같다」라고 하였다.

네번째는 世間을 벗어난 모습에 順應하고 따라감을 말씀하셨으니 여기에 해당되는 비유의 글은 세가지가 있다.

첫째 「꿈」이라 하신것은 過去를 비유하신 것이다.

無着스님은 이르기를 「그의 過去에 行한 일을 그가 잊지 않고 생각하고 있음으로서 마치 꿈과 같이 느껴지는 것이 다」라고 하였고

中論에는 이르기를 「아마도 過去에 있었던 모여지고 지어진 일들을 볼 때 마치 꿈의 境界와 같음을 말씀하신 것이며 이는 오직 잊지 않고 생각하는 性品때문이다」라고 하였고 功德施論에는 이르기를

「世間에 作用하는것을 觀察하면 마치 꿈속에서 전에 듣고 보고 기억하고 分別하고 익혀 몸에 벤 일에 따라 그 境界에 머물게 되는것과 같기 때문에 作用하는것이 없더라도 갖가지 境界가 分明히 눈앞에 나타나는 것이며 이와 같이 衆生들이 太初의 옛날부터 모든 煩惱와 善、不善의 業이 있어 거기에 익숙하고 그것이 몸에 베어 그에 머무는 까닭에 비록 「나는 能히 作用하는 일이 없다」고 생각한다 하더라도 끝없는 生死流轉등의 일이 나타나는 것이다」라고 하였다.

두번째로 「번갯불」에 비유하신것은 現在를 비유하신 것이다. 般若論에 이르기를 「刹那間도 한곳에 머물지 아니하는 까닭에 번갯불에 비유하신 것이다」라고 하였고 功德施論에는 이르기를 「마음을 觀察하면 번개불과 같아서 생겨날 때 곧 없어진다」라고 하였다.

세번째로 「구름」에 비유하신것은 「未來」를 비유하신 것이다. 般若論에 이르기를

이 때에 阿賴耶識이 (※ 第八識 微細煩惱가 남아있는 識) 모든 法과 더불어 種子와 根本이 되기 때문에 구름에 비유하였다」라고 하였고 無着스님은 이르기를 「저 추악한 種子가 虛空과 같아서 마음을 끌어내기 때문에 이르기를 「구름과 같다」라고 하였고 또 이르기를 「이와 같이 三世의 行을 알면 無我의 境地에 到達하게 되는 것이니 이는 煩惱妄想의 相을 벗어 나는 道理에 順應하고 따라감을 뚜렷히 表示하신 것이다」라고 하였다.

大雲스님은 이르기를 「過去와 未來는 바탕이 없고 現在도 머물지 아니하니 이는 곧 三世가 空이며 無我에 到達한 것이다」라고 하였다.

두번째로 여러 經論과 結付시켜 모든것이 虛妄하고 假設된것이란 비유의 大意를 밝히셨다고 하 그것은 부처님이 「모든 法은 空이다」라고 말씀하시면 이에 疑問을 품기를 「그렇다면 어찌하여

모든 境界가 現實로 보이는가?」라고 생각하게 되기때문에 「허깨비와 같다」고 말씀하신 것이다.

허깨비의 法은 비록 存在하지 아니하지만 分明히 볼수 있는 것이다.

여기에 또 疑問을 품기를 「허깨비의 法이 이미 存在하지 아니라 한다면 사람들은 왜 그것에 愛着을 갖게 되는가?」라고 생각하기 때문에 「아지랑이와 같다」고 말씀하신 것이다.

목마른 사슴은 아지랑이를 멀리서 보고 그것이 물이라 생각하여 거기에 愛着을 느껴 바삐 달려가는 것이다.

여기에 또 疑問을 품기를 「그러나 목마른 사람은 물을 얻지못하는데 貪欲한 사람은 어찌하여 모두 받아들이고 쓸 수가 있는가?」라고 생각하기 때문에 「꿈과 같다」고 말씀하신 것이다. 꿈속에서 보는 것도 역시 受用할 수 있는 것이다.

여기에 또 疑問을 품기를 「꿈에서 짓는 善과 惡은 畢竟에는 業報가 없고 꿈속에서 地體높은 어른을 對하면 근심과 두려움이 없는데 어찌 꿈과 같다 하는가?」라고 생각하기 때문에 「그림자와 같다」고 말씀하신 것이다.

비록 完全한 바탕은 없으나 밝은 거울이 色相을 對하고 빈 골짜기가 소리를 對하면 곱고 추하고 높고 낮은 色과 소리가 하나하나 모두 應하게 되고 거기에 반드시 섞이고 어지러운 混亂은 없고 또 들쑥날쑥 差異가 나는 일도 반드시 없게되는 것이다.

여기에 또 疑問을 품기를 「만약 모든것에 도무지 眞實이란 없다고 한다면 菩薩은 무엇때문에 衆生들에게 利롭고 즐거운 일을 하는가?」라고 생각하게 되기 때문에 「造化」와 같다고 말씀하신 것이다.

즉 「造化」라는 것은 비록 眞實하지 아니한것임을 알고 있지만 그러나 造化시키는 일을 하게 되는 것이다.

세번째로 秦譯本의 共通된 點을 모았다고 하는것은 꿈과 허깨비와 거품과 그림자에는 「空」의 眞理가 完全히 나타나 있고 「이슬」과 「번갯불」의 두 譬喩는 無常을 밝힐만 하며 眞如의 空을 깨달으면 모든 形相에 住著하지 아니하고 生滅을 觀照하면 깨우치고 채찍질하며 修行을 쌓게 되니 이는 妙하게 相을 허무는 宗旨와 符合되고 情識을 잊는 觀法을 巧妙하게 表示하신 것이다. 여기에서 몇가지 비유를 省略한것은 자못 「별」과 「등불」은 實体가 있는 것이고 구름의 種子는 生命体를 머금고 있기에 아마도 「空」의 마음과 一致되기 어렵고 보이지 아니하는 가운데 形相에 대한 생각을 돕지 않을까 두려워하여 그 뜻만을 取하여 번역한 것이며 번역의 妙한 點이 바로 여기에 있는 것이다.

(六祖大師의 解說)

六祖 夢者는 是妄身이요 幻者는 是妄念이요 泡者는 是煩惱요 影者는 是業障이라 夢幻泡影業을 是名有爲法이니 眞實은 離名相이요 悟者는 無諸業이라

「꿈」이란 妄身이며 「허깨비」란 妄念이다. 「거품」이란 煩惱며 「그림자」란 業障이다. 꿈과 허깨비와 거품과 그림자같은 業이 有爲의 法이다. 眞實이란 이름과 形相을 떠난것이며 이를 깨달은 사람은 모든 業이 없게 된다.

(傅大士의 頌)

傅大士 如星翳燈幻이 如雲影電光하니 饒經八萬劫도라 終是落空亡이니 脆-同泡露하며 皆爲喩無常이니 漏識修因果여 誰言得久長가 危

별、눈병、등불、허깨비와 같다함은
모두 無常을 비유함이니

煩惱의 識으로 因果 닦으면
누가 오래 長久하다 말하리오
위태하고 취약함이
거품 이슬과 같아
구름 그림자 번개불과 같으니
설사 八萬劫이 지난다 해도
끝내 空亡에 떨어지리라

① 空亡…모든것은 空이고 無다 라고 하는 執着.

冶父 行船이 盡在把梢人이로다

說 蒿師 l 行船에 要東即東하며 要西即西라 或東或西에 去住自由하며 洪波涌浪에 隨高隨下하나니 以觀智로 入法性波瀾하면 是則俱是요 非則俱非라 掃蕩도 亦在我며 建立도 亦在我니 我爲法王이라 於法에 自在로다

水中捉月이요 鏡裏尋頭로다 刻舟求劍이요 騎牛覓牛로다 空華陽焰이요 夢幻浮漚로다

說 我不是渠어늘 認影爲眞하며 日用便是어늘 向外尋眞이로다 一切皆非라 可以句下요 一切皆是라 要休便休니 村田이 何荒涼하야 固非風流處로대 歌酒樂自娛하니 是則也風流로다 一筆句下요 要休便休니 巴歌社酒村田樂。 不風流處自風流로다

我不是渠어늘 認影爲眞하며 日用便是어늘 向外尋眞이로다 一切皆非라 可以句下요 一切皆是라 要休便休니 村田이 何荒凉하야 固非風流處로대 歌酒樂自娛하니 是則也風流로다 六喻에 取一幻하야 以明箇中意하니 一切皆如幻이라 幻外에 無非幻이니 幻與非幻이 成一家라 頭頭自有無生樂이로 此名大幻法門이며 亦名大幻三昧니 古今證者 l 同證此大幻三昧며 古今說者 l 同說此大幻法門이라 以此大幻法門으로 能作種種佛事하며 以此大

幻三昧로 能現種種神變하나 大幻之義ㅣ 何止從古于今오이리 亦乃天上天下로다 一喩ㅣ
已如是하니 餘喩도 亦如然이로다

(冶父道川의 評唱)

배를 가게 하는것은
모두 노 잡은 사람에게 달려있다

解說…뱃사공이 배를 모는데 東으로 가고싶으면 곧 東으로 몰고 西로 가고 싶으면 곧 西로 몬다. 가고 멈춤이 自由自在하며 큰 물결이 솟아오르면 파도 따라 높아지고 낮아지듯이 觀의 智慧로 法性의 파도속에 들어가면 옳은것은 모두 옳고 그른것은 모두 그르다. 쓸어버리는것도 나에게 달려있고 建立하는것도 나에 달려있으니 내가 法王이 되었기에 법에서 自由自在하도다.

(評唱)

물속에서 달을 잡고
거울속에서 머리를 찾고
뱃전에 잃은 자리 새겨놓고
물속에 떨어진 칼을 찾고
소를 타고 있으면서
내 소 어디있느냐 찾고 있으니
虛空에 핀 꽃을 보는 격이요
먼 아지랑이를 강물이라 생각하니
꿈, 허깨비 뜬 거품이로다
한번 쓴 한마디 句節아래

쉬고 싶으면 곧 쉬게 되니
사투리 노래, 고사지낸 술
시골 마을 들판의 風樂소리에
風流롭지 못한 곳도
스스로 風流 있구나

杜酒…洞里地神에서 祭祀지낸 술.
巴歌…巴는 巴川, 즉 中國四川省奧地. 사투리 섞인 노래.

解說…「나」는 「그」가 아닌데 그림자를 보고 그것을 「진짜」라고 생각하니 우리의 日常生活이 곧 그것이여서 外部로 가서 自己의 眞實을 찾고있으니 모든것이 한마디 말 아래에 모든것이 옳게 될 수도 있으니 쉬고 싶으면 쉬는데 시골 논밭은 왜 이렇게 荒涼한가? 本來 風流가 깃들인 곳은 아니지만 노래와 술과 음악으로 스스로 즐기면 이곳도 또한 風流있는 곳이 된다.

여섯가지 譬喩에서 한 「허깨비」 비유만을 取하여 그 가운데 담긴 뜻을 밝혔으니 모든것이 모두 허깨비와 같고 허깨비 以外에 허깨비 아닌것이 없으니 허깨비와 허깨비 아닌것이 한 집안을 이루어 사람마다 나름대로 無生의 즐거움이 있으니 이를 이름하여 「큰 허깨비 三昧」이라 부르며 또 다른 이름으로는 「큰 허깨비 三昧」라 부른다. 古今에 道를 證得한 사람들은 다 같이 이 큰 「허깨비 三昧」를 證得한 것이며 古今에 說法한 사람들은 다 같이 이 「허깨비 法門」을 說法한 것이다.

이 「큰 허깨비 法門」으로 능히 갖가지 佛事를 지을 수 있고 이 「큰 허깨비 三昧」로 갖가지 神通力의 變化를 나타낼 수 있으니 「큰 허깨비」의 내용은 어찌 예전에서 지금까지 사람들의 일에만 그치겠는가? 마침내는 또한 天上天下가 모두 이 테두리안에 있는 것이다. 한가지 비유가 이미 이러하니 나머지 비유도 또한 그렇다.

宗鏡 施七寶滿僧祇여 福有求而即妄이요 持此經演四句여 德雖勝而非眞이라 宴坐水月道場하야 成就空華佛事로다 度幻化之含識하야 證寂滅之菩提하니 凡情聖解ㅣ俱空이요 生死涅槃이 如夢이로다 昔에 梁武帝ㅣ請傅大士講經하사 할새 大士ㅣ揮案一聲하고 便乃下座하시니 如斯洪範이 千古分明이라 不悋弘慈하야 當機辨着다이로 噫라 大士의 揮尺講經도 猶是曲垂方便이시니 美則甚美나 了則 未了로다 若論最上頓宗인댄 直是不通凡聖이니 以金剛王寶劍으로 盡情掃蕩無 餘하야 一任渠의 明來暗來四方八面來하며 普敎他로 休去歇去一念萬年去 然雖如是나 且道하라 末后一句를 誰堪奉行고 咄直得虛空이 悉消殞하니 天龍八部ㅣ徧流通이로다

說 求福。元是妄이요 持經도 亦非眞이라 道場이 如水月하니 宴坐者ㅣ阿誰며 佛事ㅣ若空 華하니 成就介什麽오 含識。即幻化라 無生可度요 菩提ㅣ本寂滅이니 無法可證이니 凡 情聖解ㅣ所以俱空이요 生死涅槃이 所以如夢이로다 大士의 揮尺講經이 垂範千古는 即 不無나 於此最上頓宗엔 了沒交涉이니 若是最上頓宗인댄 高提寶劍에 隨到便斬하야 普 敎他로 休去歇去一念萬年去니라 然雖如是나 末后一句를 誰敢奉行고 咄金剛寶劍

倚天寒하니 直得虛空悉消殞이라 奉行에 何必推諸聖이리오 天龍八部ㅣ偈流通이다로

㊟ 空生이 疊疊窮迷妄이어늘 大覺이 重重說偈言이리 說到如如不動處하야 見盡情忘無所依로다
空生이 疊疊窮迷妄이어늘 大覺이 重重說偈言이라리 末后ㅣ了然超百億하니 明如杲日耀乾坤이로다

在長空掛目不廻頭로다 不廻頭여 通身光燦爛하니 杲日이 耀乾坤이로다

無所依여 脫然更在靑山外로다 靑山도 尙不戀니어 紫陌에 豈留情이리오 笑指白雲多事

(宗鏡의 頌)

阿僧祇劫에 가득히 七寶를 布施하면 福은 求하는것이 있어도 곧 그것은 虛妄한것이며 이 經을 護持하여 四句偈를 베푸면 功德은 비록 뛰어났다 하더라도 眞實은 아니다.

水月道場에서 坐禪하여 虛空에 핀 꽃과 같은 佛事를 成就하고 허깨비의 化身인 衆生들을 濟度하여 寂滅한 菩提를 證得케 하니 凡人의 情識 聖人의 아름아리가 모두 空이며 生死와 涅槃이 꿈과 같구나!

예전에 梁나라 武帝가 傅大士를 招請하여 經典을 講議시켰을때 傅大士는 책상을 휩쓸고 한 소리 크게 외치고 곧 자리에서 내려왔으니 이와같은 큰 規範은 千古에 分明한 眞理이며 넓은 慈悲心 아끼지 아니하고 機緣을 맞아 確實하게 眞理를 가려냈도다.

아! 傅大士의 책자를 휘두른 講經도 오히려 간곡하게 方便을 드리운것이여서 아름답다 답지만 할 일을 다 마쳤느냐하면 마치지 못한 것이다.

만약 最上의 頓宗을 論한다면 곧 이것은 凡人, 聖人도 通하지 못하는 것이여서 아름답다 情識을 모조리 掃蕩하여 남김이 없는것이니 그가 밝을 때 오든지 어두울때 오든지 四方八面 그

어느곳에 오든지 그에게 一任하고 (※ 그는 相對方 혹은 부처님) 두루 그들을 푹 쉬든지 멎든지 모든 생각 다 잊고 一念이 萬年에 持續되게 하여준다.
비록 이와같이 하더라도 한번 말해보라! 最後의 한마디 말씀을 누가 奉行할만한가를…
쯧、쯧 안타까와…
곧 虛空이 녹아 떨어지고 天龍八部大衆이 두루 流通시킬 수 있는데…

解説…福德을 求하는것이 元來 妄想이며 經을 護持하는것도 眞實은 아니다. 道場이란 물속에 비친 달과 같이 虛像이며 거기에서 坐禪하는 사람이란 또 누구인가? 佛事란 虛空에 핀 꽃과 같이 幻像에 지나지 아니하며 그것으로 成就되는 일이 또 무슨 일인가? 衆生들이란 허깨비의 化身이니 濟度할만한 衆生은 없고 善提는 本來 寂滅한 것이니 證得할 法도 없다. 凡人의 情識 聖人의 아름아리도 모두「空」이며 生死와 涅槃도 그런까닭에 모두 꿈과 같다.

傳大士가 책자(書尺)를 휘두르며 經을 講義한것은 千古에 規範을 드리운 點은 없지 아니하지만 이 最上의 頓宗과는 아무 關聯 없다.
만약 最上의 頓宗이라 한다면 寶劍을 높이 쳐들고 닥치는대로 곧 목잘라 두루 그들로 하여금 푹 쉬고 모든 煩惱妄想이 멎어 一念이 萬年에 持續되게 하여야 한다.
비록 이와같이 하더라도 最後의 한마디 말씀을 누가 감히 奉行하겠는가?
쯧! 쯧! 안타깝다!
金剛寶劍 하늘에 닿게 차가와
곧 虛空이 모조리 녹아 떨어지는데
奉行을 何必 여러 聖人에게 미루랴?
天龍八部大衆도 두루 流通시킬 것이로다

(頌)

須菩提 疊疊山中 막다른 길에서
헷갈린 妄念에 빠졌는데
부처님 거듭 거듭
偈頌의 말씀으로 說法하셔서
最後에는 환 하게
百億衆生 뛰어넘어
그 밝기 빛나는 太陽같이
天地에 빛나도다

解說 : 須菩提 첩첩히 쌓인 막다른 골목의 迷妄을 부처님은 거듭 거듭 偈頌말씀으로 說法하셔서 말씀이 「如如不動」이란 곳에 이르니 偏見도 다하고 情識도 잊어 外部에 依止하는 곳 없어졌다. 依止하는 곳 없어짐이여! 탁 벗어나 다시 青山밖에 있도다. 青山조차 오히려 그리워하지 아니하거늘 붉은 언덕(※ 俗世)에 어찌 情을 남겨두겠는가? 웃으며 흰 구름, 많은 일 남아있다 가르치면서 먼 하늘에 눈 돌려 뒤돌아보지 아니하도다. 뒤돌아보지 아니함이여! 온 몸에 光明 찬란하여서 밝은 해 天地에 빛나도다.

圭峰 第二는 流通分이라

佛이 說是經已니하시 長老須菩提와 及諸比丘比丘尼와 優婆塞優婆夷와 一切世間天人阿修羅-

聞佛所說하고 皆大歡喜하야 信受奉行하시니라

靈鋒이 獨露에 四相이 俱破하고 慈雨ㅣ 普潤하야 九類同沾이로다 三觀智滿하고 一乘理圓하니 四衆이 齊悟하고 群疑ㅣ 頓釋이로다 正眼이 圓明하야 心鏡이 豁爾하니 妙體實相이 瞭然目前이라 信受奉行이여 妙益이 斯在로다

經에 云호대 有三種義하야 歡喜奉行이니 一은 說者淸淨이니 不爲取着利養所染이요 二는 所說淸淨이니 以如實知法體요 三은 得果淸淨이니 以得淨妙境界니라 若聞如是義하고 於大乘에 無覺이면 我念過於石이니 究竟無因故ㅣ라하며 天親은 云호대 諸佛希有總持法과 不可稱揚深句義를 從尊者聞及廣說하노라하며 此福德을 廻施群生하며 大雲은 云호대 大聖說經이 妙理斯畢하니 二空圓極이라 四衆이 奉行이라하며 肇는 云호대 同聽齊悟에 法喜蕩心하니 服玩遵式하야 永崇不朽라하며 資聖은 云호대 般若深經을 三世佛母니 一聞四句에 以超惡趣之因이요 一念淨持에 必獲菩提之記라 故로 人天異類ㅣ 莫不奉行하다

比丘比丘尼而承事故ㅣ라 阿修羅는 此云非天이니 皆大等者는 文殊所問經에 云호대

尼者는 此云女也라 優婆塞는 此云近事男이요 優婆夷는 此云近事女니 親近比丘比丘尼

(圭峰의 解說)

세번째는 流通의 分段이다.

(本文)

부처님이 이 經을 說法을 마치시자 長老인 須菩提와 여러 比丘, 比丘尼와 優婆塞, 優婆夷(※男, 女淸信從)와 모든 世間人과 天人. 阿修羅들이 부처님의 說法하신 말씀을 듣고 모두 크게 기뻐하고 믿고 받아들여 行하였다.

解說…神靈한 칼날이 홀로 빛을 드러내니 四相이 모두 허물어지고 慈悲의 비가 골고루 적셔주니 모든 生命体가 함께 비에 젖게 되었다. 三觀의 智慧 가득하고 一乘의 眞理가 圓滿하니 四部大衆이 함께 깨달아 모든 疑問이 完全히 풀려 바른 眼目이 圓明하고 마음의 거울이 활짝 터여서 묘한 바탕의 實相이 눈앞에 환하게 나타났으니 믿고 받아들여 奉行하게 된 妙한 利益이 여기에 있는 것이다.

(圭峰의 解說)

「尼」란 이곳말로 「女子」를 뜻한다. 「優婆塞」란 「近事男(佛事를 가까이하는 男子)」란 뜻이며 「優婆夷」는 「近事女」란 뜻으로 比丘, 比丘尼들과 親近하여 그 일을 받아 하는 까닭에 이렇게 말한 것이다. 「阿修羅」는 이곳 말로 「非天」이란 뜻이다.

「모두 크게 기뻐하고…」란 말씀들을 文殊所問經에 이르기를

「여기에 세가지 뜻이 있어 기뻐하고 奉行한 것이니 첫째는 說法하신 사람이 淸淨하여 取著하지 아니하고 利養에 물들지 아니하였으며 두번째는 하신 말씀이 淸淨하여 實相 그대로 법의 바탕을 알게 되고 세번째는 얻은 果報가 淸淨하여 淸淨하고 奧妙한 境界를 얻었기 때문이며

라고 하였다.

無着스님은 이르기를

「만약 이와같은 內容의 法門을 듣고도 大乘에 깨달음이 없다면 나의 생각은 돌보다도 더 頑愚하니 이는 究竟할 因緣이 없기 때문이다」라고 하였고 天親스님은 이르기를

「모든 부처님의 稀有하신 佛法 그대로의 法門 稱讚、讚揚할 수도 없는 깊은 뜻이 담긴 말씀의 內容을 尊貴하신 분으로 부터 듣고 널리 說法하게 되었으며 이 福德을 돌려 뭇 衆生들에게 배풀게 되었기 때문이다」라고 하였으며 大雲스님은 이르기를

「偉大한 聖人의 經의 說法이 그 妙한 眞理는 여기서 다하였으니 二空(※ 人空、法空)이 極致의 圓融을 이루어 四部大衆이 奉行하게 되었다」라고 하였고 僧肇는 이르기를

「함께 듣고 같이 깨달아 法의 기쁨이 마음을 蕩平하게 하여 法式을 따라 永遠히 崇信하여 不朽하게 하였다」라고 하였고 資聖스님은(※ 資聖智銑…註) 이르기를

「般若의 깊은 뜻이 담긴 經은 三世의 부처님의 어머니며 한번 四句偈를 듣게 되면 그것으로 惡趣(三惡趣…地獄、餓鬼、畜生)의 因緣을 뛰어넘게 되고 一念의 淸淨護持로 반드시 菩提의 記莂을 얻게 될 것이다. 그런까닭에 入天世界의 사람들과 異類까지도 奉行하지 아니하는 것이 없게 된 것이다」라고 하였다.

※ 資聖智銑(六〇三九)河南省、汝南人、俗姓。周氏 五祖弘忍의 法嗣 資州。德純寺에 住錫, 般若心經疏 一卷의 著書가 있음.

冶父 三十年後에도 莫敎忘却老僧이니 不知케라 誰是知恩者오 呵呵 將謂無人다이로

說 三關을 已透에 一鏃이 遼空하니 更須奮丈夫志하야 拗折一鏃하고 向碧空外하야 相見老僧이라니 若與老僧相見하면 可謂知恩報恩이니 不知케라 誰是知恩者오 呵呵 將謂無人다이로

饑得食渴得漿하고 病得瘥熱得涼이라 貧人이 遇寶하고 櫻兒ㅣ 見孃이로 飄舟ㅣ
到岸이요 孤客이 歸鄉이라 旱逢甘澤이요 國有忠良이라 四夷拱手하고 八表來降이라
頭頭總是요 物物全彰이로다 古今凡聖과 地獄天堂을 不用思量
이니 刹塵沙界諸群品이 盡入金剛大道場이로다

㊁ 佛坐道場이여 北辰이 居其所요 十方同聚여 衆星이 皆拱北이로 諸子ㅣ 知非하야 今盡來歸
하야 流落天涯ㅣ 爲日已曠이러니 父王이 設權하야 號令天下하니 諸子ㅣ 知非하야 今盡來歸
라 各憨無知願聞慈海호대 如飢思食하며 如渴思漿이라 水澄月現이라 感應交生하야 甘露
門開에 皆得法喜하며 斷常爲病하야 惱亂法身이러니 法爲良藥이라 一聞便除하며 貪愛爲熱
煩煎心海러니 法爲淸凉이라 一聞頓歇하며 乏功德財하야 日受貧苦러니 一聞法要에 寶藏
現前하며 爲迷所覆하야 不現覺性이러니 一得開悟에 妙體昭彰하며 失正知見하야 飄沈苦海
러니 方便風生에 得到彼岸하며 蚑蜎五道하야 客作多年이러니 今始得歸常樂家鄉하며 惑日
門開에 皆得法喜하며 斷常爲病하야 惱亂法身이러니 法爲良藥이라 一聞便除하며 貪愛爲熱
各憨無知願聞慈海호대 如飢思食하며 如渴思漿이라 水澄月現이라 感應交生하야 甘露
煩蒸하야 道芽燋枯러니 法雨遐霑하야 心花發明하며 心王이 作夢에 識臣이 擅權하야 淸平世
界예 歸已하고 共向帝都라 長安路通에 萬戶千門이로다 古今也無
疑碍하고 凡聖也無疑碍하며 以至地獄天堂과 東西南北히 悉無疑碍하야 不用思量이라 祇
園一會ㅣ 利如斯하니 從此含靈이 盡歸源다이로

(冶父道川의 評唱)

三十年後라도 이 老僧을 잊게 하지말지니 모르겠다 누가 恩慧를 알 사람이 없는줄 알았더니 아무도 사람이 없는줄 알았더니…

解説…세 關門이 이미 뚫어지니 한 화살촉이 하늘높이 날아간다. 여기서 다시 大丈夫의 뜻을 떨쳐서 그 한 화살촉마저 휘어 뿌르트리고 파란 虛空밖으로 가서 이 老僧과 만나게 된다면 은혜를 알고 은혜를 갚는 사람이라 말할 수 있지만 모르겠다 누가 은혜를 알 사람인지를…하하하…나는 아무도 사람이 없는 줄 알았더니…

(評唱)

주린 사람 밥 얻고 목마른 사람 漿水얻고 병든 사람 差度얻고 더운 사람 시원함 얻고 가난한 사람 보물 만나고 어린 아이 어머니 만났도다. 風波에 나부끼던 배 기슭 언덕에 이르렀고 외로운 나그네 故鄕에 돌아왔네. 가뭄에 단비 만났고 나라에는 忠誠하고 어진 臣下 있으니 四方의 오랑캐 팔장끼고 할일이 없고 八方의 나라들이 投降해오네.

사람마다 다 옳고 물건마다 다 드러나 古今의 凡人, 聖人과, 地獄, 天堂과, 東西南北을 생각하고 헤아릴 필요없이 無數한 國土 河沙世界의 모든 品類가 모두 다 金剛의 大道場으로 들어왔다.

解説…부처님의 道場에 앉으심은 北極星이 그 자리를 지키는 것과 같고 十方世界가 함께 모듬은 모든 별들이 北極星을 받드는것과 같다.

여러 아들들이 어리석고 헷갈려 아비를 버리고 逃亡처 나가서 하늘가에 流落한지 이미 오랜 歲月이 지나갔기에 아버지인 王이 方便을 마련하여 天下에 號令하니 여러 아들들이 自身들의 잘못을 알고 지금 모두 돌아와 각기 自身의 無知를 부끄러워하여 慈愛로운 가르침을 듣기를 願함이 마치 배고픈 사람이 밥을 생각하고 목마른 사람이 맑은 물을 생각하듯 하였다. 물이 투명하면 달이 물속에 나타나듯 感應이 바꾸어가며 생겨 甘露門이 열리니 모두 法喜를 얻었도다.

斷見과 常見이 病이 되여 法身을 골탕먹이더니 法門이 좋은 藥이 되여 한번 듣고 곧 病이 除去되였으며 貪欲과 愛着이 熱이 되여 마음의 바다를 번뇌로 끓게 하더니 法이 淸凉劑가 되여 한번 듣고 完全이 熱이 멎었다.

功德의 財物이 窮乏하여 날마다 가난의 苦痛을 받았는데 한번 法의 要訣을 듣고나니 보배창고가 눈앞에 나타났다. 헷갈림에 덮혀서 覺性이 나타나지 못하더니 한번 開悟를 얻고나니 妙한 바탕이 昭明하게 나타났다.

바른 知見을 잃고 苦海에 떠돌며 浮沈하였는데 方便의 바람이 일어나 바다건너 저쪽 언덕에 到達하게 되었다.

五道輪廻의 길목에서 비틀거리며 여러해 나그네가 되었다가 지금 비로소 常樂의 故鄕에 돌아올 수 있게 되었다.

迷惑의 太陽이 괴롭게 쪄서 道의 싹이 타고 매마르더니 法의 비가 먼곳까지 땅을 적시니 마음의 꽃이 밝게 피어났으며 마음의 王이 꿈을 꿀 때 識의 臣下가 權力을 마음대로 주물러 淸平한 世界에 風塵이 다투어 일어나더니 하늘임금이 한번 꿈에서 깨어나자 識이 智慧로 변해서 風塵이 完全히 멎고 六國이 平安하게 되었다.

萬法이 다 제자리로 돌아가 天下가 太平하니 모든 길 각기 다른 수레바퀴 자욱이 함께 皇帝 있는 서울로 向하고 長安으로 가는 길이 터이니 千門萬戶 문을 열었다.

古今에도 의심과 障碍가 없어지고 凡人, 聖人도 의심과 障礙가 없어졌으며 地獄과 天堂 東西와

南北에 모조리 의심과 障礙가 없어졌으니 생각하고 헤아릴 필요는 없다. 祇園精舍에서의 한번의 모임의 利益이 이와 같으니 지금부터 모든 衆生은 모두 根源으로 되돌아 갈 것이다.

宗鏡 提頌綱要後序

夫欲了最上大乘인댄 須具金剛正眼이니 看釋迦老ㅣ 與須菩提로 顯大機施大用하라 聚須彌山王等七寶하며 碎大千沙界若微塵하야 盡僧祇劫토록 布施將來라도 獨最上乘은 無法可得이라 直得天人이 膽喪하고 魔外心寒이니 雖能捨命承當이라도 依舊白雲萬里니라 所以로 解此經者ㅣ 八百餘家로대 頌此經者는 不滿屈指라하니 蓋古人이 錯答一字코도 尚墮野狐하니 謬頌此經하면 應入地獄이라 鏡은 自惟不入地獄이면 何由拯濟群生이리오 既能爲法忘軀어니 豈避彌天逆罪리오 橫按寶劍하고 重說偈言하리라

說

欲了最上大乘인댄 須具金剛正眼이니 若不具眼이면 爭見大家風月오리 要見大家風月인댄 看彼釋迦老子의 機用齊施와 殺活自由底手段하라 若向這裏하야 見得破하면 許爾具金剛眼하야 庶幾明得最上宗乘이니 因甚奇特고 得伊麼奇特고 聚寶如須彌하고 碎界若微塵하야 布施盡僧祇라도 盡屬情見이니와 獨最上乘은 凡情聖解ㅣ 湊泊不得이라 如倚天長劍하야 寒威威光爍爍이라 凜凜然不可犯其鋒鋩일새 所以로 天人

膽喪魔外ㅣ 心寒이니 忽有人이 雖能捨命承當이라도 依舊白雲萬里니라 此最上乘이
膽喪하고 魔外ㅣ 心寒이니 忽有人이 雖能捨命承當이나 依舊白雲萬里니라 此最上乘이
若是其高危廻絶所以로 得此宗者ㅣ 鮮이니 古人이 錯答一字코도 尙墮野狐하니 謬
頌此經하면 應入地獄이라 若爾인댄 何事로 無益自求其苦리오 只應端然拱手하야 以求自度
從他法門興廢하며 任他衆生起倒하야 扶持末運하야 紹續慧命을 無暇介於胸中이니 難
然如是나 爲已不爲法이면 辜負佛祖深恩이오 爲已不爲人이면 墮在二乘境界니 自身이
寧入地獄하야 經百千劫이언정 務使人人開覺하야 慧命無窮이니 旣能爲法忘軀어나 豈畏彌天
逆罪리오 橫按寶劍하고 重說偈言이라하리
摧涅槃心하고 滅正法眼하며 掃除知見하고 截斷命根하야 堪報不報之恩하며 用酬
難酬之德耳리라
⊙說 涅槃正法眼이여 咄哉라 是什麼오 縱然超佛祖나 不許立知見이니 掃蹤滅迹除根蔕하야 摧邪顯
是名眞實報恩者니라 此老의 伊麼提持를 且作麼生道오 定亂扶危天地泰요 摧邪顯
正日月閑이라 因憶丹霞施手處하니 一星揮了世界安다로

宗鏡禪師의 提頌綱要, 後序

무릇 최상의 大乘을 환하게 알고자 한다면 모름지기 金剛의 正眼을 갖추어야 한다.
釋迦老丈께서 須菩提와 더불어 큰 機緣을 밝혀 베푸신 일을 보면 須彌山王과 비등한
七寶를 모아 大千河沙世界를 부수어 微塵과 같이 만들고 阿僧祇劫이 다하도록 布施해 온다 하
더라도 홀로 最上의 大乘에서만은 얻을 수 있는 法은 없다고 하셨으니 이는 하늘과 人間世界가
肝膽을 잃고 天魔外道들이 마음에서 떨리는 말씀이니 비록 목숨을 버려 이 말씀을 따라간다

라도 여전히 그것은 道와는 萬里밖 흰구름과 같은 存在다. 그런까닭에 이 經을 解釋한 사람이 八百餘家이지만 이 經을 讚頌한 사람은 손가락으로 꼽아도 열손가락을 다 굽히지 아니하게 되는것이다. 무릇 옛 사람은 한번 잘못 對答해도 오히려 五百生을 지나도록 여우의 몸을 받았거늘(※百丈野狐話頭) 이 經을 잘못 頌한다면 마땅히 地獄에 떨어질 것이다. 完鏡은 스스로 생각하기를 地獄에 들어가지 아니하면 어떻게 뭇 衆生을 救濟할 方法이 있겠는가?라고 하여 이미 法을 위해서는 내 한몸은 잊을 수 있으니 어찌 하늘에 닿을 逆罪를 避하겠는가?

무릇에 寶劍을 놓고 어루만지며 거듭 偈頌을 지어 말 하리라.

解説…最上의 大乘을 깨닫고자 한다면 모름지기 金剛正眼을 갖추어야하니 金剛正眼(※허물어지지 아니하는 바른 眼目)을 갖추지 아니한다면 어떻게 大家의 風月을 보려 한다면 저 釋迦老先生의 機緣과 作用을 가즈란히 베풀고 죽이고 살리는 것이 自由自在한 手段을 보아야 한다.

만약 이 境地에 가서 그 內幕을 다 파헤쳐 볼 수 있다면 그대에게 金剛正眼이 갖추어졌다고 認定하며 아마도 곧 最上의 宗乘을 分明히 얻게되기를 바랄 수 있다.

最上의 宗乘은 무엇때문에 그렇게 奇特할 수 있는가? 보배를 須彌山처럼 모아놓고 世界를 微塵과 같이 부수어 阿僧祇劫이 다하도록 布施한다 하더라도 이는 「有의 마음」에서 나온것이니 모두 情識에 사로잡힌 見解에 속한다. 홀로 最上의 宗乘만은 凡人의 情見 聖人의 아름아리가 머물 수 없는 境界며 마치 하늘에 닿는 長劍이 차가운 氣運이 威威하고 그 光彩가 혁혁히 빛나 늠늠하여 그 칼날 끝에 犯接할 수 있는것과 같다.

그런까닭에 天上世界, 人間世界가 肝膽을 喪失하고 天魔, 外道가 마음이 떨리는 것이다.

그런데 홀연히 여기 어떤 사람이 있어서 비록 목숨을 버리면서 그 말씀에 따를 수 있다고 하더라도 아직 道와는 如前히 白雲萬里다.

이 最上의 宗乘이 이와같이 높고 가파르며 구비돌고 斷絶된 것이기에 이 經을 잘못 頌한다면 마땅히 地獄에 들어갈 것이다.

옛 사람이 한번 잘못 對答한 罪로도 오히려 들여우의 몸으로 떨어졌는데 이 經을 잘못 頌한다면 마땅히 地獄에 들어갈 것이다.

만약 그렇다면 무슨 일로 無益하게 스스로 그 苦痛을 求하겠는가? 차라리 다만 단정히 앉아 팔짱을 끼고 스스로를 濟度하기만을 求하여서 다른 衆生들이야 顚倒妄想을 일어키든 말든 내버려둘 따름이지 末世의 運數를 扶持하여 慧命을 이어간다는 생각을 가슴안에 둘 餘暇가 없는것이 차라리 옳지 아니한가?

비록 그렇다고 하더라도 自己만을 위하고 法은 위하지 아니한다면 부처님과 祖師들의 깊은 恩德을 저버리는 일이며 自己만을 위하고 다른 사람을 위하지 아니한다면 二乘의 境界에 墮落하고 말것이니 自己몸은 차라리 地獄에 들어가서 百千劫을 겪는 한이 있더라도 힘써 사람마다 깨달음을 열어 慧命이 無窮하게 하여야 할것이 아닌가?

이미 法을 위해서는 自己몸을 잊을 수 있으니 어찌 하늘에 당을 逆罪를 두려워 하겠는가 이에 寶劒을 무릎에 가로놓고 어루만지며 거듭 偈頌을 지어 말 하노라.

(頌)

涅槃에의 마음 꺾고
正法眼도 滅하고
知見을 쓸어버리고
命根을 잘라야

金剛般若波羅蜜經 下

갚지 못할 恩惠를 갚고
갚기 어려운 恩德
갚을만 하네

解說…涅槃, 正法眼, 寒心하다 寒心해 이것이 다 무엇인가? 설사 그렇게 부처 祖師의 境地 뛰어넘었다 하더라도 知見을 세우는 일은 容納되지 아니한다. 蹤迹을 싹 쓸어 없애고 뿌리 꼭지를 모두 除去하는것이 이를 「眞實한 報恩者」라 이름한다. 이 老丈이 그렇게 提唱하고 나온것을 또 어떻게 말하면 되겠느냐?

亂離 平定하고 危機를 扶持하니
天下는 泰平하고
邪惡을 부수고 바른 道 밝히니
日月이 閑暇롭다
因해 記憶하노니
丹霞(天然) 스님 손 쓴 곳
한 수(바둑) 휘두르자
世界가 平安했네

註

① 丹霞…丹霞天然(七三九~八二四), 靑原下, 石頭希遷의 法嗣, 丹霞燒佛, 丹霞駕聖僧 등의 話頭로 有名함. 河南省, 南陽의 丹霞山에 住錫, 三百餘名의 學人이 雲集 大禪院이 이루어졌다.
여기 引用한 것은 丹霞스님이 두번째로 馬祖道一을 찾아가 부처님의 목에 걸터 앉으니 馬祖스님이 「我子天然」이라 하여 그것으로 法號를 삼은 故事를 말한 것임.

附錄

傅大士

徧計

妄計因成執이여 迷繩爲是蛇라 心疑에 生暗鬼요 眼病에 見空華로다 一境이 雖無異나 三人이 乃見差니 了茲名不實하면 長馭白牛車하리라

說 人法이 元無我어늘 妄計로 因成執하야 非蛇에 計爲蛇하고 非鬼에 計爲鬼하고 非華에 計爲華하니 所目之境은 雖一이나 三人之見이 不同다이로 若了此見이 元不實하면 閑閑長馭白牛車라

一。 傅大士의 頌

(1) 徧計 (온갖 헤아림)

妄想의 헤아림
이어 執着이 되고
헷갈린 見解
새끼줄을 뱀으로 보니
마음에 疑心 많으면
어둠속에 鬼神 생기고
눈에 병이 생기면
虛空에 꽃이 보이네

依他

한 境界를 비록 다르지 아니해도
세 사람이 보는것은 差異있으니
이러한 이름이
實相아님을 깨닫게 되면
길이 白牛의 수레 몰고 가리라

(註…白牛車…가장 淸淨하고 聖스러운 수레, 깨달은 사람의 境地)

解說…사람과 法에 元來 我相이 없거늘 妄想으로 뱀이라 생각하고 鬼神이 아닌것을 鬼神이라 생각하고 꽃이 아닌것을 꽃이라 이루어 執着을 헤아려 因해 이루어 뱀이 아닌것을 눈으로 보는 境界는 비록 하나의 境界라 하더라도 세사람의 見解는 같지 아니하다. 만약 이 見解가 元來 實相이 아님을 깨닫게 되면 한가롭게 길이 白牛의 수레를 몰고 가게 될 것이다.

說 依他非自立이라 必假衆緣成이니 日謝에 樹無影이요 燈來에 室乃明다이로 名因이 共業變하야 萬象이 積微生다이니하나 若悟眞空色하면 脩然去有名라하리

色心諸法을 號依他니 此非自立假緣成이라 緣無性無生이니 因有轉相萬象現다이로 緣慮與四大ㅣ 合成五蘊身하야 隨緣方有生다이로 惑與業共有轉相하니 根身與器界ㅣ 分成十二處하니 若能悟色是空色하면 即了有心非有心이라하리

(2) 依他(다른 사람에게 依止하는 일)

依他는 自立 아니니

圓成에 相寂에 名亦遣이요 心融에 境亦亡이라 去來를 終莫見이요 語默이 永無方다이로 智

반드시 많은 因緣 빌려서 이루어진다
해가 지면
나무에 그림자 없고
등불 밝히면
방안이 곧 밝아지느니
名相의 因緣
業과 함께 변하며
萬象은 微細한것이 쌓여 생긴다
만약 眞定한 空의 빛깔을 깨닫게 되면
홀로 우뚝
이름있는 곳에서 떠나가리라

解説…色心에 생기는 모든 法을 依他라 부르며 이는 스스로 建立된것이 아니라 因緣의 힘을 빌려서 이루어진 것이다.
因緣이란 자성도 없고 生滅도 없는데 因緣따라 비로소 生滅이 있게 된다. 因緣에 얽힌 생각들이 展轉하는 相이 있게되고 번뇌가 業과 더불어 展轉하는 相이 있음으로 因하여 萬象이 나타나게 된다. 因緣에 얽힌 생각들이 四大(※地水火風)와 더불어 五蘊의 몸을 함께 이루고 六根의 몸이 業과 더불어 열두곳의 因緣을 나누어 이룬다. 因緣에 얽힌 境界와 더불어 열두곳의 因緣을 담는 그릇인 境界와 더불어 열두곳의 因緣을 나누어 이룬다.
만약 능히 色이란 空의 色임을 깨닫게 된다면 곧「有心」이「有心」아님을 깨닫게 된다.

入圓成理에 身同法性常이니 證眞還了俗하야 不廢示津梁이로다

說 名相이 雙泯하고 心境을 兩亡하니 去來無蹤이요 語默이 無方이라 體無內外是一身이요 念無前后只一心다이로 此是圓成理라 眞常法性海로다 智入其中하야 身同常住하면 眞俗이 元來是一貫이라 靑山紫陌이 兩無妨다이로 旣能飽得靑山味인댄 也應芳草岸邊行라이니

(3) 圓成(圓滿하게 이루어진 道)

相 寂滅하면 이름도 없어지고
마음 무르녹으면
境界 또한 없어진다
가고 옴에 끝내
아무도 보는 사람 없고
말하고 입 다무는 일
길이 모나지 아니하니
智慧가 圓成된 眞理에 들어가면
몸은 永久不變한
法性과 함께한다
眞諦도 證得하고
또 문득 俗諦도 깨달아
나루터와 다리
指示하는 일도 그만두지 않는다

二 淸凉, 大法眼禪師의 頌

(淸凉法眼大禪師) 頌

境空

涅槃名廣度여 無餘一味收라
菩提道自周니하나 倏然纖介在하면
住하야 此岸永淹留라하리

卵胎兼濕化와 空有及沈浮로다
薩埵ㅣ 能降

說 如來大涅槃은 廣度로 以爲義니 三界四生類를 無餘一味收로다 任重荷擔이 誠不易
니 小智ㅣ 豈能當此任이오리 唯有薩埵ㅣ 化無化하야 致令菩提道自周로다 塵緣이 若也纖

※ 法眼禪師…法眼, 文益禪師(八八五~九五八), 法眼宗의 始祖. 俗姓, 魯氏, 浙江省, 余杭人, 七歲에 出家. 羅漢桂琛의 法嗣 四川省 臨川의 崇壽禪院에 住錫. 門下에 千餘名이 雲集. 이어 金陵(지금의 南京), 報恩禪院과 淸凉禪院에 住錫. 大法眼禪師라 諡號됨. 「宗門十規論」등 많은 著書있음.

解說…이름과 形相에 대한 執着이 아울러 사라지고 마음과 境界가 다 없어지면 가고 음에 자취가 없고 말하고 입다뭄에 모난 곳이 없어진다. 根本바탕에 안밖의 差別이 없고 오직 한 몸 뿐이니 生覺에 前後의 區別이 없고 오직 한마음이 되니 이것이 圓成된 眞理며 眞實하고 永遠한 法性의 바다이다. 智慧가 그 가운데 들어가면 몸이 常住하는 眞理와 함께 하게 되며 眞諦, 俗諦가 元來부터 一貫된 眞理가 되니 이렇게 되면 이미 靑山을 맛을 배부르게 얻을 수 있게 되니 또한 芳草우거진 언덕가를 걸어갈 수도 있을 것이다. 그렇게 되면 靑山과 紫陌(붉은 꽃피는 언덕…俗世)이 모두 걸림돌 없는 世界가 된다.

智空

毫在하면 生死此岸에 永淹留라하리

（1）境空

涅槃이란 널리 濟度한다는 뜻
남김없이 한 맛에 거두어 드린다
卵生、胎生、濕生과 化生과
空과 有와 뜨고 가라앉는 世界에
보살은 능히 내려가 머물어도
菩提의 道 스스로 周遍하네
홀연히 실오라기 하나라도
마음에 介在하게 된다면
生死의 江 건느가지 못하고
길이 이쪽 언덕에 머무르게 되리라

解説…부처님의 大涅槃은 廣大하신 濟度로 그 뜻을 삼는다。三界의 四生들을 하나도 남김없이 한 道味 가운데 거두어 들이시니 무거운 짐을 맡아 어깨에 질머졌으니 참으로 쉽지 아니한 일이다。작은 智慧로 어찌 이 責任을 堪當할 수 있겠느냐? 오직 보살이 있기에 敎化없는 敎化를 베풀어 모든 衆生들에게 菩提의 道가 스스로 두루하게 한다。여기에 만약 塵緣(※ 六塵의 因緣)이 실오라기 만큼이라도 남아있다면 生死의 강물 이쪽 언덕에 永遠이 잠겨 머물게 될 것이다。

智圓晶火聚여 薩埵便無心이라 處處菩提道요 明明功德林이라로 誰能生後得

說 智圓眞同晶火聚하니 男兒到此便無心다이로 處處菩提道요 明明功德林다이로 旣
知本有라 非今得이니 胸中에 無物外如愚로다 只如無心底活計는 作麽生道오 月冷空
當午요. 松寒露滿襟다이로

更不議堪任이라 月冷空當午요. 松寒露滿襟다이로

(2) 智空

智慧의 圓融함은
水晶같이 맑은 불덩이 같고
(火聚…불덩이. 人間의 欲望、肉體)
보살은 곧 無心의 길
간곳마다 菩提의 길
밝고 밝은 功德의 숲이로다
누가 능히 태여나자 얻어서
다시 堪任을 論議하지 않을 수 있는가?
달빛 서늘한데
空中은 한낮이 되였고
소나무 차가운데
이슬은 옷깃에 가득하네

(3) 俱空

俱空

理極亡情謂여 如何有喩齊아 到頭霜夜月이 任運落前谿로다 果熟兼猿重
山長似路迷라 擧頭殘照在하니 元是住居西로다

說

境智를 兩忘忘亦忘하니 秋天霜夜月滿谿로다 道高에 兼帶累요 理現에 還似迷라 反觀
其所以컨대 於空에 未忘情다로 更忘情이여 一月이 影千江이요 孤雲이 萬里飄로다

眞理 極에 다다르면
情으로 생각함은 사라지는데
어떻게 비슷한 비유 있겠다
간곳마다 서리 내린 밤 달빛
제 멋대로

解說…智慧의 圓眞함이 水晶같이 맑은 肉体와 함께 男兒가 이 境地에 이르면 문득 無心이 된다. 문득 無心함이여! 간곳마다 菩提의 길이요 밝고 밝은 功德의 숲이로다. 이미 本來부터 存在하고 지금 얻은것이 아님을 알았으니 가슴안에 아무 물건도 남아 있는것이 없고 겉 모습은 어리석은 사람같다. 그렇다면 이 無心의 境地에서의 살림살이는 또 어떻게 말해야 하는가?

달빛 차가운데 虛空은 한낮이 되었고
소나무 차가운데 이슬 옷깃에 가득하네

앞 개울에 떨어져 내리네
果實 익으면 아울러
원숭이 어깨 무거우지고
산이 길면 길은 아득한듯 하구나
쳐다보니, 남은 달빛 있으니
元來 달은 西쪽에 사는것을

解說…境界와 智慧 둘 모두 잊고 그 잊은것도 또 잊어 가을하늘 서리 내린 밤 달빛 개울에 가득하다.
道 높아도 兼帶한것 갈것치고 眞理 나타나도 도리어 아득한듯 돌이켜 그 理由 살펴보니 「空」에서 아직 情을 잊지 못하였네
다시 情을 잊으야지!
한 달빛 千江에 그림자 드리우고
외로운 구름 萬里에 나부끼네

流通

如如方解說이여 此說號流通이라 若謂無人我인댄 還將壽者同이니라 平常何所證

가 動轉絶羈籠이라 一切有爲法을 對觀淸鏡中이로다

㊅ 如如不動方解說이니 如是演說을 號流通이라 若謂我無人我念인댄 依舊還同我人相이라니
平常無證絶羈籠하니 化演觀同鏡裏形이로다

如如不動이란 말씀에
비로소 말씀 流通이란 뜻 알았노니
이 말씀 人相이라 이름하네
만약 이를 人相、我相
없는것이라 생각한다면
문득 壽者相과 같아지리라！
平常에서 證한것이 무엇인가？
움직임에 얽매임과
갇힘은 斷絕되었고
모든 有爲의 法은
맑은 거울속에서 마주 본다네

解說…「如如不動」에서 비로소 說法의 뜻을 알았으니 이와같은 說法의 베푸심을 「流通」이라 이름한다。

만약 나는 人、我의 생각이 없다고 생각한다면 이는 여전히 我相、人相과 함께 있는 것이다。
眞理는 「平常」이니 여기에서 證得할것도 없고 얽매임과 우리속에 갇히는 일도 없어서 敎化의 베푸심을 거울속의 形相과 같이 본다。

般若無盡藏
納謨薄伽伐帝　鉢唎若　波羅蜜多曳　怛姪他　唵　紇唎　地唎　室
唎　戌嚕知　三蜜栗知　佛社曳　莎訶

(5) 般若無盡藏(다라니)

나무바가벌제 바라야 바리밀다예 다질타 옴훌리 지리 실리 수로지 삼밀율지 불사예. 사바하.

※註
① 納謨…南無。誠心歸依禮。
② 薄伽代帝…薄伽梵 부처님
③ 鉢唎若…般若。
④ 波羅蜜多曳…이끌어 강건느 언덕에 이른다.
⑤ 怛絰他…怛他揭多…如來
⑥ 唵紇唎…儀式예 앞서 唱하는 語助辭 「옴호리」
⑦ 地唎…室唎…右同
⑧ 戌嚕知…소로지 蘇嚕知、妙智。
⑨ 三蜜栗知…부처님의 神秘한 身、口、意의 作用에 의한 큰 지혜.
⑩ 佛杜曳…부처님 계신 곳으로 이끌어 간다.
⑪ 莎詞…薩婆詞…하소서
(參考…陀羅尼의 뜻 풀이)

부처님께 歸依하옵나이다. 般若의 智慧로 이끌어 生死의 江 건너 저쪽 언덕에 이르도록 하여주소서. 부처님이시어! 옴호리! 지리! 시리! 妙智와 三蜜의 큰 智慧로 부처님 계신 곳에 이끌어 주시옵소서.

三。六祖大師의 口訣

口訣

法性이 圓寂하야 本無生滅이언마는 因有生念하야 遂有生緣이라 故로 天得命之以生

是故謂之命이라 天命이 旣立에 眞空이 不有하야 前日生念이 轉而爲意識하고 意識之用이 散而爲六根하며 六根이 各有分別하야 中有所總持者라 是故로 謂之心이니 心者는 念慮之所在也요 神識之所舍也며 眞妄之所共處者也니라 當凡夫聖賢機會之地也니라 故로 諸佛이 惟敎人了此心이시니 此心이 了하면 即見自性이요 見自性則是菩提也니라 此在性時에 皆自空寂而湛然若無라가 緣有生念而後에 有生者也라 血氣足則精足하고 精足則生神하고 神足에 以血氣로 爲體니 有者也라 有形이니 形者는 地水火風之聚沫也라 生妙用하니 然則妙用者는 即在吾圓寂時之眞我也니라 因形之遇物故로 見之於作爲而已나 但凡夫는 迷而逐物하고 聖賢은 明而應物이라 逐物者는 自彼요 應物者는 自我니 自彼者는 着於所見이라 故受輪廻하고 自我者는 當體常空이라 性者ㅣ 圓滿具足하야 空然無物하며 湛乎自然하며 其廣大ㅣ 與虛空等하야 往來 萬劫如一이니 合而觀之컨댄 皆心之妙用也니라 是故로 當其未生之時하야 所謂 變化는 一切自由니 天雖欲命我以生이나 其可得乎아 天猶不能命我以生이어든 況於四大乎며 況於五行乎아 旣有生念하고 又有生緣이라 故로 天得以生

命하고 四大ㅣ得以氣形我하고 五行이 有生者之所以
我하고 有滅也니라 然乎生滅則一이나 此는 有生者之所以
生緣念有하고 識隨業變하야 習氣薰染이 因生愈甚일새 故로 旣生之後에 心着
諸妄이나 妄認四大하야 以爲我身하며 妄認六親하야 以爲我有하며 妄認聲色하야 以
爲快樂하며 妄認塵勞라 心目知見이 無所不妄이니 諸妄이 旣起에 煩
惱萬差라 妄念이 奪眞에 眞性이 遂隱하야 人我爲主하고 眞識爲客하며 三業前引하고
百業後隨하야 流浪生死에 無有涯際하야 生盡則滅하고 滅盡復生하야 生滅相尋토록
至墮諸趣호대 轉轉不知하야 造諸業罟하야 遂至塵沙劫盡토록 不復
人身이어니와 聖賢則不然이니 聖賢은 生不因念하고 應迹而生이라 欲生則生하야 不待
彼命일새 故로 旣生之後에 圓寂之性이 依舊湛然하야 無體相無罣礙하며 其照萬
法이며 如靑天白日하야 無毫髮隱滯라 故能建立一切善法하야 遍於沙界호대 不
見其少하며 攝受一切衆生하야 歸於寂滅호대 不以爲多하며 驅之不能來호대 逐之
不能去라 雖托四大爲形하고 五行爲養이나 皆我所假일새 未嘗妄認이니 我緣이
苟盡에 我迹이 當滅이라 委而去之ㅣ 如來去耳니 於我에 何與哉아 是故로
凡夫는 有生則有滅이라 滅者ㅣ不能不生이어니와 賢聖은 有生亦有滅호대 滅者ㅣ

歸於眞空하니 是故로 凡夫生滅은 如身中影하야 出入相隨에 無有盡時어니 聖賢生滅은 如空中雷하야 自發自止에 不累於物들이어 世人이 不知生滅之如此하고 而以生滅로 爲煩惱大患하나니 盖不自覺也로다 覺則見生滅이 如身上塵하야 當一振奮耳니 何能累我性哉아 昔我如來 - 以大慈悲心으로 憫一切衆生이 迷錯顚倒하야 流浪生死之如此하며 又見一切衆生이 本有快樂自在性하야 皆可修證成佛코자하시 欲一切衆生으로 盡爲聖賢生滅하고 不爲凡夫生滅하사 猶慮 一切衆生이 無始以來로 流浪日久에 其種性이 已差하야 未能以一法으로 速悟일새 故로 爲說八萬四千法門하시니 門門可入에 皆可到眞如之地요 每說一法門이 莫非丁寧實語라 欲使一切衆生으로 各隨所見法門하야 入自心地하며 到自心地하며 見自佛性하야 證自身佛하야 即同如來시케하 是故로 如來 - 於諸經에 說有者는 欲使一切衆生으로 睹相生善이요 說無者는 亦復如是라하니 然而衆生執着이 見有非眞有요 見無非眞無며 其見色見空도 皆如是執着하야 復起斷常二見하야 轉爲生死根蔕 不示以無二法門이면 又將迷錯顚倒하야 流浪生死 - 甚於前日일새 故로 如來 - 又爲說大般若法하사 破斷常二見하사 使一切衆生으로 知眞有眞無와 眞

色眞空이 本來無二며 亦不遠人이라 湛然寂靜하야 只在自己中일새 但以自己性智慧로 照破諸妄則曉然自見이니 是故로 大般若經六百卷은 皆如來ㅣ 爲菩薩果人하사 說佛性이라 然而其間에 猶有爲頓漸者說이어 惟金剛經은 爲發大乘者說이며 爲發最上乘者說이라 是故로 其經이 先說四生四相하시고 次云凡所有相이 皆是虛妄이니 若見諸相非相하면 卽見如來ㅣ시라하시니 盖顯一切法이 至無所住ㅣ 是爲眞諦라 故로 如來ㅣ 於此經에 凡說涉有하면 卽破之以非하고 直取實相하사 以示衆生이니하사 盖恐衆生이 不解佛所說하고 反有所住故也니 如所謂佛法이 卽非佛法之類ㅣ 是也니라

(六祖大師의 口訣)

法의 本質은 圓滿하고 寂滅하여 本來 生滅이 없는데 生滅이 있다는 觀念으로 因緣하여 마침내 生緣이 있게 되었다. 그런까닭에 하늘에서 얻고 하늘이 運命지음으로서 태어났으며 그런까닭에 이를 「命」이라 한다.

天命이 이미 成立되면 眞如의 空이란 存在하지 아니하며 전날 생긴 생각이 굴러 그것이 意識이 된다.

意識의 作用이 흩어져서 六根이 되고 六根에는 각기 分別이 있으며 그 가운데 全体를 護持하는 것이 있다. 그런까닭에 이를 「마음」이라고 한다.

마음이란 觀念과 思慮가 存在하는 곳이며 精神과 認識의 집이 되는 곳이며 眞實과 거짓이 함께 있는 곳이며 凡夫와 聖賢의 機緣이 모이는 곳에 해당하는 땅이다.

모든 衆生들이 太初의 옛날부터 生滅의 輪廻에서 벗어날 수 없었던것은 모두가 이 마음에 連累한 것이며 그런 까닭에 모든 부처님들은 오직 사람들이 이 마음을 깨닫게 하려 하셨으니 이 마음을 깨달으면 그런 까닭에 자성을 보게되며 자성을 보게되면 그것이 곧 菩提이다.

이것이 자성에 있을 때는 모두가 湛然히 있으며 形相이 없는듯 하다가 생겨나는 觀念이 있음으로 緣由하여 存在하게 되는 것이며 태여나는것이 있으면 形相이란 地水火風이 모인 거품이며 여기에는 血氣가 바탕이 되며 이것이 生命이 있는 存在物이 依持하는 곳이다. 血氣가 充足되면 精力이 充足되고 精力이 充足되면 精神이 생겨나고 精神이 充足되면 妙用이 생겨난다.

그렇다면 妙用이라 하는것은 나에게 존재하던 圓寂하였을 때의 「眞正한 나」인데 形相이 事物을 만남으로 인하여 이것이 作爲로 나타났을 따름이다.

다만 凡夫들은 헷갈려서 事物의 위를 쫓아가지만 聖賢은 밝게 事物에 응할 따름이니 事物을 쫓는 사람은 自身이 相對이며 事物에 응하는 사람은 自身이 「나」로서 存在한다.

自身을 相對方에게 빼앗긴 사람은 그가 본것에 執着하는 까닭에 輪廻의 業報를 받게되나 自我가 確立된 사람은 그 自體의 바탕이 恒常 空이여서 萬劫이 지나도 항상 한결같다.

이를 統合해서 본다면 모두가 마음의 묘한 作用이다. 그런까닭에 그가 아직 생겨나지 아니하였을 때에는 이른바 自性이란 圓滿히 具足되여 虛空처럼 아무 물건도 없고 湛然한 自然 그대로의 狀態여서 그 넓고 큰것은 虛空과 같아 오고 가고 變化하는 모든것이 自由自在하니 하늘이 비록 나에게 運命지어 태여나게 하고자 한다 하더라도 四大가 어떻게 그것이 되겠는가? 하늘도 오히려 나에게 태여나도록 運命지을 수 없거늘 하물며 四大가 어떻게 그것을 할 수 있겠는가?

이미 생겨난 觀念이 있게 되면 또한 생겨나는 因緣도 있게 된다. 그런까닭에 하늘이 나를 태여 나도록 運命지을 수 있고 四大가 나에게 생겨나 血氣로 形相을 이루게 할 수 있으며 五行이 나에게 運

이는 「生」이 있는것에 반드시 「滅」이 있는 理由이다.

그렇게 生과 滅은 하나인데 凡夫와 聖賢에 있어서는 生과 滅은 다르게 된다.

凡夫는 생겨나는 因緣과 觀念이 있는 까닭에 認識이 業따라 변하고 前生에서 익힌 煩惱의 찌꺼기가 몸에 베이고 마음에 물들여져서 因緣에서 생겨나는것이 곧 나의 몸이라 認識하고 妄想으로 六親 뒤에는 여러 妄想에 마음이 執着하고 妄想이 더욱 甚해진다 그런 까닭에 생겨난 이곧 나의 所有物이라 생각하고 妄想으로 四大가 곧 나의 몸이라 認識하고 妄想으로 六塵에 시달리는것이 富貴라 認識하여 마음과 눈으로 聲色이 快樂이다 라고 생각하고 妄想으로 六親 이 일어나면 煩惱도 千差萬別하여 妄念이 眞如를 빼앗아 眞如의 自性은 마침내 숨게되고 人相, 我相이 마음의 主人이 되고 眞正한 認識은 나그네가 된다. 그리하여 三業이 앞에서 길을 引導 하고 百業이 그 뒤를 따르며 生死의 바다에 流浪하여 끝날 날이 없어져서 生이 다하면 滅하고 滅이 다하면 다시 태여나 生滅이 서로 찾아와 마침내 五趣의 輪廻에 떨어지게 되고 돌고 그 끝을 알지못하게 되며 여기에 더욱 無明이 제멋대로 날뛰서 모든 業의 거물을 만들어 마침 내 塵沙劫이 다하는 달에 이르도록 다시는 사람의 몸으로 되돌아오지 못하게 된다.

그러나 聖賢의 경우는 그렇지 아니하다.

聖賢은 태여남이 念願으로 因緣하지 아니하고 迹門에 응하여 태여나고 싶으면 태여 나고 저 하늘의 命을 기다리지 아니한다 그런 까닭에 태여난 후에도 圓寂한 自性은 여전히 湛然 하여 바탕, 形相이 없고 가로막는 걸림돌이 없다. 그분들이 萬法을 비추어 보시는 것은 마치 靑 天白日과 같아서 머리카락하나도 숨고 지체하는 것이 없다.

그런까닭에 모든 거룩한 法을 建立하여 河沙世界에 골고루 펼 수 있지만 그것이 적고 모자라 하지 아니하고 모든 衆生들을 包攝하여 받아들이건만 寂滅에 되돌아가서 그것을 많다고 하지 아니한다. 몰아 오게 할 수 없고 쫓아내도 가게 할 수 없으며 비록 四大에 依托하여 形 곳이 보이지 아니하고

相이 되고 五行에 依托하여 길러지게 되지만 이 모두가 내가 빌려온 것이여서 한번도 妄想으로 그 存在를 認定한 일은 없다.

만약 自我의 因緣이 다하게 된다면 自我도 곧 滅하여 形相을 이 世上에 맞겨놓고 나는 떠남이 如如하게 오고 如如하게 갈 따름이니 自我에 있어서 그것이 무슨 相關이 있겠는가? 그런 까닭에 凡夫는 「生」이 있으면 「滅」이 있고 滅한것은 다시 태여날 수 없으나 聖賢은 生도 있고 滅도 있지만 滅하면 眞空으로 되돌아 간다.

그런 까닭에 凡夫의 生滅은 몸 가운데의 그림자와 같아서 스스로 따라다녀서 다할 때가 없으나 聖賢의 生滅은 空中의 우뢰소리와 같아서 스스로 發生하였다가 스스로 그쳐서 事物에 累가 되지 아니한다.

世上사람들은 生滅의 이와같은 理致를 모르고 生滅을 煩惱하며 큰 근심거리로 삼고 있으니 이는 무릇 스스로 깨닫지 못하였기 때문이다. 깨닫게 되면 生滅을 몸위에 묻은 먼지와 같이 보니 당장 한번 떨치고 털어버리면 그만이니 그것이 어떻게 나의 自性에 連累될 수 있겠느냐?

예전에 우리 부처님께서 큰 慈悲로 모든 衆生들의 햇갈린 錯覺과 거꾸로된 見解로 生死의 바다에 流浪함이 이와같음을 가엽게 여기시고 또한 모든 衆生들에게 本來부터 快樂하고 自在한 本性이 있어서 모두가 道를 닦고 밝혀 成佛할 수 있음을 보시고 모든 衆生들이 모두 聖賢의 生滅이 되게 하고 凡夫의 生滅이 되지 아니하고자 하셨으나 아직도 모든 衆生들이 太初의 옛날부터 生死의 바다에 流浪한지가 오래되여 그 根本自性이 이미 差異가 생겼기에 같은 한 法으로는 속히 깨닫게 할 수는 없음을 念慮하신 까닭에 八萬四千의 法門을 說法하신 것이며 그하나하나의 法門마다 그 안에 들어갈 수 있고 또 모두 眞如의 境地에 到達할 수 있게 하셨다.

한 法門을 說法하실 때마다 眞實한 말씀 아닌것이 없었으며 이로써 모든 衆生들로 하여금 각기 그가 본 法門에 따라 自己의 마음의 境地에 들어가게 하고자 하셨으며 自己의 心地에 到達되면 自身의 佛性을 보고 自己가 부처임을 證得하여 곧 부처님과 같은 境地가 되게

하시고자 하였다.

그런까닭에 부처님이 모든 經에서 말씀하신 「有」라고 하는것은 모든 衆生들로 하여금 形相을 보고 거룩한 마음이 생겨나게 하고자 하신것이며 「無」라고 말씀하신것은 모든 衆生들로 하여금 形相을 떠나 自性을 보게 하고자 하신 것이다. 또한 말씀하신 「色」「空」도 또한 이와같은 念願이 담긴 것이다.

그런데도 衆生들은 執着이 있어 「有」를 보고도 眞實한 「有」가 아니라 하고 「無」를 보고도 眞實한 「無」가 아니라 하며 그들이 보는 「色」이나 「空」도 모두 이와같이 執着하게 되고 여기에다 시 斷見과 常見의 두 偏見이 일어나 展轉하여 이것이 生死의 뿌리와 꼭지가 된다. 여기에 「둘이 없는 法門」을 提示하지 아니하시면 또 한번 헷갈리고 거꾸로 된 妄想에 젖어 生死의 바다에서 流浪함이 예전보다도 더 甚해질것임으로 부처님께서는 또 한번 大般若의 法門을 說法하셔서 斷見과 常見의 두가지 偏見을 허물어 모든 衆生들로 하여금 眞有와 眞無 眞色과 眞空이 本來부터 두가지가 없으며 또한 그것이 사람을 멀리하는 것이 아니고 湛然히 寂靜하여 오직 自己의 本性 가운데 있음을 알게 하셨다.

다만 自己의 타고난 智慧로 모든 거짓을 비추어 허물어 버린다면 환하게 스스로 眞實을 보게 된다. 그런까닭에 大般若經、六百卷은 모두가 부처님이 菩薩의 果報를 얻은 사람들을 위하여 佛性을 說法하신 內容이다.

그러나 그 사이에는 아직도 智慧 頓敎、漸敎를 위한 說法이 있지만 오직 이 金剛經만은 大乘의 마음이 일어난 사람들을 위한 說法이며 最上乘을 일으킬 사람들을 위한 說法이다. 그런까닭에 그 經에는 먼저 四生과 四相을 말씀하셨고 다음에 「모든 形相이 있는 것은 모두가 虛妄한 것이며 만약 相이 相이 아님을 본다면 곧 부처를 보게 된다」라고 말씀하셨으니 이는 무릇 모든 法이 住著하는 곳이 없는 境地에 이르러야만 이것이 眞諦라고 말씀하신 것이다.

그런까닭에 부처님은 이 經에서 하신 모든 말씀이 「有」와 關聯된것은 곧 이를 허물어 「아니다」

815

이른바 「佛法이 곧 佛法이 아니다」라고 하신 말씀과 같은것이 이러한 類에 속하는 말씀이다.

라고 하셨고 곧바로 實相을 取하여서 衆生들에게 提示하였으니 이는 무릇 衆生들이 부처님말씀을 理解하지 못하고 그들의 마음에 도리어 住著하는 곳이 있을까 두려워 하신 까닭이다.

得通 決疑

(涵虛堂、得通禪師의 疑問풀이)

初解題目文中에 「此疏本是爲評經者至即直説也等」의 五行文은 恐非圭峯所著니 蓋是編集者之辭耳라

如是我聞等文은 圭峯註中에 祇樹等者至所買之園하야 按本疏하니 但云祇樹等者는 即祇隨太子所施之樹요 給孤長者所買之園이라 無獨園者須達五字하니 此五字는 盖是後人이 所潤이나 然이나 旣云祇樹等하고 又云給孤獨園者는 言意가 重疊하야 全非疏意를 強而潤之하면 則當減等字云祇樹者云云給孤獨園者云云이라

처음 題目을 解説한 글 가운데 「此疏、本是評經者至 即直説也」(이 解説書는 本來 經을 評唱한 것이며 그것이 지극하니 곧 直説이 된것이다.) 라고 한 등의 다섯줄의 글은 아마도 圭峯스님의 쓴 글이 아니고 이는 編集한 사람의 말일 것이다.

「如是我聞(나는 이와같이 들었노라)라고 한 등등의 글에서 圭峯스님의 註釋한 내용가운데 「祇

樹」라 한것은 산 莊苑에 이르렀다는 뜻이다」라고 하였는데 本疏를 考證해보면 다만 「祇樹」라 한것은 祗陀太子가 布施한 莊園이며 「給孤」라 하는것은 長者가 사둔 莊園이라고만 되어있고 「給孤獨園」의 「獨園」이란 두 글자와 「須達者」라는 세 글자가 합쳐져서 다섯 글자는 없다. 그러나 이미 「祇樹等」을 말씀하였고 또 「給孤獨園」을 말씀한것은 말씀의 뜻이 겹쳐있어 全然 解說할 內容은 아닌데 억지로 潤筆이 다섯 글자는 아마도 後世의 사람이 潤筆한 것일 것이다. 「給孤獨園」이란 두 글자는 長者와 「須達」이라 하는것은 세 글자가 합쳐서 다섯 글자는 없다. 한것이라면 當然히 「等」이란 글자를 없애고 「祇樹」라 하는것은 또 「給孤獨園은…」 等으로 고쳐 써야 할 것이다.

本處至敷座等文은 峯註化等下에 恐脫於中有五四字하며 又取偽之下에 我乃之我는 疑佛字之誤요 又法食下에 脫上釋序分竟五字라 六祖注中 爾時者는 當此之時요 是今辰時라고하 時與是二字中間에 恐脫食時者三字라 應云食時者는 是今辰時니 圭峯이 云食時는 辰이니 當日初分이라하 證也라

「還至本處」「敷座」란 文句에 관한 圭峰禪師의 註釋가운데 「於中有五」란 네 글자가 脫落된듯 하다. 또「取爲」란 文句 아래에 있는「我乃之至」라 한것은 「佛」이란 글자를 「我」로 잘못 쓴 것 같은 疑問이 있다. 또 「法食」이란 文句 아래에는 「上釋序分竟」이란 다섯 글자가 빠졌다. 또 六祖大師의 註釋가운데 「爾時者는 當此之時요 是今辰時라」고 된 것은 「時」字와 「是」字의 中間에 「食時者」란 세 글자가 빠진듯 하며 마땅히 「食時者는 是今辰時」라고 했어야 한다. 이는 圭峰의 註釋에 「食時는 辰

이니 當日初分이라 하였으니 이것이 明白한 證據가 된다.

卽從座起等文은 六祖注中에 **智慧超過三界至德高更無上過與** 二字의 疑衍이요 **應云智慧超過三界云云**할 **德高更無上云云**이라 **又云** 付囑 **須菩提諸菩薩**함은이라 **須菩提三字**는 疑衍이라 **應云付囑諸菩薩**라니

「卽從座起」란 글에 대한 六祖大師의 註 가운데 「智慧超過三界하고 至德高更無有上過與」라고 된 것은 두 글자가 不必要하게 붙어난 것으로 생각된다.
마땅히 「智慧超過三界云云 德高更無上」이라 하였어야 한다.
또 「付囑須菩提諸菩薩」이라 한것은 「須菩提」란 세 글자가 붙어난 것이 아닌가 생각된다. 마땅히 「付囑諸菩薩」이라고 했어야 한다.

應云何住等文은 六祖注中에 **須菩提見一切衆生至如何降伏其心歇與問二字中間**에 **恐有闕文**이라 **應云見一切衆生云云**은 **無有間歇**하고 **爲令降伏故問若欲修行云云**이라

本文의 「應云何住」라고 한 文句등에 관한 六祖大師의 註 가운데 「須菩提見一切衆生 至如何降伏其心歇與問」이라 한 두 文章의 中間에 빠진 글이 있는듯 하다.
마땅히 「見一切衆生…無有間歇 爲令降伏 故로 問하였으니 若欲修行…」이라고 되였어야 한다.

汝今諦聽等文의 六祖注中에 **一心靜默吾當爲説默與吾二字中間**에 **恐**

有闕文의 應云은 令諸聽者를 一心靜默故로 云汝今諦聽하라 吾當爲說하리라

又不住色注中에 施者之者는 疑衍이라

「汝今諦聽」이란 글에 관한 六祖大師의 註 가운데 「一心靜默으로 吾當爲說」이라고 된것은 「默」자와 「吾」字의 中間에 빠진 글이 있는듯 하다. 마땅히 「令諦聽者로 一心靜默이라 故로 云 汝今諦聽 吾當爲說」이라고 했어야 한다.

또 「不住色」에 관한 註 가운데 「施者之」라고 한것은 不必要하게 붙어난 文句가 아닌가 생각된다.

菩薩應如是布施等文은 圭峯注中에 爲答別問答別二字는 當上下라 六祖注中에 不見有施之物함은 當作所라 他本에 云不見布施之物하니 布施與有施는 不如所施之語便이라 況所施를 與上能施로 爲對乎아

「菩薩應如是布施」라 한 句節등에 관한 圭峰의 註釋 가운데 「爲答別問」이라고 한것은 「答」자와 「別」가 마땅히 아래위가 바꾸어져야 한다.

또 六祖大師의 註釋 가운데 「不見有施之物」이라 한것은 「有」자는 마땅히 「所」자가 되여야 하며 또 다른 책에서 「不見布施之物」이라고 된 곳도 있는데 「布施」나 「有施」는 「所施」만큼 말이 適合하지 못하다. 「所施」라고 하면 윗 글의 「能施」란 말과 相對가 되는 것임에랴!

三四五佛等文의 六祖注中에 於我滅後我字는 恐非應云於佛滅後라 下文에 乃云是故如來說我滅後後五百歲니라하고 祖師先且自陳하고 後乃引經이라

「三四五佛」등의 글에 관한 六祖大師의 註釋에 「於我滅後」라 한 「我」字는 마땅히 「於佛滅後」라고 해야 한다. 아래의 글에서 「是故如來說我滅後後五百歲」라 했으니, 祖師가 먼저 스스로 말씀하시고 뒤에 經을 引用한 것이다.

如來悉知悉見等文은 圭峯注中에 知其心心四蘊也見其依止即色身也
本疏에 但云知其心蘊四見其依止하고身無一心字一即字二也字라 夫四
蘊及色身은 蓋心及依止之注脚인대 今乃連書而又潤之라 亦無非法相等
文은 六祖注中에 無壽者我身本無云云하니 壽者之者와 我身之我二字는
中間에 當更有者字라

「三四五佛」 등의 글에 대한 六祖大師의 註釋가운데 「於我滅後」라고 한것은 「我」자는 잘못된 것
이 아닌가 생각된다. 마땅히 「於佛滅後」라고 했어야 한다. 또 아랫글에 이어 이르기를
「是故로 如來説호대 我滅後 後五百滅」이라 하였으니 이렇게되면 祖師께서 먼저 스스로 말씀해
놓고 뒤에 이어 經文을 引用한 결과가 된다.
「如來悉知悉見」 등의 글에 대한 圭峯의 註釋가운데 「知其心四蘊 見其依止는 即色身也」이라고
하였는데 本疏에서는 다만 「知其心四蘊 見其依止色身」이라고만 되여 있어 中間에 「心」이란
글자와 「即」이란 한글자와 「也」란 두 글자는 없다. 무릇 四蘊과 色身은 「心」과 「依止」의
註釋인데 지금은 이를 連書해서 또 潤文해놓은 결과가 되었다.
「亦無非法相」이란 文句등에 관한 六祖大師의 註釋가운데 「無壽者는 我身本無…」라고 한것은
「壽者」란 「者」字와 「我身」이란 「我」字의 中間에 마땅히 다시 「有者」란 글자가 있어야 한다.
(※ 無壽者有者 我身本無)

經中에 是諸衆生若心取相法至何以故若取非法相云云은 夫何以故三字

가 當在若取法相之句之上을 蓋誤在於下라 古人이 雖如文解義하고 細詳其文義도하야 似不穩便이니 若使文義相順하고 血脈相通하면 應云是諸衆生이 若心取相即爲著我人衆生壽者며 若取非法相이라도 即著我人衆生壽者니 何以故오 若心等語는 是標是總이요 何以故는 是徵이며 若取法云云과 若取非法云云은 是釋是別이라 故로 下文에 結云是故로 不應取法하며 不應取非法則知取相云者는 取法與非法之二相也라 特以標總故로 但云取相하야 總別標徵하고 釋結文義하야 昭然可曉하니 復何疑哉아 夫何以故三字를 誤置於下를 遂成流布하야 至今傳習者하니 盖所謂 一人傳虛를 萬人傳實者也로다 達者는 思之하라

經文가운데 「是諸衆生이 若心取法相이면…」이란 句節에서 「何以故」란 세 글자는 마땅히 「若取法相」이란 句節위에 있어야 하는데 아마도 잘못되여 아래에 있게된 듯하다. 옛 사람들이 비록 글대로 뜻을 解釋하고 자세하고 상세하게 글 내용을 考察하였다 하려 한다라도 이 句節은 穩當하지 못한듯 하다. 만약 글과 뜻이 서로 順應하고 血脈이 相通되게 하려 한다면 마땅히 「是諸衆生이 若心取相하면 即爲著我人衆生壽者니 何以故오 若取法相하면 即著我人衆生壽者며 若取非法相이라도 即著我人衆生壽者니 何以故오 若取法相하면 即著我人衆生壽者라 何則고 若心等語는 總體的인 標題며 「何以故」란 말은 理由를 따지는 말이다. 「若取」 여기서 「若心」 등의 말은 總體的인 標題며 「若取法相」 「若取非法相」 云云한것은 分別해서 풀이하신 말씀이다. 그런까닭에 아랫 글에 매듭짓去相…」「若取非法相」云云한것은 分別해서 풀이하신 말씀이다.

기를 「是故로 不應取法이며 不應取非法」이라 한 것은 「法과 非法」의 두 「相」을 取한다는 뜻임을 알 수 있으며 이는 곧 「取相」이라고만 한 것이다. 總体的으로 標題하고 따로따로 풀이하여 總體的으로 標題한 까닭에 다만 「取相」이 해당되는 일인듯 하니 通達한 사람이라면 다시 한번 생각해보라.

무릇 「何以故」란 세 글자를 잘못 아래에 配置해놓고 마침내 이 經이 流布되어 지금에 이르기까지 전해오고 익혀진것은 아마도 「한 사람이 거짓을 傳하니 萬人이 眞實이라 傳한다」는 옛 말에 해당되는 일인듯 하니 通達한 사람이라면 다시 한번 생각해보라.

第六分 宗鏡提綱中에 名相雙泯取捨兩忘要且猶筏見은 見字疑誤라 盖在字之誤라

第六分段의 宗鏡禪師의 提綱 가운데 「名相雙亡하고 取捨兩忘이라도 要且猶未見」이라 한 것은 「見」은 誤字인듯하며 아마도 「在」字의 誤植인듯 하다.

大士寶滿三千界等頌은 當在其福勝彼文中에 盖誤在即非佛法之下라

斯陀含名一往來等文은 圭峯註中에 一來人間便得阿羅漢果하였으나 阿羅漢 當作斯陀含이요 六祖註中에 斯陀含名一往來는 行從天上하야 却到人間 生從人間하야 死却生天上하고 盖從人間하야 生從人間하는데 死却 生天上하고 此兩句는 恐倒置라 且行字는 疑者字之誤요 却生之却字는 疑 即字之誤라 應云從人間하야 死即生天上하고 從天上하야 却到人間生하니 何以

明之오 圭峯이 云하대 斯陀含은 此云一來라 從此命終하야 一往天上하고 一來 人間이라 又集註에 云하대 一往來者는 謂人間報謝하고 一往天上하고 却來受生 也이니라 夫人間報謝하고 一往天上하야 及從此命終하야 一往天上者라하며 豈非即此 所謂從人間하야 死即生天上者也며 却來受生及一往來人間者는 豈非即 此所謂從天上하야 却到人間生者也리요 若如從天上하고 復從天上하야 却到人間 間死하야 却生天上之言則先從人間하야 即生天上하고 却到人間하고 從人 生하고 又從人間하야 却生天上하니 如是則來人間者는 是一이나 往天上者는 非 一이니 與名一往來之言이 愈見相違矣로다

「大土寶滿三千界」 등의 頌은 마땅히 「其福勝彼」란 글 가운데 있어야 한다. 아마도 잘못되어 「即非佛法」이란 글 아래에 있게된 듯하다.

「斯陀含은 名一往來니」등의 글에 관한 圭峯의 註釋가운데 「阿羅漢」은 마땅히 「斯陀含」이라야 한다. 또 六祖大師의 註釋가운데 「二來人間하면 便得阿羅漢果」라 하였 는데 「阿羅漢」은 마땅히 「斯陀含」이라야 한다. 또 六祖大師의 註釋가운데 「斯陀含 名一往來 行從天上하야 却到人間하고 生從人間하야 死却生天上이니 蓋從天上하야 却到人間이라」하였 기에서 「生從人間하야 死却生天上」이라 한 두 句節은 아마도 글자를 거꾸로 놓은 글인듯 하며 또한 「行」이란 글자는 「者」란 글자의 誤植인듯 하 다.

마땅히 「從人間하야 死却生天上하고 從天上하야 却到人間生이라」라 하였어야 한다.

823

圭峰禪師이 이르기를

「斯陀舍은 이곳 말로는 「一來」란 뜻이니 이곳에서의 목숨이 끝남에 따라 한번 天上에 갔다가 다시 한번 人間世界로 온다는 뜻이다」라고 하였고

또한 集註에 이르기를

「一往來란 人間世界의 果報가 끝나서 한번 天上世界로 갔다가 다시 돌아와서 한번 人間世界로 간다는 말과 이승에서의 목숨이 끝나는 것을 말한다。果報가 끝나서 한번 天上世界로 갔다가 다시 돌아와 人間世界로 온 것이 어찌 이른바 「人間世界로 부터 죽으서 天上世界에 태여난다는 말이 아니겠는가? 또 「다시 돌아와 生命을 받는다」는 말은 이른바 「한번 人間世界에 태여난다는 말이 아니겠느냐?

만약 「天上世界에서 부터 도로 人間世界에 이르러 태여나고 人間世界로 부터 곧 天上世界에 태여난다」고 말 한다면 먼저 人間世界에 태여나고 다시 人間世界로 와서 태여나고 곧 天上世界에서 부터 곧 人間世界로 오는 일은 한번이지만 天上世界로 가는 일은 한번이 아니니 「一往來」란 이름과는 더욱 相違되는 내용이 된다.

四果等文은 川老著語諸行無常一切皆苦니라하야 予昔年에 爲衆하야 講此解하고 講到此句하야 忽然記得證道歌中의 諸行無常一切空之語하고 便知皆苦之言이 即是皆空之誤라 乃云皆苦之言은 與頌意와 與經意로 不符契라 遂引歌語하야 證之하고 後에 看他本하니 果有皆空之言이라 然이나 仍之不改者는 爲識法者하야 懼라하노

蓋是皆空之誤를

「四果」등에 관한 글에 冶父道川 老丈이 評唱하기를 「諸行無常 一切皆苦」라 하였는데 내가 예전에 이 解說을 講義하다가 講義가 이 句節에 이르자 홀연히 證道歌(※永嘉玄覺著) 가운데 「諸行無常一切空」이란 句節이 생각나 서 곧 「一切皆苦」란 말이 「一切皆空」의 誤記임을 알게 되여 「皆苦」란 말뜻은 偈頌의 뜻과 經 의 뜻과 一致되지 아니하며 아마도 이는 「皆空」의 誤記인듯 하다」라고 하고 마침내 證道歌의 말을 引用해 이를 證明하였는데 그 후에 다른 原本을 보니 果然 「皆空」이란 말이 있었다. 그러나 이를 그대로 이어고 치지 아니하는것은 法을 아는 사람을 위하여 두려워하였기 때문이다.

隨説是經等文의 六祖註中에 如有人即説是經若念念常行無念心云云
하니 如有人은 他本에 作見人하고 又若念之若字는 當作應이오 又皆果供養持
經之人의 持經之人四字는 疑衍이라

「隨説是經」 등의 글에 대한 六祖大師의 註釋가운데 「如有人 即説是經 若念念常行無念心…」이라 한것은 다른 책에는 「如有人」이 「見人」으로 되여 있고 「若念」의 「若」字는 마땅히 「應」字가 되여야 한다. 또 「皆果供養持經之人」이라고 한 데 「持經之人」이란 네 글자는 덧붙인것이 아닌가 疑心스럽다.

第十三分段 宗鏡提綱中에 析微塵至無法可説은 疑文倒置니 應云等河沙
施身命無相可求枳世界如微塵無法可説이라

第十三分段 宗鏡禪師의 提綱가운데 「析微塵에서 無法可説」이라 한 文章에 이르기까지는 글이 거꾸로 놓인것이 아닌가 생각된다.

「所有微塵」等의 글에 대한 六祖大師의 註釋가운데 「妄念旣無 卽非微塵이란 네 글자는 後世사람이 덧붙인 文字가 아닌가 생각된다. 그렇지 않다면 마땅히 「者」字를 더해서 「是名微塵者」로 하였다면 글과 뜻이 모두 아랫 句節에 속하게 되였을 것이다.

「須菩提 聞說是經」 等의 글에 대한 六祖大師의 글은 註釋가운데 「豈得不聞」에 이르기까지 이 한 토막의 글은 順序를 잃은것이 아닌가 생각된다. 이른바 「豈得不聞」이라 한 文句는 마땅히 아래위의 順序를 바꾸어야 했으며 또 「方悟佛意」란 네 글자는 마땅히 「聞說是經」의 다음에 있어야 할것이 잘못 그 위에 놓여

이는 마땅히 「等河沙施身命 無相可求 枡世界如微塵無法可說」이라고 하였어야 한다.

所有微塵等文은 六祖註中에 妄念旣無卽非微塵是名微塵 四字는 疑衍이요 不然則當加者字하야 云是名微塵者則文義가 俱屬下句라하리 一段文은 疑字句失次라 所謂豈得不聞은 得不二字를 當上下하며 又方悟 佛意四字는 當在聞經之下이라 誤在於上이라 應云今始得聞如是深經하고 方 悟佛意하야 悲昔未悟니라하 經에 云聞說是經하고 深解義趣者를 所謂聞深經 佛意者也라 豈可悟佛意聞深經也리요

須菩提聞說是經等文은 六祖註中에 豈得不聞如是深法至涕淚悲泣此

있으니 이 글은 마땅히 經에서 「令始得聞如是深經하고 方悟佛意하야 悲昔未悟」라 했어야 한다. 「聞說是經하고 深解義趣」라 한 것은 이른바 깊은 經의 뜻을 깨닫고 나서 앉았다는 것이니 어찌 부처님의 뜻을 깨달아 부처님의 說法을 들었겠느냐?

如來是眞語者等文은 圭峯註中에 「如語者說大乘法에서 至決定說大乘有佛性故」를 本疏에는 但有如語者에서 至小乘無也等의 十八字하고 無說大乘故에서 至有佛性故라 等의 十三字하니 此十三字存之文繁하고 削之義順이나 然이나 恐爲識者之非하야 仍之以候後之明哲이라 하노 又說大乘法有眞如之一介說字는 疑衍이요 應云如語者는 說大乘法하니 大乘法은 有眞如하고 小乘은 無也라

「如來是眞語者」等의 글에 대한 圭峯禪師의 註釋가운데 「如語者는 大乘法이며 決定說大乘有佛故니라」라고 한 句節에 이르기까지의 十八字만이 「本疏」서는 다만 「如語者」란 句節에서 「有佛性故니」한 文句에서 「小乘은 無也」라 한 句節에 이르기까지의 十三字는 없다. 이 열세글자는 이것이 있으면 글이 번잡하고 이를 削除하면 뜻이 順하다.

그러나 識者가 「그것이 아니다」라고 할까 두려워 그대로 두고 後世의 明哲한 사람의 判斷을 기다리기로 하였다.

또 「說大乘法 有眞如」라 한 句節의 「說」字 한글자는 不必要하게 덧붙여진 글자가 아닌가 생각되며 마땅히 「如語者는 說大乘法이요 大乘法은 有眞如하고 小乘은 無也라」라고 하였어야 한다.

見種種色等文의 圭峯註中에 旣有目及日光合見虛空함에라 空은 喩眞如之性種種色은 喩性上萬德이라 本疏에는 但云 空喩眞如하고 色喩性上萬德하야 無旣有目等十字與之性二字하니 此十四字는 蓋後人의 所潤이며 強而潤之則應云旣有目及日光하야 合見空中諸色하니 空은 喩眞如之性하고 色은 喩性上萬德이라

「見種種色」 등의 글에 대한 圭峰禪師의 解說가운데 「空喩眞如며 色喩性上萬德」이라고만 하고 「旣有目及日光이면 合見虛空이니 空은 喩眞如 種種色은 喩性上萬德이라」한 것을 本疏에서는 다만 「空喩眞如며 色喩性上萬德」이라고 한 文句의 「之性」이란 두 글자와 「種種色」이라고 한 句節의 「種種」이란 두 글자 등 十四字는 없다. 아마도 이 열네글자는 後世사람이 潤文한 글일것이며 억지로 潤文을 해야 한다면 마땅히 「旣有目及日光이면 合見空中諸色이니 空은 喩眞如之性이요 色은 喩性上萬德이라」라고 하였어야 한다.

傳大士證空便爲實等頌은 當在無實無虛文中을 盖誤在無量無邊功德文中이라

傳大士의 「證空便爲實」이라 한 等等의 偈頌은 마땅히 「無實無虛」를 말씀하신 글 가운데 있어야

若樂小法者等文은 六祖注中에 爲二乘聲聞人樂小果云云이라하니 聲聞二字는 疑衍이라

「若樂小法者」 등의 글에 대한 六祖大師의 解說가운데 「爲二乘聲聞人의 樂小果…」云云한 것은 「聲聞」이란 두 글자는 不必要하게 덧붙인 글자가 아닌가 생각된다.

傅大士所作依他性等頌은 當在若樂小法等文中을 盖誤在在處處文中이라

傅大士가 지은 「依他性」 등의 頌은 (※卷末에 붙인 別途의 頌) 마땅히 「若樂小者」 등의 글의 가운데 있어야 할 것이 잘못 아무곳에나 있게 되었다.

若復有人於後末世等文은 傅大士頌中에 斯人生斷見生字는 盖無字之誤라

「若復有人하야 於後末世」 등의 글에 대한 傅大士의 頌가운데 「斯人生斷見」이라 한것은 「生」이란 글자는 「無」字를 잘못 쓴 것인듯 하다.

我若具說者等文은 傅大士頌中에 凡夫盡總袪니라하 夫字는 盖愚字之誤라

不可思議等文은 大士頌中에 妄經失路迷니라하 妄字는 盖謗字之誤라 不然

則妄經은 謂以經爲妄然하니 妄經은 不如謗經之語便이라

「我若具說者」 등의 글에 관한 傅大士의 偈頌가운데 「凡夫盡總迷」라 한것은 「夫」字는 아마도 「愚」字의 誤記인듯 한다.

또 「不可思議」 등의 글에 관한 傅大士의 偈頌가운데 「妄經失路迷」라 한 글의 「妄」字는 아마도 「謗」字의 誤記인듯 하다. 그렇지 않다면 「妄經」이라 하는것은 「經」이 虛妄하다」는 뜻이되니 「妄經」이란 表現은 「謗經」이란 表現의 適便함만 같지 못하다.

譬如人身長大等文은 六祖註中에 法身不二無有限量是名大身法身本無處所故言即非大身은 二釋이 相倒라 應云法身本無處所故로 言即非大身이며 法身은 不二하야 無有限量일새 是名大身이라 五眼等文은 六祖注中에 見色身中有法身名爲肉眼至見般若波羅蜜能出生三世一切法名爲佛眼에 此一段文은 盖文字倒置하야 致令義意失次라 所謂見性明徹하야 能所永除者는 義當佛眼이라 不得名爲天眼이요 見般若波羅蜜의 能出生三世一切法者는 義當慧眼이라 不得名爲佛眼이니 若使文義로 不失次第

各具般若性者는 義當天眼이라 見般若波羅蜜의 能出

則應云見色身中에 有法身을 名爲肉眼이요 見一切衆生의 各具般若性을

名爲天眼이요 見般若波羅蜜의 能出生三世一切法하니 名爲慧眼이요 見一切

佛法의 本來自備를 名爲法眼이요 見性明徹하야 能所永除를 名爲佛眼이라 夫肉眼天眼은 以自他 一多近遠으로 爲對하고 慧眼法眼은 以般若與佛法으로 爲對하고 佛眼以上은 四眼으로 爲對하니 上之四眼은 見旣未明徹하고 能所又未除라 唯有佛眼이 獨得明徹永除之名하니 此는 但就五眼位次論之耳라 以實論之則五眼은 在佛一一究竟也니라

「譬如人身長大」라 하신 말씀 등에 관한 六祖大師의 註釋가운데 「見色身中有法身을 名爲肉眼이요」라 한 句節에 「見般若波羅蜜能出生三世一切法」이란 句節에 이르기까지 한토막의 글은 아마도 文字가 거꾸로 놓여서 內容의 뜻이 順序를 잃게 된 것이 아닌가 생각된다.

「五眼」 等에 관한 六祖大師의 註釋가운데 「見性明徹하야 能所除盡이라」하는 것은 內容으로 보아 佛眼에 해당되며 이를 「見一切衆生의 各具般若性」이라 하는 것은 內容이 天眼에 해당되니 이를 「天眼」이라 이름할 수는 없는 것이며 또 「見般若波羅蜜의 能出生三世一切法」이라 하는 것은 內容이 「慧眼」에 해당되니 이를 「佛眼」이라 이름할 수는 없는 것이다.

「法身不二하야 無有限量이니 是名大身이라 法身本無處所故로 言卽非大身이라」라고 한 것은 아마도 「有」과 「非身」의 두 解釋이 서로 거꾸로 된듯하다. 「有」은 本無處所故로 言卽非大身이며 法身은 不二하야 無有限量일새 是名大身이라」라고 하였어야 한다.

만약 글의 內容에 順序를 잃지 아니하게 하려면 마땅히 「見色身中에 有法身을 名爲肉眼이요 見一切衆生의 各具般若性을 名爲天眼이요 見般若波羅蜜의 能出生三世一切法을 名爲慧眼이며 見一切佛法의 本來自備를 名爲法眼이요 見性明徹하야 能所永除를 名爲佛眼이라」라고 하였어야 한다.

무릇 肉眼과 天眼은 自身과 他人 唯一한것과 많은것. 가까운것과 먼 것 등의 相對性을 지니고 있으며 慧眼과 法眼은 般若와 佛法으로 相對性을 이루고 있으며 佛眼以上의 境地는 다른 四眼과 相對性을 지니고 있다.

위에서 말한 四眼은 「見」이 아직 明徹하지 못하고 能(主觀)과 所(客觀)도 아직 除去되지 아니하였다.

오직 佛眼만이 홀로 見性明徹과 能所永除란 이름을 얻을 수 있다.

그러나 이는 다만 五眼의 位階順序의 側面에서만 論한것이며 實際의 側面에서 論한다면 五眼은 부처님께 있어서도는 그 하나하나가 모두 究竟의 眼目인 것이다.

如是如是以三十二相觀如來等文疏中에 問善現頻答此義至此即順矣

等十二行文은 圭峯本疏에 所無라 盖編集者之所論이니 何則고 本疏에 大

雲은 云하대 前悟色身하고 今迷法身하야 意謂法身이 既流出相身即由此相知

佛證得無相法身이라하고 今文에 分爲兩節하야 以悟色身迷法身之語로 爲錯하고

法身既流出相身等語로 爲順하니 非圭峯所論이 明矣라 此文第三行의 明字는

當在欲字之下라

「如是如是 以三十二相 觀如來…」 등의 글에 대한 해설가운데 「問 善現頻答此義」라 한 句節에서 「此則順矣」라 한 句節까지의 열두줄의 글은 圭峰禪師의 本疏에는 없는 글이니 아마도 이는 編輯한 사람이 論한듯한 글인듯 하다. 왜 그런가 하면 本疏에 보면

大雲스님이 「앞에서 色身을 깨달았고 지금은 法身에 헷갈려 「法身이 이미 흘러나와 相이 있는 몸이 되었으며 이 相으로 말미암아 부처님은 無相의 法身을 證得하셨다」라고 생각한 것이다」라고 씌어 있다.

그런데 지금 解說文에는 이를 두 句節로 나누어 色身을 깨닫고 法身에는 헷갈리고 있다고 한 것은 잘못이며 「法身이 이미 相身으로 流出하였다」는 말을 順理라고 한것은 圭峰禪師가 論한 것이 아님이 明白하다.

이 글의 셋째줄의 「明」이란 글자는 마땅히 「欲」字의 아래에 있어야 한다.

若以色見等偈는 圭峰註中에 彼如來妙體即法身이요 諸佛法身與諸佛이라 하니 恐上下應云諸佛法身이라

「若以色身」 등의 偈頌에 관한 圭峰禪師의 註釋가운데 「彼如來妙體가 即法身이며 諸佛法身이 與諸佛」이라 하였음은 아마도 아래위가 뒤바뀐듯 하며 마땅히 「彼如來妙體가 即諸佛法身이라」라고 하였어야 한다.

第二十六分末宗鏡提綱中에 如來身異法王身이라 함은 法王은 當作聖王이요 次 提綱中에 法雖傳而不傳은 應云法不傳而相傳이라

第二十六分段끝의 宗鏡禪師의 提綱가운데 「如來身異法王身」이라 한것은 「法王」이란 말은 마땅히 「聖王」이라 했어야 하며 또 다음의 提綱 가운데 「法雖傳而不傳」이라 한것은 마땅히 「法은 不傳而相傳이라」라고 하였어야 한다.

「碎爲微塵等文」은 圭峯註中의 「於中細末方便云云中字下」에 恐脫有字라 이라

「若是微塵衆實有者註中」에 塵衆聚故故非異處의 第二故字는 疑衍이라

「是名一合相等文」은 圭峯註中에 「一合相者有二搏取爲一故云和合故此一合有二搏取云云上有二故字」와 「及故此之一故字」는 疑衍

「應云一合相者는 搏取爲一故로 云和合하니 此一和合은 有二搏取」

「碎爲微塵」이라 한 글들에 관한 圭峰禪師의 註釋가운데 「於中에 細末方便…」이라 한것은 「中」字 아래에 아마도 「有」字가 빠진듯 하다.

또 「若是微塵衆 實有」란 글에 관한 註釋가운데 「塵衆聚故로 故非異處」라고 한것은 두번째의 「故」란 글자는 아마도 不必要하게 덧붙인 글자인듯 하다.

「一合相者는 有二搏取나 搏取爲一故로 云和合이라 故로 此一合相에는 有二搏取니라…云云」라고 하였는데 위에 「有二搏取」란 네 글자와 「故로 此一合相者」라고 한 「故」라는 한글자는 아마도 不必要하게 덧붙인 글자인듯 하다. 마땅히 禪師의 註釋가운데

「一合相者는 搏取爲一故로 云和合이니 此一和合은 有二搏取니라…」라고 하였어야 한다.

第三十分末 宗鏡提綱中에 背覺合塵하고 又云非合衆生하니 覺塵二字는 當上下요 非는 當作悲라

第三十分段 끝의 宗鏡禪師의 提綱가운데 「背覺合塵」이라 한것과 「非合衆生」이라 한것은 「覺」자와 「背」자가 아래위의 자리가 바꾸어져야 하고 「非」자는 마땅히 「悲」字를 써야 한다.

若人言佛說我見人見等文은 六祖注中에 自修行菩提果는 修行은 當作修證이라 不然則應云自修行菩提行야이라함 則果字는 非也라

「若人言 佛說我見人見」등의 글에 관한 六祖大師의 解說가운데 「自修行菩提果」라고 한것은 마땅히 「自修證菩提果」라고 하여야 한다. 그렇지 아니하면 마땅히 「自修行菩提行」이라 하여야 하니 「果」자는 잘못된 글자가 된다.

如是知見信解等文은 圭峯注中에 此顯示何人云하고 此顯示增上心云하니 第二此顯示之言은 疑誤라 六祖注中에 應見一切衆生云하고 應見一切衆生云하니 第二應見은 當作應知釋經知見信解故也라 一切有爲法等文은 圭峯注中에 或纔生或暫之或字는 疑衍이요 應云或纔生暫停住即歸散滅이라

綱要後序에 俱能之俱는 當作雖라

「如是知見信解」라고 한 글들에 대한 圭峰禪師의 註解가운데 「此는 顯示何人…此는 顯示增上心…」이라 하였는데 이 가운데 두번째의 「顯示」란 말은 잘못된 것이 아닌가 생각한다.

또 六祖大師의 註釋가운데 「應見一切衆生…應見一切衆生…」이라 하여 「應見一切衆生」이란 말을 두번 거듭하였는데 두번째의 「應見이란 表現은 마땅히 「應知釋經知見信解故也」라고 하여야 한다.

또 「一切有爲法」이라 한 글들에 관한 圭峰禪師의 註解가운데 「或纔生、或暫停住면 卽歸散滅」이라 하였는데 여기서 「暫住」란 말에 붙인 「或」이란 글자는 不必要한 文字를 덧붙인것이 아닌가 의문이 된다.

또 綱要後序에 「俱能」이라고 한 「俱」字는 마땅히 「雖」字라야 한다.

금강경오가해설의 역강(영인본)

1판 1쇄 펴낸 날 2016년 6월 24일
1판 2쇄 펴낸 날 2024년 1월 25일

옮긴이 야옹
발행인 김재경 **편집** 허서 **디자인** 김성우 **마케팅** 권태형 **제작** 현주프린팅
펴낸곳 도서출판 비움과소통
　　　　서울 금천구 가산디지털2로 43-14 한화비즈2차 7층 702호
　　　　전화 010-6790-0856 팩스 0505-115-2068
　　　　이메일 buddhapia5@daum.net

ⓒ 야옹스님
ISBN 979-11-6016-000-0 03220

* 경전을 수지독경하거나 사경하거나 해설하거나 유포하는 법보시는
　한 사람의 붓다를 낳는 가장 위대한 공덕이 되는 불사입니다.
* 전법을 위한 법보시용 불서는 저렴하게 보급 또는 제작해 드립니다.
　다량 주문시에는 표지·본문 등에 원하시는 문구(文句)를 넣어드립니다.